Mutual Savings Banks Act

상호저축은행법

금융소비자보호법 포함

이상복

박영사

머리말

이 책은 상호저축은행법이 규율하는 상호저축은행에 관하여 다루었다. 이 책은 다음과 같이 구성되어 있다. 1편에서는 금융감독체계, 감독, 검사 및 제재, 부실상호저축은행의 경영정상화, 청산, 상호저축은행중앙회를 다루었다. 검사 및 제재에서는 금융기관의 검사 및 제재에 관한 규정을 상세하게 반영하였다. 2편에서는 상호저축은행상품인 예금상품과 대출상품을 다루고, 상호저축은행법상 여신상품규제, 여신거래기본약관과 여신거래기본약관 특약(할부금융), 예금상품과 대출상품의 공시를 다루었다. 3편에서는 상호저축은행의 진입규제, 자본건전성 규제, 지배구조건전성규제, 영업행위규제를 다루었다. 제4편에서는 상호저축은행상품인 예금상품과 대출상품에 금융소비자보호법이 적용되는 점을 감안하여 금융소비자보호법을 반영하였다.

이 책의 특징을 몇 가지 들면 다음과 같다.

첫째, 이해의 편의를 위해 법조문 순서에 구애받지 않고 법률뿐만 아니라, 시행령, 시행규칙, 상호저축은행업감독규정, 상호저축은행업 감독업무 시행세칙상의 주요 내용을 반영하였다. 또한 2021년 3월 25일부터 시행되는 금융소비자보호법이 상호저축은행법에 금융상품인 예금상품과 대출상품에도 적용되는 점을 감안하여 그 내용을 반영하였다.

둘째, 이론을 생동감 있게 하는 것이 법원의 판례와 금융당국의 사례임을 고려하여 대법원 판례뿐만 아니라 하급심 판례도 반영하였으며, 금융당국의 제재사례도 최대한 반영하였다.

셋째, 실무에서 상호저축은행 표준업무방법서와 약관이 많이 이용되는 점을 감안하여 표준업무방법서, 약관, 특약의 주요 내용을 반영하였다. 반영한 주요 약관과 특약은 입출금이 자유로운 예금약관, 거치식예금약관, 적립식예금약관, 압류방지전용통장특약, 실업급여 안심통장특약, 긴급지원금 안심통장특약, 국민연금 안심통장특약, 예금거래 기본약관, 종합통장거래약관, 여신거래기본약관, 여신거래기본약관 특약(할부금융), 정기예금특약 등이다.

이 책을 출간하면서 감사드릴 분들이 참 많다. 바쁜 일정 중에도 초고를 읽고 조언과 논평을 해준 나지수 변호사, 이진영 변호사, 박성진 변호사와 강윤제 검사에게 감사드린다. 특히 금융감독원의 박성진 변호사는 상호저축은행 실무를 다룬 분으로 교정작업까지 해주었다. 박영사의 심성보 위원이 정성을 들여 편집해주고 김선민 이사가 제작 일정을 잡아 적시에 출간이 되도록 해주어 감사드린다. 출판계의 어려움에도 출판을 맡아 준 박영사 안종만 회장님과 안상준 대표님께 감사의 말씀을 드린다. 그리고 법률가와 학자로서의 길을 가는 동안 격려해준 아내 이은아와 딸 이가형, 아들 이지형과 함께 출간의 기쁨을 나누고 싶다.

2021년 5월
이 상 복

차 례

제 1 편 상호저축은행업 감독기관 및 상호저축은행중앙회

제1장 상호저축은행업 감독기관

제2장 상호저축은행중앙회

제 2 편 상호저축은행상품

제1장 개 설

제2장 예금상품(=수신상품)

제3장 대출상품(=여신상품)

제4장 상품공시

제 3 편 상호저축은행업자

제1장 상호저축은행

제2장 상호저축은행업자규제

제4편 금융소비자보호법

제1장 총 설

제2장 금융상품판매업자등의 등록 등

제3장 금융상품판매업자등의 영업행위 준수사항

제4장 금융소비자 보호

제5장 감독 및 처분

제
1
편

상호저축은행업 감독기관 및
상호저축은행중앙회

제
1
장
/

상호저축은행업 감독기관

제1절 금융감독체계

Ⅰ. 금융위원회

1. 설립목적

금융위원회의 설치 등에 관한 법률("금융위원회법") 제1조에 따르면 금융위원회는 "금융산업의 선진화와 금융시장의 안정을 도모하고 건전한 신용질서와 공정한 금융거래 관행을 확립하며 예금자 및 투자자 등 금융 수요자를 보호함으로써 국민경제의 발전에 이바지함"을 목적으로 설립되었는데(금융위원회법1), 금융위원회는 그 업무를 수행할 때 공정성을 유지하고 투명성을 확보하며 금융기관의 자율성을 해치지 아니하도록 노력하여야 한다(금융위원회법2).

2. 설치 및 지위

행정기관에는 그 소관사무의 일부를 독립하여 수행할 필요가 있는 때에는 법률로 정하는 바에 따라 행정위원회 등 합의제행정기관을 둘 수 있다(정부조직법5조). 행정기관에 그 소관사무의 일부를 독립하여 수행할 필요가 있을 때에는 법률이 정하는 바에 의하여 행정기능과 아울러 규칙을 제정할 수 있는 준입법적

기능 및 이의의 결정 등 재결을 행할 수 있는 준사법적 기능을 가지는 행정위원회 등 합의제행정기관을 둘 수 있다(행정기관의 조직과 정원에 관한 통칙21).

이에 따라 금융정책, 외국환업무 취급기관의 건전성 감독 및 금융감독에 관한 업무를 수행하게 하기 위하여 국무총리 소속으로 금융위원회를 둔다(금융위원회법3①). 금융위원회는 중앙행정기관으로서 그 권한에 속하는 사무를 독립적으로 수행한다(금융위원회법3②). 중앙행정기관이라 함은 국가의 행정사무를 담당하기 위하여 설치된 행정기관으로서 그 관할권의 범위가 전국에 미치는 행정기관을 말한다(행정기관의 조직과 정원에 관한 통칙2(1)). 다만 업무 및 권한 등에 있어 다른 정부부처의 업무 및 권한이 정부조직법에 의해 정해지는 것과는 달리 금융위원회법, 대통령령인「금융위원회와 그 소속기관 직제」및 금융관련법령에 의해 정해진다.

3. 구성

금융위원회는 9명의 위원으로 구성하며, 위원장·부위원장 각 1명과 기획재정부차관, 금융감독원 원장, 예금보험공사 사장, 한국은행 부총재, 금융위원회 위원장이 추천하는 금융전문가 2명, 대한상공회의소 회장이 추천하는 경제계대표 1명의 위원으로 구성한다(금융위원회법4①). 위원장은 국무총리의 제청으로 대통령이 임명하며, 금융위원회 부위원장은 위원장의 제청으로 대통령이 임명한다(금융위원회법4② 전단). 이 경우 위원장은 국회의 인사청문을 거쳐야 한다(금융위원회법4② 후단). 위원장은 금융위원회를 대표하며, 금융위원회의 회의를 주재하고 사무를 총괄한다(금융위원회법5①). 위원장·부위원장과 임명직 위원의 임기는 3년으로 하며, 한 차례만 연임할 수 있다(금융위원회법6).

4. 운영

금융위원회의 회의는 3명 이상의 위원이 요구할 때에 위원장이 소집한다(금융위원회법11① 본문). 다만, 위원장은 단독으로 회의를 소집할 수 있다(금융위원회법11① 단서). 금융위원회의 회의는 그 의결방법에 관하여 금융위원회법 또는 다른 법률에 특별한 규정이 있는 경우를 제외하고는 재적위원 과반수의 출석과 출석위원 과반수의 찬성으로 의결한다(금융위원회법11②). 금융위원회는 심의에 필요하다고 인정할 때에는 금융감독원 부원장, 부원장보 및 그 밖의 관계 전문가

등으로부터 의견을 들을 수 있다(금융위원회법13). 위원장은 내우외환, 천재지변 또는 중대한 금융 경제상의 위기로 긴급조치가 필요한 경우로서 금융위원회를 소집할 시간적 여유가 없을 때에는 금융위원회의 권한 내에서 필요한 조치를 할 수 있다(금융위원회법14①). 금융위원회의 사무를 처리하기 위하여 금융위원회에 사무처를 둔다(금융위원회법15①).

5. 소관 사무

금융위원회의 소관 사무는 ⅰ) 금융에 관한 정책 및 제도에 관한 사항(제1호), ⅱ) 금융기관 감독 및 검사·제재에 관한 사항(제2호), ⅲ) 금융기관의 설립, 합병, 전환, 영업의 양수·양도 및 경영 등의 인가·허가에 관한 사항(제3호), ⅳ) 자본시장의 관리·감독 및 감시 등에 관한 사항(제4호), ⅴ) 금융소비자의 보호와 배상 등 피해구제에 관한 사항(제5호), ⅵ) 금융중심지의 조성 및 발전에 관한 사항(제6호), ⅶ) 제1호부터 제6호까지의 사항에 관련된 법령 및 규정의 제정·개정 및 폐지에 관한 사항(제7호), ⅷ) 금융 및 외국환업무 취급기관의 건전성 감독에 관한 양자 간 협상, 다자 간 협상 및 국제협력에 관한 사항(제8호), ⅸ) 외국환업무 취급기관의 건전성 감독에 관한 사항(제9호), ⅹ) 그 밖에 다른 법령에서 금융위원회의 소관으로 규정한 사항(제10호) 등이다(금융위원회법17).

Ⅱ. 증권선물위원회

1. 설치배경

증권 및 선물거래의 특수성을 감안하여 증권선물위원회를 금융위원회 내부에 설치하고 증권 및 선물 분야에 대하여는 별도로 심의 또는 의결할 수 있도록 하는 체계를 구축하기 위한 것이다.

2. 업무

증권선물위원회는 금융위원회 내의 위원회로서 금융위원회법 또른 다른 법령에 따라 ⅰ) 자본시장의 불공정거래 조사(제1호), ⅱ) 기업회계의 기준 및 회계감리에 관한 업무(제2호), ⅲ) 금융위원회 소관 사무 중 자본시장의 관리·감독 및 감시 등과 관련된 주요사항에 대한 사전 심의(제3호), ⅳ) 자본시장의 관리·감독 및 감시 등을 위하여 금융위원회로부터 위임받은 업무(제4호), ⅴ) 그 밖에 다른 법령에서 증권선물위원회에 부여된 업무(제5호)를 수행한다(금융위원회법19).

3. 구성

증권선물위원회는 위원장 1명을 포함한 5명의 위원으로 구성하며, 위원장을 제외한 위원 중 1명은 상임으로 한다(금융위원회법20①). 위원장이 아닌 증권선물위원회 위원의 임기는 3년으로 하며, 한 차례만 연임할 수 있다(금융위원회법20⑤).

증권선물위원회 위원장은 금융위원회 부위원장이 겸임하며, 증권선물위원회 위원은 다음의 어느 하나에 해당하는 사람 중에서 금융위원회 위원장의 추천으로 대통령이 임명한다(금융위원회법20②).

1. 금융, 증권, 파생상품 또는 회계 분야에 관한 경험이 있는 2급 이상의 공무원 또는 고위 공무원단에 속하는 일반직공무원이었던 사람
2. 대학에서 법률학·경제학·경영학 또는 회계학을 전공하고, 대학이나 공인된 연구기관에서 부교수 이상 또는 이에 상당하는 직에 15년 이상 있었던 사람
3. 그 밖에 금융, 증권, 파생상품 또는 회계 분야에 관한 학식과 경험이 풍부한 사람

4. 운영

증권선물위원회의 회의는 2명 이상의 증권선물위원회 위원이 요구할 때에 증권선물위원회 위원장이 소집한다(금융위원회법21① 본문). 다만, 증권선물위원회 위원장은 단독으로 회의를 소집할 수 있다(금융위원회법21① 단서). 회의는 3명 이상의 찬성으로 의결한다(금융위원회법21②).

Ⅲ. 금융감독원

1. 설립과 지위

금융위원회나 증권선물위원회의 지도·감독을 받아 금융기관에 대한 검사·

감독 업무 등을 수행하기 위하여 금융감독원을 설립한다(금융위원법24①). 금융감독원은 무자본 특수법인으로 한다(금융위원회법24②). 무자본이란 자본금 없이 국가예산이나 기타의 분담금으로 운영된다는 의미이다. 금융감독원은 특별법인 금융위원회법에 의해 설립되고 국가 또는 지방자치단체로부터 독립하여 특정 공공사무를 수행하는 영조물법인이다.

2. 구성과 직무

금융감독원에 원장 1명, 부원장 4명 이내, 부원장보 9명 이내와 감사 1명을 둔다(금융위원회법29①). 금융감독원장("원장")은 금융위원회의 의결을 거쳐 금융위원회 위원장의 제청으로 대통령이 임명한다(금융위원회법29②). 부원장은 원장의 제청으로 금융위원회가 임명하고, 부원장보는 원장이 임명한다(금융위원회법29③). 감사는 금융위원회의 의결을 거쳐 금융위원회 위원장의 제청으로 대통령이 임명한다(금융위원회법29④). 원장·부원장·부원장보 및 감사의 임기는 3년으로 하며, 한 차례만 연임할 수 있다(금융위원회법29⑤). 원장·부원장·부원장보와 감사에 결원이 생겼을 때에는 새로 임명하되, 그 임기는 임명된 날부터 기산한다(금융위원회법29⑥).

원장은 금융감독원을 대표하며, 그 업무를 총괄한다(금융위원회법30①). 원장이 부득이한 사유로 직무를 수행할 수 없을 때에는 금융감독원의 정관으로 정하는 순서에 따라 부원장이 원장의 직무를 대행한다(금융위원회법30②). 부원장은 원장을 보좌하고 금융감독원의 업무를 분장하며, 부원장보는 원장과 부원장을 보좌하고 금융감독원의 업무를 분장한다(금융위원회법30③). 감사는 금융감독원의 업무와 회계를 감사한다(금융위원회법30④).

3. 업무 등

(1) 업무

금융감독원은 금융위원회법 또는 다른 법령에 따라 ⅰ) 검사대상기관(법38)[1]의 업무 및 재산상황에 대한 검사(제1호), ⅱ) 검사 결과와 관련하여 금융위원

---

1) 금융위원회법 제38조(검사 대상 기관) 금융감독원의 검사를 받는 기관은 다음과 같다.
  1. 은행법에 따른 인가를 받아 설립된 은행
  2. 자본시장과 금융투자업에 관한 법률에 따른 금융투자업자, 증권금융회사, 종합금융회사 및 명의개서 대행회사

회법과 또는 다른 법령에 따른 제재(제2호), iii) 금융위원회와 금융위원회법 또는
다른 법령에 따라 금융위원회 소속으로 두는 기관에 대한 업무지원(제3호), iv)
그 밖에 금융위원회법 또는 다른 법령에서 금융감독원이 수행하도록 하는 업무
(제4호)를 수행한다(금융위원회법37).

(2) 자료의 제출요구 등

원장은 업무수행에 필요하다고 인정할 때에는 검사대상기관 또는 다른 법령
에 따라 금융감독원에 검사가 위탁된 대상기관에 대하여 업무 또는 재산에 관한
보고, 자료의 제출, 관계자의 출석 및 진술을 요구할 수 있다(금융위원회법40①).
검사를 하는 자는 그 권한을 표시하는 증표를 관계인에게 내보여야 한다(금융위
원회법40②).

(3) 시정명령 및 징계요구

원장은 검사대상기관의 임직원이 ⅰ) 금융위원회법 또는 금융위원회법에 따
른 규정·명령 또는 지시를 위반한 경우(제1호), ⅱ) 금융위원회법에 따라 원장이
요구하는 보고서 또는 자료를 거짓으로 작성하거나 그 제출을 게을리한 경우(제2
호), iii) 금융위원회법에 따른 금융감독원의 감독과 검사 업무의 수행을 거부·방
해 또는 기피한 경우(제3호), iv) 원장의 시정명령이나 징계요구에 대한 이행을
게을리한 경우(제4호)에는 그 기관의 장에게 이를 시정하게 하거나 해당 직원의
징계를 요구할 수 있다(금융위원회법41①). 징계는 면직·정직·감봉·견책 및 경
고로 구분한다(금융위원회법41②).

(4) 임원의 해임권고 등

원장은 검사대상기관의 임원이 금융위원회법 또는 금융위원회법에 따른 규
정·명령 또는 지시를 고의로 위반한 때에는 그 임원의 해임을 임면권자에게 권
고할 수 있으며, 그 임원의 업무집행의 정지를 명할 것을 금융위원회에 건의할
수 있다(금융위원회법42).

---

　　3. 보험업법에 따른 보험회사
　　4. 상호저축은행법에 따른 상호저축은행과 그 중앙회
　　5. 신용협동조합법에 따른 신용협동조합 및 그 중앙회
　　6. 여신전문금융업법에 따른 여신전문금융회사 및 겸영여신업자
　　7. 농업협동조합법에 따른 농협은행
　　8. 수산업협동조합법에 따른 수협은행
　　9. 다른 법령에서 금융감독원이 검사를 하도록 규정한 기관
　　10. 그 밖에 금융업 및 금융 관련 업무를 하는 자로서 대통령령으로 정하는 자

(5) 영업정지 등

원장은 검사대상기관이 금융위원회법 또는 금융위원회법에 따른 규정·명령 또는 지시를 계속 위반하여 위법 또는 불건전한 방법으로 영업하는 경우에는 금융위원회에 i) 해당 기관의 위법행위 또는 비행(非行)의 중지, ii) 6개월의 범위에서의 업무의 전부 또는 일부 정지를 명할 것을 건의할 수 있다(금융위원회법43).

Ⅳ. 상호관계

1. 금융위원회·증권선물위원회의 금융감독원에 대한 지도·감독·명령권

(1) 금융감독원에 대한 지도·감독

금융위원회는 금융위원회법 또는 다른 법령에 따라 금융감독원의 업무·운영·관리에 대한 지도와 감독을 하며, i) 금융감독원의 정관 변경에 대한 승인(제1호), ii) 금융감독원의 예산 및 결산 승인(제2호), iii) 그 밖에 금융감독원을 지도·감독하기 위하여 필요한 사항(제3호)을 심의·의결한다(금융위원회법18). 증권선물위원회는 업무에 관하여 금융감독원을 지도·감독한다(금융위원회법23).

(2) 명령권 등

금융위원회나 증권선물위원회는 금융감독원의 업무를 지도·감독하는 데 필요한 명령을 할 수 있다(금융위원회법61①). 금융위원회는 증권선물위원회나 금융감독원의 처분이 위법하거나 공익 보호 또는 예금자 등 금융 수요자 보호 측면에서 매우 부당하다고 인정하면 그 처분의 전부 또는 일부를 취소하거나 그 집행을 정지시킬 수 있다(금융위원회법61②). 증권선물위원회는 업무에 관한 금융감독원의 처분이 위법하거나 매우 부당하다고 인정할 때에는 그 처분의 전부 또는 일부를 취소하거나 그 집행을 정지시킬 수 있다(금융위원회법61③).

2. 금융감독원장의 보고의무

(1) 자료의 제출

원장은 금융위원회나 증권선물위원회가 요구하는 금융감독 등에 필요한 자료를 제출하여야 한다(금융위원회법58).

(2) 검사의 결과 및 조치사항의 보고

원장은 검사대상기관의 업무 및 재산상황에 대한 검사를 한 경우에는 그 결과를 금융위원회에 보고하여야 한다. 제41조(시정명령 및 징계요구) 및 제42조(임원의 해임권고 등)의 조치를 한 경우에도 또한 같다(금융위원회법59).

(3) 보고 및 검사 등

금융위원회는 필요하다고 인정하는 경우에는 금융감독원의 업무·재산 및 회계에 관한 사항을 보고하게 하거나 금융위원회가 정하는 바에 따라 그 업무, 재산상황, 장부, 서류 및 그 밖의 물건을 검사할 수 있다(금융위원회법60).

3. 권한의 위탁

금융위원회 및 증권선물위원회는 금융감독의 효율성을 높이기 위하여 필요한 경우에는 금융위원회법 또는 다른 법령에 따른 권한의 일부를 원장에게 위탁할 수 있다(금융위원회법71).

제2절 감독 및 처분

Ⅰ. 감독 등

1. 감독

(1) 상호저축은행에 대한 감독

상호저축은행법("법")에 의하면 상호저축은행은 금융위원회가 감독한다(법22①). 금융위원회는 상호저축은행에 대하여 거래자의 권익을 해칠 우려가 있다고 인정되면 감독상 필요한 명령을 할 수 있다(법22②).

(2) 상호저축은행중앙회에 대한 감독

상호저축은행중앙회("중앙회")에 관하여는 상호저축은행 감독에 관한 제22조를 준용한다(법34②).

(3) 위반시 제재

법 제22조 제2항(제34조 제2항에서 준용하는 경우를 포함)에 따른 명령을 위반한 자에게는 3천만원 이하의 과태료를 부과한다(법40②(4)).

2. 권한의 대행

(1) 부실상호저축은행의 경영정상화 추진과 금융감독원의 권한대행

제23조의11(청산) 제1항·제3항부터 제5항까지, 제24조의2(경영지도 등) 제1항, 제24조의3(경영관리) 제1항·제4항, 제24조의4(지급정지 등) 제2항, 제24조의5(관리인의 권한 등) 제7항·제8항, 제24조의6(경영관리의 통지 및 등기) 제1항, 제24조의7(경영관리의 종료), 제24조의8(계약이전의 요구) 제1항·제2항, 제24조의9(계약이전의 협의와 인가) 제3항, 제24조의10(자금지원의 요청 등), 제24조의11(계약이전의 결정), 제24조의13(파산신청), 제24조의14(감사인의 지명) 및 제24조의15(경영정상화 추진의 조정)에 따른 금융위원회의 권한은 부실상호저축은행의 경영정상화를 추진할 때 전문지식과 효율적인 업무 수행이 필요하다고 인정되는 경우에는 대통령령으로 정하는 바에 따라 금융감독원장이 대행하도록 할 수 있다(법34의2① 전단). 이 경우 금융감독원장이 대행한 행위는 금융위원회가 한 것으로 본다(법34의2① 후단).

(2) 권한대행의 통지

금융위원회는 금융감독원장으로 하여금 권한을 대행하도록 하는 경우에는 대행할 권한을 정하여 금융감독원, 상호저축은행, 중앙회 및 예금보험공사에 서면으로 통지하여야 한다(영25①).

(3) 권한대행의 표시

금융감독원장은 권한을 행사할 때에는 금융위원회를 대행하여 하는 것임을 표시하여야 한다(법34의2②). 금융감독원장이 표시를 하지 아니하면 그 행위는 자기를 위하여 한 것으로 본다(법34의2③).

(4) 권한대행 사항의 보고

금융감독원장은 금융위원회의 권한을 대행할 때 중요사항은 금융위원회에 보고하여야 한다(법34의2④). 이에 따라 금융감독원장은 금융위원회의 권한을 대행함에 있어 ⅰ) 법 제23조의11의 규정에 의한 청산인의 선임·해임(청산종결에 의한 경우를 제외) 및 청산종결, ⅱ) 법 제24조의2의 규정에 의한 경영지도의 개시 및 종료, ⅲ) 법 제24조의3·제24조의4 및 제24조의7의 규정에 의한 경영관리의 개시·기간연장·종료 및 지급정지의 해제, ⅳ) 법 제24조의9 또는 제24조의11의 규정에 의한 계약이전의 인가 또는 결정, ⅴ) 법 제24조의13의 규정에 의한 파산신청, ⅵ) 법 제24조의15의 규정에 의한 권고 또는 알선에 따른 영업·주식의 양도나 합병에 대하여는 그 주요 내용을 지체없이 금융위원회에 보고하여야 한다(상호저축은행업감독규정60. 이하 "감독규정").

(5) 시정조치 명령

금융위원회는 금융감독원장이 권한을 대행할 때에 상호저축은행의 거래자 보호 및 신용질서를 해친다고 인정되는 경우에는 금융감독원장에게 필요한 시정조치를 명할 수 있다(영25②).

(6) 협의회 운영

금융감독원장은 업무를 대행할 때 필요하면 예금보험공사, 중앙회 등 관련 기관으로 구성되는 협의회를 운영할 수 있다(법34의2⑥).

(7) 자료제공 요청

금융감독원장은 부실상호저축은행에 대한 경영정상화를 추진하는 경우에는 이에 필요한 자료를 중앙행정기관의 장에게 요청할 수 있다(법34의2⑦ 전단). 이 경우 요청을 받은 중앙행정기관의 장은 특별한 사유가 없으면 요청에 따라야 한다(법34의2⑦ 후단).

(8) 업무종료와 보고

금융감독원장은 권한대행 업무를 종료하였을 때에는 지체 없이 그 사실을 금융위원회에 보고하여야 한다(영25③).

(9) 위반시 제재

법 제34조의2 제4항에 따른 보고를 하지 아니하거나 거짓 보고를 한 자에게는 1천만원 이하의 과태료를 부과한다(법40④(5)).

3. 권한의 위탁

(1) 권한의 일부 위탁

금융위원회는 제34조의2 제1항에 따른 권한이 아닌 권한의 일부를 대통령령으로 정하는 바에 따라 금융감독원장, 중앙회 회장 또는 예금보험공사 사장에게 위탁할 수 있다(법35①).

(가) 금융감독원장 위탁 및 보고

1) 권한의 위탁

금융위원회는 법 제35조 제1항에 따라 다음의 사항에 관한 권한을 금융감독원장에게 위탁한다(영26①).

1. 법 제6조의2에 따른 인가 요건의 심사
2. 법 제7조 제1항 단서 및 같은 조 제2항에 따른 지점등의 설치인가
3. 법 제10조 제1항에 따른 인가 요건의 심사
4. 법 제10조의2 제1항 제2호부터 제5호까지의 규정에 따른 신고의 수리 및 같은 조 제2항에 따른 시정명령 및 보완의 권고
5. 법 제10조의2 제3항 제1호부터 제3호까지 및 제7호에 따른 보고의 수리
6. 법 제10조의6 제1항 또는 제2항에 따른 주식의 취득등 승인 요건의 심사
6의2. 법 제10조의6 제1항 또는 제2항에 따른 주식의 취득등(제7조의4 제3항 제1호의 사유로 상호저축은행의 의결권 있는 발행주식 총수의 5% 이하를 보유하게 되는 경우로 한정)의 승인
7. 법 제10조의6 제3항 전단에 따른 대주주적격성유지요건의 심사 및 같은 항 후단에 따른 자료나 정보의 제공 요구
7의2. 법 제10조의6 제6항·제8항에 따른 대주주적격성유지요건 충족 명령의 이행 확인 및 주식처분 명령의 이행 확인
8. 법 제11조 제1항 제16호에 따른 승인
9. 법 제12조 제6항에 따른 기간의 연장 승인 및 같은 조 제7항에 따른 세부 계획서의 접수·승인·통보
10. 법 제12조의2 제2항·제3항에 따른 보고의 접수
11. 법 제17조 단서에 따른 차입한도의 예외에 관한 승인
11의2. 법 제18조의2 제3항 단서에 따른 승인
12. 법 제18조의3 제1항 본문에 따른 약관 제정·개정 보고의 접수, 같은 항 단서에 따른 신고의 수리, 같은 조 제4항에 따른 표준약관 제정·개정 신고의 수리 및 같은 조 제6항에 따른 약관 또는 표준약관에 대한 변경 명령
13. 법 제18조의3 제5항 전단에 따른 약관 또는 표준약관의 공정거래위원회에 대한 통보
14. 법 제22조 제2항에 따른 감독명령(법 제23조에 따른 검사 또는 자료의 분석·평가 결과 시정이 필요하다고 인정되는 경우 이에 관한 감독명령으로 한정)

14의2. 법 제22조의2 제3항에 따른 경영실태에 대한 분석·평가

15. 법 제22조의4 제1항에 따른 자료제출요구

16. 법 제23조의3 제4항에 따른 포상금의 지급

17. 법 제24조 제1항 제1호 또는 제29조 제1항 제1호에 따른 조치

17의2. 법 제35조의3 제1항에 따른 조치내용의 결정 및 통보(법 제24조 제1항 제1호 또는 제29조 제1항 제1호에 해당하는 조치를 받았을 것으로 인정되는 경우의 조치내용의 결정 및 통보에 한정)

17의3. 법률 제12100호 상호저축은행법 일부개정법률 부칙 제4조 제3항에 따른 승인 및 같은 조 제4항에 따른 세부계획서의 접수

18. 제3조 제2항 제1호에 따른 경영정상화를 추진 중인 상호저축은행에 대한 자기자본의 인정

19. 제8조의2 제7호에 따른 대주주등과 체결하려는 부동산 양도·양수계약의 승인

19의2. 제9조의2 제2항 제4호, 제9조의3 제3호 및 제11조의4 제2항 제4호에 따른 인정

2) 권한위탁사항의 보고

금융감독원장은 시행령 제26조 제1항의 규정에 의하여 금융위원회의 권한을 위탁받아 수행함에 있어 ⅰ) 법 제10조의2 제2항의 규정에 의한 시정·보완의 권고, ⅱ) 법 제17조의 규정에 의한 차입한도의 예외에 관한 승인, ⅲ) 법 제22조 제2항의 규정에 의한 감독명령(법 제23조의 규정에 의한 검사 또는 자료의 분석·평가 결과 시정이 필요하다고 인정되는 경우 이에 관한 감독명령에 한한다), ⅳ) 법 제24조 제1항 각호(제4호를 제외)의 규정에 의한 행정처분에 대하여는 그 처리결과를 매 분기별로 금융위에 보고하고 중요사항에 대하여는 지체없이 보고하여야 한다(감독규정61①).

금융감독원장은 상호저축은행법에 따른 인가심사를 진행함에 있어서 각각의 신청서 접수일로부터 다음에서 정하는 기간(각각의 심사기간에서 제외하는 기간은 포함하지 아니한다), 즉 ⅰ) 법 제6조 제2항에 따른 인가(예비인가를 거치지 아니한 경우): 인가신청서 접수일로부터 3개월(제1호), ⅱ) 법 제6조 제2항에 따른 인가(예비인가를 거친 경우): 인가신청서 접수일로부터 1개월(제2호)을 경과한 인가의 심사 진행 상황 및 예상 심사 종료 시점을 금융위원회가 소집된 달에 마지막으

로 개최되는 정례금융위원회에 매월 보고하여야 한다(감독규정61②).

(나) 중앙회 회장 위탁 및 보고

1) 권한의 위탁

금융위원회는 법 제35조 제1항에 따라 ⅰ) 법 제10조의2 제1항 제1호 및 같은 조 제2항에 따른 정관의 변경에 관한 신고의 수리와 그에 관한 시정명령 및 보완의 권고(제1호), ⅱ) 법 제10조의2 제3항 제4호·제5호에 따른 보고의 수리(제2호), ⅲ) 법 제22조에 따른 금융위원회의 권한 중 금융위원회가 정하는 사항에 대한 조사 및 시정 요구(제3호), ⅳ) 영 제11조 제1항 제2호에 따른 지급준비자산 간의 비율과 보유방법의 결정(제4호)에 관한 권한을 중앙회 회장에게 위탁한다(영26②).

위 제3호의 규정에 의하여 상호저축은행에 대한 금융위원회의 다음의 사항에 관한 권한, 즉 ⅰ) 중앙회회장이 정하는 표준정관 및 표준업무방법서의 준수여부에 대한 조사 및 시정 요구, ⅱ) 금융회사지배구조법 제21조에 따른 위험관리위원회 및 제27조에 따른 위험관리기준에 대한 이행 점검 및 지도, ⅲ) 중앙회회장에 대한 신고·보고사항에 대한 조사, ⅳ) 민원처리를 위하여 필요한 조사 및 시정요구를 중앙회회장에게 위탁한다(감독규정59①).

2) 자료제출요구

중앙회회장은 감독규정 제59조 제1항의 규정에 의한 위탁업무를 수행하기 위하여 해당 상호저축은행에 대하여 관련 자료의 제출을 요구할 수 있다(감독규정59②).

3) 보고

중앙회회장은 감독규정 제1항 및 제2항의 규정에 의한 업무 수행내용을 매 분기별로 금융위원회에 보고하여야 하며 상호저축은행의 법규위반 등 중요사실을 발견한 경우에는 즉시 금융감독원장에게 보고하여야 한다(감독규정59③).

(2) 행정조치 건의

금융감독원장은 위탁받은 권한을 행사할 때 상호저축은행(그 임직원을 포함) 또는 제37조 제1항에 따른 대주주등이 ⅰ) 제24조(행정처분) 제2항 각 호의 어느 하나에 해당하는 경우, ⅱ) 제38조의2(과징금의 부과) 각 호의 어느 하나에 해당하는 경우, ⅲ) 제40조(과태료) 제1항·제2항·제4항 각 호의 어느 하나 또는 같은 조 제3항에 해당하는 경우, iv) [별표 1][2] 각 호의 어느 하나에 해당하는 경우임을 알게 된 때에는 금융위원회에 필요한 행정조치를 건의하여야 한다(법35②).

(3) 중요사항 보고

금융감독원장, 중앙회 회장 또는 예금보험공사 사장은 위탁받은 권한을 행사할 때 중요사항은 금융위원회에 보고하여야 한다(법35③).

(4) 위반시 제재

법 제35조 제3항에 따른 보고를 하지 아니하거나 거짓 보고를 한 자에게는 1천만원 이하의 과태료를 부과한다(법40④(5)).

4. 임원 등의 연대책임

(1) 입법 취지

구 상호신용금고법(2001. 3. 28. 법률 제6429호로 개정되기 전의 것) 제37조의3 제1항은 "상호신용금고의 임원(감사를 제외한다)과 과점주주(국세기본법 제39조 제2항에 규정된 과점주주에 해당하는 자)는 상호신용금고의 예금 등과 관련된 채무에 대하여 상호신용금고와 연대하여 변제할 책임을 진다"고 규정하고 있는바, 이는 거래자보호 및 신용질서유지라는 공익적 요청에서 상호신용금고("금고") 경영의 책임이 있는 임원과 과점주주에게 금고의 채무에 대하여 연대하여 변제할 책임을 지게 하여 금고의 부실경영에 대한 책임을 물음으로써 책임경영을 실현하고 부실경영을 방지하여 예금주 등 금고의 채권자를 보호하고자 함에 그 입법 목적이 있다.[3]

(2) 임원의 연대책임

상호저축은행의 임원은 그 직무를 수행하면서 고의나 과실로 상호저축은행 또는 타인에게 손해를 입힌 경우에는 상호저축은행의 예금등과 관련된 채무에 대하여 상호저축은행과 연대하여 변제할 책임을 진다(법37의3①).[4] 임원이란 부

---

2) 상호저축은행 및 그 임직원에 대한 처분 사유(제24조 제1항 관련).
3) 헌법재판소 2002. 8. 29. 선고 2000헌가5, 6, 2001헌가26, 2000헌바34, 2002헌가3, 7, 9, 12(병합) 결정.
4) 대법원 2005. 9. 29. 선고 2003다65568 판결(상호신용금고("금고")의 재산을 횡령함으로써 금고에 대하여 직접 손해를 입힌 경우는 물론, 불법·부실대출에 관여하거나, 금고의 자산을 운영함에 있어서 선량한 관리자의 주의의무 또는 충실의무를 해태하는 등으로 금고에 재산상 손해를 입게 함으로써 금고의 부실경영에 책임이 있는 임원은 위와 같은 자신의 행위로 말미암아 금고가 입은 손해의 범위 내에서 금고의 예금 등과 관련된 채무에 대하

실경영에 책임이 있는 임원이라고 제한적으로 해석함이 상당하고, 여기에는 불법·부실대출에 관여함으로써 상호저축은행에 재산상 손해를 입힌 임원이 포함된다.[5]

금융기관이 현실적인 자금의 수수 없이 형식적으로만 신규대출을 하여 기존의 채무를 변제하게 함으로써 사실상 대출기한을 연장하여 주는 이른바 대환대출의 경우, 기한연장 당시에는 채무자로부터 대출금을 모두 회수할 수 있었는데 기한을 연장해 주면 채무자의 자금사정이 대출금을 회수할 수 없을 정도로 악화되리라는 사정을 알고서 기한을 연장해 준 경우에만 그 기한연장으로 새로운 손해가 발생한 것으로 보아 부실경영의 책임을 물을 수 있을 뿐, 그러한 사정이 밝혀지지 않고서는 단지 기한의 연장이 규정에 반하는 임무위배행위라는 사정만으로 그 대환대출금 중 미회수액 상당에 대한 손해배상책임이 성립한다고 단정할 수 없다.[6]

(3) 과점주주의 연대책임

상호저축은행의 과점주주(국세기본법 제39조 제2항에 규정된 과점주주에 해당하는 자)는 상호저축은행의 경영에 영향력을 행사하여 부실을 초래한 경우에는 상호저축은행의 예금등과 관련된 채무에 대하여 상호저축은행과 연대하여 변제할 책임을 진다(법37의3②).

과점주주가 경영에 영향력을 행사하여 부실의 결과를 초래한 경우라 함은 과점주주가 그 주주권을 행사한 것을 넘어서 다수의 주식을 보유함으로써 주주총회를 지배하고, 여기서 선임된 이사 등 임원을 통하여 직·간접적으로 상호신용금고의 경영에 영향력을 행사하거나 그 영향력을 이용하여 임원들에게 업무집행을 지시 또는 요구하는 등 상호신용금고를 실질적으로 지배하는 등으로 자신의 영향력을 이용하여 상호신용금고의 부실경영에 직·간접으로 관여하고 이로 인해 상호신용금고의 부실이 초래된 경우를 말한다.[7] 따라서 자회사인 상호신용금고의 경영의 건전성을 유지하기 위하여 금융기관인 모회사가 업무지도의 차원에서 행한 사업계획에 대한 승인, 경영개선대책요청, 직원파견 등의 행위가 과점주주로서의 영향력을 이용하여 위 금고의 부실경영에 관여한 것이라고 할 수 없다.[8]

여 금고와 연대하여 변제할 책임이 있다).

5) 대법원 2008. 4. 10. 선고 2004다68519 판결.
6) 대법원 2006. 2. 24. 선고 2005다38492 판결.
7) 대법원 2008. 4. 10. 선고 2004다68519 판결.
8) 대법원 2005. 11. 25. 선고 2003다51088 판결.

과점주주가 금고에 대한 자신의 영향력을 이용하여 임원에게 업무집행을 지시 또는 요구하는 금고의 경영에 영향력을 행사하였다는 사실에 관한 입증책임은 이를 주장하는 측에게 있다.[9]

(4) 예금변제책임의 소멸 여부

구 상호신용금고법(2001. 3. 28. 법률 제6429호 상호저축은행법으로 개정되기 전의 것) 제37조의3 제1항에 의한 임원의 예금변제책임은 상호신용금고의 이사가 임무를 해태하여 상호신용금고에 재산상 손해를 입힌 경우에 상호신용금고에 대하여 부담하는 상법 제399조 제1항의 손해배상책임이나 제3자에 대하여 부담하는 상법 제401조 제1항에 의한 손해배상책임만으로는 예금주의 이익을 충분히 보호할 수 없기 때문에 법률의 규정에 의하여 특별히 인정한 것으로서, 구 상호신용금고법 제37조의3 제1항에 의한 권리는 상법 제399조에 따라 상호신용금고가 임원에 대하여 갖는 손해배상청구권과는 별도로 예금주 등에게 부여한 고유의 권리이다. 따라서 임원이 상호신용금고에 발생한 손해에 대하여 상법 제399조 제1항에 따른 책임을 먼저 이행하였다고 하더라도, 임원이 동일한 임무해태 행위를 원인으로 예금채권자에 대하여 부담하는 예금변제책임은 그로부터 예금주가 실제로 변제받은 금액의 한도에서만 소멸할 뿐이며, 이사가 상호신용금고에 이행한 손해배상액의 범위에서 모두 소멸하지는 않는다.[10]

5. 수뢰 등의 금지

상호저축은행의 임직원은 직무와 관련하여 횡령, 배임, 직접·간접을 불문하고 증여, 그 밖에 수뢰의 요구, 취득 또는 이에 관한 약속을 하여서는 아니 된다(법37의5).

Ⅱ. 검사

1. 상호저축은행의 대주주에 대한 검사

(1) 업무와 재산 검사

금융감독원장은 상호저축은행의 대주주가 제12조의3(대주주의 부당한 영향력

---

9) 대법원 2005. 11. 25. 선고 2004다48409 판결.
10) 대법원 2008. 4. 10. 선고 2004다68519 판결.

행사의 금지)을 위반한 혐의가 인정되는 경우에는 소속 직원으로 하여금 그 목적에 필요한 최소한의 범위에서 해당 대주주의 업무와 재산에 관하여 검사하게 할 수 있다(법22의6①). 금융감독원장은 상호저축은행의 대주주(상호저축은행의 의결권 있는 발행주식 총수의 2% 이상을 보유한 주주 포함) 및 임직원이 법 제37조(대주주 등에 대한 신용공여 등의 금지) 제1항부터 제3항까지의 규정을 위반한 혐의가 인정되는 경우에는 소속 직원으로 하여금 그 목적에 필요한 최소한의 범위에서 그의 업무와 재산에 관하여 검사하게 할 수 있다(법22의6②).

(2) 자료제출 및 의견진술 요구 등

금융감독원장은 검사를 할 때 필요하다고 인정하면 대주주에 대하여 업무나 재산에 관한 보고, 자료의 제출, 관계자의 출석 및 의견의 진술을 요구할 수 있다(법22의6③ 및 법23②).

(3) 증표제시

검사를 하는 자는 그 권한을 표시하는 증표를 지니고 이를 관계자에게 내보여야 한다(법22의6③ 및 법23③).

(4) 위반시 제재

법 제22조의6 제1항 또는 제2항에 따른 검사를 거부·방해 또는 기피한 자에게는 5천만원 이하의 과태료를 부과한다(법40①(8)).

2. 상호저축은행에 대한 검사

(1) 업무와 재산 검사

금융감독원장은 그 소속 직원으로 하여금 상호저축은행의 업무와 재산에 관하여 검사하게 할 수 있다(법23①).

(2) 자료제출 및 의견진술 요구 등

금융감독원장은 검사를 할 때 필요하다고 인정하면 상호저축은행에 대하여 업무나 재산에 관한 보고, 자료의 제출, 관계자의 출석 및 의견의 진술을 요구할 수 있다(법23②).

(3) 증표제시

검사를 하는 자는 그 권한을 표시하는 증표를 지니고 이를 관계자에게 내보여야 한다(법23③).

(4) 외부감사인에 대한 자료제출 요구

금융감독원장은 외부감사법에 따라 상호저축은행이 선임한 외부감사인에게 그 상호저축은행을 감사한 결과 알게 된 정보나 그 밖에 경영건전성과 관련되는 자료의 제출을 사용목적에 필요한 최소한의 범위에서 서면으로 요구할 수 있다 (법23④).

(5) 위반시 제재

법 제23조 제1항에 따른 검사를 거부·방해 또는 기피한 자(제9호), 법 제23조 제2항(제22조의6 제3항에서 준용하는 경우를 포함)에 따른 보고, 자료의 제출 또는 출석·진술("보고등")을 하지 아니하거나 거짓으로 보고등을 한 자(제10호)에게는 5천만원 이하의 과태료를 부과한다(법40①(9)(10)).

"자료의 제출을 하지 아니한 자"는 자료의 제출을 요구받은 자로서 당해 자료를 소지하고 있었음에도 불구하고 이를 제출하지 아니한 자이고, "출석·진술을 하지 아니한 자"는 출석 및 의견의 진술을 요구받고도 이에 응하지 아니한 관계자라고 봄이 상당하다.11)

3. 상호저축은행중앙회에 대한 검사

상호저축은행중앙회에 관하여는 상호저축은행에 대한 검사 규정인 제23조를 준용한다(법34②).

4. 위반시 제재

법 제23조 제2항(제34조 제2항에서 준용하는 경우만 해당)에 따른 보고, 자료의 제출 또는 출석·진술("보고등")을 하지 아니하거나 거짓으로 보고등을 한 자에게는 3천만원 이하의 과태료를 부과한다(법40②(6)).

---

11) 대법원 2013. 2. 13.자 2010마1442 결정.

Ⅲ. 제재

1. 상호저축은행 및 임직원에 대한 제재

(1) 상호저축은행에 대한 제재

(가) 주의 · 경고, 시정명령 또는 영업의 일부정지

금융위원회는 상호저축은행이 [별표 1] 각 호의 어느 하나에 해당하거나 금융회사지배구조법 [별표]12) 각 호의 어느 하나에 해당하는 경우(6개월 이내의 영업의 일부정지로 한정), 금융소비자보호법 제51조(금융상품판매업자등에 대한 처분 등) 제1항 제4호, 제5호13) 또는 제51조 제2항 각 호 외의 부분 본문 중 대통령령으로 정하는 경우(6개월 이내의 영업의 일부정지로 한정)에 해당하면 상호저축은행에 대한 주의 · 경고(제1호), 해당 위반행위의 시정명령(제2호), 6개월 이내의 영업의 일부정지(제5호)에 해당하는 조치를 할 수 있다(법24①). [별표 1]은 상호저축은행 및 그 임직원에 대한 처분 사유를 규정하고 있다.

(나) 영업의 전부 정지 또는 인가취소

금융위원회는 상호저축은행이 ⅰ) 거짓이나 그 밖의 부정한 방법으로 영업의 인가를 받은 경우(제1호), ⅱ) 결손으로 자기자본의 전액이 잠식된 경우(제2호), ⅲ) 인가를 받지 아니하고 해산 · 합병, 영업 전부(이에 준하는 경우를 포함)의 폐업 · 양도 또는 양수, 자본금의 감소(법10①)에 해당하는 행위를 한 경우(제3호), ⅳ) 시정명령을 이행하지 아니한 경우(제4호), ⅴ) 영업의 정지기간 중에 그 영업을 한 경우(제5호), ⅵ) 금융회사지배구조법 [별표] 각 호의 어느 하나에 해당하는 경우(영업의 전부정지를 명하는 경우로 한정)(제6호), ⅶ) 영업의 전부 또는 일부를 정지하는 행위(법18의2①(11))를 한 경우(제7호), ⅷ) 금융소비자보호법 제51조 (금융상품판매업자등에 대한 처분 등) 제1항 제4호 또는 제5호에 해당하는 경우(제8호), ⅸ) 금융소비자보호법 제51조 제2항 각 호 외의 부분 본문 중 대통령령으로 정하는 경우(영업의 전부정지를 명하는 경우로 한정)(제9호), ⅹ) 그 밖에 법령 또는

---

12) 금융회사 및 임직원에 대한 조치.
13) 4. 금융위원회의 시정명령 또는 중지명령을 받고 금융위원회가 정한 기간 내에 시정하거나 중지하지 아니한 경우
　 5. 그 밖에 금융소비자의 이익을 현저히 해칠 우려가 있거나 해당 금융상품판매업등을 영위하기 곤란하다고 인정되는 경우로서 대통령령으로 정하는 경우

정관을 위반하거나 재산상태 또는 경영이 건전하지 못하여 공익을 크게 해칠 우려가 있는 경우(제10호)에 해당하면 6개월 이내의 기간을 정하여 영업의 전부정지를 명하거나 영업의 인가를 취소할 수 있다(법24②).

(2) 임직원에 대한 제재

(가) 재임·재직 중인 임직원

금융위원회는 상호저축은행의 임직원이 [별표 1] 각 호의 어느 하나에 해당하거나 금융회사지배구조법 [별표] 각 호의 어느 하나에 해당하는 경우, 금융소비자보호법 제51조(금융상품판매업자등에 대한 처분 등) 제1항 제4호, 제5호 또는 같은 조 제2항 각 호 외의 부분 본문 중 대통령령으로 정하는 경우에 해당하면 그 임직원에 대한 주의·경고·문책의 요구(제1호), 임원(금융회사지배구조법 제2조 제5호[14]에 따른 업무집행책임자는 제외)의 해임 권고 또는 직무정지(제3호), 직원(금융회사지배구조법 제2조 제5호에 따른 업무집행책임자를 포함)의 면직 요구(제4호)에 해당하는 조치를 할 수 있다(법24①).

(나) 퇴임·퇴직 중인 임직원

금융위원회는 상호저축은행의 퇴임한 임원 또는 퇴직한 직원이 재임 또는 재직 중이었더라면 임직원에 대한 주의·경고·문책의 요구, 임원에 대한 해임 권고 또는 직무정지, 직원에 대한 면면직 요구 조치를 받았을 것으로 인정되는 경우에는 그 조치의 내용을 해당 상호저축은행에 통보할 수 있다(법35의3①).

통보를 받은 상호저축은행은 이를 퇴임·퇴직한 해당 임직원에게 통보하고, 그 내용을 기록·유지하여야 한다(법35의3②).

(3) 위반시 제재

법 제24조 제1항 제1호부터 제4호까지의 규정에 따른 요구 또는 명령을 이행하지 아니한 자에게는 5천만원 이하의 과태료를 부과한다(법40①(12)).

2. 상호저축은행중앙회 및 그 임직원에 대한 제재

(1) 상호저축은행중앙회에 대한 제재

금융위원회는 상호저축은행중앙회("중앙회")가 [별표 2] 각 호의 어느 하나

---

14) 5. "업무집행책임자"란 이사가 아니면서 명예회장·회장·부회장·사장·부사장·행장·부행장·부행장보·전무·상무·이사 등 업무를 집행할 권한이 있는 것으로 인정될 만한 명칭을 사용하여 금융회사의 업무를 집행하는 사람을 말한다.

에 해당하면 중앙회에 대한 주의·경고(제1호), 해당 위반행위의 시정명령(제2호), 6개월 이내의 업무의 일부정지(제5호)에 해당하는 조치를 할 수 있다(법29). [별표 2]는 중앙회 및 그 임직원에 대한 처분 사유를 규정하고 있다.

(2) 임직원에 대한 제재

(가) 재임·재직 중인 임직원

금융위원회는 중앙회의 임직원이 [별표 2] 각 호의 어느 하나에 해당하면 임직원에 대한 주의·경고·문책의 요구(제1호), 임원의 해임 권고 또는 직무정지(제3호), 직원의 면직 요구(제4호)에 해당하는 조치를 할 수 있다(법29).

(나) 퇴임·퇴직 중인 임직원

금융위원회는 중앙회의 퇴임한 임원 또는 퇴직한 직원이 재임 또는 재직 중이었더라면 그 임직원에 대한 주의·경고·문책의 요구(제1호), 임원의 해임 권고 또는 직무정지(제3호), 직원의 면직 요구(제4호)의 조치를 받았을 것으로 인정되는 경우에는 그 조치의 내용을 해당 중앙회에 통보할 수 있다(법35의3①).

통보를 받은 중앙회는 이를 퇴임·퇴직한 해당 임직원에게 통보하고, 그 내용을 기록·유지하여야 한다(법35의3②).

(3) 위반시 제재

법 제29조 제1호에 따른 요구를 이행하지 아니한 자에게는 1천만원 이하의 과태료를 부과한다(법40④(4)).

3. 과징금

(1) 부과대상

금융위원회는 상호저축은행, 동일계열상호저축은행[15] 또는 대주주등이 일정한 경우에 해당할 때에는 과징금을 부과할 수 있다(법38의2).

(가) 상호저축은행(제1호)

가. 상호저축은행이 제12조(개별차주 등에 대한 신용공여의 한도) 제1항부터 제3
항까지의 규정 및 제18조의2 제1항 제8호(동일한 부동산 개발·공급 사업에
참여하는 대통령령으로 정하는 자[16]에 대한 신용공여로서 해당 부동산 개

---

15) 동일계열상호저축은행은 금융위원회가 정하는 바에 따라 연결재무제표를 작성하여야 하는 계열관계에 있는 상호저축은행을 말한다(법12①).
16) "대통령령으로 정하는 자"란 각각 동일한 부동산 개발·공급 사업장에서 공동으로 사업을

발·공급 사업에서 발생하는 수입을 그 주된 상환재원으로 하는 대통령령으로 정하는 신용공여[17])의 합계가 자기자본의 25%를 초과하는 행위)에 따른 신용공여의 한도를 초과하여 신용공여를 한 경우: 초과한 신용공여 금액의 30% 이하

나. 상호저축은행이 제18조의2 제1항 제2호[업무용부동산 외의 부동산의 소유 (다만, 담보권의 실행으로 취득하는 경우는 제외)]를 위반하여 부동산을 소유한 경우: 소유한 부동산 취득가액의 30% 이하

다. 상호저축은행이 제37조(대주주등에 대한 신용공여 등의 금지) 제1항 또는 제2 항을 위반하여 신용공여 및 예금등을 하거나 가지급금을 지급한 경우: 신용 공여 및 예금등을 하거나 가지급한 금액 이하

(나) 동일계열상호저축은행(제2호)

동일계열상호저축은행이 제12조(개별차주 등에 대한 신용공여의 한도) 제1항 또는 제3항에 따른 신용공여의 한도를 초과하여 신용공여를 한 경우: 초과한 신 용공여 금액의 30% 이하

(다) 대주주등(제3호)

대주주등이 제37조(대주주등에 대한 신용공여 등의 금지) 제1항 또는 제3항을 위반하여 신용공여 및 예금등을 받거나 가지급금을 받은 경우: 신용공여 및 예금 등을 받거나 가지급금으로 받은 금액 이하

(2) 과징금 부과요건과 절차

(가) 고려사항

과징금의 부과기준은 위반행위의 내용 및 정도, 위반행위의 기간 및 횟수, 위반행위로 인하여 취득한 이익의 규모 등을 고려하여 다음 기준으로 하여 부과 한다(법38의3①, 영30의2①).

1. 위반행위가 다음의 어느 하나에 해당하는 경우에는 과징금을 가중할 수 있다.
   가. 위반한 금액이 자기자본의 5%를 초과하는 경우

수행하는 자를 말한다. 이 경우 사업장의 구체적인 범위는 금융위원회가 정하여 고시한다 (영11의2②).

17) "대통령령으로 정하는 신용공여"란 각각 해당 부동산 개발·공급사업의 사업성을 평가하 여 그 사업에서 발생할 미래 현금흐름을 차입원리금의 주된 상환재원으로 하는 신용공여 를 말한다(영11의2③).

　　나. 위반행위가 1년 이상 지속되거나 3회 이상 반복된 경우
　2. 위반행위가 다음의 어느 하나에 해당하는 경우에는 과징금을 감면할 수 있다.
　　가. 위반행위가 경미한 경우
　　나. 위반행위를 지체 없이 시정한 경우

(나) 과징금 부과 통지와 납부

　금융위원회는 과징금을 부과하려면 발행번호, 과징금 납부자, 위반일, 위반행위의 종류, 과징금 납부금액, 납부기한, 수납기관 등을 적은 통지서에 그 위반행위의 종류와 해당 과징금의 금액을 밝혀 이를 낼 것을 서면으로 알려야 한다(영30의2② 전단). 납부기한의 연장 또는 분할납부 결정에 의하여 과징금의 납부를 통지하는 경우에도 또한 같다(영30의2② 후단). 통지를 받은 자는 통지가 있은 날부터 60일 이내에 금융위원회가 정하는 수납기관에 과징금을 내야 한다(영30의2③).

(다) 과징금 부과 세부사항

　과징금 부과에 필요한 세부사항은 금융위원회가 정한다(영30의2④). 시행령 제30조의2 제4항의 "금융위원회가 정하는 사항"은 [별표 9]와 같다(감독규정64). [별표 9] 상호저축은행의 과징금 부과기준은 과징금 산정방식, 기준금액과 법정 부과한도액의 산정, 기본과징금의 산정, 기본과징금의 조정, 부과과징금의 결정, 과징금의 납부기한 연장 및 분납에 관한 사항 등에 관하여 규정하고 있다.

(라) 의견진술과 자료제출

　금융위원회는 과징금을 부과하기 전에 미리 당사자 또는 이해관계인 등에게 의견을 제출할 기회를 주어야 한다(법38의4①). 당사자 또는 이해관계인 등은 금융위원회의 회의에 출석하여 의견을 진술하거나 필요한 자료를 제출할 수 있다(법38의4②).

(3) 이의신청

　과징금 부과처분에 대하여 불복하는 자는 그 처분을 고지받은 날부터 30일 이내에 그 사유를 갖추어 금융위원회에 이의를 신청할 수 있다(법38의5①). 금융위원회는 이의신청에 대하여 이의신청을 받은 날부터 30일 이내에 결정을 하여야 한다(법38의5② 본문). 다만, 부득이한 사정으로 그 기간 이내에 결정을 할 수 없을 경우에는 30일의 범위 내에서 그 기간을 연장할 수 있다(법38의5② 단서).

(4) 납부기한 연장과 분할납부

(가) 사유

금융위원회는 과징금납부의무자가 ⅰ) 재해 등으로 인하여 재산에 현저한 손실을 입은 경우(제1호), ⅱ) 사업여건의 악화로 사업이 중대한 위기에 처한 경우(제2호), ⅲ) 과징금의 일시납부에 따라 자금사정에 현저한 어려움이 예상되는 경우(제3호), ⅳ) 그 밖에 제1호부터 제3호까지에 준하는 사유가 있는 경우(제4호)에 해당하는 사유로 과징금의 전액을 일시에 납부하기 어렵다고 인정하는 때에는 그 납부기한을 연장하거나 분할납부하게 할 수 있다(법38의6① 전단). 이 경우 필요하다고 인정하는 때에는 담보를 제공하게 할 수 있다(법38의6① 후단).

납부기한 연장은 그 납부기한의 다음 날부터 1년을 초과할 수 없다(영30의3①). 분할납부를 하게 하는 경우에는 각 분할된 납부기한 간의 간격은 6개월 이내로 하고, 분할 횟수는 3회 이내로 한다(영30의3②).

(나) 신청

과징금납부의무자가 과징금납부기한의 연장을 받거나 분할납부를 하려는 경우에는 그 납부기한의 10일 전까지 금융위원회에 신청하여야 한다(법38의6②). 납부기한의 연장 또는 분할납부의 신청은 과징금 납부통지서 발행번호, 위반일, 위반행위의 종류, 과징금 부과금액, 납부기한, 납부기한의 연장 또는 분할납부를 신청하는 사유를 적은 신청서로 하여야 한다(영30의3③ 전단). 이 경우 납부기한의 연장 또는 분할납부를 신청하는 사유는 증명 서류를 첨부하여야 한다(영30의3③ 후단).

납부기한 연장, 분할납부 및 서식에 관한 세부사항은 금융위원회가 정하여 고시한다(영30의3④). 시행령 제30조의3 제4항의 "금융위원회가 정하는 사항"은 [별표 9]와 같다(감독규정64). [별표 9] 상호저축은행의 과징금 부과기준은 과징금 산정방식, 기준금액과 법정부과한도액의 산정, 기본과징금의 산정, 기본과징금의 조정, 부과과징금의 결정, 과징금의 납부기한 연장 및 분납에 관한 사항 등에 관하여 규정하고 있다.

(다) 취소

금융위원회는 납부기한이 연장되거나 분할납부가 허용된 과징금납부의무자가 ⅰ) 분할납부 결정된 과징금을 그 납부기한 내에 납부하지 아니한 때(제1호), ⅱ) 담보의 변경, 그 밖에 담보보전에 필요한 금융위원회의 명령을 이행하지 아니한 때(제2호), iii) 강제집행, 경매의 개시, 파산선고, 법인의 해산, 국세 또는 지방세의 체납처분을 받는 등 과징금의 전부 또는 잔여분을 징수할 수 없다고 인정되는 때(제3호), iv) 과징금을 부과받은 자의 재산상황, 그 밖의 사정의 변화로 납부기한 연장 및 분할납부가 필요하지 아니하다고 금융위원회가 인정하는 경우(제4호: 영30의3⑤)에 해당하게 된 때에는 그 납부기한의 연장 또는 분할납부 결정을 취소하고 과징금을 일시에 징수할 수 있다(법38의6③).

(5) 과징금 징수 및 체납처분

(가) 징수 및 체납처분 절차

금융위원회는 과징금납부의무자가 납부기한 내에 과징금을 납부하지 아니한 때에는 납부기한의 다음 날부터 납부한 날의 전 날까지의 기간에 대하여 체납된 과징금액에 연 6%를 적용하여 계산한 금액의 가산금을 징수할 수 있다(법38의7①, 영30의4 전단). 이 경우 가산금을 징수하는 기간은 60개월을 초과하지 못한다(영30의4 후단).

금융위원회는 과징금납부의무자가 납부기한 내에 과징금을 납부하지 아니하는 때에는 기간을 정하여 독촉을 하고, 그 지정한 기간 내에 과징금 및 가산금을 납부하지 아니하는 때에는 국세 체납처분의 예에 따라 징수할 수 있다(법38의7②).

(나) 체납처분의 위탁

금융위원회는 과징금 및 가산금의 징수 또는 체납처분에 관한 업무를 국세청장에게 위탁할 수 있다(법38의7③).

4. 과태료

상호저축은행법 제40조는 일정한 위반행위에 대하여 5천만원 이하의 과태료(법40①), 3천만원 이하의 과태료(법40②), 2천만원 이하의 과태료(법40③), 1천만원 이하의 과태료(법40④)를 부과한다. 과태료의 부과기준은 [별표 5]와 같다(영32).

제3절 검사

Ⅰ. 서설

1. 검사의 의의

검사는 금융기관의 업무활동과 경영상태를 분석·평가하고 금융기관이 취급한 업무가 관계법령에 위반되지 않았는지를 확인·점검하여 적절한 조치를 취하는 활동으로서, 감독정책이 시장에서 작동되도록 보장할 뿐만 아니라 검사결과 도출된 제반 정보를 반영하여 보다 실효성 있는 금융감독정책을 수립할 수 있도록 지원하는 기능도 담당한다. 이에 반해 금융감독은 사전 예방적인 감독활동과 사후교정적인 검사활동으로 구분할 수 있다. 일반적으로 감독은 금융기관의 건전경영을 유도하기 위하여 기준을 설정하고 이를 준수하도록 지도하는 행위를 말한다.[18]

금융기관에 대한 검사방식은 과거에는 사후교정적 측면을 강조하는 지적위주의 검사에서 1980년대 이후에는 금융자율화 추세에 따라 내부통제 기능 강화와 책임경영체제 확립을 도모하였고, 2000년대 이후에는 제한된 검사인력을 효율적으로 운용하기 위하여 리스크중심의 검사를 지향하고 있으며, 2008년 금융위기 이후에는 금융기관 및 금융시장의 잠재적 위험에 선제적으로 대응하여 위기의 발생을 억제하는 사전예방적 검사의 중요성이 강조되어 금융시스템에 영향이 큰 대형금융기관에 대한 현장검사의 강화 및 상시감시활동, 금융기관의 내부감사 및 내부통제 활동의 중요성이 더욱 부각되고 있다.

금융감독당국은 금융기관의 건전성 및 영업행위에 대한 검사를 통해 문제점을 적발하고, 이에 대한 심의를 거쳐 제재조치를 내리게 되는데, 검사란 제재조치의 시작점이라고 할 수 있다. 따라서 제재가 실효성을 갖기 위해서는 검사라는 첫 단추가 적절히 채워져야 할 것이다.[19]

---

18) 금융감독원(2020), 「금융감독개론」, 금융감독원(2020. 3), 427쪽.
19) 이승민(2013), "금융기관 및 그 임직원에 대한 제재의 실효성 제고방안", 서울대학교 대학원 석사학위논문(2013. 12), 134쪽.

2. 검사의 법적 근거

금융감독원은 금융위원회법 또는 다른 법령에 따라 검사대상기관의 업무 및 재산상황에 대한 검사업무를 수행한다(금융위원회법37(1)). 금융위원회법 제37조 및 동법 시행령, 금융업관련법 및 그 시행령과 기타 관계법령에 의하여 금융감독원장("감독원장")이 실시하는 검사의 방법, 검사결과의 처리 및 제재, 기타 필요한 사항을 정한 금융위원회 고시로「금융기관 검사 및 제재에 관한 규정」("검사제재규정")이 있다. 검사는 행정조사의 일종으로서 권력적 행정조사와 비권력적 행정조사를 모두 포함한다.

3. 검사 대상기관

금융감독원의 검사를 받는 기관은 은행, 금융투자업자, 증권금융회사, 종합금융회사 및 명의개서대행회사, 보험회사, 상호저축은행과 그 중앙회, 신용협동조합 및 그 중앙회, 여신전문금융회사 및 겸영여신업자, 농협은행, 수협은행이 있으며, 다른 법령에서 금융감독원이 검사를 하도록 규정한 기관도 검사 대상기관이다(금융위원회법38).

검사제재규정의 적용범위는 금융감독원장이 검사를 실시하는 "금융기관"에 적용한다(검사제재규정2①). 여기서 "금융기관"이라 함은 설립·해산, 영업의 인·허가, 승인 또는 업무감독·검사 등과 관련하여 금융위원회법 및 금융업관련법의 적용을 받는 회사·관계기관·단체 등을 말한다(검사제재규정3(2)).

Ⅱ. 검사의 종류

1. 종합검사와 부문검사

이는 운영방식에 따른 구분이다. "종합검사"란 금융기관의 업무전반 및 재산상황에 대하여 종합적으로 실시하는 검사를 말하고(검사제재규정3(3)), "부문검사"란 금융사고예방, 금융질서확립, 기타 금융감독정책상의 필요에 의하여 금융기관의 특정부문에 대하여 실시하는 검사를 말한다(검사제재규정3(4)).

2. 현장검사와 서면검사

이는 검사 실시방법에 따른 구분이다. "현장검사"란 검사원(금융감독원장의 명령과 지시에 의하여 검사업무를 수행하는 자)이 금융기관을 방문하여 실시하는 검사를 말하고(검사제재규정3(5)), "서면검사"란 검사원이 금융기관으로부터 자료를 제출받아 검토하는 방법으로 실시하는 검사를 말한다(검사제재규정3(6)).

3. 건전성검사와 영업행위검사

실시목적 기준에 따라 건전성검사와 영업행위검사로 구분된다. 건전성검사는 금융기관의 리스크관리, 경영실태평가, 지배구조 등 건전경영 유도 목적에 보다 중점을 둔 검사이며, 영업행위검사는 금융소비자에 대한 금융상품 판매행위 등 금융소비자 보호 및 금융거래질서 확립목적에 보다 중점을 둔 검사이다.[20]

4. 평가성검사와 준법성검사

중대한 법규 위반사항 적발 목적 기준에 따라 평가성검사와 준법성검사로 구분된다. 평가성검사는 컨설팅 방식으로 진행되며 미흡한 사항에 대해서는 개선권고, 경영유의, 현지조치, MOU 체결 등으로 처리하되, 중대한 법규 위반사항 발견 시에는 준법성검사로 전환한다. 준법성검사는 사실관계 확인 및 위법성 검토 방식으로 진행되며, 검사결과 위법성의 경중에 따라 기관 및 개인에 대해 제재조치한다. 평가성검사와 준법성검사가 혼재된 경우 준법성검사로 구분한다.

Ⅲ. 검사의 절차

1. 상시감시업무

"상시감시"란 금융기관에 대하여 임직원 면담, 조사출장, 영업실태 분석, 재무상태 관련 보고서 심사, 경영실태 계량평가, 기타 각종자료 또는 정보의 수집·분석을 통하여 문제의 소지가 있는 금융기관 또는 취약부문을 조기에 식별하여 현장검사 실시와 연계하는 등 적기에 필요한 조치를 취하여 금융기관의 안

---

20) 금융감독원(2020), 429쪽.

전하고 건전한 경영을 유도하는 감독수단을 말한다(검사제재규정3(15)).

금융기관에 대한 상시감시업무는 상시감시자료, 즉 ⅰ) 업무 또는 영업보고서(제1호), ⅱ) 금융기관 경영실태평가에 활용되고 있는 계량지표 또는 보조지표 자료(제2호), ⅲ) 임직원 면담 및 조사출장 결과 자료(제3호), ⅳ) 금융기관이 검사원의 요구에 따라 제출한 자료(제4호), ⅴ) 검사원 등이 수집한 정보·건의사항(제5호), ⅵ) 기타 검사총괄담당부서장 및 검사실시부서장이 필요하다고 판단하는 자료(제6호)를 검토·분석하는 방법으로 수행한다(검사제재규정 시행세칙6①, 이하 "시행세칙"). 금융감독원장은 내부통제 및 리스크관리 강화 등이 필요하다고 판단되는 금융기관에 대하여 검사원을 일정기간 상주시키면서 상시감시업무를 수행하도록 할 수 있다(시행세칙6②).

상시감시결과 취할 수 있는 조치의 종류는 ⅰ) 경영개선권고, 금융위원회("금융위")에 경영개선요구 건의·경영개선명령 건의(제1호), ⅱ) 경영실태평가 등급 조정(제2호), ⅲ) 검사계획수립 및 중점검사항목에 반영(제3호), ⅳ) 검사실시(제4호), ⅴ) 시정계획 제출요구 또는 보고서 주기 단축 등 사후관리 강화(제5호), ⅵ) 확약서·양해각서 체결(제6호) 등이다(시행세칙7).

2. 검사계획의 수립 및 중점검사사항 운영

(1) 검사계획의 수립

검사총괄담당부서장은 다음 연도의 검사계획을 수립한다(시행세칙4①). 검사실시부서장은 각 부서별 연간검사계획을 수립하여 이를 검사총괄담당부서장에게 통보하여야 한다(시행세칙4② 전단). 검사계획의 일부를 변경 또는 조정하는 경우에도 그러하다(시행세칙4② 후단). 연간검사계획에는 검사의 종류, 검사대상점포 및 점포수, 검사실시시기, 검사동원인원, 주요 검사실시범위 등이 포함되어야 한다(시행세칙4④ 본문). 다만, 부문검사의 경우에는 이를 미리 정하지 아니할 수 있다(시행세칙4④ 단서). 금융지주회사등에 대한 연결검사를 위한 연간검사계획은 주검사부서가 자회사 및 손자회사 담당 검사실시부서와 협의하여 수립하고, 각 검사실시부서는 이를 연간검사계획에 포함하여 검사총괄담당부서장에게 통보하여야 한다(시행세칙4③ 전단). 검사계획의 일부를 변경 또는 조정하는 경우에도 그러하다(시행세칙4③ 후단). "연결검사"라 함은 금융지주회사와 그 자회사 및 손자회사("금융지주회사등")에 대한 연결기준 재무상태 및 경영성과 등 경영의 건전성 평가와 그 업무 및 재산에 대한 적정성 등을 확인하기 위해 실시하는 검사를 말한다(시행세칙2(7)).

(2) 중점검사사항 운영

중점검사사항은 기본항목과 수시항목으로 구분 운영한다(시행세칙5①). "중점검사사항 기본항목"이라 함은 주요 금융감독정책 및 검사방향 등에 따라 연중 계속적으로 중점검사하여야 할 사항을 말하고(시행세칙2(1)), "중점검사사항 수시항목"이라 함은 검사실시시기 또는 검사대상점포의 특성에 따라 중점검사하여야 할 사항을 말한다(시행세칙2(2)).

검사실시부서장은 금융환경, 업계동향 및 금융기관의 특성 등을 감안하여 중점검사사항 기본항목을 선별 운영할 수 있으며, 상시감시결과 나타난 금융기관의 경영상 취약부문 등을 중점검사사항 수시항목으로 선정하여 운영할 수 있다(시행세칙5②). 검사위탁기관이 검사위탁과 관련하여 금융감독원장에게 중점검사사항을 통보하는 경우에는 이를 당해 위탁검사대상기관에 대한 중점검사사항 기본항목으로 운영한다(시행세칙5③).

3. 검사사전준비

검사실시부서장은 검사사전준비를 위하여 금융기관의 업무 및 재산에 관한 자료, 상시감시자료, 유관부서의 확인요청 사항, 과거 사고·민원발생 내용, 정보 및 건의사항, 기타 조사 및 분석자료 및 정보를 수집·분석하여 활용하여야 한다(시행세칙9①). 검사실시부서장은 검사사전준비를 위하여 필요한 경우 소속 검사원으로 하여금 금융기관에 임점하여 필요한 자료 등을 수집하게 할 수 있다(시행세칙11①).

검사실시부서장은 검사사전준비를 위하여 필요한 경우 검사실시 전에 유관부서 등과 검사사전준비협의회를 개최할 수 있다(시행세칙10①). 검사사전준비협의회는 검사계획의 개요 및 중점검사사항, 금융기관 경영상의 주요 문제점, 금융거래자 보호 및 공정한 금융거래질서 유지와 관련한 주요 문제점, 자체감사부서의 활동상황 등을 협의한다(시행세칙10③).

4. 검사의 실시

(1) 검사실시

금융감독원장은 금융기관의 업무 및 재산상황 또는 특정부문에 대한 검사를 실시한다(검사제재규정8①). 관계법령에 의하여 금융위원회가 금융감독원장으로 하여금 검사를 하게 할 수 있는 금융기관에 대하여는 따로 정하는 경우를 제외하고는 금융감독원장이 검사를 실시한다(검사제재규정8②). 검사의 종류는 종합검사와 부문검사로 구분하고, 검사의 실시는 현장검사 또는 서면검사의 방법으로 행한다(검사제재규정8③). 금융감독원장은 매년 당해 연도의 검사업무의 기본방향과 당해 연도 중 검사를 실시할 금융기관, 검사의 목적과 범위 및 검사 실시기간 등이 포함된 검사계획을 금융위원회에 보고하여야 한다(검사제재규정8④).

(2) 검사의 사전통지

금융감독원장은 현장검사를 실시하는 경우에는 검사목적 및 검사기간 등이 포함된 검사사전예고통지서를 당해 금융기관에 검사착수일 1주일전(종합검사의 경우 1개월전)까지 통지하여야 한다(검사제재규정8의2 본문). 다만, 검사의 사전통지에 따라 검사목적 달성이 어려워질 우려가 있는 다음의 하나에 해당하는 경우에는 그러하지 아니하다(검사제재규정8의2 단서).

1. 사전에 통지할 경우 자료·장부·서류 등의 조작·인멸, 대주주의 자산은닉 우려 등으로 검사 목적 달성에 중요한 영향을 미칠 것으로 예상되는 경우
2. 검사 실시 사실이 알려질 경우 투자자 및 예금자 등의 심각한 불안 초래 등 금융시장에 미치는 악영향이 클 것으로 예상되는 경우
3. 긴급한 현안사항 점검 등 사전통지를 위한 시간적 여유가 없는 불가피한 경우
4. 기타 검사목적 달성이 어려워질 우려가 있는 경우로서 금융감독원장이 정하는 경우

(3) 금융기관 임직원의 조력을 받을 권리

현장검사 과정에서 검사를 받는 금융기관 임직원은 문답서 및 확인서 작성시 변호사 또는 기타 전문지식을 갖춘 사람으로서 금융감독원장이 정하는 사람("조력자")의 조력을 받을 수 있다(검사제재규정8의3①). 검사원은 문답서 및 확인

서 작성시 검사를 받는 금융기관 임직원과 조력자의 주요 진술내용을 충분히 반영하여 작성하고, 검사 기록으로 관리하여야 한다(검사제재규정8의3②).

(4) 자료제출요구 등

금융감독원장은 검사 및 상시감시업무를 수행함에 있어 필요한 경우에는 금융기관에 대하여 업무 또는 재산에 관한 보고 및 자료의 제출을 요구할 수 있으며, 필요한 경우에는 자본시장법, 보험업법 등 관계법령이 정하는 바에 따라 관계자 등에 대하여 진술서의 제출, 증언 또는 장부·서류 등의 제출을 요구할 수 있다(검사제재규정9①). 자료의 제출은 정보통신망을 이용한 전자문서의 방법에 의할 수 있다(검사제재규정9②).

금융감독원장은 검사 및 상시감시 업무와 관련하여 제출받은 자료·장부·서류 등에 대해, 조작이 의심되어 원본 확인이 필요한 경우 금융기관의 자료·장부·서류 등의 원본을 금융감독원에 일시 보관할 수 있다(검사제재규정9③). 일시 보관하고 있는 자료·장부·서류 등의 원본에 대하여 금융기관이 반환을 요청한 경우에는 검사 및 상시감시업무에 지장이 없는 한 즉시 반환하여야 한다(검사제재규정9④ 전단). 이 경우 금융감독원장은 자료·장부·서류 등의 사본을 보관할 수 있고, 그 사본이 원본과 다름없다는 사실에 대한 확인을 금융기관에 요구할 수 있다(검사제재규정9④ 후단).

(5) 권익보호담당역

금융감독원장은 검사업무 수행과정에서 금융기관 및 그 임직원의 권익보호를 위하여 금융기관 및 그 임직원의 권익보호업무를 총괄하는 권익보호담당역을 둔다(검사제재규정10①). 금융감독원장은 권익보호담당역이 업무를 수행함에 있어 독립성이 보장될 수 있도록 하여야 한다(검사제재규정10②). 권익보호담당역의 임기는 3년으로 한다(검사제재규정10③). 권익보호담당역은 금융기관의 신청이 있는 경우에, 검사 과정에서 위법·부당한 검사가 진행되거나 절차상 중요한 흠결이 있다고 인정되면, 금융감독원장에게 검사중지 건의 또는 시정 건의를 할 수 있다(검사제재규정10④). 권익보호담당역은 그 업무수행 과정에서 필요한 경우, 검사원에 대한 소명요구, 검사자료 제출요구 등 검사업무 수행 과정에 대한 조사를 할 수 있다(검사제재규정10⑤).

(6) 의견진술기회 부여

검사반장은 검사결과 나타난 위법·부당행위의 관련자 또는 당해 금융기관에 대하여 의견진술의 기회를 주어야 한다(시행세칙27①). 의견진술은 의견서, 문답서 또는 질문서에 의하며, 관련자 또는 당해 금융기관이 의견제출을 하지 아니하거나 거부한 경우에는 의견이 없는 것으로 본다(시행세칙27②).

Ⅳ. 검사결과의 보고, 통보 및 조치

1. 검사결과의 보고

금융감독원장은 금융기관에 대하여 검사를 실시한 경우에는 그 결과를 종합 정리하여 금융위에 보고하여야 한다(검사제재규정13① 본문). 다만, 금융기관의 특정부문에 대하여 실시한 부문검사로서 현지조치사항만 있거나 조치요구사항이 없는 경우에는 보고를 생략할 수 있다(검사제재규정13① 단서). 금융감독원장은 시스템리스크 초래, 금융기관 건전성의 중대한 저해, 다수 금융소비자 피해 등의 우려가 있다고 판단하는 경우에는 보고와 별도로 검사 종료 후 지체없이 그 내용을 금융위에 보고하여야 한다(검사제재규정13②). 금융감독원장은 타기관에 위임 또는 위탁한 검사에 대하여도 그 검사결과를 보고받아 금융위에 보고하여야 한다(검사제재규정13③).

2. 검사결과의 통보 및 조치

(1) 검사결과의 통보 및 조치요구

(가) 의의

금융감독원장은 금융기관에 대한 검사결과를 검사서에 의해 당해 금융기관에 통보하고 필요한 조치를 취하거나 당해 금융기관의 장에게 이를 요구할 수 있으며(검사제재규정14①), 조치를 요구한 사항에 대하여 금융기관의 이행상황을 관리하여야 한다(검사제재규정14③ 본문). 다만, 현지조치사항에 대하여는 당해 금융기관의 자체감사조직의 장이나 당해 금융기관의 장에게 위임하며, 신용협동조합·농업협동조합·수산업협동조합·산림조합에 대한 조치요구사항은 당해 설립법에 의한 중앙회장에게 위임할 수 있다(검사제재규정14③ 단서).

(나) 검사결과 조치요구사항

검사서 작성 및 검사결과 조치요구사항은 아래와 같이 구분한다(검사제재규정14②). 여기서 "조치요구사항"이란 경영유의사항, 지적사항, 현지조치사항 등 금융감독원장이 금융기관에 대하여 조치를 요구하는 사항을 말한다(검사제재규정 3(8)).

1) 경영유의사항

경영유의사항이란 금융기관에 대한 검사결과 경영상 취약성이 있는 것으로 나타나 경영진의 주의 또는 경영상 조치가 필요한 사항을 말한다(검사제재규정 3(9)).

2) 지적사항

지적사항이란 금융기관에 대한 검사결과 나타난 위법·부당한 업무처리내용 또는 업무처리방법의 개선 등이 필요한 사항을 말하며, 이는 문책·자율처리필요·주의· 변상·개선사항으로 다음과 같이 구분한다(검사제재규정3(10)).

ⅰ) 문책사항(가목): 금융기관 또는 금융기관의 임직원이 금융관련법규를 위반하거나 금융기관의 건전한 영업 또는 업무를 저해하는 행위를 함으로써 신용질서를 문란하게 하거나 당해 기관의 경영을 위태롭게 하는 행위로서 과태료·과징금 부과, 기관 및 임원에 대한 주의적경고 이상의 제재, 직원에 대한 면직·업무의 전부 또는 일부에 대한 정직·감봉·견책에 해당하는 제재의 경우, ⅱ) 자율처리필요사항(나목): 금융기관 직원의 위법·부당행위에 대하여 당해 금융기관의 장에게 그 사실을 통보하여 당해 금융기관의 장이 조치대상자와 조치수준을 자율적으로 결정하여 조치하도록 하는 경우, ⅲ) 주의사항(다목): 위법 또는 부당하다고 인정되나 정상참작의 사유가 크거나 위법·부당행위의 정도가 상당히 경미한 경우, ⅳ) 변상사항(라목): 금융기관의 임직원이 고의 또는 중대한 과실로 금융관련법규 등을 위반하는 등으로 당해 기관의 재산에 대하여 손실을 끼쳐 변상책임이 있는 경우, ⅴ) 개선사항(마목): 규정, 제도 또는 업무운영 내용 등이 불합리하여 그 개선이 필요한 경우

3) 현지조치사항

현지조치사항이란 금융기관에 대한 검사결과 나타난 위법·부당행위 또는 불합리한 사항 중 그 정도가 경미하여 검사반장이 검사현장에서 시정, 개선 또는 주의조치하는 사항을 말한다(검사제재규정3(11)).

(2) 표준검사처리기간

금융감독원장은 표준검사처리기간 운영을 통해 검사결과가 신속히 처리될

수 있도록 노력하여야 한다(검사제재규정14⑤). 표준검사처리기간이란 검사종료
후부터 검사결과 통보까지 소용되는 기간으로서 180일 이내에서 금융감독원장이
정하는 기간을 말하는데(검사제재규정14⑤), 종합검사 180일, 부문검사 중 준법성
검사 152일, 평가성검사 90일을 말하며, 세부사항은 [별표 10]의 표준검사처리기
간에 의한다(시행세칙30의2①). 금융감독원장은 표준검사처리기간을 경과한 검사
건에 대하여 그 건수와 각각의 지연사유, 진행상황 및 향후 처리계획을 매 반기
종료 후 1개월 이내에 금융위에 보고하여야 한다(검사제재규정14⑧ 본문).

표준검사처리기간에는 ⅰ) 관련 사안에 대한 유권해석, 법률·회계 검토에
소요되는 기간(제1호), ⅱ) 제재대상자에 대한 사전통지 및 의견청취에 소요되는
기간(제2호), ⅲ) 검사종료 후 추가적인 사실관계 확인을 위해 소요되는 기간(제3
호), ⅳ) 관련 소송 및 수사·조사기관의 수사 및 조사 진행으로 인하여 지연되는
기간(제4호), ⅴ) 제재심의위원회의 추가 심의에 소요되는 기간(제5호), ⅵ) 제재
심의위원회의 최종 심의일로부터 금융위 의결일(금융위가 금융위원장에게 제재조치
권한을 위임한 경우 동 제재조치의 결정일)(제6호), ⅶ) 기타 표준검사처리기간에 산
입하지 않는 것이 제재의 공정성 및 형평성 등을 위해 필요하다고 금융감독원장
이 인정하는 기간(제7호)은 산입하지 아니한다(검사제재규정14⑥). 표준검사처리기
간의 운영과 관련하여 구체적인 불산입 기간 등 세부사항은 금융감독원장이 정
한다(검사제재규정14⑦).[21]

---

21) 검사제재규정 시행세칙 제30조의2(표준검사처리기간) ② 규정 제14조 제7항에 따른 표준
   처리기간에 산입되지 아니하는 기간으로서 금융감독원장이 정하는 기간은 다음의 각 호
   와 같다. 다만, 제1호, 제3호 및 제6호의 경우에는 최대 60일을 초과하여서는 아니 된다.
   1. 검사실시부서가 관련법규 소관 정부부처, 법무법인, 회계법인 및 감독원 법무·회계 관
      련부서에 검사처리 관련 사안에 대한 유권해석(과태료·과징금 부과건의 관련 질의를
      포함한다) 또는 법률·회계 검토를 의뢰한 날로부터 회신일까지 소요기간
   2. 시행세칙 제59조 제1항의 규정에 의한 제재대상자에 대한 사전통지 및 의견청취 소요
      기간(사전통지일부터 의견접수일까지의 기간), 같은 조 제2항의 규정에 의한 제재대상
      자에 대한 공고기간, 제60조의 규정에 의한 청문절차 소요기간(청문실시 통지일부터
      청문주재자의 의견서 작성일까지의 기간)
   3. 검사종료후 추가적인 사실관계 확인을 위한 후속검사 소요기간(검사총괄담당부서장이
      합의하는 사전준비기간 및 집중처리기간을 포함) 및 주요 입증자료 등 징구에 소요되
      는 기간(자료요구일로부터 자료접수일까지의 기간)
   4. 검사결과 처리가 관련 소송 및 수사·조사기관의 수사·조사 결과에 연관된다고 금융감
      독원장이 판단하는 경우 동 판단시점부터 재판 확정 또는 수사 및 조사 결과 통지 등
      까지 소요되는 기간
   5. 제재심의위원회가 심의를 유보한 경우 심의 유보일로부터 제재심의위원회 최종심의일

(3) 조치요구사항에 대한 정리기한 및 보고

금융기관은 조치요구사항에 대하여 특별한 사유가 있는 경우를 제외하고는 검사서를 접수한 날로부터 경영유의사항은 6월 이내(제1호), 지적사항(제2호) 중 문책사항은 관련 임직원에 대한 인사조치내용은 2월 이내, 문책사항에 주의사항 또는 개선사항 등이 관련되어 있는 경우에는 나목에서 정한 기한 이내(가목), 자율처리필요·주의·변상·개선사항은 3월 이내(나목)에 이를 정리하고 그 결과를 기한종료일로부터 10일 이내에 <별지 서식>에 의하여 금융감독원장에게 보고하여야 한다(검사제재규정15①).

금융감독원장은 검사결과 조치요구사항(경영유의사항, 자율처리필요사항 및 개선사항은 제외)에 대한 금융기관의 정리부진 및 정리 부적정 사유가 관련 임직원의 직무태만 또는 사후관리의 불철저에서 비롯된 것으로 판단하는 경우에는 책임이 있는 임직원에 대하여 제재절차를 진행할 수 있다(검사제재규정15②).

(4) 자체감사결과에 따른 조치

금융기관은 자체감사결과 등으로 발견한 정직 이상 징계처분이 예상되는 직원에 대하여 다음과 같이 조치하여야 한다(검사제재규정16②).

1. 위법·부당행위가 명백하게 밝혀졌을 경우에는 지체없이 직위를 해제하되 징계확정 전에 의원면직 처리하여서는 아니된다.
2. 직원이 사직서를 제출하는 경우에는 동 사직서 제출경위를 조사하고 민법 제660조 등 관계법령에 의한 고용계약 해지의 효력이 발생하기 전에 징계조치 및 사고금 보전 등 필요한 조치를 취한다.

까지의 소요기간
6. 제재의 형평성을 위해 유사사안에 대한 다수의 검사 건을 함께 처리할 필요가 있는 경우 일괄처리를 위해 소요되는 기간

제4절 제재(검사결과의 조치)

Ⅰ. 서설

1. 제재의 의의

제재라 함은 금융감독원의 검사결과 등에 따라 금융기관 또는 그 임직원에 대하여 금융위 또는 금융감독원장이 검사제재규정에 의하여 취하는 조치를 말한다(검사제재규정3(18)). 검사결과 법규위반행위에 대하여는 제재를 하게 되는데, 제재는 금융기관 또는 그 임직원에게 영업상, 신분상, 금전상의 불이익을 부과함으로써 금융기관 경영의 건전성 확보 및 금융제도의 안정성 도모 등 금융기관 감독목적의 실효성을 확보하기 위한 사후적 감독수단이다.[22]

제재는 금융관련법령의 목적달성인 금융감독의 목적을 달성하기 위하여 검사 대상기관에 부과하는 징계벌이라는 점에서 검사 대상기관의 장이 그 소속직원에 대하여 취하는 면직, 정직, 감봉, 견책 등의 신분상의 조치인 징계와 구별된다. 징계란 금융감독원장의 요구에 의하여 당해 기관의 장이 그 소속직원에 대하여 취하는 면직, 정직, 감봉, 견책 등 신분상의 제재조치를 말한다(검사제재규정3(19)).

2. 제재의 법적 근거

제재는 금융기관 및 그 임직원에게 새로운 의무를 부과하거나 기존의 권리나 이익을 박탈하는 등 영업상, 신분상, 금전상의 불이익 부과를 주된 내용으로 하고 있으므로 명확한 법적 근거가 있어야 한다. 따라서 금융감독기관이 제재를 하기 위해서는 명확한 법적 근거가 요구되는데, 현행 금융기관 임직원에 대한 제재는 금융위원회법, 여신전문금융업법, 은행법, 자본시장법, 보험업법 등의 개별 금융관련법령, 그리고 금융기관 검사 및 제재에 관한 규정 및 동 규정 시행세칙에 그 법적 근거를 두고 있다.

금융위원회법은 금융위원회의 소관 사무 중 하나로 금융기관 감독 및 검사·제재에 관한 사항을 규정하고 있으며(금융위원회법17(2)), 또한 금융감독원은

---

22) 금융감독원(2020), 436쪽.

금융위원회법 또는 다른 법령에 따라 검사대상기관의 업무 및 재산상황에 대한 검사업무를 수행한 검사결과와 관련하여 금융위원회법 또는 다른 법령에 따른 제재업무를 수행한다(금융위원회법37(2)).

금융감독원장은 검사 대상기관의 임직원이 ⅰ) 금융위원회법 또는 금융위원회법에 따른 규정·명령 또는 지시를 위반한 경우(제1호), ⅱ) 금융위원회법에 따라 원장이 요구하는 보고서 또는 자료를 거짓으로 작성하거나 그 제출을 게을리한 경우(제2호), ⅲ) 금융위원회법에 따른 금융감독원의 감독과 검사 업무의 수행을 거부·방해 또는 기피한 경우(제3호), ⅳ) 원장의 시정명령이나 징계요구에 대한 이행을 게을리한 경우(제4호)에는 그 기관의 장에게 이를 시정하게 하거나 해당 직원의 징계를 요구할 수 있다(금융위원회법41①). 징계는 면직·정직·감봉·견책 및 경고로 구분한다(금융위원회법41②).

금융감독원장은 검사 대상기관의 임원이 금융위원회법 또는 금융위원회법에 따른 규정·명령 또는 지시를 고의로 위반한 때에는 그 임원의 해임을 임면권자에게 권고할 수 있으며, 그 임원의 업무집행의 정지를 명할 것을 금융위원회에 건의할 수 있다(금융위원회법42).

금융감독원장은 검사 대상기관이 금융위원회법 또는 금융위원회법에 따른 규정·명령 또는 지시를 계속 위반하여 위법 또는 불건전한 방법으로 영업하는 경우에는 금융위원회에 ⅰ) 해당 기관의 위법행위 또는 비행(非行)의 중지(제1호), 또는 ⅱ) 6개월의 범위에서의 업무의 전부 또는 일부 정지(제2호)를 명할 것을 건의할 수 있다(금융위원회법43).

Ⅱ. 제재의 종류

1. 기관제재의 종류와 사유

금융위원회법, 금융산업구조개선법 및 금융업관련법의 규정 등에 의거 금융기관에 대하여 취할 수 있는 제재의 종류 및 사유는 다음 각호와 같다(검사제재규정17①). 금융감독원장은 금융기관이 다음 각호에 해당하는 사유가 있는 경우에는 당해 금융기관에 대하여 제1호 내지 제6호에 해당하는 조치를 취할 것을 금융위에 건의하여야 하며, 제7호 및 제9호에 해당하는 조치를 취할 수 있다(다만, 개별 금융업관련법 등에서 달리 정하고 있는 때에는 그에 따른다. 이하 제18조 제2항, 제

19조 제1항, 제21조에서 같다)(검사제재규정17②).

(1) 영업의 인가ㆍ허가 또는 등록의 취소, 영업ㆍ업무의 전부 정지(제1호)

제재 사유는 ⅰ) 허위 또는 부정한 방법으로 인가ㆍ허가를 받거나 등록을 한 경우 또는 인가ㆍ허가의 내용이나 조건에 위반한 경우(가목), ⅱ) 금융기관의 건전한 영업 또는 업무를 크게 저해하는 행위를 함으로써 건전경영을 심히 훼손하거나 당해 금융기관 또는 금융거래자 등에게 중대한 손실을 초래한 경우(나목), ⅲ) 영업ㆍ업무의 전부 또는 일부에 대한 정지조치를 받고도 당해 영업ㆍ업무를 계속하거나 동일 또는 유사한 위법ㆍ부당행위를 반복하는 경우(다목), ⅳ) 위법부당행위에 대한 시정명령을 이행하지 않은 경우(라목)이다.

(2) 영업ㆍ업무의 일부에 대한 정지(제2호)

제재 사유는 ⅰ) 금융기관의 건전한 영업 또는 업무를 저해하는 행위를 함으로써 건전경영을 훼손하거나 당해 금융기관 또는 금융거래자 등에게 재산상 손실을 초래한 경우(나목),[23] ⅱ) 제3호의 영업점 폐쇄, 영업점 영업의 정지조치 또는 위법ㆍ부당행위의 중지조치를 받고도 당해 영업점 영업을 계속하거나 당해 행위를 계속하는 경우(다목), ⅲ) 제7호의 기관경고를 받고도 동일 또는 유사한 위법ㆍ부당행위를 반복하는 경우(라목)이다.

(3) 영업점의 폐쇄, 영업점 영업의 전부 또는 일부의 정지(제3호)

제재 사유는 금융기관의 위법ㆍ부당행위가 제2호의 "영업ㆍ업무의 일부에 대한 정지"에 해당되나 그 행위가 일부 영업점에 국한된 경우로서 위법ㆍ부당행위의 경중에 따라 당해 영업점의 폐쇄 또는 그 영업의 전부 또는 일부를 정지시킬 필요가 있는 경우이다.

(4) 위법ㆍ부당행위 중지(제4호)

제재 사유는 금융기관의 위법ㆍ부당행위가 계속되고 있어 이를 신속히 중지시킬 필요가 있는 경우이다.

(5) 계약이전의 결정(제5호)

제재 사유는 금융산업구조개선법에서 정한 부실금융기관이 동법 제14조 제2항[24] 각호의 1에 해당되어 당해 금융기관의 정상적인 영업활동이 곤란한 경우

---

23) 가목은 삭제됨<2006. 8. 31.>
24) 금융산업구조개선법 제14조(행정처분) ② 금융위원회는 부실금융기관이 다음 각 호의 어느 하나에 해당하는 경우에는 그 부실금융기관에 대하여 계약이전의 결정, 6개월 이내의 영업정지, 영업의 인가ㆍ허가의 취소 등 필요한 처분을 할 수 있다. 다만, 제4호에 해당하

이다.

(6) 위법내용의 공표 또는 게시요구(제6호)

제재 사유는 금융거래자의 보호를 위하여 위법·부당내용을 일간신문, 정기간행물 기타 언론에 공표하거나 영업점에 게시할 필요가 있는 경우이다.

(7) 기관경고(제7호)

기관경고의 사유는 다음과 같다.

가. 제2호 나목의 규정에 해당되나 위법·부당행위의 동기, 목적, 방법, 수단, 사후수습 노력 등을 고려할 때 그 위반의 정도가 제2호의 제재에 해당되는 경우보다 가벼운 경우

나. 위법·부당행위로서 그 동기·결과가 다음 각호의 1에 해당하는 경우

  (1) 위법·부당행위가 당해 금융기관의 경영방침이나 경영자세에 기인한 경우

  (2) 관련점포가 다수이거나 부서 또는 점포에서 위법·부당행위가 조직적으로 이루어진 경우

  (3) 임원이 위법·부당행위의 주된 관련자이거나 다수의 임원이 위법·부당행위에 관련된 경우

  (4) 동일유형의 민원이 집단적으로 제기되거나 금융거래자의 피해규모가 큰 경우

  (5) 금융실명법의 중대한 위반행위가 발생한 경우

  (6) 위법·부당행위가 수사당국에 고발 또는 통보된 사항으로서 금융기관의 중대한 내부 통제 또는 감독 소홀 등에 기인한 경우

다. 최근 1년 동안 내부통제업무 소홀 등의 사유로 금융사고가 발생하여

  (1) 당해 금융기관의 최직근 분기말 현재 자기자본(자기자본이 납입자본금보다 적은 경우에는 납입자본금. 이하 같다)의 100분의 2(자기자본의

100분의 2가 10억원 미만인 경우에는 10억원) 또는 다음의 금액을 초과하는 손실이 발생하였거나 발생이 예상되는 경우

(가) 자기자본이 1조 5천억원 미만인 경우 : 100억원

(나) 자기자본이 1조 5천억원 이상 2조 5천억원 미만인 경우 : 300억원

(다) 자기자본이 2조 5천억원 이상인 경우 : 500억원

(2) 손실(예상)금액이 (1)에 미달하더라도 내부통제가 매우 취약하여 중대한 금융사고가 빈발하거나 사회적 물의를 크게 야기한 경우

(8) 기관주의(제9호)[25]

제7호에 해당하나 위법·부당행위의 동기, 목적, 방법, 수단, 사후수습 노력 등을 고려할 때 정상참작의 사유가 크거나 위법·부당행위의 정도가 제7호의 제재에 해당되는 경우보다 경미한 경우이다.

2. 임원제재의 종류와 사유

금융위원회법, 금융산업구조개선법 및 금융업관련법의 규정 등에 의거 금융기관의 임원에 대하여 취할 수 있는 제재의 종류 및 사유는 다음과 같다(검사제재규정18①). 금융감독원장은 금융기관의 임원이 제1항 각호에 해당하는 사유가 있는 경우에는 당해 임원에 대하여 제1항 제1호 및 제2호에 해당하는 조치를 취할 것을 금융위에 건의하여야 하며, 제1항 제3호 내지 제5호에 해당하는 조치를 취할 수 있다(검사제재규정18②). 다만, 개별 금융업관련법 등에서 달리 정하고 있는 때에는 그에 따른다(검사제재규정17②).

(1) 해임권고(해임요구, 개선요구 포함)(제1호)

제제 사유는 ⅰ) 고의로 중대한 위법·부당행위를 함으로써 금융질서를 크게 문란시키거나 금융기관의 공신력을 크게 훼손한 경우(가목), ⅱ) 금융기관의 사회적 명성에 중대한 손상이 발생하는 등 사회적 물의를 야기하거나 금융기관의 건전한 운영을 크게 저해함으로써 당해 금융기관의 경영을 심히 위태롭게 하거나 당해 금융기관 또는 금융거래자 등에게 중대한 재산상의 손실을 초래한 경우(나목), ⅲ) 고의 또는 중과실로 재무제표 등에 허위의 사실을 기재하거나 중요한 사실을 기재하지 아니하여 금융거래자등에게 중대한 재산상의 손실을 초래하

---

25) 제8호는 삭제됨<2004. 3. 5.>

거나 초래할 우려가 있는 경우 또는 위의 행위로 인하여 금융산업구조개선법에서 정한 적기시정조치를 회피하는 경우(다목), ⅳ) 고의 또는 중과실로 금융감독원장이 금융관련법규에 의하여 요구하는 보고서 또는 자료를 허위로 제출함으로써 감독과 검사업무 수행을 크게 저해한 경우(라목), ⅴ) 고의 또는 중과실로 직무상의 감독의무를 태만히 하여 금융기관의 건전한 운영을 크게 저해하거나 금융질서를 크게 문란시킨 경우(마목), ⅵ) 기타 금융관련법규에서 정한 해임권고 사유에 해당하는 행위를 한 경우(바목)이다.

(2) 업무집행의 전부 또는 일부의 정지(제2호)

제재 사유는 ⅰ) 위법·부당행위가 제1호 각 목의 어느 하나에 해당되고 제1호에 따른 제재의 효과를 달성하기 위해 필요한 경우(가목), ⅱ) 위법·부당행위가 제1호 각 목의 어느 하나에 해당되나 위법·부당행위의 동기, 목적, 방법, 수단, 사후수습 노력 등을 고려할 때 정상참작의 사유가 있는 경우(나목)이다.

(3) 문책경고(제3호)

문책경고는 ⅰ) 금융관련법규를 위반하거나 그 이행을 태만히 한 경우(가목), ⅱ) 당해 금융기관의 정관에 위반되는 행위를 하여 신용질서를 문란시킨 경우(나목), ⅲ) 금융감독원장이 금융관련법규에 의하여 요구하는 보고서 또는 자료를 허위로 제출하거나 제출을 태만히 한 경우(다목), ⅳ) 직무상의 감독의무 이행을 태만히 하여 금융기관의 건전한 운영을 저해하거나 금융질서를 문란시킨 경우(라목), ⅴ) 금융관련법규에 의한 감독원의 감독과 검사업무의 수행을 거부·방해 또는 기피한 경우(마목), ⅵ) 금융위원회, 금융감독원장, 기타 감독권자가 행한 명령, 지시 또는 징계요구의 이행을 태만히 한 경우(바목), ⅶ) 기타 금융기관의 건전한 운영을 저해하는 행위를 한 경우(사목)이다.

(4) 주의적 경고(제4호)

주의적 경고는 제3호 각목의 1에 해당되나 위법·부당행위의 동기, 목적, 방법, 수단, 사후수습 노력 등을 고려할 때 정상참작의 사유가 있거나 위법·부당행위의 정도가 제3호의 제재에 해당되는 경우보다 가벼운 경우이다.

(5) 주의(제5호)

주의는 제4호에 해당되나 위법·부당행위의 동기, 목적, 방법, 수단, 사후수습 노력 등을 고려할 때 정상참작의 사유가 크거나 위법·부당행위의 정도가 제4호의 제재에 해당되는 경우보다 경미한 경우이다.

3. 직원제재의 종류와 사유

금융감독원장은 금융관련법규에 따라 ⅰ) 금융기관의 건전성 또는 금융소비자 권익을 크게 훼손하거나 금융질서를 문란하게 한 경우(제1호), ⅱ) 당해 금융기관의 내부통제체제가 취약하거나 제2항에 의한 자율처리필요사항이 과거에 부적정하게 처리되는 등 자율처리필요사항을 통보하기에 적합하지 않다고 판단되는 경우(제2호) 금융위에 금융기관의 직원에 대한 면직요구 등을 건의하거나 당해 금융기관의 장에게 소속 직원에 대한 면직, 정직, 감봉, 견책 또는 주의 등의 제재조치를 취할 것을 요구할 수 있다(검사제재규정19②). 다만, 개별 금융업관련법 등에서 달리 정하고 있는 때에는 그에 따른다(검사제재규정17②). 금융기관 직원에 대한 제재의 종류 및 사유는 다음과 같다(시행세칙45①).

(1) 면직(제1호)

면직 사유는 ⅰ) 고의 또는 중대한 과실로 위법·부당행위를 행하여 금융기관 또는 금융거래자에게 중대한 손실을 초래하거나 신용질서를 크게 문란시킨 경우(가목), ⅱ) 횡령, 배임, 절도, 업무와 관련한 금품수수 등 범죄행위를 한 경우(나목), ⅲ) 변칙적·비정상적인 업무처리로 자금세탁행위에 관여하여 신용질서를 크게 문란시킨 경우(다목), ⅳ) 고의 또는 중과실로 금융감독원장이 금융관련법규에 의하여 요구하는 보고서 또는 자료를 허위로 제출함으로써 감독과 검사업무 수행을 크게 저해한 경우(라목), ⅴ) 고의 또는 중과실로 직무상의 감독의무를 태만히 하여 금융기관의 건전한 운영을 크게 저해하거나 금융질서를 크게 문란시킨 경우(마목)이다.

(2) 업무의 전부 또는 일부에 대한 정직(제2호)

업무의 전부 또는 일부에 대한 정직 사유는 위 제1호 각목의 1에 해당되나 위법·부당행위의 동기, 목적, 방법, 수단, 사후수습 노력 등을 고려할 때 정상참작의 사유가 있거나 위법·부당행위의 정도가 제1호의 제재에 해당되는 경우보다 비교적 가벼운 경우이다.

(3) 감봉(제3호)

감봉 사유는 ⅰ) 위법·부당행위를 한 자로서 금융기관 또는 금융거래자에게 상당한 손실을 초래하거나 신용질서를 문란시킨 경우(가목), ⅱ) 업무와 관련하여 범죄행위를 한 자로서 사안이 가벼운 경우 또는 손실을 전액 보전한 경우

(나목), iii) 자금세탁행위에 관여한 자로서 사안이 가벼운 경우(다목), iv) 금융감
독원장이 금융관련법규에 의하여 요구하는 보고서 또는 자료를 허위로 제출하거
나 제출을 태만히 한 경우(라목), v) 직무상의 감독의무 이행을 태만히 하여 금
융기관의 건전한 운영을 저해하거나 금융질서를 문란시킨 경우(마목)이다.

(4) 견책(제4호)

견책 사유는 위 제3호 각목의 1에 해당되나 위법·부당행위의 동기, 목적,
방법, 수단, 사후수습 노력 등을 고려할 때 정상참작의 사유가 있거나 위법·부당
행위의 정도가 제3호의 제재에 해당되는 경우보다 비교적 가벼운 경우이다.

(5) 주의(제5호)

주의 사유는 위 위 제4호에 해당되나 위법·부당행위의 동기, 목적, 방법,
수단, 사후수습 노력 등을 고려할 때 정상참작의 사유가 크거나 위법·부당행위
의 정도가 제4호의 제재에 해당되는 경우보다 경미한 경우이다.

4. 금전제재

(1) 검사제재규정

금융감독원장은 금융기관 또는 그 임직원, 그 밖에 금융업관련법의 적용을
받는 자가 금융업관련법에 정한 과징금 또는 과태료의 부과대상이 되는 위법행
위를 한 때에는 금융위에 과징금 또는 과태료의 부과를 건의하여야 한다(검사제
재규정20① 전단). 당해 위법행위가 법령 등에 따라 부과면제 사유에 해당한다고
판단하는 경우에는 부과면제를 건의하여야 한다(검사제재규정20① 후단). 과징금
또는 과태료의 부과를 금융위에 건의하는 경우에는 [별표 2] 과징금 부과기준,
[별표 3] 과태료 부과기준 및 [별표 6] 업권별 과태료 부과기준에 의한다(검사제
재규정20③).

그러나 금융감독원장은 과징금 또는 과태료의 부과면제 사유가 다음의 어느
하나에 해당하는 경우에는 금융위에 건의하지 않고 과징금 또는 과태료의 부과
를 면제할 수 있다(검사제재규정20②).

   1. 삭제 <2017. 10. 19.>
   2. [별표 2] 과징금 부과기준 제6호 라목의 (1)(경영개선명령조치를 받은 경우
      에 한한다), (2) 또는 마목의 (2), (4)

3. [별표 3] 과태료 부과기준 제5호의 (1), (2)

4. 위반자가 채무자회생법에 따른 개인회생절차개시결정 또는 파산선고를 받은 경우

(2) 과징금

과징금이란 행정법규상의 의무위반에 대하여 행정청이 그 의무자에게 부과·징수하는 금전적제재를 말한다. 과징금제도는 의무위반행위로 인하여 얻은 불법적 이익을 박탈하기 위하여 그 이익 금액에 따라 과하여지는 일종의 행정제재금의 성격을 갖는다.

(3) 과태료

과태료는 행정법규상 의무(명령·금지) 위반행위에 대하여 국가의 일반통치권에 근거하여 과하는 제재수단으로 그 위반이 행정상의 질서에 장애를 주는 경우 의무이행의 확보를 위하여 일반적으로 행정기관이 행정적 절차에 의하여 부과·징수하는 금전벌로서 이른바 행정질서벌에 속한다. 행정질서벌로서의 과태료는 과거의 행정법상 의무위반 사실을 포착하여 그에 대하여 사후에 과하는 제재수단의 의미가 강한 것이다.[26]

(4) 과징금과 과태료의 구별

과징금과 과태료는 모두 행정적 제재이고 금전제재라는 점에서는 유사하다. 그러나 과태료가 과거에 발생한 행정청에 대한 협조의무 위반이나 경미한 행정의무 위반에 대하여 사후적으로 금전적 제재를 가하는 행정질서벌로서 이미 완결된 사실관계를 규율대상으로 하여 금전적 불이익을 부과함으로써 향후 발생소지가 있는 의무불이행을 방지하는데 그 목적이 있는데 비하여 과징금은 행정상의 의무불이행이나 의무위반행위로 취득한 경제적 이익을 환수하거나 위반자의 영업정지로 인하여 관계인들의 불편을 초래하거나 국가에 중대한 영향을 미치는 사업에 대해 영업정지에 갈음한 대체적 제재로서 행정기관이 금전적 제재를 부과한다는 점에서 그 부과목적이 상이하다.[27]

---

26) 헌법재판소 1994. 6. 30. 선고 92헌바38 판결.
27) 박효근(2019), "행정질서벌의 체계 및 법정책적 개선방안", 법과 정책연구 제19권 제1호 (2019. 3), 59쪽.

5. 확약서와 양해각서

(1) 확약서

금융감독원장은 금융기관에 대한 감독·상시감시 또는 검사결과 나타난 경영상의 취약점 또는 금융기관의 금융관련법규 위반(기관주의의 사유에 한한다)에 대하여 당해 금융기관으로부터 이의 개선을 위한 확약서 제출을 요구할 수 있다(검사제재규정20의2① 본문). 다만, 금융관련법규 위반에 대한 확약서 제출 요구는 ⅰ) 행위 당시 위법·부당 여부가 불분명하였거나 업계 전반적으로 위법·부당 여부에 대한 인식 없이 행하여진 경우(제1호), ⅱ) 위법·부당행위에 고의 또는 중과실이 없는 경우로써 제재보다 확약서 이행에 의한 자율개선이 타당하다고 판단되는 경우(제2호)에 한하여 할 수 있다(검사제재규정20의2① 단서).

(2) 양해각서

금융감독원장은 금융기관에 대한 감독·상시감시 또는 검사결과 나타난 경영상의 심각한 취약점 또는 금융기관의 금융관련법규 위반(기관경고 이하의 사유에 한한다)에 대하여 당해 금융기관과 이의 개선대책의 수립·이행을 주요 내용으로 하는 양해각서를 체결할 수 있다(검사제재규정20의2② 본문). 다만, 금융관련법규 위반에 대한 양해각서 체결은 ⅰ) 행위 당시 위법·부당 여부가 불분명하였거나 업계 전반적으로 위법·부당 여부에 대한 인식없이 행하여진 경우(제1호), ⅱ) 위법·부당행위에 고의 또는 중과실이 없는 경우로써 제재보다 양해각서 체결에 의한 자율개선이 타당하다고 판단되는 경우(제2호)에 한하여 할 수 있다(검사제재규정20의2② 단서).

(3) 확약서와 양해각서 운용

금융감독원장은 금융기관이 제1항 단서 또는 제2항 단서에 따라 확약서를 제출하거나 양해각서를 체결하는 경우에는 제재를 취하지 아니할 수 있다(검사제재규정20의2③).

감독·상시감시 또는 검사결과 나타난 문제점의 경중에 따라 경미한 사항은 확약서로, 중대한 사항은 양해각서로 조치한다(시행세칙50의2①). 확약서는 금융기관의 담당 임원 또는 대표자로부터 제출받고 양해각서는 금융기관 이사회 구성원 전원의 서명을 받아 체결한다(시행세칙50의2②). 금융감독원장은 확약서·양해각서 이행상황을 점검하여 그 이행이 미흡하다고 판단되는 경우에는 기간연장,

재체결 등 적절한 조치를 취할 수 있다(시행세칙50의2③).

(4) 사후관리

확약서 및 양해각서의 효력발생일자, 이행시한 및 이행상황 점검주기는 각 확약서 및 양해각서에서 정한다(시행세칙50의3 전단). 이행상황 점검주기를 따로 정하지 않은 경우에는 금융기관은 매분기 익월말까지 분기별 이행상황을 금융감독원장에게 보고하여야 한다(시행세칙50의3 후단).

6. 기타 조치

금융감독원장은 금융기관 임직원이 위법·부당한 행위로 당해 금융기관에 재산상의 손실을 초래하여 이를 변상할 책임이 있다고 인정되는 경우에는 당해 기관의 장에게 변상조치할 것을 요구할 수 있다(검사제재규정21①). 금융감독원장은 금융기관 또는 그 임직원의 업무처리가 법규를 위반하거나 기타 불합리하다고 인정하는 경우에는 당해 기관의 장에게 업무방법개선의 요구 또는 관련기관 앞 통보를 요구할 수 있는데(검사제재규정21②), 업무방법개선의 요구는 금융기관의 업무처리가 불합리하여 그 처리기준, 절차·운영 등의 수정·보완이 필요한 경우에 하며, 관련기관 앞 통보는 금융관련법규 이외의 다른 법령을 위반한 경우 또는 검사결과 관련자가 진술일 현재 퇴직한 경우로서 관련기관 등의 업무 및 감독 등과 관련하여 위법·부당사실 등을 통보할 필요가 있는 경우에 요구할 수 있다(시행세칙51).

Ⅲ. 제재의 가중 및 감면

1. 제재의 가중

(1) 기관제재의 가중

금융기관이 위법·부당한 행위를 함으로써 최근 3년 이내에 2회 이상 기관주의 이상의 제재를 받고도 다시 위법·부당행위를 하는 경우 제재를 1단계 가중할 수 있다(검사제재규정24① 본문). 다만, 금융기관이 합병하는 경우에는 합병 대상기관 중 제재를 더 많이 받았던 기관의 제재 기록을 기준으로 가중할 수 있다(검사제재규정24① 단서).

금융기관의 서로 관련 없는 위법·부당행위가 동일 검사에서 4개 이상 경합되는 경우(제17조제1항 제7호 또는 제9호의 사유가 각각 4개 이상인 경우에 한한다)에는 제재를 1단계 가중할 수 있다(검사제재규정24② 본문). 다만, ⅰ) 제17조 제1항 제7호의 사유에 해당하는 각각의 위법행위가 금융관련법규에서 정한 영업정지 사유에 해당하지 않는 경우(제1호), ⅱ) 경합되는 위법·부당행위가 목적과 수단의 관계에 있는 경우(제2호), ⅲ) 경합되는 위법·부당행위가 실질적으로 1개의 위법·부당행위로 인정되는 경우(제3호)에는 그러하지 아니하다(검사제재규정24② 단서).

확약서 또는 양해각서의 이행이 미흡한 경우에는 다음의 어느 하나에 해당하는 제재를 취할 수 있다(검사제재규정24③).

1. 금융관련법규 위반이 기관경고 사유에 해당하는 경우 다음 각 목의 어느 하나에 해당하는 제재조치
   가. 제17조 제1항 제2호 또는 제3호(다만, 당해 위법행위가 금융관련법규에서 정하는 영업정지 사유에 해당하는 경우에 한한다)
   나. 제17조 제1항 제7호
2. 금융관련법규 위반이 기관주의 사유에 해당하는 경우 제17조 제1항 제7호 또는 제9호의 제재조치

(2) 임원제재의 가중

임원의 서로 관련 없는 위법·부당행위가 동일 검사에서 2개 이상 경합되는 경우에는 그중 책임이 중한 위법·부당사항에 해당하는 제재보다 1단계 가중할 수 있다(검사제재규정24의2① 본문). 다만, ⅰ) 가장 중한 제재가 업무집행정지 이상인 경우(제1호), ⅱ) 경합되는 위법·부당행위가 목적과 수단의 관계에 있는 경우(제2호), ⅲ) 경합되는 위법·부당행위가 실질적으로 1개의 위법·부당행위로 인정되는 경우(제3호)에는 그러하지 아니하다(검사제재규정24의2① 단서).

임원이 주된 행위자로서 주의적 경고 이상의 조치를 받고도 다시 주된 행위자로서 동일 또는 유사한 위법·부당행위를 반복하여 제재를 받게 되는 경우에는 제재를 1단계 가중할 수 있다(검사제재규정24의2②). 임원이 최근 3년 이내에 문책 경고 이상 또는 2회 이상의 주의적 경고·주의를 받고도 다시 위법·부당행위를

하는 경우에는 제재를 1단계 가중할 수 있다(검사제재규정24의2③).

(3) 직원제재의 가중

직원이 최근 3년 이내에 2회 이상의 제재를 받고도 다시 위법·부당행위를 하는 경우에는 제재를 1단계 가중할 수 있다(검사제재규정25①). 직원이 다수의 위법·부당행위와 관련되어 있는 경우에는 제재를 가중할 수 있다(검사제재규정25②).

직원의 서로 관련 없는 위법·부당행위가 동일 검사에서 3개(제45조 제1항 제5호의 제재가 포함되는 경우에는 4개) 이상 경합되는 경우에는 그중 책임이 중한 위법·부당사항에 해당하는 제재보다 1단계 가중할 수 있다(시행세칙49② 본문). 다만, ⅰ) 가장 중한 제재가 정직 이상인 경우(제1호), ⅱ) 경합되는 위법·부당행위가 목적과 수단의 관계에 있는 경우(제2호), ⅲ) 경합되는 위법·부당행위가 실질적으로 1개의 위법·부당행위로 인정되는 경우(제3호)에는 그러하지 아니하다(시행세칙49② 단서).

직원이 3년 이내에 2회 이상의 주의조치를 받고도 다시 주의조치에 해당하는 행위를 한 경우에는 제재를 가중할 수 있다(시행세칙49③).

2. 제재의 감면

(1) 기관 및 임직원 제재의 감면

기관 및 임직원에 대한 제재를 함에 있어 위법·부당행위의 정도, 고의·중과실 여부, 사후 수습 노력, 공적, 자진신고 여부 등을 고려하여 제재를 감경하거나 면제할 수 있다(검사제재규정23①). 금융기관 또는 그 임직원에 대하여 과징금 또는 과태료를 부과하는 경우에는 동일한 위법·부당행위에 대한 기관제재 또는 임직원 제재는 이를 감경하거나 면제할 수 있다(검사제재규정23②).

(2) 기관제재의 감경

기관에 대한 제재를 함에 있어 금융감독원장이 당해 금융기관에 대해 실시한 경영실태평가 결과 내부통제제도 및 운영실태가 우수한 경우 기관에 대한 제재를 감경할 수 있다(시행세칙50의4 본문). 다만, 기관에 대한 제재를 감경함에 있어서는 [별표 9]의 내부통제 우수 금융기관에 대한 기관제재 감경기준에 의한다(시행세칙50의4 단서).

(3) 직원제재의 감면

직원에 대한 제재를 양정함에 있어서 ⅰ) 위법·부당행위를 감독기관이 인지하기 전에 자진신고한 자(제1호), ⅱ) 위법·부당행위를 부서 또는 영업점에서 발견하여 이를 보고한 감독자(제2호), ⅲ) 감독기관의 인지 전에 위규사실을 스스로 시정 또는 치유한 자(제3호), ⅳ) 가벼운 과실로 당해 금융기관에 손실을 초래하였으나 손실액을 전액 변상한 자(제4호), ⅴ) 금융분쟁조정신청사건과 관련하여 당해 금융기관이 금융감독원장의 합의권고 또는 조정안을 수락한 경우 그 위법·부당행위에 관련된 자(제5호), ⅵ) 감독규정 제23조 제2항 또는 제26조에서 정한 사유에 해당하는 경우(제6호)에 대하여는 그 제재를 감경 또는 면제할 수 있다(시행세칙50①).

제재대상 직원이 ⅰ) 상훈법에 의하여 훈장 또는 포장을 받은 공적(제1호), ⅱ) 정부 표창규정에 의하여 장관 이상의 표창을 받은 공적(제2호), ⅲ) 금융위원회 위원장, 금융감독원장 또는 한국은행 총재의 표창을 받은 공적(제3호)이 있는 경우 [별표 5]에 정하는 "제재양정감경기준"에 따라 제재양정을 감경할 수 있다(시행세칙50② 본문). 다만, 동일한 공적에 의한 제재양정의 감경은 1회에 한하며 횡령, 배임, 절도, 업무와 관련한 금품수수 등 금융관련 범죄와 "주의"조치에 대하여는 적용하지 아니한다(시행세칙50② 단서).

제재양정을 감경함에 있어 ⅰ) 제재대상 직원이 "주의"조치 이외의 제재를 받은 사실이 있는 경우 그 제재 이전의 공적(제1호), ⅱ) 제재대상 직원이 소속 금융기관 입사전에 받은 공적(제2호), ⅲ) 검사종료일로부터 과거 10년 이내에 받은 것이 아닌 공적(제3호), ⅳ) 금융업무와 관련 없는 공적(제4호)은 제외한다(시행세칙50③).

3. 임직원에 대한 조건부 조치 면제

(1) 준법교육 이수 조건부 조치 면제

금융감독원장은 금융기관 임직원(제재 이전 퇴직자 포함)의 행위가 제18조 제1항 제5호(제19조 제1항의 주의를 포함, 다만 감독자에 대한 주의는 제외)에 해당하는 경우에는 준법교육을 이수하는 것을 조건으로 조치를 면제할 수 있다(검사제재규정23의2①). 준법교육 실시요구를 받은 제재대상자가 요구를 받은 날로부터 90일 이내 준법교육을 이수하지 못하였을 경우에는 조치 면제는 그 효력을 상실한다

(검사제재규정23의2②).

(2) 임직원에 대한 준법교육 실시 요구

준법교육 실시요구를 받은 제재대상자는 90일 이내에 지정된 교육기관에서 ⅰ) 금융관련 법령에 관한 사항(제1호), ⅱ) 과거 금융관련 법규 위반에 대한 제 재사례 및 판례(제2호), ⅲ) 직무윤리, 기타 재발방지 관련 사항(제3호) 등에 관하여 3시간 이상의 교육을 받아야 한다(시행세칙50의5①). 준법교육 실시요구를 받은 제재대상자는 교육기관에 교육을 신청하여야 한다(시행세칙50의5②).

교육기관은 교육교재를 제작하여 교육을 신청한 교육대상자에게 제공하여야 한다(시행세칙50의5③). 교육기관은 적정하게 교육을 받은 교육대상자에게 수료증을 발급하여야 하고, 교육 실시 결과를 교육 후 1개월 이내에 금융감독원장에게 보고하여야 하며, 수료증 발급대장 등 교육에 관한 기록을 3년 동안 보관·관리하여야 한다(시행세칙50의5④). 교육기관은 강사수당, 교육교재비 및 교육 관련 사무용품 구입비 등 교육에 필요한 실비를 교육을 신청한 교육대상자로부터 받을 수 있다(시행세칙50의5⑤).

4. 미등기 임원에 대한 제재

사실상 이사·감사 등과 동등한 지위에 있는 미등기 임원 등에 대한 제재의 가중에 있어서는 임원제재의 가중에 관한 규정(규정 제24조의2 제1항 내지 제3항)을 준용하고, 이 경우 해임권고·업무집행정지·문책경고·주의적경고는 각각 면직·정직·감봉·견책으로 본다(검사제재규정25④).

이사·감사와 사실상 동등한 지위에 있는 미등기 임원에 대하여는 임원에 대한 제재기준을 준용하여 제재양정을 결정하며, 직원에 대한 제재조치를 부과한다(시행세칙46의3).

5. 임직원 등에 대한 제재기준

위법·부당행위 관련 임직원 등을 제재함에 있어서는 [별표 2]의 제재양정기준과 ⅰ) 제재대상자의 평소의 근무태도, 근무성적, 개전의 정 및 동일·유사한 위반행위에 대한 제재 등 과거 제재사실의 유무(제1호), ⅱ) 위법·부당행위의 동기, 정도, 손실액규모 및 금융질서 문란·사회적 물의야기 등 주위에 미친 영향(제2호), ⅲ) 제재대상자의 고의, 중과실, 경과실 여부(제3호), ⅳ) 사고금액의 규모 및 손실에 대한 시정·변상 여부(제4호), ⅴ) 검사업무에의 협조정도 등 사후 수습 및 손실경감을 위한 노력 여부(제5호), ⅵ) 경영방침, 경영시스템의 오류, 금융·경제여건 등 내·외적 요인과 귀책판정과의 관계(제6호), ⅶ) 금융거래자의 피해에 대한 충분한 배상 등 피해회복 노력 여부(제7호), ⅷ) 그 밖의 정상참작 사유(제8호) 등의 사유를 참작한다(시행세칙46①).

금융실명법을 위반한 행위 등 특정 위법·부당행위에 대한 제재는 [별표 3]의 금융업종별·위반유형별 제재양정기준에 의한다(시행세칙46② 본문). 다만, 여타 제재기준을 참작하여 제재를 가중하거나 감경하는 등 제재수준을 정할 수 있다(시행세칙46② 단서).

6. 경합행위에 대한 제재

이미 제재를 받은 자에 대하여 그 제재 이전에 발생한 별개의 위법·부당행위가 추가로 발견된 경우에는 다음에 따라 제재한다(시행세칙46의2).

1. 추가 발견된 위법·부당행위가 종전 검사종료 이전에 발생하여 함께 제재하였더라도 제재 수준이 높아지지 않을 경우에는 제재하지 않는다. 다만, 금융사고와 관련된 경우에는 그러하지 아니하다.
2. 추가 발견된 위법·부당행위가 종전 검사종료 이전에 발생하여 제재하였더라면 종전 제재 수준이 더 높아지게 될 경우에는 함께 제재하였더라면 받았을 제재 수준을 감안하여 추가로 발견된 위법·부당행위에 대하여 제재할 수 있다.

7. 관련자의 구분

위법·부당행위를 행한 임직원에 대하여 신분상의 조치를 함에 있어서는 책임의 성질·정도 등에 따라 관련자를 ⅰ) 행위자: 위법·부당한 업무처리를 실질적으로 주도한 자(제1호), ⅱ) 보조자: 행위자의 의사결정을 보조하거나 지시에 따른 자(제2호), ⅲ) 지시자: 위법·부당행위를 지시 또는 종용한 자(사실상의 영향력을 행사하는 상위직급자 포함)(제3호), ⅳ) 감독자: 위법·부당행위가 발생한 업무를 지도·감독할 지위에 있는 자(제4호)로 구분한다(시행세칙52①).

여기서 ⅰ)의 행위자와 ⅳ)의 감독자를 판단할 수 있는 세부기준은 ⅰ) 행위자: 업무의 성질과 의사결정의 관여 정도를 고려하여 실질적인 최종 의사결정권을 가지는 자(제1호), ⅱ) 감독자: 당해 금융기관 직제를 기준으로 행위자에 대해 관리·감독할 지위에 있는 자(직제상 감독자가 아닌 경우라 하더라도 실질적으로 행위자에게 영향력을 미치는 때에도 같다)(제2호)이다(시행세칙52②).

보조자 및 감독자에 대하여는 ⅰ) 위법·부당행위의 성격과 규모(제1호), ⅱ) 감독자의 직무와 감독대상 직무와의 관련성 및 관여 정도(제2호), ⅲ) 보조자의 위법·부당행위에의 관여 정도(제3호)를 감안하여 행위자에 대한 제재보다 1단계 내지 3단계 감경할 수 있다(시행세칙52③).

8. 가중 및 감경의 순서

제23조(기관 및 임직원제재의 감면), 제24조(기관제재의 가중), 제24조의2(임원제재의 가중) 및 제25조(직원제재의 가중)에 따른 가중 및 감경은 각 가중 및 감경수준의 합을 제17조(기관에 대한 제재), 제18조(임원에 대한 제재), 제19조(직원에 대한 제재)까지의 규정에 따른 제재의 수준에 가감하는 방법으로 한다(검사제재규정25의2).

9. 기타 감독기관 및 당해 금융기관 조치의 반영

금융위원회 또는 금융감독원장 외의 감독기관 또는 해당 금융기관이 금융관련법규에 의하여 제재대상자에 취한 조치가 있는 경우에는 이를 고려하여 제재의 종류를 정하거나 제재를 가중·감면할 수 있다(검사제재규정26).

10. 여신업무 관련 제재 운영

금융기관의 여신업무(자금지원적 성격의 증권 매입업무 포함)와 관련하여 ⅰ) 금융관련법규를 위반한 경우(제1호), ⅱ) 고의 또는 중과실로 신용조사·사업성검토 및 사후관리를 부실하게 한 경우(제2호), ⅲ) 금품 또는 이익의 제공·약속 등의 부정한 청탁에 따른 여신의 경우(제3호) 중 어느 하나에 해당하지 않는 한 제재하지 아니한다(검사제재규정27 전단). 여신이 부실화되거나 증권 관련 투자손실이 발생한 경우에도 또한 같다(검사제재규정27 후단).

Ⅳ. 면책특례

1. 면책 인정 사유

금융기관의 업무와 관련하여 다음에 해당하는 경우에는 제재하지 아니한다 (검사제재규정27의2① 전단). 여신이 부실화되거나 증권 관련 투자손실이 발생한 경우에도 또한 같다(검사제재규정27의2① 후단).

1. 재난 및 안전관리 기본법에 따른 재난 상황에서 재난으로 피해를 입은 기업·소상공인에 대한 지원, 금융시장 안정 등을 목적으로 정부와 협의를 거쳐 시행한 대출, 보증, 투자, 상환기한의 연기 등 금융지원 업무
2. 동산채권담보법에 따른 동산·채권·지식재산권을 담보로 하는 대출
3. 기업의 기술력·미래성장성에 대한 평가를 기반으로 하는 중소기업대출
4. 중소기업창업 지원법에 따른 창업기업, 「벤처기업육성에 관한 특별조치법」에 따른 벤처 기업, 여신전문금융업법에 따른 신기술사업자 등에 대한 직접적·간접적 투자, 인수·합병 관련 업무
5. 금융혁신지원 특별법에 따른 혁신금융서비스, 지정대리인 관련 업무
6. 그 밖에 금융위원회가 금융정책·산업정책의 방향, 업무의 혁신성·시급성 등을 종합적으로 고려하여 면책심의위원회의 심의를 거쳐 지정하는 업무

금융기관 또는 그 임직원이 위 제1항 각 호의 업무를 수행함에 있어 ⅰ) 임직원과 해당 업무 사이에 사적인 이해관계가 없을 것(제1호), ⅱ) 해당 업무와 관련된 법규 및 내규에 정해진 절차상 중대한 하자가 없을 것(제2호)을 모두 충족하는 경우에는 고의 또는 중과실이 없는 것으로 추정한다(검사제재규정27의2③).

2. 면책 불인정 사유

다음의 어느 하나에 해당하는 경우 면책되지 아니한다(검사제재규정27의2②).

1. 금융관련법규 위반행위에 고의 또는 중과실이 있는 경우
2. 금품 또는 이익의 제공·약속 등의 부정한 청탁에 따른 경우
3. 대주주·동일차주에 대한 신용공여 한도 등 금융거래의 대상과 한도를 제한

하는 금융관련법규를 위반한 경우

4. 금융관련법규위반 행위로 인해 금융기관·금융소비자 등에게 중대한 재산상 손실이 발생하거나 금융시장의 안정·질서를 크게 저해한 경우(단, 위반행위의 목적, 동기, 당해 행위에 이른 경위 등에 특히 참작할 사유가 있는 경우는 제외)

3. 면책 신청과 회신

금융기관 또는 그 임직원이 특정 업무가 위 제1항 각 호에 해당되는지 여부에 대해 판단을 신청하고자 하는 경우 <별지 제2호 서식>에 의하여 금융위원회에 신청할 수 있다(검사제재규정27의2④). 금융위원회는 신청에 대하여 특별한 사유가 없는 한 접수일로부터 30일 이내에 회신하여야 한다(검사제재규정27의2④ 본문). 다만, 회신에 필요하여 신청인에게 추가적인 자료의 제출을 요청하거나 이해관계자로부터 의견을 청취하는 경우 이에 소요되는 기간은 처리기간에 포함하지 않으며, 합리적인 사유가 있는 경우 30일 범위에서 처리기간을 한 차례 연장할 수 있다(검사제재규정27의2④ 단서).

4. 면책심의위원회 설치 및 구성

다음의 어느 하나에 해당하는 사항을 심의하기 위하여 금융위원회 위원장 소속 자문기구로서 면책심의위원회를 둔다(검사제재규정27의3①).

1. 제27조의2 제1항 제6호의 면책대상지정
2. 제27조의2 제4항의 금융기관 또는 그 임직원의 신청에 대한 판단(단, 신청내용의 사실관계가 단순하고 쟁점이 없는 경우에는 심의를 생략할 수 있다.)
3. 그 밖에 면책제도 운영의 기본방향에 관한 사항

면책심의위원회는 금융위원회 상임위원 중 금융위원회 위원장이 지명하는 위원장 1인, 금융위원회 법률자문관 및 금융위원장이 위촉한 10인 범위 내에서의 위원("위촉위원")으로 구성한다(검사제재규정27의3②).

5. 면책심의위원회 운영

위원장은 위원회의 회의를 소집하고 그 의장이 된다(검사제재규정27의4①).

위원회의 회의는 위원장과 금융위원회 법률자문관, 위원장이 위촉위원 중에서 지명하는 위원 3인으로 구성한다(검사제재규정27의4②). 위원회는 구성원 과반수의 출석과 출석위원 과반수의 찬성으로 의결한다(검사제재규정27의4③ 전단). 이 경우 회의는 대면회의을 원칙으로 하며, 부득이하게 서면심의·의결을 하는 경우에는 그 사유를 적시하여 시행하되 2회 연속 서면 회의는 제한한다(검사제재규정 27의4③ 후단).

V. 고발 및 통보

1. 금융기관·임직원 제재시의 병과

금융감독원장은 금융기관 또는 그 임직원의 위법·부당행위가 금융업관련법상 벌칙, 과징금 또는 과태료의 적용을 받게 되는 경우에는 제재와 동시에 금융감독원장이 미리 정한 기준 및 절차에 따라 수사당국에 그 내용을 고발하거나 통보할 수 있다(검사제재규정29①).

고발대상은 사회·경제적 물의가 상대적으로 크거나 위법성의 정도가 심하다고 인정되고, 위법성·고의성 등 범죄사실에 관하여 증거자료·관련자의 진술 등 객관적인 증거를 확보한 경우이며, 통보대상은 사회·경제적 물의가 상대적으로 경미하거나 위법성 및 고의성의 혐의는 충분하나 검사권의 한계 등으로 객관적인 증거의 확보가 어렵다고 인정되는 경우이다(시행세칙32⑤).

금융감독원장은 금융기관 또는 그 임원의 위법행위에 대하여 수사당국에 고발 등의 조치를 하는 경우에 당해 위법행위와 관련된 다른 제재조치, 즉 기관 또는 임원에 대한 제재를 병과할 수 있으며, 과태료의 부과는 하지 아니할 수 있다(검사제재규정30).

2. 금융기관 또는 그 임직원의 벌칙적용대상 행위 고발·통보

금융감독원장은 금융기관 또는 그 임직원의 위법·부당행위가 금융관련법규상의 벌칙적용대상 행위로서 ⅰ) 위법·부당행위로 인한 금융사고가 사회적 물의를 야기한 경우(제1호), ⅱ) 위법·부당행위가 당해 금융기관에 중대한 손실을 초래함으로써 금융기관 부실화의 주요 요인이 된 경우(제2호), ⅲ) 고의로 위법·부당행위를 행함으로써 법질서에 배치되는 경우(제3호), iv) 동일한 위법·부당행위를 반복적으로 행하여 금융질서를 저해할 위험이 있다고 인정되는 경우(제4호)에 해당되어 사법적 제재가 필요하다고 인정되는 경우이거나, 횡령, 배임, 직무관련 금품수수 등 특정경제범죄법에 열거된 죄를 범하였거나 범한 혐의가 있다고 인정되는 경우에는 수사당국에 그 내용을 고발하거나 통보("고발 등")한다(시행세칙 32①).

3. 검사진행 중의 고발·통보

금융감독원장은 금융기관에 대한 검사진행 중에 제1항에서 정하는 위법·부당행위가 있다고 인정하는 경우로서, i) 증거인멸 또는 도피의 우려가 있는 경우(제1호), 또는 ii) 사회적으로 논의되고 있는 사안으로서 즉시 조치가 필요하다고 판단되는 경우(제2호)에는 검사실시부서장으로 하여금 지체없이 수사당국에 고발 등의 조치를 취하게 할 수 있다(시행세칙32②).

4. 주요주주 또는 사실상 업무집행지시자에 대한 고발·통보

금융감독원장은 금융위가 금융산업구조개선법에 의거 부실금융기관으로 결정 또는 인정하는 경우로서 금융기관의 주요주주 또는 사실상 업무집행지시자가 부실의 주요 원인을 제공하여 관계법령에 의해 벌칙적용 대상이 되는 때에는 이들에 대해 고발 등의 조치를 취한다(시행세칙32③).

5. 금융기관에 대한 고발·통보

금융감독원장은 위 제1항 내지 제3항의 규정에 의한 고발 등의 대상이 되는 위법·부당행위가 금융관련법규상 벌칙 및 양벌규정이 적용되는 경우로서 i) 위법·부당행위가 당해 금융기관의 경영방침 또는 당해 금융기관의 장의 업무집행 행위로 발생된 경우(제1호), ii) 위법·부당행위가 당해 금융기관의 내부통제의 미흡 또는 감독소홀에 기인하여 발생된 경우(제2호)에는 임직원에 대하여 고발 등의 조치를 하는 외에 당해 금융기관에 대하여도 고발 등의 조치를 할 수 있다(시행세칙32④ 전단). 이 경우에 그 임직원이 당해 금융기관의 경영방침 또는 지시 등을 거부한 사실 등이 인정되는 때에는 당해 금융기관에 대하여만 고발 등의 조치를 취할 수 있다(시행세칙32④ 후단).

Ⅵ. 제재절차

1. 의의

금융감독원장은 검사결과 적출된 지적사항에 대하여 조치내용의 적정성 등을 심사·조정하고 제재심의위원회("심의회")의 심의를 거쳐 개별 금융업관련법 등에 따라 금융위에 제재를 건의하거나 직접 조치한다(검사제재규정33①). 금융감독원장이 금융위에 건의한 제재사항에 대한 금융위원회의 심의 결과 금융감독원장이 조치해야 할 사항으로 결정된 경우에는 금융위원회의 결정대로 조치한다(검사제재규정33②).

금융감독원의 집행간부 및 감사와 직원은 제재절차가 완료되기 전에 직무상 알게 된 조치예정내용 등을 다른 사람에게 누설하여서는 아니 된다(검사제재규정33③ 본문). 단, 조치예정내용 등을 금융위에 제공하거나 금융위와 협의하는 경우는 이에 해당하지 아니하며, 금융위 소속 공무원은 제재절차 과정에서 직무상 알게 된 비밀을 엄수하여야 한다(검사제재규정33③ 단서).

2. 사전통지

제재실시부서장은 제재조치를 하고자 하거나 금융위에 제재조치를 건의하고자 하는 때에는 심의회 개최 전에 조치하고자 하는 내용 또는 조치를 건의하고자 하는 내용을 10일 이상의 구두 또는 서면의 제출기간을 정하여 제재대상자에게 사전통지하여야 한다(시행세칙59① 본문). 다만, 긴급한 조치가 필요한 경우 등 특별한 사정이 있는 경우에는 동 기간을 단축하여 운영할 수 있다(시행세칙59① 단서).

사전통지는 우편, 교부 또는 정보통신망 이용 등의 송달방법으로 하되 ⅰ) 제재대상자(대표자 또는 대리인 포함)의 주소·거소·영업소·사무소 또는 전자우편주소를 통상적 방법으로 확인할 수 없는 경우(제1호), ⅱ) 송달이 불가능한 경우(제2호)에는 관보, 공보, 게시판, 일간신문 중 하나 이상에 공고하고 인터넷에도 공고하여야 한다(시행세칙59②).

제재실시부서장은 제재심의위원회의 심의가 필요한 경우에는 검사종료일부터 125일 이내에 심의회 부의예정사실을 금융정보교환망(FINES) 등을 통해 제재예정대상자에게 통지하여야 한다(시행세칙59⑤ 본문). 다만, 이미 사전통지한 경우 또는 30일 내에 사전통지가 예정되어 있는 경우에는 심의회 부의예정사실의 통지를 생략할 수 있으며, 표준처리기간에 산입하지 아니하는 사유가 있는 경우에 동 기간은 심의회 부의예정사실 통지기한에 포함하지 아니한다(시행세칙59⑤ 단서).

3. 의견제출

사전통지를 받은 제재대상자는 지정된 기한내에 서면으로 의견을 제출하거나 지정된 일시에 출석하여 구두로 의견을 진술할 수 있다(시행세칙59③ 전단). 이 경우에 지정된 기일까지 의견진술이 없는 때에는 의견이 없는 것으로 본다(시행세칙59③ 후단). 제재실시부서장은 제재대상자가 구두로 의견을 진술한 경우에는 그 진술의 요지를 기재하여 본인으로 하여금 확인하게 한 후 서명 또는 날인하도록 하여야 한다(시행세칙59④).

4. 제재대상자의 서류 등 열람

제재대상자("신청인")는 서면으로 금융감독원장에게 신청인과 관련한 심의회 부의예정안 및 심의회에 제출될 입증자료("서류 등")에 대한 열람을 신청하여 심의회 개최 5영업일 전부터 심의회 개최 전일까지 감독원을 방문하여 열람할 수 있다(시행세칙59의2① 본문). 다만, 금융감독원장은 신청인 이외의 제재대상자와 관련한 사항, 금융회사가 제출한 자료 중 경영상·영업상 비밀 등에 해당하는 자료 등에 대하여는 열람을 허용하지 않을 수 있다(시행세칙59의2① 단서).

5. 청문

금융감독원장은 청문을 실시하고자 하는 경우에는 청문일 10일전까지 제재의 상대방 또는 그 대리인에게 서면으로 청문의 사유, 청문의 일시 및 장소, 청문주재자, 청문에 응하지 아니하는 경우의 처리방법 등을 통지하여야 한다(시행세칙60①). 통지를 받은 제재의 상대방 또는 그 대리인은 지정된 일시에 출석하여 의견을 진술하거나 서면으로 의견을 제출할 수 있다(시행세칙60② 전단). 이 경우 제재의 상대방 또는 그 대리인이 정당한 이유없이 기한 내에 의견진술을 하지 아니한 때에는 의견이 없는 것으로 본다(시행세칙60② 후단).

6. 제재심의위원회 심의

금융감독원장은 제재에 관한 사항을 심의하기 위하여 금융감독원장 자문기구로서 제재심의위원회("심의회")를 설치·운영한다(검사제재규정34①). 심의회는 법상 기구는 아니며, 금융감독원 내부에 설치된 심의위원회로 제재에 관한 사항이나 기타 금융감독원장이 정하는 사항 및 제재조치에 대한 이의신청 사항에 대한 심의를 수행한다(검사제재규정34②).

제재대상 금융기관 또는 그 임직원과 제재실시부서("당사자")는 대회의에 함께 출석하여 진술할 수 있으며, 위원장의 회의 운영에 따라 다른 당사자의 진술에 대하여 반박할 수 있다. 당사자는 필요한 경우 관련 업계 전문가 등 참고인이 출석하여 진술할 것을 신청할 수 있고, 위원장이 그 허가 여부를 결정한다(시행세칙57⑥ 전단). 대회의에 출석한 당사자와 참고인은 변호사의 조력을 받을 수 있으며, 위원은 출석한 당사자와 참고인 등에게 조치대상관련 사실상 또는 법률상 사항에 대하여 질문할 수 있다(시행세칙57⑥ 후단).

Ⅶ. 제재의 효과

1. 임원선임 자격제한

(1) 기관제재와 임원선임 자격제한

다음의 어느 하나에 해당하는 사람, 즉 ⅰ) 금융관계법령에 따른 영업의 허가·인가·등록 등의 취소(가목), ⅱ) 금융산업구조개선법 제10조 제1항[28])에 따른

---

28) ① 금융위원회는 금융기관의 자기자본비율이 일정 수준에 미달하는 등 재무상태가 제2항에 따른 기준에 미달하거나 거액의 금융사고 또는 부실채권의 발생으로 금융기관의 재무상태가 제2항에 따른 기준에 미달하게 될 것이 명백하다고 판단되면 금융기관의 부실화를 예방하고 건전한 경영을 유도하기 위하여 해당 금융기관이나 그 임원에 대하여 다음의 사항을 권고·요구 또는 명령하거나 그 이행계획을 제출할 것을 명하여야 한다.
   1. 금융기관 및 임직원에 대한 주의·경고·견책 또는 감봉
   2. 자본증가 또는 자본감소, 보유자산의 처분이나 점포·조직의 축소
   3. 채무불이행 또는 가격변동 등의 위험이 높은 자산의 취득금지 또는 비정상적으로 높은 금리에 의한 수신의 제한
   4. 임원의 직무정지나 임원의 직무를 대행하는 관리인의 선임
   5. 주식의 소각 또는 병합
   6. 영업의 전부 또는 일부 정지
   7. 합병 또는 제3자에 의한 해당 금융기관의 인수

적기시정조치(나목), iii) 금융산업구조개선법 제14조 제2항[29])에 따른 행정처분
(다목)을 받은 금융회사의 임직원 또는 임직원이었던 사람으로서 해당 조치가 있
었던 날부터 5년이 지나지 아니한 사람은 금융회사의 임원이 되지 못한다(금융회
사지배구조법5①(6)).

여기서 임직원 또는 임직원이었던 사람은 그 조치를 받게 된 원인에 대하여
직접 또는 이에 상응하는 책임이 있는 사람으로서 "대통령령으로 정하는 사람"
으로 한정한다(금융회사지배구조법5①(6)). 여기서 "대통령령으로 정하는 사람"이
란 해당 조치의 원인이 되는 사유가 발생한 당시의 임직원으로서 다음의 어느
하나에 해당하는 사람을 말한다(금융회사지배구조법 시행령7①).

1. 감사 또는 감사위원
2. 법 제5조 제1항 제6호 가목 또는 다목에 해당하는 조치의 원인이 되는 사유
   의 발생과 관련하여 위법·부당한 행위로 금융위원회 또는 금융감독원장으
   로부터 주의·경고·문책·직무정지·해임요구, 그 밖에 이에 준하는 조치를
   받은 임원(업무집행책임자는 제외)
3. 법 제5조 제1항 제6호 나목에 해당하는 조치의 원인이 되는 사유의 발생과
   관련하여 위법·부당한 행위로 금융위원회 또는 금융감독원장으로부터 직무
   정지·해임요구, 그 밖에 이에 준하는 조치를 받은 임원
4. 법 제5조 제1항 제6호 각 목에 해당하는 조치의 원인이 되는 사유의 발생과
   관련하여 위법·부당한 행위로 금융위원회 또는 금융감독원장으로부터 직무

---

8. 영업의 양도나 예금·대출 등 금융거래와 관련된 계약의 이전("계약이전")
9. 그 밖에 제1호부터 제8호까지의 규정에 준하는 조치로서 금융기관의 재무건전성을 높
   이기 위하여 필요하다고 인정되는 조치
29) ② 금융위원회는 부실금융기관이 다음의 어느 하나에 해당하는 경우에는 그 부실금융기
   관에 대하여 계약이전의 결정, 6개월 이내의 영업정지, 영업의 인가·허가의 취소 등 필요
   한 처분을 할 수 있다. 다만, 제4호에 해당하면 6개월 이내의 영업정지처분만을 할 수 있
   으며, 제1호 및 제2호의 부실금융기관이 부실금융기관에 해당하지 아니하게 된 경우에는
   그러하지 아니하다.
   1. 제10조 제1항 또는 제12조 제3항에 따른 명령을 이행하지 아니하거나 이행할 수 없게
      된 경우
   2. 제10조 제1항 및 제11조 제3항에서 규정하는 명령 또는 알선에 따른 부실금융기관의
      합병 등이 이루어지지 아니하는 경우
   3. 부채가 자산을 뚜렷하게 초과하여 제10조 제1항에 따른 명령의 이행이나 부실금융기관
      의 합병 등이 이루어지기 어렵다고 판단되는 경우
   4. 자금사정의 급격한 악화로 예금등 채권의 지급이나 차입금의 상환이 어렵게 되어 예금
      자의 권익이나 신용질서를 해칠 것이 명백하다고 인정되는 경우

정지요구 또는 정직요구 이상에 해당하는 조치를 받은 직원(업무집행책임자를 포함)

5. 제2호부터 제4호까지의 제재 대상자로서 그 제재를 받기 전에 퇴임하거나 퇴직한 사람

(2) 임직원제재와 임원선임 자격제한

금융회사지배구조법 또는 금융관계법령에 따라 임직원 제재조치(퇴임 또는 퇴직한 임직원의 경우 해당 조치에 상응하는 통보를 포함)를 받은 사람으로서 조치의 종류별로 5년을 초과하지 아니하는 범위에서 "대통령령으로 정하는 기간"이 지나지 아니한 사람(금융회사지배구조법5①(7))은 금융회사의 임원이 되지 못한다.

여기서 "대통령령으로 정하는 기간"이란 다음의 구분에 따른 기간을 말한다(금융회사지배구조법 시행령7②).

1. 임원에 대한 제재조치의 종류별로 다음에서 정하는 기간
   가. 해임(해임요구 또는 해임권고 포함): 해임일(해임요구 또는 해임권고의 경우에는 해임요구일 또는 해임권고일)부터 5년
   나. 직무정지(직무정지의 요구 포함) 또는 업무집행정지: 직무정지 종료일 (직무정지 요구의 경우에는 직무정지 요구일) 또는 업무집행정지 종료일부터 4년
   다. 문책경고: 문책경고일부터 3년
2. 직원에 대한 제재조치의 종류별로 다음에서 정하는 기간
   가. 면직요구: 면직요구일부터 5년
   나. 정직요구: 정직요구일부터 4년
   다. 감봉요구: 감봉요구일부터 3년
3. 재임 또는 재직 당시 금융관계법령에 따라 그 소속기관 또는 금융위원회·금융감독원장 외의 감독·검사기관으로부터 제1호 또는 제2호의 제재조치에 준하는 조치를 받은 사실이 있는 경우 제1호 또는 제2호에서 정하는 기간
4. 퇴임하거나 퇴직한 임직원이 재임 또는 재직 중이었더라면 제1호부터 제3호까지의 조치를 받았을 것으로 인정되는 경우 그 받았을 것으로 인정되는 조치의 내용을 통보받은 날부터 제1호부터 제3호까지에서 정하는 기간

2. 준법감시인 선임 자격제한

준법감시인은 최근 5년간 금융회사지배구조법 또는 금융관계법령을 위반하여 금융위원회 또는 금융감독원장, 그 밖에 "대통령령으로 정하는 기관"으로부터 문책경고 또는 감봉요구 이상에 해당하는 조치를 받은 사실이 없어야 준법감시인으로 선임될 수 있다(금융회사지배구조법26①(1)). 여기서 "대통령령으로 정하는 기관"이란 ⅰ) 해당 임직원이 소속되어 있거나 소속되었던 기관(제1호), ⅱ) 금융위원회와 금융감독원장이 아닌 자로서 금융관계법령에서 조치 권한을 가진 자(제2호)를 말한다(금융회사지배구조법 시행령21①).

3. 검사제재규정

금융위원회가 기관 또는 임원에 대하여 제재조치를 취한 때에는 해당 금융기관의 장은 금융감독원장이 정하는 바에 따라 이사회 앞 보고 또는 주주총회 부의 등 필요한 절차를 취하여야 한다(검사제재규정38). 즉 금융기관의 장은 다음의 절차를 취하여야 한다(시행세칙62①).

1. 임원의 해임권고를 받은 금융기관은 이를 지체없이 상임이사 및 사외이사로 구성된 이사회에 제재통보서 사본을 첨부하여 서면보고하여야 하며, 주주총회(주주총회가 없는 금융기관은 주주총회에 상당하는 최고의사결정기구)에 부의할 때에는 위법·부당사실을 구체적으로 기재하여야 한다.
2. 금융기관 또는 그 임원이 다음 각목의 1에 해당하는 제재를 받은 때에는 당해 금융기관의 장은 이사회에 제재통보서 사본을 첨부하여 서면보고하여야 하며, 주주총회에 제출하는 감사보고서에 제재일자, 위법·부당행위의 내용, 관련임원별 위법·부당행위 및 제재내용을 구체적으로 기재하여야 한다. 다만, 외국금융기관 국내지점의 경우에는 해당국 본점에 서면보고하는 것으로 이에 갈음할 수 있다.
   가. 금융기관에 대한 제재중 영업 또는 업무의 전부 또는 일부정지, 영업점의 폐쇄, 영업점의 영업 또는 업무정지, 위법·부당행위의 중지, 계약이전의 결정, 기관경고
   나. 임원에 대한 제재중 업무집행정지, 문책경고, 주의적 경고

금융기관의 장은 위법·부당행위 관련 임원이 제재조치 전에 사임한 경우에도 위 제1항에 준하여 조치하여야 한다(규정 시행세칙62②).

Ⅷ. 제재에 대한 통제

1. 의의

금융기관 또는 그 임직원에 대하여 제재를 하는 경우에 금융감독원장은 그 제재에 관하여 이의신청·행정심판·행정소송의 제기, 기타 불복을 할 수 있는 권리에 관한 사항을 제재대상자에게 알려주어야 한다(검사제재규정36①).

2. 이의신청

금융기관 또는 그 임직원은 당해 제재처분 또는 조치요구가 위법 또는 부당하다고 인정하는 경우에 금융위원회 또는 금융감독원장에게 이의를 신청할 수 있다(검사제재규정37① 본문). 이의신청은 제재통보서 또는 검사서가 도달한 날로부터 1월 이내에 금융위원회 또는 금융감독원장에게 하여야 한다(시행세칙61①). 다만, 금융관련법규에서 별도의 불복절차가 마련되어 있는 경우에는 그에 따른다(검사제재규정37① 단서).

금융감독원장은 금융기관 또는 그 임직원의 이의신청에 대하여 다음과 같이 처리한다(검사제재규정37③).

1. 금융위원회의 제재처분에 대하여 이의신청을 받은 경우에는 그 이의신청 내용을 금융위원회에 지체없이 통보하고, 타당성 여부를 심사하여 당해 처분의 취소·변경 또는 이의신청의 기각을 금융위원회에 건의한다. 다만, 이의신청이 이유없다고 인정할 명백한 사유가 있는 경우에는 금융감독원장이 이의신청을 기각할 수 있다.
2. 금융감독원장의 제재처분 또는 조치요구사항에 대하여는 이유가 없다고 인정하는 경우에는 이를 기각하고, 이유가 있다고 인정하는 경우에는 당해 처분을 취소 또는 변경한다.

3. 집행정지

금융감독원장은 제재를 받은 금융기관 직원(이사·감사 등과 사실상 동등한 지위에 있는 미등기 임원 제외)이 감봉 이상의 신분상 제재(금융위원회에 건의하는 제재사항은 제외하되, 금융관련법규상 제재로 인하여 준법감시인의 지위를 상실하는 경우를 포함)에 대하여 이의를 신청한 경우로서 제재조치의 집행 또는 절차의 속행으로 인하여 발생할 수 있는 회복하기 어려운 손해를 예방하기 위하여 필요하다고 인정하는 때에는 당사자의 신청에 의하여 그 제재조치의 집행 또는 절차의 속행 정지("집행정지")를 결정할 수 있다(시행세칙61의2①).

집행정지는 금융감독원장의 집행정지결정이 있는 때부터 금융감독원장의 이의신청에 대한 결정(금융위원회에 건의하는 제재사항 중 준법감시인 지위를 상실하는 경우의 이의신청에 대해서는 금융위원회의 결정)이 있는 때까지 효력이 있다(시행세칙61의2②). 금융감독원장은 이의신청을 처리하기 이전이라도 집행정지의 사유가 없어진 경우에는 집행정지 결정을 취소할 수 있다(시행세칙61의2⑦). 집행정지 처리결과에 대하여는 이의를 제기할 수 없다(시행세칙61의2⑧).

4. 행정쟁송

금융위원회법은 "금융위원회, 증권선물위원회 및 금융감독원이 내린 위법·부당한 처분으로 권리나 이익을 침해받은 자는 행정심판을 제기할 수 있다(금융위원회법70)"고 규정하고 있다. 따라서 금융위원회, 증권선물위원회나 금융감독원으로부터 제재를 받은 금융기관 임직원은 그 제재조치가 위법·부당하다고 판단되는 경우 행정심판을 제기하여 권리구제를 받을 수 있다. 제재조치로 인해 권리에 직접적인 제한을 받는 당사자는 행정심판 이외에 직접 행정소송법상 항고소송(행정소송법4)을 통해 권리구제를 받을 수도 있다. 다만, 이러한 행정심판이나 행정소송을 통하여 권리구제를 받기 위해서는 제재조치의 처분성이 인정되어야 한다.

제5절 위법행위의 신고 및 신고자 보호

I. 신고 또는 제보

누구든지 상호저축은행법 또는 금융소비자보호법 위반행위를 알게 되었거나 이를 강요 또는 제의받은 경우에는 대통령령으로 정하는 바에 따라 금융위원회 또는 금융감독원장에게 신고 또는 제보할 수 있다(법23의3①).

1. 신고·제보 기준

위법행위를 금융위원회나 금융감독원장에게 신고하거나 제보하려는 경우에는 ⅰ) 신고하거나 제보하려는 내용이 특정인의 위법행위와 관련이 있어야 하고, ⅱ) 위반행위자, 위반 일시·장소 등과 위반 사실을 구체적으로 제시하고 그 증거 등을 함께 제시하여야 하며, ⅲ) 신고자 또는 제보하려는 자("신고자등")의 신원을 밝혀야 한다(영14①).

2. 신고·제보 사항 확인

금융위원회나 금융감독원장은 접수된 신고 또는 제보 사항에 대하여 신고자등을 상대로 인적 사항, 신고 또는 제보의 경위 및 취지, 그 밖에 신고 또는 제보한 내용을 특정하는 데에 필요한 사항 등을 확인할 수 있다(영14②).

3. 자료제출요구

금융위원회나 금융감독원장은 접수된 신고 또는 제보 사항의 진위를 확인하는 데에 필요한 범위에서 신고자등에게 자료 제출을 요구할 수 있다(영14③).

4. 신고·제보 처리기간

금융위원회나 금융감독원장은 접수된 신고 또는 제보를 그 접수일부터 90일 이내에 처리하여야 한다(영14④ 전단). 이 경우 자료의 제출, 의견의 청취 등을 위하여 필요하다고 인정되는 경우에는 그 기간을 30일 이내에서 연장할 수 있다(영14④ 후단).

5. 신고·제보 처리결과 통지

금융위원회나 금융감독원장은 신고 또는 제보의 처리결과를 신고자등에게 문서로 알려야 한다(영14⑤ 본문). 다만, ⅰ) 구술 또는 인터넷 등 정보통신망을 통해 접수된 경우, ⅱ) 신속을 요하거나 사안이 경미한 경우, ⅲ) 신고자가 구술 또는 인터넷 등 정보통신망을 통해 통지 받고자 하는 경우에는 구술 또는 정보통신망 등으로 통지할 수 있으며, 이 경우에도 신고자등이 요청하면 지체 없이 처리결과에 관한 문서를 내주어야 한다(영14⑤ 단서, 감독규정42의2①).

6. 신고·제보의 접수방법 및 처리절차

위법행위의 신고 또는 제보의 접수방법 및 처리절차, 포상금 지급 등에 필요한 사항은 금융위원회가 정하여 고시한다(영14⑨). 여기서 "금융위원회가 정하여 고시"하는 사항은 다음과 같다(감독규정42의2③).

1. 금융감독원장은 법 제23조의3(위법행위의 신고 및 신고자 보호)에 따라 신고를 받은 경우에는 그 내용을 기록·관리하여야 한다.
2. 금융감독원장은 신고사항이 다음의 어느 하나에 해당하는 경우에는 이를 접수하지 아니하거나 이미 접수한 때에는 조사를 하지 아니하고 처리를 종결할 수 있다.
   가. 시행령 제14조 제1항에 따른 신고방법에 부합되지 아니하거나 같은 조 제2항 및 제3항에 따른 확인 또는 자료제출의 요구를 거부한 경우
   나. 신고자의 신원을 확인할 수 없거나 소재불명 등으로 연락이 두절된 경우
   다. 신고내용이 명백히 허위인 경우
   라. 동일한 사항에 대하여 조사가 진행 중이거나 종료된 경우
   마. 공시자료, 언론보도 등에 의하여 널리 알려진 사실이나 풍문을 바탕으로 신고한 경우로서 새로운 사실이나 증거가 없는 경우
   바. 신고내용이 위법행위의 단서로서 가치가 없다고 판단되는 경우
   사. 기타 신고내용 및 신고자에 대한 확인결과 검사 또는 조사의 실익이 없다고 판단되는 경우

Ⅱ. 신고자등 비밀유지의무

금융위원회 또는 금융감독원장(그 상호저축은행의 임직원을 통하여 신고 또는 제보를 한 경우에는 그 임직원을 포함)은 신고 또는 제보를 받은 경우 신고자 또는 제보자("신고자등")의 신분 등에 관한 비밀을 유지하여야 한다(법23의3②).

법 제23조의3 제2항을 위반하여 신고자등의 신분 등에 관한 비밀을 누설한 자(제2호)는 3년 이하의 징역 또는 3천만원 이하의 벌금에 처한다(법39④(2)).

Ⅲ. 신고자등에 대한 불리한 대우 금지 등

1. 불리한 대우 금지

신고자등이 소속된 기관·단체 또는 회사는 그 신고자등에 대하여 그 신고 또는 제보와 관련하여 직접 또는 간접적인 방법으로 불리한 대우를 하여서는 아니 된다(법23의3③).

법 제23조의3 제3항을 위반하여 신고자등에 대하여 불리한 대우를 한 자에게는 3천만원 이하의 과태료를 부과한다(법40②(7)).

2. 신고자등의 원상회복 등 조치요구

신고자등은 신고 또는 제보와 관련하여 그 소속기관으로부터 불리한 대우를 받은 경우에는 원상회복 등 필요한 조치를 금융위원회나 금융감독원장에게 요구할 수 있다(영14⑥).

3. 금융위원회 등의 원상회복 등 조치요구

금융위원회나 금융감독원장은 신고자등의 요구가 타당하다고 인정되는 경우에는 신고자등의 소속기관의 장에게 원상회복 등 적절한 조치를 할 것을 요구할 수 있다(영14⑦ 본문). 다만, 신고자등의 소속기관이 금융기관이 아닌 경우에는 소속기관의 장 또는 관계기관의 장에게 적절한 조치를 할 것을 권고할 수 있다(영14⑦ 단서).

Ⅳ. 포상금 지급

1. 포상금 지급사유

금융위원회나 금융감독원장은 접수된 신고 또는 제보가 상호저축은행의 중대한 위법행위의 적발이나 그에 따른 조치에 도움이 되었다고 인정하는 경우에는 3억원의 범위에서 금융위원회가 정하여 고시하는 기준에 따라 신고자등에게 예산의 범위에서 포상금을 지급할 수 있다(법23의3④, 영14⑧).

2. 포상금 지급 대상자

포상금은 ⅰ) 법 제10조의6(대주주의 자격심사 등)을 위반한 행위, ⅱ) 법 제12조(개별차주 등에 대한 신용공여의 한도)를 위반한 행위, ⅲ) 법 제12조의3(대주주의 부당한 영향력 행사의 금지)을 위반한 행위, ⅳ) 법 제18조의2(상호저축은행 및 동일계열상호저축은행의 금지행위)를 위반한 행위, ⅴ) 법 제37조(대주주등에 대한 신용공여 등의 금지)를 위반한 행위, ⅵ) 분식 또는 허위의 재무건전성비율을 보고한 행위를 신고한 자로서 이를 적발하거나 그에 따른 조치를 함에 있어 도움이 되었다고 인정되는 자에게 지급한다(감독규정42의2②(1)).

3. 포상금 지급금액

포상금 지급금액은 위법행위의 중요도에 따라 5등급으로 나누고, 금융감독원장이 정하는 각 등급별 기준금액에 기여율을 곱하여 산정한다. 이 경우 신고자에게 지급하는 포상금은 금융감독원장이 정하는 바에 따라 구성된 포상심의위원회에서 결정한다(감독규정42의2②(2)). 감독규정 제42조의2 제2항에 따른 포상금 지급기준은 [별표 3-1]에서 정하는 바에 따른다(시행세칙24의5). [별표 3-1] 포상금 산정기준(제24조의5 관련)은 포상금 산정, 기준금액, 위법행위의 중요도 판정기준, 기여율 산출기준, 포상심의위원회의 구성에 관하여 규정하고 있다.

4. 포상금 불지급 사유

다음의 어느 하나에 해당하는 경우, 즉 ⅰ) 신고내용이 적발된 위법행위와 직접적인 관련이 없거나 법 위반의 정도가 경미한 단순 법규위반에 해당되는 경우(다만, 신고자가 혐의자를 잘못 적시하거나 구체적으로 적시하지 않은 경우라도 당해 신고내용에 따라 위법행위를 적발한 경우에는 포상금을 지급할 수 있다)(가목), ⅱ) 동일한 신고내용(중요부분이 같은 경우를 포함)에 대하여 포상금 또는 금융관계법령에 의한 포상금이 이미 지급되었거나 지급예정인 경우(다만, 이 규정에 의한 포상금 지급예정금액이 이 목 본문의 포상금액보다 더 큰 경우에는 이 목 본문의 포상금액을 차감하여 지급할 수 있다)(나목), ⅲ) 행정기관 또는 공공단체에 근무하는 자가 그 직무와 관련하여 알게 된 내용을 신고한 경우(다목), ⅳ) 신고자가 포상금 수령을 거부하는 경우(라목), ⅴ) 신고자가 자신이 당해 위법행위로 조치를 받는 경우(다만, 신고자에 대한 조치가 경미한 경우에는 포상금을 지급할 수 있다)(마목), ⅵ) 신고자가 신고내용과 관련된 이해관계자로서 포상금 이외의 사적인 이익을 목적으로 신고한 것이 명백한 경우(바목), ⅶ) 그 밖에 포상금 지급이 명백히 불합리하다고 인정되는 경우(사목)에는 포상금을 지급하지 아니한다(감독규정42의2②(3)).

제6절 부실상호저축은행의 경영정상화

Ⅰ. 부실상호저축은행 결정을 위한 재산과 채무의 평가 및 산정

1. 평가대상 상호저축은행

금융산업구조개선법 제2조 제2호[30])의 규정에 의한 부실상호저축은행 결정

---

30) 2. "부실금융기관"이란 다음의 어느 하나에 해당하는 금융기관을 말한다.
　　가. 경영상태를 실제 조사한 결과 부채가 자산을 초과하는 금융기관이나 거액의 금융사고 또는 부실채권의 발생으로 부채가 자산을 초과하여 정상적인 경영이 어려울 것이 명백한 금융기관으로서 금융위원회나 예금자보호법 제8조에 따른 예금보험위원회가 결정한 금융기관. 이 경우 부채와 자산의 평가 및 산정은 금융위원회가 미리 정하는 기준에 따른다.
　　나. 예금자보호법 제2조 제4호에 따른 예금등 채권("예금등 채권")의 지급이나 다른 금융기관으로부터의 차입금 상환이 정지된 금융기관
　　다. 외부로부터의 지원이나 별도의 차입(정상적인 금융거래에서 발생하는 차입은 제외)이 없이는 예금등 채권의 지급이나 차입금의 상환이 어렵다고 금융위원회나 예금자보호법 제8조에 따른 예금보험위원회가 인정한 금융기관

을 위하여 자산과 부채의 평가 및 산정대상이 되는 상호저축은행은 ⅰ) 거액의
금융사고 또는 거액여신의 부실화 등으로 자산의 건전성이 크게 악화되어 금융
감독원장이 부채가 자산을 초과할 우려가 있다고 판단하는 상호저축은행, ⅱ) 제
44조(건전성 비율)의 규정에서 정하는 위험가중자산에 대한 자기자본비율이 2.5%
미만인 상호저축은행, ⅲ) 제45조(경영실태분석 및 평가) 제2항 및 제4항의 규정에
의한 경영실태평가 결과 종합평가등급이 5등급(위험)으로 판정된 상호저축은행이
다(감독규정53).

2. 평가범위

자산과 부채의 평가 및 산정은 원칙적으로 최근 월말 현재 상호저축은행 대
차대조표상 자산과 부채의 각 계정과목을 대상으로 하되 부채계정 중 자산에 대
한 평가성충당금(대손충당금, 감가상각충당금, 기타 충당금)은 평가 및 산정대상에서
제외한다(감독규정54).

3. 평가기준

(1) 평가 및 산정대상 자산과 부채 평가기준

평가 및 산정대상 자산과 부채는 ⅰ) 장부가액이 실질가치를 반영하는 항목
에 대해서는 동 장부가액으로 평가한다. ⅱ) 장부가액이 실질가치를 반영하지 못
하는 항목에 대해서는 시가 또는 손실발생예상액을 차감한 실질가치로 조정하여
평가한다. ⅲ) 각주사항에 대해서는 손실발생예상액을 산출하여 채무로 계상한
다(감독규정55①).

(2) 항목별 평가 및 산정기준

자산과 부채의 각 항목별 구체적인 평가 및 산정기준은 금융감독원장이 정
하는 바에 따른다(감독규정55②). 감독규정 제55조 제2항의 규정에 의한 부실상호
저축은행 결정을 위한 자산·부채의 각 항목별 세부평가 및 산정기준은 [별표 5]
와 같다(시행세칙24의3). [별표 5] 자산·부채 항목별 세부평가 및 산정기준에 의
하면, 그 적용범위는 부실상호저축은행의 결정을 위한 자산과 부채의 각 항목별
구체적인 평가 및 산정 기준에 관하여는 이 기준에서 정하는 바에 의하고, 이 기
준 및 세칙에서 정하지 않은 사항에 대하여는 일반기업회계기준 및 한국채택국
제회계기준에서 정하는 바에 따른다(제1호).

4. 평가절차

금융감독원장은 자산과 부채의 평가 및 산정을 위하여 필요한 자료를 평가대상 상호저축은행에 요구할 수 있으며 필요한 경우에는 평가 및 산정대상 상호저축은행에 임점하여 재산과 채무의 실사를 실시할 수 있다(감독규정56).

5. 이전손실금의 영업권계상 등

(1) 영업권 계상

다음에 해당하는 상호저축은행, 즉 ⅰ) 법 제24조의9(계약이전의 협의와 인가)·제24조의11(계약이전의 결정) 또는 금융산업구조개선법 제10조 제1항[31]·제14조 제2항[32])의 규정에 의하여 계약이전을 받은 상호저축은행(제1호), ⅱ) 금융산업구

---

31) 금융산업구조개선법 제10조(적기시정조치) ① 금융위원회는 금융기관의 자기자본비율이 일정 수준에 미달하는 등 재무상태가 제2항에 따른 기준에 미달하거나 거액의 금융사고 또는 부실채권의 발생으로 금융기관의 재무상태가 제2항에 따른 기준에 미달하게 될 것이 명백하다고 판단되면 금융기관의 부실화를 예방하고 건전한 경영을 유도하기 위하여 해당 금융기관이나 그 임원에 대하여 다음의 사항을 권고·요구 또는 명령하거나 그 이행계획을 제출할 것을 명하여야 한다.
  1. 금융기관 및 임직원에 대한 주의·경고·견책 또는 감봉
  2. 자본증가 또는 자본감소, 보유자산의 처분이나 점포·조직의 축소
  3. 채무불이행 또는 가격변동 등의 위험이 높은 자산의 취득금지 또는 비정상적으로 높은 금리에 의한 수신의 제한
  4. 임원의 직무정지나 임원의 직무를 대행하는 관리인의 선임
  5. 주식의 소각 또는 병합
  6. 영업의 전부 또는 일부 정지
  7. 합병 또는 제3자에 의한 해당 금융기관의 인수
  8. 영업의 양도나 예금·대출 등 금융거래와 관련된 계약의 이전("계약이전")
  9. 그 밖에 제1호부터 제8호까지의 규정에 준하는 조치로서 금융기관의 재무건전성을 높이기 위하여 필요하다고 인정되는 조치
  ② 금융위원회는 제1항에 따른 조치("적기시정조치")를 하려면 미리 그 기준 및 내용을 정하여 고시하여야 한다.
32) 금융산업구조개선법 제14조(행정처분) ② 금융위원회는 부실금융기관이 다음의 어느 하나에 해당하는 경우에는 그 부실금융기관에 대하여 계약이전의 결정, 6개월 이내의 영업정지, 영업의 인가·허가의 취소 등 필요한 처분을 할 수 있다. 다만, 제4호에 해당하면 6개월 이내의 영업정지처분만을 할 수 있으며, 제1호 및 제2호의 부실금융기관이 부실금융기관에 해당하지 아니하게 된 경우에는 그러하지 아니하다.
  1. 제10조(적기시정조치) 제1항 또는 제12조(부실금융기관에 대한 정부등의 출자 등) 제3항에 따른 명령을 이행하지 아니하거나 이행할 수 없게 된 경우
  2. 제10조 제1항 및 제11조(적기시정조치의 이행을 위한 지원조치 등) 제3항에서 규정하는 명령 또는 알선에 따른 부실금융기관의 합병 등이 이루어지지 아니하는 경우

조개선법 제4조[33])의 규정에 의하여 제1호에 해당하는 상호저축은행과 합병하여 존속 또는 신설된 상호저축은행(제2호)은 계약이전에 따라 인정된 이전손실금을 영업권으로 계상할 수 있다(감독규정57①).

(2) 영업권 상각

영업권은 기업회계기준 제63조의 규정에 의거 계상회계연도부터 20년 이내의 기간에 정액법으로 직접 상각처리한다(감독규정57② 본문). 다만, 금융위원회가 원활한 구조조정을 위하여 20년 이내의 범위에서 영업권 상각기간을 별도로 정하는 경우에는 그 기간을 영업권 상각기간으로 한다(감독규정57② 단서).

---

3. 부채(負債)가 자산을 뚜렷하게 초과하여 제10조 제1항에 따른 명령의 이행이나 부실금융기관의 합병 등이 이루어지기 어렵다고 판단되는 경우
4. 자금사정의 급격한 악화로 예금등 채권의 지급이나 차입금의 상환이 어렵게 되어 예금자의 권익이나 신용질서를 해칠 것이 명백하다고 인정되는 경우
33) 금융산업구조개선법 제4조(인가) ① 금융기관이 이 법에 따른 합병 또는 전환을 하려면 미리 금융위원회의 인가를 받아야 한다.
② 삭제[1998. 1. 8]
③ 금융위원회는 제1항에 따른 인가를 할 때 다음의 기준에 적합한지를 심사하여야 한다.
1. 합병 또는 전환의 목적이 금융산업의 합리화와 금융구조조정의 촉진 등을 위한 것일 것
2. 합병 또는 전환이 금융거래를 위축시키거나 기존 거래자에게 불이익을 줄 우려가 없는 등 금융산업의 효율화와 신용질서의 유지에 지장이 없을 것
3. 합병 또는 전환이 금융기관 간 경쟁을 실질적으로 제한하지 아니할 것
4. 합병 또는 전환 후에 하려는 업무의 범위가 관계 법령 등에 위반되지 아니하고 영업계획이 적정할 것
5. 합병 또는 전환 후 업무를 할 수 있는 조직 및 인력의 체제와 능력을 갖추고 있을 것
6. 상법, 자본시장법, 그 밖의 관계 법령에 위반되지 아니하고, 그 절차의 이행에 흠이 없을 것
7. 자기자본비율, 부채 등이 적절한 수준일 것
8. 대통령령으로 정하는 주요 출자자가 충분한 출자능력과 건전한 재무상태를 갖추고 있을 것
④ 금융위원회는 금융기관 간의 합병을 인가하려면 제3항 제3호에서 규정한 금융기관 간의 경쟁을 실질적으로 제한하지 아니하는지에 대하여 미리 공정거래위원회와 협의하여야 한다.
⑤ 금융위원회는 제3항 각 호의 기준에 비추어 금융산업의 건전한 발전을 위하여 필요하다고 인정하면 제1항에 따른 인가에 조건을 붙일 수 있다.
⑥ 제3항 각 호의 심사기준에 필요한 구체적인 사항은 금융위원회가 정하여 고시한다.

Ⅱ. 경영지도

1. 의의

금융위원회는 상호저축은행이 일정한 사유가 있는 경우에는 예금자 등 거래자 보호, 상호저축은행의 경영정상화 및 재산 보전 등을 위하여 경영지도를 할 수 있다(법24의2① 전단). 이 경우 금융위원회는 금융감독원장 및 예금보험공사 사장으로 하여금 금융감독원 및 예금보험공사의 직원을 상호저축은행의 본점 또는 지점등에 파견하여 상주하면서 공동으로 경영지도를 하게 할 수 있다(법24의2① 후단).

2. 경영지도의 사유(요건)

금융위원회는 상호저축은행이 ⅰ) 법 제23조 제1항에 따른 검사 결과 대통령령으로 정하는 개별차주한도초과신용공여·불법거액신용공여 또는 대주주신용공여를 보유하는 경우(제1호), ⅱ) 임원이 법 제24조 제1항 제1호 또는 제3호에 따른 처분(대통령령으로 정하는 처분만 해당)을 받은 경우(제2호), ⅲ) 법 제23조 제1항에 따른 검사결과 경영지도가 필요하다고 인정되는 경우(제3호), ⅳ) 상호저축은행이 금융산업구조개선법 제10조에 따라 적기시정조치를 받은 경우(제4호), ⅴ) 그 밖에 대규모 예금인출 발생 등 거래자의 권익 및 신용질서를 저해할 우려가 있는 경우로서 대통령령으로 정하는 경우(제5호)에는 경영지도를 할 수 있다(법24의2①).

(1) 신용공여 관련 사유(제1호)

금융감독원장의 상호저축은행에 대한 업무와 재산에 관한 검사결과(법23①) ⅰ) 법 제2조 제8호 가목34)에 따른 개별차주한도초과신용공여("개별차주한도초과신용공여")의 합계액이 자기자본의 100%를 초과하는 경우 그 초과분에 해당하는 신용공여, ⅱ) 법 제2조 제8호 다목35)에 따른 불법거액신용공여("불법거액신용공

---

34) 가. 개별차주에 대한 신용공여로서 제12조 제1항에 따른 한도를 초과하는 금액("개별차주한도초과신용공여")
35) 다. 거액신용공여의 합계로서 제12조 제2항에 따른 한도를 초과하는 금액("불법거액신용공여")

여")의 합계액이 자기자본의 200%를 초과하는 경우 그 초과분에 해당하는 신용
공여, iii) 법 제2조 제8호 라목36)에 따른 대주주신용공여("대주주신용공여")의 합
계액이 자기자본의 10%를 초과하는 경우 그 초과분에 해당하는 신용공여를 보
유하는 경우에는 경영지도를 할 수 있다(법24의2①(1), 영15①).

(2) 임원에 대한 처분 관련 사유(제2호)

임원이 i) 문책(면직 및 정직으로 한정)의 요구, ii) 해임 권고 또는 직무정
지의 요구의 행정처분을 받은 경우에는 경영지도를 할 수 있다(법24의2①(2), 영15
②).

(3) 경영지도 관련 사유(제3호)

금융감독원장의 상호저축은행에 대한 업무와 재산에 관한 검사결과(법23①)
경영지도가 필요하다고 인정되는 경우에는 경영지도를 할 수 있다(법24의2①(3)).

(4) 적기시정조치 관련 사유(제4호)

상호저축은행이 금융산업구조개선법 제10조에 따라 적기시정조치를 받은
경우에는 경영지도를 할 수 있다(법24의2①(4)).

(5) 신용질서 저해 관련 사유(제5호)

그 밖에 대규모 예금인출 발생 등 거래자의 권익 및 신용질서를 저해할 우
려가 있는 경우로서 i) 상호저축은행이 금융산업구조개선법 제10조 제3항37)에
따라 적기시정조치를 유예받은 경우(제1호), ii) 자금사정의 급격한 악화로 예금
등 채무의 지급이나 차입금의 상환이 어렵게 되어 예금자의 권익이나 신용질서
를 해칠 것이 우려되는 경우(제2호), iii) 대규모 금융사고·부실채권 발생으로 부
채가 자산을 초과하여 정상적인 경영이 어려울 것으로 예상되는 경우(제3호)에는
경영지도를 할 수 있다(법24의2①(5), 영15③).

3. 경영지도의 종료 요건

경영지도를 끝낼 수 있는 경우는 i) 개별차주한도초과신용공여의 합계액이
자기자본의 100% 이내로 된 경우, ii) 불법거액신용공여의 합계액이 자기자본의
200% 이내로 된 경우, iii) 대주주신용공여가 전액 회수된 경우, iv) 법 제24조의

---

36) 라. 제37조를 위반하여 한 신용공여와 가지급금("대주주신용공여")
37) ③ 금융위원회는 제2항에 따른 기준에 일시적으로 미달한 금융기관이 단기간에 그 기준을
    충족시킬 수 있다고 판단되거나 이에 준하는 사유가 있다고 인정되는 경우에는 기간을 정
    하여 적기시정조치를 유예할 수 있다.

2 제1항 제2호 및 제3호의 경영지도 사유의 시정이 완료되거나 경영지도가 필요
하지 아니하다고 인정되는 경우, ⅴ) 법 제24조의2 제1항 제4호의 적기시정조치
에 의한 경영지도 사유가 해소되었다고 인정되거나 경영개선명령에 따른 관리인
이 선임된 경우, ⅵ) 영 제15조 제3항 각 호에 따른 경영지도 사유가 해소되었다
고 인정되는 경우로 한다(영15의2①).

　　금융위원회는 경영지도를 받고 있는 상호저축은행이 법 제24조의15(경영정
상화 추진의 조정) 제1항·제2항 또는 예금자보호법 제36조[38])에 따라 영업을 양도
하거나 제3자가 그 상호저축은행을 인수하는 경우에는 제1항에도 불구하고 경영
지도를 끝낼 수 있다(영15의2②).

4. 경영지도의 방법

(1) 경영지도인

(가) 경영지도인의 의의

　　경영지도인은 금융감독원 또는 예금보험공사의 직원을 말하는데, 금융감독
원 또는 예금보험공사의 직원이 아닌 사람으로서 금융감독원장이 경영지도의 능
력이 있다고 인정하여 추천하는 사람을 포함한다(영15의3① 본문).

(나) 경영지도인의 선임

　　경영지도인의 선임·파견·출장, 경영지도 사항의 보고 등 경영지도에 관한
세부사항은 금융위원회가 정한다(영15의3④). 금융감독원장은 경영지도를 실시하
는 경우에 소속직원 및 중앙회직원 중 적격자를 경영지도인으로 선임하여 상호
저축은행에 파견하며, 이를 당해 상호저축은행에 통보하여야 한다(시행세칙45①
본문). 다만, 서면지도에 의하는 경우에는 파견하지 아니한다(시행세칙45① 단서).

　　상호저축은행의 주된 영업소 이외의 지점에 대한 경영지도는 모사전송방법
에 의하며, 필요한 경우 경영지도인이 지점에 출장하여 확인지도할 수 있다(시행
세칙45②).

(다) 경영지도인의 의견서 제출

　　상호저축은행이 ⅰ) 경영정상화계획서 또는 불법·부실대출 정리계획서의

---

38) 제36조(합병 등의 알선) 공사는 예금자등의 보호 및 금융제도의 안정성 유지를 위하여 필
　　요하다고 인정하면 부실금융회사등 또는 그 부실금융회사등을 금융지주회사법에 따른 자
　　회사등으로 두는 금융지주회사를 당사자로 하는 합병이나 영업의 양도·양수 또는 제3자
　　에 의한 인수("부실금융회사등의 합병등")를 알선할 수 있다.

제출, ⅱ) 행정절차법에 의한 상호저축은행 및 그 이해관계인의 의견제출, ⅲ) 경영권이전, ⅳ) 자금지원 신청, ⅴ) 경영지도 방법의 전환, ⅵ) 경영지도기간의 연장, ⅶ) 경영지도의 종료, ⅷ) 기타 감독원이 요구하는 사항에 해당하거나 그 요건(사유)에 해당하는 경우에 경영지도인은 감독원에 의견서를 제출하여야 한다 (시행세칙46).

(2) 경영지도의 개시와 방법

(가) 경영지도의 개시

금융감독원장은 경영지도를 개시하는 경우 보고사항 등 경영지도에 관한 세부사항이 포함된 경영지도업무방법을 별도로 정하여 운용할 수 있다(시행세칙43).

(나) 현장지도와 서면지도

경영지도는 경영지도인을 상호저축은행의 본점 또는 지점등에 파견하여 상주하면서 지도하게 하는 것("현장지도")을 원칙으로 한다(영15의3① 본문). 다만, 경영지도를 받고 있는 상호저축은행의 경영권이 이전되거나 불법·부실대출에 대한 담보의 확보 등 채권 보전조치가 이루어져 불법·부실경영의 가능성이 낮다고 금융감독원장이 인정하는 경우에는 서면지도를 할 수 있다(영15의3① 단서).

(다) 현장지도의 방법

현장지도는 경영지도인이 상호저축은행의 업무에 관한 문서를 열람·확인하고 지도사항을 기록하는 방법으로 한다(영15의3②). 현장지도의 경우 경영지도인은 당해 상호저축은행의 업무와 재산에 관하여 검사를 실시할 수 있다(시행세칙44④).

(라) 서면지도의 방법

서면지도는 경영지도인이 상호저축은행으로부터 보고서를 제출받아 서면으로 지도하되, 필요한 경우에는 현장에 출장하여 그 이행 여부를 확인하는 방법으로 한다(영15의3③). 서면지도를 받는 상호저축은행은 서면지도 전환시 금융감독원장이 통보한 서식에 의거 매월의 지도 관련 업무현황을 다음달 7일까지 경영지도인에게 보고하여야 한다(시행세칙47②).

5. 경영지도의 기간

경영지도의 기간은 6개월로 한다(영15의4①). 금융위원회는 상호저축은행이 6개월의 기간 내에 경영지도의 종료 요건을 충족하지 못한 경우에는 3개월을 단위로 하여 경영지도의 기간을 연장할 수 있다(영15의4②). 금융위원회는 경영지도의 기간을 연장하려면 그 사유를 구체적으로 밝혀 경영지도 기간 만료 3일 전까지 그 사실을 해당 상호저축은행에 통지하여야 한다(영15의4③).

6. 경영지도의 통지

금융위원회는 경영지도를 하려면 그 사유·기간 및 경영지도인의 명단 등을 해당 상호저축은행에 서면으로 통지하여야 한다(영15의5).

7. 경영지도의 종료

경영지도인은 상호저축은행이 법령에 의한 경영지도 종료 요건에 해당되거나 법 제24조의3의 규정에 의한 경영관리 개시요건에 해당된다고 인정할 때에는 즉시 금융감독원장에게 이를 보고하여야 한다(시행세칙48①). 금융감독원장은 보고가 있는 경우 경영지도의 종료 또는 경영관리 개시 여부를 결정하여 그에 필요한 조치를 취하여야 한다(시행세칙48②).

8. 위반시 제재

법 제24조의2 제1항에 따른 경영지도에 따르지 아니한 자에게는 5천만원 이하의 과태료를 부과한다(법40①13)).

Ⅲ. 경영관리

1. 의의

금융위원회는 상호저축은행이 ⅰ) 금융감독원장의 상호저축은행에 대한 업무와 재산에 관한 검사결과(법23①) 상호저축은행이 불법·부실신용공여를 보유하여 자본의 전부가 잠식될 우려가 있고, 이를 단기간에 통상적인 방법으로는 회수할 가능성이 없어 자력으로 경영정상화를 추진하는 것이 어렵다고 인정되는 경우(제1호), ⅱ) 금융위원회의 상호저축은행에 대한 영업인가 취소의 사유(법24②(1)-(8))에 해당하는 경우로서 예금자보호를 위하여 경영관리의 필요성이 인정되는 경우(제2호), ⅲ) 경영지도를 장기간 또는 반복하여 받거나 상호저축은행법 또는 금융소비자보호법을 위반하여 시정명령을 받고도 상당 기간 시정하지 아니하여 경영관리를 통하여 시정할 필요성이 인정되는 경우(제3호), ⅳ) 법 제37조(대주주등에 대한 신용공여 등의 금지) 제1항 각 호의 어느 하나에 해당하는 자에게 같은 조 제1항 또는 같은 조 제2항[39])에 따라 신용공여 또는 교차신용공여를 반복하거나 그 신용공여금액이 과다하여 공익 또는 예금자보호를 위하여 경영관리의 필요성이 인정되는 경우(제4호)에 해당하면 지체 없이 관리인을 선임하여 해당 상호저축은행에 대하여 경영관리를 하게 할 수 있다(법24의3①).

2. 경영관리의 구체적 요건

위의 제1항 제1호·제3호 및 제4호에 따른 경영관리의 구체적인 요건은 대통령령으로 정한다(법24의3②). 법 제24조의3 제2항에 따른 경영관리의 구체적인 요건은 다음의 어느 하나에 해당하는 경우로 한다(영16①).

(1) 불법·부실신용공여를 보유하고 있는 경우(제1호)

다음의 어느 하나에 해당하는 불법·부실신용공여를 보유하고 있는 경우, 즉 ⅰ) 개별차주한도초과신용공여의 합계액 중 법 제2조 제8호 마목[40])에 따른 부실신용공여에 해당하는 금액이 자기자본의 100%를 초과하는 경우(가목), ⅱ) 불법거액신용공여의 합계액 중 법 제2조 제8호 마목의 부실신용공여에 해당하는 금액이 자기자본의 100%를 초과하는 경우(나목), ⅲ) 대주주신용공여의 합계액이 자기자본의 100%를 초과하는 경우(다목), ⅳ) 가목부터 다목까지의 불법·부실신

---

39) 상호저축은행법 제37조(대주주등에 대한 신용공여 등의 금지) ① 상호저축은행은 다음의 어느 하나에 해당하는 자("대주주등")에 대하여 신용공여 및 예금등을 하거나 가지급금을 지급하지 못하며, 대주주등은 상호저축은행으로부터 신용공여 및 예금등을 받거나 가지급금을 받지 못한다. 다만, 대주주등에 대한 자금지원의 목적이 없는 것으로서 대통령령으로 정하는 예금등과 채권의 회수에 위험이 없거나 직원의 복리후생을 위한 것으로서 대통령령으로 정하는 신용공여의 경우는 제외한다.
1. 대주주(대통령령으로 정하는 주주를 포함)
2. 상호저축은행의 임직원
3. 제1호와 제2호의 자 또는 상호저축은행과 대통령령으로 정하는 친족 또는 특수한 관계에 있는 자
4. 제1호부터 제3호까지의 어느 하나에 해당하지 아니하는 자로서 대주주의 특수관계인
② 상호저축은행은 제1항에 따른 신용공여 및 예금등의 금지 또는 가지급금의 지급 금지를 피할 목적으로 다른 상호저축은행과 서로 교차하여 다른 상호저축은행의 대주주등에게 신용공여 및 예금등을 하거나 가지급금을 지급하여서는 아니 된다.
40) 마. 금융위원회가 정하는 기준에 따라 회수가 어렵거나 손실로 추정되는 신용공여와 가지급금("부실신용공여")

용공여의 합계액이 자기자본의 100%를 초과하는 경우(라목)로서 차주 또는 출자자 등에 의하여 동조의 규정에 의한 금액의 초과부분(출자자대출의 경우에는 대출금액 전액)에 상당하는 담보 등의 제공이 이루어지지 아니한 경우(시행세칙49①)이어야 한다(영16①(1)). 여기서의 담보는 담보권 실행이 가능한 것이어야 하며, 감독규정 [별표 8]의 담보종류별 회수예상가액 산정기준에 의하여 평가하여야 한다(시행세칙49②).

(2) 채권보전조치가 이루어지지 아니한 경우(제2호)

경영지도를 6개월 이상 계속하여 받거나 최근 5년간 3회 이상 받은 상호저축은행으로서 개별차주한도초과신용공여, 불법거액신용공여 또는 대주주신용공여를 보유하고 이에 상응하는 담보의 확보 등 채권보전조치가 이루어지지 아니한 경우이어야 한다(영16①(2)).

(3) 감독명령 등을 이행하지 아니한 경우(제3호)

상호저축은행이 거래자의 권익을 해칠 우려가 있다고 인정되면 금융위원회가 발동하는 감독명령(법22②) 또는 임원의 문책(면직 및 정직으로 한정)·직무정지의 요구 또는 해임 권고(법24①(1)(3))를 받고 3개월 이내에 이행하지 아니한 경우이어야 한다(영16①(3)).

(4) 6개월 이내의 영업의 일부정지를 받고 이행하지 아니한 경우(제4호)

6개월 이내의 영업의 일부정지(법24①(5)) 조치를 받고 이를 이행하지 아니하거나 이행기간을 지키지 아니한 경우이어야 한다(영16①(4)).

(5) 대주주신용공여의 재발이 우려되는 경우 등(제5호)

다음의 어느 하나에 해당하는 경우, 즉 ⅰ) 최근 2년간 신용공여를 한 대주주신용공여의 합계액이 자기자본의 200%를 초과하는 경우(가목), ⅱ) 대주주신용공여의 사유로 해당 상호저축은행 또는 그 소속 임직원이 최근 3년간 3회 이상 벌금 이상의 형을 선고받거나 금융위원회로부터 경고(문책기관 경고로 한정) 또는 문책(임원에 대한 해임 권고 및 직원에 대한 면직요구로 한정) 이상의 처분을 받은 경우(나목)로서 예금인출 사태 또는 대주주신용공여의 재발이 우려되는 등 공익 또는 예금자 보호를 위하여 경영관리의 필요성이 인정되는 경우이어야 한다(영16①(5)).

3. 출국금지 및 재산조회 요청

금융감독원장은 당해 상호저축은행의 신청이나 검사결과 등에 따라 상호저축은행의 채권확보상 필요하다고 인정하는 경우에는 출입국관리법 시행령 제2조[41] 및 법 제34조의2 제7항[42]의 규정에 의하여 법무부장관 또는 관계 중앙행정기관의 장에게 관련자에 대한 출국금지 및 예금 등을 포함하는 재산조회를 요청할 수 있다(시행세칙51).

4. 경영관리인

(1) 경영관리인의 선임 · 해임

경영관리인("관리인")의 선임에 관하여는 금융산업구조개선법 제14조의3 제2항[43] 및 같은 법 제14조의6 제1항 · 제2항[44]을 준용한다(법24의3⑥). 금융감독원장은 경영관리의 수행을 위하여 ⅰ) 금융감독원의 집행간부 및 직원, ⅱ) 예금보험공사의 임직원, ⅲ) 상호저축은행중앙회의 임직원, ⅳ) 상호저축은행 등에 관하여 학식과 경험이 풍부한 금융 · 법률 또는 회계업무에 종사하는 자를 관리인으

---

[41] 출입국관리법 시행령 제2조(출국금지 절차) ② 중앙행정기관의 장 및 법무부장관이 정하는 관계기관의 장은 법 제4조 제3항에 따라 출국금지를 요청하는 경우에는 출국금지 요청사유와 출국금지 예정기간 등을 적은 출국금지 요청서에 법무부령으로 정하는 서류를 첨부하여 법무부장관에게 보내야 한다. 다만, 시장 · 군수 또는 구청장(제주특별자치도 설치 및 국제자유도시 조성을 위한 특별법 제11조에 따른 행정시장을 포함하며, 구청장은 자치구의 구청장)의 소관 업무에 관한 출국금지 요청은 특별시장 · 광역시장 또는 도지사(특별자치도지사를 포함)가 한다.

[42] 상호저축은행법 제34조의2(권한의 대행) ⑦ 금융감독원장은 제1항에 따라 부실상호저축은행에 대한 경영정상화를 추진하는 경우에는 이에 필요한 자료를 중앙행정기관의 장에게 요청할 수 있다. 이 경우 요청을 받은 중앙행정기관의 장은 특별한 사유가 없으면 요청에 따라야 한다.

[43] ② 금융위원회는 관리인에게 그 업무수행에 필요한 명령을 할 수 있다.

[44] ① 금융위원회는 예금자보호법 제2조 제1호에 따른 부보금융회사(附保金融會社)에 대하여 제10조 제1항 제6호에 따른 영업전부의 정지를 명하거나 제14조 제2항에 따른 계약이전의 결정을 한 경우(일시적인 자금부족으로 영업전부의 정지명령을 받은 경우로서 경영정상화가 확실하다고 인정되는 경우는 제외)로서 관리인을 선임하는 경우에는 예금보험공사의 임직원을 그 금융기관의 관리인으로 선임한다. 다만, 금융위원회는 정부등에 의한 지원 및 예금보험공사에 의한 예금등 채권의 지급이 없거나 없다고 인정하는 경우에는 예금보험공사의 임직원이 아닌 사람을 관리인으로 선임할 수 있다.
② 제1항 본문의 경우 금융위원회는 해당 금융기관의 경영정상화나 일반채권자 보호를 위하여 필요하면 예금보험공사의 임직원 외에 다른 사람이 관리인으로 참여할 수 있도록 그 금융기관의 관리인으로 선임할 수 있다.

로 선임할 수 있다(시행세칙52). 해당 상호저축은행과 이해관계가 있거나 특수한 관계에 있는 자는 관리인으로 선임될 수 없다(법24의5①).

금융위원회는 필요하다고 인정하면 관리인을 해임할 수 있다(법24의5⑦).

(2) 경영관리인의 지위

관리인은 경영관리 중인 상호저축은행을 대표하고 업무를 통할하여야 한다(시행세칙53①). 관리인은 직무수행상 필요한 경우 자기책임으로 관리보조인을 선임할 수 있다(시행세칙53②).

(3) 경영관리인의 권한

관리인은 경영관리를 받는 상호저축은행의 업무를 집행하고 그 재산을 관리·처분하는 권한을 가진다(법24의5② 전단). 이 경우 관리인은 등기를 마친 후가 아니면 상호저축은행의 재산의 처분 등 법률행위를 할 때 제3자에게 대항하지 못한다(법24의5② 후단).

(가) 업무 및 재산의 조사등

관리인은 경영관리가 개시된 때에는 지체없이 상호저축은행의 업무 및 재산을 조사하여 경영관리개시일을 기준으로 재산목록을 작성하여야 한다(시행세칙55①). 관리인은 상호저축은행의 대출 등에 대한 잔액의 조회 등을 하여야 하며, 필요한 경우 예금자 등에게 채권을 신고하도록 하여야 한다(시행세칙55②).

(나) 재산실사 등

경영관리가 시작되면 관리인은 지체 없이 상호저축은행의 재산현황을 조사("재산실사")한다(법24의3③).

1) 재산실사기준

법 제24조의3 제3항의 규정에 의한 재산실사기준("재산실사기준")에는 [별표 5]를 이에 준용한다(시행세칙56① 본문). 다만, [별표 5] 2. 바. 무형자산 중 단서의 규정은 그러하지 아니하다(시행세칙56① 단서).

관리인은 경영관리업무의 수행과 관련하여 재산실사기준에 관한 일반적인 원칙을 정하여 시행할 수 있다(시행세칙56②).

2) 재무제표 등 작성

관리인은 재산실사기준에 따라 상호저축은행의 재산현황을 조사하고 그 결과를 토대로 재무제표 등을 작성하여야 한다(시행세칙56③).

3) 재산실사결과 확정

재무제표 등 재산실사결과는 관리인이 확정한다(시행세칙56④).

(다) 위규행위 관련자에 대한 조치

관리인은 불법·부실신용공여에 관한 채권을 확보하기 위하여 필요하면 제37조의3(임원 등의 연대책임)에 따라 예금등과 관련된 채무에 대하여 연대하여 변제할 책임을 지는 자, 상법 제399조 제1항,[45] 제414조 제1항[46]에 따라 손해를 배상할 책임이 있는 자 또는 채무자의 재산을 조사하여 가압류신청 등 필요한 조치를 할 수 있다(법24의5③).

관리인은 불법·부실신용공여에 관한 채권을 확보하기 위해서 위규행위 관련자에 대한 재산추적 조사를 실시한 후 가압류 등 채권보전조치를 취하고 필요한 경우 사후조치를 강구하여야 한다(시행세칙57①).

관리인은 금융감독원장이 정한 검사결과조치기준 등에 따라 위규행위관련자에 대하여 고소·고발을 할 수 있다(시행세칙57②).

(라) 경영정상화 방안 제출요구

관리인은 상호저축은행의 임원이나 대주주에게 2주 이상 1개월 이내의 기간을 정하여 증자, 추가담보의 제공 등 해당 상호저축은행의 경영정상화 방안을 제출하도록 요구할 수 있다(법24의5④).

(마) 권한 내 행위 표시

관리인이 그 권한 내의 행위를 할 때에는 경영관리를 받는 상호저축은행을 위하여 하는 것임을 표시하여야 한다(법24의5⑤). 관리인이 표시를 하지 아니하면 그 행위는 자기를 위하여 한 것으로 본다(법24의5⑥).

(바) 준용규정

관리인에 관하여는 민법 제35조 제1항,[47] 상법 제11조 제1항[48] 및 채무자회생법 제30조,[49] 제360조부터 제362조[50]까지의 규정을 준용한다(법24의5⑧ 전

---

45) ① 이사가 고의 또는 과실로 법령 또는 정관에 위반한 행위를 하거나 그 임무를 게을리한 경우에는 그 이사는 회사에 대하여 연대하여 손해를 배상할 책임이 있다.
46) ① 감사가 그 임무를 해태한 때에는 그 감사는 회사에 대하여 연대하여 손해를 배상할 책임이 있다.
47) ① 법인은 이사 기타 대표자가 그 직무에 관하여 타인에게 가한 손해를 배상할 책임이 있다. 이사 기타 대표자는 이로 인하여 자기의 손해배상책임을 면하지 못한다.
48) ① 지배인은 영업주에 갈음하여 그 영업에 관한 재판상 또는 재판 외의 모든 행위를 할 수 있다.

단). 이 경우 채무자회생법 제30조, 제360조 및 제362조 중 "법원"은 "금융위원
회"로 본다(법24의5⑧ 후단).

(4) 경영관리인 회의

(가) 관리인회의와 관리인대표

선임된 관리인이 2인 이상인 경우에는 상호저축은행에 관리인회의를 둘 수
있으며, 금융감독원장은 관리인 중에서 상호저축은행을 대표하고 업무를 통할하
는 자("관리인대표")를 지정할 수 있다(시행세칙54①).

(나) 심의사항

관리인회의는 상호저축은행의 업무에 관한 기본방침을 수립하고 ⅰ) 상호저
축은행의 제 규정의 제정 및 개폐, ⅱ) 금융위원회 또는 금융감독원장에 대한 건
의사항, ⅲ) 상호저축은행의 예산(전용을 포함) 및 결산에 관한 사항, ⅳ) 사고관
련자 등에 대한 채권보전조치, 고발, 소송 등에 관한 중요사항, ⅴ) 상호저축은행
의 업무집행 및 재산관리·처분에 관한 중요사항, ⅵ) 관리보조인의 선임 및 변
경, ⅶ) 재산실사 결과의 확정, ⅷ) 상호저축은행 직원의 신규채용 및 징계, ⅸ)

---

49) 제30조(관리인 등의 보수 등) ① 다음의 자는 비용을 미리 받거나 보수 또는 특별보상금
을 받을 수 있다. 이 경우 보수 및 특별보상금의 액은 법원이 정한다.
1. 관리인·관리인대리·보전관리인·파산관재인·파산관재인대리
2. 조사위원·간이조사위원·회생위원·고문
3. 그 직무를 수행하는 관리위원
② 제1항의 규정에 의한 보수 및 특별보상금은 그 직무와 책임에 상응한 것이어야 한다.
③ 제1항의 규정에 의한 결정에 대하여는 즉시항고를 할 수 있다.
50) 제360조(여럿의 파산관재인의 직무집행) ① 파산관재인이 여럿인 때에는 공동으로 그 직
무를 행한다. 이 경우 법원의 허가를 받아 직무를 분장할 수 있다.
② 파산관재인이 여럿인 때에는 제3자의 의사표시는 그 1인에 대하여 하면 된다.
제361조(파산관재인의 의무 등) ① 파산관재인은 선량한 관리자의 주의로써 그 직무를 행
하여야 한다.
② 파산관재인이 제1항의 규정에 의한 주의를 게을리한 때에는 이해관계인에게 손해를
배상할 책임이 있다. 이 경우 주의를 게을리한 파산관재인이 여럿 있는 때에는 연대하여
손해를 배상할 책임이 있다.
제362조(파산관재인대리) ① 파산관재인은 필요한 때에는 그 직무를 행하게 하기 위하여
자기의 책임으로 대리인을 선임할 수 있다.
② 제1항의 규정에 의한 대리인의 선임은 법원의 허가를 받아야 한다.
③ 채무자가 법인인 경우 제1항의 규정에 의한 허가가 있는 때에는 법원사무관등은 직권
으로 지체 없이 촉탁서에 결정서의 등본을 첨부하여 대리인의 선임에 관한 등기를 촉탁하
여야 한다. 대리인의 선임에 관한 허가가 변경 또는 취소된 때에도 또한 같다.
④ 제1항의 규정에 의한 대리인은 파산관재인에 갈음하여 재판상 또는 재판 외의 모든 행
위를 할 수 있다.

관리인대표가 회의에 부의하는 사항, x) 기타 상호저축은행 정관에서 그 이사회의 결의를 거치도록 규정한 사항, xi) 법령 등에서 관리인의 직무로 규정하고 있는 사항을 심의하여 관리인회의에서 미리 정하는 의사진행 및 의결방법에 의하여 의결한다(시행세칙54②).

(다) 권한의 위임

관리인회의는 의결로써 그 회의의 권한을 관리인대표에게 위임할 수 있다(시행세칙54③).

(5) 현황보고

관리인은 상호저축은행의 경영관리 현황을 매월별로 작성하여 다음달 10일까지 금융감독원장에게 보고하여야 한다(시행세칙58② 본문). 다만, 긴급한 사항이 발생하였을 때에는 지체없이 이를 보고하여야 한다(시행세칙58② 단서).

5. 경영관리기간

(1) 기간 및 기간연장

경영관리의 기간은 6개월 이내로 하되, 금융위원회가 경영정상화를 추진하기 위하여 불가피하다고 인정하면 6개월의 범위에서 한 번만 연장할 수 있다(법 24의3④ 본문). 다만, 제24조의13에 따라 파산신청을 한 경우에는 채무자회생법 제355조[51])에 따른 파산관재인이 선임될 때까지 경영관리 기간을 연장할 수 있다(법24의3④ 단서).

금융감독원장은 경영관리기간을 연장하는 때에는 경영관리기간 만료 15일 전에 그 이유를 명시하여 당해 상호저축은행에 통지하여야 한다(시행세칙50①).

(2) 등기 촉탁

금융감독원장은 기간연장을 하는 때에는 지체 없이 법 제24조의6 제1항의 규정에 의한 등기를 촉탁하여야 한다(시행세칙50②).

6. 경영관리 공고

상호저축은행은 경영관리를 받게 된 경우에는 지체 없이 본점 및 지점등의

---

51) 채무자회생법 제355조(파산관재인의 선임) ① 파산관재인은 관리위원회의 의견을 들어 법원이 선임한다.
② 법인도 파산관재인이 될 수 있다. 이 경우 그 법인은 이사 중에서 파산관재인의 직무를 행할 자를 지명하고 법원에 신고하여야 한다.

객장(客場)에 그 사실을 공고하여야 하며, 1영업일 이내에 그 상호저축은행의 본
점이 있는 지역의 일간신문에 공고 내용을 게재하여야 한다(법24의3⑤, 영16②).

7. 지급정지와 지급해제

(1) 채무의 지급정지 등

경영관리의 공고가 있으면 그때부터 채무의 지급, 임원의 직무집행 및 주주
명의개서는 정지된다(법24의4①). 다만 다음의 경우는 채무의 지급이 정지되는 않
는다. 즉 ⅰ) 제세공과금 또는 임차료의 지급 채무, ⅱ) 근로기준법 제38조[52] 제
2항에 따라 우선변제권이 인정되는 최종 3개월분의 임금·재해보상금 및 근로자
퇴직급여보장법 제12조[53] 제2항에 따라 우선변제권이 인정되는 최종 3년간의 퇴
직급여등에 관한 채무, ⅲ) 내국환 결제를 위한 자금, ⅳ) 국가, 공공단체, 중앙
회 또는 금융기관의 업무 대리를 위하여 일시적으로 예치한 자금, ⅴ) 그 밖에
상호저축은행의 유지·관리를 위하여 필요한 것으로서 금융위원회가 인정하는
채무는 지급이 정지되지 않는다(법24의4①, 영17①).

(2) 지급정지의 해제

금융위원회는 재산실사 결과 ⅰ) 불법·부실신용공여에 대한 채권보전이 상
당 부분 이루어져 상호저축은행의 재산으로 그 채무를 모두 변제할 수 있다고

---

52) 근로기준법 제38조(임금채권의 우선변제) ① 임금, 재해보상금, 그 밖에 근로관계로 인한
채권은 사용자의 총재산에 대하여 질권·저당권 또는 동산채권담보법에 따른 담보권에 따
라 담보된 채권 외에는 조세·공과금 및 다른 채권에 우선하여 변제되어야 한다. 다만, 질
권·저당권 또는 동산채권담보법에 따른 담보권에 우선하는 조세·공과금에 대하여는 그
러하지 아니하다.
② 제1항에도 불구하고 다음의 어느 하나에 해당하는 채권은 사용자의 총재산에 대하여
질권·저당권 또는 동산채권담보법에 따른 담보권에 따라 담보된 채권, 조세·공과금 및
다른 채권에 우선하여 변제되어야 한다.
1. 최종 3개월분의 임금
2. 재해보상금
53) 근로자퇴직급여보장법 제12조(퇴직급여등의 우선변제) ① 사용자에게 지급의무가 있는
퇴직금, 제15조에 따른 확정급여형퇴직연금제도의 급여, 제20조 제3항에 따른 확정기여형
퇴직연금제도의 부담금 중 미납입 부담금 및 미납입 부담금에 대한 지연이자, 제25조 제2
항 제4호에 따른 개인형퇴직연금제도의 부담금 중 미납입 부담금 및 미납입 부담금에 대
한 지연이자("퇴직급여등")는 사용자의 총재산에 대하여 질권 또는 저당권에 의하여 담보
된 채권을 제외하고는 조세·공과금 및 다른 채권에 우선하여 변제되어야 한다. 다만, 질
권 또는 저당권에 우선하는 조세·공과금에 대하여는 그러하지 아니하다.
② 제1항에도 불구하고 최종 3년간의 퇴직급여등은 사용자의 총재산에 대하여 질권 또는
저당권에 의하여 담보된 채권, 조세·공과금 및 다른 채권에 우선하여 변제되어야 한다.

인정되는 경우, ii) 자산·부채를 평가한 결과 상호저축은행의 재산으로 그 채무를 모두 변제할 수 있다고 인정되는 경우, iii) 재산실사 결과 상호저축은행의 재산으로 그 채무를 모두 변제할 수 없다고 인정되나 계약이전을 받을 자가 지정된 경우에는 제1항에 따른 정지의 전부 또는 일부를 해제할 수 있다(법24의4②, 영17②).

8. 경영관리의 통지 및 등기 촉탁

금융위원회는 경영관리를 시작하게 한 경우에는 지체 없이 그 관리를 받는 상호저축은행의 본점 소재지를 관할하는 지방법원에 그 취지를 알리고 본점 및 지점 소재지를 관할하는 등기소에 그 등기를 촉탁하여야 한다(법24의6①). 등기소는 촉탁을 받으면 지체 없이 그 등기를 하여야 한다(법24의6②).

9. 경영관리의 종료

금융위원회는 제24조의3에 따른 경영관리의 요건을 해소하고 자력으로 경영정상화를 추진하는 것이 가능하다고 인정되어 경영관리가 필요 없게 된 때에는 지체 없이 이를 종료하게 하여야 한다(법24의7①). 경영관리 종료의 통지 및 등기에 관하여는 제24조의6을 준용한다(법24의7②).

(1) 경영정상화계획서 징구

관리인은 상호저축은행의 경영정상화 추진의 가능성 여부를 판단하기 위하여 당해 상호저축은행의 대표이사 및 대주주로부터 경영정상화계획서를 징구하여야 한다(시행세칙59①).

(2) 심사결과 보고

관리인은 경영정상화계획서가 제출된 날로부터 1월 이내에 그 심사결과를 금융감독원장에게 보고하고, 경영관리의 종료 여부를 건의하여야 한다(시행세칙59② 본문). 다만, 부득이한 사유가 있는 때에는 1월의 범위 안에서 그 기간을 연장할 수 있다(시행세칙59② 단서).

(3) 경영권 이전과 경영관리 종료 건의

관리인은 상호저축은행이 주식의 양도방법에 의한 경영권의 이전이 추진되는 경우에는 제2항의 규정에 불구하고 경영권이전에 필요한 범위 내에서 금융감독원장에게 경영관리의 일부 또는 전부의 종료를 건의할 수 있다(시행세칙59③).

(4) 경영관리의 종료 여부 결정

금융감독원장은 제2항 및 제3항에 의한 관리인의 건의사항을 검토하여 경영관리의 종료여부를 결정한다(시행세칙59④ 전단). 이 경우 상호저축은행이 자력으로 경영정상화를 추진하는 것이 불가능하다고 판단되는 때에는 그 이유를 명시하여 그 이유가 해소될 때까지 경영관리를 지속한다는 뜻을 당해 상호저축은행에 통지하여야 한다(시행세칙59④ 후단).

(5) 의견제출 기회 부여

금융감독원장은 제4항의 규정에 의하여 상호저축은행이 자력으로 경영정상화를 추진하는 것이 불가능하다고 판단되는 때에는 그 이유를 명시하여 당해 상호저축은행에게 7일 이상의 기간을 지정하여 의견을 제출할 기회를 주어야 한다(시행세칙59⑤).

(6) 경영관리 종료 요구

상호저축은행이 제4항 후단에 의하여 자력으로 경영정상화를 추진하는 것이 불가능하다고 판단한 원인을 시정 또는 해소한 때에는 당해 상호저축은행은 관리인을 통하여 경영관리의 종료를 요구할 수 있다(시행세칙59⑥).

(7) 경영관리 종료요건 재심사와 보고

관리인은 자신이 관리하고 있는 상호저축은행이 제4항 후단에 의하여 자력으로 경영정상화를 추진하는 것이 불가능하다고 판단한 원인을 시정 또는 해소하였거나 제6항의 규정에 의한 상호저축은행의 요구가 있는 때에는 당해 상호저축은행의 자력에 의한 경영정상화 가능성 여부 및 경영관리 종료요건 해당여부를 재심사하고 제2항의 규정에 의하여 금융감독원장에게 보고 또는 건의하여야 한다(시행세칙59⑦).

10. 상호저축은행 정관 등의 준용

상호저축은행의 업무를 지도·집행하거나 재산을 관리·처분함에 있어 법령이나 금융위원회, 이 세칙 또는 관리인이 정하지 아니한 사항에 관하여는 상호저축은행의 정관이나 내규를 준용한다(시행세칙60① 본문). 다만, 이를 적용하는 것이 위법하거나 부당한 경우에는 그러하지 아니하다(시행세칙60① 단서).

경영관리업무를 수행함에 있어 제1항에서 정하지 아니한 사항에 대하여는 금융감독원장이 따로 정하는 바에 의한다(시행세칙60②).

11. 위반시 제재

(1) 형사제재

법 제24조의3 제1항에 따른 경영관리를 거부·방해 또는 기피한 자(제8호), 법 제24조의3 제1항에 따라 선임된 관리인에게로의 사무인계를 거부·방해 또는 기피한 자(제9호), 법 제24조의4 제1항을 위반하여 지급, 직무집행 또는 주주명의 개서를 한 자(제10호)는 1년 이하의 징역 또는 1천만원 이하의 벌금에 처한다(법 39⑤(8)(9)).

(2) 과태료

법 제24조의3 제5항에 따른 공고를 하지 아니하거나 거짓으로 한 자에게는 1천만원 이하의 과태료를 부과한다(법40④(2)).

Ⅳ. 계약이전

1. 계약이전의 요구

(1) 계약이전의 요구 기준(지정기준)

금융위원회는 경영관리를 받는 상호저축은행에 대한 재산실사 결과 상호저축은행의 재산으로 그 채무를 전부 변제할 수 없는 경우로서 ⅰ) 계약이전을 받으려는 상호저축은행이 있는 경우, ⅱ) 계약이전을 받는 상호저축은행에 대하여 예금보험공사의 지원이 필요하지 아니하거나, 예금보험공사가 지원하는 경우 그 부담이 파산하는 경우보다 크지 아니하다고 인정되는 경우, ⅲ) 상호저축은행이 파산하는 경우보다 예금보험공사 또는 정리금융회사가 인수하거나 계약이전을 받는 것이 예금자 보호를 위하여 유리하다고 인정되는 경우, ⅳ) 상호저축은행이 파산하는 경우 지역경제의 안정을 현저히 해친다고 인정되어 지방자치단체의 장 또는 해당 지역의 상호저축은행 등이 인수할 것을 건의하는 경우에는 계약이전을 받을 자를 지정하여 계약의 이전("계약이전")을 해당 상호저축은행에 요구할 수 있다(법24의8①, 영18).

(2) 신청과 지정

계약이전을 받으려는 상호저축은행은 금융위원회에 신청하여 그 지정을 받아야 한다(법24의8②).

(3) 지정기준 및 절차

지정의 기준과 절차 등은 대통령령으로 정한다(법24의8③).

(가) 공개설명회 개최

금융위원회는 계약이전을 받을 자를 지정하려면 ⅰ) 계약이전이 될 상호저축은행의 재산실사 결과 계약이전을 받을 자가 상호저축은행에 출자 또는 지원하여야 할 금액, ⅱ) 계약이전에 따라 예금보험공사가 지원하는 조건, ⅲ) 계약이전을 받을 자의 지정조건, ⅳ) 그 밖에 계약이전을 받을 자의 지정에 필요한 사항을 미리 결정하여 그에 관한 공개설명회를 개최하여야 한다(영18의2① 본문). 다만, 재산실사 결과 손실로 추정되는 금액이 자산의 50%를 초과하여 계약이전을 받으려는 자가 없을 것으로 예상되거나 계약이전이 되더라도 단기간에 경영이 정상화되기를 기대하기가 곤란하다고 인정되는 상호저축은행에 대해서는 공개설명회를 개최하지 아니하고 예금보험공사 또는 정리금융회사를 계약이전을 받을 자로 지정할 수 있다(영18의2①).

(나) 공개설명회 공고와 안내

금융위원회는 공개설명회를 개최하려면 미리 일간신문에 공고하고, 정보통신망 등을 이용하여 일반인에게 알려야 한다(영18의2②).

(다) 인수신청서 제출

계약이전을 받으려는 자는 금융위원회가 지정하는 날까지 상호저축은행에 출자하거나 지원하려는 금액, 그 밖에 인수에 따른 예금보험공사에 대한 지원요구 및 조건 등을 적은 서류("인수신청서")를 금융위원회에 제출하여야 한다(영18의2③).

(라) 계약이전을 받을 자의 지정

금융위원회는 인수신청서를 제출받았을 때에는 ⅰ) 대주주의 자금조달능력, 납세실적 및 금융거래실적 등으로 보아 충분한 신용이 있고, ⅱ) 상호저축은행의 경영정상화에 필요한 전문경영능력이 있으며, ⅲ) 기존의 상호저축은행이 계약이전을 받으려는 경우에는 그 재산 및 경영상태가 금융위원회가 정하는 건전성 기준에 맞는 자 중 제1항 각 호의 지정기준보다 유리한 조건을 제시한 자를 계약이전을 받을 자로 지정하여야 한다(영18의4④ 본문). 다만, 제1항 각 호의 지정조건으로 계약이전을 받으려는 자가 없는 경우에는 예금보험공사 또는 정리금융회사를 계약이전을 받을 자로 지정할 수 있다(영18의4④ 단서).

(마) 지정된 자의 조치

계약이전을 받을 자로 지정된 자는 지체 없이 계약이전을 할 상호저축은행의 재산실사, 새로운 상호저축은행의 설립 등 계약이전에 필요한 조치를 하여야 한다(영18의4⑤).

(4) 계약이전 요구의 공고

계약이전 요구의 공고에 관하여는 제24조의3 제5항을 준용한다(법24의8④). 따라서 상호저축은행은 경영관리를 받게 된 경우에는 지체 없이 본점 및 지점등의 객장(客場)에 그 사실을 공고하여야 하며, 1영업일 이내에 그 상호저축은행의 본점이 있는 지역의 일간신문에 공고 내용을 게재하여야 한다(법24의3⑤, 영16②).

2. 계약이전의 협의와 인가

(1) 계약이전의 협의

상호저축은행은 계약이전의 요구를 받으면 계약이전의 지정을 받은 상호저축은행과 계약이전에 관한 협의("협의")를 하여야 한다(법24의9①). 협의는 쌍방의 상호저축은행이 상법 제434조[54]에 따른 결의(합자회사의 경우에는 총 사원의 3분의 2 이상의 동의)를 받아야 한다(법24의9②).

(2) 계약이전의 인가

협의가 성립된 때에는 쌍방의 상호저축은행은 지체 없이 금융위원회로부터 계약이전의 인가를 받아야 한다(법24의9③). 계약이전의 인가를 받으려면 인가신청서에 ⅰ) 계약이전에 관한 계약서 사본, ⅱ) 계약당사자의 재무제표와 그 부속서류, ⅲ) 계약당사자 간에 이전할 계약의 명세서, ⅳ) 주주총회 의사록, 그 밖에 금융위원회가 정하는 서류를 첨부하여 금융위원회에 제출하여야 한다(영18의3).

3. 자금지원의 요청 등

(1) 자금지원 요청

금융위원회는 계약이전을 받을 상호저축은행을 지정할 때 자금지원이 필요

---

54) 제433조 제1항의 결의는 출석한 주주의 의결권의 3분의 2 이상의 수와 발행주식총수의 3분의 1 이상의 수로써 하여야 한다.

하다고 인정하면 예금보험공사에 예금자보호법 제38조[55])에 따라 자금지원의 내용과 조건 등을 미리 정하여 주도록 요청할 수 있다(법24의10①).

(2) 지원 내용과 조건 결정 및 통지

예금보험공사는 자금지원 요청을 받으면 지체 없이 자금지원의 내용과 조건 등을 결정하여 금융위원회에 통지하여야 한다(법24의10②). 금융위원회는 계약이전의 인가 또는 계약이전의 결정을 할 때 필요한 경우에는 예금자보호법 제38조에도 불구하고 예금보험공사가 통지한 최고한도의 범위에서 자금지원의 내용과 조건을 결정할 수 있다(법24의10③).

(3) 예금인출 사태와 자금지원 요청

금융위원회는 상호저축은행에 예금인출 사태가 발생하거나 발생할 우려가 있어 자금지원이 필요하다고 인정하면 상호저축은행중앙회에 대하여 해당 상호저축은행에 자금을 지원하도록 요청할 수 있다(법24의10④).

4. 계약이전의 결정과 통지

(1) 계약이전의 결정

계약이전의 요구를 받은 상호저축은행과 계약이전을 받을 자로 지정된 상호저축은행 간에 협의가 성립되지 아니하거나 협의를 하지 아니한 경우에는 금융위원회는 계약이전의 결정을 할 수 있다(법24의11①).

(2) 자금의 내용과 조건의 최고한도 초과

금융위원회는 계약이전의 결정을 하는 경우 계약이전 받을 상호저축은행에 대하여 지원이 필요한 자금의 내용과 조건이 예금보험공사가 통지한 내용과 조건의 최고한도를 초과하는 경우에는 미리 예금보험공사와 협의하여야 한다(법24의11②).

---

55) 제38조(부보금융회사에 대한 자금지원) ① 공사는 다음의 어느 하나에 해당하는 경우에는 예금보험위원회의 의결에 따라 부보금융회사 또는 그 부보금융회사를 금융지주회사법에 따른 자회사등으로 두는 금융지주회사에 자금지원을 할 수 있다.
　1. 제37조에 따른 자금지원 신청이 있거나 부실금융회사등의 합병등이 원활하게 이루어질 수 있도록 하기 위하여 필요하다고 인정되는 경우
　2. 예금자보호 및 신용질서의 안정을 위하여 부실금융회사등의 재무구조 개선이 필요하다고 인정되는 경우
　3. 금융산업구조개선법 제12조 제1항에 따른 금융위원회의 요청이 있는 경우
　② 제1항에 따른 자금지원의 기준·방법·조건과 그 밖에 필요한 사항은 대통령령으로 정한다.

(3) 결정의 내용 통지

금융위원회는 계약이전의 결정을 한 경우에는 결정의 내용을 쌍방의 상호저축은행과 예금보험공사에 통지하여야 한다(법24의11③).

5. 계약이전의 효력과 공고

(1) 계약이전의 효력

계약이전은 계약이전의 인가 또는 계약이전의 결정이 있는 때에 그 효력이 발생한다(법24의12①).

(2) 계약이전의 공고

계약지전의 인가 또는 계약이전의 결정을 받은 상호저축은행은 각각 대통령령으로 정하는 바에 따라 그 취지와 해당 계약이전에 관한 인가 또는 결정의 요지를 공고하여야 한다(법24의12②). 이에 따라 계약이전의 공고에 관하여는 제16조 제2항을 준용하는데(영19), 지체 없이 본점 및 지점등의 객장(客場)에 그 사실을 공고하여야 하며, 1영업일 이내에 그 상호저축은행의 본점이 있는 지역의 일간신문에 공고 내용을 게재하여야 한다(영16②).

6. 위반시 제재

(1) 형사제재

법 제24조의11 제1항에 따른 계약이전의 결정에 따르지 아니한 자는 1년 이하의 징역 또는 1천만원 이하의 벌금에 처한다(법39⑤(11)).

(2) 과태료

법 제24조의8 제4항 또는 제24조의12 제2항에 따른 공고를 하지 아니하거나 거짓으로 한 자에게는 1천만원 이하의 과태료를 부과한다(법40④(2)).

V. 파산신청

1. 직권 파산신청

금융위원회는 경영관리를 받는 상호저축은행에 대한 재산실사 결과 해당 상

호저축은행의 재산으로 그 채무를 전부 변제할 수 없는 경우로서 제24조의8(계약
이전의 요구) 제1항 각 호의 어느 하나의 요건에 해당되지 아니하거나 계약이전의
인가 또는 계약이전의 결정이 이루어지지 아니한 경우에는 직권으로 또는 예금
보험공사의 건의에 따라 해당 상호저축은행의 본점 소재지를 관할하는 지방법원
에 파산신청을 할 수 있다(법24의13).

2. 취소소송대상 여부

구 금융산업의 구조개선에 관한 법률(2002. 12. 26. 법률 제6807호로 개정되기
전의 것) 제16조 제1항 및 구 상호저축은행법(2003. 12. 11. 법률 제6992호로 개정되
기 전의 것) 제24조의13에 의하여 금융감독위원회는 부실금융기관에 대하여 파산
을 신청할 수 있는 권한을 보유하고 있는바, 위 파산신청은 그 성격이 법원에 대
한 재판상 청구로서 그 자체가 국민의 권리·의무에 어떤 영향을 미치는 것이 아
닐 뿐만 아니라, 위 파산신청으로 인하여 당해 부실금융기관이 파산절차 내에서
여러 가지 법률상 불이익을 입는다 할지라도 파산법원이 관할하는 파산절차 내
에서 그 신청의 적법 여부 등을 다투어야 할 것이므로, 위와 같은 금융감독위원
회의 파산신청은 행정소송법상 취소소송의 대상이 되는 행정처분이라 할 수 없
다.[56)]

3. 파산종결 전 소의 이익

부실금융기관에 대한 파산결정이 확정되고 이미 파산절차가 상당부분 진행
되고 있다 하더라도 파산종결이 될 때까지는 그 가능성이 매우 적기는 하지만
동의폐지나 강제화의 등의 방법으로 당해 부실금융기관이 영업활동을 재개할 가
능성이 여전히 남아 있으므로, 금융감독위원회의 위 부실금융기관에 대한 영업
인가의 취소처분에 대한 취소를 구할 소의 이익이 있다.[57)]

---

56) 대법원 2006. 7. 28. 선고 2004두13219 판결.
57) 대법원 2006. 7. 28. 선고 2004두13219 판결.

Ⅵ. 감사인의 지명과 의뢰

1. 감사인의 지명

외부감사법에 따라 외부감사를 받아야 하는 상호저축은행이 감사인 지명 의뢰의 사유에 해당하는 경우 금융위원회는 증권선물위원회에 해당 상호저축은행의 감사인의 지명을 의뢰할 수 있다(법24의14).

2. 감사인 지명 의뢰의 사유

감사인 지명 의뢰의 사유는 ⅰ) 최근 3년간 불법·부실신용공여 등으로 임원이 해임권고(해당 임원이 직원이었을 당시 면직요구를 받은 경우를 포함)를 받은 경우, ⅱ) 경영지도를 받고 있거나 경영지도를 받은 후 3년이 지나지 아니한 경우, ⅲ) 경영관리를 받은 후 3년이 지나지 아니한 경우, ⅳ) 계약이전을 받은 경우, ⅴ) 금융위원회가 정하는 기준[58] 이상으로 이익금을 과대계상하거나 손실금을 과소계상하여 외부감사법 제11조(증권선물위원회에 의한 감사인 지정 등) 제1항에 따른 감사인의 지명이 필요하다고 인정되는 경우, ⅵ) 금융산업구조개선법 제10조(적기시정조치) 제1항에 따라 적기시정조치를 받았거나 받은 후 3년이 지나지 아니한 경우, ⅶ) 최대주주가 변경된 경우로서 상호저축은행의 재무건전성 유지를 위하여 특히 필요하다고 인정되는 경우, ⅷ) 감사(사외이사가 아닌 감사위원회의 위원을 포함)의 임기가 끝나기 전에 감사를 해임한 경우(다만, 감사 본인의 귀책사유로 감사를 해임한 경우는 제외), ⅸ) 자기자본비율이 8% 한도에서 금융위원회가 정하여 고시하는 비율[59] 미만인 경우이다(영20).

Ⅶ. 경영정상화 추진의 조정

1. 영업·주식 양도 또는 합병 권고

금융위원회는 예금자보호와 신용질서의 확립을 위하여 필요하다고 인정하

---

58) "금융위원회가 정하는 기준"이란 자기자본의 3%(동 비율에 상당하는 금액이 5억원 미만인 경우 제외)를 초과하여 이익금을 과대계상하거나 손실금을 과소계상한 경우(자본조정 및 기타포괄손익누계액을 과대계상한 경우를 포함)를 말한다(감독규정58①).
59) "금융위원회가 정하여 고시하는 비율"이란 위험가중자산에 대한 자기자본비율이 7%(자산총액이 1조원 이상인 상호저축은행은 8%)를 말한다(감독규정58②, 감독규정44①(1)).

면 제24조의2부터 제24조의12까지의 규정에 따라 경영정상화를 추진하고 있는 상호저축은행에 영업 또는 주식의 양도나 합병을 권고하거나 알선할 수 있다(법 24의15①).

2. 예금자보호를 위한 조치

금융위원회는 상호저축은행의 경영 또는 재산상태가 현저하게 불건전하거나 해당 상호저축은행의 임직원 또는 대주주(최대주주의 특수관계인을 포함)가 재산을 도피시킬 우려가 있는 등 예금자보호를 위하여 필요하다고 인정하면 경영관리를 거치지 아니하고 제24조의11 제1항에 따른 계약이전의 결정이나 제24조의13에 따른 파산신청, 영업양도·합병의 알선, 그 밖에 경영정상화를 추진하기 위하여 필요한 조치를 할 수 있다(법24의15②, 영20의2).

3. 자금지원의 요청 등

제2항의 결정이나 조치에 따른 자금지원에 관하여는 제24조의10(자금지원의 요청 등)을 준용한다(법24의15③).

4. 위반시 제재

법 제24조의15 제2항에 따른 계약이전의 결정에 따르지 아니한 자 1년 이하의 징역 또는 1천만원 이하의 벌금에 처한다(법39⑤11)).

제7절 청산

Ⅰ. 청산인

1. 해산 사유

상호저축은행은 ⅰ) 영업인가의 취소(법24②), ⅱ) 합병 또는 영업전부의 폐업·양도(법10①(1)(2)), ⅲ) 제24조의9(계약이전의 협의와 인가) 제3항, 제24조의11(계약이전의 결정) 제1항 또는 제24조의15(경영정상화 추진의 조정) 제2항에 따른 계약의 전부 이전, ⅳ) 금융산업구조개선법 제14조(행정처분) 제2항에 따른 계약이전(계약의 전부 이전만 해당) 또는 같은 법 제26조(합병에 관한 규정의 준용)에 따른 영업의 전부 양도 중 어느 하나에 해당하는 사유가 있으면 해산한다(법21).

2. 청산인등의 선임

(1) 청산인 선임 사유

상호저축은행이 ⅰ) 제24조의9 제3항에 따른 계약이전의 인가, 제24조의11 제1항에 따른 계약이전의 결정 또는 제24조의15 제2항에 따른 파산신청, 영업양도·합병의 알선, 그 밖에 경영정상화를 추진하기 위하여 필요한 결정, ⅱ) 영업인가의 취소 중 어느 하나에 해당하는 사유로 해산하면 금융위원회는 청산인을 선임한다(법23의11①).

금융감독원장은 법 제23조의11의 규정에 의한 청산업무의 원활한 수행을 위하여 청산업무에 관한 세부절차를 정할 수 있다(감독규정43).

(2) 청산인의 선임

상호저축은행이 법 제21조의 규정에 의한 사유로 인하여 해산한 때에는 법 제34조의2(권한의 대행) 제1항의 규정에 의하여 상호저축은행의 청산인은 금융감독원장이 선임한다(시행세칙61①).

제1항의 규정에 의한 청산인은 법 제35조의2 각호의 1에 해당하지 아니하는 자로서 감독원의 집행간부·직원, 상호저축은행의 임직원 및 기타 청산관련 업무수행에 적합하다고 금융감독원장이 인정하는 자 중에서 선임한다(시행세칙61②).

(3) 청산보조인 선임

청산인은 청산사무를 수행함에 있어 필요하다고 인정하는 경우에는 금융감독원장의 승인을 얻어 청산보조인을 선임할 수 있다(시행세칙61③ 전단). 이때 청산인과 청산보조인과의 관계는 민법의 위임규정에 의한다(시행세칙61③ 후단).

3. 청산인의 직무·권한

(1) 청산인의 직무

청산인은 ⅰ) 현존사무의 종결, ⅱ) 채권의 추심과 채무의 변제, ⅲ) 재산의 환가처분, ⅳ) 잔여재산의 분배, ⅴ) 청산사무의 금융감독원장에 대한 보고, ⅵ)

기타 청산사무의 수행을 위하여 금융감독원장이 지시하는 사항의 직무를 수행하여야 한다(시행세칙63).

(2) 재산상태 조사와 주주총회 승인

청산인은 취임 후 지체 없이 상호저축은행의 재산상태를 조사하고 재산목록과 대차대조표를 작성하여 주주총회의 승인을 받아야 한다(법23의11② 전단). 청산사무가 종결된 때의 결산보고서에 관하여도 또한 같다(법23의11② 후단).

이 경우 2회 이상의 소집에도 불구하고 주주총회가 성립되지 아니하거나 주주총회의 승인을 받지 못하면 청산인의 신청에 따른 금융위원회의 승인으로 주주총회의 승인을 받은 것으로 본다(법23의11③).

4. 청산인의 보고

청산인은 청산업무수행 중 중요사항이 발생하는 경우에는 수시로 이를 금융감독원장에게 보고하여야 한다(시행세칙64①).

청산인은 매월 정기적으로 청산업무보고서를 작성하여 익월 10일까지 금융감독원장에게 보고하여야 한다(시행세칙64② 본문). 다만, 금융감독원의 집행간부 및 직원이 청산인인 경우에는 그러하지 아니하다(시행세칙64② 단서).

5. 청산인의 해임

금융위원회는 필요하면 직권으로 또는 이해관계인의 청구에 따라 청산인을 해임할 수 있다(법23의11⑤).

금융감독원장은 ⅰ) 청산인이 청산기간 중에 본인의 소속기관으로부터 해임되거나 사임한 때, ⅱ) 청산인이 금융회사지배구조법상 임원 결격 사유에 해당하는 때, ⅲ) 심신의 장애로 인하여 청산인의 직을 수행하기가 곤란하다고 인정되는 때, ⅳ) 청산인이 청산업무 수행과 관련하여 선량한 관리자의 주의의무를 해태하는 등 기타 중요한 사유로 청산인의 해임이 필요하다고 금융감독원장이 인정하는 때에는 직권 또는 이해관계인의 청구에 의하여 청산인을 해임할 수 있다(시행세칙65①).

6. 청산인등의 보수 및 경비지급

금융위원회가 청산인을 선임한 경우에는 상호저축은행으로 하여금 보수를 지급하게 할 수 있다(법23의11④).

　금융감독원장은 선임된 청산인등에 대한 청산보수 등 청산관련 소요비용을 계약인수상호저축은행의 재산(미지급금) 또는 청산상호저축은행의 재산 중에서 지급하게 할 수 있다(시행세칙66① 본문). 다만, 청산인등이 감독원의 집행간부 및 직원, 예금보험공사의 임직원, 상호저축은행중앙회의 임직원(시행세칙52(1)(2)(3))인 경우에는 그 임무수행상 소요된 정당한 경비에 한하여 본문의 규정에서 정하고 있는 상호저축은행의 재산중에서 지급하게 할 수 있다(시행세칙66① 단서).

　청산보수 등은 감독원의 내부관련 규정에 의한 지급액 등을 고려하여 청산인등과 협약한 금액으로 하되 청산상호저축은행의 사정에 따라 각각 따로 정할 수 있다(시행세칙66②).

7. 청산인등에 대한 소송등의 지원

　금융감독원장은 청산인등이 정당한 청산업무의 수행과 관련하여 청산 중 또는 청산종결등기 후 민·형사소송 등을 당한 경우 소송 등에 필요한 제비용(소송비용 및 손해배상액 등)을 계약인수상호저축은행의 재산(미지급금) 또는 청산상호저축은행의 재산 중에서 지급할 것을 요청할 수 있다(시행세칙67).

8. 준용규정

　상호저축은행의 청산에 관하여는 상호저축은행법에 정한 것 외에는 상법 중 청산에 관한 규정을 준용한다(법23의11⑥).

Ⅱ. 청산사무

1. 해산등기 및 통지

　청산인 선임 사유(법제23의11①)에 의하여 해산한 상호저축은행은 해산사유가 있은 날로부터 본점소재지에서는 2주간 내, 지점소재지에서는 3주간 내에 해산등기를 하여야 한다(시행세칙68).

2. 주주 및 사원에 대한 해산 통지

청산인은 취임후 지체없이 해산한 상호저축은행의 주주 또는 사원에게 영업인가의 취소 및 해산 등에 관한 사항을 통지하여야 한다(시행세칙69).

3. 청산인의 등기

청산인은 그 선임된 날로부터 본점소재지에서는 2주간 내, 지점소재지에서는 3주간 내에 ⅰ) 청산인의 성명, 주민등록번호 및 주소(다만, 상호저축은행을 대표할 청산인을 정한 때에는 그 외의 청산인의 주소를 제외), ⅱ) 상호저축은행을 대표할 청산인을 정한 때에는 그 성명, ⅲ) 수인의 청산인이 공동으로 상호저축은행을 대표할 것을 정한 때에는 그 규정을 등기하여야 한다(시행세칙70).

4. 청산인의 신고

청산인은 취임한 날로부터 2주간 내에 ⅰ) 해산의 사유와 그 연월일, ⅱ) 청산인의 성명과 주민등록번호 및 주소를 법원에 신고하여야 한다(시행세칙71).

5. 주주명부 작성

청산인은 취임한 후 지체 없이 주주 또는 사원 관계를 조사하여 주주명부 또는 사원명부를 작성하여야 한다(시행세칙72①). 주주 또는 사원을 알 수 없는 때에는 주주 또는 사원인 자에 대하여 신고할 것을 정관에 의한 공고신문에 1회 이상 공고하여야 한다(시행세칙72②).

6. 폐업신고

청산인은 해산등기 및 주주 또는 사원에 대한 해산통지 후 지체 없이 해산 상호저축은행의 관할세무서장에게 폐업신고서를 제출하고 폐업 사실 증명서를 발급받아야 한다(시행세칙73).

7. 재산의 조사보고 및 법원 제출

청산인은 취임후 지체 없이 청산상호저축은행의 재산상태를 조사하여 재산목록과 대차대조표를 작성하고 이를 주주총회 또는 사원총회에 제출하여 그 승인을 얻어야 한다(시행세칙74① 본문). 다만, 2회 이상 소집에도 불구하고 주주총회 또는 사원총회가 구성되지 아니할 때에는 금융감독원장의 승인으로 주주총회 또는 사원총회의 승인을 얻은 것으로 한다(시행세칙74① 단서).

청산인은 승인을 얻은 후 재산목록과 대차대조표를 지체없이 관할법원에 제출하여야 한다(시행세칙74②).

8. 채권자에의 최고

청산인은 취임한 날로부터 2월 이내에 상호저축은행채권자에 대하여 일정한 기간 내에 그 채권을 신고할 것과 그 기간 내에 신고하지 아니하면 청산에서 제외된다는 뜻을 정관에 의한 공고신문에 2회 이상 공고로써 최고하여야 한다(시행세칙75① 전단). 이 경우 그 기간은 2월 이상이어야 한다(시행세칙75① 후단).

청산인은 알고 있는 채권자에 대하여는 각 채권자별로 그 채권의 신고를 최고하여야 하며 그 채권자가 신고하지 아니한 경우에도 이를 청산에서 제외하지 못한다(시행세칙75②).

9. 청산사무협약

금융감독원장은 계약이전 받은 상호저축은행 또는 청산인과 청산사무협약을 체결하거나 청산사무협약을 체결하게 할 수 있다(시행세칙76).

Ⅲ. 청산의 종결

1. 제세납부

청산인은 잔여재산을 분배할 경우에는 분배당시의 법인세법 등을 적용하여 산출한 법인세 등을 납부하여야 한다(시행세칙78①). 법인세 등을 공제한 순잔여재산을 주주 또는 사원에게 분배할 때에는 분배 당시의 소득세 등을 원천징수하여야 한다(시행세칙78②).

2. 잔여재산의 분배

청산법인의 채무를 완전히 변제한 후의 잔여재산은 각 주주 또는 사원이 가진 주식의 납입금액 또는 출자금액의 비율에 따라 분배하여야 한다(시행세칙79).

3. 청산의 종결과 결산보고서

청산인은 청산사무가 종결한 때에는 지체 없이 결산보고서를 작성하고 이를 주주총회 또는 사원총회에 제출하여 그 승인을 얻어야 한다(시행세칙80① 본문). 다만 주주총회 또는 사원총회를 2회 이상 소집하였음에도 불구하고 주주총회 또는 는 사원총회가 구성되지 아니할 때에는 금융감독원장의 승인으로 주주총회 또는 사원총회의 승인을 얻은 것으로 본다(시행세칙80① 단서).

청산인은 승인을 얻은 결산보고서를 지체없이 관할법원에 제출하여야 한다 (시행세칙80②).

4. 청산종결등기 및 보고

청산인은 결산보고서의 승인일로부터 본점소재지에서는 2주간 내, 지점소재 지에서는 3주간 내에 청산종결등기를 하여야 한다(시행세칙81①). 청산인은 상호 저축은행의 청산종결등기 후 폐쇄된 상호저축은행의 법인등기부등본을 발급 받 아 금융감독원장에게 청산종결을 보고하여야 한다(시행세칙81②).

5. 장부 · 서류의 보존

상호저축은행의 장부와 기타 영업과 청산에 관한 중요서류는 청산종결의 등 기를 한 후 10년간 이를 보존하여야 한다(시행세칙82① 본문). 다만, 전표 또는 이 와 유사한 서류는 5년간 이를 보존하여야 한다(시행세칙82① 단서).

청산인은 법원에 청구하여 위의 서류를 계약이전 받은 상호저축은행 또는 감독원에 보존토록 하여야 한다(시행세칙82②).

제
2
장
／

상호저축은행중앙회

제1절 설립

Ⅰ. 중앙회의 설립과 지위

상호저축은행을 건전하게 발전시키고 상호저축은행 간의 업무협조와 신용질서의 확립 및 거래자의 보호를 위하여 상호저축은행중앙회("중앙회")를 설립한다(법25①). 중앙회는 법인으로 한다(법25②). 상호저축은행은 중앙회의 회원이 된다(법25③). 중앙회는 정관으로 정하는 바에 따라 주된 사무소를 두고 필요한 곳에 지회(支會)를 둘 수 있다(법25④).

중앙회에 대하여는 상호저축은행법에 규정한 사항 외에는 민법 중 사단법인에 관한 규정을 준용한다(법34①)

Ⅱ. 중앙회의 설립등기

중앙회는 정관을 작성하여 금융위원회의 인가를 받은 날부터 2주일 이내에 주된 사무소의 소재지에서 중앙회의 설립등기를 하여야 성립한다(법25⑤, 영21

①). 설립등기에는 목적, 명칭, 주된 사무소 및 지회(支會)의 소재지, 임원의 성명
및 주소, 공고의 방법, 그 밖에 필요한 사항을 적어야 한다(영21②).

제2절 업무

Ⅰ. 업무의 범위

중앙회는 상호저축은행법의 목적을 달성하기 위하여 ⅰ) 상호저축은행 업무
의 개선과 발전을 위한 연구·조사 업무(제1호), ⅱ) 상호저축은행 간의 업무협조
와 신용질서의 확립 및 거래자 보호를 위한 업무(제2호), ⅲ) 상호저축은행으로부
터의 예탁금 및 지급준비예탁금의 수입 및 운용(제3호), ⅳ) 상호저축은행에 대한
대출, 상호저축은행이 보유하거나 매출하는 어음의 매입(제4호), ⅴ) 상호저축은
행에 대한 지급보증(제5호), ⅵ) 내국환업무 및 국가·공공단체 또는 금융기관의
대리 업무(제6호), ⅶ) 자본시장법에 따른 국채증권·지방채증권의 모집·인수 및
매출(제7호), ⅷ) 상호저축은행의 공동이익을 위한 자회사의 설립·운영 또는 다
른 법인에의 출자(제8호), ⅸ) 전자금융거래법에서 정하는 직불전자지급수단[1]의
발행·관리 및 대금의 결제(제9호), ⅹ) 전자금융거래법에서 정하는 선불전자지급
수단[2]의 발행·관리·판매 및 대금의 결제(제10호), ⅺ) 국가기관, 지방자치단체,
그 밖의 공공단체가 위탁하는 업무(제11호), ⅻ) 제1호부터 제11호까지의 업무에
부수되는 업무(제12호), ⅹⅲ) 그 밖에 대통령령으로 정하는 업무(제13호)를 한다

---

1) "직불전자지급수단"이라 함은 이용자와 가맹점 간에 전자적 방법에 따라 금융회사의 계좌
　에서 자금을 이체하는 등의 방법으로 재화 또는 용역의 제공과 그 대가의 지급을 동시에
　이행할 수 있도록 금융회사 또는 전자금융업자가 발행한 증표(자금을 융통받을 수 있는
　증표를 제외) 또는 그 증표에 관한 정보를 말한다(전자금융거래법2(13)).
2) "선불전자지급수단"이라 함은 이전 가능한 금전적 가치가 전자적 방법으로 저장되어 발행
　된 증표 또는 그 증표에 관한 정보로서 다음의 요건을 모두 갖춘 것을 말한다. 다만, 전자
　화폐를 제외한다(전자금융거래법2(14).
　　가. 발행인(대통령령이 정하는 특수관계인을 포함) 외의 제3자로부터 재화 또는 용역을
　　　구입하고 그 대가를 지급하는데 사용될 것
　　나. 구입할 수 있는 재화 또는 용역의 범위가 2개 업종(통계법 제22조 제1항의 규정에 따
　　　라 통계청장이 고시하는 한국표준산업분류의 중분류상의 업종) 이상일 것

(법25의2①).

위 제13호에서 "대통령령으로 정하는 업무"란 ⅰ) 상호저축은행의 건전한 영업질서 유지를 위한 자율규제 업무, 즉 상호저축은행의 회계, 업무방법 등에 관한 표준화 및 지도, 상호저축은행 경영분석 및 그에 따른 지도, 광고의 자율심의, 그 밖에 거래자의 권익보호를 위하여 필요한 업무(제1호), ⅱ) 상호저축은행의 임직원에 대한 교육(제2호), ⅲ) 상호저축은행의 공동이익을 위한 사업(제3호), ⅳ) 그 밖에 상호저축은행을 위하여 필요한 사업(제4호)을 말한다(영22①).

상호저축중앙회는 제25조의2 제1항 제6호부터 제11호까지의 업무를 할 때 은행법 제2조에 따른 은행 및 한국은행법 제11조에 따른 금융기관으로 본다(법36④).

Ⅱ. 업무방법서

중앙회는 위의 업무를 하려면 업무방법서를 작성하여 금융위원회의 승인을 받아야 한다(법25의2② 전단). 이를 변경하려는 경우에도 또한 같다(법25의2② 후단). 업무방법서에는 ⅰ) 예탁금과 지급준비예탁금의 수입 및 운용에 관한 사항(제1호), ⅱ) 대출 또는 어음의 매입에 관한 사항(제2호), ⅲ) 지급보증에 관한 사항(제3호), ⅳ) 자율규제업무 수행에 필요한 인력과 조직에 관한 사항(제4호), ⅴ) 그 밖에 업무에 관한 중요한 사항(제5호)을 적어야 한다(영22②).

상호저축은행중앙회는 업무방법서를 통해 저축은행의 업무에 대한 기본적인 사항을 정하고, 세부사항은 표준규정에 기술하고 있다. 표준규정은 대출규정이 포함된 여신업무(대출규정 등 8개)를 비롯하여 수신업무(예금규정 등 15개), 기타 업무(신용조사규정 등 26개) 등 3개로 구성되어 있다. 동 규정에 따르면 일반대출은 물적담보를 취급하지 않는 신용대출과 물적담보를 취득하는 담보대출로 나누어지는바, 물적 담보는 부동산, 동산, 유가증권, 채권 등으로 각 담보의 성격에 따른 확보방안을 개별적으로 규정하고 있다.

Ⅲ. 위반시 제재

법 제25조의2 제2항을 위반하여 금융위원회의 승인을 받지 아니한 자에게는 5천만원 이하의 과태료를 부과한다(법40①(14)).

제3절 총회 및 이사회

중앙회는 총회 및 이사회를 두어야 하며, 총회 및 이사회의 운영과 의결사항에 관하여는 대통령령으로 정한다(법25⑥).

I. 총회

1. 정기총회와 임시총회

중앙회에는 중앙회 회장과 회원으로 구성된 총회를 두며, 총회는 정기총회와 임시총회로 구분한다(영21의2①). 정기총회는 중앙회 회장이 결산일 이후 매년 한 차례 소집하며, 임시총회는 중앙회 정관에서 정하는 바에 따라 소집한다(영21의2②).

2. 총회의 의결사항

총회는 정관의 변경, 임원의 선임, 회원의 자격정지에 관한 사항, 결산보고서 및 감사보고서의 승인, 잉여금 처리에 관한 사항, 회비 분담에 관한 사항, 이사회의 의결 또는 회원 5분의 1 이상의 동의를 받아 총회에 부치는 사항, 그 밖에 중앙회 회장이 필요하다고 인정하는 사항을 의결한다(영21의2③). 위의 사항 이외의 총회의 운영에 관한 사항은 중앙회 정관에서 정하는 바에 따른다(영21의2⑤).

II. 임원

중앙회의 임원으로 회장 1명, 전무이사 1명, 10명 이내의 이사와 감사 1명을 두되, 이사의 구성 등에 관한 사항은 대통령령으로 정한다(법25의4①). 중앙회 임원의 임기는 3년으로 한다(법25의4②). 임원은 중앙회의 정관에서 정하는 바에 따라 총회에서 선출한다(영23의2① 본문).

Ⅲ. 이사회 구성과 의결사항

1. 이사회 구성

이사회는 회장, 전무이사 및 이사로 구성하며, 전무이사와 전문이사는 회장의 추천을 받아 총회에서 선출한다(영23의2① 단서). 중앙회 이사는 ⅰ) 회원이사(상호저축은행의 대표자 중에서 선출된 비상근이사를 말한다)는 6명 이내, ⅱ) 전문이사(상호저축은행의 대표자가 아닌 사람으로서 금융에 대한 전문지식과 경험을 갖춘 이사)는 4명 이상으로 구성한다(영23의2②).

위의 사항 외에 임원의 구성 및 선출 방법 등에 관한 사항은 중앙회 정관에서 정하는 바에 따른다(영23의2③).

2. 이사회 의결사항

이사회는 ⅰ) 사업계획과 예산의 확정에 관한 사항, ⅱ) 시정 권고, 개선 권고, 회원 징계 및 분쟁 조정에 관한 사항, ⅲ) 대규모 투자 및 이익사업, ⅳ) 업무방법서의 제정 및 변경, ⅴ) 업무집행에 관한 규정의 제정, 개정 또는 폐지, ⅵ) 중요재산의 취득, 변경, 처분, ⅶ) 자금의 차입 및 대여에 관한 사항, ⅷ) 지급준비예탁금 관리에 관한 사항, ⅸ) 예탁금 및 대출금의 이자율 결정, ⅹ) 직제 및 직원의 보수에 관한 사항, ⅺ) 임원의 사표 수리, ⅻ) 지회 설치에 관한 사항, ⅹⅲ) 그 밖에 이사회의 의장이 중요하다고 판단하여 이사회에 부치는 사항을 의결한다(영21의2④).

위의 사항 이외의 이사회의 운영에 관한 사항은 중앙회 정관에서 정하는 바에 따른다(영21의2⑤).

제4절 정관 및 회비, 회계의 원칙

Ⅰ. 정관

1. 정관기재사항

중앙회의 정관에 기재할 사항은 목적, 명칭 및 주된 사무소의 소재지, 임직원에 관한 사항, 회원의 권리와 의무에 관한 사항, 업무와 그 집행에 관한 사항, 회비에 관한 사항, 총회와 이사회에 관한 사항, 회계에 관한 사항, 공고의 방법에 관한 사항, 그 밖에 필요한 사항이다(법25의3①, 영23).

2. 인가

중앙회의 정관은 금융위원회의 인가를 받아야 한다(법25의3② 전단). 이를 변경하려는 경우에도 또한 같다(법25의3② 후단).

3. 위반시 제재

법 제25조의3 제2항을 위반한 자에게는 1천만원 이하의 과태료를 부과한다(법40④(3)).

Ⅱ. 회비

중앙회는 정관으로 정하는 바에 따라 회원으로부터 회비를 징수할 수 있다(법25).

Ⅲ. 회계의 원칙

중앙회의 회계는 기업회계기준에 따라 회계처리하여야 한다(법25의6①). 중앙회는 지급준비예탁금의 수입 및 운용업무를 할 때 별도의 계정을 설치하여 회계처리를 구분하여야 한다(법25의6②) 금융위원회는 지급준비예탁금의 수입 및 운용업무와 관련하여 자산의 건전성, 대손충당금의 설정 등에 관한 구체적인 기준을 정할 수 있다(법25의6③).

제5절 차입

중앙회는 업무 수행에 필요하면 대통령령으로 정하는 바에 따라 금융위원회
의 승인을 받아 자금을 차입할 수 있다(법25의9).

Ⅰ. 차입대상 기관

중앙회는 한국은행, 은행, 한국산업은행, 중소기업은행, 농업협동조합중앙
회, 수산업협동조합중앙회, 신탁업자, 종합금융회사, 예금보험공사, 한국자산관리
공사, 중소기업청, 중소기업진흥공단으로부터 자금을 차입할 수 있다(영24①, 상
호저축은행업감독규정62, 이하 "감독규정")

Ⅱ. 차입한도

중앙회가 차입할 수 있는 최고한도는 차입일 현재 상호저축은행의 예금·적
금 등 수신 합계액의 30%로 한다(영24②).

Ⅲ. 차입 서류제출과 금융위원회 승인

중앙회는 자금을 차입하려면 ⅰ) 차입의 이유, ⅱ) 차입금액 또는 차입 한
도, ⅲ) 차입금의 상환방법, ⅳ) 그 밖에 필요한 사항을 적은 서류를 금융위원회
에 제출하여 승인을 받아야 한다(영24③ 본문). 다만, 차입한도에 관하여 금융위
원회의 승인을 받은 경우에는 승인받은 한도에서 수시로 차입할 수 있다(영24③
단서).

제6절 대리인의 선임 및 정치활동의 금지

I. 대리인의 선임

중앙회 회장은 이사회의 결의를 거쳐 전무이사·이사 또는 직원 중에서 중앙회의 업무에 관한 재판상 또는 재판 외의 모든 행위를 할 수 있는 대리인을 선임할 수 있다(법25의10). 중앙회 회장은 대리인을 선임한 경우에는 주된 사무소의 소재지에서 대리인의 성명 및 주소, 대리인의 권한을 제한한 경우에는 그 내용을 등기하여야 한다(영24의2 전단). 등기한 사항이 변경된 경우에도 또한 같다(영24의2 후단).

II. 정치활동의 금지

중앙회는 정치에 관여하는 모든 행위를 하여서는 아니 된다(법28①). 중앙회의 임원은 정당이나 그 밖의 정치단체에 가입하지 못한다(법28②).

상호저축은행상품

개 설

금융소비자보호법에 의하면 상호저축은행법에 따른 예금 및 대출은 금융상품에 해당한다(금융소비자보호법2(1) 라목). 금융소비자보호법은 금융상품의 유형을 예금성 상품, 대출성 상품, 투자성 상품, 보장성 상품으로 분류한다(금융소비자보호법3). 예금상 상품과 대출성 상품이 상호저축은행의 금융상품에 해당한다.

예금성 상품은 상호저축은행법에 따른 예금 및 이와 유사한 것으로서 대통령령으로 정하는 금융상품을 말한다(금융소비자보호법3(1)). 여기서 "대통령령으로 정하는 금융상품"은 ⅰ) 상호저축은행이 계약에 따라 금융소비자로부터 금전을 받고 장래에 금융소비자로부터 받은 금전 및 그에 따른 이자 등 대가를 지급하기로 하는 계약과, ⅱ) 앞의 금융상품과 유사한 것으로서 금융위원회가 정하여 고시하는 계약을 말한다(금융소비자보호법 시행령3①).

대출성 상품은 상호저축은행법에 따른 대출 및 이와 유사한 것으로서 대통령령으로 정하는 금융상품을 말한다(금융소비자보호법3(2)). 여기서 "대통령령으로 정하는 금융상품"은 ⅰ) 상호저축은행이 금융소비자에 어음 할인·매출채권 매입(각각 금융소비자에 금전의 상환을 청구할 수 있는 계약으로 한정)·대출·지급보증 또는 이와 유사한 것으로서 금전 또는 그 밖의 재산적 가치가 있는 것("금전등")을 제공하고 장래에 금전등 또는 그에 따른 이자 등 대가를 받기로 하는 계약과, ⅱ) 앞의 금융상품과 유사한 것으로서 금융위원회가 정하여 고시하는 계약을 말한다(금융소비자보호법 시행령3②).

아래서는 상호저축은행법에 따른 예금과 대출을 중심으로 살펴본다.

제
2
장
/

예금상품(=수신상품)

제1절 예금

Ⅰ. 예금등의 의의

"예금등"이란 계금, 부금, 예금, 적금, 그 밖에 대통령령으로 정하는 것을 말한다(법2(5)). 여기서 "대통령령으로 정하는 것"이란 고유업무에 부대되는 업무 또는 상호저축은행의 설립목적 달성에 필요한 업무로서 금융위원회의 승인을 받은 업무(법11①(16))로서 상호저축은행이 어음을 발행함에 따라 부담하는 채무를 말한다(영3의2①).

계금·부금·예금 및 적금은 기본적으로 금융기관이 고객으로부터 일정한 금전을 예탁받고 예탁받은 금전을 반환하는 것을 내용으로 하는 소비임치의 성격을 갖는다.[1]

---

1) 대법원 2015. 10. 15. 선고 2013다216228 판결.

Ⅱ. 예금의 의의와 특성

예금은 "예금주가 상호저축은행 기타 수신을 업으로 하는 금융기관에게 금전의 보관을 위탁하되 금융기관에게 그 금전의 소유권을 이전하기로 하고, 금융기관은 예금주에게 같은 통화와 금액의 금전을 반환할 것을 약정하는 계약"이다. 예금주는 현금이나 곧 추심할 수 있는 수표·어음·기타증권("증권")으로 입금할 수 있다(예금거래 기본약관6①), 이러한 경우에도 그 수표 등의 보관을 위탁하는 것이 아니라 그 수표 등으로부터 추심된 금전의 보관을 위탁하는 것이다.

예금주와 상호저축은행의 예금 관련 권리의무는 기본적으로 예금계약의 내용에 따른다. 상호저축은행은 불특정 다수의 고객과 정형화된 예금거래를 반복적으로 행하기 때문에 예금계약은 통상 상호저축은행중앙회가 마련한 표준약관에 따라 상호저축은행이 작성한 약관에 의하게 된다. 따라서 약관의 내용이 약관규제법에 위반하거나 공서양속에 반하지 않는 한 예금주와 상호저축은행 간의 법률관계는 약관과 이에 추가한 특약에 의해 규율된다. 또한 상호저축은행은 금융규제와 감독을 받기 때문에 예금거래의 법률관계도 예금주와 상호저축은행 간의 사적 합의 이외에 금융규제에 따른 영향을 받는다.

예금은 일반대중 또는 기업, 공공기관 등 불특정 다수의 고객으로부터 보관·운용을 위탁받은 자금이다. 예금은 상호저축은행이 영업을 영위하기 위한 기본적인 자금조달 수단이 되며 규모에 있어 예금이 차지하는 비중이 가장 크다.

Ⅲ. 예금계약의 법적 성격

예금계약은 민법의 계약유형 중 소비임치의 성격을 가진다. 소비임치는 임치를 받은 사람이 임치물을 소비할 수 있고 동종·동량의 물건을 반환할 의무만 진다는 점에서 대차한 물건을 차주가 소비하고 동종·동량의 물건을 반환할 의무를 부담하는 소비대차와 사법(私法)적인 법률관계에서는 실질적으로 큰 차이가 없다. 민법도 이러한 점을 반영하여 소비임치에 소비대차에 관한 규정을 준용하고 있다(민법702).

그러나 상호저축은행의 예금 수령과 금전 차입[상호저축은행은 금융기관, 예금보험공사, 상호저축은행중앙회 등으로부터 차입할 수 있고, 외화자금을 외국은행으로부터 차입하기도 한다. 또한 상호저축은행이 단기자금시장에서 차입(콜머니)하는 경우도 종종 있다]은 금융규제법상 달리 취급된다. 예컨대 예금을 받은 상호저축은행은 금융통화운영위원회가 정한 일정한 지급준비금을 적립해야 하고, 예금에 대해서는 상호저축은행이 부실화하더라도 일정금액까지는 예금자보호제도에 의해 보호되며, 상호저축은행은 예금의 일정비율에 해당하는 보험료를 예금보험공사에 납부하여야 한다(예금자보호법31).

　　예금을 받는 것은 상호저축은행업의 본질적 요소이고 상호저축은행을 다른 종류의 금융기관과 구별하는 기준이 된다. 은행법상의 은행 이외에 상호저축은행, 신용협동조합, 새마을금고, 체신관서 등이 예금, 예탁금, 예수금 등의 명칭으로 수신업무를 하고 있어 비은행예금취급기관으로 불린다. 은행이 아니면 예금을 받을 수 없는 것이 원칙이고, 법령에 따른 인가 등 없이 불특정다수인으로부터 예금·적금·부금·예탁금 등의 명목으로 금전을 받는 행위는 유사수신행위로 금지되어 있고, 이를 위반하면 형사처벌의 대상이 된다(유사수신행위법2 및 6).

제2절 예금등의 종류

Ⅰ. 서설

　　예금거래 기본약관은 예금을 입출금이 자유로운 예금, 거치식예금 및 적립식예금으로 나누어 규정하고 있다. 예금거래 기본약관에서 정한 입출금이 자유로운 예금과 거치식예금·적립식예금의 분류는 종래의 요구불예금2)과 저축성예금3)에 각각 대응하는 경우가 대부분이지만 두 분류가 완전히 동일하지는 않다.

---

2) 요구불예금은 예금자의 인출요구가 있으면 즉시 반환하여야 하는 예금으로 예치 개시 초에 기간을 설정하지 않고 일시적으로 자금을 운용, 자금보관 또는 출납편의를 목적으로 예치할 때 사용하는 예금을 말한다. 요구불예금은 이자가 없거나 아주 미미한 수준이며 대표적인 통화성 예금으로 현금통화와 함께 통화량 지표 M1에 포함된다.

3) 저축성예금은 예치 개시 초에 예치 기간을 미리 정하고 기한도래 전에는 인출이 안 되는 대신, 기한에 따라 또는 특성에 따라 높은 이자가 지급되기도 하는 고수익 예금상품이다.

예컨대 저축예금은 입출금이 자유로운 예금이지만 저축성예금으로 분류되고 있었다.

아래서는 상호저축은행 표준업무방법서("업무방법서")와 여러 종류의 약관을 참고하여 살펴본다.

Ⅱ. 신용계 및 신용부금

1. 신용계

(1) 신용계의 의의

신용계는 매월 또는 일정한 기간을 단위로 계원에게 계금을 납입케 하고 추첨에 의하여 당첨된 계원에게 급부금을 지급하는 것으로 종류는 32인조, 26인조, 18인조, 13인조, 12인조, 10인조로 한다(업무방법서6). 신용계 가입자는 매회 납입하여야 할 금액을 일정한 날에 납입하여야 하며, 납입을 지체한 경우에는 상호저축은행이 정한 연체료를 납입하여야 한다(업무방법서8).

(2) 신용계특약

(가) 급부자의 결정

계급부자는 매회 급부신청을 받아 신청자 중에서 추첨에 의하여 그 회의 급부자를 결정한다(신용계특약1).

(나) 계금의 납입

상호저축은행의 수금원이 직접 계금을 수금할 수도 있다(신용계특약2 전단). 이 경우 그 수금원은 권한을 표시하는 증표를 제시한다(신용계특약2 후단).

(다) 계금납입의 지연과 연체료

매회 계금을 기일 내에 납입치 못하였을 때에는 영업점에 게시한 연체 이율로 계산한 연체료를 부과한다(신용계특약3).

(라) 급부금의 지급

급부 결정자에 대하여는 상호저축은행이 정하는 바에 따라 보증 또는 담보를 제공하게 한 후 지체없이 금전으로 지급한다(신용계특약4 본문). 다만, 급부금 지급이 지연될 경우에는 지연일수에 대하여 해당회차 급부 이익 해당액을 차회 납입할 계금에서 차감한다(신용계특약4 단서).

(마) 급부 후 계금납입 및 중도해지

급부를 받은 후에는 급부금에 대한 이자를 계금과 함께 납입한다(신용계특약 5). 급부 후 해지를 할 때에는 급부금 총액에서 기납입한 계금원금 해당액을 공제한 잔액을 일시 납입한다(신용계특약6).

(바) 해지결정 사유

거래처가 ⅰ) 상호저축은행이 요구하는 채권보전에 필요한 절차를 이행하지 아니한 때, ⅱ) 상호저축은행의 승인없이 담보물을 처분하거나 담보로 제공한 채권을 양도한 때, ⅲ) 계금 불입의 지체가 상당한 기간을 경과하여 그 불입의 가능성이 의심될 때에는 상호저축은행이 해지를 결정할 수 있다(신용계특약7).

(사) 비용부담

보증인에 대한 신용조사비용 또는 담보물건의 조사, 취득관리비 및 화재보험료는 거래자의 부담으로 한다(신용계특약8).

2. 신용부금

(1) 의의

신용부금은 일정한 금액을 일정한 기간 동안 정기적으로 부금을 납입케 하고 계약기간 만료 시 또는 중도에 급부금을 지급하는 것으로 계약기간은 10년 이내로 하며 일일부금 또는 월부금으로 운영되고 특별이자를 지급할 수 있다(업무방법서7①). 신용부금 가입자에 대한 급부취급은 총부금 납입회차의 3분의 1 이상을 약정에 따라 납입함을 원칙으로 한다(업무방법서7②).

신용부금 가입자는 매회 납입하여야 할 금액을 일정한 날에 납입하여야 하며, 납입을 지체한 경우에는 상호저축은행이 정한 연체료를 납입하여야 한다(업무방법서8).

신용부금은 일정한 금액을 계약기간 동안 정기적으로 납입하고 만기일에 원리금을 지급받으며, 총납입 횟수의 1/3회차 이상 부금 납입 시(대표이사 승인 시 1/3회차 미만 가능) 계약금액 이내에서 대출을 받을 수 있는 적립식 상품이다. 가입대상은 제한이 없고, 이율은 상호저축은행이 자율적으로 설정하며, 예치기간은 10년 이내에서 일일부금 또는 월부금식으로 납입한다. 총납입 횟수의 1/3회차 납입과 동시에 대출을 받을 수 있으며, 대출을 받지 아니한 경우에는 기본금리 외에 특별금리를 가산지급 부금을 1개월 이상 선납하였을 경우 선납이자를 지급한다. 이 예금은 예금자보호법에 따라 예금보험공사가 보호하되, 보호 한도는 상호저축은행에 있는 고객의 모든 예금보호 대상 금융상품의 원금과 소정의 이자를 합하여 1인당 최고 5천만원이며, 5천만원을 초과하는 나머지 금액은 보호하지 않는다.

(2) 신용부금특약

(가) 부금의 납입

상호저축은행의 직원이 거래처에 출장하여 부금을 수금하는 경우 그 권한을 표시하는 증표를 제시하고 계약증서에 일시, 납입금액 및 영수인을 날인한다(신용부금특약1).

(나) 부금의 급부 시기 및 방법

1) 지급시기

거래처는 총납입 횟수의 3분의 1 이상을 납입하고 계약기간의 3분의 1 이상이 경과된 후 급부를 신청하면 소정의 절차를 마친 후 급부한다(신용부금특약2① 본문). 다만, 부금의 납입을 연체한 경우에는 연체한 기간만큼 급부 시기가 연기된다(신용부금특약2① 단서).

2) 지급방법

거래처가 계약기간 중에 급부를 받지 아니하고 약정에 따라 마지막 회차까지 부금을 납입한 때에는 만기일에 특별이자를 가산하여 지급한다(신용부금특약2② 본문). 다만, 계약금액 내 대출을 받은 경우에는 그 대출기간 동안에 대하여 특별이자를 지급하지 아니한다(신용부금특약2② 단서).

3) 지급 지연

급부금 지급이 지연될 경우에는 지연일수에 대하여 해당회차 급부이익 해당액을 납입할 부금에서 차감한다(신용부금특약2③).

(다) 부금의 선납

거래처가 부금을 1개월 이상 선납한 경우는 총선납 월수에 대한 이자를 해지 시에 추가로 지급한다(신용부금특약3 본문). 다만, 적립식예금약관 제3조 제2항(지연입금)에 의한 순지연일수 계산 시 총지연일수에서 뺀 선납일수 해당분은 그러하지 아니하다(신용부금특약3 단서).

(라) 채권의 보전

1) 연대보증 또는 동산 등 담보제공

급부를 받고자 하는 경우 급부 취급 후 납입할 부금 총액에 대하여 상호저축은행이 인정할 수 있는 2인 이상의 연대보증인 또는 동산, 부동산, 유가증권을 담보로 제공한다(신용부금특약4①).

2) 연대보증인 또는 담보물의 변경

제공된 연대보증인의 재산상태 및 담보물의 가치가 현저하게 변동하여 그 채권의 보전이 곤란하다고 인정될 때에는 상호저축은행의 요구에 의하여 연대보증인 또는 담보물의 변경하거나 추가 제공한다(신용부금특약4②).

(마) 급부 후 부금 납입 및 중도해지

급부를 받은 후에는 급부금에 대한 이자를 부금과 함께 납부한다(신용부금특약5). 급부를 받은 후 중도해지하는 경우는 다음 중 적은 금액, 즉 ⅰ) 급부금 총액에서 납입된 부금을 중도해지하여 지급받는 원리금을 공제한 금액(제1호), 또는 ⅱ) 잔여 채무액을 일시에 납입하는 방법으로 계산한 금액(제2호)을 일시에 상환한다(신용부금특약6).

(바) 계약의 해지

상호저축은행은 다음의 어느 하나에 해당하는 거래처, 즉 ⅰ) 3회차 이상 계속하여 부금의 납입을 연체하여 계속 그 납입 가능성이 의심될 때, ⅱ) 상호저축은행이 요구하는 채권보전에 필요한 절차를 이행하지 아니할 때, ⅲ) 상호저축은행의 승인없이 담보물을 처분하거나 담보물로 제공한 채권을 양도할 때에 계약을 해지할 수 있다(신용부금특약7 전단). 이 경우 납입된 부금은 중도 해지한다(신용부금특약7 후단).

(사) 신용조사비용 등 부담

보증인에 대한 신용조사비용 또는 담보물건의 조사 및 채권보전 절차에 필요한 비용과 담보물의 화재보험료는 거래처의 부담으로 한다(신용부금특약8).

Ⅲ. 예금 및 적금

1. 입출금이 자유로운 예금

여기서는 입출금이 자유로운 예금약관("입출금약관")의 주요 내용을 중심으로 살펴본다. 이 약관에 규정되지 아니한 사항은 예금거래 기본약관의 규정을 적용한다(입출금약관1②).

(1) 의의

입출금이 자유로운 예금은 말 그대로 "예치기간을 정하지 아니하고 자유로이 입출금하는 예금"을 말한다(입출금약관1①). 입출금이 자유로운 예금은 예금주(거래처)가 언제든지 찾을 수 있는 대신 예금이자율[4]이 거치식예금·적립식예금보다 훨씬 낮다. 입출금이 자유로운 예금은 대체로 예금주가 지급결제의 편의 또는 일시적 보관을 위하여 이용한다고 볼 수 있다.

(2) 보통예금

보통예금은 거래자의 편의에 따라 수시로 입출금할 수 있는 것으로 예치잔액에 대하여 일정한 금리를 적용하여 매 3개월 또는 매월마다 계산한 이자를 원금에 가산한다(업무방법서9).

입출금이 자유로운 예금의 대표적인 상품은 보통예금이다. 보통예금은 대표적인 요구불예금으로서 가입대상, 예치금액, 예치기간, 입출금 횟수 등에 아무런 제한 없이 자유롭게 거래할 수 있는 상품이다. 가입대상은 제한이 없으며, 이자율은 상호저축은행이 자율적으로 설정한다. 이자계산방법은 통상 결산기(매 3개월 또는 6개월)마다 평균 예금 잔액에 대하여 이자를 계산 후 원금에 가산한다. 이 예금은 예금자보호법에 따라 예금보험공사가 보호하되, 보호 한도는 상호저축은행에 있는 예금주의 모든 예금보호대상 금융상품의 원금과 소정의 이자를

---

4) 상호저축은행은 일반은행에 비해 예금자에게 더 높은 이자율을 제시하고 있다. 이는 일반은행에 비해 예금자들이 상호저축은행의 재무적 위험 부담이 높다고 인식하고 있기 때문이다. 나아가 재무위험이 높은 상호저축은행의 경우 상대적으로 재무위험이 낮은 경쟁 상호저축은행에 비해 높은 예금이자율의 상품을 판매하고 있다. 따라서 재무적 위험이 높은 상호저축은행은 외부자금조달 비용이 높기 때문에 상대적으로 조달비용이 낮은 내부자금의 원천인 현금흐름에 의존하게 된다(이효진·정준희(2020), "고정이하여신비율과 대손상각비가 상호저축은행의 유효세율에 미치는 영향", 전문경영인연구 제23권 제1호(2020. 4), 401쪽).

합하여 1인당 최고 5천만원이며, 5천만원을 초과하는 나머지 금액은 보호하지 않는다. 예금자보호 5천만원 한도는 모든 저축은행 계좌가 합산적용되지 않고, 저축은행별로 적용된다.

보통예금에는 입출금이 자유로운 예금약관이 우선 적용되고 이 약관에서 정하는 않은 사항은 예금거래 기본약관이 적용된다.

(3) 저축예금

(가) 의의

저축예금은 가입대상은 개인이고, 가입기간은 제한이 없으며, 가입금액도 제한이 없는 거래자의 편의에 따라 수시로 입출금할 수 있는 것으로 거래자가 선택하는 다음의 방법에 따라 이자를 지급한다(업무방법서10). 즉 ⅰ) 예치기간에 따라 금리를 차등하여 적용하며 매 3개월 또는 매월마다 이자를 계산하여 원금에 가산한다. ⅱ) 매일의 잔액에 따라 금리를 차등하여 적용하며 매 3개월 또는 매월마다 이자를 계산하여 원금에 가산한다.

저축예금에는 저축예금특약이 우선 적용되고, 이 특약에서 정하는 않은 사항은 입출금이 자유로운 예금약관 및 예금거래 기본약관이 적용된다.

(나) 저축예금특약

1) 이자와 결산기준일

저축예금의 이자는 매 분기 마지막 월 중 일정한 날(휴일인 경우 전 영업일)을 결산기준일로 하여 익일에 원금에 더한다(저축예금특약1①). 그러나 저축은행은 매월 일정한 날(휴일인 경우 전 영업일)을 결산기준일로 정할 수 있다(저축예금특약1②).

2) 이자계산

이자계산은 입금액마다 예금일부터 지급일 전날 또는 결산기준일까지를 이자계산 기간으로 하고 영업점에 게시한 예치기간별 이율로 셈한 다음, 이미 지급한 이자금액을 뺀다(저축예금특약1③ 본문). 다만, 시장금리부 수시입출금식을 선택한 경우에는 매일의 예치금액에 따른 이율로 셈한다(저축예금특약1③ 단서).

(4) 기업자유예금

(가) 의의

기업자유예금은 법인 및 사업자등록증을 소지한 개인기업을 대상으로 가입기간에 제한이 없고, 가입금액도 제한이 없는 거래자의 편의에 따라 수시로 입출금할 수 있는 것으로 거래자가 선택하는 다음의 방법에 따라 이자를 지급한다(업무방법서11). 즉 ⅰ) 예치기간에 따라 금리를 차등하여 적용하며 매 3개월 또는 매월마다 이자를 계산하여 원금에 가산한다. ⅱ) 매일의 잔액에 따라 금리를 차등하여 적용하며 매 3개월 또는 매월마다 이자를 계산하여 원금에 가산한다.

기업자유예금은 법인 또는 개인사업자가 일시적인 여유자금을 예치하여 결제자금으로 이용할 수 있는 입출금이 자유로운 예금으로 단기 예치분에 대해서도 비교적 높은 이자가 지급되는 상품이다. 가입대상은 법인 및 사업자등록증을 소지한 개인사업자로 국가, 지방자치단체, 고유번호를 부여받은 임의단체까지 가능하다. 이율은 상호저축은행이 자율적으로 설정하며, 이자계산방법은 예치기간 또는 예치잔액(고객 선택)에 대해 영업점에 개시된 이율을 적용한다. 이 예금은 예금자보호법에 따라 예금보험공사가 보호하되, 보호 한도는 상호저축은행에 있는 고객의 모든 예금보호대상 금융상품의 원금과 소정의 이자를 합하여 1인당 최고 5천만원이며, 5천만원을 초과하는 나머지 금액은 보호하지 않는다.

기업자유예금에는 기업자유예금특약이 우선 적용되고, 이 특약에서 정하지 않은 사항은 입출금이 자유로운 예금약관 및 예금거래 기본약관이 적용된다.

(나) 기업자유예금특약

1) 이자와 결산기준일

기업자유예금의 이자는 매 분기 마지막 월 중 일정한 날(휴일인 경우 전 영업일)을 결산기준일로 하여 익일에 원금에 더한다(기업자유예금특약1①). 그러나 저축은행은 매월 일정한 날(휴일인 경우 전 영업일)을 결산기준일로 정할 수 있다(기업자유예금특약1②).

2) 이자계산

이자계산은 예치기간별 차등 이율 적용방식을 선택한 경우에는 예금일부터 지급일 전날 또는 결산기준일까지를 이자계산 기간으로 하고 영업점에 게시한 예치기간별 이율을 적용하여 계산한 이자금액에서 이미 지급한 이자를 차감하며, 예금잔액별 차등 이율 적용방식을 선택한 경우에는 매일의 예치잔액에 따른 이율을 적용하여 계산한다(기업자유예금특약1③).

(5) 별단예금

별단예금은 상호저축은행의 업무수행과정에서 발생하는 미결제, 미정리자금 등 타예금으로 처리할 수 없는 자금 및 기타 일시적인 예수를 목적으로 하는 자금을 예치한다(업무방법서12).

(6) 입출금이 자유로운 예금약관

(가) 이자

입출금이 자유로운 예금약관의 적용을 받는 보통예금의 이자는 매 분기 마지막 월 중 일정한 날(휴일인 경우 전 영업일)을 결산기준일로 하여 익일에 원금에 더한다(입출금약관2①). 그러나 저축은행은 매월 일정한 날(휴일인 경우 전 영업일)을 결산기준일로 정할 수 있다(입출금약관2②).

보통예금의 이자는 최초 예금일 또는 전 결산기준일 익일부터 결산기준일까지의 기간을 이자계산 기간으로 하고, 매일 최종 잔액에 대하여 영업점에 게시한 이율로 이자를 셈한다(입출금약관2③).

(나) 거래중지계좌

1) 거래제한

상호저축은행은 이 예금이 ⅰ) 예금잔액이 10,000원 미만이고, 1년 이상 입출금거래가 없는 계좌, ⅱ) 예금잔액이 10,000원 이상 50,000원 미만이고, 2년 이상 입출금거래가 없는 계좌, ⅲ) 예금잔액이 50,000원 이상 100,000원 미만이고, 3년 이상 입출금거래가 없는 계좌인 경우에는 거래중지계좌로 따로 관리하여 입출금, 잔액조회, 이관 등의 거래를 제한할 수 있다(입출금약관3① 전단). 또한 거래중지계좌로 편입 후에는 계좌해지 시 또는 추가 입출금 거래 발생일에 이자를 일괄 계산하여 지급할 수 있다(입출금약관3① 후단).

2) 거래재개 조치

거래처가 위 계좌로 입출금, 잔액조회, 이관 등을 신청한 때에는 상호저축은행은 금융거래목적확인서 등 서류를 징구하여 금융거래 목적을 확인한 후 거래재개에 필요한 조치를 취하여야 한다(입출금약관3②).

3) 해지 신청과 입금처리

거래중지계좌에 대하여 거래처의 해지 신청이 있는 경우에는 해당 계좌 해지 후 고객 본인명의 계좌(자행·타행 포함)에 입금 처리할 수 있다(입출금약관3③).

(다) 비과세종합저축 거래

1) 거래 자격

이 예금 중 거래처가 개인인 경우는 비과세종합저축통장으로 거래할 수 있다(입출금약관4①).

2) 예금 한도

비과세종합저축통장으로 거래할 수 있는 예금은 모든 금융기관의 비과세종합저축통장 원금 합계액을 기준으로 관련 세법에서 정한 한도금액 이내이어야 한다(입출금약관4②).

3) 명의변경 및 양수도 금지

비과세종합저축은 명의변경 및 양수도는 허용되지 아니한다(입출금약관4③ 본문). 다만, 법원의 개명에 의한 명의변경은 가능하다(입출금약관4③ 단서).

4) 한도초과와 손해발생 책임

비과세종합저축이 한도초과로 입금(무통장 입금 및 타행송금 포함)이 되지 않아 자동이체 미처리 등의 손해가 발생하여도 거래금융기관은 그 책임을 지지 아니한다(입출금약관4④).

(라) 거래제한

통장이 "전기통신금융사기 피해 방지 및 피해금 환급에 관한 특별법("통신사기피해환급법")" 제2조 제4호5)에서 정의한 사기이용계좌로 사용될 경우 통장 명의인에 대한 계좌개설 및 현금카드 발급 등의 금융거래를 제한할 수 있다(입출금약관5).

2. 거치식예금

(1) 의의

거치식예금약관("거치식약관")에 의하면 거치식예금("이 예금")이란 예치기간을 정하고 거래를 시작할 때 맡긴 돈을 만기에 찾는 예금을 말한다(거치식약관1①). 거치식약관에 정하지 아니한 사항은 예금거래 기본약관의 규정을 적용한다(거치식약관1②). 표지어음의 거래에는 이 약관을 적용한다(거치식약관1①).

(2) 정기예금

(가) 의의

정기예금은 일정한 금액을 일정 기간 동안 예치하게 하고 계약기간 만료 시 또는 중도에 원리금을 지급하는 것으로 예치기간은 1개월 이상 10년 이내(후순위예금의 경우는 10년)로 하며 이자는 가입 시 거래자의 선택에 따라 단리식 또는 복

---

5) 4. "사기이용계좌"란 피해자의 자금이 송금·이체된 계좌 및 해당 계좌로부터 자금의 이전에 이용된 계좌를 말한다.

리식으로 계산하여 지급한다(업무방법서14).

정기예금은 목돈을 일정 기간 동안 예치하고 매월 또는 만기에 이자를 지급하는 가장 보편적인 장기저축 상품이다. 가입대상은 제한이 없으며, 이율은 상호저축은행이 자율적으로 설정한다. 이자계산방법은 단리식(매월 이자 지급) 또는 월복리식(매월 이자를 원금에 더하여 만기시 지급) 중 고객이 선택 가능하다. 즉 매월 이자를 지급하거나 매월 이자를 원금에 가산하여 만기 시 지급하게 된다. 이 예금은 예금자보호법에 따라 예금보험공사가 보호하되, 보호한도는 상호저축은행에 있는 고객의 모든 예금보호대상 금융상품의 원금과 소정의 이자를 합하여 1인당 최고 5천만원이며, 5천만원을 초과하는 나머지 금액은 보호하지 않는다.

정기예금에는 정기예금특약이 우선 적용되고, 이 특약에서 정하는 않은 사항은 거치식예금약관 및 예금거래 기본약관이 적용된다.

(나) 정기예금특약

1) 이자계산방법

정기예금의 이자계산방법은 거래처의 선택에 따라 단리식 또는 월복리식으로 계산한다(정기예금특약1).

2) 연단위 이자지급

이자계산방법을 복리식으로 선택한 경우 만기일 도래 전이라도 거래처의 청구에 따라 연단위의 이자를 지급할 수 있다(정기예금특약2).

3) 이자지급방법의 변경

거래처가 이자지급방법의 변경을 요청하는 경우는 복리식을 단리식으로의 전환만 허용되며 이 경우 연단위 이자는 복리식으로 잔여 월단위 이자는 단리식으로 계산한다(정기예금특약3①).

거래처가 계약기간 내에서 미경과 기간에 대한 이자의 지급을 요청하는 경우에는 미경과기간의 이자를 약정이율로 할인하여 미리 지급할 수 있다(정기예금특약3②).

4) 만기 후 이자의 계산방법

정기예금의 만기 후의 예치기간에 대하여는 단리식으로 이자를 계산한다(정기예금특약4).

5) 분할지급

정기예금은 거래처의 요청이 있으면 최종지급을 포함하여 4회까지 나누어

지급할 수 있으며, 병원비 지급목적으로 분할 해지가 필요한 경우에는 4회를 초과하여 분할 해지할 수 있다(정기예금특약5① 본문). 다만, 거래처와 약정에 의한 경우 1월 이상 월단위로 하여 정기적으로 나누어 지급할 수 있다(정기예금특약5① 단서).

병원비 지급목적으로 4회를 초과하여 정기예금을 분할 해지하는 경우 다음의 요건을 모두 충족하여야 한다(정기예금특약5②). 즉 ⅰ) 환자의 진료비 계산서·영수증(진료비 계산서·영수증이라 함은 「국민건강보험 요양급여의 기준에 관한 규칙」("건강보험요양급여규칙") 제7조 제1항6)에 따른 진료비 계산서·영수증)을 징구하여야 하며, 영수증에 기재된 금액 이내로 분할해지하여야 한다. ⅱ) 고객이 병원비 명목으로 사용할 병원계좌로 분할해지 금액을 바로 이체하여야 한다.

(3) ISA 정기예금
(가) 의의

ISA 정기예금은 ISA(개인종합자산관리계좌)에 편입되는 금융상품을 운영하기 위한 ISA전용 정기예금이다. 가입대상은 ISA제도와 관련한 신탁업자(금융회사) 등이다. ISA(개인종합자산관리계좌) 정기예금("이 예금") 거래는 ISA(개인종합자산관리계좌) 정기예금특약(ISA 정기예금약관, 이 약관)을 적용하며 이 약관에서 정하지 않은 사항은 예금거래 기본약관 및 거치식예금 약관을 적용한다(ISA 정기예금약관1).

(나) ISA(개인종합자산관리계좌) 정기예금특약
1) 가입대상 및 가입금액

이 예금의 가입대상은 ISA(개인종합자산관리계좌) 취급 금융기관이다(ISA 정기예금약관2). 이 예금의 최저가입금액은 1만원 이상으로 한다(ISA 정기예금약관4).

---

6) 건강보험요양급여규칙 제7조(요양급여비용 계산서·영수증의 발급 및 보존) ① 요양기관이 요양급여를 실시한 때에는 가입자 등에게 다음의 구분에 의한 계산서·영수증을 발급하여야 한다. 다만, 요양기관 중 종합병원·병원·치과병원·한방병원 및 요양병원을 제외한 요양기관이 외래진료를 한 경우에는 별지 제12호 서식의 간이 외래 진료비계산서·영수증을 발급할 수 있다.
1. 입원 및 외래진료의 경우(한방의 경우를 제외): 별지 제6호 서식 또는 별지 제7호 서식의 진료비 계산서·영수증
2. 한방입원 및 한방외래진료의 경우: 별지 제8호 서식 또는 별지 제9호 서식의 한방진료비 계산서·영수증
3. 약국 및 한국희귀의약품센터의 경우: 별지 제10호 서식 또는 별지 제11호 서식의 약제비 계산서·영수증

2) 계약기간 및 자동 재예치

이 예금의 계약기간은 3개월 이상 3년 이내에서 저축은행과 고객이 별도로 정한 기간으로 한다(ISA 정기예금약관3①). 이 예금의 만기 도래 시 최초 계약기간 단위로 자동 재예치되며, 자동 재예치일이 은행의 영업일이 아닌 경우에는 다음 영업일에 재예치된다(ISA 정기예금약관3②).

3) 적용이율 및 이자계산

가) 적용이율

이 예금의 적용이율은 신규일 또는 재예치일 현재 영업점 또는 인터넷 홈페이지에 고시된 기간별 차등 이율을 적용한다(ISA 정기예금약관5①).

나) 이자계산

이 예금은 신규일 또는 자동 재예치일을 이율 결정일로 하며, 해당일에 유효한 이율이 없는 경우 직전 유효 이율을 해당일의 이율로 적용한다(ISA 정기예금약관5② 본문). 다만, 해당일이 없는 경우 그 월의 말일을 해당일로 한다(ISA 정기예금약관5② 단서).

4) 이자지급방식

이 예금의 이자지급은 만기일시지급식으로 하며, 자동 재예치 시에는 약정된 이자를 셈하여 원금에 더한 금액을 재예치한다(ISA 정기예금약관6).

5) 중도해지

가) 일반정기예금의 기간별 중도해지율 적용

중도해지를 하는 경우 신규일 또는 최종 재예치일로부터 지급일 전일까지의 기간에 대하여는 신규일 또는 최종 재예치일 당시 영업점 및 인터넷 홈페이지에 고시된 일반정기예금의 기간별 중도해지이율을 적용한다(ISA 정기예금약관7①).

나) 가입자 사망 등 중도해지사유와 특별중도해지이율 적용

다음에 해당하는 사유, 즉 ⅰ) 가입자 사망(제1호), ⅱ) 해외이주(제2호), ⅲ) 천재지변(제3호), ⅳ) 퇴직(제4호), ⅴ) 폐업(제5호), ⅵ) 3개월 이상의 입원 또는 요양을 요하는 상해·질병(제6호), ⅶ) 저축 취급기관의 영업정지·파산(제7호), ⅷ) 의무가입기간이 3년인 경우 의무가입기간 경과 후 해지(제8호), ⅸ) ISA(개인종합자산관리계좌) 계좌 만기일 도래에 따른 해지(제9호), ⅹ) 신탁보수 취득(제10호)에 의해 중도해지하는 경우에는 신규일 또는 최종 재예치일 당시 결정된 이 예금의 특별중도해지이율을 적용한다(ISA 정기예금약관7② 본문). 다만, 제3호 내

지 제7호의 사유는 개인종합자산관리계좌의 계약해지 전 6개월 이내에 발생한 경우에 한하여 특별중도해지이율을 적용한다(ISA 정기예금약관7② 단서).

다) 중도해지와 약정이율 적용

이 예금의 만기이전에 특별중도해지 시 적용되는 특별중도해지이율은 신규일 또는 최종 재예치일 이후 예치기간에 따라 ⅰ) 가입기간 6개월 미만은 가입 당시 3개월제 이 예금의 약정이율(제1호), ⅱ) 가입기간 6개월 이상 1년 미만은 가입 당시 6개월제 이 예금의 약정이율(제2호), ⅲ) 가입기간 1년 이상 2년 미만은 가입 당시 1년제 이 예금의 약정이율(제3호), ⅳ) 가입기간 2년 이상 3년 미만은 가입 당시 2년제 이 예금의 약정이율(제4호)을 적용한다(ISA 정기예금약관7③ 본문 전단). 이때 약정이율이라 함은 신규일 또는 최종 재예치일의 기간별로 영업점 및 인터넷 홈페이지에 고시된 금리를 의미한다(ISA 정기예금약관7③ 본문 후단). 다만, 신탁보수 취득의 경우에는 예외적으로 가입 당시 약정이율을 적용한다(ISA 정기예금약관7③ 단서).

6) 분할 해지 및 지급

가) 분할해지

이 예금은 ISA(개인종합자산관리계좌) 가입자별로 예치기간 중 만기를 포함하여 3회 이내에서 분할해지가 가능하며, 자동 재예치된 경우에는 각 재예치 기간마다 만기를 포함하여 3회 이내에서 분할해지가 가능하다(ISA 정기예금약관8①).

나) 분할지급 금지

예금 신규 당일에는 분할지급할 수 없다(ISA 정기예금약관8②).

7) 질권설정 및 담보제공 등 금지

이 예금은 ISA(개인종합자산관리계좌) 내에서 운용되는 상품으로 질권설정 및 담보제공, 지급정지, 상계 등은 할 수 없다(ISA 정기예금약관9①). 이 특약에서 정하지 아니한 사항은 일반정기예금 업무에 준하여 처리한다(ISA 정기예금약관9②).

(4) 퇴직연금 정기예금

(가) 의의

퇴직연금 정기예금은 퇴직연금 가입기업 및 근로자를 대상으로 확정금리를 제공하는 예금상품이다. 퇴직연금 정기예금("이 예금") 거래는 퇴직연금 정기예금 특약(퇴직연금 정기예금약관, 이 약관)을 적용하며 이 약관에서 정하지 않은 사항은 예금거래 기본약관 및 거치식예금 약관을 적용한다(퇴직연금 정기예금약관1).

(나) 퇴직연금 정기예금 특약

1) 가입대상 및 가입금액

이 예금의 가입대상은 퇴직연금 사업자이다(퇴직연금 정기예금약관2). 이 예금의 최저가입금액은 1원 이상으로 한다(퇴직연금 정기예금약관4).

2) 계약기간 및 자동 재예치

이 예금의 계약기간은 3개월, 6개월, 1년, 2년, 3년, 5년으로 한다(퇴직연금 정기예금약관3①). 신규일 또는 계약기간 중 퇴직연금 사업자의 신청이 있는 경우에 한하여 이 예금의 만기 시(만기일이 휴일인 경우에는 익영업일) 해당 만기일에 최초 계약기간 단위로 자동 재예치된다(퇴직연금 정기예금약관3②).

3) 적용이율 및 이자계산

가) 적용이율

이 예금의 적용이율은 신규일 및 자동재예치일 현재 영업점 및 인터넷 홈페이지에 고시된 계약 기간별 차등 이율("약정이율")을 적용한다(퇴직연금 정기예금약관5①).

나) 이자계산

퇴직연금 정기예금의 이율을 변경하려는 경우에는 매월 1일의 3영업일 전에 영업점 및 인터넷 홈페이지에 고시하고 퇴직연금 사업자에게 문서 또는 전자적 방법(fax, 이메일 등)으로 통보하며, 변경된 이율은 매월 1일부터 적용된다(퇴직연금 정기예금약관5②).

4) 이자지급방식

이 예금의 이자지급은 만기일시지급식으로 하며, 자동 재예치 시에는 약정된 이자를 셈하여 원금에 더한 금액을 재예치한다(퇴직연금 정기예금약관6).

5) 중도해지

가) 일반정기예금의 기간별 중도해지이율 적용

중도해지 시는 신규일 또는 최종 재예치일로부터 지급일 전일까지의 기간에 대하여는 신규일 또는 최종 재예치일 당시 영업점 및 인터넷 홈페이지에 고시된 일반정기예금의 기간별 중도해지이율을 적용하여 이자를 지급한다(퇴직연금 정기예금약관7①).

나) 가입자의 사망 등 중도해지사유와 특별중도해지이율 적용

퇴직연금제도에서 인정하는 다음의 어느 하나에 해당하는 사유, 즉 ⅰ) 퇴

직급여지급 및 연금지급의 사유가 발생하는 경우(제1호), ⅱ) 퇴직급여법 제22
조,7) 제24조8) 및 동법 시행령 제14조,9) 제18조10)에 해당하는 경우(제2호), ⅲ)
사업자의 합병 또는 영업양도로 인하여 사용자가 근로자 대표의 동의를 얻어 해
지 요청하는 경우(제3호), ⅳ) 관련 법령의 변경으로 해지가 불가피한 경우(제4
호), ⅴ) 수탁자의 사임(제5호), ⅵ) 위탁자가 영위하는 사업장의 파산 또는 폐업

---

7) 퇴직급여법제22조(적립금의 중도인출) 확정기여형퇴직연금제도에 가입한 근로자는 주택
   구입 등 대통령령으로 정하는 사유가 발생하면 적립금을 중도인출할 수 있다.
8) 퇴직급여법 제24조(개인형퇴직연금제도의 설정 및 운영 등) ① 퇴직연금사업자는 개인형
   퇴직연금제도를 운영할 수 있다.
   ② 다음의 어느 하나에 해당하는 사람은 개인형퇴직연금제도를 설정할 수 있다.
   1. 퇴직급여제도의 일시금을 수령한 사람
   2. 확정급여형퇴직연금제도 또는 확정기여형퇴직연금제도의 가입자로서 자기의 부담으로
      개인형퇴직연금제도를 추가로 설정하려는 사람
   3. 자영업자 등 안정적인 노후소득 확보가 필요한 사람으로서 대통령령으로 정하는 사람
   ③ 제2항에 따라 개인형퇴직연금제도를 설정한 사람은 자기의 부담으로 개인형퇴직연금
   제도의 부담금을 납입한다. 다만, 대통령령으로 정하는 한도를 초과하여 부담금을 납입할
   수 없다.
   ④ 개인형퇴직연금제도 적립금의 운용방법 및 운용에 관한 정보제공에 관하여는 제21조
   를 준용한다. 이 경우 "확정기여형퇴직연금제도"는 "개인형퇴직연금제도"로 본다.
   ⑤ 개인형퇴직연금제도의 급여의 종류별 수급요건 및 중도인출에 관하여는 대통령령으로
   정한다.
9) 퇴직급여법 제14조(확정기여형퇴직연금제도의 중도인출 사유) ① 법 제22조에서 "주택구
   입 등 대통령령으로 정하는 사유"란 다음의 어느 하나에 해당하는 경우를 말한다.
   1. 제2조 제1항 제1호·제1호의2 또는 제5호(재난으로 피해를 입은 경우로 한정)에 해당
      하는 경우
   1의2. 제2조 제1항 제2호에 해당하는 경우로서 가입자가 본인 연간 임금총액의 1천분의
      125를 초과하여 의료비를 부담하는 경우
   2. 중도인출을 신청한 날부터 거꾸로 계산하여 5년 이내에 가입자가 채무자회생법에 따라
      파산선고를 받은 경우
   3. 중도인출을 신청한 날부터 거꾸로 계산하여 5년 이내에 가입자가 채무자회생법에 따라
      개인회생절차개시 결정을 받은 경우
   4. 법 제7조 제2항 후단에 따라 퇴직연금제도의 급여를 받을 권리를 담보로 제공하고 대
      출을 받은 가입자가 그 대출 원리금을 상환하기 위한 경우로서 고용노동부장관이 정하
      여 고시하는 사유에 해당하는 경우
   ② 제1항 제4호에 해당하는 사유로 적립금을 중도인출하는 경우 그 중도인출 금액은 대
   출 원리금의 상환에 필요한 금액 이하로 한다.
10) 퇴직급여법 제18조(개인형퇴직연금제도의 급여 종류별 수급요건 및 중도인출) ① 법 제24
   조 제5항에 따른 개인형퇴직연금제도의 급여 종류별 수급요건은 다음과 같다.
   1. 연금: 55세 이상인 가입자에게 지급. 이 경우 연금 지급기간은 5년 이상이어야 한다.
   2. 일시금: 55세 이상으로서 일시금 수급을 원하는 가입자에게 지급
   ② 가입자가 제14조 제1항 각 호의 어느 하나에 해당하는 경우 법 제24조 제5항에 따라
   개인형퇴직 연금제도의 적립금을 중도인출할 수 있다.

(제6호), vii) 퇴직연금제도의 동일자산관리기관 내의 제도 전환 및 급여 이전(제7호), viii) 퇴직연금 가입자의 사망(제8호), ix) 수수료의 징수(제9호)에 의해 중도해지하는 경우 제1호부터 제8호까지는 신규일 또는 최종 재예치일 당시 결정된 퇴직연금 정기예금의 특별중도해지이율을 적용하고, 제9호는 신규일 또는 최종 재예치일 당시 결정된 퇴직연금 정기예금의 약정이율을 적용한다(퇴직연금 정기예금약관7②).

다) 중도해지와 약정이율 적용

예금 만기 이전의 특별중도해지 시 적용되는 특별중도해지이율은 신규일(재예치되었을 경우 최종 재예치일) 이후 예치기간에 따라 i) 예치기간 6개월 미만은 가입 당시 3개월제 이 예금의 약정이율(제1호), ii) 예치기간 6개월 이상 1년 미만은 가입 당시 6개월제 이 예금의 약정이율(제2호), iii) 예치기간 1년 이상 2년 미만은 가입 당시 1년제 이 예금의 약정이율(제3호), iv) 예치기간 2년 이상 3년 미만은 가입 당시 2년제 이 예금의 약정이율(제4호), v) 예치기간 3년 이상 5년 미만은 가입 당시 3년제 이 예금의 약정이율(제5호)을 적용한다(퇴직연금 정기예금약관7③).

6) 분할 해지 및 지급

가) 분할해지 횟수

이 예금은 기간 중 만기를 포함하여 3회 이내에서 분할해지가 가능하며 자동 재예치된 경우에는 각 재예치 기간마다 만기를 포함하여 3회 이내에서 분할해지가 가능하다(퇴직연금 정기예금약관8①). 그러나 퇴직급여를 연금형태로 지급하기 위한 인출 및 확정급여형 퇴직연금[11] 가입자에게 퇴직급여를 지급하기 위한 인출의 경우에는 분할해지 횟수에서 제외한다(퇴직연금 정기예금약관8④).

나) 가입자별 만기해지와 분할해지

퇴직연금제도의 확정기여형 퇴직연금[12] 적립금 운용을 위하여 이 예금에

---

11) 확정급여형 퇴직연금(DB: Defined Benefits Retirement Pension)은 퇴직할 때 받을 퇴직급여가 사전에 확정된 퇴직연금제도이다. 사용자가 매년 부담금을 금융회사에 적립하여 책임지고 운용하며, 근로자는 운용결과와 관계없이 사전에 정해진 수준의 퇴직급여를 수령한다.

12) 확정기여형 퇴직연금(DC: Defined Contribution Retirement Pension)은 사용자가 납입할 부담금(매년 연간 임금총액의 1/12 이상)이 사전에 확정된 퇴직연금제도이다. 사용자가 근로자 개별 계좌에 부담금을 정기적으로 납입하면, 근로자가 직접 적립금을 운용하며, 근로자 본인의 추가부담금 납입도 가능하다. 근로자는 사용자가 납입한 부담금과 운용손

가입한 경우에는 확정기여형 퇴직연금의 가입자별로 만기해지를 포함하여 3회 이내에서 분할해지가 가능하다(퇴직연금 정기예금약관8②).

다) 분할지급 금지

예금 신규 당일에는 분할지급할 수 없다(퇴직연금 정기예금약관8③).

7) 질권설정 및 담보제공 등 금지

이 예금은 퇴직연금제도 범위 내에서 운용되는 상품으로 질권설정 및 담보제공, 지급정지, 상계 등은 할 수 없다(퇴직연금 정기예금약관9①). 이 특약에서 정하지 아니한 사항은 일반 정기예금 업무에 준하여 처리한다(퇴직연금 정기예금약관9②).

(5) 거치식예금약관

(가) 지급시기

거치식예금은 약정한 만기일 이후 거래처가 청구할 때 지급한다(거치식약관2 본문). 다만, 거래처가 부득이한 사정으로 청구할 때는 만기일 전이라도 지급할 수 있다(거치식약관2 단서).

(나) 이자

1) 이자지급시기

거치식 예금의 이자는 약정한 예치기간에 따라 예금일 당시 영업점에 게시한 예치기간별 이율로 셈하여 만기일 이후 원금과 함께 지급한다(거치식약관3① 본문). 그러나 거래처의 요청이 있으면 월별로 이자를 지급할 수 있다(거치식약관3① 단서).

2) 만기일 후 지급청구

만기일 후 지급청구할 때에는 만기일부터 지급일 전날까지 기간에 대해 예금일 당시 영업점에 게시한 만기 후 이율로 셈한 이자를 더하여 지급한다(거치식약관3②).

3) 만기일 전 지급청구

만기일 전에 지급청구할 때에는 예금일부터 지급일 전날까지의 기간에 대하여 예금일 당시 영업점에 게시한 중도해지이율로 셈하여 지급하며 이미 지급한 이자가 있는 때에는 그 이자와 중도해지이율을 적용하여 계산한 이자와의 차액

익을 최종 급여로 지급받는다.

을 정산하여 지급한다(거치식약관3③).

　4) 변동금리 적용시기

　거치식 예금 중 변동금리를 적용하는 예금은 이율을 바꾼 때 바꾼 날부터
바꾼 이율로 셈하여 이자를 지급한다(거치식약관3④).

(다) 장기예금으로서의 재계약과 이자

　1) 예치기간 갱신과 이자

　기명식 정기예금을 만기일 전에 처음 약정한 예치기간보다 긴 예치기간의
예금으로 갱신할 때는 제3조 제3항에 상관없이 예금일부터 갱신일 전날까지의
기간에 대하여 제3조 제1항의 이율로 셈한 이자를 지급한다(거치식약관4① 본문).
다만, 이미 지급한 이자는 지급할 금액에서 뺀다(거치식약관4① 단서).

　2) 갱신한 예금의 만기일 전 청구와 이자

　갱신한 예금을 갱신으로 변경된 만기일 전에 청구했을 때 그 이자는 갱신일
부터 지급일 전날까지의 기간에 대해 최초 예금일 당시 영업점에 게시한 중도해
지이율로 셈하여 지급한다(거치식약관4② 본문). 다만, 갱신일부터 지급일 전날까
지의 기간이 당초 약정한 예치기간보다 짧은 경우에는 당초 예금일부터 갱신 전
날까지의 기간에 대하여도 최초 예금일 당시 영업점에 게시한 중도해지이율로
셈하여 지급한다. 또한, 이미 지급한 이자는 지급할 금액에서 뺀다(거치식약관4②
단서).

(라) 무기명식 예금의 증서발급과 권리행사

　무기명식 예금은 무기명으로 예금증서를 발급하며, 거래처는 모든 권리행사
를 이 증서로 한다(거치식약관5).

(마) 무기명식 예금증서의 면책

　상호저축은행이 무기명식 예금증서의 소지인에게 지급(이자 포함)한 경우에
는 그 소지인이 무권리자이어서 증서를 분실·도난당한 거래처 등에게 손해가 생
겨도 그 책임을 지지 않는다(거치식약관6 본문). 다만, 소지인이 무권리자임을 알
았거나 알 수 있었을 때에는 그러하지 아니하다(거치식약관6 단서).

(바) 세금우대종합통장 거래

　1) 거래 자격

　거치식 예금 중에서 거래처가 개인인 정기예금·자유적립예금은 세금우대
종합통장으로 거래할 수 있다(거치식약관7①).

2) 가입요건

세금우대종합통장으로 거래할 수 있는 예금은 ⅰ) 예금기간 1년 이상(제1호), ⅱ) 예치한도 세금우대종합통장으로 거래할 수 있는 모든 거치식·적립식예금을 포함하여 관련 세법에서 정한 한도금액 이내(제2호), ⅲ) 가입기간 2014년 12월 31일까지 가입한 자(제3호)의 요건을 모두 갖추어야 한다(거치식약관7②).

3) 감액요청과 감액한도

거래처가 세금우대저축의 감액의 요청이 있는 경우에는 별도 서면을 징구한 후 예치한도 세금우대종합통장으로 거래할 수 있는 모든 거치식·적립식예금을 포함하여 관련 세법에서 정한 한도금액 이내에서 감액할 수 있다(거치식약관7③).

4) 세금우대저축 자료 제출 등

거래처가 가입한 세금우대저축 자료는 전국은행연합회에 제출되며 상호저축은행은 거래처가 다른 금융기관에 가입한 계약금액총액을 조회할 수 있다(거치식약관7④ 본문). 다만, 계약금액총액의 세부내역을 조회할 때에는 거래처의 동의를 받아야 한다(거치식약관7④ 단서).

(사) 비과세종합저축통장 거래

1) 거래 자격

거치식 예금 중 거래처가 개인인 경우는 비과세종합저축통장으로 거래할 수 있다(거치식약관8①).

2) 저축한도 금액

비과세종합저축통장으로 거래할 수 있는 예금은 모든 금융기관의 비과세종합저축통장 원금 합계액을 기준으로 관련 세법에서 정한 한도금액 이내이어야 한다(거치식약관8②).

3) 명의변경 및 양수도

비과세종합저축은 명의변경 및 양수도는 허용되지 아니한다(거치식약관8③ 본문). 다만, 법원의 개명에 의한 명의변경은 가능하다(거치식약관8③ 단서).

4) 한도초과와 손해발생 책임

비과세종합저축이 한도초과로 입금(무통장 입금 및 타행송금 포함)이 되지 않아 자동이체 미처리 등의 손해가 발생하여도 거래금융기관은 그 책임을 지지 아니한다(거치식약관8④).

3. 적립식예금 등

(1) 의의

적립식예금("이 예금")이란 기간을 정하고 그 기간 중에 미리 정한 금액이나 불특정금액을 정기 또는 부정기로 입금하는 예금을 말한다(적립식약관1①). 이 약관에 정하지 않은 사항은 예금거래 기본약관의 규정을 적용한다(적립식약관1①).

(2) 정기적금

정기적금은 일정한 기간 동안 가입한도를 정하고 그 기간 중에 미리 정한 금액이나 불특정 금액을 정기 또는 부정기적으로 납입하게 하며 계약기간 만료시 또는 중도에 원리금을 지급하는 것으로 계약기간은 10년 이내로 하며 일일적금, 월적금, 자유적립식적금 등으로 구분 운용한다(업무방법서15).

적립식예금의 대표적인 상품인 정기적금은 매월 일정 금액을 정기적으로 납입하고 만기일에 원리금을 지급받는 상품으로 푼돈을 모아 목돈을 마련하는데 가장 보편적인 장기저축 상품이다. 가입대상은 제한이 없고, 이율은 상호저축은행이 자율적으로 설정하며, 납입금액은 월 1만원 이상으로 제한이 없다. 예치기간의 경우 월적금은 6개월 이상 10년 이내(1개월 단위 예치가능), 일일적금은 100일 이상 3년 이내에서 10일 단위, 자유적립식적금은 6개월 이상 10년 이내이다. 이 예금은 예금자보호법에 따라 예금보험공사가 보호하되, 보호 한도는 상호저축은행에 있는 고객의 모든 예금보호대상 금융상품의 원금과 소정의 이자를 합하여 1인당 최고 5천만원이며, 5천만원을 초과하는 나머지 금액은 보호하지 않는다.

(3) ISA 정기적금

(가) 의의

ISA 정기적금은 ISA(개인종합자산관리계좌)에 편입되는 금융상품을 운영하기 위한 ISA전용 정기적금이다. ISA(개인종합자산관리계좌) 정기적금("이 예금") 거래는 ISA(개인종합자산관리계좌) 정기적금특약을 적용하며 이 약관에서 정하지 않은 사항은 예금거래 기본약관 및 적립식예금약관을 적용한다(ISA 정기적금특약1).

(나) ISA(개인종합자산관리계좌) 정기적금특약

1) 가입대상 및 가입금액

이 예금의 가입대상은 ISA(개인종합자산관리계좌) 취급 금융기관이다(ISA 정기적금특약2). 이 예금의 최저가입금액은 1만원 이상으로 한다(ISA 정기적금특약4).

2) 계약기간과 저축금 납입

가) 계약기간

이 예금의 계약기간은 1년 이상 3년 이내에서 저축은행과 고객이 별도로 정한 기간으로 한다(ISA 정기적금특약3①).

나) 저축금 납입

이 예금은 월납입식으로 하며 매월의 계약일 상당일에 저축금을 납입한다(ISA 정기적금특약3② 본문). 다만, 상당일이 없는 경우에는 그 월의 말일을 저축금 납입일로 한다(ISA 정기적금특약3② 단서). 저축금 납입일이 휴일인 경우에는 그 다음 영업일을 저축금 납입일로 하며, 이때에는 지연일수 산정에 포함하지 않는다(ISA 정기적금특약3③).

3) 적용이율

이 예금의 적용이율은 신규일 현재 영업점 및 인터넷 홈페이지에 고시된 계약 기간별 차등 이율을 적용한다(ISA 정기적금특약5).

4) 이자지급방식 등

가) 만기일시지급식

이 예금의 이자지급은 만기일시지급식으로 한다(ISA 정기적금특약6①).

나) 총선납일수와 총지연일수에 따른 지급

총선납일수가 총지연일수보다 많은 경우에는 당초 계약금액을 지급한다(ISA 정기적금특약6②). 총지연일수가 총선납일수보다 많은 경우에는 총지연일수에서 총선납일수를 뺀 순지연일수에 대하여 계약일 당시 저축은행에서 게시한 입금지연이율로 셈한 금액을 계약금액에서 차감하여 지급하거나 순지연일수를 계약기간 납입 총횟수로 나눈 지연일수만큼 만기일을 늦출 수 있다(ISA 정기적금특약6③).

5) 만기일 경과 후 납입

만기일에 모든 회차의 저축금이 납입되지 아니한 계좌로서 만기일 경과 후 계속 저축금 납입 요청이 있을 경우에는 계약기간 납입 총횟수의 1/2 이상 납입한 계좌에 한하여 계약일로부터 기산하여 당초 계약기간의 1.5배 기간 범위 내에서 저축금을 납입할 수 있다(ISA 정기적금특약7①).

제1항에 따라 저축금을 납입한 계좌로서 전회의 저축금 납입이 완료된 때에

는 제6조 제3항에 따라 계산한 만기일을 이연하여야 한다(ISA 정기적금특약7② 본문). 단, 이연된 만기일이 최종저축금 납입일 이전에 도래하는 때에는 최종 납입일을 만기일로 한다(ISA 정기적금특약7② 단서).

6) 일반중도해지

가) 중도해지사유와 이율

다음에 해당하는 사유에 의해 해지하는 경우, 즉 ⅰ) 계약기간 전에 해당 상품을 해지하는 경우, ⅱ) 만기일까지 계약기간 납입 총횟수의 1/2에 미달한 경우, ⅲ) 만기 이연된 1.5배 기간까지 미납금이 남아 있는 경우, ⅳ) ISA(개인종합자산관리계좌) 계좌 만기일까지 계약기간 납입 총횟수의 2/3에 미달한 경우에는 신규일 당시에 결정된 일반정기적금의 중도해지이율을 적용한다(ISA 정기적금특약8①).

나) 일반정기적금 기간별 중도해지이율

이 예금의 일반중도해지 시 적용되는 일반중도해지이율은 신규일 당시 영업점 및 인터넷 홈페이지에 게시된 일반정기적금 기간별 중도해지이율을 의미한다(ISA 정기적금특약8②).

7) 취급제한

이 예금은 계좌분할, 계약기간 변경, 만기일 앞당김은 할 수 없다(ISA 정기적금특약10).

8) 질권설정 및 담보제공 등 금지

이 예금은 ISA(개인종합자산관리계좌) 내에서 운용되는 상품으로 질권설정 및 담보제공, 지급정지, 상계 등은 할 수 없다(ISA 정기적금특약11①). 이 특약에서 정하지 아니한 사항은 일반정기적금 업무에 준하여 처리한다(ISA 정기적금특약11②).

(4) 자유적립식예금

(가) 의의

자유적립예금은 임의의 금액을 일정한 기간 동안 자유로이 납입하게 하고 계약기간 만료 시 또는 중도에 원리금을 지급하는 것으로 계약기간은 10년 이내로 한다(업무방법서13).

자유적립예금은 일정기간 동안 금액 및 횟수에 제한 없이 자유로이 부금을 납입하고 만기에 원리금을 지급받는 상품이다. 가입대상은 제한이 없으며, 이율은 상호저축은행이 자율적으로 설정한다. 이 예금은 예금자보호법에 따라 예금보험공사가 보호하되, 보호 한도는 상호저축은행에 있는 고객의 모든 예금보호

대상 금융상품의 원금과 소정의 이자를 합하여 1인당 최고 5천만원이며, 5천만원을 초과하는 나머지 금액은 보호하지 않는다.

자유적립식예금에는 자유적립식예금특약이 우선 적용되고, 이 약관에서 정하지 않은 사항은 적립식예금약관 및 예금거래 기본약관이 적용된다.

(나) 자유적립예금특약

1) 예금의 납입

자유적립예금은 계약기간 이내에서 1천원의 배수로 하여 납입할 금액을 거래처가 마음대로 정하여 납입할 수 있다(자유적립예금특약1).

2) 이자

자유적립예금은 매회 부금마다 그 예금일부터 만기일 또는 중도 해지일까지의 예치기간에 따라 예금일 당시 영업점에 게시한 예치기간별 이율을 적용하여 월복리로 계산한 금액을 만기 또는 해약시에 지급한다(자유적립예금특약2).

(다) 적립식예금약관: 자유적립식예금 특례

1) 만기지급금

자유적립식예금은 입금 횟수에 관계없이 저축금마다 입금일부터 만기일 전날까지의 기간에 대하여 계약일 당시 영업점에 게시한 이율로 셈한 이자와 원금을 만기지급금으로 한다(적립식약관7②).

2) 지연입금 등 적용배제

자유적립식예금에는 지연입금, 만기앞당김 지급, 만기일전 청구(적립식약관3②, 적립식약관5 및 6④)의 규정을 적용하지 아니한다(적립식약관7③).

(5) 세금우대종합저축

(가) 의의

세금우대종합저축은 개인을 대상으로 신용부금, 정기적금, 정기예금, 자유적립예금 등으로 운용되며 조세특례제한법 제89조(세금우대종합저축에 대한 과세특례) 및 조세특례제한법시행령 제83조(세금우대종합저축에 대한 원천징수의 특례)에서 정하는 바에 따라 취급한다(업무방법서21).

(나) 가입자격

적립식예금 중에서 거래처가 개인인 정기적금·신용부금 등은 세금우대종합통장으로 거래할 수 있다(적립식약관8①).

(다) 가입요건

세금우대종합통장으로 거래하는 예금은 ⅰ) 예금기간 1년 이상(제1호), ⅱ) 예치한도 세금우대종합통장으로 거래할 수 있는 모든 거치식·적립식예금을 합하여 원금기준으로 관련 세법에서 정하는 한도금액 이내(제2호), ⅲ) 가입기간 2014년 12월 31일까지 가입한 자(제3호)의 요건을 모두 갖춘 때에 세금을 우대받을 수 있다(적립식약관8②).

(라) 감액요청과 감액한도

거래처가 세금우대저축의 감액의 요청이 있는 경우에는 별도 서면을 징구한 후 예치한도 세금우대종합통장으로 거래할 수 있는 모든 거치식·적립식예금을 합하여 원금 기준으로 관련 세법에서 정하는 한도금액 이내에서 감액할 수 있다(적립식약관8③).

(마) 세금우대저축 자료 제출 등

거래처가 가입한 세금우대저축 자료는 전국은행연합회에 제출되며 상호저축은행은 거래처가 다른 금융기관에 가입한 계약금액총액을 조회할 수 있다(적립식약관8④ 본문). 다만, 계약금액총액의 세부내역을 조회할 때에는 거래처의 동의를 받아야 한다(적립식약관8④ 단서).

(6) 비과세종합저축

(가) 의의

비과세종합저축은 개인에게 허용되는 저축 등으로 운용되며 조세특례제한법 제88조의2(비과세종합저축에 대한 과세특례) 및 동법 시행령 제82조의2(비과세종합저축의 요건 등)에서 정하는 바에 따라 취급한다(업무방법서21의2). 일정 요건을 갖춘 만 65세 이상의 거주자, 장애인 등에게만 가입이 허용되는 이자소득에 대한 소득세가 전액 면제되는 비과세 상품이다.

가입대상은 만 65세 이상의 거주자, 장애인복지법 제32조의 규정에 의하여 등록한 장애인, 국가유공자 등 예우 및 지원에 관한 법률 제6조의 규정에 의하여 등록한 상이자, 국민기초생활보장법 제2조 제2호의 규정에 의한 수급자, 독립유공자 예우에 관한 법률 제6조 규정에 의해 등록한 독립유공자와 그 유족 및 가족, 고엽제후유의증환자 지원 등에 관한 법률 제2조 제3호의 규정에 의한 고엽제후유의증환자, 5.18민주유공자 예우에 관한 법률 제4조 제2호의 규정에 의한 5.18민주화운동 부상자 등이며, 소득요건이 추가되어 직전 3개 과세기간 내 1회 이상 금융소득종합과세 대상자는 제외된다.

(나) 가입자격

적립식예금 중 거래처가 개인인 경우는 비과세종합저축통장으로 거래할 수 있다(적립식약관9①).

(다) 저축한도 금액

비과세종합저축통장으로 거래할 수 있는 예금은 모든 금융기관의 비과세종합저축통장 원금 합계액을 기준으로 관련 세법에서 정한 한도금액 이내이어야 한다(적립식약관9②).

(라) 명의변경 및 양수도

비과세종합저축은 명의변경 및 양수도는 허용되지 아니한다(적립식약관9③ 본문). 다만, 법원의 개명에 의한 명의변경은 가능하다(적립식약관9③ 단서).

(마) 한도초과와 손해발생 책임

비과세종합저축이 한도초과로 입금(무통장 입금 및 타행송금 포함)이 되지 않아 자동이체 미처리 등의 손해가 발생하여도 거래금융기관은 그 책임을 지지 아니한다(적립식약관9④).

(7) 적립식예금약관

여기서는 적립식예금약관("적립식약관")의 주요 내용을 살펴본다.

(가) 지급시기

적립식예금은 약정한 만기일 이후 거래처가 청구할 때 지급한다(적립식약관2 본문). 다만, 거래처가 부득이한 사정으로 청구할 때에는 만기 전이라도 지급할 수 있다(적립식약관2 단서).

(나) 저축금의 입금 및 지연입금

1) 저축금의 입금 시기

거래처는 계약기간 동안 약정한 날짜에 저축금을 입금하여야 한다(적립식약관3①).

2) 지연입금

거래처가 저축금을 약정일보다 늦게 입금하였을 때에는 상호저축은행은 거래처의 요청에 따라 총지연일수에서 총선납일수를 뺀 순지연일수에 대해 계약일 당시 영업점에 게시한 입금지연이율로 셈한 금액을 계약금액에서 빼거나 순지연일수를 계약월수로 나눈 월평균 지연일수만큼 만기일을 늦출 수 있다(적립식약관

3②).

(다) 만기지급금

적립식예금의 저축금을 약정한 날짜에 입금했을 때에는 상호저축은행이 저축금 총액("원금")에 저축금마다 입금일부터 만기일 전날까지 기간에 대해 계약일 당시 영업점에 게시한 이율(표준약관6①)에 따라 셈한 이자를 더한 금액("계약금액")을 만기지급금으로서 지급한다(적립식약관4).

(라) 만기앞당김 지급

적립식예금 중 자유적립식을 제외한 신용부금과 정기적금은 거래처가 모든 회차의 저축금을 입금한 후 만기일 전 1개월 안에 청구하면 상호저축은행은 지급하는 날부터 만기일 전날까지의 기간에 대하여 계약일 당시 영업점에 게시한 만기앞당김 이율로 셈한 금액을 계약금액에서 빼고 지급한다(적립식약관5).

(마) 이자 등

1) 영업점 게시 이율

적립식예금의 이자는 저축금마다 입금일부터 만기일 전날까지 기간에 대해 계약일 당시 영업점에 게시한 이율로 셈한다(적립식약관6①).

2) 저축금 입금과 이자

거래처가 제4조의 계약금액을 정한 예금으로 가입하였을 때에는 저축금을 약정한 날짜보다 미리 입금하더라도 그 이자는 계약금액에서 원금을 뺀 금액 내로 한다(적립식약관6②).

3) 만기일 후 청구

거래처가 만기일 후 청구한 때에는 만기지급금에 만기일부터 지급일 전날까지 기간에 대해 계약일 당시 영업점에 게시한 만기후 이율로 셈한 이자를 더하여 지급한다(적립식약관6③).

4) 만기일 전 청구

만기일 전에 청구할 때에는 저축금마다 입금일부터 지급일 전날까지 기간에 대해 계약일 당시 영업점에 게시한 중도해지이율로 셈한 이자를 원금에 더하여 지급한다(적립식약관6④ 본문). 다만, 신용계 및 신용부금은 계약일 당시 영업점에 게시한 계약일부터 해지일 전날까지의 기간에 해당하는 중도해지이율로 셈한다(적립식약관6④ 단서).

5) 월저축금의 미입금과 만기일 후 청구

거래처가 만기일까지 약정한 모든 회차의 월저축금을 입금하지 않고 만기일 이후에 청구하였을 때에는 제4항 후단의 중도해지이율로 셈한 이자를 지급한다 (적립식약관6⑤ 본문).

6) 변동금리 지급 시기

적립식예금 중 변동금리를 적용하는 예금은 이율을 바꾼 때 바꾼 날부터 바꾼 이율로 셈하여 이자를 지급한다(적립식약관6⑥).

Ⅳ. 안심통장특약 등

1. 압류방지전용통장특약

법령에 따라 압류가 금지되는 수급금 등에 대한 압류를 방지하기 위하여 상호저축은행 행복 지킴이 통장("이 예금")의 거래에는 압류방지전용통장특약("특약")을 적용하며, 이 특약에서 정하지 않은 사항에 대하여는 입출금이 자유로운 예금약관, 예금거래 기본약관을 순서대로 적용한다(특약1).

(1) 예금과목 및 입금제한

이 예금의 예금과목은 저축예금, 보통예금으로 한다(특약2). 이 예금으로의 입금은 법령에 따라 가입대상에게 지급되는 압류금지 수급금 등에 한하며, 그 이외에는 입금할 수 없다(특약4).

(2) 가입대상

이 예금의 가입대상은 국민기초생활보장법에서 정하는 기초생활수급자, 기초연금법에서 정하는 기초연금 수급자, 장애인연금법에서 정하는 장애인연금 수급자, 장애인복지법에서 정하는 장애(아동)수당 수급자, 한부모가족지원법에서 정하는 한부모가족 복지급여 수급권자, 국민건강보험법에서 정하는 요양비등 보험금여 수급권자, 노인장기요양보험법에서 정하는 특별현금급여 수급권자, 건설근로자의 고용개선 등에 관한 법률에서 정하는 퇴직공제금 수급권자, 아동수당법에서 정하는 아동수당 수급권자, 중소기업협동조합법에서 정하는 공제금 수급권자, 산업재해보상보험법에서 정하는 산재보험급여 수급권자, 아동복지법에서 정하는 자립수당 수급권자, 군인연금법에서 정하는 군인연금 수급권자, 또는 공

무원연금법에서 정하는 공무원연금 수급권자 중 어느 하나에 해당하는 실명확인
이 된 개인으로 하며, 1인 1계좌를 원칙으로 합니다(특약3).

(3) 거래제한
(가) 양도 및 담보제공 등 금지

이 예금은 상호저축은행이 상계할 수 없다(특약5①). 이 예금은 양도 및 담
보제공할 수 없다(특약5②). 이 예금은 종합통장대출의 대출계좌로 사용할 수 없
다(특약5③).

(나) 입금제한

이 예금을 신용카드 결제계좌나 공과금 등 대금납부 목적의 계좌로 지정한
경우, 결제·납부금액이 부족하거나 결제·납부취소 등이 발생한 때에는 입금제
한(입금은 수급금에 한한다)에 따라 고객이 영업점 창구에서 결제·납부금액을 직
접 납부하거나 별도지정계좌로의 입금 또는 직접 수령하는 방법으로 처리하여야
한다(특약5④).

(4) 이율적용 및 이자결산

이 예금의 이율적용 및 이자결산방법은 가입 예금과목에 따라 저축예금특
약, 입출금이 자유로운 예금약관을 적용한다(특약6).

(5) 세제혜택

이 예금은 비과세종합저축으로 가입할 수 있다(특약7).

(6) 수수료 혜택

이 예금은 자동화기기를 통한 마감 후 현금인출 또는 당·타행 이체거래 시
발생하는 수수료 면제, 폰뱅킹(ARS), 인터넷뱅킹, 모바일뱅킹, 스마트폰뱅킹을 통
한 타행이체 거래 시 발생하는 수수료 면제, 납부자 자동이체 거래 시 발생하는
수수료 면제, 자기앞수표 발행수수료 면제와 같은 우대서비스를 제공한다(특약8).

2. 실업급여 안심통장특약

실업급여 안심통장특약("특약")은 고객과 ○○저축은행("저축은행")과의 「○
○저축은행 실업급여 안심통장」("이 예금") 거래에 적용하며, 이 특약에서 정하지
않은 사항은 입출금이 자유로운 예금약관 및 예금거래 기본약관을 순서대로 적
용한다(특약1).

(1) 예금과목 및 가입대상

이 예금의 예금과목은 저축예금, 보통예금으로 한다(특약2). 이 예금의 가입 대상은 실명확인이 된 개인으로 고용보험법에 따른 실업급여를 수령하는 고객으로 한다(특약3).

(2) 입금제한

이 예금은 직업안정기관에서 입금하는 실업급여로 입금자원이 제한되며 실업급여 이외의 자금은 입금할 수 없다(특약4).

(3) 거래제한

(가) 압류 및 상계 금지 등

이 예금은 관련법에 따라 입금된 예금과 이에 관한 채권을 압류할 수 없고, 압류에 의한 지급제한이 되지 않는다(특약5①). 이 예금은 저축은행이 상계할 수 없다(특약5②). 이 예금은 양도 및 담보제공할 수 없다(특약5③). 이 예금은 종합통장대출계좌로 사용할 수 없다(특약5④).

(나) 입금 또는 수령 방법 제한

이 예금을 신용카드 결제계좌나 공과금 등 대금납부 목적의 계좌로 지정한 경우에 결제·납부금액이 부족하거나 결제·납부취소 등이 발생한 때에는 입금제한에 따라 고객이 영업점 창구에서 결제·납부금액을 직접 납부하거나 별도 지정계좌로 입금 또는 수령하는 방법으로 처리하여야 한다(특약5⑤).

(4) 이율적용 및 이자결산

이 예금의 이율적용 및 이자결산방법은 가입 예금과목에 따라 저축예금특약, 입출금이 자유로운 예금약관을 따른다(특약6).

(5) 세제혜택

이 예금은 비과세종합저축으로 가입할 수 있다(특약7).

(6) 수수료 혜택

이 예금은 자동화기기를 통한 마감 후 현금인출 또는 당·타행 이체거래 시 발생하는 수수료 면제, 폰뱅킹(ARS), 인터넷뱅킹, 모바일뱅킹, 스마트폰뱅킹을 통한 타행이체 거래 시 발생하는 수수료 면제, 납부자 자동이체 및 타행 자동이체 거래 시 발생하는 수수료 면제, 자기앞수표 발행수수료 면제와 같은 수수료 혜택을 제공한다(특약8).

3. 긴급지원금 안심통장특약

긴급지원금 안심통장특약("특약")은 고객과 ○○저축은행("저축은행")과의 「○○저축은행 긴급지원 안심통장」("이 예금") 거래에 적용하며, 이 특약에서 정하지 않은 사항은 입출금이 자유로운 예금약관 및 예금거래 기본약관을 순서대로 적용한다(특약1).

(1) 예금과목 및 가입대상

이 예금의 예금과목은 저축예금, 보통예금으로 한다(특약2). 이 예금의 가입대상은 실명확인이 된 개인으로 긴급복지지원법에 따른 긴급지원금을 수령하는 고객으로 한다(특약3).

(2) 입금제한

이 예금은 긴급지원기관에서 입금하는 긴급지원금으로 입금자원이 제한되며 긴급지원금 이외의 자금은 입금할 수 없다(특약4).

(3) 거래제한

(가) 압류 및 상계 금지 등

이 예금은 관련법에 따라 입금된 예금과 이에 관한 채권을 압류할 수 없고, 압류에 의한 지급제한이 되지 않는다(특약5①). 이 예금은 저축은행이 상계할 수 없다(특약5②). 이 예금은 양도 및 담보제공할 수 없다(특약5③). 이 예금은 종합통장대출계좌로 사용할 수 없다(특약5④).

(나) 입금 또는 수령 방법 제한

이 예금을 신용카드 결제계좌나 공과금 등 대금납부 목적의 계좌로 지정한 경우에 결제·납부금액이 부족하거나 결제·납부취소 등이 발생한 때에는 입금제한에 따라 고객이 영업점 창구에서 결제·납부금액을 직접 납부하거나 별도 지정계좌로 입금 또는 수령하는 방법으로 처리하여야 한다(특약5⑤).

(4) 이율적용 및 이자결산

이 예금의 이율적용 및 이자결산방법은 가입 예금과목에 따라 저축예금특약, 입출금이 자유로운 예금약관을 따른다(특약6).

(5) 세제혜택

이 예금은 비과세종합저축으로 가입할 수 있다(특약7).

(6) 수수료 혜택

이 예금은 자동화기기를 통한 마감 후 현금인출 또는 당·타행 이체거래 시 발생하는 수수료 면제, 폰뱅킹(ARS), 인터넷뱅킹, 모바일뱅킹, 스마트폰뱅킹을 통한 타행 이체거래 시 발생하는 수수료 면제, 납부자 자동이체, 및 타행 자동이체 거래 시 발생하는 수수료 면제, 자기앞수표 발행수수료 면제와 같은 수수료 혜택을 제공한다(특약8).

4. 국민연금 안심통장특약

국민연금 안심통장특약("특약")은 고객과 ○○저축은행("저축은행")과의 「○○저축은행 국민연금 안심통장」("이 예금") 거래에 적용하며, 이 특약에서 정하지 않은 사항은 입출금이 자유로운 예금약관 및 예금거래 기본약관을 순서대로 적용한다(특약1).

(1) 예금과목 및 가입대상

이 예금의 예금과목은 저축예금, 보통예금으로 한다(특약2). 이 예금의 가입대상은 실명확인이 된 개인으로 국민연금법에 따른 국민연금을 수령하는 고객으로 한다(특약3).

(2) 입금제한

(가) 국민연금 급여 한도로 제한

이 예금은 국민연금공단에서 입금하는 국민연금 급여로 입금자원이 제한되며 국민연금 급여 이외의 자금은 입금할 수 없다(특약4①).

(나) 수급권자 보호금액 이내로 제한

이 예금은 국민연금 수령액으로 국민연금법 제54조의2, 제58조 동법 시행령 제44조, 민사집행법 시행령 제2조("관련법")에서 정하는 국민연금 수급권자 보호금액("보호금액") 이내로 입금 건당 금액을 제한한다(특약4② 본문). 단, 통장의 잔액은 금액에 제한없이 유지가 가능하여 입금제한에 영향을 미치지 않는다(특약4② 단서).

(다) 보호금액 초과 시 수령 방법

매월 수령하는 국민연금 급여액이 국민연금 수급권자 보호금액을 초과하는 경우에는 보호금액까지만 이 예금으로 입금되므로 보호금액을 초과한 금액은 입금이 제한되지 않는 별도의 통장으로 수령해야 한다(특약4③).

(3) 거래제한

(가) 압류 및 상계 금지 등

이 예금은 관련법에 따라 입금된 예금과 이에 관한 채권을 압류할 수 없고, 압류에 의한 지급제한이 되지 않는다(특약5①). 이 예금은 저축은행이 상계할 수 없다(특약5②). 이 예금은 양도 및 담보제공할 수 없다(특약5③). 이 예금은 종합통장대출계좌로 사용할 수 없다(특약5④).

(나) 입금 또는 수령 방법 제한

이 예금을 신용카드 결제계좌나 공과금 등 대금납부 목적의 계좌로 지정한 경우에 결제·납부금액이 부족하거나 결제·납부취소 등이 발생한 때에는 제4조에 따라 고객이 영업점 창구에서 결제·납부금액을 직접 납부하거나 별도 지정계좌로 입금 또는 수령하는 방법으로 처리하여야 한다(특약5⑤).

(4) 이율적용 및 이자결산

이 예금의 이율적용 및 이자결산방법은 가입 예금과목에 따라 저축예금특약, 입출금이 자유로운 예금약관을 따른다(특약6).

(5) 세제혜택

이 예금은 비과세종합저축으로 가입할 수 있다(특약7).

(6) 수수료 혜택

이 예금은 자동화기기를 통한 마감 후 현금인출 또는 당·타행 이체거래 시 발생하는 수수료 면제, 폰뱅킹(ARS), 인터넷뱅킹, 모바일뱅킹, 스마트폰뱅킹을 통한 타행 이체거래 시 발생하는 수수료 면제, 납부자 자동이체, 및 타행 자동이체 거래 시 발생하는 수수료 면제, 자기앞수표 발행수수료 면제와 같은 수수료 혜택을 제공한다(특약8).

제3절 약관

Ⅰ. 예금거래 기본약관

예금거래 기본약관("기본약관")은 상호저축은행과 거래처("예금주") 사이의 모든 예금거래("거래")에 입출금이 자유로운 예금약관, 거치식·적립식예금약관과 함께 적용한다(기본약관1). 여기서는 기본약관의 주요 내용을 살펴본다.

1. 거래장소와 거래방법 등

(1) 실명거래

거래처는 실명으로 거래하여야 한다(기본약관2①). 상호저축은행은 거래처의 실명을 확인하기 위해 주민등록증·사업자등록증 등 실명확인증표 또는 그 밖에 필요한 서류의 제시나 제출을 요구할 수 있으며, 거래처는 이에 따라야 한다(기본약관2②).

(2) 거래장소

거래처는 예금계좌를 개설한 영업점("개설점")에서 모든 예금거래를 한다(기본약관3 본문). 다만, 상호저축은행이 정하는 바에 따라 다른 영업점이나 다른 금융기관 또는 현금자동지급기, 현금자동입·출금기, 컴퓨터, 전화기 등("전산통신기기")을 통해 거래할 수 있다(기본약관3 단서).

(3) 거래방법

거래처는 상호저축은행에서 내준 통장(증서, 전자통장을 포함) 또는 어음으로 거래해야 한다(기본약관4 본문). 그러나 입금할 때와 자동이체·전산통신기기 이용약정 등에 따라 거래할 때에는 통장없이도 거래할 수 있다(기본약관4 단서).

(4) 인감과 비밀번호 등의 신고

거래처는 거래를 시작할 때 인감 또는 서명, 비밀번호, 성명, 상호, 대표자명, 대리인명, 주소 등 거래에 필요한 사항을 신고해야 한다(기본약관5① 본문). 다만, 비밀번호는 비밀번호 입력기("핀패드")에 의하여 거래처가 직접 등록할 수 있으며, 거래처가 저축은행에 내점할 수 없는 경우 거래처는 개설된 예금의 첫 거래 전에 저축은행이 정한 방법에 따라 전산통신기기를 이용하여 비밀번호를 등록하여야 한다(기본약관5① 단서). 그러나 거치식·적립식 예금은 비밀번호를 신고하지 않을 수 있다(기본약관5②).

거래처는 인감과 서명을 함께 신고할 수 있으며, 이 경우에는 거래 시마다 서명 또는 인감을 선택하여 사용할 수 있다(기본약관5③).

2. 입금과 예금이 되는 시기

(1) 입금

거래처는 현금이나 곧 추심할 수 있는 수표·어음·기타증권("증권")으로 입금할 수 있다(기본약관6①). 거래처는 현금이나 증권으로 계좌송금(거래처가 개설점 이외에서 자기계좌에 입금하거나, 제3자가 개설점 또는 다른 영업점이나, 다른 금융기관에서 거래처계좌에 입금하는 것)하거나, 계좌이체(다른 계좌에서 거래처계좌에 입금하는 것)를 할 수 있다(기본약관6②).

증권으로 입금할 때 입금인은 증권의 백지보충이나 배서 또는 영수 기명날인 등 필요한 절차를 밟아야 하며, 상호저축은행은 백지보충 등의 의무를 지지 않는다(기본약관6③). 입금하는 증권이 수표나 어음일 때 상호저축은행은 부기금액과 상관없이 주금액란에 적힌 금액으로 처리한다(기본약관6④).

(2) 예금이 되는 시기

입금한 경우 ⅰ) 현금으로 입금했을 경우 상호저축은행이 이를 받아 확인했을 때(제1호), ⅱ) 현금으로 계좌송금하거나 또는 계좌이체한 경우 예금원장에 입금의 기록을 한 때(제2호), ⅲ) 증권으로 입금하거나 계좌송금한 경우 상호저축은행이 그 증권을 교환에 돌려 결제시간 연장없이 부도반환시한이 지나고 상호저축은행이 결제를 확인한 때(제3호)에 예금이 된다(기본약관7①).

그러나 위 제1항 제3호에도 불구하고 증권이 자기앞수표로서 지급제시기간 이내에 사고신고가 없으며 결제될 것이 틀림없음을 상호저축은행이 확인한 경우에는 예금원장에 입금의 기록이 된 때 예금이 된다(기본약관7②).

상호저축은행은 특별한 사정이 없는 한 제1항 및 제2항의 확인 또는 입금기록을 신속히 하여야 한다(기본약관7③).

3. 증권의 부도

(1) 지급거절의 통지

입금한 증권이 지급거절되었을 때에는 상호저축은행은 그 금액을 예금원장의 잔액에서 뺀 뒤, 거래처(무통장입금일 때는 입금의뢰인)가 신고한 연락처로 그 사실을 알린다(기본약관8① 본문). 다만, 통화불능 등 부득이한 사유로 그 사실을 알릴 수 없는 경우에는 그러하지 아니하다(기본약관8① 단서).

(2) 지급거절된 증권의 반환

상호저축은행은 지급거절된 증권을 그 권리보전절차를 밟지 아니하고, 입금한 영업점에서 거래처(무통장입금일 때는 입금의뢰인)가 반환청구할 때 돌려준다(기본약관8② 본문). 다만, 증권 발행인이 지급거절한 날의 다음 영업일까지 증권을 입금한 예금계좌에 해당 자금을 현금이나 즉시 현금으로 바꿀 수 있는 증권으로 입금했을 때는 발행인에게 돌려줄 수 있다(기본약관8② 단서).

4. 이자

(1) 상호저축은행의 자율 설정

이자는 원을 단위로 약정한 예치기간 또는 제7조에 따라 예금이 된 날(자기앞수표·가계수표는 입금일)부터 지급일 전날까지 기간에 대해 상호저축은행이 정한 이율로 셈한다(기본약관9①).

(2) 예금이율표 게시 및 변경이율의 적용

상호저축은행은 예금별 이율을 적은 예금이율표를 영업점에 놓아두거나 게시하며, 이율을 바꾼 때는 그 바꾼 내용을 영업점에 1개월 동안 게시한다(기본약관9②). 이율을 바꾼 때에는 입출금이 자유로운 예금은 바꾼 날부터 바꾼 이율을 적용하며, 거치식·적립식예금은 계약 당시의 이율을 적용함을 원칙으로 하되, 변동금리가 적용되는 예금은 바꾼 날로부터 바꾼 이율을 적용한다(기본약관9③).

(3) 실제 수령 이자

거래처가 실제 받는 이자는 상호저축은행이 자율 설정한 이자에서 소득세법 등 관계법령에 따라 원천징수한 세액을 뺀 금액이다(기본약관9④).

5. 휴면예금 및 출연

(1) 휴면예금

휴면예금은 예금채권의 소멸시효가 완성된 예금을 말한다. 상호저축은행은 ⅰ) 입출금이 자유로운 예금의 경우 이자지급을 포함한 최종거래일로부터 5년 이상 경과한 경우, ⅱ) 거치식, 적립식 예금은 만기일 또는 이자지급을 포함한 최종거래일로부터 5년 이상 경과한 경우 휴면예금으로 본다(기본약관9의2①).

(2) 휴면예금의 출연 및 원권리자의 지급청구

휴면예금은 「서민의 금융생활 지원에 관한 법률」("서민금융법") 제40조[13])에 따라 서민금융진흥원으로 출연될 수 있으며, 원권리자는 출연된 휴면예금을 동법 제45조[14])에 따라 지급청구할 수 있다(기본약관9의2②).

6. 지급 또는 해지청구

(1) 지급 또는 해지청구서 제출

거래처가 통장으로 예금·이자를 찾거나 예금계약을 해지하고자 할 때는 신고한 비밀번호 등 필요한 사항을 적고, 거래인감을 날인하거나 서명감과 일치하게 서명한 지급 또는 해지청구서를 제출하여야 한다(기본약관10① 본문). 다만, 거래처가 핀패드에 직접 비밀번호를 입력하는 경우에는 지급 또는 해지청구서에 비밀번호의 기재를 생략할 수 있다(기본약관10 ① 단서).

거래처가 자동이체·전산통신기기 등을 이용하여 예금이나 이자를 찾을 때는 그 약관 또는 약정에서 정한 바에 따른다(기본약관10②).

(2) 지급시기

입출금이 자유로운 예금은 거래처가 찾을 때 지급한다(기본약관11①). 거치식·적립식예금은 만기일(만기일이 휴일인 경우에는 익영업일) 이후에 거래처가 찾을 때 지급한다(기본약관11②).

---

13) 서민금융법 제40조(휴면예금등의 출연) ① 금융회사등은 휴면예금등을 휴면계정에 출연할 수 있다.
  ② 금융회사등은 제1항에 따라 휴면예금등을 휴면계정에 출연할 경우에는 다음의 구분에 따른 자료를 서민금융진흥원("진흥원")에 제출하여야 한다.
  1. 휴면예금의 경우: 휴면예금등 원권리자의 성명, 주소, 주민등록번호, 휴면예금액 및 그 밖에 대통령령으로 정하는 자료. 다만, 자기앞수표 발행대금을 출연할 때에는 발행인 및 지급인 정보, 자기앞수표 발행번호, 액면금액 및 그 밖에 대통령령으로 정하는 자료를 제출하여야 한다.
  2. 실기주 과실의 경우: 실기주의 발행인, 발행 회차, 권종, 주권번호 및 그 밖에 대통령령으로 정하는 자료
14) 서민금융법 제45조(휴면예금등의 지급청구 등) 휴면예금관리위원회("관리위원회")는 휴면예금등이 휴면계정에 출연된 후 휴면예금등 원권리자의 지급청구가 있는 경우에는 휴면예금등을 갈음하는 금액을 해당 휴면예금등 원권리자에게 지급하여야 한다.

7. 양도 및 질권설정

(1) 사전통지와 동의

거래처가 예금을 양도하거나 질권설정하려면 사전에 상호저축은행에 통지하고 동의를 받아야 한다(기본약관12① 본문). 다만, 법령으로 금지한 경우에는 양도나 질권설정을 할 수 없다(기본약관12① 단서).

(2) 입출금이 자유로운 예금

입출금이 자유로운 예금은 질권설정할 수 없다(기본약관12②).

8. 사고 · 변경사항의 신고

(1) 분실 등 사고신고

거래처는 통장·도장·카드 또는 증권이나 그 용지를 분실·도난·멸실·훼손했을 때는 곧 서면으로 신고하여야 한다(기본약관13① 본문). 다만, 긴급하거나 부득이할 때는 영업시간 중에 전화 등으로 신고할 수 있으며 이때는 다음 영업일 이내에 서면 신고하여야 한다(기본약관13① 단서).

(2) 인감 등 변경사항 신고

거래처는 인감 또는 서명, 비밀번호, 성명, 상호, 대표자명, 대리인명, 주소, 전화번호, 기타 신고사항을 바꿀 때는 서면으로 신고하여야 한다(기본약관13②).

(3) 사고 · 변경사항 신고의 효력발생시기

사고·변경사항의 신고는 상호저축은행이 이를 접수한 뒤 전산입력 등 필요한 조치를 하는데 걸리는 합리적인 시간이 지나면 그 효력이 생기며 전산장애 등 불가항력적인 사유로 처리하지 못한 때는 복구 등 사유 해제 시 즉시 처리하여야 한다(기본약관13③).

(4) 분실 등 사고신고의 철회 방법

분실 등의 사고신고를 철회할 때는 거래처 본인이 직접 서면으로 하여야 한다(기본약관13④).

(5) 통장 · 카드의 재발급 등

통장·도장·카드에 대한 사고신고가 있을 때에는 상호저축은행은 신고인이 거래처 본인임을 확인하는 등 필요한 조치를 마친 뒤에 재발급하거나 지급한다(기본약관14).

9. 통지방법 및 효력

(1) 통지방법

상호저축은행은 오류의 정정 등 예금거래에서 발생하는 일반적 사항을 통보하는 경우에는 거래처가 신고한 주소지 또는 연락처로 서면 또는 전화로 통보한다(기본약관15①).

(2) 일반사항의 효력발생시기

상호저축은행이 예금거래에서 발생하는 일반적 사항을 서면으로 통지했을 때는 천재지변 등 불가항력적인 경우 외에는 보통의 우송기간이 지났을 때는 도달한 것으로 본다(기본약관15②).

(3) 임의해지의 효력발생시기

관계법령 또는 어음교환소규약 등에 의해 예금계약을 해지한 경우 외에 상호저축은행이 임의로 예금을 해지하기 위해 서면통지하는 등 중요한 의사표시의 경우는 그 통지가 거래처에 도달되어야 의사표시의 효력이 생긴다(기본약관15③ 본문). 다만, 거래처가 변경신고를 게을리하여 도달되지 않은 때에는 그러하지 아니하다(기본약관15③ 단서).

10. 면책

(1) 인감 · 또는 서명의 위조 · 변조 · 도용 등으로 인한 사고

상호저축은행은 예금지급청구서, 증권 또는 신고서 등에 찍힌 인영(또는 서명)을 신고한 인감(또는 서명감)과 육안으로 주의깊게 비교 · 대조하여 틀림없다고 여기고, 예금지급청구서 등에 적힌 비밀번호가 신고한 것과 같아서 예금을 지급하였거나 기타 거래처가 요구하는 업무를 처리하였을 때에는 인감이나 서명의 위조 · 변조 또는 도용이나 그 밖의 다른 사고로 인하여 거래처에 손해가 생겨도 그 책임을 지지 않는다(기본약관16① 본문). 다만, 상호저축은행이 거래처의 인감이나 서명에 관한 위조 · 변조 또는 도용된 사실을 알았거나 알 수 있었을 때는 그러하지 아니하다(기본약관16① 단서).

(2) 계좌번호 등 금융정보 유출 사고

전산통신기기 등을 이용하거나 거래정보 등의 제공 및 금융거래명세 등의 통보와 관련하여 상호저축은행이 책임질 수 없는 사유로 계좌번호, 비밀번호 등의 금융정보가 새어나가 거래처에 손해가 생겨도 상호저축은행은 그 책임을 지지 않는다(기본약관16②).

(3) 거래처의 실명확인증표 또는 서류의 위조·변조·도용 등을 한 경우

상호저축은행이 주민등록증 등 실명확인증표로 주의깊게 실명확인하거나 실명전환한 계좌는 거래처가 실명확인증표 또는 서류의 위조·변조·도용 등을 한 경우 이로 인하여 거래처에 손해가 생겨도 상호저축은행은 그 책임을 지지 않는다(기본약관16③).

(4) 사고·변경사항 신고 등의 지연

거래처가 분실 등의 사고신고, 인감 등 변경사항 신고, 사고·변경사항 신고 등의 지연과 관련된 신고나 절차를 미루어 생긴 손해에 대해 상호저축은행은 그 책임을 지지 않는다(기본약관16④ 본문). 다만, 이 경우에도 상호저축은행은 거래처에 손해가 발생하지 않도록 선량한 관리자로서의 주의를 다하여야 한다(기본약관16④ 단서).

11. 수수료

(1) 온라인수수료 또는 추심수수료 등

거래처가 개설점 아닌 다른 영업점이나 다른 금융기관 또는 전산통신기기 등을 통해 거래할 때 상호저축은행은 온라인수수료나 추심수수료 등을 받을 수 있다(기본약관17①).

(2) 잔액증명서발급 및 통장재발행 등 수수료

상호저축은행은 위의 온라인수수료 또는 추심수수료 등 외에도 거래처가 잔액증명서발급, 통장재발행 등을 원하거나 거래처 잘못으로 통장재발행 등을 요청하는 경우 그 사무처리와 관련하여 수수료를 받을 수 있다(기본약관17②).

(3) 수수료표 비치와 게시

위의 온라인수수료 또는 추심수수료 등, 잔액증명서발급 및 통장재발행 등 수수료와 관련한 수수료표는 영업점에 놓아두거나 게시한다(기본약관17③).

Ⅱ. 종합통장거래약관

종합통장("이 통장") 거래에는 예금거래 기본약관과 입출금이 자유로운 예금

약관, 거치식예금약관, 적립식예금약관, 자동이체약관 및 종합통장거래약관을 적
용한다(종합약관1)

1. 통장의 구성

이 통장은 보통예금 등 입출금이 자유로운 예금을 모체로 하고 정기예금,
적금, 신용부금, 가계장기저축 등 거치식·적립식 예금을 연결계좌로 하여 운용
한다(종합약관2①).

연결계좌인 정기예금·적금·신용부금·가계장기저축 등의 통장 및 증서는
이 통장으로 갈음한다(종합약관2②). 연결거래의 명의와 거래인감은 모체계좌와
동일하여야 한다(종합약관2③).

2. 거래방법 및 연결계좌의 자동전환 처리

(1) 거래방법

거래처는 이 통장으로 모체계좌의 개별거래와 연결거래, 자동이체거래를 할
수 있으며 각종 자동이체거래를 희망하는 때에는 상호저축은행과 따로 약정을
맺어야 한다(종합약관3).

(2) 연결계좌의 자동전환 처리

별도의 약정이 있는 때에는 연결 적립식예금의 만기일(만기 이연일) 15일 전
에 자동전환처리승낙확인서를 발송하며 별도의 의사표시가 없는 때에는 만기일
에 연결적금과 같은 기간의 정기예금으로 자동전환 처리한다(종합약관4).

3. 대출

(1) 거래실적에 따른 대출

상호저축은행에서 정한 일정한 대출자격 조건을 갖춘 때에는 상호저축은행
거래실적 등에 따라 대출을 허용할 수 있으며, 대출을 받고자 할 때에는 상호저
축은행과 별도의 약정을 하여야 한다(종합약관5①).

(2) 대출한도 내 지급 등

거래처가 상호저축은행과 한도거래 대출약정을 한 때는 대출한도까지 이 통
장을 통하여 지급하며, 대출잔액이 있을 때는 모체계좌에 입금된 자금은 자동적
으로 대출금을 갚는데 충당한다(종합약관5②).

(3) 한도거래 대출이자

한도거래 대출이자는 매월 1회 일정한 날(휴일인 경우 전영업일)에 상호저축은행에서 정한 이율과 방법으로 셈하여 익영업일에 모체계좌에서 빼거나 대출원금에 더한다(종합약관5③).

4. 해지

거래처가 이 통장을 해지하고자 할 때 대출금 잔액이 있으면 이를 전부 상호저축은행에 갚은 후에 해지하여야 한다(종합약관6①). 거래처가 이 종합통장거래 해지 후에도 모체계좌 및 연결계좌의 개별거래를 계속하고자 하는 때는 상호저축은행은 별도의 통장이나 증서를 발행하여 내어준다(종합약관6②).

대출상품(=여신상품)

제1절 대출과 여신

Ⅰ. 대출의 의의와 특성

　대출(loan)은 상호저축은행이 이자 수취를 목적으로 원리금의 반환을 약정하고 고객(=차주, 채무자)에게 자금을 대여하는 행위를 말한다. 즉 대출은 상호저축은행이 자금을 필요로 하는 차입자에게 약정기한인 만기에 원리금의 상환을 확정하고 필요 자금을 일정 조건하에 빌려(대부)주는 것을 말한다. 일반적으로 이자는 매월마다 상호저축은행에 납부하도록 약정하며 이자체납의 경우에는 연체기간 동안 원금에 대해 일정 가산율의 연체이자율이 적용된다.

　대출은 금융업자가 대출계약에 따라 금융소비자에게 직접적으로 자금을 공급하는 대표적 여신상품이다. 자금을 직접적으로 공급하기 때문에 계약의 당사자는 금융업자와 금융소비자 양당사자 구조이다. 그러나 계약의 내용에 따라 대출금의 수령자를 제3자로 할 수 있다. 전세자금대출, 주택매매자금대출 등이 바로 그러한 예이다. 수령자가 제3자라고 하더라도 제3자가 담보물을 제공하지 않는 이상 계약의 당사자에 해당하지는 않는다.

II. 대출계약의 법적 성격

대출은 금전이 상호저축은행으로부터 고객에게 이전하는 거래로서 이전이
라는 점을 중시하면, 소비임치(민법702) 또는 소비대차(민법598)로 볼 수 있다. 그
러나 금전의 이전이라는 거래형식뿐만 아니라 대출계약의 목적이 금전의 보관이
라는 목적이 있는 예금 등과 달리 고객이나 상호저축은행 모두 금전의 보관보다
는 금전의 이용과 반대급부로서의 이자수입 획득에 있다는 점을 고려하면 전형
적인 대출의 법적 성격은 소비대차라고 보아야 한다.

따라서 전형적인 대출계약은 민법상 소비대차에 해당한다. 아래 대출의 종
류에서 설명하는 것처럼 어음할인도 상호저축은행이 자금을 제공하고 이자에 해
당하는 대가를 수취한다는 점에서 통상 대출의 한 유형으로 설명되지만, 어음할
인의 법적 성격은 어음의 매매이지 소비대차계약은 아니다. 대출 상호저축은행
과 차입 고객 사이의 대출 관련 권리의무는 기본적으로 대출계약의 내용에 따른
다. 상호저축은행은 불특정 다수의 고객과 정형화된 대출거래를 반복적으로 행
하기 때문에 대출계약의 기본적인 사항은 약관에 의하게 된다. 약관의 내용이 약
관규제법에 위반하거나 공서양속에 반하지 않는 한 대출 상호저축은행과 차입
고객 사이의 법률관계는 약관과 이에 추가한 특약에 의하여 규율된다.

상호저축은행은 대출함으로써 차입 고객의 채무불이행으로 인하여 원리금
채권을 회수하지 못할 위험, 즉 신용위험을 떠안게 된다. 즉 대출은 신용위험을
떠안는 거래인 신용공여(=여신)의 일종이다. 대출거래의 이러한 성격 때문에 대
출거래는 신용위험을 부담하는 모든 여신거래에 적용되는 여신거래기본약관을
사용한다.

III. 여신의 의의와 특성

여신(與信)이란 신용[1]을 거래상대방에게 주는 것으로 법적으로는 거래상대
방에게 금전채무를 부담시키는 행위를 의미한다. 현재 우리나라에서는 여신이란

---

1) 경제분야에서 신용은 거래한 재화의 대가를 앞으로 치를 수 있음을 보이는 능력 또는 빚
  이나 급부 따위를 감당할 수 있는 지급력으로 소유한 재산의 화폐적 기능을 의미한다.

상호저축은행 등의 금융기관이 신용을 공여하는 일체의 금융거래를 포괄적으로 나타내기 위해 사용하는 개념이다.

대출은 상호저축은행의 여신(=신용공여)의 한 종류이다. 상호저축은행 이외에도 은행(은행법27), 보험회사(보험업법106), 여신전문금융회사(여신전문금융업법4), 새마을금고(새마을금고법28), 신용협동조합(신용협동조합법39), 대부업자(대부업법6) 등도 각 관련 법률이 정한 범위 내에서 여신·대출 업무를 수행한다.

상호저축은행은 대출거래로 고객에게 자금을 제공함으로써 법적으로는 고객에 대한 대출원리금 채권을 보유하지만, 고객(=채무자)이 대출원리금을 상환하지 못할 경우 채권을 회수하지 못할 위험을 진다. 상호저축은행이 고객의 주채무를 지급보증한 경우, 상호저축은행은 고객의 주채무 불이행 시 보증채무를 이행해야 하고 고객에 대해서는 구상채권을 보유한다. 지급보증의 고객이 구상채무를 불이행하여 지급보증인으로서 주채무를 대지급한 금액을 회수하지 못할 위험을 떠안는 것이다.

이와 같이 상호저축은행이 신용위험을 떠안는 행위는 대출, 지급보증, 사모사채의 매입 등 여러 형태로 이루어질 수 있다. 민사법적으로 대출은 소비대차계약, 지급보증은 보증계약 및 구상계약, 사모사채의 매입은 사채계약 등으로 계약유형이 다르고 이에 따라 법적인 규율도 차이가 있다. 그러나 신용위험의 부담이라는 측면에서는 이들 계약의 내용이 동일·유사하다.[2]

상호저축은행중앙회가 마련한 표준약관인 여신거래기본약관은 여신에 관한 모든 거래에 적용하도록 하고 있다. 상호저축은행은 표준약관에 기초하여 작성한 약관을 사용하여 여신거래를 한다. 또한 상호저축은행은 금융규제와 감독을 받기 때문에 여신거래의 법률관계도 은행과 고객 간의 사적 합의 이외에 금융규제에 따른 영향을 받는다.

Ⅳ. 신용공여

1. 신용공여 범위

"신용공여"란 급부, 대출, 지급보증, 자금지원적 성격의 유가증권의 매입,

---

2) 박준(2019), 「금융거래와 법」, 박영사(2019. 8), 66쪽.

그 밖에 금융거래상의 신용위험이 따르는 상호저축은행의 직접적·간접적 거래로서 "대통령령으로 정하는 것"을 말한다. 이 경우 누구의 명의로 하든지 본인의 계산으로 하는 신용공여는 그 본인의 신용공여로 본다(법2(6)).

여기서 "대통령령으로 정하는 것"이란 ⅰ) 회사채(공모의 방법으로 발행하는 것은 제외)의 매입(제1호), ⅱ) 기업어음(기업이 자금조달을 목적으로 발행하는 어음)의 매입(제2호), ⅲ) 예금등의 금액의 범위에서 담보권을 설정한 후 해당 예금자를 위하여 하는 보증(제3호),3) ⅳ) 콜론[call loan, 30일 이내의 금융기관(금융위원회법 제38조에 따라 금융감독원의 검사를 받는 기관) 간 단기자금 거래에 의한 자금공여를 말하며, 상호저축은행중앙회를 통하여 하는 콜론 거래 중 상대방을 지정하지 아니하는 콜론 거래는 제외](제4호), ⅴ) 할부금융(제5호)에 해당하는 것을 말한다(영3의2②본문).

2. 신용공여 범위 제외

예금자보호법 제2조 제2호에 따른 예금등에 해당하는 것은 제외한다(영3의2② 단서). 여기서 예금등이란 ⅰ) 은행, 한국산업은행, 중소기업은행, 농협은행, 수협은행, 외국은행 국내 지점 및 대리점이 예금·적금·부금(賦金) 등을 통하여 불특정다수인에 대하여 채무를 부담함으로써 조달한 금전과 자본시장법 제103조(신탁재산의 제한 등) 제3항에 따라 원본(元本)이 보전(補塡)되는 금전신탁 등을 통하여 조달한 금전, ⅱ) 투자매매업자·투자중개업자, 증권금융회사가 고객으로부터 증권의 매매, 그 밖의 거래와 관련하여 예탁받은 금전(증권금융회사의 경우에는 예탁받은 금전을 포함)과 자본시장법 제103조 제3항에 따라 원본이 보전되는 금전신탁 등을 통하여 조달한 금전, ⅲ) 보험회사가 보험계약에 따라 받은 수입보험료, 변액보험계약에서 보험회사가 보험금 등을 최저보증하기 위하여 받은 금전 및 자본시장법 제103조 제3항에 따라 원본이 보전되는 금전신탁 등을 통하여 조달한 금전, ⅳ) 종합금융회사 및 종합금융회사와 합병한 은행 또는 투자매매업자·투자중개업자가 자본시장법 제336조(종합금융회사의 업무) 제1항에 따라 어음을 발행하여 조달한 금전과 불특정다수인을 대상으로 자금을 모아 이를 유가증권에 투자하여 그 수익금을 지급하는 금융상품으로 조달한 금전, ⅴ) 상호저

---

3) 이에 따라 채무보증도 할 수 있다(업무방법서5(8)).

축은행이 계금(契金)·부금·예금 및 적금 등으로 조달한 금전(다만, 상호저축은행 중앙회의 경우에는 자기앞수표를 발행하여 조달한 금전만 해당)을 말한다(예금자보호법 2(2)).

제2절 대출의 종류

Ⅰ. 담보유무에 따른 분류

대출은 담보의 유무에 따라 신용대출, 담보대출 등으로 구분할 수 있다.

1. 신용대출

신용대출은 담보 없이 본인의 신용만으로 대출을 받는 것으로 직업, 소득, 해당 상호저축은행과의 거래실적, 재산상태 등을 평가 및 종합적으로 분석한 후 대출 여부와 대출한도를 결정한다. 한편 일부 상호저축은행에서는 중·저신용자를 위해 최고금리가 19.9%인 중금리 신용대출도 출시하고 있다.

저축은행업계는 소액신용대출 시장이 부동산PF 대출 등의 감소에 따른 틈새시장으로 새로운 시장 개척이라는 긍정적인 반응을 보이며, 저신용 계층의 상시적인 금융수요의 발생으로 인하여 안정적인 수익원이 될 수 있는 시장으로 평가하고 있다. 반면 경기침체 여파로 저신용자들의 대출부실이 높아질 가능성에 따라 소액신용대출은 저축은행의 재무건전성에는 부정적인 영향을 미칠 가능성이 존재한다. 특히 저축은행 성격상 저신용, 저소득, 영세자영업자 등 취약계층을 대상으로 한 고금리 소액신용대출이 더욱 확대될 가능성이 존재하므로 개인 신용대출 중심으로 부실화 가능성이 커지고 있다.[4]

2. 담보대출

담보대출은 담보의 성질에 따라 인적담보대출과 물적담보대출로 구분할 수

---

4) 배수현(2017), "저축은행 소액신용대출의 재무건전성에 관한 연구", 글로벌경영학회지 제 14권 제3호(2017. 6), 101쪽.

있다. 인적담보는 금융소비자인 채무자의 채무불이행이 있을 경우 제3자인 보증인이 주채무자가 이행하지 않은 채무를 이행하겠다는 보증을 하는 것으로 금융업자와 금융소비자 간 대출계약서(여신거래약정서)와 별도로 금융업자와 보증인 간 보증계약서가 체결된다. 대표적인 인적담보로는 연대보증이 있다. 연대보증은 일반적으로 근보증이 체결되는데, 금융업자의 입장에서는 ⅰ) 채무자에게 우선청구 불필요, ⅱ) 보증인 1인에게 채무 전부 청구 가능, ⅲ) 기한연장·장래발생 신규채무까지 보증책임 부과 등의 장점이 있어 선호하는 제도였다. 그러나 새로운 연좌제라는 비판이 제기되고, 금융소비자보호에 취약하다는 역기능이 제기되었고, 2008월 7월 은행의 가계대출에 대한 연대보증제도의 폐지를 시작으로 현재 연대보증제도는 폐지되어, 신규대출 시 인적담보는 활용되지 않는다.

물적담보는 금융소비자 또는 제3자가 금전 등의 재산적 가치가 있는 것을 담보로 제공하는 것으로 대출의 실행과 동시에 저당권, 질권 등의 담보권이 설정된다. 담보물의 가치에 따라 대출한도 및 금리가 달라진다. 담보물의 종류에 따라 일반적으로 부동산담보, 예적금담보, 증권담보, 동산담보로 구분할 수 있다. 금융소비자의 채무불이행이 있는 경우 금융업자는 설정한 담보권을 실행하여 채권의 만족을 얻게 되는데, 부동산담보의 경우 경매 등의 부동산 매각절차를, 예적금담보의 경우 예적금과 대출채권을 상계하고, 증권담보의 경우 해당 증권의 매매를 통해 담보권이 실행된다. 동산담보대출도 가능은 한데, 실제로 취급하는 저축은행 수나 취급규모는 매우 적은 것으로 보인다.

Ⅱ. 거래유형에 따른 분류

대출은 구체적인 거래유형에 따라 통상 증서대출·어음대출·어음할인 등으로 분류한다. 여신거래기본약관도 약관의 적용대상인 여신에 위 3가지 대출과 계 또는 부금의 급부, 지급보증, 매출채권거래, 기타 여신에 관한 모든 거래를 규정하고 있다.

1. 증서대출

증서대출은 상호저축은행이 고객으로부터 어음거래약정서·대출거래약정서와 같이 금전소비대차계약의 내용을 기재한 문서를 받고 행하는 대출이다. 증서

대출은 대출 시 차주로부터 어음 대신 차용증서를 징구하는 대출로 주로 특약사항이 많은 대출이나 한번 취급하면 상환 시까지 재대출이 일어나지 않는 가계대출 또는 장기시설자금대출 등에 주로 활용하고 있다.

2. 어음대출

어음대출은 상호저축은행이 고객으로부터 고객이 발행한 약속어음을 받고 자금을 제공하는 방식의 대출이다. 상호저축은행과 고객 사이에서 금전소비대차계약이 체결되고 상호저축은행은 대출채권과 어음채권 양자 중 어느 쪽이라도 행사할 수 있다. 어음은 대출채권의 지급을 위하여 또는 지급을 담보하기 위하여 발행되는 것이다.

3. 어음할인

어음할인은 재화 및 용역 거래에 수반하여 발행된 상업어음, 수출신용장에 근거하여 발행된 무역어음, 자금융통을 목적으로 발행된 융통어음을 어음소지인의 신청에 의하여 할인 방식으로 매입함으로써 발생되는 대출이다.

Ⅲ. 업무방법서에 따른 분류

상호저축은행에서 취급하는 대출은 급부약정, 증서대출과 어음대출 및 어음할인의 형식에 의한다(업무방법서28).

1. 일반자금대출

일반자금대출은 대출대상과 자금용도 및 취급방법을 특정하지 아니하고 취급하는 대출로 기간은 5년 이내(분할상환방법에 의한 대출기간은 10년 이내. 다만, 가계자금으로써 분할상환방법에 의한 주택담보대출은 30년 이내)로 한다(업무방법서34①). 대출금의 상환방법은 일시상환 또는 분할상환방법으로 한다(업무방법서34②).

2. 어음할인

어음할인은 고객이 보유하고 있는 어음을 상호저축은행이 매입하고 소정의 이자를 공제한 후 잔여대금을 지급하는 것으로 어음할인의 취급기간은 6개월 이내로 한다(업무방법서35).

3. 계약금액내대출

계약금액내대출은 계금·부금 및 적금의 가입자에게 당해 계금·부금 및 적금의 계약금액 이내의 일정한 금전을 융통하여 주는 것으로 대출기간은 당해 계금·부금 및 적금의 계약만기일 이내로 한다(업무방법서36).

4. 예적금담보대출

예적금담보대출은 예금 또는 계금·부금 및 적금(저축을 포함) 가입자에게 가입자의 예금 등을 담보로 일정한 금전을 융통하여 주는 것으로 대출금액은 담보 예금 또는 계금·부금 및 적금의 납입금액 이내로 한다(업무방법서37①). 대출기간은 담보 예금 또는 계금·부금 및 적금의 계약만기일 이내로 한다(업무방법서37②). 대출원리금의 합계액이 담보 예·적금의 범위 내인 경우에는 계약만기일에 이자를 후취할 수 있다(업무방법서37③).

5. 종합통장대출

종합통장대출은 거래자와 약정한 한도 이내에서 금전을 융통하여 주는 것으로 보통예금 등 입출금이 자유로운 예금을 모계좌로 하여 예금잔액을 초과한 출금 시에는 약정한도 범위 내에서 자동으로 대출로 취급하며 입금하였을 때에는 대출금의 상환에 충당한다(업무방법서38①).

종합통장대출의 1회 약정기간은 1년 이내(다만, 예·적금을 담보로 유효담보가액 범위 내에서 취급하는 경우에는 담보 예·적금의 만기 범위 내에서 1회 약정기간을 정할 수 있다)로 하고, 대출기간은 최장 5년까지로 하며, 그 한도는 거래실적과 기여도 등을 감안하여 상호저축은행이 정한다(업무방법서38②).

6. 주택자금대출

주택자금대출은 주택의 신축, 구입, 개량, 임차에 필요한 금전을 융통하여 주는 것으로 대출기간은 최대 30년 이내(임차자금은 3년 이내)로 한다(업무방법서39).

7. 외상채권대출

외상채권대출은 거래자가 상거래에 수반하여 취득한 외상매출채권, 어음채권을 상호저축은행이 매입하고 소정의 이자를 공제한 잔여대금을 지급하는 것으로 취급 대상은 매입일로부터 3년 이내에 채권의 만기가 도래하는 것으로 한다(업무방법서40).

8. 할부금융

할부금융은 재화 및 용역의 매매계약에 대하여 저축은행이 매도인 및 매수인과 각각 약정을 체결하여 매수인에게 대출한 재화 및 용역의 구매자금을 매도인에게 지급하고 매수인으로부터 그 원리금을 분할하여 상환받는 방식의 대출을 말한다(업무방법서40의2①).

할부금융에 따른 대출기간은 10년(혼합식상환방법의 경우에는 5년)을 초과할 수 없다(업무방법서40의2② 본문). 다만, 관련 법령에서 달리 정하고 있는 등의 경우에는 그에 따른다(업무방법서40의2② 단서).

제3절 상호저축은행법상 여신상품규제

Ⅰ. 의의

여신상품의 거래는 상호저축은행의 본질적인 업무에 해당한다(법11①(4)). 상호저축은행은 여신상품거래를 위해서 여신상품을 설계하여야 하는데, 여신상품의 설계를 위해서는 금리, 거치기간, 신용위험 등 여신상품에 대한 직접적인 사항뿐만 아니라 상호저축은행의 건전성 확보를 위한 자본의 적정성, 자산의 건전성, 유동성 등과 같은 간접적인 사항까지 고려하여야 한다.

상호저축은행의 여신상품에 대한 이자는 대부업법 제15조(여신전문금융기관의 이자율 제한) 및 동법 시행령 제9조에 따라 연 20%를 초과할 수 없다. 또한 상호저축은행은 여신상품을 광고하는 경우는 금융소비자보호법상 광고규제 규정을 준수해야 한다.

상호저축은행법상 여신상품의 설계와 관련해서는 상호저축은행법, 동법 시행령, 상호저축은행업감독규정과 동 규정 시행세칙이 구체적으로 규정하고 있다.

Ⅱ. 여신심사위원회

1. 의의

최근 3개 사업연도 대차대조표상 자산총액의 평균금액이 3천억원 이상인 상호저축은행은 여신의 건전성 확보 등을 위하여 여신심사위원회와 여신심사 및 여신사후관리에 대한 감리업무를 담당하는 부서를 설치·운영하여야 한다(법13 ①, 영10①). 여신심사위원회 및 감리부서의 구성·운영방법, 그 밖에 필요한 사항은 대통령령으로 정한다(법13②).

2. 여신심사위원회 구성과 회의

여신심사위원회는 여신 관련 업무에 5년 이상 종사한 사람 1명 이상을 포함하여 3명 이상 5명 이내의 위원으로 구성하며(영13②), 회의는 재적위원 3분의 2 이상의 출석과 출석위원 3분의 2 이상의 찬성으로 의결한다(영13③).

여신심사위원회는 위원회의 의결을 거쳐 ⅰ) 여신심사위원회의 구성 및 운영에 관한 사항, ⅱ) 여신심사위원회의 심의·의결 대상이 되는 여신의 규모, ⅲ) 여신심사위원회의 심의 절차, ⅳ) 여신심사위원의 회의 기록 작성 및 보관에 관한 사항을 정하여야 한다(감독규정23의4③).

여신심사위원회는 여신심사를 위해 필요한 경우에는 여신담당 부서에 관련 자료의 제출 및 출석을 요청할 수 있고, 해당 여신담당 부서는 이에 협조하여야 한다(감독규정23의4①).

3. 감리부서 구성

감리업무를 담당하는 부서는 여신 관련 업무에 5년 이상 종사한 사람 1명 이상을 포함하여 구성하며, 여신을 직접 취급하거나 심사하는 부서와는 독립적으로 운영하여야 한다(영13④).

감리부서는 여신심사 및 사후관리의 적정성 및 법규준수 여부 등을 감리하며, ⅰ) 감리대상은 여신심사위원회 심사대상 여신 또는 부실채권(감리부서가 부실 우려가 있다고 인정하는 채권을 포함), ⅱ) 감리주기는 연 1회 이상(다만, 필요한 경우 수시로 감리할 수 있다)을 준수하여야 한다(감독규정23의4②).

Ⅲ. 주택관련 담보대출에 대한 리스크관리

여기서는 감독규정 [별표 5] 주택관련 담보대출에 대한 리스크관리기준의 주요 내용을 살펴본다.

1. 주택관련 담보대출의 개념

(1) 주택담보대출

주택담보대출이라 함은 상호저축은행이 주택을 담보로 취급하는 가계대출(자산유동화된 대출을 포함)을 말한다. 다음의 어느 하나에 해당하는 대출, 즉 ⅰ) 분양 주택에 대한 중도금대출 및 잔금대출, ⅱ) 재건축·재개발(리모델링 포함, 이하 이 규정 [별표 5]에서 같다) 주택에 대한 이주비대출, 추가분담금에 대한 중도금대출 및 잔금대출은 주택담보대출로 본다(감독규정 [별표 5] 1. 가목). 여기서 "주택"이라 함은 주택법 제2조 제1호에서 정하는 주택을 말하며, 분양권 및 재건축·재개발 지분(조합원 입주권) 등을 포함한다([별표 5] 1. 나목).

(2) 신규대출

신규대출이라 함은 신규로 취급하는 대출을 말하며 기존 대출의 증액, 재약정, 대환, 채무인수 등을 포함한다. 다만, 대출을 기한연장하는 경우와 금리 또는 만기 조건만 변경되는 재약정·대환 등은 신규대출로 보지 아니한다([별표 5] 1. 다목).

(3) 주택구입 목적 주택담보대출

주택구입 목적 주택담보대출이라 함은 소유권 보존 등기 또는 소유권 이전 등기일로부터 3개월 이내에 그 주택에 대해 실행된 주택담보대출을 말하며, 신규주택 구입을 목적으로 기존 보유주택을 담보로 받은 대출을 포함한다. 또한 다음의 대출, 즉 ⅰ) 분양 주택에 대한 중도금대출 및 잔금대출, ⅱ) 재건축·재개발 주택에 대한 이주비대출, 추가분담금에 대한 중도금대출 및 잔금대출에 대해서도 해당 주택의 주택구입 목적 주택담보대출로 본다([별표 5] 1. 마목).

(4) 생활안정자금 목적 주택담보대출

생활안정자금 목적 주택담보대출이라 함은 주택구입 목적 주택담보대출 외의 목적으로 실행되는 주택담보대출을 말한다([별표 5] 1. 바목).

(5) 주택임대업대출

주택임대업대출이라 함은 주택임대사업자의 주택임대사업을 위한 용도로 주택을 담보로 취급하는 기업자금대출을 말한다. 다음의 어느 하나에 해당하는 주택임대사업자에 대한 기업자금대출, 즉 ⅰ) 분양 주택에 대한 중도금대출 및 잔금대출, ⅱ) 재건축·재개발 주택에 대한 이주비대출, 추가분담금에 대한 중도금대출 및 잔금대출은 주택임대업대출로 본다([별표 5] 1. 버목). 여기서 주택임대사업자라 함은 부가가치세법 제2조 제3호에 따른 사업자로서 주거용 건물 임대업을 경영하는 자를 말한다([별표 5] 1. 러목).

(6) 주택매매업대출

주택매매업대출이라 함은 주택매매사업자의 주택매매사업을 위한 용도로 주택을 담보로 취급하는 기업자금대출을 말한다. 다음의 어느 하나에 해당하는 주택매매사업자에 대한 기업자금대출, 즉 ⅰ) 분양 주택에 대한 중도금대출 및 잔금대출, ⅱ) 재건축·재개발 주택에 대한 이주비대출, 추가분담금에 대한 중도금대출 및 잔금대출은 주택매매업대출로 본다([별표 5] 1. 서목). 여기서 주택매매사업자라 함은 부가가치세법 제2조 제3호5)에 따른 사업자로서 주거용 건물 개발 및 공급업을 경영하는 자를 말한다([별표 5] 1. 머목).

(7) 주택관련 수익증권 담보대출

주택관련 수익증권 담보대출이라 함은 자본시장법 제4조 제5항6)에 따른 수익증권(나목에 따른 주택이 신탁재산에 포함된 신탁의 수익권이 표시된 것에 한함)을 담보로 취급하는 대출을 말한다([별표 5] 1. 어목).

---

5) 3. "사업자"란 사업 목적이 영리이든 비영리이든 관계없이 사업상 독립적으로 재화 또는 용역을 공급하는 자를 말한다.

6) ⑤ 자본시장법에서 "수익증권"이란 제110조의 수익증권(금전신탁계약의 수익증권), 제189조의 수익증권(투자신탁의 수익증권), 그 밖에 이와 유사한 것으로서 신탁의 수익권이 표시된 것을 말한다.

2. 담보인정비율 등의 준수

상호저축은행은 주택관련 담보대출 취급 시 경영의 건전성이 유지되도록 [별표 5]에서 정하는 담보인정비율, 총부채상환비율, 기타 주택담보대출 등의 취급 및 만기연장에 대한 제한 등을 준수하여야 한다(감독규정39의2①). "담보인정비율"(LTV: Loan-To-Value ratio)이라 함은 주택담보대출 취급 시 담보가치에 대한 대출취급 가능 금액의 비율을 말한다([별표 5] 1. 라목). "총부채상환비율"(DTI: Debt-To-Income ratio)이라 함은 차주의 연간 소득에 대한 연간 대출 원리금 상환액의 비율을 말한다([별표 5] 1. 사목).

3. 담보인정비율 등의 가감조정

금융감독원장은 상호저축은행의 경영건전성 등을 감안하여 긴급하다고 인정하는 경우 [별표 5]에서 정한 담보인정비율 및 총부채상환비율을 10퍼센트포인트 범위 이내에서 가감조정할 수 있다(감독규정39의2② 전단). 이 경우 금융감독원장은 그 내용을 지체 없이 금융위에 보고하여야 한다(감독규정39의2② 후단).

4. 담보인정비율 등의 세부기준

담보인정비율 및 총부채상환비율의 산정방법 및 적용대상의 세부판단기준, 주택담보대출 등의 취급 및 만기연장 제한 등과 관련한 세부적인 사항은 감독원장이 정하는 바에 따른다(감독규정39의2③). 감독규정 제39조의2 제3항에서 감독원장이 정하는 바는 [별표 9]와 같다(시행세칙24).

[별표 9] 주택관련 담보대출에 대한 리스크관리 세부기준은 제1장 담보인정비율(LTV)에서 담보인정비율의 산정, 주택관련 담보대출금액의 산정, 선순위채권의 산정, 임차보증금 및 최우선변제 소액임차보증금의 산정, 담보가치 산정, 담보인정비율 적용대상 확인 등을 정하고 있다. 제2장 총부채상환비율(DTI)에서 총부채상환비율의 산정, 해당 주택담보대출 연간 원리금 상환액의 산정, 기존 주택담보대출 연간 원리금 상환액의 산정, 다주택자의 주택담보대출 연간 원리금 상환액의 산정, 기타부채의 연이자 상환액의 산정, 연소득의 산정, 총부채상환비율 적용대상확인 등, 총부채상환비율 적용 회피 목적의 판단을 규정하고 있다. 제3장 주택관련 담보대출 취급 및 만기연장 제한 등에서 투기지역내 주택임대업대

출 및 주택매매업대출 취급 제한, 복수 주택담보대출에 대한 사후관리, 투기지역 소재 주택을 담보로 하는 기업자금대출에 대한 사후관리, 주택담보대출 취급시 차주의 소득자료 확보, 여신심사위원회 승인 대출에 대한 보고를 정하고 있다.

Ⅳ. 부동산PF 대출채권의 위험관리

1. 부동산PF 대출의 의의

부동산PF 대출이란 특정 부동산 프로젝트의 사업성을 평가하여 그 사업에서 발생할 미래 현금흐름을 차입원리금의 주된 상환재원으로 하는 신용공여를 말한다(감독규정22의3①(1)).

2. 신용공여한도

부동산PF 대출에 대한 신용공여한도는 신용공여 총액의 20%이다(감독규정22의3①(1)).

3. 부동산PF 대출채권의 사업장 단위 분류

부동산PF 대출채권에 대해서는 차주 단위의 총여신액과 구분하여 사업장 단위로 분류할 수 있다(감독규정36⑤).

4. 대손충당금 적립의무

부동산PF 대출채권에 대하여는 ⅰ) "정상"분류 자산의 2%(최초 취급 후 1년 이상 경과 시에는 3%) 이상(다만, 최초 취급 후 1년이 경과하지 않은 경우로서 신용평가등급이 BBB- 또는 A3- 이상 기업이 지급보증한 경우에는 0.5% 이상으로 할 수 있다)(가목). ⅱ) "요주의"분류 자산의 7% 이상(관련 자산 아파트) 또는 10% 이상(관련 자산 아파트 이외)(나목), ⅲ) "고정"분류 자산의 30% 이상(다목), ⅳ) "회수의문"분류 자산의 75% 이상(라목), ⅴ) "추정손실"분류 자산의 100(마목)의 금액을 대손충당금으로 적립하여야 한다(감독규정38①(3)).

상호저축은행이 부동산PF 대출을 정리하기 위하여 동 대출채권을 사후정산 또는 환매 조건으로 한국자산관리공사에 매각하게 되는 경우 사후정산 또는 환매를 하는 때에 발생할 수 있는 손실가능성에 대비하여 동 손실가능예상액을 매각일 다음 분기말부터 사후정산 또는 환매일이 속하는 분기의 직전 분기말까지의 기간 동안 안분한 금액 이상을 충당금으로 적립하여야 한다(감독규정38①(7)).

제4절 약관

Ⅰ. 여신거래기본약관

1. 적용범위

상호저축은행 여신거래기본약관("약관")은 저축은행과 채무자(차주·어음할인신청인·지급보증신청인·매출채권양도인 등 저축은행에 대하여 채무를 부담하는 자) 사이의 계 또는 부금의 급부 및 어음대출·어음할인·증서대출·지급보증·매출채권거래 기타 여신에 관한 모든 거래에 적용된다(약관1①).

이 약관은 채무자가 발행·배서·인수나 보증한 어음(수표를 포함)을 저축은행이 제3자와의 여신에 관한 거래에서 취득한 경우에 그 채무의 이행에 관하여도 적용된다(약관1② 본문). 다만, 제2조(어음채권과 여신채권), 제3조(이자 등과 지연배상금), 제5조(자금의 사용), 제7조(기한 전의 채무변제의무), 제9조(할인어음의 환매업무), 제12조(어음의 제시·교부) 제1항, 제15조(위험조항·면책조항) 제1항은 적용되지 않는다(약관1② 단서).

이 약관은 채무자가 법인인 경우 저축은행의 본·지점과 채무자의 본·지점 사이의 제1항 및 제2항의 적용범위에 속하는 모든 거래와 채무이행에 공통으로 적용된다(약관1③).

2. 어음채권과 여신채권

채무자가 발행하거나 배서·보증·인수한 어음에 의한 여신의 경우, 저축은행은 어음채권 또는 여신채권의 어느 것에 의하여도 청구할 수 있다(약관2).

3. 이자 등과 지연배상금

(1) 이자 등

(가) 이자율 등의 상품설명서 등 확인

이자 · 할인료 · 보증료 · 수수료 등("이자 등")의 율 · 계산방법 · 지급의 시기 및 방법에 관하여는 저축은행은 법령이 허용하는 한도 내에서 정할 수 있으며, 채무자가 해당 사항을 계약체결 전에 상품설명서 및 홈페이지 등에서 확인할 수 있도록 하여야 한다(약관3① 본문). 다만, 윤년의 경우 1년을 366일로 보고 계산하여야 한다(약관3① 단서).

(나) 이자율 등의 선택 적용

이자 등의 율은 거래계약 시 채무자가 ⅰ) 채무의 이행을 완료할 때까지 저축은행이 그 율을 변경할 수 없음을 원칙으로 하는 것(제1호), ⅱ) 채무의 이행을 완료할 때까지 저축은행이 그 율을 수시로 변경할 수 있는 것(제2호) 중 하나를 선택하여 적용할 수 있다(약관3②).

(다) 사정변경과 이자율 등의 인상 · 인하

제2항 제1호를 선택한 경우 채무이행 완료 전에 국가경제 · 금융사정의 급격한 변동 등으로 계약 당시에 예상할 수 없는 현저한 사정변경이 생긴 때에는 저축은행은 채무자에 대한 개별통지에 의하여 그 율을 인상 · 인하할 수 있다(약관3③ 전단). 이 경우 당해 변동요인이 해소된 경우에는 저축은행은 지체 없이 해소된 상황에 부합하도록 그 율을 변경하여야 한다(약관3③ 후단). 제2항 제2호를 선택한 경우 이자 등의 율에 관한 저축은행의 인상 · 인하는 건전한 금융관행에 따라 합리적인 범위 내에서 이루어져야 한다(약관3④).

(2) 지연배상금

채무자가 저축은행에 대한 채무의 이행을 지체한 경우에는, 곧 지급하여야할 금액에 대하여 법령이 정하는 제한 내에서 저축은행이 정한 율로, 1년을 365일(윤년은 366일)로 보고 1일 단위로 계산한 지체일수에 해당하는 지연배상금을 지급하기로 하되, 금융사정의 변화 및 기타 이에 상당하는 사유가 발생한 경우에는 법령에 의하여 허용되는 한도 내에서 그 율을 변경할 수 있다(약관3⑤).

(3) 이자 등과 지연배상금 계산방법 등의 변경

저축은행이 이자 등과 지연배상금의 계산방법 · 지급의 시기 및 방법을 변경한 경우에 그것이 법령에서 정하는 한도 이내이고 금융사정 및 그 밖의 여신거래에 영향을 미치는 상황의 변화로 인하여 필요한 것인 때에는 변경 후 최초로 이자를 납입하여야 하는 날부터 그 변경된 사항이 적용된다(약관3⑥).

(4) 이자 등과 지연배상금 계산방법 등의 변경 공시 및 통지

제4항 내지 제6항에 따라 변경하는 경우 저축은행은 그 변경기준일로부터 1개월간 해당 영업점 및 저축은행이 정하는 전자매체에 이를 공시하여야 한다(약관3⑦ 본문). 다만, 특정 채무자에 대하여 개별적으로 변경하는 경우에는 개별통지 하여야 한다(약관3⑦ 단서).

(5) 채무자의 이의와 계약해지 등

채무자는 제3항 및 제5항에 의하여 변경된 이율에 이의가 있을 때에는 제18조에 의한 통지의 효력 발생일로부터 1개월 내에 서면으로 동 계약을 해지할 수 있고, 제6항에 의하여 변경된 계산방법 등에 이의가 있을 때에는 변경 후 최초로 이자를 납입해야 하는 날부터 1개월 이내에 서면으로 계약을 해지할 수 있으며 그러하지 아니한 경우에는 변경된 내용을 동의한 것으로 간주한다(약관3⑧).

계약을 해지하는 경우 해지일까지는 변경 전의 이율 등을 적용하기로 하고 채무자가 그 해지로 인하여 발생한 저축은행에 대한 반환채무이행을 지체하는 경우에는 변경 전의 지연배상금율 등을 적용하기로 한다(약관3⑨).

4. 비용의 부담

(1) 채무불이행과 채무자의 비용부담

채무자는 채무불이행에 따라 발생하는 ⅰ) 채무자·보증인 또는 물상보증인에 대한 저축은행의 채권·담보권 등의 권리의 행사나 보전[가압류 또는 가처분(그 해지도 포함) 등을 말함]에 관한 비용, ⅱ) 담보목적물의 조사 또는 추심비용, ⅲ) 채무이행의 독촉을 위한 통지 비용을 부담한다(약관4①).

(2) 비용에 대한 이자지급

채무불이행에 따라 발생하는 비용을 채무자가 지급하지 않아 저축은행이 대신 지급한 경우에는 채무자는 곧 이를 갚아야 한다(약관4② 전단). 채무자가 이를 곧 갚지 아니하는 때에는 저축은행이 대신 지급한 금액에, 대신 지급한 날부터 다 갚는 날까지의 날짜 수만큼, 상사법정이율(상법54) 범위 내에서 약정금리로, 1년을 365일(윤년은 366일)로 보고 1일 단위로 계산한 금액을 더하여 갚아야 한다

(약관4② 후단).

(3) 담보대출과 부대비용 항목 및 금액 고지

저축은행은 대출약정 시 채무자가 사전에 알 수 있도록 약정이자 외에 담보대출에 소요되는 부대비용의 항목과 금액을 알려주어야 한다(약관4③).

5. 대출계약 철회

(1) 철회기한과 철회방법

개인 채무자는 계약서류를 발급받은 날(계약서류를 발급받은 날보다 대출금의 지급이 늦게 이루어진 경우에는 대출 실행일)로부터 14일("철회기한") 이내에 서면, 전화, 컴퓨터통신으로 대출계약 철회의 의사를 표시할 수 있다(약관4의2①).

(2) 대출계약 철회의 예외

ⅰ) 대출금액이 4천만원을 초과하는 신용대출, ⅱ) 대출금액이 2억원을 초과하는 담보대출, ⅲ) 외부기관 위탁대출 및 기타 협약대출(다만 한국주택금융공사 유동화 대상 대출 등 저축은행이 별도로 정하는 대출은 제외)의 경우에는 대출계약을 철회할 수 없다(약관4의2②).

(3) 대출계약 철회의 효력발생시기

대출계약 철회는 채무자가 철회기한 이내에 원금과 이자 및 다음의 부대비용, 즉 ⅰ) (근)저당권설정계약서, (근)질권설정계약서 등 해당 대출과 관련된 약정서에 따라 대출계약 철회로 인해 채무자가 부담하여야 하는 비용, ⅱ) 해당 대출과 관련하여 저축은행에서 지급한 인지세 등 제세공과금, ⅲ) 해당 대출과 관련하여 저축은행에서 지급한 보증료 또는 보험료를 전액 반환한 때에 그 효력이 발생한다(약관4의2③).

(4) 수수료 반환

저축은행은 대출계약 철회의 효력이 발생한 날로부터 3영업일 이내에 해당 대출과 관련하여 채무자로부터 지급받은 수수료 등을 반환한다(약관4의2④).

(5) 손해배상금 또는 위약금 청구 금지

저축은행은 채무자에게 대출계약 철회에 따른 손해배상금 또는 위약금 등을 청구하지 않는다(약관4의2⑤).

(6) 대출계약 철회 제한

저축은행은 다음에 해당하는 경우, 즉 ⅰ) 해당 저축은행을 대상으로 1년 이내에 2회 초과하여 대출계약을 철회하는 경우, ⅱ) 전체 금융회사를 대상으로 1개월 이내에 1회 초과하여 대출계약을 철회하는 경우에는 채무자의 대출계약 철회를 제한할 수 있다(약관4의2⑥).

(7) 대출금 전액 상환과 녹취 등 처리

저축은행은 철회기한 내에 채무자가 대출금 전액에 대한 상환 의사를 표시하는 경우, 채무자의 철회의사를 확인하여 녹취하는 등의 적절한 방법으로 처리한다(약관4의2⑦).

6. 자금의 사용

채무자는 여신신청 시 자금의 용도를 명확하게 제시하고 저축은행과의 여신거래로 받은 자금을 그 거래 당초에 정해진 용도와 다른 용도로 사용하지 아니한다(약관5 전단). 기타 저축은행으로부터 받은 신용의 경우에도 또한 같다(약관5 후단).

7. 담보

(1) 신용악화와 원상회복 및 담보보충

채무자 또는 보증인의 책임있는 사유로 신용이 악화되거나 담보물의 가액 감소가 현저한 경우, 채무자 또는 보증인은 채권보전을 위한 저축은행의 청구에 의하여 그 원상회복 및 담보의 보충을 하여야 한다(약관6①)

(2) 임의경매 및 직접변제 충당 등

담보목적물의 처분은 민사집행법에 따른 임의경매 절차에 의함을 원칙으로 하되, 다음의 경우, 즉 ⅰ) 목적물의 가치가 적어 많은 비용을 들여 경매하는 것이 불합리할 경우, ⅱ) 경매 시 정당한 가격으로 경락되기 어려운 사정이 있는 경우, ⅲ) 공정시세가 있어서 경매에 의하지 않아도 공정가격 산출이 가능한 경우, ⅳ) 그 밖에 정당한 사유가 있다고 볼 수 있는 경우 채권자는 담보목적물로써 직접변제에 충당하거나, 담보목적물을 매각하여 그 대금에서 제 비용을 뺀 잔액을 제13조(저축은행의 변제 등의 충당지정)에 준하여 충당할 수 있다(약관6② 전단). 이러한 경우 채권자는 담보목적물의 평가액 또는 매각대금에서 그 채권액을 뺀 금액을 채무자 등(채무자, 설정자, 담보목적물의 제3취득자)에게 지급한다(약관6② 후단).

(3) 임의경매에 의하지 아니하는 경우

임의경매 절차에 의하지 아니하는 경우 채권자는 ⅰ) 담보권실행의 방법, ⅱ) 피담보채권의 금액, ⅲ) 담보목적물의 평가액 또는 예상매각대금, ⅳ) 담보목적물로써 직접변제에 충당하거나 담보목적물을 매각하려는 이유를 채무자 등과 채권자가 알고 있는 이해관계인에게 통지하고, 그 통지가 도달한 날로부터 1개월 이내에 이해관계인이 채권자가 산정한 예상매각대금 이상으로 처분할 수 있는 방법을 제시하지 않아야 처분할 수 있다(약관6③ 본문). 다만 담보목적물이 멸실 또는 훼손될 염려가 있거나 가치가 급속하게 감소될 우려가 있는 경우에는 그러하지 아니하다(약관6③ 단서).

(4) 채무자의 이행지체와 추심 등

채무자가 저축은행에 대한 채무의 이행을 지체한 경우, 저축은행이 점유하고 있는 채무자의 동산·어음 기타의 유가증권을, 담보로서 제공된 것이 아닐지라도, 저축은행이 계속 점유하거나 제2항 내지 제3항에 준하여 추심 또는 처분 등의 처리를 할 수 있다(약관6④).

8. 기한 전의 채무변제의무

(1) 기한이익상실 사유: 가압류 등

채무자에 관하여 ⅰ) 제 예치금 기타 저축은행에 대한 채권에 대하여 가압류·압류명령이나 체납처분 압류통지가 발송된 때 또는 기타의 방법에 의한 강제집행개시나 체납처분 착수가 있는 때(다만, 담보재산이 존재하는 채무의 경우에는 채권회수에 중대한 지장이 있는 때에만 가압류를 사유로 기한의 이익을 상실한다)(제1호), ⅱ) 채무자가 제공한 담보재산(제1호의 제 예치금 기타 저축은행에 대한 채권은 제외)에 대하여 압류명령이나 체납처분 압류통지가 발송된 때 또는 기타의 방법에 의한 강제집행 개시나 체납처분 착수가 있는 때(제2호), ⅲ) 파산·회생·개인회생 절차개시의 신청이 있거나, 채무불이행자명부 등재 신청이 있는 때(제3호), ⅳ) 조세공과에 관하여 납기 전 납부고지서를 받거나, 어음교환소의 거래정지처분이 있는 때(제4호), ⅴ) 폐업, 도피 기타의 사유로 지급을 정지한 것으로 인정된 때(제5호), ⅵ) 채무자의 과점주주나 실질적인 기업주인 포괄근보증인의 제 예치금 기타 저축은행에 대한 채권에 대하여 위 ⅰ)의 가압류·압류명령이나 체납처분 압류통지가 발송된 때(제6호)에는 저축은행으로부터의 독촉·통지 등이 없어도,

채무자는 당연히 저축은행에 대한 모든 채무의 기한의 이익을 상실하여(지급보증 거래에 있어서의 사전구상 채무발생을 포함) 곧 이를 변제(또는 이행)할 의무를 진다 (약관7①).

(2) 기한이익상실 사유: 이자 등 지급 지체 등

채무자에 관하여 ⅰ) 이자 등을 지급하여야 할 때로부터 계속하여 1개월(가계주택담보대출의 경우 2개월)간 지체한 때(제1호), ⅱ) 분할상환금 또는 분할상환 원리금의 지급을 2회(가계주택담보대출의 경우 3회) 이상 연속하여 지체한 때(제2호)에는 채무자는 당연히 당해 채무의 기한의 이익을 상실하여 곧 이를 변제(또는 이행)할 의무를 진다(약관7② 본문). 다만, 저축은행은 기한의 이익상실일 7영업일 전까지 위의 채무이행 지체 사실과 대출잔액 전부에 대하여 연체이자가 부과될 수 있다는 사실을 채무자에게 서면으로 통지하여야 하며, 기한의 이익상실일 7영업일 전까지 통지하지 않은 경우에는 채무자는 실제 통지가 도달한 날로부터 7영업일이 경과한 날에 기한의 이익을 상실하여 곧 이를 변제(또는 이행)할 의무를 진다(약관7② 단서).

(3) 기한이익상실 사유: 기한이익상실 채무 미변제 등

채무자에 관하여 ⅰ) 저축은행에 대한 수개의 채무 중 하나라도 기한에 변제하지 아니하거나 제2항 또는 제4항에 의하여 기한의 이익을 상실한 채무를 변제하지 아니한 때(제1호), ⅱ) 제1항 제1호 및 제2호 외의 재산에 대하여 압류·체납처분이 있는 때(제2호), ⅲ) 채무자의 제1항 제1호 외의 재산에 대하여 민사집행법상의 담보권실행 등을 위한 경매개시가 있거나 가압류 통지가 발송되는 경우로서, 채무자의 신용이 현저하게 악화되어 채권회수에 중대한 지장이 있는 때(제3호), ⅳ) 여신거래와 관련하여 허위, 위·변조 또는 고의로 부실자료를 저축은행에 제출한 사실이 확인된 때(제4호), ⅴ) 제5조(자금의 사용), 제19조(회보와 조사 등)에서 정한 약정을 위반하여 건전한 계속 거래 유지가 어렵다고 인정된 때(제5호), ⅵ) 청산절차 개시, 결손회사와의 합병, 노사분규에 따른 조업 중단, 휴업, 관련 기업의 도산, 회사경영에 영향을 미칠 법적 분쟁 발생 등으로 현저하게 신용이 악화되었다고 인정된 때(제6호), ⅶ) 신용정보관리규약에 의한 연체정보·대위변제 대지급정보·부도정보·관련인정보·금융질서문란정보 및 공공기록정보가 등록된 때(제7호)에 해당하여 저축은행의 채권보전에 현저한 위험이 예상될 경우, 저축은행은 서면으로 변제·압류 등의 해소·신용의 회복 등을 독촉하고,

그 통지의 도달일로부터 10일 이상으로 저축은행이 정한 기간이 경과하면 채무자는 저축은행에 대한 모든 채무의 기한의 이익을 상실하여, 곧 이를 변제(또는 이행)할 의무를 진다(약관7③).

(4) 기한이익상실 사유: 화재보험 가입의무 불이행 등

채무자에 관하여 ⅰ) 제6조 제1항(신용악화와 원상회복 및 담보보충), 제15조(위험조항·면책조항)에서 정한 약정을 이행하지 아니한 때(제1호), ⅱ) 담보물에 대한 화재보험 가입의무를 이행하지 아니한 때, 저축은행을 해할 목적으로 담보물건을 양도하여 저축은행에 손해를 끼친 때, 시설자금을 받아 설치·완공된 기계·건물 등의 담보제공을 지체하는 때, 기타 저축은행과의 개별약정을 이행하지 아니하여 정상적인 거래관계 유지가 어렵다고 인정된 때(제2호), ⅲ) 보증인이 제1항 제1호 내지 제5호의 사유에 해당하거나 제3항 제2호·제3호에 해당하는 경우로서, 상당한 기간 내에 보증인을 교체하지 아니한 때(제3호)에 저축은행은 서면으로 독촉하고, 그 통지의 도달일로부터 10일 이상으로 저축은행이 정한 기간이 경과하면 채무자는 저축은행에 대한 당해 채무 전부의 기한의 이익을 상실하여 곧 이를 변제(또는 이행)할 의무를 진다(약관7④).

(5) 기한의 이익 부활

제1항 내지 제4항에 의하여 채무자가 저축은행에 대한 채무의 기한의 이익을 상실한 경우라도, 저축은행의 명시적 의사표시가 있거나, 분할상환금·분할상환원리금·이자·지연배상금의 수령 등 정상적인 거래의 계속이 있는 때에는, 그 채무 또는 저축은행이 지정하는 채무의 기한의 이익은 그때부터 부활하는 것으로 한다(약관7⑤).

9. 기한의 이익상실의 연대보증인 및 담보제공자에 대한 통지

(1) 기한이익상실 사유: 가압류 등의 경우

제7조 제1항 각호에 의하여 기한의 이익이 상실될 때 저축은행은 동조 제1호 및 제6호의 경우에는 기한의 이익 상실사유가 발생한 날부터, 제2호 내지 제5호의 경우에는 기한의 이익 상실 사유를 저축은행이 인지한 날로부터 15영업일 이내에 연대보증인 및 담보제공자에게 서면으로 그 내용을 통지하여야 한다(약관8①).

(2) 기한이익상실 사유: 기한이익상실 채무 미변제 등 및 화재보험 가입의무 불이행 등

제7조 제3항 또는 제4항 각호에 의하여 기한의 이익이 상실되는 경우, 저축은행은 기한의 이익이 상실된 날로부터 15영업일 이내에 연대보증인 및 담보제공자에게 서면으로 그 내용을 통지하여야 한다(약관8②).

(3) 기한이익 부활통지

제1항 및 제2항에 의해 연대보증인 및 담보제공자에게 기한의 이익 상실을 통지한 경우라도 제7조 제5항에 해당되어 기한의 이익이 부활된 채무에 대하여는 연대보증인의 동의가 없어도 계속거래가 가능한 것으로 한다(약관8③ 전단). 이 경우 저축은행은 기한의 이익이 부활된 채무자의 연대보증인 및 담보제공자에게 15영업일 이내에 서면으로 기한의 이익 부활통지를 하여야 한다(약관8③ 후단).

(4) 기한이익상실 사유: 이자 등 지급 지체 등

제7조 제2항 각호에 의하여 기한의 이익이 상실되는 경우, 저축은행은 기한의 이익이 상실된 날로부터 15영업일 이내에 연대보증인 및 담보제공자에게 서면으로 그 내용을 통지하여야 한다(약관8④).

10. 할인어음의 환매채무

(1) 환매채무의 변제 등: 가압류 등 사유

어음의 할인을 받은 채무자는 다음의 어음, 즉 ⅰ) 채무자에 관하여 제7조 제1항 각 호에서 정한 사유 중 하나라도 발생한 경우에는 할인 의뢰한 모든 어음, ⅱ) 어음을 발행 또는 인수한 자에게 제7조 제1항 각호에서 정한 사유 중 하나라도 발생되거나 기일에 지급하지 아니한 때에는 그가 발행 또는 인수한 모든 어음에 대하여 저축은행으로부터의 독촉·통지 등이 없어도 당연히 어음면 기재 금액에 의한 환매채무를 지고 곧 변제하기로 한다(약관9① 전단). 이 경우 채무자가 어음의 만기 전에 환매채무를 이행하는 때에는 저축은행은 그 이행일로부터 만기일까지의 할인료 상당금액을 환급하기로 한다(약관9① 후단).

(2) 환매채무의 변제 등: 기한이익 상실 채무 미변제 등 사유 및 화재보험 가입의무 불이행 등 사유

어음의 할인을 받은 채무자는 다음의 어음, 즉 ⅰ) 채무자에 관하여 제7조 제3항, 제4항 각호에서 정한 사유 중 하나라도 발생한 경우에는 할인의뢰한 모든

어음, ⅱ) 어음을 발행 또는 인수한 자에 관하여 제7조 제3항, 제4항 각호에서 정한 사유 중 하나라도 발생한 경우 그가 발행 또는 인수한 모든 어음에 대하여 저축은행이 서면으로 독촉하고 그 통지의 도달일로부터 10일 이상으로 저축은행이 정한 기간이 경과하면 어음의 환매채무를 지고 곧 변제하기로 한다(약관9②전단). 이 경우 채무자가 어음의 만기 전에 환매채무를 이행하는 때에는 저축은행은 그 이행일로부터 만기일까지의 할인료 상당금액을 환급하기로 한다(약관9②후단).

(3) 변제 전 권리행사

제1항과 제2항에 의한 환매채무를 변제하기까지는 저축은행이 어음소지인으로서의 모든 권리를 행사할 수 있다(약관9③).

(4) 준용규정

제1항과 제2항의 경우에도 기한의 이익 부활(약관7⑤) 규정을 준용한다(약관9④).

11. 상계

(1) 저축은행으로부터의 상계 등

(가) 통지에 의한 상계

기한의 도래 또는 기한 전 채무변제의무, 할인어음의 환매채무의 발생 기타의 사유로, 저축은행에 대한 채무를 이행하여야 하는 경우에는, 그 채무와 채무자의 제 예치금 기타의 채권과를 그 채권의 기한도래 여부에도 불구하고, 저축은행은 서면통지에 의하여 상계할 수 있다(약관10①).

(나) 예치금 환급과 변제충당 등

제1항에 있어서와 같이 저축은행에 대한 채무를 이행하여야 하는 경우에는, 저축은행은 사전의 통지나 소정의 절차를 생략하고, 채무자를 대리하여 채무자가 담보로 제공한 채무자의 제 예치금을 그 기한도래 여부에 불구하고 환급받아서 채무의 변제에 충당할 수 있다(약관10③ 전단). 이 경우 저축은행은 대리환급 변제충당 후 그 사실을 지체없이 채무자에게 통지한다(약관10③ 후단).

(다) 상계 전 지급정지 조치

제1항에 따라 채무자의 채무와 채무자 및 보증인의 제 예치금 기타 채권("제 예치금 등")을 상계할 경우, 저축은행은 상계에 앞서 채무자 및 보증인의 제 예치

금 등에 대하여 일시적인 지급정지 조치를 취할 수 있기로 하되, 채무자와 보증인의 제 예치금 등에 대하여 지급정지 조치를 취한 경우에는 그 사실을 지체 없이 해당 제 예치금 등의 명의인에게 통보한다(약관10④).

(라) 이자등과 지연배상금 계산기간

제1항에 의한 상계나 제3항에 의한 대리환급변제충당을 실행하는 경우에는 채무자·보증인·담보제공자의 정당한 이익을 고려하여 신속히 실행하여야 하며, 채권·채무에 대한 이자등과 지연배상금의 계산기간은 저축은행의 상계통지가 채무자에게 도달한 날 또는 저축은행이 대리환급변제충당을 위한 계산을 하는 날까지로 하고, 그 율은 저축은행이 정하는 바에 따르기로 한다(약관10⑤ 전단). 이 경우 기한 미도래 예금 등의 이율은 해당 예금 등을 가입할 때 저축은행과 약정한 이자율을 적용한다(약관10⑤ 후단).

(2) 채무자로부터의 상계

(가) 기한 도래 불문 상계

채무자는 채무자의 기한 도래한 예금 기타의 채권과 저축은행에 대한 채무와를 그 채무의 기한 도래 여부에 불구하고 상계할 수 있다(약관11①).

(나) 만기 전 할인어음 상계

만기 전의 할인어음에 관하여 상계할 경우에는, 채무자는 어음금액에서 환매일로부터 만기일까지 할인료 상당금액을 공제한 나머지 금액에 대한 환매채무를 지고, 이를 상계할 수 있다(약관11② 본문). 그러나 저축은행이 타인에게 재양도 중인 할인어음에 관하여는 상계할 수 없다(약관11② 단서).

(다) 서면 상계통지 등

상계하는 경우에는 서면에 의한 상계통지에 의하기로 하며, 상계한 예금 기타 채권의 증서·통장은 이미 신고한 도장을 찍거나 서명을 하여 곧 저축은행에 제출한다(약관11③).

(라) 지연배상금 등의 계산기간

상계를 하는 경우 채권·채무의 이자·할인료 등과 지연배상금의 계산기간은 상계통지가 도달한 날까지로 하고, 그 율은 저축은행이 정하는 바에 따른다(약관11④ 전단). 또한 기한 전 변제에 관한 특별한 수수료의 정함이 있는 때에는 그 정함에 따른다(약관11④ 후단).

12. 어음의 제시 · 교부

(1) 어음 동시 반환 불요

어음이 따르는 거래에 있어서 저축은행이 어음채권에 의하지 아니하고 저축은행으로부터의 상계 또는 대리환급변제충당을 할 때에는, 저축은행은 그 어음을 동시에 반환하지 아니하여도 되며, 어음의 반환장소는 그 거래영업점으로 한다(약관12① 전단). 이 경우 저축은행은 어음을 찾아가도록 지체없이 채무자에게 통지한다. 채무자로부터의 상계에 따른 어음의 처리도 같다(약관12① 후단).

(2) 어음 제시 · 교부 불요

저축은행이 어음채권에 의하여 저축은행으로부터의 상계 또는 대리환급변제충당을 할 때에는, 다음의 경우, 즉 ⅰ) 저축은행이 채무자의 소재를 알 수 없을 때, ⅱ) 저축은행이 어음의 지급장소인 때, ⅲ) 교통 · 통신의 두절, 추심 기타의 사유로 제시 또는 교부의 생략이 부득이 하다고 인정되는 때에 한하여, 어음의 제시 또는 교부를 아니하여도 되며, 이 경우의 어음의 처리도 제1항과 같다(약관12②).

(3) 어음의 계속 점유와 추심 등

저축은행으로부터의 상계, 채무자로부터의 상계 등을 하고도 곧 이행하여야 할 나머지 채무가 있을 경우에 어음에 채무자 이외의 어음상 채무자가 있는 때에는 저축은행은 그 어음을 계속 점유하고 추심 또는 처분하여 저축은행의 변제 등의 충당지정(약관13)에 준하여 채무의 변제에 충당할 수 있다(약관12③).

(4) 어음채권의 시효중단

저축은행이 어음채권의 시효중단을 위하여 독촉을 할 경우에도, 어음의 제시를 생략할 수 있다(약관12④).

13. 저축은행의 변제 등의 충당지정

(1) 기한의 이익 상실 채무 등의 충당순서

채무자가 기한의 이익을 상실한 채무를 변제하거나, 저축은행이 저축은행으로부터의 상계 또는 대리환급변제충당을 하는 경우에 채무자의 채무 전액을 소멸시키기에 부족한 때에는 비용, 이자, 원금의 순서로 충당하기로 한다(약관13① 본문)). 그러나 저축은행은 채무자에게 불리하지 않는 범위 내에서 충당순서를 달리할 수 있다(약관13① 단서).

(2) 강제집행 등과 법정충당순서

변제 또는 상계될 채무가 수개인 경우로서 채무 전액이 변제 또는 상계되지 아니할 때에는 강제집행 또는 담보권 실행경매에 의한 회수금에 대하여는 민법 또는 기타법률이 정하는 법정충당순서에 의한다(약관13②)

(3) 채무자의 지정 충당

변제 또는 상계할 채무가 수개인 경우로서 제2항에 해당되지 않는 임의의 상환금 또는 제 예치금으로 채무자의 채무전액을 상환하기에 부족한 때에는 채무자가 지정한 순서에 따라 변제 또는 상계에 충당하기로 한다(약관13③ 전단). 이 경우 채무자의 지정이 이미 연체된 채무를 제외하고 기한 미도래 채무에, 또는 무담보채무를 제외하고 유담보채무에 충당하는 등 저축은행의 채권보전에 지장이 생길 염려가 있는 때에는 저축은행은 지체 없이 이의를 표시하고 물적담보나 보증의 유무, 그 경중이나 처분의 난이, 변제기의 장단, 할인어음의 결제가능성을 고려하여 저축은행이 변제나 상계에 충당할 채무를 바꾸어 지정할 수 있다 (약관13③ 후단)

(4) 채무자 등의 정당한 이익 고려

저축은행이 변제충당순서를 법정충당순서와 달리할 경우에는 저축은행의 채권보전에 지장이 없는 범위 내에서 채무자와 담보제공자나 보증인의 정당한 이익을 고려하여야 한다(약관13④).

14. 채무자의 상계충당순서지정

(1) 채무자의 충당순서지정

채무자가 채무자로부터의 상계 의하여 상계하는 경우, 채무자의 채무 전액을 소멸시키기에 부족한 때에는, 채무자가 지정하는 순서에 따라 상계에 충당한다(약관14①)

(2) 저축은행의 상계충당 채무 지정

채무자가 제1항의 지정을 아니하거나, 제1항의 충당지정에 의하면 채권보전상 지장이 생길 염려가 있는 경우에는 저축은행의 변제 등의 충당지정(약관13)에 준하여 저축은행이 상계에 충당할 채무를 지정하기로 한다(약관14②).

15. 위험조항 · 면책조항

(1) 불가항력적 사유와 기록에 의한 변제

채무자가 발행·배서·인수나 보증한 어음 또는 채무자가 저축은행에 제출한 제 증서 등이 불가항력·사변·재해·수송 도중의 사고등 저축은행의 책임없는 사유로 인하여 분실·손상·멸실 또는 연착한 경우 채무자는 저축은행의 장부·전표 등의 기록에 의하여 채무를 변제하기로 한다(약관15① 본문). 다만, 채무자가 저축은행의 장부·전표등의 기록과 다른 자료를 제시할 경우 저축은행의 기록과 채무자가 제시하는 자료를 상호 대조하여 채무를 확정한 후 상환키로 한다(약관15① 단서).

(2) 어음 또는 증서 등 제출

채무자는 분실·손상·멸실의 경우에 저축은행의 청구에 따라 곧 그에 대신할 어음이나 증서 등을 제출하기로 한다(약관15② 본문). 다만, 저축은행이 제3자와의 거래에서 취득한 어음이나 증서의 경우에는 그러하지 아니하다(약관15② 단서).

(3) 이중지급의무와 저축은행의 손해 부담

제1항, 제2항에 의한 변제 또는 어음이나 증서의 제출로 인하여 채무자가 과실없이 이중의 지급의무를 부담하게 됨으로 말미암은 손해는 저축은행이 부담하기로 한다(약관15③).

(4) 손해의 채무자 부담

저축은행이 어음이나 제 증서 등의 인영·서명을 채무자가 미리 신고한 인감·서명과 상당한 주의로써 대조하고, 틀림없다고 인정하여 거래한 때에는, 어음·증서 등과 도장·서명에 관하여 위조·변조·도용 등의 사고가 있더라도 이로 말미암은 손해는 채무자가 부담하며, 채무자는 어음 또는 증서 등의 기재문언에 따라 책임을 지기로 한다(약관15④).

16. 신고사항과 그 변경 등

(1) 신고사항

채무자는 거래에 필요한 채무자의 명칭·상호·대표자·주소 등과 인감·서명을 저축은행이 정한 용지에 의하여 미리 신고하기로 한다(약관16① 전단). 또한 대리인에 의하여 거래하고자 할 경우에 그 성명·인감·서명 등에 관하여도 같다

(약관16① 후단).

(2) 신고사항 변경의 신고

신고사항에 변경이 있는 때에는, 채무자는 지체 없이 그 변경내용을 저축은행에 서면, 전화, 팩스, 기타 전자적 수단의 방법으로 신고하여야 한다(약관16②).

17. 회보와 조사 등

(1) 회보 및 조사

채무자는 그 재산·경영·업황 또는 융자조건의 이행 여부 기타 필요한 사항에 대하여, 저축은행의 청구가 있으면 곧 회보하며, 저축은행이 필요에 따라 채무자의 장부·공장·사업장 기타의 조사에 임할 경우에는 협조한다(약관19①).

(2) 통지

채무자는 그 재산·경영·업황 기타 거래관계에 영향을 미칠 사항에 관하여 중대한 변화가 생기거나 생길 염려가 있을 때에는 청구가 없더라도 저축은행 앞으로 곧 통지한다(약관19②).

(3) 채권보전의 관리·감독

저축은행은 회보 등이나 조사에 의하여, 채무자가 어음교환소의 거래정지처분, 부실여신의 보유, 경영상황의 급격한 악화 등으로 채권회수 불능의 우려가 있는 때에는 그 직원을 파견하여 채무자의 재산 및 경영에 관하여 채권보전을 위한 범위 내에서 관리·감독을 할 수 있다(약관19③).

18. 여신거래조건의 변경

(1) 신용평가등급 조정과 서면통지

저축은행은 채무자의 신용상태 변동 시 저축은행이 정하는 바에 따라 신용평가등급을 조정하고 서면통지에 의하여 여신한도, 여신만기, 금리 등 여신거래조건을 신용평가등급에 따라 변경할 수 있다(약관20①).

(2) 계약해지

채무자는 여신거래조건이 변경된 경우 이에 이의가 있을 때에는 변경기준일로부터 1개월 이내에 계약을 해지할 수 있다(약관20② 전단). 이 경우 해지일까지는 변경 전의 여신거래조건을 적용한다(약관20② 후단).

(3) 여신거래조건 변경의 요구와 통지

채무자는 신용상태가 호전되었다고 인정되는 경우 저축은행이 정하는 바에 따라 여신한도, 여신만기, 금리 등 여신거래조건 변경을 서면, 전화, 팩스, 기타 전자적수단의 방법으로 요구할 수 있다(약관20③ 전단). 이 경우 저축은행은 적정성 여부를 심사하여 필요한 조치를 취하고, 그 결과를 채무자 앞으로 곧 통지한 (약관20③ 후단).

19. 법정 최고금리 변경사항 반영 등

저축은행은 채무자와 약정한 금리가 대부업법 또는 동법 시행령("법령")의 개정에 따라 법정 최고금리를 초과하게 되는 경우 개정 법령 시행일로부터 1개월 이내에 약정금리를 법정 최고금리까지 인하하기로 하며, 변경된 금리는 인하일로부터 적용한다(약관20의2 전단). 이 경우 저축은행은 채무자에게 금리를 인하한 날로부터 10영업일 이내에 SMS, E-mail 등으로 금리인하 사실을 통보한다(약관20의2 후단).

Ⅱ. 여신거래기본약관 특약(할부금융)

상호저축은행 여신거래기본약관 특약(할부금융)("특약")은 상호저축은행("저축은행")과 할부금융이용자("채무자") 사이의 할부금융거래에 대하여 적용하고, 여신거래기본약관과 경합하는 경우에는 이 특약을 우선하여 적용한다(특약1①). 본 특약에서 정하지 아니한 사항에 관하여는 여신거래기본약관을 따르기로 한다(특약1②).

1. 기한 전의 채무변제의무

(1) 여신거래기본약관 제7조 제1항 적용 사유

채무자에 관하여 다음의 사유, 즉 ⅰ) 채무자가 생업에 종사하기 위하여 외국에 이주하는 경우, ⅱ) 채무자가 외국인과의 혼인 및 연고 관계로 인하여 이주하는 때, ⅲ) 채무자가 할부금융거래와 관련하여 허위, 위·변조 또는 고의로 부실자료를 제출함으로써 저축은행의 채권보전에 중대한 손실을 유발한 때에는 여신거래기본약관 제7조 제1항을 따른다(특약2①).

(2) 여신거래기본약관 제7조 제2항 적용 사유

채무자가 할부금을 연속하여 2회 이상 지급하지 아니하고 그 지급하지 아니한 금액이 할부금융자금의 10분의 1을 초과하는 경우 여신거래기본약관 제7조 제2항을 따른다(특약2②).

(3) 여신거래기본약관의 적용 배제

할부금융거래의 경우 여신거래기본약관 제7조 제3항 제4호는 적용하지 아니한다(특약2③).

2. 관할법원의 합의

여신거래기본약관 저축은행과 채무자 사이에 할부금융거래에 관한 분쟁이 발생한 경우에는 채무자, 보증인 또는 물상보증인의 주소지를, 주소가 없는 경우에는 거소를 관할하는 지방법원을 관할법원으로 한다(특약3 본문). 다만, 채무자, 보증인 또는 물상보증인의 주소 또는 거소가 분명하지 아니한 경우에는 그러하지 아니하다(특약3 단서).

상품공시

여기서는 「상호저축은행 통일상품공시기준」("공시기준")의 주요 내용을 살펴본다.

제1절 일반원칙과 공시방법

Ⅰ. 일반원칙

상호저축은행은 금융상품을 공시함에 있어 다음의 일반원칙을 준수하여야 한다(공시기준3). 즉 ⅰ) 금융상품거래와 관련하여 확정되지 아니한 사항을 확정적으로 표시하거나 포괄적으로 나타내어서는 아니된다. ⅱ) 구체적인 근거와 내용을 제시하지 아니하면서 현혹적이거나 타 금융상품보다 비교우위에 있음을 막연하게 나타내어서는 아니된다. ⅲ) 금융소비자 및 기타 이해관계자가 알기 쉽도록 작성하여야 하며, 오해 또는 분쟁의 소지가 있는 표현을 하여서는 아니된다.

Ⅱ. 공시방법

1. 상품정보 공시

상호저축은행은 금융상품안내장, 점포객장 게시, 인터넷 홈페이지 게시 등의 방법으로 상품정보를 공시한다(공시기준4①).

2. 상품공시실 아이콘 설정 등

상호저축은행은 인터넷 홈페이지 초기화면의 금융소비자 등이 접근하기 용이한 위치에 상품공시실 아이콘을 설정하고 제5조부터 제10조까지에서 정하는 사항을 반영하여 [별표 1] 상호저축은행 인터넷공시사항을 공시하여야 한다(공시기준4②).

3. 금리의 비교공시

상호저축은행은 예금상품 및 대출상품을 각각 [별표 3] 내지 [별표 5]에 따라 상호저축은행중앙회 인터넷 홈페이지에 공시하여야 하고, 상호저축은행중앙회는 동 상품의 금리가 비교공시될 수 있도록 관리하여야 한다(공시기준4③).

제2절 예금상품

Ⅰ. 필요공시 사항

1. 예금상품의 거래조건 공시 포함사항

상호저축은행은 예금상품의 거래조건을 공시할 경우 ⅰ) 약정이율(다만, 변동금리부 예금상품의 경우 적용금리의 결정방법을 명시하여야 하며 참고로 최근의 실제 적용금리를 표시할 수 있다)(제1호), ⅱ) 확정금리 예금상품의 경우 연수익률(다만 만기 1년 이하의 예금상품의 경우 연수익률을 표시하지 아니할 수 있다)(제2호), ⅲ) 수수료(제3호), ⅳ) 거래제한 사항(제4호), ⅴ) 중도해지 또는 만기 시 처리방법(제5호), ⅵ) 보너스 내용(제6호), ⅶ) 이자 지급시기 및 방법(제7호), ⅷ) 공시내용의 유효기간(공시내용의 유효기간은 개시시기와 종료시기로 표시하되 이와 같은 표시가 곤란한 경우에는 유효한 현재 시점으로만 표시할 수 있다)(제8호), ⅸ) 예금자에게 발생할 수 있는 불이익 및 그 조건(제9호), ⅹ) 부가혜택이 주어지는 조건 및 내용(제10호), ⅺ) 그 밖에 당해 예금상품에 적용되는 주요 계약내용(제10호)을 반드시 포함하여야 한다(공시기준5①).

2. 만기 상품 공시사항

만기가 있는 상품의 경우에는 ⅰ) 만기 전 해지 시 적용하는 대표적 기간에 관한 이율 및 수수료, ⅱ) 만기 후 처리방법(자동갱신 여부 또는 만기 후 적용금리 등)을 포함하여 공시하여야 한다(공시기준5②).

3. 보너스 제공 공시사항

보너스가 제공되는 경우에는 ⅰ) 보너스가 주어지는 조건, ⅱ) 보너스의 구체적 내용(다만, 보너스의 내용이 대출과 관련된 경우에는 제7조 및 제8조의 규정에서 정하는 바에 따른다)을 공시하여야 한다(공시기준5③).

4. 이자지급 시기 및 방법의 특별사항 공시

이자지급시기에 특별한 제한이 있는 경우 또는 이자를 원금에 가산하거나 다른 계좌에 이체하는 등 이자지급방법에 특별한 사항이 있는 경우에는 이를 이자지급시기와 함께 공시하여야 한다(공시기준5④).

5. 수수료 공시

수수료를 공시함에 있어 법률에 정한 행위를 이행하거나 이용자의 이익 또는 권리행사 등을 위하여 이용자가 당연히 부담하여야 할 수수료는 공시대상에 포함되지 아니한다(공시기준5⑤).

6. 세금감면 공시사항

세금면제, 세금감경 등 세금이 우대됨을 표시하는 경우에는 ⅰ) 세목별 우대(면제 또는 감면)세율 또는 금액 및 기간, ⅱ) 세금의 부과가능성 또는 세율의 변동 가능성을 공시하여야 한다(공시기준5⑥).

Ⅱ. 거래조건의 표시방법

상호저축은행은 약정이율, 연수익률 등의 수익률을 표시하는 경우 다음에서 정한 사항을 준수하여야 한다(공시기준6). 즉 ⅰ) 약정이율은 연단위로 표시하여야 한다. ⅱ) 연수익률은 세전 또는 세후인지 여부를 표시하여야 한다. ⅲ) 변동금리부 예금상품의 경우로서 최근의 적용금리를 공시할 때에는 장래의 금리변동에 따라 변동될 수 있음을 표시하여야 한다. ⅳ) 예치기간 단계별로 상이한 금리를 적용하는 경우에는 각 단계별 약정이율 및 연수익률을 함께 공시하여야 한다. ⅴ) 해당 수익률을 얻기 위해 요구되는 기간이 정해진 경우에는 동 기간을 함께 공시하여야 한다. ⅵ) 연수익률 이외의 수익률을 공시하는 경우에는 이를 연수익률보다 눈에 띄지 않게 표시하여야 한다. ⅶ) 확정되지 아니한 만기예상수익률을 표시하여서는 아니된다. ⅷ) 연수익률은 약정이율에 붙여서 그 전후 또는 상하의 한 곳에 표시하여야 한다. ⅸ) 예금상품 종류별 연수익률 산출방식은 [별표 2]에서 정하는 바에 따른다.

제3절 대출상품

Ⅰ. 필요공시 사항

상호저축은행은 대출상품의 거래조건 등을 공시할 때에는 다음의 사항을 포함하여야 한다(공시기준7). 즉 ⅰ) 대출금리를 포함하여야 한다. 연단위의 약정이율로 표시하되 변동금리부 대출상품의 경우 적용금리의 결정방법을 명시하여야 한다. 이때 기준금리는 구체적인 기준 및 해당 금리를 확인할 수 있도록 과거 일자별로 별도 표시하되, 대내외적으로 확인 가능한 기준금리(예: 1년 만기 정기예금 취급금리)를 사용하는 경우 생략할 수 있다. ⅱ) 연체이자율 상한(대부업법에 따라 계산된 연체이자율 상한)을 포함하여야 한다. iii) 대출부대비용을 포함하여야 한다. 대출과 관련하여 이용자가 부담하는 제비용의 금액 또는 요율을 표시하여야 하며, 대출조건에 따라 변동이 있는 경우에는 대표적인 내용을 예시하여야 한다. iv) 대출금 상환기간, 상환방법 및 대출만기 경과 후 미상환 시의 처리방법을 포함하여야 한다. ⅴ) 담보 또는 보증의 필요 여부를 포함하여야 한다. ⅵ) 대출거래 제한사항 및 대출신청 자격요건을 포함하여야 한다. ⅶ) 공시내용의 유효기간을 포함하여야 한다. 공시내용의 유효기간은 개시시기와 종료시기로 표시하되 이와 같은 표시가 곤란한 경우에는 유효한 현재 시점으로만 표시할 수 있다. ⅷ) 차주에게 발생할 수 있는 불이익 및 그 조건을 포함하여야 한다. ⅸ) 부가혜택이 주어지는 조건 및 내용을 포함하여야 한다. ⅹ) 그 밖에 당해 대출상품에 적용되는 주요 계약내용을 포함하여야 한다.

Ⅱ. 거래조건의 표시방법

대출금리, 대출부대비용은 눈에 띄게 표시하여야 하며 다른 대출공시 사항보다 작게 표시할 수 없다(공시기준8①).

대출금액 또는 차주의 신용도 등에 따라 다른 대출금리를 적용하는 대출의 경우에는 대표적인 금리를 참고로 예시할 수 있으며, 예시된 내용이 실제로 적용되는 거래조건으로 오인되지 않도록 하여야 한다(공시기준8② 전단). 이 경우 자세한 내용에 대해서는 창구직원 등에게 문의하도록 안내하는 뜻을 표시하여야 한다(공시기준8② 후단).

제4절 기타 상품 또는 서비스에 대하여 공시할 내용

Ⅰ. 가격 또는 부대비용 공시

상호저축은행이 공시기준 제5조부터 제8조에서 정하는 상품 이외에 이용자에게 유상으로 제공하는 상품 또는 서비스에 대하여는 해당 상품 또는 서비스의 가격 또는 부대비용을 공시하여야 한다(공시기준9①).

Ⅱ. 화폐의 종류와 단위 등 표시

공시할 내용을 표시하는 경우에는 가격 또는 부대비용 적용의 기준이 되는 화폐의 종류, 단위 등을 명확하게 표시하여야 한다(공시기준9② 본문). 다만 해당 상품의 특성이 표시하지 못할 것인 때에는 그러하지 아니한다(공시기준9② 단서).

제5절 거래조건의 변경 등

Ⅰ. 거래조건의 변경

상호저축은행이 기존 금융상품의 거래조건을 변경하여 운영하고자 하는 경우 다음에서 정한 방법을 통하여 고객들이 사전에 충분히 알 수 있도록 하여야 한다(공시기준10). 즉 ⅰ) 변경시행일 이전까지 회수가능한 상품내용설명서 등 홍보물을 수거, ⅱ) 변경내용을 변경시행일로부터 1개월 이상 영업점에 게시, ⅲ) 거래조건의 시행일, 변경 전·후 거래조건의 비교, 기존 가입고객에 대한 적용 여부 등을 공시하여야 한다. 다만, 해당 상품의 특성이 공시하지 못할 것인 때에는 그러하지 아니한다.

Ⅱ. 최저거래금액 및 최고거래한도 등

금융거래와 관련하여 최저거래금액 또는 최고거래한도 등을 별도로 정하여 운용하는 경우 이를 공시하여야 한다(공시기준11).

Ⅲ. 오해 또는 분쟁 야기 우려문구 표시금지

상호저축은행은 금융상품의 거래조건을 공시함에 있어서 ⅰ) 구체적인 근거 없이 최고, 최상, 최저, 우리나라 처음, 당해 상호저축은행만이 최상 또는 유일성을 나타내는 표현, ii) 보장, 즉시, 확정 등 오해 또는 분쟁의 소지가 있는 표현의 오해 또는 분쟁을 야기할 우려가 있는 문구를 사용하여서는 아니된다(공시기준12).

Ⅳ. 필요공시 사항의 적용 예외

1. 금융상품 명칭 또는 상호저축은행 명칭

금융상품의 거래조건이 아닌 금융상품 명칭 또는 상호저축은행 명칭을 홍보하는 경우에는 제5조 제1항(예금상품의 거래조건 공시 포함사항) 및 제7조(대출상품 필요공시 사항)의 규정을 적용하지 아니한다(공시기준13① 본문). 다만, 필요공시 사항 중 일부라도 공시하는 경우에는 해당 사항에 대하여 이 기준에서 정하는 바에 따라야 한다(공시기준13① 단서).

2. 필요공시 사항의 생략

신문, 잡지 등 인쇄물에 의한 광고와 텔레비전, 라디오 등 방송에 의한 광고의 경우 등 광고게재 면적 또는 광고시간의 제약으로 제5조 제1항 및 제7조의 규정에서 정한 필요공시 사항을 전부 표시할 수 없을 경우 일부 또는 전부를 생략할 수 있다(공시기준13② 본문). 다만, 이 경우에는 생략된 내용에 관하여는 상품내용설명서를 참조하도록 안내하는 뜻을 표시하여야 한다(공시기준13② 단서).

Ⅴ. 금융상품 공시업무 심의 및 관리

1. 준법감시인 또는 감사부서의 심의·통제

상호저축은행이 금융상품을 공시할 때에는 준법감시인 또는 감사부서에서 제5조 내지 제13조에서 정한 내용의 준수 여부를 미리 심의·통제하여야 하며, 그 내용을 기록·유지하여야 한다(공시기준14①).

2. 상품안내장 등 관련기록 보존

상호저축은행은 금융상품의 상품안내장 등 관련 기록을 해당상품의 존속기간 이상 보존하여야 한다(공시기준14②).

3. 상품공시사항 확인 및 공시기준 적합의무

상호저축은행은 매월 1회 이상 상품공시사항을 확인하여 공시기준에 적합
하도록 하여야 한다(공시기준14③).

상호저축은행업자

상호저축은행

Ⅰ. 서설

1. 상호저축은행의 의의

상호저축은행은 저신용 서민과 영세 상공인을 대상으로 금융의 편의를 제공하기 위하여 1972년에 설립되었다. 설립 당시 상호신용금고라는 명칭이었으나 2001년 저축은행이라는 지금의 이름으로 변경되었다.

상호저축은행은 서민과 중소기업의 편의를 도모하기 위해 설립된 서민금융기관이다. 상호저축은행은 일반적으로 제1금융권에서 대출을 받을 수 없는 서민계층을 대상으로 금융 혜택을 제공할 목적으로 설립된 금융기관이다. 주로 중소 자영업자들과 서민의 신용도에 맞는 대출을 지원하는 지역금융기관으로서 서민금융의 중추적 역할을 담당하고 있다. 외환업무를 제외한 업무는 일반 시중은행과 비슷하나, 주요 대출고객이 신용도가 낮은 서민으로 구성되어 있어 제1금융권에 비해 예금 이자와 대출 이자가 일반적으로 높은 특징을 보이고 있다. 보통 자영업자에 유리한 상품들도 있지만 일반 개인에 있어서는 신용도를 크게 떨어뜨리지 않고 대출을 받을 수 있는 수단이 되고 있다.[1]

---

1) 김태균·서철승·이철규·오인하(2019), "로그평균 디비지아 지수 방법론을 이용한 저축은행 수익 변화 요인 분해분석", 한국혁신학회지 제14권 제4호(2019. 11), 156쪽.

2020년 현재 79개 저축은행이 영업활동을 하고 있다. 상호저축은행법에 근거하여 6개 권역으로 영업구역 제한을 받고 있으며, 영업구역 내 개인 및 중소기업에 50% 이상 의무대출이 적용되며, 지방 저축은행은 영업활성화를 위해 40%의 규제를 받고 있다는 점이 일반은행과 다르다.

2. 설립배경 및 연혁

상호저축은행(구 상호신용금고)은 1972년 8·3 긴급 경제조치에 따른 이른바 사금융 양성화 3법(단기금융업법, 상호신용금고법, 신용협동조합법)의 하나로 상호신용금고법이 제정되면서 등장하였다. 당시 은행을 비롯한 제도권 금융기관은 제한된 금융자금을 경제성장을 위한 우선 육성부문에 공급하는 데 치중하였다. 이에 따라 서민이나 소규모 기업은 대부분 사설 무진회사(無盡會社)나 서민금고 등을 통하여 자금을 융통하였다. 이들 사금융기관은 경영 규모의 영세성 및 부실경영 등으로 도산이 속출함으로써 거래자에게 막대한 피해를 주고 금융질서를 문란하게 하는 사례가 빈발하는 등 많은 폐해를 낳았다. 이러한 상황 아래서 정부는 이들 사금융기관을 양성화하여 그 업무를 합리적으로 규제함으로써 거래자를 보호하는 한편 담보력과 신용도가 취약한 소규모 기업과 서민을 위한 전문적 서민금융기관으로 육성하기 위하여 상호저축은행(당시 상호신용금고) 제도를 도입하였다.[2]

한편 상호저축은행은 그동안 지역경제와 서민금융을 위해 많은 기능과 역할을 수행해 왔지만, 1997년 IMF 외환위기[3] 이후 구조조정으로 크게 위축되었다. 그러나 2003년부터 저금리 기조가 정착됨에 따라 은행 대비 수신금리의 경쟁력이 상승하면서 수신이 증가하였고, 이를 기반으로 한 거대 여신의 확대로 인하여 2010년까지는 자산이 급증하면서 호황을 누려왔다. 그러나 일부 저축은행은 서

---

2) 한국은행(2018),「한국의 금융제도」, 한국은행(2018. 12), 222쪽.

3) 1997년 당시 태국, 인도네시아 등 일부 아시아 국가들의 외환위기 등 대외 경제여건의 악화로 우리나라 경제상황이 불안해지면서 외국계 은행들의 채권 회수 및 외국인 투자자들의 투자자금 회수가 가속화되었다. 당시 외환보유고는 39억 달러, 시중 금리 30%, 환율 달러당 2,000원 이상, KOSPI 280 등 6.25 이후 최악의 국가적 위기 상황이었다. 이로 인해 외환보유고가 급속히 고갈되면서 정부는 국제통화기금(IMF)으로부터 약 195억 달러 규모의 구제금융을 받았으며, IMF의 요청에 따라 금융시장 개방 확대와 더불어 강력한 금융 구조조정을 시행하였다(최원재(2019), "저축은행 사태 관련 제도·정책 연구", 고려대학교 대학원 석사학위논문(2019. 6), 61쪽).

민금융기관으로서 본연의 역할에 충실하지 않고 외형확대와 함께 부동산 과열에 편승하여 리스크가 높은 부동산PF 대출에 집중하였다.[4] 그 결과 2008년 금융위기 이후 부동산시장이 침체되면서 부동산PF 대출의 부실로 이어졌으며, 이로 인해 저축은행은 급속도로 부실해졌다. 여기에 대주주와 경영진의 도덕적 해이가 더해지면서 2011년 부산저축은행그룹을 비롯한 15개 저축은행이 영업정지처분을 받게 되었다.[5][6][7]

　　설립 초기인 1972년말 350개에 달하였던 상호저축은행 수는 부실 저축은행

---

4) 은행의 소매금융 확대와 대부업체의 공격적 마케팅으로 이중고를 겪던 저축은행업계는 2000년대 부동산 활황 국면에 편승해 고위험·고수익 자산인 PF대출 등 부동산 관련 운용자산 비중을 높여갔다. 2008년 12월 말 현재 전체 금융권역의 PF대출 잔액 72조 4,100억원 중 은행권이 52조 5,110억원으로 72.5%인 반면, 저축은행권은 11조 5,220억원으로 15.9%에 불과하다. 그러나 연체율의 경우 은행권은 1.07%에 불과하나 저축은행권은 13.03%로 열 배가 넘는다. 그리고 저축은행권의 PF대출 연체율은 2006년에서 2009년까지 약 10% 내외였으나, 2010년 말 25.14%로 급격히 증가하였다(최원재(2019), 71-72쪽).

5) 그 결과 저축은행의 경영상태는 더욱 악화되어 구조조정으로 이어졌으며, 2011년 상반기 8개, 하반기 7개, 2012년 4개의 부실 저축은행들이 영업정지를 받았다. 2011년부터 2015년까지 총 31개의 저축은행이 영업정지되면서 금융소비자의 피해 또한 막중하였다.

6) 2011년 저축은행 사태 이후 부실저축은행의 구조조정에서 나타난 저축은행의 문제점으로는 2008년 글로벌 금융위기와 부동산경기 침체로 인한 PF대출 부실, 그리고 예기치 못한 정책부작용 등의 문제도 있었으나 대주주 불법행위와 도덕적 해이로 인한 저축은행의 사금고화가 저축은행 부실화의 주요 원인이었다. 2011년 저축은행 사태에서는 후순위채 개인투자자 피해가 컸었는데 피해액은 총금액 7,143억원, 순 고객수 2만2천 명이었다. 특히 부산저축은행그룹 비리사건에서 대주주는 6조315억원을 불법대출하고 3조353억원의 분식회계를 저지른 혐의 등으로 기소되어 특정경제범죄 가중처벌 등에 관한 법률상 횡령·배임과 상호저축은행법 위반 등으로 징역 12년의 중형이 확정되었다(심영(2020), "금융회사 대주주 적격성 규제에 대한 소고", 일감법학 제47호(2020. 10), 56쪽).

7) 2008년 미국 서브프라임 모기지 부실 여파 등으로 인한 국내 부동산경기 침체로 PF대출의 건전성이 악화되기 시작하자 저축은행 업계가 심각한 부실에 직면하여, 2011년 1월 삼화저축은행의 영업정지를 시작으로 당해연도 16개 저축은행이 영업정지되는 대규모부실을 경험하였다. 이후에도 2012년 8개, 2013년 5개, 2014년 1개, 2015년 1개 등 2011년부터 2015년까지 총 31개 저축은행의 연쇄부도 이후, 예금보험공사는 예금보험기금 내에 상호저축은행 구조조정 특별계정("특별계정")을 2026년까지 한시적으로 설치하기로 하고 약 27.2조원의 자금을 투입하여 부실저축은행을 정리하였으며, 특별계정 부채의 상환을 위해 노력 중이다. 특별계정은 2011년 4월 예금보험기금 상호저축은행계정의 건전화를 지원하기 위해 예금보험기금 내 만들어진 별도의 계정이다. 특별계정은 2011년 1월 이후 발생한 저축은행의 부실을 정리하기 위한 자금을 지원하였으며, 이를 위하여 부보금융회사의 보험료 중 일부(각 금융권역별 보험료 수입의 45%), 예금보험기금채권 발행, 예금보험기금의 각 계정으로부터의 차입금, 외부차입금, 회수자금 등으로 필요한 자금을 조성하였으며, 이는 특별계정을 통해 2011년 1월부터 발생한 31개 저축은행의 부실을 정리하는 데 사용되었다(이진호·정현재·권은지(2020), "금융위기 시 예금자 우선변제제도의 역할에 관한 연구: 한국의 부실저축은행 구조조정을 중심으로", 한국FP학회(2020. 2), 65쪽).

의 정비 및 통·폐합 유도, 신규설립 억제 등으로 계속 감소하여 1980년말에는 192개로 줄어들었다. 그후 1982년 7월에서 1983년 11월까지 총 58개의 상호저축은행이 신설되기도 하였으나 1997년 외환위기 이후 다수 상호저축은행이 퇴출 또는 합병되면서 1997년말 231개에 달하던 상호저축은행 수가 2017년말에는 79개로 크게 감소하여 현재까지 유지하고 있다.[8]

2011년 삼화저축은행을 시작으로 본격적인 구조조정이 시작되었다. 저축은행의 연쇄적 영업정지, 대규모 퇴출, 제3자 계약이전 후 인수 등 강도 높은 구조조정이 이루어졌다. 이러한 구조조정 과정에서 나타난 저축은행들의 특징 중 하나는 합병을 통한 저축은행의 대형화를 들 수 있다. 계열저축은행 등 복수의 저축은행이 함께 인수되면서 저축은행의 대형화 추세로 인한 시장집중도 상승이 지속되고, 2013년부터 가계대출, 소액신용대출 등 자산의 증가추세가 이어지고 있다. 합병은 경영효율성을 위한 것이라고 강조하고 있지만, 몸집 부풀리기에만 급급한 저축은행을 향한 우려의 목소리도 높다. 또한 영업정지된 대형 저축은행이 국내 금융지주회사와 우량 대부업계열 중심으로 영업양수가 이루어지면서 새로운 소유구조를 가진 저축은행이 나타난 것이 또 하나의 특징이다.[9]

3. 기능과 특성

상호저축은행은 2001년 3월 상호신용금고법이 개정되면서 종전의 상호신용금고의 명칭이 변경되어 생겨난 금융기관으로, 명칭이 변경되었지만 동일한 종류의 금융기관이다. 상호신용금고는 1972년 정부의 8.3조치에 따라 사금융 양성화를 위해 제정된 상호신용금고법에 의해 설립된 금융기관으로서 "서민의 금융편의 도모"[10]를 그 목적으로 한다.

서민금융기관으로서의 본래 취지에 따라 영업구역이나 업무의 범위에 제한이 따르기는 하지만, 금융이용자 쪽에서 본다면 은행과 그 기능에 큰 차이가 없다. 금융기관의 업종을 크게 은행, 금융투자, 보험으로 구분할 때 저축은행을 이

---

8) 한국은행(2018), 223쪽.
9) 배수현(2019a), "저축은행 구조조정 이후 수익성과 건전성분석: 규모 및 소유구조를 중심으로", 경영교육연구 제34권 제2호(2019. 4), 136쪽.
10) 상호신용금고법이 제정되었을 당시에는 "서민의 금융편의" 도모를 그 목적으로 규정(법1)하였으나, "서민과 소규모기업의 금융편의"(1995년 1월 개정) 도모로 개정하였다가, 2001년 3월 개정시에는 "서민과 중소기업의 금융편의" 도모를 목적으로 변경하여 현재까지 유지되고 있다.

러한 금융업종과 구분하여 독립된 영역으로 취급[11]하기는 하지만, 예금과 대출이 그 핵심업무라는 점을 고려한다면 사실상 은행과 같은 업무를 하고 있다. 그러나 소규모 서민금융기관이란 점 때문에 저축은행의 경우 시장진입이나 건전성 규제 등에서 은행보다 매우 완화된 기준을 적용하고 있다.[12] 특히 은행은 사금고화를 방지하기 위해 산업자본에 의한 은행의 소유를 엄격히 제한하고 있는데 반해 유사한 기능을 영위하는 저축은행에 대해서는 소유제한이 거의 없다.[13]

또한 저축은행은 지역밀착형 서민금융기관이라는 점에서 영업구역의 제한을 받는다. 상호저축은행법은 전국을 6개의 영업구역으로 구분하고 저축은행은 이 영업구역 내에서 영업함을 원칙으로 하고 있다.[14] 저축은행에 대한 영업구역 제한은 지역에 특화된 서민금융기관으로서 기능하도록 하기 위한 조치이며 이 점에서 전국을 영업무대로 하는 은행과 차이가 있다.[15]

상호저축은행은 도입 당시에는 그 업무가 매우 제한적이어서 은행에서 취급하는 예금과 대출 등은 취급할 수가 없었으나, 점진적인 업무범위의 확대로 이제는 사실상 은행이 취급하는 업무와 거의 차이가 없다. 즉 1972년 상호신용금고법 제11조에서는 상호신용금고의 업무범위를 상호신용계업무, 신용부금업무, 할부상환방법에 의한 소액신용대출, 계원 또는 부금자에 대한 어음의 할인만으로 규정하고 있었다. 그러나 현행 상호저축은행법("법")은 예금 및 적금의 수입, 자금의 대출, 어음의 할인과 같이 은행의 핵심 여·수신업무를 포함하고 있으며, 내·외국환, 보호예수, 수납 및 지급대행, 기업합병 및 매수의 중개·주선 또는 대리업무 등의 업무도 할 수 있도록 규정하고 있다(법11①).

---

11) 금융감독당국은 비은행(중소서민금융)이란 업종으로 구분하고 있다.

12) 금융기관에 대한 규제는 시장에의 진입과 퇴출, 소유, 자기자본비율, 영업행위 등 여러 측면에서 살펴볼 수 있는데, 저축은행은 이러한 규제에서 은행과 많은 차이가 있다.

13) 최영주(2012), "저축은행 부실화에 있어 대주주의 영향과 법적 규제", 법학연구 제53권 제3호(2012. 8), 194-195쪽.

14) 2010년 상호저축은행법 개정 이전에는 서울특별시, 광역시, 각 도 단위로 영업구역을 설정하였으나(영6③), 2010년 법 개정으로 영업구역을 6개 구역으로 재편하였다(법4). 또한 하나의 지역 내에 본점만 설치하는 것이 원칙이다. 그러나 영업구역 내에서는 금융위원회의 인가를 받아 지점·출장소 등을 설치할 수 있으며(법7①), 대통령령이 정하는 경우에는 금융위원회의 인가를 받아 영업구역 외에 지점 등을 설치할 수 있도록 허용하고 있다(법7②).

15) 은행의 경우에도 지방은행은 저축은행과 유사한 영업구역 제한을 해 왔으나, 단계적으로 완화하여 1998년에는 영업구역의 제한을 폐지하였고, 현행 은행법은 지방은행을 "전국을 영업구역으로 하지 아니하는 은행"이라고만 규정(은행법2①(10) 가목)하고 있다.

4. 다른 법률과의 관계

상호저축은행에 대하여는 한국은행법(제80조 제1항 및 제3항[16]은 제외)과 은행법을 적용하지 아니한다(법36①). 상호저축은행은 자산관리공사법 제45조의2(경매에 대한 통지 또는 송달의 특례)를 적용할 경우에 같은 조의 적용을 받는 기관으로 본다(법36②). 상호저축은행은 외부감사법 제4조(외부감사의 대상)를 적용할 때 주식회사로 본다(법36③).

Ⅱ. 인가와 영업구역 제한

1. 상호저축은행의 형태

상호저축은행은 일정 행정구역 내에 소재하는 서민과 중소기업에게 금융편의를 제공하도록 설립된 지역 서민금융기관이다. 상호저축은행의 형태는 주식회사로 한다(법3).

2. 인가

상호저축은행 업무를 영위하려면 일정한 요건을 갖추어 금융위원회로부터 상호저축은행의 인가를 받아야 한다(법6, 법6의2). 은행법 제6조는 상호저축은행을 은행으로 보지 아니한다고 규정하여 은행법 적용을 배제한다.

3. 명칭의 사용

상호저축은행은 그 명칭 중에 "상호저축은행" 또는 "저축은행"이라는 명칭을 사용하여야 한다(법9①). 상호저축은행이 아닌 자는 상호저축은행, 저축은행, 상호신용금고, 무진회사(無盡會社), 서민금고 또는 이와 비슷한 명칭을 사용하지 못한다(법9②).

---

16) ① 금융기관의 신용공여(信用供與)가 크게 위축되는 등 금융기관으로부터의 자금조달에 중대한 애로가 발생하거나 발생할 가능성이 높은 경우 한국은행은 제79조(민간과의 거래 제한)에도 불구하고 위원 4명 이상의 찬성으로 금융기관이 아닌 자로서 금융업을 하는 자 등 영리기업에 여신할 수 있다.
③ 제1항에 따라 여신을 하는 경우에는 제65조(금융기관에 대한 긴급여신) 제3항 및 제4항을 준용한다.

법 제9조를 위반하여 명칭의 사용 등과 관련된 의무를 이행하지 아니한 자는 1년 이하의 징역 또는 1천만원 이하의 벌금에 처한다(법39⑤(2)).

4. 영업구역의 제한

상호저축은행의 영업구역은 주된 영업소("본점") 소재지를 기준으로 ⅰ) 서울특별시(제1호), ⅱ) 인천광역시·경기도를 포함하는 구역(제2호), ⅲ) 부산광역시·울산광역시·경상남도를 포함하는 구역(제3호), ⅳ) 대구광역시·경상북도·강원도를 포함하는 구역(제4호), ⅴ) 광주광역시·전라남도·전라북도·제주특별자치도를 포함하는 구역(제5호), ⅵ) 대전광역시·세종특별자치시·충청남도·충청북도를 포함하는 구역(제6호)의 어느 하나에 해당하는 구역으로 한다(법4①). 즉 상호저축은행은 주된 영업소인 본점이 소재한 지역으로 영업구역이 제한된다. 다만 합병상호저축은행 및 계약이전을 받는 상호저축은행은 합병에 의하여 소멸되는 상호저축은행 또는 계약이전을 하는 상호저축은행의 영업구역을 해당 상호저축은행의 영업구역으로 포함시킬 수 있다(법4②).

시중은행 및 지방은행은 점포 수 규제가 없어 스스로 적정 지점 수준을 유지하고 있다. 그러나 저축은행은 시중은행 및 지방은행과는 달리 지정된 영업구역 내에서만 지점 및 영업소를 설치해야 하며, 각 영업구역 내에서 일정 비율 이상의 여신을 해야 하는 규제를 받고 있다. 예금은 전국 지역에서 가입이 가능하지만 대출에 있어서는 해당 관할 구역에서 30-50% 정도 할당량 이상의 의무여신 영업을 하도록 규정되어 있다.

Ⅲ. 자기자본

1. 자기자본의 범위(기본자본과 보완자본)

"자기자본"이란 국제결제은행의 기준에 따른 기본자본과 보완자본의 합계액으로서 "대통령령으로 정하는 기준"에 따라 금융위원회가 정하는 금액을 말한다(법2(4)). 여기서 "대통령령으로 정하는 기준"이란 다음의 기준을 말한다(영3①). 즉 ⅰ) 기본자본은 자본금, 적립금 등 상호저축은행의 실질순자산으로서 영구적 성격을 지닌 것으로 하여야 하고(제1호), ⅱ) 보완자본은 후순위채권 등 기본자본에 준하는 성격의 자본으로서 상호저축은행의 영업활동에서 발생하는 손실을 보전할 수 있는 것으로 하여야 하며(제2호), iii) 해당 상호저축은행이 보유하고 있는 자기주식 등 실질적으로 자본을 충실히 유지하는 데에 기여하지 아니하는 것은 기본자본 및 보완자본에서 제외하여야 하고(제3호), iv) 자기자본은 6개월마다 산정하고, 산정일 이후 2개월이 지난 날부터 6개월간("자기자본 적용기간") 적용하여야(제4호) 한다.

2. 자기자본 범위의 예외

제1항에도 불구하고 다음의 어느 하나에 해당하는 경우에는 그 금액을 자기자본으로 한다(영3②). 즉 i) 다음의 어느 하나에 해당하는 상호저축은행, 즉 ㉠ 법 제24조의2부터 제24조의12까지의 규정에 따라 경영정상화를 추진하고 있는 상호저축은행(가목), ㉡ 금융산업구조개선법 제10조 제1항 제8호 또는 제14조 제2항에 따라 계약이전을 받은 상호저축은행(나목), ㉢ 제6조의3 제3항 각 호의 어느 하나에 해당하는 상호저축은행의 경영을 정상화하기 위하여 최대주주(최대주주의 제4조의2 제1항에 따른 특수관계인인 주주를 포함)가 변경된 상호저축은행(기존의 주요주주 및 주요주주의 제4조의2 제1항에 따른 특수관계인이 최대주주로 변경된 경우는 제외)(다목)에 대하여 금융위원회가 해당 상호저축은행의 재무구조 및 경영정상화 기간 등을 고려하여 금융감독원장의 의견을 들어 따로 정하는 금액이 있는 상호저축은행에 대해서는 그 금액(다만, 그 금액이 제1항의 기준에 따라 산정한 자기자본보다 큰 경우로 한정)(제1호), ii) 자기자본 산정결과 자기자본이 감소한 경우에는 감소하기 전의 금액(제2호 본문).17) 다만, 법 제24조 제2항 제2호, 제24조의2부터 제24조의12까지, 금융산업구조개선법 제10조 제1항, 제14조 제2항 및 이 영 제6조의3 제1항 제1호, 같은 조 제7항 제2호, 제11조의7 제1항 제1호를 적용하는 경우는 제외한다(제2호 단서).

3. 자기자본 산정방식

자기자본은 상호저축은행의 개별재무제표를 기준으로 기본자본과 보완자본에서 공제항목을 차감하여 산정한다(감독규정4의2①).

---

17) 제2항 제2호 본문에 따른 금액은 다음 자기자본 적용기간에만 적용한다(영3③).

4. 기본자본, 보완자본 및 공제항목의 범위

기본자본,18) 보완자본19) 및 공제항목20)의 범위는 [별표 6]과 같으며, 보완자본의 인정범위 및 한도 등은 감독규정 제44조 제2항의 자기자본 계산방법에 따른다(감독규정4의2②).

5. 자기자본 산정기준

자기자본은 해당 상호저축은행의 회계연도 말일 및 반기말일 현재 재무제표를 기준으로 산정한다(감독규정4의2③).

6. 자기자본 증감 사유

다음의 사유가 발생한 때에는 그 금액을 자기자본에 더하거나 뺀다(감독규정 4의2④). 즉 ⅰ) 증자의 경우에는 증자의 효력발생일로부터 증자금액에서 직전 분기말 현재 당기순손실을 뺀 금액(당기순손실이 자기자본에 이미 반영된 경우를 제

---

18) [별표 6] 기본자본의 범위는 1. 자본금(누적적우선주 및 상환우선주 제외), 2. 자본잉여금(재평가적립금제외), 3. 이익잉여금.

19) [별표 6] 보완자본의 범위는 1. 자산재평가법에 의한 재평가적립금
2. 기타 포괄손익누계액 중 매도가능증권 평가이익 및 지분법 적용투자주식 평가이익(시장성이 있는 유가증권 관련분에 한함)의 45% 상당액과 유형자산 재평가이익의 70% 상당액
3. 자산건전성 분류결과 "정상", "요주의" 및 "고정"으로 분류된 자산에 대하여 적립한 대손충당금(총 위험가중자산의 1.25% 범위 내)
4. 영구후순위채권, 누적적우선주 등 부채성 자본조달수단에 의하여 조달한 자금
5. 상환기간 5년 이상의 상환우선주
6. 만기 5년 이상의 기한부 후순위채권 발행자금 및 만기 5년 이상의 기한부후순위예금

20) [별표 6] 공제항목의 범위는 1. 영업권 상당액, 지급이 예정된 현금배당 상당액, 이연법인세자산, 주식할인발행차금, 기타포괄손익누계액 중 매도가능증권 평가손실 및 부의지분법 자본변동, 자기주식(기본자본에서 공제)
2. 자기자본비율 제고를 목적으로 다른 금융기관과 상호보유한 주식·부채성자본조달수단·만기 5년 이상의 기한부후순위채권 등에 의하여 조달한 자금(자기자본에서 공제)
3. 금융감독원장이 정하는 부실금융기관에 대한 후순위채권(자기자본에서 공제)
4. 보완자본 3.에서 6.까지에 해당하는 것 중 보완자본으로 인정되는 금액의 50% 해당액(보완자본에서 공제)*
   * 제44조의 규정에 따른 위험가중자산에 대한 자기자본비율을 산출하는 경우에는 적용하지 아니한다.
5. 상호저축은행의 손실에 충당할 수 없는 자산 또는 자본항목으로서 금융감독원장이 정하는 사항

외)을 자기자본에 더한다(제1호). ⅱ) 유상감자의 경우에는 유상감자의 효력발생일로부터 감자금액에서 직전 분기말 현재 당기순이익을 뺀 금액(당기순이익이 자기자본에 이미 반영된 경우를 제외)을 자기자본에서 뺀다(제2호). ⅲ) 외부감사인의 회계감사(제44조 제4항에 따른 검토보고를 포함) 결과 회계연도말일 또는 반기말일의 재무제표 등의 오류가 수정된 경우에는 회계연도 말일 또는 반기말일의 자기자본에 그 금액을 더하거나 뺀다(제3호). ⅳ) 금융감독원장의 검사결과 회계연도 말일 또는 반기말일의 재무제표 등의 오류가 지적된 경우에는 회계연도 말일 또는 반기말일의 자기자본에 그 금액을 더하거나 뺀다(제4호). ⅴ) 합병의 경우에는 합병에 따른 자산·부채 및 자본의 변동으로 인한 자기자본 증감효과를 반영한다(제5호).

7. 동일계열상호저축은행의 개별차주 등에 대한 신용공여 관련 자기자본

법 제12조 제1항 및 제3항에 따른 동일계열상호저축은행의 개별차주 및 동일차주에 대한 신용공여 합계액 한도 산정을 위한 자기자본은 모상호저축은행의 연결재무제표에 따른 자기자본을 기준으로 산정하되, 시행령 제6조의3 제4항에 따라 상호저축은행이 다른 상호저축은행의 주식취득등에 대한 금융위원회의 승인을 받은 경우에는 주식의 취득일부터 3년이 경과한 날이 속하는 분기말까지는 동일계열상호저축은행 중 그 다른 상호저축은행을 연결에서 제외하고 산정한다(감독규정4의2⑤).

8. 모상호저축은행의 개별재무제표에 따른 자기자본 적용

제5항에 따라 산출한 모상호저축은행의 연결재무제표에 따른 자기자본이 모상호저축은행의 개별재무제표에 따른 자기자본보다 작은 경우에는 모상호저축은행의 개별재무제표에 따른 자기자본을 적용한다(감독규정4의2⑥).

9. 연결재무제표에 따른 자기자본 적용

동일계열상호저축은행 중 시행령 제3조 제2항 제1호 각 목에 따른 상호저축은행이 포함된 경우에는 그 상호저축은행을 제외하고 작성한 연결재무제표에 따른 자기자본과 그 상호저축은행의 시행령 제3조 제1항에 따라 산정한 자기자본을 합산한 금액을 연결재무제표에 따른 자기자본으로 적용한다(감독규정4의2⑦).

Ⅳ. 업무 범위

1. 개요

최근 상호저축은행은 법정 최고금리 인하, 가계부채 대책 등 각종 규제가 강화되고, 인터넷전문은행의 출범으로 경쟁이 더욱 치열해지면서 수익다각화를 모색하고 있다. 상호저축은행은 카드발급을 통한 수수료 수입 확대, 항공금융, 오토론, 방카슈랑스, 골드바 판매 등 사업다각화를 통한 수익다변화 전략에 집중하고 있다. 상호저축은행 수의 지속적인 감소에도 불구하고 인터넷은행, P2P업체 등의 진입으로 산업간 경쟁강도가 매우 높은 수준이다. 저축은행은 대부분 예수부채를 통해 자금을 조달하고 대출로 자산운용이 이루어지고 있어 영업이익의 대부분이 순이자마진이다. 그러나 치열한 경쟁 환경 속에서 저축은행은 수익다변화에 대한 필요성을 인식하고 사업다각화를 통한 비이자수익 확대를 위한 다양한 전략을 모색 중에 있다. 즉 대출채권매각이익, 투자부동산임대수익, 유가증권 평가 및 처분이익, 수수료수입 등을 통한 비이자수익을 증대하고자 한다. 또한 대형 저축은행 중심으로 체크카드발급, 보험상품판매, 오토론 등을 통한 수수료 수익을 창출하고 있으며, 주택금융공사 보금자리론 외에 새로운 정책금융상품을 취급하면서 고객확보를 통한 사업다각화 전략을 취하고 있다.[21]

2. 고유업무

상호저축은행은 ⅰ) 신용계업무(제1호),[22] ⅱ) 신용부금업무(제2호),[23] ⅲ) 예금 및 적금의 수입 업무(제3호), ⅳ) 자금의 대출 업무(제4호), ⅴ) 어음의 할인 업무(제5호), ⅵ) 내·외국환 업무(제6호),[24] ⅶ) 보호예수업무(제7호),[25] ⅷ) 수납

---

21) 배수현(2019b), "패널데이터를 이용한 저축은행 소유집중도와 다각화", The Journal of the Convergence on Culture Technology (JCCT) Vol.5 No.2(2019. 5), 78쪽.
22) "신용계업무(信用契業務)"란 일정한 계좌 수와 기간 및 금액을 정하고 정기적으로 계금(契金)을 납입하게 하여 계좌마다 추첨·입찰 등의 방법으로 계원(契員)에게 금전을 지급할 것을 약정하여 행하는 계금의 수입과 급부금의 지급 업무를 말한다(법2(2)).
23) "신용부금업무"란 일정한 기간을 정하고 부금(賦金)을 납입하게 하여 그 기간 중에 또는 만료시에 부금자에게 일정한 금전을 지급할 것을 약정하여 행하는 부금의 수입과 급부금의 지급 업무를 말한다(법2(3)).
24) 내국환업무는 추심, 상호저축은행환, 타행환, 계좌이체 등으로 한다(상호저축은행 표준업무방법서41, 이하 "업무방법서").

및 지급대행 업무(제8호), ix) 기업 합병 및 매수의 중개·주선 또는 대리 업무(제9호), x) 국가·공공단체 및 금융기관의 대리 업무(제10호),²⁶⁾ xi) 상호저축은행 중앙회를 대리하거나 그로부터 위탁받은 업무(제11호), xii) 전자금융거래법에서 정하는 직불전자지급수단의 발행·관리 및 대금의 결제(상호저축은행중앙회의 업무를 공동으로 하는 경우만 해당)(제12호), xiii) 전자금융거래법에서 정하는 선불전자 지급수단의 발행·관리·판매 및 대금의 결제(상호저축은행중앙회의 업무를 공동으로 하는 경우만 해당)(제13호), xiv) 자본시장법에 따라 금융위원회의 인가를 받은 투자중개업, 투자매매업 및 신탁업(제14호), xv) 여신전문금융업법에 따른 할부금융업²⁷⁾(거래자 보호 등을 위하여 재무건전성 등 대통령령으로 정하는 요건²⁸⁾을 충족하는 상호저축은행만 해당)(제15호) 업무를 영위할 수 있다(법11①).

상호저축은행은 외국환거래법 시행령 제14조 및 외국환거래규정 제2-21조에 따라 상호저축은행법상 허용된 상호저축은행 업무와 직접 관련된 외국환업무(외화송금 및 금전대차 중개 제외)를 영위할 수 있다(외국환거래규정2-21①).

상호저축은행은 외국환거래법 제8조(외국환업무의 등록 등) 제3항 및 외국환거래법시행령 제15조(환전업무의 등록)에서 정하는 바에 따라 환전상업무를 취급할 수 있다(업무방법서44 본문). 다만, 상호저축은행법 제24조의2 및 제24조의3의 규정에 의한 경영지도 또는 경영관리를 받고 있거나 경영지도 또는 경영관리 종료 후 1년이 경과되지 아니한 상호저축은행을 제외한다(업무방법서44 단서).

3. 부대업무

(1) 부대업무의 의의

부대업무는 고유업무에 부대되는 업무 또는 상호저축은행의 설립목적 달성에 필요한 업무로서 금융위원회의 승인을 받은 업무를 말한다(법11①(16)). 부대

---

25) 보호예수업무는 보호예수, 대여금고, 야간금고로 한다(업무방법서42).
26) 국고금, 지방세, 공과금 등 공공요금의 수납과 금융기관의 대리업무는 관계법령이 정하는 방법과 관계기관과의 협약에 따라 업무를 처리한다(업무방법서43).
27) 여신전문금융협회 할부금융업 등록 현황(2019. 12월말 기준)에 의하면 할부금융업을 영위하는 저축은행은 현재 7개사이다(OSB저축은행, JT저축은행, 인성저축은행, 웰컴저축은행, 조은저축은행, SBI저축은행, 오케이저축은행).
28) "재무건전성 등 대통령령으로 정하는 요건"이란 다음의 요건을 말한다(영7의5).
    1. 제11조의7 제1항 제1호에 따른 위험가중자산에 대한 자기자본비율이 최근 2개 회계연도 연속하여 10% 이상일 것
    2. 최근 2년간 법 제24조 제1항 제1호에 따른 경고 이상의 조치를 받은 사실이 없을 것

업무는 ⅰ) 표지어음의 발행, ⅱ) 금융결제 관련 업무(CD공동망, CMS, 지로, 전자금융공동망 관련 업무),[29] ⅲ) 상품권 및 복권 판매대행, ⅳ) 지금형 주화(금화·은화 및 금화·은화모양 메달)의 수탁판매, ⅴ) 금지금의 판매대행, ⅵ) 보험업법 제91조[30]에 의한 금융기관 보험대리점 업무, ⅶ) 부동산의 임대,[31] ⅷ) 상호저축은행업 관련 전산시스템 및 소프트웨어의 판매 및 대여, ⅸ) 상호저축은행의 인터넷 홈페이지, 서적, 간행물 및 전산 설비 등 물적 설비를 활용한 광고 대행, ⅹ) 다른 상호저축은행이 금융감독원장으로부터 승인받은 업무와 같은 업무(다만, 금융감독원장이 그 승인을 하면서 저축은행의 경영 건전성, 금융이용자 보호, 금융시장의 안정성 등을 위해 자기자본, 자산규모, 경영관리능력 등의 요건을 둔 경우에는 제외)이다(감독규정22의5①).

(2) 부대업무 승인

상호저축은행은 부대업무를 영위할 수 있는데, 금융위원회가 부대업무를 승인할 때에는 합병상호저축은행, 계약이전을 받은 상호저축은행 또는 경영실적이 우수하고 재무상태가 우량한 상호저축은행에 대하여 우선적으로 승인할 수 있다(영8).

(3) 부대업무의 승인 의제

부대업무는 법 제11조 제1항 제16호에 따라 금융위원회의 승인을 받은 것으로 본다(감독규정22의5①).

---

29) 금융결제원업무는 CD공동망업무, 자금관리서비스(CMS)업무, 지로(장표수납, 자동계좌이체, 납부자자동이체, 대량지급 등)업무, 전자금융공동망업무 등으로 한다(업무방법서41의2).

30) 보험업법 제91조(금융기관보험대리점 등의 영업기준) ① 다음의 어느 하나에 해당하는 기관("금융기관")은 보험대리점 또는 보험중개사로 등록할 수 있다.
   1. 은행, 2. 투자매매업자 또는 투자중개업자, 3. 상호저축은행, 4. 그 밖에 다른 법률에 따라 금융업무를 하는 기관으로서 대통령령으로 정하는 기관
   ② 제1항에 따라 보험대리점 또는 보험중개사로 등록한 금융기관("금융기관보험대리점 등")이 모집할 수 있는 보험상품의 범위는 금융기관에서의 판매 용이성(容易性), 불공정거래 가능성 등을 고려하여 대통령령으로 정한다.
   ③ 금융기관보험대리점등의 모집방법, 모집에 종사하는 모집인의 수, 영업기준 등과 그 밖에 필요한 사항은 대통령령으로 정한다.

31) 상호저축은행은 영업용 건물에 대하여 연면적의 10% 이상을 사용하는 경우에 잔여면적을 임대할 수 있다(업무방법서45①). 상호저축은행은 비업무용부동산을 임대하는 경우 매회의 임대기간은 2년을 초과하지 못하며 법인세법시행규칙 제26조 제5항 제11호에서 정한 기간을 초과하여 새로운 임대계약을 체결하거나 기존의 임대계약을 연장하지 못한다(업무방법서45②).

(4) 부대업무의 승인신청

상호저축은행이 부대업무를 영위하고자 금융감독원장의 승인을 신청하는 경우에는 [별지 제14호 서식]에 따른다(시행세칙19의8).

(5) 부대업무의 승인 공고

금융감독원장은 상호저축은행의 부대업무를 승인한 경우에는 승인일로부터 7일 이내에 ⅰ) 상호저축은행의 명칭, ⅱ) 부대업무의 승인일, ⅲ) 부대업무의 개시 예정일, ⅳ) 부대업무의 내용 및 제한사항을 인터넷 홈페이지 등에 공고하여야 한다(감독규정22의5②).

제
2
장

상호저축은행업자규제

제1절 진입규제

Ⅰ. 인가대상

1. 인가범위

금융위원회는 ⅰ) 법 제6조(영업의 인가)에 의한 상호저축은행업의 영위(제1호), ⅱ) 법 제10조,[1] 금융산업구조개선법 제4조[2] 및 제26조[3]에 의한 상호저축

---

1) 상호저축은행법 제10조(인가 사항) ① 상호저축은행이 다음의 어느 하나에 해당하는 행위를 하려면 금융위원회의 인가를 받아야 한다.
   1. 해산·합병
   2. 영업 전부(이에 준하는 경우를 포함)의 폐업·양도 또는 양수
   3. 자본금의 감소
   ② 금융위원회는 제1항에 따른 인가에 조건을 붙일 수 있다.
2) 금융산업구조개선법 제4조(인가) ① 금융기관이 이 법에 따른 합병 또는 전환을 하려면 미리 금융위원회의 인가를 받아야 한다.
   ② 삭제[1998. 1. 8]
   ③ 금융위원회는 제1항에 따른 인가를 할 때 다음 기준에 적합한지를 심사하여야 한다.
   1. 합병 또는 전환의 목적이 금융산업의 합리화와 금융구조조정의 촉진 등을 위한 것일 것
   2. 합병 또는 전환이 금융거래를 위축시키거나 기존 거래자에게 불이익을 줄 우려가 없는

은행의 합병, 전환, 해산 또는 영업 전부의 폐지·양도·양수(제2호)에 대하여는 인가절차를 통해 상호저축은행의 해당 행위를 인가한다(감독규정5).

2. 영업의 인가(업무영위 인가)

상호저축은행법 제6조 영업의 인가에 관하여는 뒤의 인가요건 및 인가절차 등에서 구체적으로 살펴본다.

3. 합병 또는 전환 인가 심사기준

(1) 합병의 경우

합병의 경우에는 금융산업구조개선법 제4조 제3항에서 정한 심사기준에 적합하여야 하며, 동조 제6항에 따라 "제3항 각 호의 심사기준에 필요한 구체적인 사항"이라 함은 다음의 기준을 말한다(감독규정15①).

1. 업무 또는 영업구역의 보완, 금융구조조정 등 합병 목적이 타당할 것
2. 합병 후 3개년간 추정재무제표 및 수익전망이 영업계획에 비추어 실현가능성이 있고 영위할 수 없는 업무를 최대한 빠른 시일내에 정리할 수 있도록 정리계획이 수립되었을 것

등 금융 산업의 효율화와 신용질서의 유지에 지장이 없을 것
3. 합병 또는 전환이 금융기관 간 경쟁을 실질적으로 제한하지 아니할 것
4. 합병 또는 전환 후에 하려는 업무의 범위가 관계법령 등에 위반되지 아니하고 영업계획이 적정할 것
5. 합병 또는 전환 후 업무를 할 수 있는 조직 및 인력의 체제와 능력을 갖추고 있을 것
6. 상법, 자본시장법, 그 밖의 관계법령에 위반되지 아니하고, 그 절차의 이행에 흠이 없을 것
7. 자기자본비율, 부채 등이 적절한 수준일 것
8. 대통령령으로 정하는 주요 출자자가 충분한 출자능력과 건전한 재무상태를 갖추고 있을 것
④ 금융위원회는 금융기관 간의 합병을 인가하려면 제3항 제3호에서 규정한 금융기관 간의 경쟁을 실질적으로 제한하지 아니하는지에 대하여 미리 공정거래위원회와 협의하여야 한다.
⑤ 금융위원회는 제3항 각 호의 기준에 비추어 금융산업의 건전한 발전을 위하여 필요하다고 인정하면 제1항에 따른 인가에 조건을 붙일 수 있다.
⑥ 제3항 각 호의 심사기준에 필요한 구체적인 사항은 금융위원회가 정하여 고시한다.
3) 금융산업구조개선법 제26조(합병에 관한 규정의 준용) 금융기관이 영업의 전부를 다른 금융기관에 양도하고 소멸하는 경우와 다른 금융기관의 영업의 전부를 양수하는 경우에 관하여는 제3조부터 제5조까지, 제5조의2, 제6조부터 제8조까지 및 제9조 제1항 중 합병에 관한 규정을 준용한다.

3. 합병 후 제44조 제1항 제1호에 의한 건전성기준[= 위험가중자산에 대한 자기자본비율: 7%(자산총액이 1조원 이상인 상호저축은행은 8%)]을 충족할 것. 다만, 금융구조조정 등을 위해 부득이하다고 금융위원회가 인정하는 경우에는 동 기준을 완화하여 적용할 수 있다.

4. 금융산업구조개선법 시행령 제5조[4])에 따른 주요출자자가 [별표 4]에 규정된 주요출자자 요건을 충족할 것

(2) 전환의 경우

전환의 경우 상호저축은행이 아닌 금융기관이 상호저축은행으로 전환하는 경우에는 합병에 관한 위 제1항 및 제14조(상호저축은행업 영위 인가 심사기준)의 규정을 준용하며 상호저축은행이 상호저축은행이 아닌 금융기관으로 전환하는 경우에는 위 제1항 및 제16조(해산 및 영업 전부의 폐지·양도·양수 인가 심사기준) 제1항의 규정을 준용한다(감독규정15② 본문). 다만, 전환시 주요출자자 요건은 제15조(합병 또는 전환 인가 심사기준) 제1항 제4호의 규정에 의한 주요출자자 요건을 준용한다(감독규정15② 단서).

(3) 합병·전환에 따른 주요출자자 요건(감독규정 별표 4)

자기자본 및 부채비율은 최직근 사업년도말 또는 반기말 수정재무제표를 기준으로 신청일까지의 유상증자·감자·자기주식 취득 등에 의한 자기자본 증감분을 반영하여 계산하고 기업집단등의 부채비율은 그 소속기업 중 금융기관을 제외한 기업의 수정재무제표를 합산하여 산출한다([별표 4]).

(가) 주요출자자가 금융기관인 경우

주요출자자가 금융위원회법 제38조의 규정에 의하여 금융감독원으로부터 검사를 받는 기관("금융기관")인 경우에는 다음과 같다(제1호).

가. 합병 또는 전환에 따른 추가출자금(기존 발행주식 인수금 포함)이 당해 금융기관의 자기 자본 이내이고, 추가출자금의 조달계획이 실현가능성이 있고

---

4) 금융산업구조개선법 시행령 제5조(주요출자자의 범위) 법 제4조 제3항 제8호에서 "대통령령으로 정하는 주요 출자자"란 법에 따른 합병 또는 전환으로 신설되는 금융기관, 존속하는 금융기관 또는 전환 후의 금융기관에 적용되는 법령에 규정된 주요 출자자(법에 따른 합병 또는 전환으로 신설되는 금융기관, 존속하는 금융기관 또는 전환 후의 금융기관이 은행법에 따른 은행인 경우에는 은행법 제15조 제3항 및 제16조의2 제2항·제3항에 따라 그 은행의 주식을 보유하는 자)를 말한다.

차입금에 의한 것이 아닐 것

나. 당해 금융기관에 적용되는 재무건전성 기준을 충족할 것

다. 당해 금융기관이 공정거래법에 따른 상호출자제한기업집단의 계열회사이거나 금융감독원장이 선정하는 주채무계열소속 계열회사인 경우에는 그 소속 상호출자제한기업집단 또는 주채무계열("소속 계열기업집단")의 부채비율이 200% 이하일 것. 단, 부채비율 산정시 금융기관을 제외한다.

(나) 주요출자자가 내국법인인 경우

주요출자자가 제1호 외의 내국법인등인 경우에는 다음과 같다(제2호).

가. 합병 또는 전환에 따른 추가출자금이 당해 법인의 자기자본 이내이고, 추가출자금의 조달계획이 실현가능성이 있고 차입금에 의한 것이 아닐 것

나. 당해 법인 및 당해법인 소속 계열기업집단(금융기관 제외)의 부채비율이 200% 이하일 것

(다) 주요출자자가 개인인 경우

주요출자자가 개인인 경우에는 추가출자금의 조달계획이 실현가능성이 있고 차입금에 의한 것이 아니어야 한다(제3호 가목).

(라) 주요출자자가 외국법인인 경우

주요출자자가 외국법령에 따라 설립된 외국법인 등인 경우에는 다음과 같다(제4호).

가. 주요출자자가 제1호 내지 제3호 중 가장 유사한 출자자에 해당하는 경우 그 해당 요건을 충족할 것

나. 국제적으로 인정받는 신용평가기관의 신용평가등급이 투자적격 이상이거나 본국의 감독기관이 정하는 재무건전성에 관한 기준을 충족하고 있는 사실이 확인될 것

4. 해산 및 영업 전부의 폐지 · 양도 · 양수 인가 심사기준

(1) 해산 및 영업 전부 폐지의 경우

해산 및 영업 전부 폐지의 경우에는 다음의 기준에 적합한지의 여부를 심사하여야 한다(감독규정16①).

1. 당해 금융기관의 경영 및 재무상태 등에 비추어 부득이하고 예금자 등 이용
   자보호 및 신용질서 유지에 지장을 줄 우려가 없을 것
2. 상법·자본시장법 그 밖에 관계법령에 저촉되는 사항이 없을 것

(2) 영업 전부 양도·양수의 경우

영업 전부 양도의 경우에는 제1항 및 제15조 제1항의 규정을 준용하고(감독
규정16②), 영업 전부 양수의 경우에는 제14조 및 제15조 제1항의 규정을 준용한
다(감독규정16③).

5. 부실금융기관 대주주 소유 금융기관에 대한 인가 특례

금융산업구조개선법 또는 금융관련법령에 의하여 부실금융기관으로 결정된
당해 부실금융기관의 대주주(최대주주·주요주주 또는 그 특수관계인)이었던 자 또
는 부실금융기관에 준하는 금융기관으로서 인가취소 등의 처분을 받은 당해 금
융기관의 대주주이었던 자가 상호저축은행 또는 상호저축은행의 대주주인 경우
금융위원회는 당해 상호저축은행에 대하여 상호저축은행법 제10조, 금융산업구
조개선법 제4조 및 제26조에 의한 상호저축은행의 합병, 전환, 해산 또는 영업
전부의 폐지·양도·양수(감독규정5(2))의 인가를 하지 아니할 수 있다(감독규정17
① 본문). 다만 그 대주주가 부실경영에 관하여 직접 또는 간접으로 책임이 없다
는 것이 인정되거나 금융위원회가 정하는 「부실금융기관 대주주의 경제적 책임
부담 기준」에 의하여 경제적 책임부담의무를 이행 또는 면제받은 경우에는 그러
하지 아니하다(감독규정17① 단서).

금융위원회 또는 금융감독원장은 감독규정 제5조(인가대상) 이외에 상호저축
은행법령, 금융산업구조개선법 또는 금융관련법령에서 정하는 영업확장 등과 관
련된 인허가 또는 승인을 하는 경우에는 제1항을 준용한다(감독규정17②).

6. 지점 등 설치인가기준

(1) 지점 등 설치 제한

상호저축은행은 본점을 제외한 지점·출장소(사무의 일부만을 하는 지사·관리
사무소, 그 밖에 이와 비슷한 장소를 포함하며, 이하 "지점 등"이라 한다)를 설치할 수
없다(법7① 본문).

법률에 의하여 설치가 제한되는 "지점 등"은 반드시 영업 점포로서의 인적·물적 설비를 완비한 경우만을 가리키는 것이 아니라 여신 또는 수신 업무 등 상호저축은행 사무의 일부만이 행하여지는 경우도 포함한다.[5]

(2) 지점 등 설치 허용

(가) 영업구역 내 설치 및 영업구역 외 설치 허용

1) 영업구역 내 설치

대통령령으로 정하는 바에 따라 금융위원회의 인가를 받아 해당 상호저축은행이 제4조에 따른 영업구역 내에 설치하는 경우에는 설치할 수 있다(법7① 단서).

2) 영업구역 외 설치

가) 허용

제1항 단서에도 불구하고 "대통령령으로 정하는 상호저축은행"이 대통령령으로 정하는 바에 따라 인가를 받은 경우에는 제4조에 따른 영업구역 외에 지점 등을 설치할 수 있다(법7②).

위에서 "대통령령으로 정하는 상호저축은행"이란 ⅰ) 금융산업구조개선법 제10조 제1항에 따른 적기시정조치를 받은 상호저축은행(같은 조 제3항에 따라 적기시정조치를 유예받은 상호저축은행을 포함)(제1호), ⅱ) 검사결과 재무상태가 금융산업구조개선법 제10조 제2항에 따른 기준에 미치지 못하게 될 것이 명백하여 건전한 신용질서 또는 예금자의 권익을 크게 해칠 우려가 있다고 금융감독원장이 인정하는 상호저축은행(제2호)으로서 최대주주가 제4항에 따라 변경된 상호저축은행("최대주주변경상호저축은행") 또는 계약이전에 따라 영업구역 외에 지점 등을 설치한 상호저축은행의 본점 및 지점 등을 승계한 상호저축은행을 말한다(영6의3③ 본문).

나) 제외

상호저축은행의 건전한 운영을 해칠 우려가 있다고 금융위원회가 인정하는 상호저축은행은 제외한다(영6의3③ 단서).

여기서 "상호저축은행의 건전한 운영을 해칠 우려가 있다고 금융위원회가 인정하는 상호저축은행"이란 다음과 같다(감독규정18의2①).

---

5) 대법원 2013. 3. 14. 선고 2012도12582 판결.

1. 시행령 제6조의3 제4항에 따라 주식의 취득등에 대한 금융위의 승인을 받고
   자 하는 경우로서 당해 상호저축은행에 대하여 예금자보호법 제2조 제6호의
   규정에 의한 자금지원이 이루어지는 경우
2. 시행령 제6조의3 제4항에 따른 주식의 취득등에 대한 승인신청일로부터 직
   전 2년 이내에 최대주주가 변경된 상호저축은행의 경우. 다만, 당해 상호저
   축은행의 최대주주가 증자 등 경영정상화를 위한 상당한 노력을 하였음에도
   시행령 제6조의3 제3항 각 호의 어느 하나에 해당하게 되었다고 금융감독원
   장이 인정하는 경우를 제외한다.

(나) 최대주주변경상호저축은행

1) 주식의 취득등 승인

최대주주변경상호저축은행의 최대주주가 되려는 자[최대주주가 되려는 자의
특수관계인이 아닌 자로서 대주주가 되려는 자가 최대주주가 되려는 자와 공동으로 주식
의 취득·양수(실질적으로 해당 주식을 지배하는 것을 말하며, 이하 이 조 및 제7조의4 제
3항에서 "취득등"이라 한다)를 하는 경우에는 그 대주주가 되려는 자를 포함]는 법 제10
조의6 제1항에 따른 승인요건과 다음 각 호에 따른 요건을 모두 갖추어 주식의
취득등에 대하여 금융위원회의 승인을 받아야 한다(영6의3④ 본문). 다만, 금융기
관이 상호저축은행의 최대주주가 되려는 경우에는 제2호의 요건을 적용하지 아
니하고, 중앙회가 조세특례제한법 제48조[6])에 따른 구조개선적립금을 사용하여

---

6) 조세특례제한법 제48조(구조개선적립금에 대한 과세특례) ① 상호저축은행법 제25조에
따른 상호저축은행중앙회가 2013년 6월 30일이 속하는 사업연도까지 부실상호저축은행의
인수(금융산업구조개선법 제2조 제4호에 따른 인수)·증자 등 상호저축은행의 구조개선사
업에 사용하기 위하여 대통령령으로 정하는 구조개선적립금을 적립하는 경우에는 해당
사업연도의 소득금액을 계산할 때 그 적립금 상당액을 손금에 산입한다.
② 상호저축은행중앙회가 구조개선적립금의 운용으로 발생한 이익을 구조개선사업에서
발생하는 손실을 보전하기 위하여 2013년 6월 30일이 속하는 사업연도까지 손실보전준비
금으로 계상한 경우에는 해당 사업연도의 소득금액을 계산할 때 해당 금액을 손금에 산입
한다.
③ 상호저축은행중앙회는 구조개선사업에서 손실이 발생한 경우에는 먼저 계상한 손실보
전준비금부터 차례로 상계하여야 한다.
④ 상호저축은행중앙회는 손실보전준비금을 손금에 산입한 사업연도의 종료일 이후 5년
이 되는 날이 속하는 사업연도의 종료일까지 제3항에 따라 상계하고 남은 준비금의 잔액
이 있으면 그 금액을 5년이 되는 날이 속하는 사업연도의 소득금액을 계산할 때 익금에
산입한다.
⑤ 상호저축은행중앙회는 다음의 어느 하나에 해당하는 사유가 발생한 경우에는 제1항
및 제2항에 따라 손금에 산입한 금액을 대통령령으로 정하는 방법으로 익금에 산입하여

상호저축은행의 최대주주가 되려는 경우에는 제3호 및 [별표 2] 제1호 가목7)의 요건을 적용하지 아니한다(영6의3④ 단서).

1. 해당 상호저축은행의 재무건전성을 금융위원회가 정하는 수준8) 이상으로 개선할 수 있는 증자 자금을 확보하여 금융기관에 예치할 것. 다만, 주식의 취득등을 하는 자의 건전한 재무상태가 유지되고 있다고 금융위원회가 인정하면9) 금융기관에 대한 예치는 면제할 수 있다.
2. 제1호에 따른 증자 자금은 차입자금이 아닐 것
3. 주식의 취득등을 하려는 자의 자기자본금(법인인 경우만 해당)이 제1호에 따른 재무건전성 달성에 필요한 인수 및 증자 자금의 3배 이상으로서 금융위원회가 정하는 기준10)을 충족할 것. 다만, 주식의 취득등을 하려는 자가 자

야 한다.

1. 구조개선적립금을 폐지한 경우
2. 구조개선적립금의 일부를 구조개선적립금 회계에서 상호저축은행중앙회의 다른 회계로 이전한 경우
3. 상호저축은행중앙회가 해산한 경우
⑥ 상호저축은행중앙회가 제1항과 제2항을 적용받으려는 경우에는 손실보전준비금에 관한 명세서를 납세지 관할세무서장에게 제출하여야 한다.
⑦ 상호저축은행중앙회가 구조개선적립금을 적립하는 경우에는 법인세법 제113조에 따라 구조개선적립금 회계를 상호저축은행중앙회의 다른 회계와 구분경리하여야 한다.
⑧ 제1항·제2항 및 제6항을 적용할 때 손실보전준비금에 관한 명세서의 제출, 그 밖에 필요한 사항은 대통령령으로 정한다.
7) 가. 그 금융기관에 적용되는 재무건전성에 관한 기준으로서 금융위원회가 정하는 기준을 충족할 것
8) "금융위원회가 정하는 수준"이란 제44조 제1항 제1호의 규정에 의한 위험가중자산에 대한 자기자본비율 8을 말한다. 다만, 주식의 취득등에 대한 승인을 신청하는 자가 그 승인일로부터 1년 이내에 상호저축은행의 위험가중자산에 대한 자기자본비율을 8 이상으로 개선할 수 있는 적정·타당한 증자계획을 제출한 경우에는 위험가중자산에 대한 자기자본비율 5를 말한다(감독규정18의2②).
9) "금융위원회가 인정하면"이란 주식의 취득등을 하는 자가 다음의 어느 하나에 해당하는 자로서 각 금융권역별 감독규정에서 정한 건전성지도기준을 충족하는 경우를 말한다(감독규정18의2③).
   1. 은행법에 의한 금융기관
   2. 자본시장법에 의한 투자매매업자 또는 투자중개업자
   3. 보험업법에 의한 보험회사
   4. 상호저축은행법에 의한 상호저축은행
   5. 제1호에서 제3호까지의 자 또는 자본시장법에 의한 집합투자업자가 업무집행사원인 자본시장법에 의한 사모투자전문회사 또는 투자목적회사
10) 시행령 제6조의3 제4항 제3호 본문 및 단서에서 "금융위원회가 정하는 기준"이란 각각 인수 및 증자자금의 합계액의 3배 및 출자지분 해당액의 3배를 말한다(감독규정18의2④).

본시장법 제9조 제19항 제1호에 따른 경영참여형 사모집합투자기구(같은 법 제249조의13에 따른 투자목적회사인 경우에는 그 주주 또는 사원인 경영참 여형 사모집합투자기구)인 경우에는 그 업무집행사원과 출자지분이 30% 이 상인 유한책임사원의 자기자본금(법인인 경우만 해당)이 각각 출자지분 해 당액의 3배 이상으로서 금융위원회가 정하는 기준을 충족하여야 한다.

2) 증자요건과 지점 등 설치 신청

최대주주변경상호저축은행이 영업구역 외의 지역에 지점 등을 설치하려는 경우에는 제4항 제1호 본문에 따라 금융기관에 예치된 증자 자금(예치가 면제된 경우에는 그에 해당하는 금액)을 주식의 취득등에 대한 금융위원회의 승인을 받은 날부터 1년 이내에 증자한 후 제1항 각 호의 요건을 갖추어 그 승인을 받은 날부 터 3년 이내에 지점 등의 설치를 신청하여야 한다(영6의3⑤ 본문). 다만, 금융위원 회가 정하는 바[11])에 따라 제1항 제3호에 따른 자산건전성 분류기준을 적용하지 아니할 수 있다(영6의3⑤ 단서).

3) 설치 지점 등의 총수 제한

최대주주변경상호저축은행이 영업구역 외의 지역에 설치하는 지점 등에 관 하여 금융위원회가 인가할 수 있는 지점 등의 총수는 5개 이하로 하며, 그 밖에 세부적인 설치기준은 금융위원회가 정하여 고시한다(영6의3⑥).

세부적인 설치기준은 다음과 같다(감독규정18의2⑥).

1. 경제적 부담금액 240억원당 지역에 관계없이 1개 지점. 다만, 경제적 부담금 액이 1천2백억원 이하인 경우에는 설치 가능한 지점 총수의 2분의 1을 초과 하는 지점을 법 제4조 제1항 제1호 및 제2호에 따른 서울특별시 및 인천광 역시·경기도에 설치할 수 없다.

2. 경제적 부담금액은 최대주주(특수관계인을 포함하며, 특수관계인이 아닌 대 주주가 되려는 자와 공동으로 주식의 취득등을 하는 경우에는 그 대주주를 포함)가 주식 양수를 위해 지급한 금액(양수한 주식의 지분율에 해당하는 납 입자본금을 초과하는 경우 양수한 주식의 지분율에 해당하는 납입자본금 상 당액)과 당해 상호저축은행의 경영정상화를 위한 증자 금액(주식 취득등의

---

11) "금융위원회가 정하는 바"란 제18조 제1항 제2호 및 제18조 제2항의 기준을 말한다(감독 규정18의2⑤).

승인일로부터 1년 이내의 증자금액에 한한다)의 합계액으로 산출

(다) 설치 인가요건

지점 등의 설치인가를 받으려는 상호저축은행은 다음의 요건을 모두 갖추어야 한다(영6의3①).

1. 해당 상호저축은행의 최근 분기 말 현재 대차대조표상 자산총액에서 부채총액을 뺀 금액("대차대조표상 자기자본")이 법 제5조(상호저축은행의 자본금) 제1항에 따른 금액의 200% 이상[출장소(총리령으로 정하는 인원과 시설[12])을 갖추고 본점 또는 지점에 종속되어 회계처리를 하는 영업소)를 설치하는 경우에는 100% 이상]일 것
2. 최근 1년 동안 금융위원회로부터 상호저축은행에 대한 경고 또는 6개월 이내의 영업의 일부정지에 해당하는 조치를 받은 사실이 없을 것. 다만, 최대주주가 변경된 경우에는 그 최대주주가 변경되기 전에 발생한 사유로 인한 조치는 제외한다.
3. 금융위원회가 정하는 국제결제은행의 기준에 따른 위험가중자산에 대한 자기자본비율(법 11의7①(1))과 자산에 대한 건전성 분류 단계 및 그 기준(법 11의7②(2))을 충족할 것

위 제3호의 "금융위원회가 정하는 자기자본비율과 자산에 대한 건전성 분류 단계 및 그 기준"이란 다음 각 호의 기준을 말한다(감독규정18① 본문). 다만, 시행령 제6조의3 제5항을 적용함에 있어 시행령 제6조의3 제4항에 따라 금융위원회의 승인을 받아 최대주주가 변경된 상호저축은행에 대하여는 제1호를 적용함에 있어서 그 승인일부터 1년 동안 "8 이상일 것"을 "5 이상일 것"으로 하고, 그 승인일부터 3년 동안 제2호의 기준을 적용하지 아니한다(감독규정18① 단서).

1. 제44조 제1항 제1호의 위험가중자산에 대한 자기자본비율이 8 이상일 것
2. 고정이하여신비율(제36조의 규정에 의한 자산건전성 분류결과 분류대상 자

---

12) "총리령이 정하는 인원과 시설"이라 함은 다음의 인원과 시설을 말한다(상호저축은행법 시행규칙2).
   1. 인원: 10인 이내일 것
   2. 시설: 사무실 기타 업무의 수행에 필요한 부대시설의 바닥면적이 400제곱미터 이내일 것

산에서 유가증권 및 기타 가지급금을 제외한 금액 중 고정·회수의문·추정
손실로 분류된 금액의 합계액의 비율)이 8%를 초과하지 아니할 것

지점 등을 설치하고자 하는 상호저축은행은 제1항 각 호에 따른 기준을 최
근 1년간에 걸쳐 매분기말을 기준으로 지속적으로 충족하여야 한다(감독규정18①
본문). 다만, 최근 1년 이내에 최대주주가 변경된 상호저축은행은 최대주주 변경
후 매분기말을 기준으로 지속적으로 충족하여야 한다(감독규정18② 단서).

(3) 적용제외 상호저축은행

다음의 어느 하나에 해당하는 상호저축은행, 즉 ⅰ) 법 제24조의9(계약이전
의 협의와 인가), 제24조의11(계약이전의 결정) 및 제24조의15(경영정상화 추진의 조
정), 예금자보호법 제36조[13] 및 제36조의2[14] 또는 금융산업구조개선법 제10조
(적기시정조치) 제1항, 제14조(행정처분) 제2항에 따른 계약이전, 영업 또는 주식의
양도·양수, 합병, 제3자에 의한 해당 상호저축은행의 인수, 그 밖에 경영정상화
의 추진을 위한 조치를 마친 날부터 3년이 지나지 아니한 상호저축은행(제1호),
ⅱ) 법 제10조 제1항 제1호 또는 금융산업구조개선법 제4조에 따른 합병의 인가
를 받아 합병을 한 경우 그 합병으로 인하여 존속되거나 설립된 상호저축은행
("합병상호저축은행")으로서 그 합병을 한 날부터 3년이 지나지 아니한 상호저축
은행(제2호), ⅲ) 둘 이상의 상호저축은행이 금융지주회사법에 따른 금융지주회
사의 자회사, 손자회사 또는 증손회사로 편입되어 있는 경우로서 그 편입된 날부
터 3년이 지나지 아니한 상호저축은행(제3호), ⅳ) 계약이전에 따라 다른 상호저
축은행의 본점 및 지점 등을 승계하여 이를 자기 상호저축은행의 지점 등으로
하는 상호저축은행(제4호), ⅴ) 법 제11조 제1항 제4호·제5호 및 제10호[15]의 업

---

13) 예금자보호법 제36조(합병 등의 알선) 공사는 예금자등의 보호 및 금융제도의 안정성 유
   지를 위하여 필요하다고 인정하면 부실금융회사등 또는 그 부실금융회사등을 금융지주회
   사법에 따른 자회사등으로 두는 금융지주회사를 당사자로 하는 합병이나 영업의 양도·양
   수 또는 제3자에 의한 인수("부실금융회사등의 합병등")를 알선할 수 있다.
14) 예금자보호법 제36조의2(계약이전 등의 요청) ① 공사는 예금자등의 보호를 위하여 필요
   하다고 인정되는 경우로서 대통령령으로 정하는 기준에 해당하는 경우에는 금융위원회에
   해당 부실금융회사에 대한 계약이전의 명령, 파산신청 등 필요한 조치를 할 것을 요청할
   수 있다.
   ② 제1항에 따라 공사의 요청을 받은 금융위원회는 그 결과를 지체 없이 공사에 통보하여
   야 한다.
15) 4. 자금의 대출 업무, 5. 어음의 할인 업무, 10. 국가·공공단체 및 금융기관의 대리 업무

무 및 그에 각각 부대되는 업무만을 취급하는 출장소("여신전문출장소")를 영업구
역 내에 3개 이상의 범위에서 금융위원회가 정하는 수 이하까지 설치하려는 상
호저축은행(제5호)에 대해서는 제1항을 적용하지 아니한다(영6의3②). "금융위원
회가 정하는 수"란 3개를 말한다(감독규정18③).

(4) 지점 등 설치와 자본금 증액

상호저축은행이 지점 등을 설치하려는 경우에는 지점 등마다 "대통령령으로
정하는 금액" 이상의 자본금을 증액하여야 한다(법7③ 전단). 이 경우 자본금은
납입된 자본금으로 한다(법7③ 후단).

여기서 "대통령령으로 정하는 금액"이란 다음의 금액 중 적은 금액을 말한
다(영6의3⑦).

1. 설치하려는 지점 등의 소재지를 기준으로 법 제5조(상호저축은행의 자본금)
   제1항 각 호의 구분에 따른 금액에 다음 각 목의 계산식을 적용하여 산정한
   금액. 다만, 제2항 각 호의 어느 하나에 해당하는 상호저축은행 또는 설치하
   려는 지점 등의 개수, 영업구역의 범위 등을 고려하여 금융위원회가 정하여
   고시하는 요건16)을 충족하는 상호저축은행의 경우에는 산정한 금액의 50%
   에 해당하는 금액으로 한다.
   가. 지점: 법 제5조 제1항 각 호에 따른 금액 × 50/100
   나. 출장소 및 여신전문출장소: 법 제5조 제1항 각 호에 따른 금액 × 0/100

---

16) 영 제6조의3 제7항 제1호 각목 외의 부분 단서 및 제2호 나목 단서에서 "금융위원회가 정
   하여 고시하는 요건"이란 제1호 또는 제2호의 어느 하나에 해당하는 요건을 말한다(감독
   규정18의3).
   1. 다음의 요건을 모두 충족할 것
      가. 영업구역이 다음의 어느 하나에 해당할 것
         1) 법 제4조 제1항 제2호에 해당하는 구역으로서 해당 지역의 서민과 중소기업의
            금융편의 제고를 위해 금융감독원장이 인정하는 경우
         2) 법 제4조 제1항 제3호부터 제6호까지의 어느 하나에 해당하는 구역일 것
      나. 최근 2년간 영 제8조의2 제1호의 요건을 준수하였을 것
      다. 설치하려는 지점 등의 개수가 다음의 구분에 따른 개수 이하일 것
         1) 광역시: 2개
         2) 도 또는 특별자치도: 4개
   2. 다음의 요건을 모두 충족할 것
      가. 최근 분기 말 현재의 자산총액이 1조원 미만일 것
      나. 법 제4조에 따른 영업구역이 1개일 것
      다. 최근 분기 말 현재 영 제8조의2 제1호 각 목에서 정한 유지비율에서 10%를 더한
         비율 이상을 유지할 것

2. 다음 각 목의 금액을 합한 금액에서 대차대조표상 자기자본을 뺀 금액
    가. 본점 소재지를 기준으로 법 제5조 제1항 각 호의 구분에 따른 금액
    나. 모든 지점 등(제1호에 따라 설치하려는 지점 등을 포함)의 소재지를 기
        준으로 법 제5조 제1항 각 호의 구분에 따른 금액에 제1호 각 목의 계산
        식을 적용하여 산정한 금액을 합한 금액. 다만, 제2항 각 호의 어느 하나
        에 해당하는 상호저축은행 또는 설치하려는 지점 등의 개수, 영업구역의
        범위 등을 고려하여 금융위원회가 정하여 고시하는 요건을 충족하는 상
        호저축은행의 경우에는 산정한 금액의 50%에 해당하는 금액으로 한다.

(5) 지점 등 설치의 조건부 인가

금융위원회는 인가에 조건을 붙일 수 있다(법7④).

(6) 지점 등의 설치인가 신청

지점 등의 설치인가를 받고자 하는 상호저축은행은 [별지 제1호 서식]에 따
른 "상호저축은행 지점 등 설치 인가신청서"를 작성하여 금융감독원장에게 인가
를 신청하여야 한다(시행세칙3).

(7) 지점 등 설치인가

금융감독원장은 지점 등의 설치인가 신청이 있는 경우에는 ⅰ) 상호저축은
행이 시행령 제6조의3 제1항 각 호의 요건을 갖추었는지 여부, ⅱ) 상호저축은행
이 시행령 제6조의3 제2항에 따라 지점 등을 설치하고자 하는 경우에 그 사실
여부, ⅲ) 상호저축은행이 법 제7조 제2항에 따른 영업구역 외 지점을 설치하고
자 하는 경우에는 시행령 제6조의3 제3항, 제5항 및 제6항의 요건을 갖추었는지
여부, ⅳ) 증자계획의 실현가능성 여부 등을 심사한 후 신청서를 접수한 날부터
14일(영업일 기준) 이내에 인가 여부를 통보한다(시행세칙4 본문). 다만, 불가피하
다고 인정하는 경우에는 그 기간을 연장할 수 있다(시행세칙4 단서).

(8) 설치결과 보고

상호저축은행은 지점 등의 설치인가를 받은 날로부터 3월 이내에 지점 등의
설치를 완료하고 지점 등 설치 및 증자내용에 대하여 법인등기부등본을 첨부하
여 금융감독원장과 상호저축은행중앙회 회장("중앙회 회장")에게 보고하여야 한다
(시행세칙5).

(9) 위반시 제재

법 제7조 제1항 또는 제2항을 위반하여 지점 등을 설치한 자는 1년 이하의
징역 또는 1천만원 이하의 벌금에 처한다(법39⑤(1)).[17]

Ⅱ. 인가요건

상호저축은행법에 따라 상호저축은행의 업무를 영리를 목적으로 조직적·계
속적으로 하려는 자는 다른 법률에 특별한 규정이 없으면 금융위원회로부터 상
호저축은행의 인가를 받아야 한다(법6①).

1. 자본금 요건

(1) 최저자본금 요건

상호저축은행업 인가를 받으려는 자는 일정한 금액의 납입자본금을 갖추어
야 한다(법6의2①(1) 및 5③). 이에 따라 상호저축은행의 자본금은 ⅰ) 본점이 특
별시에 있는 경우 120억원(제1호), ⅱ) 본점이 광역시에 있는 경우 80억원(제2호),
ⅲ) 본점이 특별자치시·도 또는 특별자치도에 있는 경우 40억원(제3호) 이상이
어야 한다(법5①).

(2) 본점·지점 등 이전 시의 자본금 요건

상호저축은행은 본점이나 지점 등[본점을 제외한 지점·출장소(사무의 일부만을
하는 지사·관리사무소, 그 밖에 이와 비슷한 장소를 포함)]을 동일한 영업구역 내에서
ⅰ) 특별시, ⅱ) 광역시, 또는 ⅲ) 특별자치시·도 또는 특별자치도의 어느 하나
에 해당하는 지역으로부터 다른 ⅰ) 특별시, ⅱ) 광역시, 또는 ⅲ) 특별자치시·
도 또는 특별자치도의 지역으로 이전하는 경우에는 이전한 해당 지역에 적용되
는 납입자본금, 그 상호저축은행의 자기자본 등을 고려하여 ⅰ) 주된 영업소("본
점")를 이전하는 경우에는, 본점이 특별시에 있는 경우 120억원, 본점이 광역시
에 있는 경우 80억원, 본점이 특별자치시·도 또는 특별자치도에 있는 경우 40억

---

17) 지점 등 설치 업무 부적정: 상호저축은행법 제7조에 의하면 상호저축은행은 금융위원회의
  인가를 받은 경우에만 예외적으로 본점을 제외한 지점·출장소(사무의 일부만을 하는 지
  사·관리사무소, 그 밖에 이와 비슷한 장소를 포함)를 설치할 수 있는데도, (서울)유진저
  축은행은 검사착수일 현재 금융위원회의 인가를 받지 않고 본점 이외에 인근 건물 등을
  추가로 임차하여 업무용 공간으로 사용하고 있어 제재를 받았다.

원의 요건을 충족하여야 하고(영5(1)), ⅱ) 지점 등을 이전하는 경우에는 자본금 증액 요건을 충족하여야 한다(법5②③, 영5(2), 법7①③).

(3) 지점 등을 이전하는 경우의 자본금 증액 요건

위의 ⅱ)에서 설명한 지점 등을 이전하는 경우의 자본금 증액 요건을 구체적으로 살펴보면 다음과 같다. 다음 ⅰ)의 금액과 ⅱ)의 금액 중 적은 금액 이상의 자본금을 증액하여야 한다. 이 경우 자본금은 납입된 자본금으로 한다(법5②, 법7③, 영6의3⑦).

ⅰ) 설치하려는 지점 등의 소재지를 기준으로 본점이 특별시에 있는 경우에 120억원, 본점이 광역시에 있는 경우에 80억원, 본점이 특별자치시·도 또는 특별자치도에 있는 경우에 40억원의 구분에 따른 금액에 지점의 경우에는 위 120억원, 80억원, 40억원의 각 금액에 50%를 곱한 금액, 출장소 및 여신전문출장소의 경우에는 위 120억원, 80억원, 40억원의 각 금액.

다만, 시행령 제6조의3 제2항 각 호의 어느 하나에 해당하는 상호저축은행 또는 설치하려는 지점 등의 개수, 영업구역의 범위 등을 고려하여 금융위원회가 정하여 고시하는 요건[18]을 충족하는 상호저축은행의 경우에는 산정한 금액의 50%에 해당하는 금액으로 한다(영6의3⑦(1)).

ⅱ) 본점 소재지를 기준으로 다음의 ㉠과 ㉡을 합한 금액에서 대차대조표상 자기자본을 뺀 금액(영6의3⑦(2)). ㉠ 본점이 특별시에 있는 경우 120억원, 본점이 광역시에 있는 경우 80억원, 본점이 특별자치시·도 또는 특별자치도에 있는 경

---

18) "금융위원회가 정하여 고시하는 요건"이란 제1호 또는 제2호의 어느 하나에 해당하는 요건을 말한다(감독규정18조의3).
 1. 다음의 요건을 모두 충족할 것
  가. 영업구역이 다음의 어느 하나에 해당할 것
   1) 법 제4조 제1항 제2호에 해당하는 구역으로서 해당 지역의 서민과 중소기업의 금융편의 제고를 위해 금융감독원장이 인정하는 경우
   2) 법 제4조 제1항 제3호부터 제6호까지의 어느 하나에 해당하는 구역일 것
  나. 최근 2년간 영 제8조의2 제1호의 요건을 준수하였을 것
  다. 설치하려는 지점 등의 개수가 다음의 구분에 따른 개수 이하일 것
   1) 광역시: 2개
   2) 도 또는 특별자치도: 4개
 2. 다음의 요건을 모두 충족할 것
  가. 최근 분기 말 현재의 자산 총액이 1조원 미만일 것
  나. 법 제4조에 따른 영업구역이 1개일 것
  다. 최근 분기 말 현재 영 제8조의2 제1호 각 목에서 정한 유지비율에서 10%를 더한 비율 이상을 유지할 것

우 40억원의 금액과 ⓛ 모든 지점 등(위 ⅰ)에 따라 설치하려는 지점 등을 포함)의 소재지를 기준으로 본점이 특별시에 있는 경우에 120억원, 본점이 광역시에 있는 경우에 80억원, 본점이 특별자치시·도 또는 특별자치도에 있는 경우에 40억원의 구분에 따른 금액에 지점의 경우에는 위 120억원, 80억원, 40억원의 각 금액에 50%를 곱한 금액, 출장소 및 여신전문출장소의 경우에는 위 120억원, 80억원, 40억원의 각 금액을 합한 금액.

다만, 시행령 제6조의3 제2항 각 호의 어느 하나에 해당하는 상호저축은행 또는 설치하려는 지점 등의 개수, 영업구역의 범위 등을 고려하여 금융위원회가 정하여 고시하는 요건을 충족하는 상호저축은행의 경우에는 산정한 금액의 50%에 해당하는 금액으로 한다(영6의3⑦(2)).

2. 인적·물적 시설 요건

상호저축은행업 인가를 받으려는 자는 거래자를 보호하고 경영하려는 업무를 하기에 충분한 전문인력과 전산설비 등 물적 시설을 갖추어야 한다(법6의2①(2), 영6의2①). 즉 ⅰ) 발기인(발기인이 개인인 경우만 해당) 및 임원이 금융회사지배구조법 제5조 제1항 각 호[19]의 어느 하나에 해당하지 아니하고, 수행하려는

---

19) 금융회사지배구조법 제5조(임원의 자격요건) ① 다음의 어느 하나에 해당하는 사람은 금융회사의 임원이 되지 못한다.
  1. 미성년자·피성년후견인 또는 피한정후견인
  2. 파산선고를 받고 복권(復權)되지 아니한 사람
  3. 금고 이상의 실형을 선고받고 그 집행이 끝나거나(집행이 끝난 것으로 보는 경우를 포함) 집행이 면제된 날부터 5년이 지나지 아니한 사람
  4. 금고 이상의 형의 집행유예를 선고받고 그 유예기간 중에 있는 사람
  5. 이 법 또는 금융관계법령에 따라 벌금 이상의 형을 선고받고 그 집행이 끝나거나(집행이 끝난 것으로 보는 경우를 포함) 집행이 면제된 날부터 5년이 지나지 아니한 사람
  6. 다음의 어느 하나에 해당하는 조치를 받은 금융회사의 임직원 또는 임직원이었던 사람(그 조치를 받게 된 원인에 대하여 직접 또는 이에 상응하는 책임이 있는 사람으로서 대통령령으로 정하는 사람으로 한정)으로서 해당 조치가 있었던 날부터 5년이 지나지 아니한 사람
    가. 금융관계법령에 따른 영업의 허가·인가·등록 등의 취소
    나. 금융산업구조개선법 제10조 제1항에 따른 적기시정조치
    다. 금융산업구조개선법 제14조 제2항에 따른 행정처분
  7. 이 법 또는 금융관계법령에 따라 임직원 제재조치(퇴임 또는 퇴직한 임직원의 경우 해당 조치에 상응하는 통보를 포함)를 받은 사람으로서 조치의 종류별로 5년을 초과하지 아니하는 범위에서 대통령령으로 정하는 기간이 지나지 아니한 사람
  8. 해당 금융회사의 공익성 및 건전경영과 신용질서를 해칠 우려가 있는 경우로서 대통령령으로 정하는 사람

업무에 5년 이상 종사한 경력이 있는 사람 등 "금융위원회가 정하는 전문성을 갖춘 전문인력"을 임직원으로 확보하여야 하고(제1호), ⅱ) 업무수행에 필요한 전산설비를 갖추고, 사무실 등의 공간을 충분히 확보(제2호)하여야 한다.

여기서 "금융위원회가 정하는 전문성을 갖춘 전문인력"이라 함은 ⅰ) 영위하고자 하는 업무에 5년 이상 근무한 경력이 있는 자, ⅱ) 영위하고자 하는 업무수행에 필요한 전문교육과정이나 연수과정을 이수하여 상당한 전문지식을 구비한 자, ⅲ) 기타 경력이나 능력이 상기 인력에 준한다고 볼 수 있는 상당한 근거가 있는 자를 말한다(감독규정14①).

3. 사업계획의 타당성과 건전성 요건

상호저축은행업 인가를 받으려는 자는 사업계획이 타당하고 건전하여야 한다(법6의2①(3)). 사업계획은 ⅰ) 수지 전망이 타당하고 실현가능성이 있어야 하고(제1호), ⅱ) 국제결제은행의 기준에 따른 위험가중자산에 대한 자기자본비율이 5% 이상으로서 금융위원회가 정하는 비율을 유지(제2호)할 수 있어야 한다(영6의2②).

4. 대주주 요건

(1) 상호저축은행의 대주주

상호저축은행의 "대주주"란 최대주주와 주요주주를 말한다(법2(11)).

(가) 최대주주(가목)

최대주주는 상호저축은행의 의결권 있는 발행주식 총수를 기준으로 본인 및 그와 대통령령으로 정하는 특수한 관계에 있는 자("특수관계인")가 누구의 명의로 하든지 자기의 계산으로 소유하는 주식을 합하여 그 수가 가장 많은 경우의 그 본인을 말한다(가목). 여기서 "대통령령으로 정하는 특수한 관계에 있는 자"란 금융회사지배구조법 시행령 제3조 제1항 각 호[20]의 어느 하나에 해당하는 자를 말

---

20) 금융회사지배구조법 시행령 제3조(특수관계인의 범위) ① 법 제2조 제6호 가목에서 "대통령령으로 정하는 특수한 관계가 있는 자"란 본인과 다음의 어느 하나에 해당하는 관계가 있는 자("특수관계인")를 말한다.
　　1. 본인이 개인인 경우: 다음의 어느 하나에 해당하는 자. 다만, 공정거래법 시행령 제3조의2 제1항 제2호 가목에 따른 독립경영자 및 같은 목에 따라 공정거래위원회가 동일인 관련자의 범위로부터 분리를 인정하는 자는 제외한다.
　　　가. 배우자(사실상의 혼인관계에 있는 사람을 포함)

한다(영4의2①).

(나) 주요주주(나목)

주요주주는 누구의 명의로 하든지 자기의 계산으로 상호저축은행의 의결권 있는 발행주식 총수의 10% 이상의 주식을 소유하는 자 또는 임원의 임면 등의 방법으로 상호저축은행의 주요 경영사항에 대하여 사실상의 영향력을 행사하는 주주로서 대통령령으로 정하는 자를 말한다(나목). 여기서 "대통령령으로 정하는 자"란 ⅰ) 단독으로 또는 다른 주주와의 합의·계약 등에 따라 대표이사 또는 이사의 과반수를 선임한 주주(제1호), ⅱ) 경영전략, 조직변경 등 주요 의사결정이

나. 6촌 이내의 혈족
다. 4촌 이내의 인척
라. 양자의 생가(生家)의 직계존속
마. 양자 및 그 배우자와 양가(養家)의 직계비속
바. 혼인 외의 출생자의 생모
사. 본인의 금전이나 그 밖의 재산으로 생계를 유지하는 사람 및 생계를 함께 하는 사람
아. 본인이 혼자서 또는 그와 가목부터 사목까지의 관계에 있는 자와 합하여 법인이나 단체에 30% 이상을 출자하거나, 그 밖에 임원(업무집행책임자는 제외)의 임면 등 법인이나 단체의 중요한 경영사항에 대하여 사실상의 영향력을 행사하고 있는 경우에는 해당 법인 또는 단체와 그 임원(본인이 혼자서 또는 그와 가목부터 사목까지의 관계에 있는 자와 합하여 임원의 임면 등의 방법으로 그 법인 또는 단체의 중요한 경영사항에 대하여 사실상의 영향력을 행사하고 있지 아니함이 본인의 확인서 등을 통하여 확인되는 경우에 그 임원은 제외)
자. 본인이 혼자서 또는 그와 가목부터 아목까지의 관계에 있는 자와 합하여 법인이나 단체에 30% 이상을 출자하거나, 그 밖에 임원의 임면 등 법인이나 단체의 중요한 경영사항에 대하여 사실상의 영향력을 행사하고 있는 경우에는 해당 법인 또는 단체와 그 임원(본인이 혼자서 또는 그와 가목부터 아목까지의 관계에 있는 자와 합하여 임원의 임면 등의 방법으로 그 법인 또는 단체의 중요한 경영사항에 대하여 사실상의 영향력을 행사하고 있지 아니함이 본인의 확인서 등을 통하여 확인되는 경우에 그 임원은 제외)
2. 본인이 법인이나 단체인 경우: 다음의 어느 하나에 해당하는 자
가. 임원
나. 공정거래법에 따른 계열회사 및 그 임원
다. 혼자서 또는 제1호 각 목의 관계에 있는 자와 합하여 본인에게 30% 이상을 출자하거나, 그 밖에 임원의 임면 등 본인의 중요한 경영사항에 대하여 사실상의 영향력을 행사하고 있는 개인(그와 제1호 각 목의 관계에 있는 자를 포함) 또는 법인(계열회사는 제외), 단체와 그 임원
라. 본인이 혼자서 또는 본인과 가목부터 다목까지의 관계에 있는 자와 합하여 다른 법인이나 단체에 30% 이상을 출자하거나, 그 밖에 임원의 임면 등 다른 법인이나 단체의 중요한 경영사항에 대하여 사실상의 영향력을 행사하고 있는 경우에는 해당 법인, 단체와 그 임원(본인이 임원의 임면 등의 방법으로 그 법인 또는 단체의 중요한 경영사항에 대하여 사실상의 영향력을 행사하고 있지 아니함이 본인의 확인서 등을 통하여 확인되는 경우에 그 임원은 제외)

나 업무집행에 지배적인 영향력을 행사한다고 인정되는 자로서 금융위원회가 정하는 주주(제2호)를 말한다(영4의2②).

금융위원회 또는 금융감독원장은 상호저축은행 및 그 주주에 대하여 당해 상호저축은행의 주주가 시행령 제4조의2 제2항 제2호에 해당하는지 여부를 확인하는데 필요한 자료의 제출을 요구할 수 있다(감독규정23의2).

(2) 출자능력, 건전한 재무상태 및 사회적 신용

상호저축은행업 인가를 받으려는 자는 대주주[21]가 충분한 출자능력, 건전한 재무상태 및 사회적 신용을 갖추어야 한다(법6의2①(4)). 대주주에는 최대주주의 특수관계인인 주주를 포함하며, 최대주주가 법인인 경우에는 그 법인의 중요한 경영사항에 대하여 사실상 영향력을 행사하고 있는 주주로서 ⅰ) 최대주주인 법인의 최대주주(최대주주인 법인을 사실상 지배하는 자가 그 법인의 최대주주와 다른 경우에는 그 사실상 지배하는 자를 포함)(제1호), ⅱ) 최대주주인 법인의 대표자(제2호)를 포함한다(영6의2④).[22]

대주주는 [별표 1]의 요건을 갖추어야 한다(영6의2⑤). [별표 1]은 ⅰ) 대주주가 금융기관인 경우, ⅱ) 대주주가 금융기관이 아닌 내국법인인 경우, ⅲ) 대주주가 내국인으로서 개인이 경우, ⅳ) 대주주가 외국법인인 경우, ⅴ) 대주주가 경영참여형 사모집합투자기구 또는 투자목적회사인 경우로 구분하여 대주주 요

---

21) 과거 저축은행의 대주주는 주로 개인으로 구성되었으나 구조조정 이후 법인 대주주가 더욱 증가하고, 저축은행 소유집중도가 더욱 높아진 상황이다. 2011년 이후 영업정지된 저축은행의 영업양수는 대부분 금융지주사와 대부업계열 중심으로 이루어졌다. 금융지주계열 저축은행은 계열은행을 통한 대출알선 등 연계대출로 안정적인 수익개선이 가능할 전망이다. 대부업체에 인수되는 저축은행은 모기업의 신용대출 업력과 지원을 바탕으로 개인신용대출 부문의 수요를 흡수하면서 수익기반을 확보할 것으로 판단된다. 또한 금융지주 및 대부업계열 저축은행이 대출시 모기업의 우수한 내부심사시스템(CSS)을 활용할 수 있다는 점은 건전성에 긍정적인 요인으로 작용할 것이다. 금융지주회사 형태의 저축은행으로는 KB, 하나, 신한, NH, BNK, 한국투자 등의 저축은행이 출범되었다. 대부업계열 저축은행으로는 오케이, 웰컴, 제이티친애, 제이티, 오에스비, 에스비아이 등이 포함된다. 2017년말 기준 자산규모 상위 10개 업체로는 에스비아이, 한국투자, 오케이, HK, 제이티친애, 오에스비, 웰컴, 현대, 모아, 페퍼 저축은행이며, 이 중 대부분이 금융지주계열과 대부업계열 저축은행이 포함된다. 따라서 금융지주계열과 대부업계열 저축은행이 시장집중도가 매우 크다는 것을 알 수 있다(배수현(2019a), 137쪽).

22) 영 제6조의2 제4항 각 호의 어느 하나에 해당하는 자에게는 제1호 바목(대부업자만 해당한다)·사목 또는 제4호 라목의 요건(외국인 개인에게는 제4호 라목을 준용한 요건을 말한다)만 적용한다. 다만, 최대주주인 법인이 경영참여형 사모집합투자기구이거나 투자목적회사인 경우에는 제5호에 따른 요건을 적용한다([별표 1] 비고).

건을 달리 정하고 있다([별표 1]).23) 대차대조표상 자기자본을 산정할 경우에는
최근 사업연도 말 이후 인가 신청일까지의 자본금의 증감분을 포함하여 계산한
다([별표 1] 비고).

(3) 대주주가 금융기관인 경우(제1호)

가. 최근 사업연도 말 현재 대차대조표상 자기자본이 출자하려는 금액의 3배 이
　　상으로서 금융위원회가 정하는 기준24)을 충족할 것

나. 그 금융기관에 적용되는 재무건전성에 관한 기준으로서 금융위원회가 정하
　　는 기준25)을 충족할 것

다. 그 금융기관이 공정거래법에 따른 상호출자제한기업집단등("상호출자제한
　　기업집단등")에 속하거나 같은 법에 따른 기업집단으로서 금융위원회가 정
　　하는 주채무계열("주채무계열")26)에 속하는 회사인 경우에는 해당 상호출자
　　제한기업집단등 또는 주채무계열의 부채비율(최근 사업연도 말 현재 대차대
　　조표상 부채총액을 대차대조표상 자기자본으로 나눈 비율을 말하며, 이 경
　　우 금융기관은 부채비율27) 산정대상에서 제외)이 300% 이하로서 금융위원
　　회가 정하는 기준28)을 충족할 것

라. 그 금융기관이 대부업법 제12조 제4항 및 같은 법 시행령 제7조의2에 따라

---

23) 금융산업구조개선법 또는 금융관련법령에 의하여 부실금융기관으로 결정된 당해 부실금
　　융기관의 대주주(최대주주·주요주주 또는 그 특수관계인)이었던 자 또는 부실금융기관에
　　준하는 금융기관으로서 인가취소 등의 처분을 받은 당해 금융기관의 대주주였던 자는 대
　　주주가 될 수 없다. 다만, 그 대주주가 부실경영에 관하여 직접 또는 간접으로 책임이 없
　　다는 것이 인정되거나 금융위원회가 정하는 「부실금융기관 대주주의 경제적 책임부담 기
　　준」에 의하여 경제적 책임부담의무를 이행 또는 면제받은 경우에는 그러하지 아니하다(감
　　독규정14⑪).
24) "자기자본이 출자하고자 하는 금액의 3배 이상으로서 금융위원회가 정하는 기준"이라 함
　　은 자기자본이 출자하고자 하는 금액의 4배 이상을 말한다(감독규정12②).
25) "금융기관에 적용되는 재무건전성에 관한 기준으로서 금융위원회가 정하는 기준"이라 함
　　은 금융위가 각 금융권역별 감독규정에서 정한 건전성지도기준을 말한다(감독규정14③).
26) "금융위원회가 정하는 주채무계열"이란 「은행업감독규정」 제79조에 따른 주채무계열을
　　말한다(감독규정14④).
27) 시행령 [별표 1]에 따른 부채비율은 최근 사업연도말 이후 승인신청일까지 유상증자에 따
　　라 자기자본이 증가하거나 감자 또는 자기주식의 취득 등으로 자기자본이 감소하는 경우
　　에는 이를 감안하여 산정한다. 이 경우 공정거래법에 따른 상호출자제한기업집단등에 속
　　하거나 주채무계열에 속하는 회사인 경우에는 그 소속기업 중 금융기관을 제외한 기업의
　　수정재무제표를 합산하여 산출한 부채비율을 기준으로 한다(감독규정14⑤).
28) "부채비율이 300% 이하로서 금융위원회가 정하는 기준"이라 함은 부채비율이 200% 이하
　　를 말한다. 다만, 제2호 나목의 경우 한국은행이 발표한 최근의 기업경영분석 중 중분류
　　에 의한 동업종 평균 부채비율이 200%를 초과하는 경우 300%를 초과하지 않는 범위 내
　　에서 그 비율 이하를 말한다(감독규정14⑥).

금융감독원장의 검사 대상인 대부업자("대부업자")인 경우에는 최근 사업
연도 말 현재 부채비율이 400% 이하로서 금융위원회가 정하는 기준을 충
족할 것

마. 출자금은 금융위원회가 정하는 바에 따라 차입으로 조성된 자금[29)]이 아닐
것

바. 상호저축은행의 공익성 및 건전경영과 신용질서를 해칠 우려가 없을 것(그
금융기관이 대부업자인 경우에는 상호저축은행의 건전한 운영 및 거래자 보
호 등을 위한 적절한 이해상충방지체계를 갖출 것을 포함)

사. 다음의 요건을 충족할 것. 다만, 그 위반 등의 정도가 경미하다고 인정되는
경우는 제외한다.

   1) 최근 5년간 금융회사지배구조법 시행령 제5조에 따른 법령("금융관련법
   령[30)]), 공정거래법 및 조세범 처벌법을 위반하여 벌금형 이상에 상당하
   는 형사처벌을 받은 사실이 없을 것

   2) 최근 5년간 채무불이행 등으로 건전한 신용질서를 해친 사실이 없을
   것[31)]

   3) 금융산업구조개선법에 따라 부실금융기관으로 지정되거나 금융관련법령
   에 따라 허가·인가 또는 등록이 취소된 금융기관의 대주주 또는 그 특수
   관계인이 아닐 것. 다만, 법원의 판결에 따라 부실책임이 없다고 인정된

---

29) "금융위원회가 정하는 바에 따라 차입으로 조성된 자금"이라 함은 ⅰ) 유상증자(제1호),
ⅱ) 1년 내의 고정자산 매각(제2호), ⅲ) 내부유보(제3호), ⅳ) 그 밖에 제1호부터 제3호
까지에 준하는 것으로 인정되는 방법(제4호)을 제외한 방법에 따라 조성된 자금을 말한다
(감독규정14⑦).

30) 공인회계사법, 근로자퇴직급여 보장법, 금융산업구조개선법, 금융실명법, 금융위원회법,
금융지주회사법, 금융혁신지원 특별법, 한국자산관리공사법, 기술보증기금법, 농림수산식
품투자조합 결성 및 운용에 관한 법률, 농업협동조합법, 담보부사채신탁법, 대부업법, 문
화산업진흥 기본법, 벤처기업육성에 관한 특별조치법, 보험업법, 감정평가 및 감정평가사
에 관한 법률, 부동산투자회사법, 사회기반시설에 대한 민간투자법, 산업발전법, 상호저축
은행법, 새마을금고법, 선박투자회사법, 소재·부품·장비산업 경쟁력강화를 위한 특별조
치법, 수산업협동조합법, 신용보증기금법, 신용정보법, 신용협동조합법, 여신전문금융업
법, 예금자보호법, 온라인투자연계금융업 및 이용자 보호에 관한 법률, 외국인투자 촉진
법, 외국환거래법, 유사수신행위법, 은행법, 자본시장법, 자산유동화법, 전자금융거래법,
전자증권법, 외부감사법, 주택법, 중소기업은행법, 중소기업창업 지원법, 채권의 공정한
추심에 관한 법률, 특정금융정보법, 한국산업은행법, 한국수출입은행법, 한국은행법, 한국
주택금융공사법, 한국투자공사법, 해외자원개발 사업법(금융회사지배구조법 시행령5).

31) "채무불이행 등으로 건전한 신용질서를 해친 사실이 없을 것"이라 함은 신용정보법에 따
른 종합신용정보집중기관에 금융질서 문란정보 거래처 또는 약정한 기일 내에 채무를 변
제하지 아니한 자로 등록된 사실이 없는 경우를 말한다(감독규정14⑧).

자 또는 부실에 따른 경제적 책임을 부담하는 등 금융위원회가 정하는 기준에 해당하는 자는 제외한다.

4) 그 밖에 금융위원회가 정하는 건전한 금융거래질서를 해친 사실이 없을 것[32]

(4) 대주주가 금융기관이 아닌 내국법인인 경우(제2호)

가. 최근 사업연도 말 현재 대차대조표상 자기자본이 출자하려는 금액의 3배 이상으로서 금융위원회가 정하는 기준을 충족할 것

나. 최근 사업연도 말 현재 부채비율이 300% 이하로서 금융위원회가 정하는 기준을 충족할 것

다. 해당 법인이 상호출자제한기업집단등에 속하거나 주채무계열에 속하는 회사인 경우에는 해당 상호출자제한기업집단등 또는 주채무계열의 부채비율이 300% 이하로서 금융위원회가 정하는 기준을 충족할 것

라. 제1호 마목부터 사목까지의 요건을 충족할 것

(5) 대주주가 내국인으로서 개인인 경우(제3호)

가. 금융회사지배구조법 제5조 제1항 제1호부터 제7호까지의 어느 하나에 해당하지 않을 것

나. 제1호 마목부터 사목까지의 요건을 충족할 것

---

32) "그 밖에 금융위원회가 정하는 건전한 금융거래질서를 해친 사실이 없을 것"이라 함은 다음의 요건을 모두 충족하는 경우를 말한다(감독규정14⑨).
  1. 최대주주가 금융기관인 경우 최근 1년간 기관경고 조치 또는 최근 3년간 시정명령이나 업무정지 이상의 조치를 받은 사실이 없을 것. 다만, 다음의 어느 하나에 해당하는 경우는 제외한다.
    가. 기관경고를 받은 후 최대주주 및 그 특수관계인인 주주 전체가 변경된 경우
    나. 금융산업의 신속한 구조개선을 지원할 필요가 있는 경우
    다. 조치를 받은 사실이 영위하고자 하는 업무의 건전한 영위를 어렵게 한다고 볼 수 없는 경우
  2. 대주주가 금융기관의 임직원(전직 포함)인 경우 최근 3년간 직무정지 또는 정직 이상의 조치를 받은 사실이 없을 것
  3. 대주주가 최근 5년간 파산절차·회생절차, 그 밖에 이에 준하는 절차의 대상인 기업이거나 그 기업의 최대주주 또는 주요주주로서 이에 직접 또는 간접으로 관련된 사실이 없을 것. 다만, 이에 관한 책임이 인정되는 경우에 한한다.
  4. 대주주가 최근 5년간 부도발생, 그 밖에 이에 준하는 사유로 인하여 은행거래정지처분을 받은 사실이 없을 것

(6) 대주주가 외국법인인 경우(제4호)[33]

가. 인가 신청일 현재 금융업으로서 금융위원회가 정하는 업무를 경영하고 있을 것[34]

나. 최근 사업연도 말 현재 대차대조표상 자기자본이 출자하려는 금액의 3배 이상으로서 금융위원회가 정하는 기준을 충족할 것

다. 국제적으로 인정받는 신용평가기관으로부터 투자적격 이상의 신용평가등급을 받거나 외국법인이 속한 국가의 감독기관이 정하는 재무건전성에 관한 기준을 충족하고 있는 사실이 확인될 것

라. 최근 3년간 금융업의 경영과 관련하여 외국법인이 속한 국가의 감독기관으로부터 법인경고 이상에 상당하는 행정처분을 받거나 벌금형 이상에 상당하는 형사처벌을 받은 사실이 없을 것

마. 제1호 바목 및 사목의 요건을 충족할 것

(7) 대주주가 경영참여형 사모집합투자기구 또는 투자목적회사인 경우(제5호)

경영참여형 사모집합투자기구의 업무집행사원과 그 출자지분이 30% 이상인 유한책임사원(경영참여형 사모집합투자기구에 대하여 사실상의 영향력을 행사하고 있지 아니하다는 사실이 정관, 투자계약서, 확약서 등에 의하여 확인된 경우는 제외) 및 경영참여형 사모집합투자기구를 사실상 지배하고 있는 유한책임사원이 다음 각 목의 어느 하나에 해당하거나, 투자목적회사의 주주나 사원인 경영참여형 사모집합투자기구의 업무집행사원과 그 출자지분이 30% 이상인 주주나 사원 및 투자목적회사를 사실상 지배하고 있는 주주나 사원이 다음 각 목의 어느 하나에 해당하는 경우에는 각각 다음 각 목의 구분에 따른 요건을 충족할 것

---

33) 제4호를 적용하는 경우에는 대주주인 외국법인이 지주회사여서 이 표 제4호 각 목의 전부 또는 일부를 그 지주회사에 적용하는 것이 곤란하거나 불합리한 경우에는 그 지주회사가 인가신청 시에 지정하는 회사(그 지주회사의 경영을 사실상 지배하고 있는 회사 또는 그 지주회사가 경영을 사실상 지배하고 있는 회사로 한정)가 이 표 제4호 각 목의 전부 또는 일부를 충족할 때에는 그 지주회사가 그 요건을 충족한 것으로 본다([별표 1] 비고).

34) "금융위원회가 정하는 업무를 경영하고 있을 것"이라 함은 은행업, 투자매매업·투자중개업, 보험업 또는 이에 준하는 금융업으로서 금융위원회가 인정하는 업무를 영위하고 있거나, 이를 영위하는 외국기업의 의결권 있는 발행주식 또는 출자지분 총수의 15% 이상을 직접 또는 경영을 사실상 지배하고 있는 자회사를 통하여 보유하고 있는 것을 말한다(감독규정14⑩).

가. 제1호의 금융기관인 경우: 제1호 나목·다목·바목 및 사목의 요건을 충족할 것

나. 제2호의 내국법인인 경우: 제1호 바목·사목 및 제2호 나목·다목의 요건을 충족할 것

다. 제3호의 내국인으로서 개인인 경우: 제1호 바목·사목 및 제3호 가목의 요건을 충족할 것

라. 제4호의 외국법인인 경우: 제1호 바목·사목, 제2호 나목(금융업을 경영하는 법인은 제외) 및 제4호 다목·라목의 요건을 충족할 것

Ⅲ. 인가절차

인가절차는 예비인가와 인가("본인가")로 구분되며, 각각의 절차는 감독규정 [별표 1]과 같다(감독규정6).

1. 예비인가

"예비인가"라 함은 인가사항에 대한 사전심사 및 확실한 실행을 위하여 인가 이전에 예비적으로 행하여지는 행위로서 인가의 효력이 없는 것을 말한다(감독규정4④).

(1) 예비인가와 본인가

본인가를 신청하려는 자는 금융위원회에 예비인가를 신청할 수 있다(법6③ 전단). 이 경우 금융위원회는 2개월 이내에 심사하여 예비인가 여부를 알려야 한다(법6③ 후단). 다만, 금융위원회가 정하는 바에 따라 그 기간을 연장할 수 있다(법6③ 단서). 금융위원회는 본인가 또는 예비인가를 하려는 경우에는 상호저축은행의 건전한 운영과 거래자 보호 등을 위하여 필요한 조건을 붙일 수 있다(법6④). 조건이 붙은 상호저축은행 본인가 또는 예비인가를 받은 자는 사정의 변경, 그 밖에 정당한 사유가 있는 경우에는 금융위원회에 조건의 취소 또는 변경을 신청할 수 있다(법6⑦ 전단). 이 경우 금융위원회는 2개월 이내에 조건의 취소 또는 변경 여부를 결정하고, 그 결과를 지체 없이 신청인에게 문서로 알려야 한다(법6⑦ 후단). 금융위원회는 예비인가를 받은 자가 본인가를 신청하는 경우에는 예비인가의 조건을 이행하였는지를 확인한 후 본인가를 하여야 한다(법6⑤).

(2) 예비인가 신청

예비인가신청인은 인가대상별로 [별표 2]에서 정하는 예비인가신청서(첨부 서류를 포함)를 금융위원회에 제출하여야 한다(감독규정7).

(가) 업무영위 인가

감독규정 [별지 제1호 서식]의 상호저축은행업 영위 예비인가 신청서를 작성하여 금융위원회에 제출하여야 한다. 첨부서류는 정관(시행규칙 제3조에서 정한 내용 포함), 업무방법(시행규칙 제4조에서 정한 내용 포함), 업무에 관한 약관(시행규칙 제5조에서 정한 내용 포함), 요율계산서(시행규칙 제6조에서 정한 내용 포함), 향후 5년간 사업계획서(시행규칙 제7조에서 정한 내용 포함), 임원의 이력서, 자본금을 갖추었음을 증명하는 서류, 발기인대회 회의록, 주식인수계획서, 발기인 이력서, 기준자본금 50% 이상 해당액의 주식청약증거금 납부필증(은행발부), 납입자본금의 조달계획 및 조달자금 출처 확인서류, 전환후 추정 BIS자기자본비율 및 산출근거자료, 주요출자자의 출자능력 및 재무상태 입증서류, 기타 부속서류(심사기준 확인에 필요한 계획서 및 관련서류)이다(감독규정 [별표 2] 1호).

(나) 합병인가

감독규정 [별지 제3호 서식]의 상호저축은행업 합병 예비인가 신청서를 작성하여 금융위원회에 제출하여야 한다. 첨부서류는 합병의 개요(별첨서식 1), 합병계약서(별첨서식 2), 합병 후 존속 또는 신규 영업되는 상호저축은행의 정관, 계약당사자의 재무제표 및 부속서류, 계약총괄표(별첨서식 3), 양사의 합병을 결의한 이사회 의사록 사본, 채권자 이의신청 공고문(별첨서식 4), 기준일 현재 합병 당사자 상호저축은행의 주주명부(별첨서식 5), 기준일 현재 합병 당사자 상호저축은행의 임원현황(별첨서식 6), 양사의 본·지점 위치와 명칭을 기재한 점포현황(별첨서식 7), 합병후 사업계획서(3년간 추정 재무제표 포함), 합병 후 추정 BIS자기자본비율 및 산출근거내역, 주요 출자자의 출자능력 및 재무상태 입증서류, 기타 부속서류(심사기준 확인에 필요한 계획서 및 관련서류)이다(감독규정 [별표 2] 2호).

(다) 전환인가

상호저축은행이 아닌 금융기관이 상호저축은행으로 전환하는 경우에는 상호저축은행업 영위 예비인가 신청서류를 준용한다. 상호저축은행이 상호저축은행 이외의 다른 금융기관으로 전환하는 경우에는 상호저축은행업 해산 및 영업 전부의 폐지 예비인가 신청서류를 준용한다(감독규정 [별표 2] 3호).

(라) 해산 또는 영업 전부의 폐지 인가

[별지 제5호 서식]의 상호저축은행업 해산 및 영업 전부의 폐지 예비인가 신청서를 작성하여 금융위원회에 제출하여야 한다. 첨부서류는 해산 또는 영업 전부의 폐지의 사유 서류, 해산 또는 영업 전부의 폐지의 결의를 증명하는 서류, 업무별·세목별 계약건수·계약금액 및 계약자수와 그 정리방법, 이사회 회의록, 최근의 재산목록 및 대차대조표, 자산 및 부채의 내용을 기재한 서류, 해산 및 상호저축은행업 폐지절차 진행에 관한 일정 계획, 다른 금융기관 앞으로 영업을 양도하는 경우에는 영업양수도에 관련된 계약서, 기타 부속서류(심사기준 확인에 필요한 계획서 및 관련서류)이다(감독규정 [별표 2] 4호).

(마) 영업 전부의 양도·양수 인가

영업양도의 경우에는 상호저축은행업 해산 및 영업 전부의 폐지 예비인가 신청서류를 준용한다. 영업양수의 경우에는 상호저축은행업 합병 예비인가 신청 서류를 준용한다(감독규정 [별표 2] 5호).

(3) 신청사실의 공고 및 의견수렴

(가) 공고 및 의견요청

금융위원회는 예비인가 신청이 있는 경우 이해관계인의 의견수렴 등을 위하여 신청일자, 신청인, 신청취지 및 내용, 의견제시방법 및 기간 등을 보도자료, 인터넷 홈페이지 등을 통하여 공고하여야 한다(감독규정8①). 금융위원회는 필요하다고 판단되는 경우 제1항의 규정에 의한 공고와는 별도로 예비인가 신청에 대하여 관계기관 및 이해관계인의 의견을 요청할 수 있다(감독규정8②).

(나) 통보와 소명

금융위원회는 제1항 및 제2항에 의하여 접수된 의견 중 신청인에게 불리하다고 판단되는 의견에 대하여는 신청인에게 이를 통보하고 기한을 정하여 소명하도록 할 수 있다(감독규정8③).

(다) 공청회 개최

금융위원회는 금융시장에 중대한 영향을 미칠 우려가 있는 등 필요하다고 판단되는 경우에는 공청회를 개최할 수 있다(감독규정8④).

(4) 예비인가 심사 및 생략

(가) 심사기준 부합 여부 심사

금융감독원장은 신청내용의 진위 여부를 확인하고 이해관계인, 일반인 및 관계기관 등으로부터 제시된 의견을 감안하여 신청내용이 관련법규에 의한 심사기준에 부합하는지를 심사하여야 한다(감독규정9①).

(나) 평가위원회 구성

금융감독원장은 사업계획 등의 타당성을 평가하기 위하여 평가위원회를 구성·운영할 수 있다(감독규정9②).

(다) 실지조사

금융감독원장은 신청내용의 확인, 발기인 및 경영진과의 면담 등을 위하여 실지조사를 실시할 수 있다(감독규정9③).

(라) 예비인가 여부 결정

금융위원회는 예비인가 여부를 결정한다(감독규정9④ 전단). 이 경우 제12조 제1항의 규정을 준용한다(감독규정9④ 후단).

(마) 예비인가절차 생략

금융위원회는 인가신청이 ⅰ) 금융산업의 구조조정을 위하여 신속한 합병·전환·영업양수도가 필요한 경우, ⅱ) 예비인가 신청시 이미 인가요건을 갖추고 있는 경우, ⅲ) 기타 금융산업의 신용질서 유지 또는 고객보호를 위하여 신속한 인가가 필요한 경우에는 예비인가절차를 생략할 수 있다(감독규정10).

(5) 예비인가 여부 통보

예비인가 또는 예비인가 거부사실을 통보한다.

2. 인가의 신청 및 심사

(1) 인가신청

신청인은 예비인가의 내용 및 조건을 이행한 이후 인가대상별로 감독규정 [별표 2]에서 정하는 인가신청서(첨부서류를 포함)를 금융위원회에 제출하여야 한다(감독규정11).

(가) 인가신청서와 첨부서류 제출

상호저축은행의 본인가를 받으려는 자는 ⅰ) 상호(제1호), ⅱ) 본점의 소재지(제2호), ⅲ) 대표자 및 임원의 성명·주민등록번호 및 주소(제3호), ⅳ) 자본금에 관한 사항(제4호), ⅴ) 영업구역(제5호), ⅵ) 시설·설비 및 인력에 관한 사항(제6호), ⅶ) 인가받으려는 업무(제7호)를 적은 인가신청서를 금융위원회에 제출하여야 한다(법6②, 영6①).

인가신청서에는 ⅰ) 정관(제1호),35) ⅱ) 업무방법서(제2호),36) ⅲ) 업무개시 후 3년간의 사업계획서(추정재무제표 및 예상수지계산서를 포함)(제3호),37) ⅳ) 본점·지점 등의 위치와 명칭을 적은 서류(제4호), ⅴ) 임원의 이력서 및 경력증명서(제5호), ⅵ) 발기인회의 의사록(제6호), ⅶ) 발기인의 이력서 및 경력증명서(제7호), ⅷ) 합작계약서(외국인과 합작하는 경우만 해당)(제8호), ⅸ) 자본금(법5①)의 납입 및 납입금의 출처를 증명할 수 있는 서류(제9호), ⅹ) 인가신청일 현재 발행주식 총수의 2% 이상을 소유한 주주의 성명 또는 명칭과 그 소유 주식 수를 적은 서류(제10호), ⅺ) 그 밖에 상호저축은행법 또는 동법 시행령에 따른 인가요건을 심사하기 위하여 필요하다고 인정되는 서류로서 금융위원회가 정하는 서류(제11호)를 첨부하여야 한다(영6②).

(나) 업무영위 인가

[별지 제2호 서식]의 상호저축은행업 영위 인가신청서를 작성한 후 다음의 첨부서류를 첨부하여 상호저축은행법 제6조에 의한 인가를 금융위원회에 신청하여야 한다. 첨부서류는 본점의 위치와 명칭을 기재한 서류, 회사의 등기부등본 및 주주명부, 상호저축은행 실질대주주·주주의 특수관계·지분율 등 현황, 임원의 이력서, 신원증명서 및 경력증명서, 자본금의 납입을 증명할 수 있는 서류, 최근 3년간 재무제표와 부속서류(계열회사 포함), 기타 부속서류(심사기준 확인에 필요한 계획서 및 관련서류)이다(감독규정 [별표 2] 1호).

---

35) 정관에는 상호, 목적 및 업무, 본점의 소재지, 자본금, 영업구역, 공고의 방법, 기타 필요한 사항이 기재되어야 한다(시행규칙3).

36) 업무방법서에는 ⅰ) 업무의 세목별 종류(제1호), ⅱ) 업무에 관한 약관(부대약정서 제외)(제2호), ⅲ) 계금·부금·예금 및 적금의 수입방법과 대출금의 회수방법(제3호), ⅳ) 급부금·대출금·어음할인액 및 환급금의 지급방법(제4호), ⅴ) 요율계산서(제5호), ⅵ) 기타 업무에 관한 중요사항(제6호)이 포함되어야 한다(시행규칙4). 위 제4항 제2호의 업무에 관한 약관에는 ⅰ) 급부금 및 환급금의 지급사유(제1호), ⅱ) 계금·부금 및 적금의 납입연체에 따른 손해금의 징수에 관한 사항(제2호), ⅲ) 대출금의 상환연체에 따른 손해금의 징수에 관한 사항(제3호), ⅳ) 계약해제의 조건 및 효과에 관한 사항(제4호), ⅴ) 계약에 관한 권리·의무의 양도에 관한 사항(제5호)이 기재되어야 한다(시행규칙5). 위 제4항 제5의 요율계산서에는 ⅰ) 이자율·할인율 및 수수료("요율등")의 계산방법(제1호), ⅱ) 이자·할인액 또는 수수료의 환급에 관한 사항(제2호), ⅲ) 계약을 변경하는 경우의 요율등의 계산에 관한 사항(제3호), ⅳ) 기타 요율등의 계산에 관하여 필요한 사항(제4호)이 기재되어야 한다(시행규칙6).

37) 사업계획서 중 추정재무제표 및 예상수지계산서에는 그 산출근거를 기재하여야 한다(시행규칙7).

(다) 합병인가

[별지 제4호 서식]의 상호저축은행업 합병 인가신청서를 작성한 후 다음의 첨부서류를 첨부하여 금융산업구조개선법 제4조에 의한 인가를 금융위원회에 신청하여야 한다. 첨부서류는 정관, 합병보고총회 또는 창립총회 의사록, 회사채권자 보고절차 이행을 증명하는 서류, 금융산업구조개선법 이외의 법령으로 별도 인가가 필요한 경우는 그 인가서 사본, 주주구성 및 경영지배구조, 인력 및 조직체계, 내규, 기타 부속서류(심사기준 확인에 필요한 계획서 및 관련서류)이다(감독규정 [별표 2] 2호).

(라) 전환인가

상호저축은행이 아닌 금융기관이 상호저축은행으로 전환하는 경우에는 상호저축은행업 영위 인가신청서류를 준용한다. 상호저축은행이 상호저축은행 이외의 다른 금융기관으로 전환하는 경우에는 상호저축은행업 해산 및 영업 전부의 폐지 인가신청서류를 준용한다(감독규정 [별표 2] 3호).

(마) 해산 또는 영업 전부의 폐지 인가

[별지 제6호 서식]의 상호저축은행업 해산 및 영업 전부의 폐지 인가신청서를 작성한 후 다음의 첨부서류를 첨부하여 상호저축은행법 제10조에 의한 인가를 금융위원회에 신청하여야 한다. 첨부서류는 주주총회의 결의를 필요로 하는 경우에는 이에 관한 주주총회 의사록, 해산의 경우 청산사무의 내용을 기재한 서류, 다른 금융기관 앞으로 영업을 양도하는 경우로서 예비인가 후 인가신청 전에 계약내용이 수정되거나 추가된 경우에는 수정 및 추가계약서, 기타 부속서류(심사기준 확인에 필요한 계획서 및 관련서류)이다(감독규정 [별표 2] 4호).

(바) 영업 전부의 양도 · 양수 인가

영업양도의 경우에는 상호저축은행업 해산 및 영업 전부의 폐지 인가 신청서류를 준용한다. 영업양수의 경우에는 상호저축은행업 합병 인가 신청서류를 준용한다(감독규정 [별표 2] 5호).

(2) 인가심사 및 확인

(가) 심사기간

금융위원회는 신청인의 인가신청서를 받은 경우 3개월(예비인가를 거친 경우에는 1개월) 이내에 인가 여부를 결정하고, 그 결과와 이유를 지체 없이 신청인에게 문서로 통지하여야 한다(감독규정12①). 심사기간을 산정할 때에는 ⅰ) 요건을

충족하는지 확인하기 위하여 다른 기관으로부터 필요한 자료를 제공받는 데에
걸리는 기간(제1호), ⅱ) 인가신청서 흠결의 보완을 요구한 경우에는 그 보완자료
가 제출되는 날까지의 기간(제2호), ⅲ) 인가신청을 받으려는 자 또는 인가신청을
받으려는 자의 대주주를 상대로 형사소송절차가 진행되고 있거나 금융위원회,
공정거래위원회, 국세청, 검찰청, 또는 금융감독원 등에 의한 조사·검사 등의 절
차가 진행되고 있고, 그 소송이나 조사·검사 등의 내용이 인가심사에 중대한 영
향을 미칠 수 있다고 금융위원회가 인정하는 경우에는 그 소송이나 조사·검사
등의 절차가 끝날 때까지의 기간(제3호)은 심사기간에 산입하지 아니한다(감독규
정12③).

(나) 실지조사

금융감독원장은 예비인가의 내용 및 조건의 이행 여부를 확인하기 위한 실
지조사를 실시할 수 있다(감독규정12②).

(다) 자료제출 요청 및 이행상황 확인

금융감독원장은 예비인가 또는 인가심사시 보완서류 또는 추가자료가 필요
한 경우 신청인에게 기한을 정하여 그 제출을 요청할 수 있다(감독규정13①). 금
융감독원장은 예비인가 또는 인가시 부과한 조건이 있는 경우 그 이행상황을 확
인하여야 한다(감독규정13②).

(3) 인가증의 발급

금융위원회는 법 제6조 제1항에 따른 인가를 받은 상호저축은행에게 [별지
서식 제8호]의 인가증을 발급하여야 하며, 상호저축은행의 신청에 따라 ⅰ) 상호
저축은행업 영위에 관한 적법한 인가 사실, ⅱ) 해당 상호저축은행이 할 수 있는
업무의 범위, ⅲ) 영 제11조의6 제1항 제1호에 따른 위험가중자산에 대한 자기자
본비율 등 재무건전성 현황, ⅳ) 그 밖에 확인이 필요한 사항에 대한 확인결과를
기재한 [별지 서식 제9호]의 상호저축은행업 영업인가 등 확인서를 발급할 수 있
다(감독규정13의2).

(4) 인가 대상행위 이행

신청인은 인가일로부터 6월 이내에 인가 대상행위를 이행하여야 한다(감독
규정12⑤ 본문). 다만, 금융위원회가 그 기간을 따로 정하거나 그 기간의 연장을
승인한 경우에는 그러하지 아니하다(감독규정12⑤ 단서).

3. 인가의 공고

금융위원회는 인가를 한 경우에는 지체 없이 그 내용을 관보에 공고하고 인터넷 홈페이지 등을 이용하여 일반인에게 알려야 한다(법6의3).

Ⅳ. 인가 · 신고사항

1. 인가사항

상호저축은행이 ⅰ) 해산·합병(제1호), ⅱ) 영업 전부(이에 준하는 경우 포함)의 폐업·양도 또는 양수(제2호), ⅲ) 자본금의 감소(제3호)를 하려면 금융위원회의 인가를 받아야 한다(법10①). 이 인가에 조건을 붙일 수 있다(법10②).

2. 신고사항 등

(1) 신고사항

상호저축은행은 ⅰ) 정관을 변경(금융위원회가 정하는 경미한 사항을 변경하는 경우38)는 제외)하는 경우(제1호), ⅱ) 업무의 종류 및 방법을 변경(금융위원회가 정하는 경미한 사항을 변경하는 경우는 제외)하는 경우(제2호), ⅲ) 영업 일부를 양도하거나 양수하는 경우(제3호), ⅸ) 본점 또는 지점 등을 동일한 영업구역 내에서 이전하는 경우(제4호)로서 ㉠ 특별시, 광역시, 특별자치시·도 또는 특별자치도의 어느 하나에 해당하는 지역에서 다른 특별시, 광역시, 특별자치시·도 또는 특별자치도의 지역으로 이전하는 경우(가목), ㉡ 광역시에서 다른 광역시로 이전하는 경우(나목), ㉢ 특별자치도에서 도로 이전하거나 도에서 특별자치도로 이전하는 경우(다목), ㉣ 도에서 다른 도로 이전하는 경우(라목), ㉤ 특별자치시에서 도 또는 특별자치도로 이전하거나 도 또는 특별자치도에서 특별자치시로 이전하는 경우(마목), ⅴ) 그 밖에 거래자를 보호하기 위하여 필요한 경우로서 자기주식을 취득하거나 처분하는 경우(제5호)에는 미리 금융위원회에 신고하여야 한다(법10의2

---

38) "금융위원회가 정하는 경미한 사항을 변경하는 경우"라 함은 상호저축은행이 상호저축은행중앙회 회장이 표준정관 및 표준업무방법서로 정하는 바에 따라 각각 이를 변경하는 경우와 상호저축은행이 법 제11조 제1항 제16호에 따라 금융위원회의 승인을 받아 업무의 종류 및 방법을 변경하는 경우를 말한다(감독규정19).

①, 영7②).

(2) 시정명령 또는 보완 권고

금융위원회는 신고받은 내용이 관계법령에 위반되거나 상호저축은행 거래자의 권익을 침해하는 것이라고 인정되면 해당 상호저축은행에 시정을 명하거나 보완을 권고할 수 있다(법10의2②).

(3) 위반시 제재

법 제10조의2 제1항을 위반하여 신고를 하지 아니한 자에게는 1천만원 이하의 과태료를 부과한다(법40④(1)).

3. 보고사항 등

(1) 보고사항

상호저축은행은 ⅰ) 상호저축은행의 의결권 있는 발행주식 총수의 2% 이상을 소유한 주주가 변경된 경우(다만, 법 제10조의2 제3항 제2호 및 제10조의6 제1항에 따라 승인받은 경우는 제외)(제1호, 영7①), ⅱ) 최대주주가 변경된 경우(제2호), ⅲ) 대주주 또는 그의 특수관계인의 소유주식이 의결권 있는 발행주식 총수의 1% 이상 변동된 경우(제3호), ⅳ) 본점을 이전하거나 지점 등을 이전 또는 폐쇄하는 경우(미리 신고하여야 하는 경우는 제외)(제4호), ⅴ) 본점 및 지점 등의 업무를 정지하거나 재개하는 경우(제5호),[39] ⅵ) 그 밖에 상호저축은행의 경영에 중요한 영향을 미치는 경우로서 대통령령으로 정하는 경우(제7호) 금융위원회가 정하는 바에 따라 금융위원회에 보고하여야 한다(법10의2③).

위 제7호에서 "대통령령으로 정하는 경우"란 ⅰ) 1일당 예금등의 해지·인출 등에 따른 지급액에서 예금등의 수입액을 차감한 금액이 금융위원회가 정하는 기준[40] 이상인 경우(다만, 예금등의 해지·인출 등의 사유가 금융위원회가 정하여 고시하는 사유[41]에 해당하는 경우는 지급액에서 제외), ⅱ) 금융사고로 인하여 상호저

---

39) 제6호 삭제[2015. 7. 31 제13453호(금융회사의 지배구조에 관한 법률)][[시행일 2016. 8. 1]].
40) "금융위원회가 정하는 기준"이란 사유발생일 전월말 현재의 예금등 합계액 잔액의 1%를 말한다(감독규정22②).
41) "금융위원회가 정하여 고시하는 사유"란 다음의 어느 하나에 해당하는 경우를 말한다(감독규정22③).
    1. 전체 예금등의 지급액 중 예금등의 계약만기에 따른 지급액이 70%를 초과하는 경우
    2. 전체 예금등의 지급액 중 1건의 지급액이 50%를 초과하는 경우
    3. 그 밖에 이에 준하는 것으로서 금융감독원장이 인정하는 경우

축은행에 손실이 발생한 경우로서 금융위원회가 정하여 고시하는 경우42)를 말한
다(영7④).

(2) 보고기간

상호저축은행은 위의 법 제10조의2 제3항 각 호에 따른 사유가 발생하는 경
우에는 사유발생일로부터 7일 이내에 금융감독원장 또는 중앙회 회장이 정하는
바에 따라 금융감독원장 또는 중앙회 회장에게 이를 보고하여야 한다(감독규정22
① 본문). 다만, 다만, 시행령 제7조 제4항 각 호의 어느 하나 따른 사유가 발생하
는 경우 지체 없이 금융감독원장에게 이를 보고하여야 한다(감독규정22① 단서).
감독규정 제22조 제1항 단서에 따른 예금인출 상황 등 보고는 [별지 제11호 서
식]에 따른다(시행세칙6의5).

(3) 위반시 제재

법 제10조의2 제3항을 위반하여 보고를 하지 아니한 자에게는 1천만원 이
하의 과태료를 부과한다(법40④(1)).

Ⅴ. 인가취소 등

1. 영업정지 또는 인가취소

금융위원회는 상호저축은행이 ⅰ) 거짓이나 그 밖의 부정한 방법으로 영업
의 인가를 받은 경우(제1호), ⅱ) 결손으로 자기자본의 전액이 잠식된 경우(제2
호), ⅲ) 인가를 받지 아니하고 해산·합병, 영업 전부(이에 준하는 경우를 포함)의
폐업·양도 또는 양수, 자본금의 감소(법10①)의 행위를 하는 경우(제3호), ⅳ) 해
당 위반행위의 시정명령을 이행하지 아니한 경우(제4호), ⅴ) 영업의 정지기간 중
에 그 영업을 한 경우(제5호), ⅵ) 금융회사지배구조법 [별표] 각 호의 어느 하나
에 해당하는 경우(영업의 전부정지를 명하는 경우로 한정)(제6호), ⅶ) ㉠ 본점 및 지
점 등의 이전 또는 폐쇄, ㉡ 상호저축은행법 또는 금융관련법령에 따른 영업의
전부 또는 일부의 정지, 그리고 ㉢ 천재지변·전시·사변, 그 밖에 이에 준하는

---

42) "금융위원회가 정하여 고시하는 경우"란 「금융기관 검사 및 제재에 관한 규정」에 따라 금
융감독원장이 정하고 있는 금융사고가 발생하여 상호저축은행의 자기자본의 5% 이상(회
수예상가액을 차감하지 아니한 금액)의 손실이 발생하였거나 발생이 예상되는 경우를 말
한다. 다만, 그 금액이 2억원 이하인 경우와 금융감독원장이 사고내용을 조사하여 직접
발표하는 경우에는 그러하지 아니하다(감독규정22④).

사태의 발생에 해당하지 아니하는 사유로 영업의 전부 또는 일부를 정지하는 행위(제7호), viii) 그 밖에 법령 또는 정관을 위반하거나 재산상태 또는 경영이 건전하지 못하여 공익을 크게 해칠 우려가 있는 경우(제8호)에 해당하면 6개월 이내의 기간을 정하여 영업의 전부정지를 명하거나 영업의 인가를 취소할 수 있다(법24②).

2. 금융위원회의 조치

금융위원회는 상호저축은행 또는 그 임직원이 [별표 1] 각 호의 어느 하나에 해당하거나 금융회사지배구조법 [별표] 각 호의 어느 하나에 해당하는 경우(6개월 이내의 영업의 일부정지 조치에 한정)에 해당하면 i) 상호저축은행에 대한 주의·경고 또는 그 임직원에 대한 주의·경고·문책의 요구(제1호), ii) 해당 위반행위의 시정명령(제2호), iii) 임원(금융회사지배구조법 제2조 제5호에 따른 업무집행책임자[43]는 제외)의 해임 권고 또는 직무정지(제3호), iv) 직원(금융회사지배구조법 제2조 제5호에 따른 업무집행책임자를 포함)의 면직 요구(제4호), v) 6개월 이내의 영업의 일부정지(제5호)에 해당하는 조치를 할 수 있다(법24①).

3. 인가취소와 해산

상호저축은행은 영업인가의 취소사유가 있으면 해산한다(법21(1)). 상호저축은행이 영업인가의 취소사유로 해산하면 금융위원회는 청산인을 선임한다(법23의11①(2)).

4. 인가취소와 청문

금융위원회는 영업인가를 취소하려면 청문을 하여야 한다(법38).

5. 인가취소 공고

금융위원회는 인가를 취소한 경우에는 지체 없이 그 내용을 관보에 공고하고 인터넷 홈페이지 등을 이용하여 일반인에게 알려야 한다(법6의3).

---

43) 5. "업무집행책임자"란 이사가 아니면서 명예회장·회장·부회장·사장·부사장·행장·부행장·부행장보·전무·상무·이사 등 업무를 집행할 권한이 있는 것으로 인정될 만한 명칭을 사용하여 금융회사의 업무를 집행하는 사람을 말한다.

Ⅵ. 형사제재

상호저축은행의 자본금의 납입을 가장(假裝)한 자 또는 이에 응하거나 이를 중개한 자(제1호), 상호저축은행의 발기인, 임원, 관리인, 청산인, 지배인 및 그 밖에 상호저축은행의 영업에 관한 어느 종류 또는 특정한 사항의 위임을 받은 사용인으로서 그 업무에 위배한 행위로 재산상의 이익을 취득하거나 제3자에게 취득하게 하여 상호저축은행에 손해를 입힌 자(제2호)는 1년 이상 10년 이하의 징역 또는 1천만원 이상 1억원 이하의 벌금에 처한다(법39②(1)(2)).

상호저축은행업의 인가를 받지 아니하고 업무를 한 자는 5년 이하의 징역 또는 5천만원 이하의 벌금에 처한다(법39③).

법 제10조를 위반하여 인가를 받지 아니하고 같은 조 제1항 각 호의 어느 하나에 해당하는 행위를 한 자는 1년 이하의 징역 또는 1천만원 이하의 벌금에 처한다(법39⑤(3)).

제2절 자본건전성 규제

Ⅰ. 경영건전성 기준

1. 경영건전성 기준 설정과 준수의무

금융위원회는 상호저축은행의 건전한 경영을 유도하고 금융사고를 예방하기 위하여 ⅰ) 재무건전성 기준(제1호), ⅱ) 자산건전성 분류기준(제2호), ⅲ) 회계 및 결산 기준(제3호), ⅳ) 위험관리 기준(제4호), ⅴ) 유동성 기준(제5호)에 해당하는 경영건전성의 기준을 정할 수 있다(법22의2①). 상호저축은행은 업무를 할 때 경영건전성 기준을 준수하여야 한다(법22의2②).

2. 재무건전성 기준

(1) 의의

금융위원회는 상호저축은행의 건전한 경영을 유도하고 금융사고를 예방하기 위하여 재무건전성 기준을 정할 수 있다(법22의2①(1)). 재무건전성 기준에는 ⅰ) 국제결제은행의 기준에 따른 위험가중자산에 대한 자기자본비율(제1호),[44] ⅱ) 적립필요금액에 대한 대손충당금비율(제2호), ⅲ) 퇴직금 추계액에 대한 퇴직급여충당금비율(제3호), ⅳ) 예금등에 대한 대출금비율(제4호)이 포함되어야 한다(영11의7①). 위의 제4호에서 "예금등"이란 계금, 부금, 예금, 적금, 부대업무로서 어음을 발행함에 따라 부담하는 채무를 말한다(법2(5), 영3의2①).

경기악화 등의 영향으로 저신용 차주가 상대적으로 많은 상호저축은행은 BIS자기자본비율이 더욱 낮아질 가능성이 존재한다. BIS자기자본비율의 변동에 대응하기 위해 저축은행은 다양한 방식으로 BIS자기자본비율을 높일 수 있다. 자기자본비율 제고 수단으로 기본자본 확충, 보완자본 확충, 평균위험 가중치 축소, 대출 축소 등을 이용할 수 있다. 추가적인 자본확충을 통해 BIS자기자본비율을 유지하는 방법과 저축은행의 위험가중자산비율을 낮추어 안전자산 위주로 자산을 구성하거나 대출규모를 조정하려는 유인이 존재한다.[45]

(2) 재무건전성 비율 유지의무

재무건전성 기준이란 ⅰ) 위험가중자산에 대한 자기자본비율은 7%(자산총액이 1조원 이상인 상호저축은행은 8%), ⅱ) 대손충당금비율은 100% 이상, ⅲ) 퇴직급여충당금비율은 100% 이상, ⅳ) 예금등에 대한 대출금비율("예대율")은 100% 이하의 기준을 말하며, 상호저축은행은 이 기준을 유지하여야 한다(감독규정44① 본문). 다만, 예금등에 대한 대출금비율("예대율") 100% 이하의 기준은 직전 분기말 대출금 잔액이 1천억원 미만인 상호저축은행에 대해서는 적용하지 아니한다(감독규정44① 단서).[46]

---

44) 상호저축은행의 자본적정성을 나타내는 BIS자기자본비율은 위험가중자산 대비 자기자본비율로서 이 비율이 높을수록 자본이 적정한 우량은행을 나타낸다.

45) 배수현(2020), "BIS자기자본비율 변동이 저축은행 기업대출에 미치는 영향", 상업교육연구 제34권 제2호(2020. 4), 126쪽.

46) 최근 저축은행들은 고금리 정기예금 특별판매에 주력하는 모습이다. 저축은행들이 고금리 예금 출시에 집중하는 이유는 유동성 확보를 위한 것으로 추측된다. 즉 금융감독당국은 저축은행의 예대율(loan to deposit ratio)을 오는 2021년에는 100% 이하로 규제하며, 연

(3) 재무건전성 비율의 산정

건전성비율의 산정기준은 금융감독원장이 정하며, 금융감독원장은 위의 비율 이외에 상호저축은행의 경영건전성 확보를 위하여 필요하다고 인정되는 비율을 정할 수 있다(감독규정44②). 재무건전성비율 산출기준(감독규정 제4조의2의 규정에 따른 자기자본 산출기준을 포함) 및 유동성비율 산출기준은 [별표 1]과 같다(감독규정 시행세칙24의2①, 이하 "시행세칙").

[별표 1] 재무건전성비율 산출기준(시행세칙 제24조의2 관련)은 제1장 위험가중자산에 대한 자기자본비율 산출기준, 제2장 부실상호저축은행 주식취득 등의 경우 위험가중자산에 대한 자기자본비율 산출기준, 제3장 대손충당금비율 및 퇴직급여충당금비율 산출기준, 제4장 유동성비율 산출기준, 제5장 예대율 산출기준을 규정하고 있다.

(4) 재무건전성 비율 보고

상호저축은행은 매회계연도말에는 결산을, 매분기말에는 가결산을 실시하고, 결산일 및 가결산일 기준으로 건전성비율을 산정하여 결산일 및 가결산일로부터 30일 이내에 금융감독원장에게 보고하여야 한다(감독규정44③). 건전성비율의 보고는 제18조의 업무보고서의 제출로 갈음한다(시행세칙24의2②).

(5) 위험가중자산에 대한 자기자본비율 보고

상호저축은행이 위험가중자산에 대한 자기자본비율을 산정하여 보고하는 경우 분기별로 재무제표에 대한 외부감사인의 검토보고서를 가결산일로부터 2개월 이내에 추가로 제출하여야 한다(감독규정44④).

20% 이상의 고금리 대출에 대해서는 예대율 산정에 있어 130%의 가중치를 부여할 계획이기 때문이다. 따라서 국내 저축은행들은 강화된 예대율 규제에 대비하여 예금을 늘리기 위해 고금리의 예금상품을 출시하는 것으로 해석된다. 즉 저축은행들은 예금 확보를 통한 유동성 확보에 주력하고 있다. 최근 정부의 가계대출 총량규제로 인해 중소기업들에 대한 대출비중이 점차 늘어나고 있지만, 대출 포트폴리오의 40% 이상은 가계대출이다. 그런데 저축은행의 가계대출은 시중은행에 비해 상대적으로 차주의 위험성이 높다. 가계대출의 상당 부분이 다중채무자이며, 7등급 이상의 저신용 차주이기 때문이다(서지용(2020), "국내 저축은행의 유동성과 가계자금대출간 관련성", Journal of The Korean Data Analysis Society(2020. 2), 243쪽).

3. 자산건전성 분류기준

(1) 의의

금융위원회는 상호저축은행의 건전한 경영을 유도하고 금융사고를 예방하기 위하여 자산건전성 분류기준을 정할 수 있다(법22의2①(2)). 자산건전성 분류기준에는 ⅰ) 분류대상 자산의 범위(제1호), ⅱ) 자산에 대한 건전성 분류 단계 및 그 기준(제2호)이 포함되어야 한다(영11의7②).

(2) 정기적 건전성 분류의무

상호저축은행은 ⅰ) 명칭 등 형식에 불구하고 경제적 실질이 이자수취 등을 목적으로 원리금의 반환을 약정하고 자금을 대여하여 발생한 채권 및 대지급금 등의 구상채권("대출채권")(제1호), ⅱ) 유가증권(제2호), ⅲ) 가지급금 및 미수금(제3호), ⅳ) 확정지급보증(제4호), ⅴ) 미수이자(제5호)에 대하여 정기적으로 건전성을 분류하여야 하며, 적정한 수준의 대손충당금(지급보증충당금을 포함)을 적립·유지하여야 한다(감독규정36①).

(3) 5단계 분류

자산에 대한 건전성 분류는 매분기말(유가증권의 경우에는 매월말일) 기준으로 [별표 7], [별표 7-1] 및 [별표 7-2]에서 정하는 바에 따라 "정상", "요주의", "고정", "회수의문", "추정손실"의 5단계로 구분한다(감독규정36② 본문). 다만 유가증권의 경우에는 "고정" 분류를, 가지급금(여신성 가지급금 제외)의 경우에는 "요주의" 및 "고정" 분류를 제외한다(감독규정36② 단서).

(가) [별표 7] 자산건전성 분류기준(제36조 관련)

여신, 유가증권, 가지급금, 미수금으로 구분하여 분류하고 있다. 상호저축은행의 자산계정에서 가장 큰 비중을 차지하는 계정은 대출채권이다. 저축은행의 대출채권의 부실이 심화되는 경우 BIS자기자본비율 하락, 자본잠식 등 재무건전성에 큰 영향을 미치게 된다. 이와 같은 점을 고려하여 금융감독당국에서도 대출채권 부실화 및 재무건전성에 대한 적절한 관리를 위하여 상호저축은행업감독규정 [별표 7] 자산건전성 분류기준에서 정하는 바에 따라 개별 저축은행별로 대출채권을 정상, 요주의, 고정, 회수의문, 추정손실 등의 건전성분류 결과에 따라 대출채권을 분류하고 대손충당금을 적립하도록 요구하고 있다.[47]

1) 여신

여기서는 여신 건전성 분류의 원칙을 정하고, 연체기간 및 부도 여부 등에 따른 자산건전성 분류를 규정하고 있다. ⅰ) 정상: 금융거래내용, 신용상태 및 경영내용 등을 고려할 때 채무상환능력이 양호한 거래처 및 1개월 미만의 연체여신을 보유하고 있으나 채무상환능력이 양호한 거래처에 대한 총여신을 말한다. 다만, 기업개선작업 대상기업에 대한 여신으로서 원리금의 연체 없이 기업개선약정을 6개월 이상 성실히 이행하고 향후 경영정상화가 확실시된다고 판단되는 기업에 대한 여신을 포함한다. "연체여신"이란 약정만기일에 상환되지 아니한 여신, 분할상환기일에 상환되지 아니한 분할상환금, 그리고 약정기일 이내라도 이자미납 상태가 1개월 이상 지속된 여신 또는 기한의 이익을 상실한 여신을 말한다. ⅱ) 요주의: 금융거래내용, 신용상태 및 경영내용 등을 고려할 때 여신 사후관리에 있어 통상 이상의 주의를 요하는 거래처에 대한 총여신을 말한다. ⅲ) 고정: 금융거래내용, 신용상태 및 경영내용 등이 불량하여 구체적인 여신 회수 조치나 관리방법을 강구할 필요가 있는 거래처에 대한 총여신 중 회수예상가액 해당 여신을 말한다.[48] ⅳ) 회수의문: 고정으로 분류된 거래처에 대한 총여신액 중 손실 발생이 예상되나 현재 그 손실액을 확정할 수 없는 회수예상가액 초과여신을 말한다. ⅴ) 추정손실: 고정으로 분류된 거래처에 대한 총여신액 중 회수불능이 확실하여 손비처리가 불가피한 회수예상가액 초과여신을 말한다.

2) 유가증권

ⅰ) 정상: 평가액이 장부가액을 상회하는 유가증권, 평가액이 장부가액을 일시적(3개월 미만)으로 하회하고 있으나 장차 수익성이 회복될 전망이 확실시되는 유가증권, 국공채, 정부보증채, 보증사채 등으로서 원리금 회수가 확실시되는 유가증권을 말한다. ⅱ) 요주의: 평가액이 장부가액을 상회하고 있으나 최근 2년 이상 계속하여 납입자본 잠식상태에 있는 회사가 발행한 유가증권, 평가액이 장

---

47) 박준범·이호영(2019), "상호저축은행의 소유지배구조와 회계정보품질 간의 관련성에 관한 연구", 회계·세무와 감사 연구 제60권 제4호(2018. 12), 140쪽.

48) 상호저축은행의 재무적 위험은 고정이하여신비율과 부채비율로 인식된다. 특히 고정이하여신비율은 은행의 자산건전성을 나타내는 직접적인 지표이다. 이에 정책당국은 상호저축은행의 고정이하여신비율 수준을 엄격히 관리하고 있다. 구체적으로 정책당국은 상호저축은행의 고정이하여신비율을 지속적으로 공시하는데, 8% 이하로 유지하길 적극적으로 권고하고 있다. 이는 상호저축은행의 고정이하여신비율은 궁극적으로 기업의 재무적 위험을 나타내는 직접적인 지표임을 보여준다(이효진·정준희(2020), 401쪽).

부가액을 3개월 이상 계속 하회하는 유가증권의 평가 상당액, 최근 발행자의 경영악화 등으로 신용위험이 증대된 유가증권을 말한다. iii) 회수의문: 평가액이 장부가액을 3개월 이상 계속 하회하고 있는 유가증권의 평가 손실액, 발행자의 신용위험 등이 현저히 악화되어 만기일에 원금회수가 의문시되는 유가증권을 말한다. iv) 추정손실: 평가액이 장부가액을 6개월 이상 계속 하회하고 있는 유가증권의 평가 손실액, 발행자의 파산으로 원금회수 불능이 확실시되는 유가증권, 기타 무가치한 유가증권을 말한다.

3) 가지급금

ⅰ) 정상: 당해 회계연도 또는 다음 회계연도 내에 정상적으로 정리될 것이 확실한 가지급금과 기타 회수가 확실한 가지급금을 말한다. ⅱ) 회수의문: 사고금 또는 출납부족금 정리를 위한 것으로서 손비처리가 예상되는 가지급금, 소송관련 비용으로서 손비처리가 예상되는 가지급금, 기타 회수가 불확실하여 손비처리가 예상되는 가지급금을 말한다. iii) 추정손실: 사고금 또는 출납부족금 정리를 위한 것으로 손비처리가 불가피한 가지급금, 소송관계 비용으로 패소가 확실하여 손비처리가 불가피한 가지급금, 기타 손비처리가 불가피한 가지급금을 말한다.

4) 미수금

ⅰ) 정상: 지급일로부터 1개월이 경과하지 아니한 미수채권을 말한다. ⅱ) 요주의: 지급일로부터 1개월 이상 3개월 미만 경과된 미수채권을 말한다. iii) 고정: 지급일로부터 3개월 이상 경과된 미수채권으로서 회수예상가액 해당분을 말한다. iv) 회수의문: 지급일로부터 3개월 이상 경과된 미수채권으로서 손실발생이 예상되나 현재 손실액을 확정할 수 없는 회수예상가액 초과분을 말한다. ⅴ) 추정손실: 지급일로부터 3개월 이상 경과된 미수채권으로서 회수불능이 확실하여 손비처리가 불가피한 회수예상가액 초과분을 말한다.

(나) [별표 7-1] 사업성 평가에 따른 자산건전성 분류기준

1) 기본원칙

상호저축은행은 개별 사업장의 사업성 및 사업진행상황 등을 종합적으로 고려하여 3단계(양호, 보통, 악화우려)로 사업성을 평가한다. 즉 ⅰ) "양호" 등급: 사업성 및 사업진행상황이 양호한 사업장, ⅱ) "보통" 등급: 사업성이 양호하나 일부 사업진행상의 애로요인 존재 등으로 향후 사업성 저하를 초래할 수 있는 잠

재적 요인이 존재하는 것으로 판단되는 사업장, ⅲ) "악화우려" 등급: 사업진행 지연, 사업성 미흡 등으로 사업추진이 곤란할 것으로 예상되는 사업장이다.

  2) 사업성 평가에 따른 건전성 확정

  사업성 평가결과를 감안하여 건전성을 적의 분류하도록 하되, "양호" 등급은 "정상"으로, "보통" 등급은 "요주의"로, "악화우려" 등급은 "고정이하"로 분류함을 원칙으로 한다. 다만, 사업장의 분양률, 공정률 및 기타 채권보전 상황 등이 양호한 경우 또는 대체 시공사 선정이 완료되어 정상적 사업진행이 수행되는 경우 등 해당 사업장의 특성을 감안할 필요가 있는 경우에는 건전성 분류를 적절히 조정할 수 있다.

(다) [별표 7-2] 채권재조정된 가계여신에 대한 자산건전성 분류기준(제36조 관련)

  신용회복위원회 등을 통해 채권재조정된 여신에 대해서는 변제계획에 의거하여 정상적으로 변제가 이루어진 기간 및 금액 등을 기준으로 다음과 같은 방법에 따라 건전성을 분류할 수 있다.

  1) 신용회복위원회 프리워크아웃(채무조정 개시 시점 "요주의" 여신)(제1항)

1. 6개월 이상 정상상환한 경우 "정상"으로 분류 가능
2. 제1호에도 불구하고 채권재조정된 여신이 주거용 주택담보대출인 경우 해당 여신 중 담보권 행사 등을 통하여 회수가능한 것으로 예상되는 가액에 대해서는 1년 이상 변제계획대로 이행(상환유예 또는 거치기간 중의 이자납입을 포함)하면 "정상"으로 분류 가능

  2) 신용회복위원회 개인워크아웃(채무조정 개시 시점 "고정이하" 여신)(제2항)

1. 채무상환이 확실시되는 경우로서 전체 상환기간의 1/4 이상 또는 2년 이상 변제계획대로 상환하는 경우 총 채권액을 "고정"으로 분류변경 가능
2. 채무상환이 확실시되는 경우로서 전체 상환기간의 1/3 이상 또는 4년 이상 변제계획대로 상환하는 경우 총 채권액을 "요주의"로 분류변경 가능
3. 채무상환이 확실시되는 경우로서 "요주의" 분류변경 후 1년 이상 변제계획대로 상환하는 경우 "정상" 분류 가능
4. 제1호 내지 제3호에도 불구하고 채권재조정된 여신이 주거용 주택담보대출인 경우 해당 여신 중 담보권 행사 등을 통하여 회수가능한 것으로 예상되는 가액에 대해서는 1년 이상 변제계획대로 이행(상환유예 또는 거치기간 중의

이자납입을 포함)하면 "정상"으로 분류 가능

3) 저축은행권 자체 채무조정(제3항)

1. 자체 채무조정이란 연체이자 감면, 장기분할 상환대출 전환 등 채무자의 실질적인 채무상환부담을 완화하는 경우로서, 등급 상향일 현재 채무불이행 등록정보가 없을 경우로 한한다.
2. 채무조정 개시 시점 "요주의" 여신: 채무상환이 확실시되는 경우로서 1년간 변제계획대로 상환하는 경우 "정상" 분류 가능
3. 채무조정 개시 시점 "고정이하" 여신:
   (i) 채무상환이 확실시되는 경우로서 전체 상환기간의 1/4 이상 또는 2년 이상 변제계획대로 상환하는 경우 총 채권액을 "고정"으로 분류변경 가능
   (ii) 채무상환이 확실시되는 경우로서 전체 상환기간의 1/3 이상 또는 4년 이상 변제계획대로 상환하는 경우 총 채권액을 "요주의"로 분류변경 가능
   (iii) 채무상환이 확실시되는 경우로서 "요주의" 분류변경 후 1년 이상 변제계획대로 상환하는 경우 "정상" 분류 가능

4) 재연체 발생시 자산건전성 분류(제4항)

1. 채무조정후 성실상환 채권에 해당하여 자산건전성 분류를 상향조정하였으나, 연체 등 자산건전성 등급 하향조정 사유 발생시 기존의 연체기간을 가산하여 자산건전성을 엄격히 분류
2. 다만 "정상"으로 분류된 이후 총상환기간의 1/2 이상 변제계획대로 정상상환이 이루어진 경우에는 연체가 발생하더라도 자산건전성 분류시 기존의 연체기간을 가산하지 않을 수 있음

(4) 대출채권의 건전성 분류 및 시기

금융감독원장은 대출채권과 관련하여 차주의 재무상태, 수익성 및 거래조건 등을 고려할 때 제2항에 따른 건전성 분류를 적용하는 것이 타당하지 아니하다고 인정되는 경우 해당 대출채권의 건전성 분류 및 그 시기를 다르게 할 수 있다(감독규정36③).

(5) 대출채권 분류기준 등

상호저축은행은 제1항의 분류대상 자산 중 대출채권에 대하여는 차주 단위의 총채권을 기준으로 분류하며, 그 외의 분류대상 자산에 대하여는 취급건별 기

준으로 분류한다(감독규정36④ 본문). 다만, ⅰ) 어음만기일에 정상결제가 확실시되는 상업어음 할인(제1호), ⅱ) 유가증권 담보 대출채권(제2호), ⅲ) 금융기관(신용보증기금, 기술신용보증기금, 보증보험회사, 건설공제조합, 주택사업공제조합, 지역신용보증재단 등을 포함) 보증부 대출채권(제3호), ⅳ) 대출채권과 관련된 계·부금, 적금, 예금 등의 담보물 금액에 해당하는 대출채권(제4호), ⅴ) 기업구조조정 촉진법에 따라 채권금융기관 공동관리가 진행 중인 기업에 대한 기준금리(한국은행이 발표하는 최직근 상호저축은행 1년 만기 정기예금 가중평균금리) 이상의 이자를 수취하는 대출채권(제5호), ⅵ) 채무자회생법에 따라 회생절차를 진행 중인 기업에 지원한 공익채권 및 회생계획안에 따라 기준금리(한국은행이 발표하는 최직근 상호저축은행 1년 만기 정기예금 가중평균금리) 이상의 이자를 수취하는 회생채권(제6호), ⅶ) 법원경매에 따라 경락결정된 담보물과 관련된 대출채권 중 배당가능금액에 해당하는 대출채권(제7호)에 차주 단위의 총채권과 구분하여 별도로 분류할 수 있다(감독규정36④ 단서).

(6) 부동산PF 대출채권의 분류기준

제4항에도 불구하고 부동산PF 대출채권에 대해서는 차주 단위의 총여신액과 구분하여 사업장 단위로 분류할 수 있다(감독규정36⑤).

(7) 부실신용공여와 대손충당금 잔액 차감

법 제2조 제8호 마목[49])의 규정에 의한 "부실신용공여"란 제2항에 따라 회수의문 및 추정손실로 분류된 것을 말하며 이 경우 산정일 현재 관련 대손충당금 잔액을 차감한다(감독규정36⑥).

(8) 부실자산의 조기상각 등

상호저축은행은 "회수의문" 또는 "추정손실"로 분류된 자산("부실자산")을 조기에 상각하여야 하며 고정이하 분류자산에 대하여는 금융감독원장이 정하는 고정이하 분류자산 명세표를 작성하고 조기정상화 방안을 강구하여야 한다(감독규정36⑦). 감독규정 제36조 제7항의 규정에 의한 고정이하 분류자산 명세표는 [별지 제5호 서식]에 의한다(시행세칙23).

금융감독원장은 상호저축은행이 보유하고 있는 부실자산에 대한 상각실적이 미흡하거나 기타 필요하다고 인정하는 경우 당해 상호저축은행에 대하여 특

---

49) 마. 금융위원회가 정하는 기준에 따라 회수가 어렵거나 손실로 추정되는 신용공여와 가지급금("부실신용공여")

정 부실자산의 상각을 요구하거나 승인할 수 있다(감독규정36⑧).

(9) 담보물의 회수예상가액 산정

상호저축은행은 고정이하 분류 대출채권에 대하여 자산건전성 분류시마다 [별표 8]에 따라 담보물의 회수예상가액을 산정하여야 한다(감독규정36⑨ 본문). 다만, 예·적금, 부금, 유가증권 및 지급보증 이외의 담보(경매진행 중인 담보는 제외)로서 자산건전성 분류 기준일 현재 해당 담보에 대한 최종 감정일이 2년 이내인 경우 해당 담보평가액을 회수예상가액으로 볼 수 있다(감독규정36⑨ 단서). [별표 8]은 담보종류별 회수예상가액 산정기준을 규정하고 있다.

(10) 최종 담보평가액의 회수예상가액 의제

제9항 본문의 규정에도 불구하고 대출채권이 ⅰ) 고정이하 분류사유 발생일이 3개월 이내인 경우(제1호), ⅱ) 3개월 이내에 대출채권의 담보물 처분과 관련한 법적 절차가 착수될 예정인 경우(제2호), ⅲ) 총대출채권액에 대한 담보비율이 150 이상인 경우(제3호), ⅳ) 대출채권의 유효담보가액 합계액이 3억원 미만인 경우(제4호), ⅴ) 기업구조조정 촉진법에 따른 채권금융기관 공동관리, 채무자회생법에 따른 회생절차 등이 진행 중인 기업에 대한 대출채권의 경우(제5호)에는 대출채권의 담보에 대한 최종 담보평가액을 회수예상가액으로 볼 수 있다(감독규정36⑩).

(11) 시정요구

금융감독원장은 상호저축은행의 자산건전성 분류 및 대손충당금 적립의 적정성을 점검하고 부적정하다고 판단되는 경우에는 시정을 요구할 수 있다(감독규정36⑪).

4. 회계 및 결산 기준

(1) 의의

금융위원회는 상호저축은행의 건전한 경영을 유도하고 금융사고를 예방하기 위하여 회계 및 결산 기준을 정할 수 있다(법22의2①(3)). 회계 및 결산 기준에는 ⅰ) 회계처리 기준, ⅱ) 결산처리 기준, ⅲ) 대손충당금 적립 및 상각 기준이 포함되어야 한다(영11의7③).

(2) 회계기준 등

(가) 회계처리기준 등

1) 회계연도와 회계단위

상호저축은행의 회계연도는 1월 1일부터 12월 31일까지로 한다(시행세칙25). 상호저축은행의 회계는 각 회계단위별로 이를 처리한다(시행세칙26①). 상호저축은행의 각 회계단위의 총괄사무는 본점에서 이를 담당한다(시행세칙26②). "회계단위"라 함은 본점 및 지점 등 독립된 영업소를 말하며, 모점에 종속된 출장소는 이를 회계단위로 보지 아니한다(시행세칙26③).

2) 계정과목

상호저축은행의 계정과목은 "한국채택국제회계기준"과 "일반기업회계기준"이 정하는 바에 따라 중앙회 회장이 정한다(시행세칙28①). 상호저축은행은 필요한 경우 중앙회 회장의 승인을 받아 계정과목을 신설 또는 개폐할 수 있다(시행세칙28②). 제1항 및 제2항의 경우 중앙회 회장은 각 상호저축은행의 회계처리업무 표준화 등을 위하여 금융감독원장과 협의하여야 하며 금융위원회, 증권선물위원회 및 금융감독원장이 정하는 기준 등을 준수하여야 한다(시행세칙28③).

(나) 주권상장법인인 상호저축은행

주권상장법인인 상호저축은행은 회계처리 및 재무제표 작성에 있어서 한국채택국제회계기준에 따라 적정하게 표시하여야 한다(감독규정37①).

(다) 주권비상장법인인 상호저축은행

주권상장법인인 상호저축은행 이외의 상호저축은행은 한국채택국제회계기준 또는 일반기업회계기준을 적용하여야 하며, 한국채택국제회계기준을 적용하는 경우에는 일반기업회계기준을 재차 적용할 수 없다(감독규정37②).

(라) 세부기준 및 중앙회의 지급준비예탁금회계의 회계처리

한국채택국제회계기준 또는 감독규정 및 일반기업회계기준에서 정하지 않은 회계처리, 계정과목의 종류와 배열순서 등 세부기준은 금융감독원장이 정하는 바에 따른다(감독규정37③). 회계처리의 세부기준은 [별표 4] 및 한국채택국제회계기준과 일반기업회계기준에 따른다(시행세칙34①). 상호저축은행의 회계처리의 표준화 등을 위하여 중앙회 회장은 한국채택국제회계기준과 일반기업회계기준 및 감독규정과 이 세칙이 정하는 바에 따라 상호저축은행의 회계처리에 대한 업무지도를 할 수 있다(시행세칙34②).

중앙회의 지급준비예탁금회계의 회계처리와 관련하여 일반기업회계기준에서 정하지 않은 사항은 금융감독원장이 정하는 바에 의한다(감독규정37⑤).

(마) 지급준비예탁금회계의 보고

중앙회는 지급준비예탁금회계에 대한 ⅰ) 재무현황, ⅱ) 자산건전성 분류표, ⅲ) 대출채권회수 업무추진 현황, ⅳ) 기타 지급준비예탁금의 수입 및 운용업무에 관한 사항을 금융감독원장이 정하는 서식에 따라 매 분기말 기준으로 다음달 10일까지 금융감독원장에게 보고하여야 한다(감독규정37④).

(3) 대손충당금 등 적립기준

(가) 대손충당금 적립의무

상호저축은행의 대손충당금 적립기준은 다음의 2)부터 10)과 같다(감독규정38①). 감독규정 제38조에서 대손충당금 등 적립기준을 정하고 있으나, 최소 적립비율만을 제시할 뿐 구체적인 가이드라인이 제공되지 않기 때문에 이에 대한 경영자의 재량성이 은행에 비하여 높은 편이다.

1) 대손충당금 설정 대상자산

상호저축은행은 ⅰ) 명칭 등 형식에 불구하고 경제적 실질이 이자수취 등을 목적으로 원리금의 반환을 약정하고 자금을 대여하여 발생한 채권 및 대지급금 등의 구상채권(＝대출채권, 자산유동화계획에 따라 당해 상호저축은행이 인수한 후순위채권을 포함), ⅱ) 미수금, ⅲ) 미수이자에 대손충당금을 설정하여야 한다(감독규정39).

2) 건전성 분류결과와 대손충당금 적립의무(제1호)

상호저축은행은 결산일(가결산일을 포함) 현재 대손충당금 설정 대상자산에 대하여 건전성 분류결과에 따라 ⅰ) "정상"분류 자산의 1% 이상(가목), ⅱ) "요주의"분류 자산의 10% 이상(나목), ⅲ) "고정"분류 자산의 20% 이상(다목), ⅳ) "회수의문"분류 자산의 55% 이상(라목), ⅴ) "추정손실"분류 자산의 100%(마목)의 금액에 해당하는 대손충당금을 적립하여야 한다(제1호 본문). 다만, 연간 적용금리(또는 연환산 적용금리)가 20% 이상인 이자채권부 대손충당금 설정자산에 대하여는 위의 각 목에서 정하는 금액에 50%를 가산하여 대손충당금을 적립하여야 한다(제1호 단서).

3) 이자채권부 대손충당금 설정자산(제1의2호)

제1호의 규정에도 불구하고 상호저축은행이 이자채권부 대손충당금 설정자산에 대하여 적립하여야 하는 대손충당금은 해당 자산의 금액을 초과할 수 없다

(제1의2호).

4) 기업에 대한 채권(제2호)

제1호의 규정에도 불구하고 상호저축은행은 기업에 대한 채권에 대하여는 건전성 분류결과에 따라 ⅰ) "정상"분류 자산의 0.85% 이상(가목), ⅱ) "요주의" 분류 자산의 7% 이상(나목), ⅲ) "고정"분류 자산의 20% 이상(다목), ⅳ) "회수의 문"분류 자산의 50% 이상(라목), ⅴ) "추정손실"분류 자산의 100%(마목)의 금액에 해당하는 대손충당금을 적립하여야 한다(제2호 본문). 다만, 기업에 대한 채권 중에서 연간 적용금리(또는 연환산 적용금리)가 20% 이상인 채권(가목에서 라목까지의 채권에 한한다)에 대하여는 위의 각목에서 정하는 금액에 50%를 가산하여 대손충당금을 적립하여야 한다(제2호 단서).

5) 부동산PF 대출채권(제3호)

제1호 및 제2호의 규정에 불구하고 부동산PF 대출채권에 대하여는 ⅰ) "정상"분류 자산의 2%(최초 취급 후 1년 이상 경과시에는 3%) 이상(다만 최초 취급후 1년이 경과하지 않은 경우로서 신용평가등급이 BBB- 또는 A3- 이상 기업이 지급보증한 경우에는 0.5% 이상으로 할 수 있다)(가목). ⅱ) "요주의"분류 자산의 7% 이상(관련자산 아파트) 또는 10% 이상(관련자산 아파트 이외)(나목), ⅲ) "고정"분류 자산의 30% 이상(다목), ⅳ) "회수의문"분류 자산의 75% 이상(라목), ⅴ) "추정손실"분류 자산의 100(마목)의 금액을 대손충당금으로 적립하여야 한다(제3호).

6) 차주가 정부 또는 지방자치단체의 경우(제4호)

제1호 및 2호의 규정에 불구하고 차주가 정부 또는 지방자치단체인 자산에 대하여는 대손충당금을 적립하지 아니할 수 있다(제4호).

7) 자산양도미수금 및 후순위채권(제5호)

상호저축은행의 자산유동화계획에 의한 자산양도미수금 및 후순위채권에 대하여는 기초자산의 양도가액에 대한 평가 및 선순위·후순위 발행비율 등을 감안하고 기초자산에 대한 건전성 분류 및 대손충당금 적립수준과 비교하여 그에 상응하는 적정한 수준을 적립하여야 한다(제5호).

8) 확정지급보증(제6호)

상호저축은행은 결산일 현재 확정지급보증에 대하여 건전성 분류결과에 따라 ⅰ) "고정"분류 자산의 20% 이상(가목), ⅱ) "회수의문"분류 자산의 75% 이상(나목), ⅲ) "추정손실"분류 자산의 100%(다목)의 금액에 해당하는 지급보증충당금을 적립하여야 한다(제6호).

9) 부동산PF 대출채권 매각의 경우(제7호)

상호저축은행이 부동산PF 대출을 정리하기 위하여 동 대출채권을 사후정산 또는 환매 조건으로 한국자산관리공사에 매각하게 되는 경우 사후정산 또는 환매를 하는 때에 발생할 수 있는 손실가능성에 대비하여 동 손실가능예상액을 매각일 다음 분기말부터 사후정산 또는 환매일이 속하는 분기의 직전 분기말까지의 기간 동안 안분한 금액 이상을 충당금으로 적립하여야 한다(제7호).

10) 수익증권 또는 출자증권 등의 경우(제8호)

부동산PF 대출채권을 정리하기 위하여 간접투자자산운용업법(현 자본시장법)에 의한 간접투자기구에 동 대출채권을 매각하고, 동 간접투자기구의 수익증권을 취득하게 된 경우 그 수익증권 및 법인세법 제51조의2 제1항 제6호의 규정에 의한 법인에 출자한 경우 그 주식 또는 출자증권 등을 취득하게 된 경우 유가증권의 만기일에 발생할 수 있는 손실가능성에 대비하여 동 손실가능예상액을 대출채권 매각일 또는 출자전환일 다음 월말부터 유가증권 만기일이 속하는 월의 직전 월말까지의 기간 동안 안분한 금액 이상을 충당금으로 적립하여야 한다(제8호).

(나) 대손준비금 적립의무

제1항에 불구하고 한국채택국제회계기준을 적용하는 상호저축은행은 동 회계기준에 따라 충당금을 적립하고, 동 충당금 적립액이 제1항 각 호에서 정하는 금액의 합계금액에 미달하는 경우 그 미달하는 금액 이상을 대손준비금으로 적립하여야 한다(감독규정38②).

(다) 대손준비금 환입 및 적립

한국채택국제회계기준을 적용하는 상호저축은행은 기존에 적립한 대손준비금이 결산일 현재 적립하여야 하는 대손준비금을 초과하는 경우에는 그 초과하는 금액만큼 기존에 적립된 대손준비금을 환입할 수 있으며 미처리결손금이 있는 경우에는 미처리결손금이 처리된 때부터 대손준비금을 적립하여야 한다(감독규정38③).

(라) 대손준비금 적립액의 재무제표 공시

한국채택국제회계기준을 적용하는 상호저축은행은 매 결산시 대손준비금 적립액(분기별 가결산시로서 대손준비금 적립이 확정되지 않은 경우에는 적립예정금액)

을 재무제표에 공시하여야 한다(감독규정38④).

(마) 특별대손충당금 적립 요구

금융감독원장은 제1항부터 제3항까지의 규정에 불구하고「금융기관 검사 및 제재에 관한 규정」에 의하여 금융감독원장이 정하고 있는 금융사고가 발생하여 상호저축은행의 자기자본의 5% 이상의 손실이 발생하였거나 발생이 예상되는 경우(감독규정42②(2))에는 당해 상호저축은행에 대하여 결산일까지 손실예상액 전액을 특별대손충당금으로 적립할 것을 요구할 수 있다(감독규정38⑤).

(바) 대손충당금 환입과 대손충당금 적립

상호저축은행이 제5항의 규정에 따라 특별대손충당금을 적립한 후 당해 손실예상분에 대한 자산건전성 분류가 확정되는 경우에는 동 충당금을 환입하고 제1항부터 제3항까지의 규정에 따라 대손충당금을 적립할 수 있다(감독규정38⑥).

(사) 중앙회 지급준비예탁금회계

금융감독원장은 제1항부터 제3항까지의 규정에 불구하고 중앙회 지급준비예탁금회계에 대하여는 별도로 정하는 바에 따라 대손충당금을 적립하게 할 수 있다(감독규정38⑦).

5. 위험관리 기준

(1) 의의

금융위원회는 상호저축은행의 건전한 경영을 유도하고 금융사고를 예방하기 위하여 위험관리 기준을 정할 수 있다(법22의2①(4)). 위험관리 기준에는 ⅰ) 여신심사 및 여신사후관리 등을 수행하기 위한 기준, ⅱ) 금융사고 관리 및 예방대책, 과거 발생한 금융사고에 대한 재발방지대책이 포함되어야 한다(영11의7④).

(2) 주택관련 담보대출에 대한 리스크관리

(가) 담보인정비율 등의 준수

상호저축은행은 주택관련 담보대출 취급시 법 제22조의2 및 동법 시행령 제11조의7의 규정에 따라 경영의 건전성이 유지되도록 [별표 5]에서 정하는 담보인정비율, 총부채상환비율, 기타 주택담보대출 등의 취급 및 만기연장에 대한 제한 등을 준수하여야 한다(감독규정39의2①). [별표 5]에 관한 내용은 앞에서 살펴보았다.

(나) 담보인정비율 등의 가감조정과 보고

금융감독원장은 상호저축은행의 경영건전성 등을 감안하여 긴급하다고 인정하는 경우 [별표 5]에서 정한 담보인정비율 및 총부채상환비율을 10퍼센트포인트 범위 이내에서 가감조정할 수 있다(감독규정39의2② 전단). 이 경우 금융감독원장은 그 내용을 지체 없이 금융위원회에 보고하여야 한다(감독규정39의2② 후단).

(다) 담보인정비율 등의 세부기준

담보인정비율 및 총부채상환비율의 산정방법 및 적용대상의 세부판단기준, 주택담보대출 등의 취급 및 만기연장 제한 등과 관련한 세부적인 사항은 금융감독원장이 정하는 바에 따른다(감독규정39의2③). 감독규정 제39조의2 제3항에서 금융감독원장이 정하는 바는 [별표 9]와 같다(시행세칙24).

[별표 9] 주택관련 담보대출에 대한 리스크관리 세부기준은 제1장 담보인정비율(LTV)에서 담보인정비율의 산정, 주택관련 담보대출금액의 산정, 선순위채권의 산정, 임차보증금 및 최우선변제 소액임차보증금의 산정, 담보가치 산정, 담보인정비율 적용대상 확인 등을 정하고 있다. 제2장 총부채상환비율(DTI)에서 총부채상환비율의 산정, 해당 주택담보대출 연간 원리금 상환액의 산정, 기존 주택담보대출 연간 원리금 상환액의 산정, 다주택자의 주택담보대출 연간 원리금 상환액의 산정, 기타부채의 연이자 상환액의 산정, 연소득의 산정, 총부채상환비율 적용대상확인 등, 총부채상환비율 적용 회피 목적의 판단을 규정하고 있다. 제3장 주택관련 담보대출 취급 및 만기연장 제한 등에서 투기지역내 주택임대업대출 및 주택매매업대출 취급 제한, 복수 주택담보대출에 대한 사후관리, 투기지역소재 주택을 담보로 하는 기업자금대출에 대한 사후관리, 주택담보대출 취급시 차주의 소득자료 확보, 여신심사위원회 승인 대출에 대한 보고를 정하고 있다.

(3) 여신업무 기준

(가) 여신심사 및 사후관리 등

상호저축은행은 상당한 주의를 기울여 ⅰ) 차주의 신용위험 및 상환능력 등에 대한 분석을 통한 신용리스크의 평가, ⅱ) 차주의 차입목적, 차입금규모, 상환기간 등에 대한 심사 및 분석, ⅲ) 차주의 차입목적 이외의 차입금 사용 방지대책 마련, ⅳ) 여신실행 이후 차주의 신용상태 및 채무상환능력 변화에 대한 사후점검 및 그 결과에 따른 적절한 조치, ⅴ) 산업별, 고객그룹별 여신운용의 다양화를 통한 여신편중 현상의 방지 등 여신심사 및 사후관리 등 여신업무를 처리하여야 한다(감독규정40의2①).

(나) 여신심사기준 제정

금융감독원장은 상호저축은행의 여신운용의 건전성을 제고할 수 있도록 여신심사 및 사후관리 업무에 관한 구체적인 기준을 정할 수 있다(감독규정40의2②).

상호저축은행은 감독규정 제40조의2에 따라 여신실행 이전 단계에서 신용리스크를 적절히 평가·관리할 수 있는 건전한 여신심사 및 승인업무 시스템("여신심사기준 등")을 운영하여야 하며, 여신심사기준 등에는 ⅰ) 여신심사조직과 영업조직 간 역할 정립 및 상호 협조, ⅱ) 신용평가시스템 등에 의한 합리적이고 투명한 여신심사 및 승인, ⅲ) 적정한 규모의 여신이 취급될 수 있는 차주별 여신한도제도의 운영, ⅳ) 신용평가결과 우량등급기업에 대한 원칙적 신용여신의 운영, ⅴ) 담보대출의 취급기준, ⅵ) 차주의 신용 평가결과 및 여신 원가 요소 등을 합리적으로 반영한 여신금리 산정체계를 포함하여야 한다(시행세칙24의4①).

(다) 내부시스템 구축

상호저축은행은 여신심사업무를 효율적으로 수행할 수 있도록 ⅰ) 내부업무처리규정 및 절차 제정, ⅱ) 내부업무처리규정 및 절차에 따라 업무를 수행할 내부 조직의 지정, ⅲ) 대출모집, 대출심사 및 대출 사후관리 조직 간의 명확한 직무분장을 포함하는 내부시스템을 구축하여야 한다(시행세칙24의4②).

(라) 담보대출 취급기준

담보대출 취급기준에는 담보물건별 대출비율을 포함하여야 한다(시행세칙24의4③ 전단). 이 경우 담보물건별 대출비율은 환가성, 경락률 및 시장상황 등을 고려하여 정하며, 동 대출비율을 초과하여 대출하는 경우에는 초과분에 대한 신용평가 및 전결권 상향 등 처리방법을 정하여야 한다(시행세칙24의4③ 후단).

(마) 지역간 불합리한 차별 금지

상호저축은행은 여신을 운용함에 있어서 지역간 불합리한 차별이 발생하지 않도록 노력하여야 한다(감독규정40의2③).

(바) 지역재투자 평가

금융위원회는 필요한 경우 제3항과 관련된 내용을 평가("지역재투자 평가")하고 그 결과를 인터넷 홈페이지 등을 이용하여 공시할 수 있으며, 지역재투자 평가를 위하여 평가위원회를 구성·운영할 수 있다(감독규정40의2④).

(4) 금융사고 예방대책

상호저축은행은 ⅰ) 상호저축은행 임직원의 사기·횡령·배임·절도·금품수수 등 범죄혐의가 있는 행위에 대한 방지대책, ⅱ) 과거에 발생한 금융사고 또는 이와 유사한 금융사고에 대한 재발 방지대책, ⅲ) 그 밖에 위법 또는 부당한 업무처리로 상호저축은행 이용자의 보호에 지장을 가져오는 행위를 방지하기 위한 대책, ⅳ) 금융사고 예방대책 이행상황에 대한 점검·평가 등 본·지점의 업무운영에 관한 자체적인 검사계획 및 검사 실시 기준, ⅴ) 저축은행 이용자의 정보보호를 위하여 저축은행상품의 홍보판매 등의 과정에서 소속 임직원이 준수하여야 하는 저축은행 이용자의 정보이용 기준 및 절차, ⅵ) 전산사무, 현금수송사무 등 금융사고 가능성이 높은 사무에 관하여 필요한 검사기법 개발·운영 대책 및 이와 관련된 금융사고 예방대책 등 금융사고 관리 및 예방, 이용자 정보보호 등에 관한 대책 등을 마련하고 이를 준수하여야 한다(감독규정40의3).

6. 유동성 기준

(1) 의의

금융위원회는 상호저축은행의 건전한 경영을 유도하고 금융사고를 예방하기 위하여 유동성 기준을 정할 수 있다(법22의2①(5)). 유동성 기준에는 ⅰ) 유동성부채 및 유동성자산의 범위, ⅱ) 유동성부채에 대한 유동성자산의 보유비율("유동성비율")이 포함되어야 한다(영11의7⑤).

(2) 유동성부채

유동성부채는 잔존만기 3개월 이내의 것으로서 예수금, 차입금, 사채이다(감독규정40의4① 본문). 다만 예수금은 만기 없는 것을 포함한다(감독규정40의4① 단서).

(3) 유동성자산

유동성자산은 잔존만기 3개월 이내의 것으로서 현금, 예치금, 유가증권(자산의 건전성 분류결과 "정상" 및 "요주의"로 분류된 것에 한한다), 지급준비예치금, 대출채권(자산의 건전성 분류결과 "정상" 및 "요주의"로 분류된 것에 한한다)이다(감독규정40의4② 본문). 다만 현금과 상장 유가증권 및 지급준비예치금은 만기에 관계없이 모두 포함한다(감독규정40의4② 단서).

(4) 유동성비율 유지의무

상호저축은행은 유동성비율을 100% 이상으로 유지하여야 한다(감독규정40의 4③).

(5) 세부 범위 및 산정방법

제1항 및 제2항의 세부 범위 및 산정방법 등은 금융감독원장이 정한다(감독규정40의4④).

7. 경영건전성 기준의 통보

금융위원회는 영 제11의7 제1항부터 제5항까지의 규정에 따라 경영건전성의 기준을 정하였을 때에는 이를 지체 없이 중앙회, 예금보험공사 및 상호저축은행에 통보하여야 한다(영11의7⑥). 금융위원회는 영11의7 제1항부터 제5항까지의 규정에 따른 기준의 세부기준을 금융감독원장이 정하도록 할 수 있다(영11의7⑦).

Ⅱ. 경영실태평가와 적기시정조치

금융위원회는 상호저축은행의 경영건전성 기준 준수, 그 밖에 상호저축은행의 경영건전성 확보 등을 위하여 상호저축은행의 경영실태에 대한 분석·평가를 할 수 있다(법22의2③).

1. 경영실태분석 및 평가

(1) 경영실태분석과 건전성 감독

금융감독원장은 상호저축은행의 경영실태를 분석하여 경영의 건전성 여부를 감독하여야 한다(감독규정45①).

(2) 검사 등을 통한 경영실태평가

금융감독원장은 상호저축은행에 대한 검사 등을 통하여 경영실태를 평가하고 그 결과를 감독 및 검사업무에 반영할 수 있다(감독규정45②).

(3) 경영실태평가 시기

경영실태평가는 상호저축은행의 본점에 대한 종합검사시에 실시한다(감독규정45③ 본문). 다만 종합검사 이외의 기간에는 분기별(금융감독원장이 필요하다고 인정하는 경우에는 수시)로 부문별 평가항목 중 계량지표에 의해 평가가 가능한 항목에 대한 평가를 실시할 수 있다(감독규정45③ 단서).

(4) 경영실태평가 절차

경영실태평가를 실시하는 경우 경영실태평가 내용 및 결과를 상호저축은행에 설명하여야 하며 의견제출 기회를 부여하여야 한다(시행세칙38의2 본문). 다만, 감독규정 제45조 제3항 단서에 따라 실시하는 계량지표에 의한 평가시에는 이를 생략할 수 있다(시행세칙38의2 단서).

(5) 경영개선협약 체결 등

금융감독원장은 경영실태분석·평가 결과 경영건전성이 악화될 우려가 있거나 경영상 취약부문이 있다고 판단되는 상호저축은행에 대하여 이의 조속한 개선을 위한 지도 및 점검을 강화하여야 하며, 필요한 경우 개선계획 또는 약정서를 제출토록 하거나 당해 상호저축은행과 경영개선협약을 체결할 수 있다(감독규정45④).

(6) 5개 부문 평가와 종합평가

경영실태평가는 상호저축은행의 본점을 대상으로 자본적정성, 자산건전성, 경영관리능력, 수익성, 유동성 등 5개 부문에 대하여 부문별평가와 부문별평가 결과를 감안한 종합평가를 1등급(우수), 2등급(양호), 3등급(보통), 4등급(취약), 5등급(위험) 등 5단계 등급으로 구분하여 실시한다(감독규정45⑤ 전단). 이 경우 경영실태평가 기준일은 검사기준일로 한다(감독규정45⑤ 후단). 경영실태평가의 부문별 평가항목은 계량지표 11개, 비계량 평가항목 24개로 구성되어 있다(감독규정45⑥ [별표 3]). [별표 3] 경영실태평가 부문별 평가항목(제45조 관련)은 다음과 같은 계량지표와 비계량 평가항목으로 구성된다.

(가) 자본적정성

계량지표는 ⅰ) BIS기준자기자본비율, ⅱ) BIS기준기본자본비율, ⅲ) 단순자기자본비율로 구성되고, 비계량 평가항목은 ⅰ) 자본 변동요인의 적정성, ⅱ) 자본구성의 적정성 및 향후 자본증식 가능성, ⅲ) 경영진의 자본적정성 유지정책의 타당성, ⅳ) 경영지도기준의 충족 정도로 구성된다.

(나) 자산건전성

계량지표는 ⅰ) 손실위험도 가중 여신비율, ⅱ) 순고정이하여신비율, ⅲ) 연체대출비율로 구성되고, 비계량 평가항목는 ⅰ) 자산건전성 분류의 적정성, ⅱ) 위험자산 보유수준의 적정성, ⅲ) 충당금 적립의 적정성, ⅳ) 자산관리의 적정성,

v) 여신심사시스템의 구축 및 운영 적정성, vi) 연결기준 자산건전성으로 구성된다.

(다) 경영관리능력

비계량 평가항목만으로 구성된다. ⅰ) 전반적인 재무상태 및 영업능력, ⅱ) 경영정책 수립·집행기능의 적정성, ⅲ) 소유구조의 적정성, ⅳ) 내부경영관리의 합리성, ⅴ) 자회사 관리실태 및 운영실적, ⅵ) 리스크관리체제 및 운영실태, ⅶ) 내부통제제도 및 운영실태, ⅷ) 법규준수 사항으로 구성된다.

(라) 수익성

계량지표는 ⅰ) 총자산순이익률, ⅱ) 총자산경비율, ⅲ) 수지비율로 구성되고, 비계량 평가항목은 ⅰ) 손익구조 변동원인의 적정성, ⅱ) 수익관리의 적정성, ⅲ) 연결기준 수익성, ⅳ) 경영합리화 노력으로 구성된다.

(마) 유동성

계량지표는 ⅰ) 유동성 비율, ⅱ) 예대율로 구성되고, 비계량 평가항목은 ⅰ) 유동성 변동요인의 적정성, ⅱ) 자금조달 및 운용구조의 합리성으로 구성된다.

(7) 경영실태평가방법 및 등급
(가) 평가부문별 가중치와 계량지표 산정기준

감독규정 제45조 제5항의 규정에 의한 평가부문별 가중치는 [별표 6]과 같으며 동 평가항목 중 계량지표의 산정기준은 [별표 7]과 같다(시행세칙38①). 금융감독원장은 금융시장 상황 및 해당 상호저축은행의 특성 등을 고려할 때 [별표 6]에 제시된 평가부문별 가중치 적용이 불합리하다고 판단되는 경우에는 동 가중치를 조정하여 적용할 수 있다(시행세칙38②).

1) [별표 6] 경영실태평가 부문별 가중치(제38조 관련)

자본적정성 25(30)%, 자산건전성 25(30)%, 경영관리능력 20(-), 수익성 20(25)%, 유동성 10(15)%이다. 괄호 안은 감독규정 제45조 제3항 단서에 따라 계량지표에 의한 평가시 적용되는 가중치이다.

2) [별표 7]의 계량지표의 산정기준(제38조 관련)

ⅰ) 자본적정성 지표는 BIS기준자기자본비율, BIS기준기본자본비율, 단순자기자본비율로 구성된다. ⅱ) 자산건전성 지표는 손실위험도 가중여신비율, 순고정이하 여신비율, 연체대출비율로 구성된다. ⅲ) 수익성 지표는 총자산순이익률, 총자산경비율, 수지비율로 구성된다. ⅳ) 유동성 지표는 유동성비율, 예대율로

구성된다. ⅴ) 산정기준일은 자본적정성 지표의 경우 평가기준일 최직근 결산·
가결산기말, 자산건전성 지표의 경우 평가기준일 최직근 분기말, 수익성 지표의
경우 평가기준일 최직근 결산·가결산기말 기준 과거 1년간 실적, 유동성 지표의
경우 평가기준일 최직근 분기말(단, 예대율은 최직근 분기 평잔)이다.

(나) 경영실태평가의 등급별 정의

감독규정 제45조 제5항의 규정에 의한 경영실태평가의 등급별 정의는 [별표
8]과 같다(시행세칙38③). [별표 8]의 각 평가등급별 정의(제38조 관련)는 아래와
같다. 평가등급은 1등급(우수), 2등급(양호), 3등급(보통), 4등급(취약), 5등급(위험)
으로 구분된다.

1) 자본적정성에 대한 평가등급별 정의

ⅰ) 1등급(우수): 리스크 규모에 비추어 자본이 충분하며 자본 관련 비율이
동업계 평균보다 양호한 편임, ⅱ) 2등급(양호): 리스크 규모에 비추어 자본은 적
정하나 자본 관련 비율이 1등급의 경우보다는 나쁨, ⅲ) 3등급(보통): 리스크 규
모 및 위험자산의 규모에 비해 자본이 다소 부족하므로 추가자본이 필요하며 자
본 관련 비율이 동업계 평균에 미달함, ⅳ) 4등급(취약): 리스크 규모에 비해 자
본이 현저하게 부족하여 외부로부터 자금지원이 필요함, ⅴ) 5등급(위험): 리스크
규모에 비해 자본이 크게 부족하여 도산이 예상되므로 외부로부터 긴급 자금지
원이 필요함을 말한다.

2) 자산건전성에 대한 평가등급별 정의

ⅰ) 1등급(우수): 자산건전성 및 여신심사업무가 우수하고 특별한 문제점 및
리스크가 없어 감독상 주의를 기울일 필요가 거의 없음, ⅱ) 2등급(양호): 자산건
전성 및 여신심사업무가 양호하여 감독상 최소의 주의를 요하나 자산의 건전성
이 1등급보다 낮음, ⅲ) 3등급(보통): 자산건전성이나 리스크 추이에 악화 징후가
있어 여신심사 및 리스크 관리업무의 개선이 요망되며 적정수준의 감독이 요구
됨, ⅳ) 4등급(취약): 리스크 및 부실자산의 규모가 심각한 수준이므로 적절한 통
제 및 시정이 되지 않을 경우 상호저축은행의 존립에 영향을 줄 수 있음, ⅴ) 5
등급(위험): 자산의 건전성이 크게 악화되어 상호저축은행 존립이 위태로움을 말
한다.

3) 경영관리능력에 대한 평가등급별 정의

ⅰ) 1등급(우수): 이사회, 경영진의 경영성과 및 리스크 관리능력이 우수하

며, 현존하거나 예측되는 문제점 및 각종 리스크에 대해 경영진이 효과적으로 대응할 수 있음, ⅱ) 2등급(양호): 1등급보다는 다소 부족한 면이 있으나 전반적으로 주요 리스크 및 경영상 문제점에 대하여 적절히 대응할 수 있음, ⅲ) 3등급(보통): 이사회, 경영진의 경영성과 및 리스크 관리능력이 다소 미흡하여 이에 대한 개선이 요망되며, 상황대처능력이 약간 부족함, ⅳ) 4등급(취약): 이사회, 경영진의 경영성과 및 리스크 관리능력이 전반적으로 부족하여 이사회 또는 경영진의 교체(또는 보강)가 필요할 수 있음, ⅴ) 5등급(위험): 이사회, 경영진의 경영성과 및 리스크 관리능력이 전반적으로 크게 부족하여 이사회 또는 경영진의 교체가 요구됨을 말한다.

4) 수익성에 대한 평가등급별 정의

ⅰ) 1등급(우수): 상호저축은행 성장에 따른 적정수준의 자본을 유지하고, 영업활동을 충분히 지원할 수 있을 정도의 수익을 실현하고 있음, ⅱ) 2등급(양호): 상호저축은행 성장에 따른 적정수준의 자본을 유지하고 있으며, 업계 평균보다 높고 영업활동을 지원하기에 부족함이 없을 정도의 수익을 시현하고는 있으나 최근 다소 감소하는 추세를 보임, ⅲ) 3등급(보통): 상호저축은행 성장에 따른 자본금 증액 및 영업활동 지원에 필요한 만큼의 충분한 수익을 실현하지 못하고 있으며, 자산의 건전성 악화 등으로 수익증가 여력이 미흡함, ⅳ) 4등급(취약): 수익의 변동폭이 크고 급격히 감소하는 추세를 보이고 있어 적정자본 유지 및 원활한 영업활동에 지장을 초래함, ⅴ) 5등급(위험): 적자가 발생하고 이로 인한 자본잠식으로 상호저축은행의 존립이 위협을 받음을 말한다.

5) 유동성에 대한 평가등급별 정의

ⅰ) 1등급(우수): 리스크 등을 감안한 이후에도 유동성이 충분하여 각종 자금수요에 적시 대처할 수 있으며, 외부 자금조달원이 확보되어 있고 자금조달 조건도 양호함, ⅱ) 2등급(양호): 유동성 및 리스크 수준은 양호하나 유동성이 감소하거나 차입자금에 대한 의존도가 높아지고 있으며, 유동성 측정 또는 자금관리업무에 경미한 문제점이 있음, ⅲ) 3등급(보통): 유동자산이 부족하거나 이자율 변동에 민감한 자금에 대한 의존도가 높고, 정상적인 조건에 의한 자금조달이 매우 어려우며, 자금관리업무가 부적절함, ⅳ) 4등급(취약): 유동성 부족이 심각하고 정상적인 조건에 의한 자금조달이 매우 어려우며, 자금관리업무가 부적절함, ⅴ) 5등급(위험): 유동성 부족 및 과다한 리스크로 인해 상호저축은행 존립이 위

태하여 긴급대책이 요구됨을 말한다.

(다) 부문별 평가등급과 종합평가등급

부문별 평가등급은 [별표 6]의 부문별 계량지표와 비계량 평가항목을 평가하여 산정하고 종합평가등급은 부문별 평가등급을 종합한 평가결과에 감독·검사정책의 방향 등을 고려하여 확정한다(시행세칙38④).

(라) 평가등급의 조정 여부 판단

경영실태평가 후 상호저축은행이 ⅰ) 감독규정 제45조 제3항 단서에 따라 실시하는 계량지표에 의한 평가("계량평가")등급이 최직근 종합평가등급 산정시의 계량평가등급보다 2단계 이상 악화된 경우, ⅱ) 감독규정 제45조 제3항 단서에 따라 실시하는 계량평가등급이 최직근 종합평가등급 산정시의 계량평가등급보다 2분기 연속해서 낮은 경우, ⅲ) 종합평가등급이 3등급 이상이나 감독규정 제45조 제3항 단서에 따라 실시하는 계량평가에 의한 자본적정성 또는 자산건전성 부문의 등급이 4등급 이하인 경우, ⅳ) 기타 경영상태가 심각하게 악화되었다고 판단되는 경우에는 감독규정 [별표 3]의 비계량 평가항목을 감안하여 당해 평가등급의 조정 여부를 판단하여야 한다(시행세칙38⑤ 본문). 다만, 당해 상호저축은행에 대해 즉각적인 시정조치가 필요하다고 판단될 경우 비계량 평가항목을 감안하지 아니하고 평가등급을 조정할 수 있다(시행세칙38⑤ 단서).

(마) 계량지표의 산정기준일 등

[별표 6]의 평가항목 중 계량지표의 산정기준일 및 등급구분기준은 별도로 정할 수 있다(시행세칙38⑥).

2. 적기시정조치

(1) 의의

1997년 외환위기로 인하여 금융회사에 대한 구조조정이 본격화되면서 관련 제도의 정비가 시급하였다. 이에 정부는 1997년 1월 금융산업구조개선법을 제정하면서 적기시정조치 제도를 도입하였다. 적기시정조치는 금융산업구조개선법 제10조50)에 의해 금융당국이 금융회사의 자본건전성 및 경영실태평가를 보고 부

---

50) 금융산업구조개선법 제10조(적기시정조치) ① 금융위원회는 금융기관의 자기자본비율이 일정 수준에 미달하는 등 재무상태가 제2항에 따른 기준에 미달하거나 거액의 금융사고 또는 부실채권의 발생으로 금융기관의 재무상태가 제2항에 따른 기준에 미달하게 될 것이 명백하다고 판단되면 금융기관의 부실화를 예방하고 건전한 경영을 유도하기 위하여

실이 우려되는 금융회사의 부실화를 예방하기 위하여 적절한 경영개선조치를 취하거나, 경영개선이 어려운 부실금융회사를 적기에 정리함으로써 금융시장의 안정 및 정리비용의 최소화를 위한 제도이다.[51]

적기시정조치 제도 도입 초기에는 은행 등 일부 금융권역에만 적용되었다가 1998년 6월부터 상호저축은행에도 적용되기 시작하였다. 적기시정조치는 BIS 자기자본비율 또는 경영실태평가 결과를 바탕으로 해당 시정조치를 부과하도록 되어 있다. 금융당국은 시정조치 단계에 따라 다음과 같은 조치를 부과하게 된다.

(2) 경영개선권고

(가) 사유

금융위원회는 상호저축은행이 ⅰ) 위험가중자산에 대한 자기자본비율이

해당 금융기관이나 그 임원에 대하여 다음의 사항을 권고·요구 또는 명령하거나 그 이행계획을 제출할 것을 명하여야 한다.
1. 금융기관 및 임직원에 대한 주의·경고·견책 또는 감봉
2. 자본증가 또는 자본감소, 보유자산의 처분이나 점포·조직의 축소
3. 채무불이행 또는 가격변동 등의 위험이 높은 자산의 취득금지 또는 비정상적으로 높은 금리에 의한 수신의 제한
4. 임원의 직무정지나 임원의 직무를 대행하는 관리인의 선임
5. 주식의 소각 또는 병합
6. 영업의 전부 또는 일부 정지
7. 합병 또는 제3자에 의한 해당 금융기관의 인수
8. 영업의 양도나 예금·대출 등 금융거래와 관련된 계약의 이전("계약이전")
9. 그 밖에 제1호부터 제8호까지의 규정에 준하는 조치로서 금융기관의 재무건전성을 높이기 위하여 필요하다고 인정되는 조치
② 금융위원회는 제1항에 따른 조치("적기시정조치")를 하려면 미리 그 기준 및 내용을 정하여 고시하여야 한다.
③ 금융위원회는 제2항에 따른 기준에 일시적으로 미달한 금융기관이 단기간에 그 기준을 충족시킬 수 있다고 판단되거나 이에 준하는 사유가 있다고 인정되는 경우에는 기간을 정하여 적기시정조치를 유예할 수 있다.
④ 금융위원회는 제2항에 따른 기준을 정할 때 금융기관이나 금융기관의 주주에게 중대한 재산상의 손실을 끼칠 우려가 있는 다음의 조치는 그 금융기관이 부실금융기관이거나 재무상태가 제2항에 따른 기준에 크게 미달하고 건전한 신용질서나 예금자의 권익을 해칠 우려가 뚜렷하다고 인정되는 경우에만 하여야 한다.
1. 영업의 전부정지
2. 영업의 전부양도
3. 계약의 전부이전
4. 주식의 전부소각에 관한 명령
5. 그 밖에 제1호부터 제4호까지의 규정에 준하는 조치
⑤ 금융위원회는 적기시정조치에 관한 권한을 대통령령으로 정하는 바에 따라 금융감독원 원장("금융감독원장")에게 위탁할 수 있다.

51) 최원재(2019), 51쪽.

7%(자산총액이 1조원 이상인 상호저축은행은 8%) 미만인 경우(제1호), ⅱ) 경영실태평가 결과 종합평가등급이 3등급 이상으로서 자산건전성 또는 자본적정성 부문의 평가등급을 4등급(취약) 이하로 판정받은 경우(제2호), ⅲ) 거액의 금융사고 또는 부실채권의 발생으로 위 ⅰ) 또는 ⅱ)의 기준에 해당될 것이 명백하다고 판단되는 경우(제3호)에는 당해 상호저축은행에 대하여 필요한 조치를 이행하도록 권고하여야 한다(감독규정46①).

(나) 조치

금융위원회는 상호저축은행에 ⅰ) 인력 및 조직운영의 개선, ⅱ) 경비절감, ⅲ) 영업소 관리의 효율화, ⅳ) 유형자산, 투자자산, 무형자산 및 비업무용자산 투자, 신규업무영역에의 진출 및 신규출자의 제한, ⅴ) 부실자산의 처분, ⅵ) 자본금의 증액 또는 감액, ⅶ) 이익배당의 제한, ⅷ) 특별대손충당금의 설정의 일부 또는 전부에 해당하는 조치를 이행하도록 권고하여야 한다(감독규정46②). 금융위원회는 권고를 하는 경우 당해 상호저축은행 또는 관련 임원에 대하여 주의 또는 경고 조치를 할 수 있다(감독규정46③).

(3) 경영개선요구

(가) 사유

금융위원회는 상호저축은행이 ⅰ) 위험가중자산에 대한 자기자본비율이 5% 미만인 경우(제1호),[52] ⅱ) 경영실태평가 결과 종합평가등급을 4등급(취약) 이하로 판정받은 경우(제2호), ⅲ) 거액의 금융사고 또는 부실채권의 발생으로 위 ⅰ) 또는 ⅱ)의 기준에 해당될 것이 명백하다고 판단되는 경우(제3호), ⅳ) 경영개선권고를 받고 이를 성실히 이행하지 아니하는 경우(제4호)에는 당해 상호저축은행에 대하여 필요한 조치를 이행하도록 요구하여야 한다(감독규정47①).

(나) 조치

금융위원회는 상호저축은행에 ⅰ) 영업소의 폐쇄·통합 또는 신설제한, ⅱ) 조직의 축소, ⅲ) 위험자산보유 제한 및 자산의 처분, ⅳ) 예금금리 수준의 제한, ⅴ) 자회사 정리, ⅵ) 임원진 교체 요구, ⅶ) 영업의 일부 정지, ⅷ) 합병, 금융지주회사법에 의한 금융지주회사의 자회사로의 편입(단독으로 또는 다른 금융기관과

---

52) 2011년 이후 영업정지된 30개 부실저축은행의 경우 영업정지 1년 전 BIS비율은 20개사 (66.7%)가 적기시정조치 기준인 5%를 상회하였으며, 영업정지 2년 전에는 29개사(96.7%) 가 5%를 상회하는 것으로 나타나고 있다.

공동으로 금융지주회사를 설립하여 그 자회사로 편입하는 경우를 포함), 제3자 인수 또는 영업의 전부 또는 일부 양도계획의 수립, ix) 경영개선권고 사유에 해당하여 금융위원회가 취하는 조치의 일부 또는 전부에 해당하는 조치를 이행하도록 요구하여야 한다(감독규정47②).

(4) 경영개선명령

(가) 사유

금융위원회는 상호저축은행이 ⅰ) 위험가중자산에 대한 자기자본비율이 2% 미만인 경우(제1호), ⅱ) 금융산업구조개선법 제2조 제2호[53]에서 정하는 부실금융기관에 해당하는 경우(제2호), ⅲ) 경영개선요구 또는 이행촉구 등의 조치를 받고 이의 주요사항을 이행하지 아니하거나 이행이 곤란하여 정상적인 경영이 어려울 것으로 인정되는 경우(제3호), ⅳ) 경영개선권고 조치를 받고 이의 주요사항을 이행하지 아니하거나 이행이 곤란하여 경영개선권고 조치 당시보다 경영상태가 크게 악화되어 정상적인 경영이 어려울 것으로 인정되는 경우(제4호)에는 당해 상호저축은행에 대해 필요한 조치를 이행하도록 명령하여야 한다(감독규정48①).

(나) 조치

금융위원회는 상호저축은행에 ⅰ) 주식의 전부 또는 일부 소각, ⅱ) 임원의 직무집행 정지 및 관리인의 선임, ⅲ) 합병 또는 금융지주회사의 자회사로의 편입(단독으로 또는 다른 금융기관과 공동으로 금융지주회사를 설립하여 그 자회사로 편입하는 경우를 포함), ⅳ) 영업의 전부 또는 일부의 양도, ⅴ) 제3자에 의한 당해 상호저축은행의 인수, ⅵ) 6월 이내의 영업정지, ⅶ) 계약의 전부 또는 일부 이전, ⅷ) 경영개선요구 사유에 해당하여 금융위원회가 취하는 조치의 일부 또는 전부

---

53) 2. "부실금융기관"이란 다음의 어느 하나에 해당하는 금융기관을 말한다.
　가. 경영상태를 실제 조사한 결과 부채가 자산을 초과하는 금융기관이나 거액의 금융사고 또는 부실채권의 발생으로 부채가 자산을 초과하여 정상적인 경영이 어려울 것이 명백한 금융기관으로서 금융위원회나 예금자보호법 제8조에 따른 예금보험위원회가 결정한 금융기관. 이 경우 부채와 자산의 평가 및 산정은 금융위원회가 미리 정하는 기준에 따른다.
　나. 예금자보호법 제2조 제4호에 따른 예금등 채권("예금등 채권")의 지급이나 다른 금융기관으로부터의 차입금 상환이 정지된 금융기관
　다. 외부로부터의 지원이나 별도의 차입(정상적인 금융거래에서 발생하는 차입은 제외)이 없이는 예금등 채권의 지급이나 차입금의 상환이 어렵다고 금융위원회나 예금자보호법 제8조에 따른 예금보험위원회가 인정한 금융기관

에 해당하는 조치를 이행하도록 명령하여야 한다(감독규정48② 본문). 다만, 영업의
전부 정지, 영업의 전부 양도, 계약의 전부 이전 또는 주식의 전부 소각의 조치는
상호저축은행이 금융산업구조개선법 제2조 제2호의 부실금융기관이거나 위험가
중자산에 대한 자기자본비율이 2% 미만에 해당하고 건전한 신용질서나 예금자의
권익을 해할 우려가 현저하다고 인정되는 경우에 한한다(감독규정48② 단서).

3. 적기시정조치의 이행을 위한 지원조치 등

경영개선명령에 대한 조치 중 ⅰ) 합병 또는 금융지주회사의 자회사로의 편
입(단독으로 또는 다른 금융기관과 공동으로 금융지주회사를 설립하여 그 자회사로 편입
하는 경우를 포함), ⅱ) 영업의 전부 또는 일부의 양도, ⅲ) 제3자에 의한 당해 상
호저축은행의 인수, ⅳ) 계약의 전부 또는 일부 이전에 해당하는 조치에 따라 상
호저축은행이 법 제12조(개별차주 등에 대한 신용공여의 한도) 제1항부터 제3항까지
의 규정, 감독규정 제17조(부실금융기관 대주주 소유 금융기관에 대한 인가 특례) 또
는 감독규정 제18조의2(영업구역 외 지점 등 설치)를 위반하거나 검사결과 대통령
령으로 정하는 개별차주한도초과신용공여·불법거액신용공여 또는 대주주신용공
여를 보유하는 경우(법24의2①(1))에는 위반일 또는 해당일부터 1개월 이내에 금
융감독원장에게 그 사실을 보고하고 3개월 이내에 해당 규정에 적합하도록 하거
나 해당 사실을 해소하기 위한 세부계획을 금융감독원장에게 제출하여야 한다
(감독규정48의2①). 이에 따른 보고서 서식 및 작성방법 등에 관하여 필요한 사항
은 금융감독원장이 정한다(감독규정48의2②).

4. 경영개선계획 제출 및 평가

(1) 경영개선계획 제출

법 제23조에 따른 검사, 감독규정 제44조 제3항에 따른 건전성 비율의 보고
또는 제45조에 따른 경영실태평가 결과 상호저축은행이 경영개선권고, 경영개선
요구 또는 경영개선명령("적기시정조치") 대상에 각각 해당된다고 판단되는 경우
해당 조치권자는 그 사실을 해당 상호저축은행에게 서면으로 통지하고 통지한
날부터 10일 이상의 사전의견 제출 기간을 부여하여야 한다(감독규정49① 전단).
이 경우 해당 상호저축은행은 적기시정조치에 대한 의견제출시 자본확충 등 단
기간 내에 경영을 정상화할 수 있는 계획("경영개선계획")을 제출할 수 있다(감독

규정49① 후단).

(2) 경영개선계획의 송부

금융위원회가 경영개선계획을 제출받는 경우 이를 지체 없이 금융감독원장
과 예금보험공사에게 송부하여야 한다(감독규정49②).

(3) 경영개선명령과 경영개선계획 제출요구

경영개선명령 대상에 해당되는 상호저축은행에게 사전의견 제출 기회를 부
여할 때에는 경영개선계획의 제출을 요구하여야 하며, 이 경우 15일 이상의 제출
기간을 부여하여야 한다(감독규정49③).

(4) 경영평가위원회 사전심의와 의견청취

제3항에 따라 제출된 경영개선계획에 대하여는 외부전문가로 구성된 경영
평가위원회의 사전심의를 거쳐야 한다(감독규정49의④ 전단). 이 경우 경영평가위
원회는 해당 상호저축은행을 출석시켜 의견을 청취할 수 있다(감독규정49④ 후단).
다만, 긴급을 요하거나 심의의 실익이 크지 아니하다고 인정하는 경우에는 경영
평가위원회의 사전심의를 생략할 수 있다(감독규정49④ 단서). 경영평가위원회의
구성·운영과 관련된 세부사항은 금융감독원장이 정한다(감독규정49⑩)

(5) 승인 여부 결정 기간

경영평가위원회는 제3항에 따라 경영개선계획이 제출된 날부터 3주 이내에
동 계획에 대하여 승인 여부를 결정하여야 한다(감독규정49⑤ 본문). 다만, 불가피
한 사유가 있는 경우에는 15일 이내에서 그 기간을 연장할 수 있다(감독규정49⑤
단서).

(6) 예금보험공사의 의견제출

금융위원회는 경영평가위원회가 경영개선계획을 승인하는 경우에는 예금보
험공사에 대하여 동 경영개선계획에 대한 의견제출을 요청해야 하며 예금보험공
사는 지체 없이 동 경영개선계획에 대한 의견을 서면으로 금융위원회에 제출하
여야 한다(감독규정49⑥).

(7) 예금보험공사의 자료제출요청

예금보험공사는 제3항에 따라 경영개선계획이 제출되는 경우에는 금융감독
원장 또는 상호저축은행에 대하여 의견제출에 필요한 범위 내에서 관련된 자료
를 제공하여 줄 것을 요청할 수 있다(감독규정49⑦ 전단). 이 경우 요청을 받은 금
융감독원장 또는 상호저축은행은 특별한 사유가 없는 한 이에 따라야 한다(감독

규정49⑦ 후단).

(8) 경영개선요구 유예 결정과 예금보험공사의 의견제출

금융위원회는 경영개선요구 유예 여부를 결정하기 이전에 예금보험공사에 경영개선계획에 대한 의견을 서면으로 제출할 것을 요청해야 하며 예금보험공사는 요청받은 날부터 3주 이내에 의견을 서면으로 제출하여야 한다(감독규정49⑧ 전단). 이 경우 금융감독원장 또는 상호저축은행에 대한 예금보험공사의 자료제공 요청에 관하여는 제7항을 준용한다(감독규정49⑧ 후단).

(9) 적기시정조치의 근거와 이유 제시

금융위원회 또는 금융감독원장이 적기시정조치를 하는 경우에는 해당 상호저축은행에 그 근거와 이유를 제시하여야 한다(감독규정49⑨).

5. 적기시정조치의 유예

(1) 유예 사유 및 기간

금융위원회 또는 금융감독원장은 적기시정조치 대상 상호저축은행이 ⅰ) 경영개선계획에 따라 자본확충, 자산 매각 등을 통하여 단기간 내에 금융산업구조개선법 제10조 제2항에 따른 기준을 충족시킬 수 있다고 인정되는 경우. 이 경우 해당 기준 충족 여부를 판단함에 있어서 적기시정조치 유예 여부가 예금보험기금의 손실을 줄일 수 있는지 여부를 감안하여야 한다(제1호), ⅱ) 그 밖에 제1호 전단에 준하는 사유가 있다고 인정되는 경우(이 경우 제1호 후단을 준용한다)(제2호)에는 3개월 이내의 범위에서 기간을 정하여 그 조치를 유예할 수 있다(감독규정50① 본문). 다만, 불가피한 사유가 있는 경우 1개월 이내의 범위에서 그 기간을 연장할 수 있다(감독규정50① 단서).

(2) 평가보고서 작성 및 보고

적기시정조치를 유예한 경우 금융감독원장과 예금보험공사(제49조 제6항 또는 제8항에 따라 의견을 제출한 경우에 한정)는 적기시정조치 유예 결정일부터 1년이 경과한 후 지체 없이 해당 적기시정조치 유예 결과에 대한 평가보고서를 각각 작성하여 금융위원회에 보고하여야 한다(감독규정50②).

6. 이행계획 제출 등

(1) 이행계획 및 이행실적 제출

상호저축은행이 경영개선권고 및 경영개선요구의 규정에 의한 적기시정조치를 받은 경우에는 적기시정조치를 이행기간 내 달성할 수 있는 이행계획을 지체없이 금융감독원장에게 제출하여야 하며 동 계획에 대한 분기별 이행실적을 매분기말 다음달 10일까지 금융감독원장에게 제출하여야 한다(감독규정51①).

(2) 이행계획의 수정요구 등

금융감독원장은 제출한 이행계획 또는 분기별 이행실적이 미흡하거나 관련 제도의 변경 등으로 인하여 이행이 곤란하다고 판단되는 경우에는 이행계획의 수정요구, 이행지도 등을 할 수 있다(감독규정51②).

7. 적기시정조치 이행기간 등

(1) 이행기간

상호저축은행의 적기시정조치 이행기간은 경영개선권고의 경우 조치일로부터 6월 이내, 경영개선요구의 경우 조치일로부터 1년 이내(경영개선권고 조치를 받은 상호저축은행이 6월 이내에 조치내용을 이행하지 못하여 경영개선요구를 하는 경우 조치일로부터 6월 이내)로 하며, 경영개선명령의 이행기간은 금융위원회가 정한다(감독규정52①).

(2) 적기시정조치의 완화 또는 이행 면제

적기시정조치를 받은 상호저축은행이 자본확충 또는 부실채권 정리 등 조치내용의 주요사항을 조기에 달성하여 경영상태가 현저히 개선된 경우 당해 조치권자는 당초의 적기시정조치의 내용을 완화 또는 그 이행을 면제할 수 있다(감독규정52②).

(3) 당초의 조치종료 통지

적기시정조치를 받은 상호저축은행의 이행기간이 만료되어 경영상태가 충분히 개선되었다고 인정되는 경우에는 당해 조치권자는 당초의 조치가 종료되었음을 통지하여야 한다(감독규정52③).

(4) 이행촉구 등

경영개선요구 기간 만료시 그 이행을 완료하지 못하였으나 경영개선요구 기

간 동안 현저한 경영개선 실적이 있고 단기간 내에 경영정상화가 충분히 가능하
다고 판단되는 경우에는 6월 이내의 기간을 정하여 이행촉구 등 필요한 조치를
취할 수 있다(감독규정52④).

Ⅲ. 경영정보의 공시

1. 업무보고서 등의 제출

(1) 업무보고서 제출

상호저축은행은 매월의 업무 내용을 적은 보고서를 다음 달 말일까지 금융
감독원장이 정하는 바에 따라 금융감독원장에게 제출하여야 한다(법22의5①). 법
제22조의5에 따라 상호저축은행은 매월 [별지 제4호 서식]에 따른 업무보고서를
다음 달 말일까지 금융감독원장에게 제출하여야 한다(시행세칙18 전단). 이 경우
공동전산망을 이용하여 제출할 수 있다(시행세칙18 후단). 업무보고서에는 대표자
와 담당책임자 또는 그 대리인이 서명 또는 날인하여야 한다(법22의5②).

(2) 자료제출

상호저축은행은 금융위원회 또는 금융감독원장이 감독 또는 검사 업무를 수
행하기 위하여 요구하는 자료를 제출하여야 한다(법22의5③).

(3) 결산보고

(가) 결산 업무보고서 보고

상호저축은행은 결산 업무보고서 및 가결산 업무보고서를 결산일 및 가결산
일로부터 1개월 이내에 금융감독원장에게 보고하여야 한다(시행세칙36의2① 본
문). 다만, 시행세칙 제18조의 규정에 의하여 금융감독원장이 정하는 업무보고서
로 대체할 수 있다(시행세칙36의2① 단서).

(나) 수정보고

상호저축은행은 보고한 내용이 외부감사인의 수정 등의 사유로 변경되는 경
우에는 지체없이 수정보고하여야 하며, 회계처리기준 위반의 사유로 감사의견이
한정의견 또는 부적정의견인 경우에는 「증권의 발행 및 공시 등에 관한 규정」
제6장에 따라 외부감사인이 전자문서로 제출하는 감사보고서상 수정재무제표를
기준으로 수정보고할 수 있다(시행세칙36의2② 본문). 다만, 외부감사인의 감사의

견에 이의가 있는 경우 감사보고서를 첨부하여 동 내용을 보고할 수 있다(시행세칙36의2② 단서).

(다) 감사보고서 제출

상호저축은행은 외부감사인의 감사보고서를 접수한 날부터 7일 이내에 동 보고서의 사본 1부를 금융감독원장에게 제출하여야 한다(시행세칙36의2③ 본문). 다만, 외부감사인이 감사보고서를 제출·공시한 경우에는 제출하지 않을 수 있다(시행세칙36의2③ 단서).

(4) 위반시 제재

법 제22조의5 제1항 또는 제3항에 따른 보고서 또는 자료를 제출하지 아니하거나 거짓 내용을 제출한 자에게는 5천만원 이하의 과태료를 부과한다(법40①(7의2)).

2. 경영공시

(1) 주요사항 공시

상호저축은행은 거래자 보호와 신용질서 유지를 위하여 필요한 사항으로서 ⅰ) 조직 및 인력에 관한 사항(제1호), ⅱ) 재무 및 손익에 관한 사항(제2호), ⅲ) 자금조달 및 운용에 관한 사항(제3호),[54] ⅳ) 법 제24조(행정처분), 제24조의2(경영지도 등), 제24조의3(경영관리) 또는 금융산업구조개선법 제10조(적기시정조치) 및 제14조(행정처분)에 따라 조치나 처분을 받은 경우 그 내용(제5호), ⅴ) 그 밖에 거래자 보호 및 신용질서 유지를 위하여 필요하다고 인정하여 금융위원회가 정하는 사항(제6호)을 금융위원회가 정하는 바에 따라 공시하여야 한다(법23의2, 영13①).

(2) 경영지표에 관한 사항 등 공시

상호저축은행은 결산일로부터 3월 이내에 ⅰ) 조직 및 인력에 관한 사항, 재무 및 손익에 관한 사항, 자금조달 및 운용에 관한 사항(영13①(1)(2)(3)) 및 내부통제에 관한 사항, ⅱ) 건전성·수익성·생산성 등을 나타내는 경영지표에 관한 사항, ⅲ) 대주주·임원과의 거래내역 및 대주주 발행주식 취득현황, ⅳ) 제22조의3(업종별 신용공여한도 등) 제1항 각 호에 따른 업종별 신용공여의 규모, 연체

---

54) 4. 삭제[2016. 7. 28 제27414호(금융회사의 지배구조에 관한 법률 시행령)].

율 및 자산건전성 분류 현황, ⅴ) 경영방침, 리스크관리등 경영에 중요한 영향을 미치는 사항으로 금융감독원장이 별도로 요구하는 사항을 공시하여야 한다(감독 규정42① 본문). 다만, 분기별 결산결과에 대한 공시자료는 분기별 결산일로부터 2월 이내에 공시하여야 한다(감독규정42① 단서).

(3) 건전성 관련내용 공시

상호저축은행은 ⅰ) 여신거래처별로 상호저축은행의 자기자본의 10%를 초과하는 부실대출이 신규로 발생한 경우(다만 그 금액이 5억원 이하인 경우에는 그러하지 아니하다), ⅱ) 금융기관검사 및 제재에 관한 규정에 의하여 금융감독원장이 정하고 있는 금융사고가 발생하여 상호저축은행의 자기자본의 5% 이상의 손실이 발생하였거나 발생이 예상되는 경우(다만 그 금액이 2억원 이하인 경우와 금융감독원장이 사고내용을 조사하여 직접 발표하는 경우에는 그러하지 아니하다), ⅲ) 법 제24조(행정처분), 제24조의2(경영지도 등), 제24조의3(경영관리) 또는 금융산업구조개선법 제10조(적기시정조치) 및 제14조(행정처분)에서 규정한 사항, ⅳ) 주권상장법인이 아닌 상호저축은행에 ㉠ 재무구조에 중대한 변경을 초래하는 사항, ㉡ 상호저축은행 경영환경에 중대한 변경을 초래하는 사항, ㉢ 재산등에 대규모변동을 초래하는 사항, ㉣ 채권채무관계에 중대한 변동을 초래하는 사항, ㉤ 투자 및 출자관계에 관한 사항, ㉥ 손익구조변경에 관한 사항, ㉦ 기타 상호저축은행 경영에 중대한 영향을 미칠 수 있는 사항이 발생하는 경우, ⅴ) 상호저축은행법·동법 시행령 또는 금융관계법령을 위반함에 따라 과태료 또는 과징금을 부과 받은 경우, ⅵ) 외부감사법에 따라 외부감사인 지정을 받은 경우에 해당되어 경영의 건전성을 크게 해치거나 해칠 우려가 있는 경우 관련내용을 공시하여야 한다(감독규정42②).

(4) 계약조건 등 공시

상호저축은행은 이용자의 권익을 보호하기 위하여 금융거래상의 계약조건 등을 정확하게 공시하여야 한다(감독규정42③).

(5) 상호저축은행 통일경영공시기준 및 상호저축은행 통일상품공시기준

제1항 내지 제3항에서 정하는 사항에 대한 구체적인 공시항목 및 방법은 각각 중앙회 회장이 정하는 상호저축은행 통일경영공시기준 및 상호저축은행 통일상품공시기준에 따른다(감독규정42④).

(6) 건전성 관련내용의 공시 전 보고

앞에서 살펴본 건전성 관련내용을 공시하는 경우 공시 전에 그 내용을 금융감독원장에게 보고하여야 한다(감독규정42⑤ 본문). 다만, 법 제10조의2(신고사항 등) 제3항에 따라 금융감독원장에게 보고한 경우에는 그러하지 아니하다(감독규정42⑤ 단서).

(7) 정정공시 또는 재공시 명령

금융감독원장은 제1항 내지 제4항에서 정하는 공시사항에 대하여 허위공시하거나 중요한 사항을 누락하는 등 불성실하게 공시하는 경우에는 당해 상호저축은행에 대해 정정공시 또는 재공시를 명령할 수 있다(감독규정42⑥).

(8) 위반시 제재

법 제23조의2를 위반하여 공시를 하지 아니하거나 거짓으로 한 자에게는 5천만원 이하의 과태료를 부과한다(법40①(11)).

Ⅳ. 대주주와의 거래규제 등

1. 개별차주 · 동일차주에 대한 신용공여한도

(1) 입법취지

상호저축은행의 경우에도 은행, 종합금융회사 등 예금 수취가 가능한 대출기관과 동일하게 개별차주 신용공여한도, 동일차주 신용공여한도 및 거액신용공여한도를 규정하고 있다. 이 한도들은 자기자본을 기준으로 한도를 규정한다는 점에서 은행 등과 동일하나, 저축은행의 경우 개별차주 신용공여한도에 대해서는 자기자본 기준 외에 금액을 기준으로 한도를 규제하는 2중의 규제체계를 운영하고 있다.

상호저축은행법 제12조는 개별차주 등의 신용공여 한도에 대한 내용을 규정하고 있는데, 특히 동일인에 대한 대출 등의 한도와 관련된 내용이다. 본 규정의 입법취지는 영리법인인 상호신용금고(현행 상호저축은행)가 가지고 있는 자금중개기능에 따른 공공성 때문에 특정인에 대한 과대한 편중여신의 규제를 통하여 많은 사람들에게 여신기회를 주고자 함에 있다.[55] 즉 신용공여한도제도는 특

---

55) 대법원 1997. 8. 26. 선고 96다36753 판결.

정한 개인 또는 법인이나 동일한 계열에 대하여 과도한 편중 신용공여를 제한하여 차주의 신용위험이 금융회사로 전이되는 것을 막고, 금융자원의 효율적은 배분을 위한 제도이다.

(2) 개별차주 신용공여한도 및 거액신용공여한도

(가) 개별차주 신용공여한도

상호저축은행은 개별차주에게 해당 상호저축은행 자기자본의 20% 이내의 금액으로서 ⅰ) 법인(제2호에 따른 법인은 제외)에 대한 신용공여는 100억원(제1호), ⅱ) 법인이 아닌 사업자(제2호에 따른 법인이 아닌 사업자는 제외), 즉 개인사업자에 대한 신용공여는 50억원(제1호의2), ⅲ) 지역개발사업이나 그 밖의 공공적 사업을 하는 자에 대한 신용공여는 해당 사업에 직접 드는 금액(제2호), ⅳ) 제1호, 제1호의2 및 제2호에 해당하지 아니하는 자(=개인)에 대한 신용공여는 8억원(제3호)을 초과하는 신용공여를 할 수 없다(법12① 전단, 영9①).

현실적인 자금의 수수 없이 형식적으로만 신규대출을 하여 기존채무를 변제하는 이른바 대환은 특별한 사정이 없는 한 형식적으로는 별도의 대출에 해당하나 실질적으로는 기존채무의 변제기 연장에 불과하므로 상호저축은행법에서 금지·처벌의 대상으로 삼고 있는 '개별차주에 대한 한도를 초과하는 신용공여'에 해당하지 아니한다. 그러나 이와 달리 대출로 인하여 실제로 자금의 이동이 있었던 경우에는 그러하지 아니하고(대법원 2012. 6. 28. 선고 2012도2087 판결 등 참조), 이러한 법리는 "대주주 신용공여"의 경우에도 마찬가지로 적용된다.[56]

(나) 동일계열상호저축은행의 개별차주에 대한 신용공여 합계액

연결재무제표를 작성하여야 하는 계열관계에 있는 상호저축은행("동일계열상호저축은행")의 개별차주에 대한 신용공여 합계액은 연결재무제표에 따른 자기자본의 20%를 초과할 수 없다(법12① 후단, 영9②, 감독규정22의6).

(다) 개별차주에 대한 거액신용공여의 합계액

개별차주에 대한 거액신용공여의 합계액은 상호저축은행의 자기자본의 5배를 초과하여서는 아니 된다(법12②). 다만 개별차주 중 위 제1항 2호 및 3호에 따라 신용공여를 받는 자는 제외한다(법12②, 영9③). 거액신용공여란 개별차주에 대한 신용공여로서 상호저축은행 자기자본의 10%를 초과하는 신용공여를 말한

---

56) 대법원 2014. 6. 26. 선고 2014도753 판결.

다(법2(7)).

(3) 동일차주 신용공여한도 등

(가) 의의

상호저축은행은 동일차주(개별차주와 신용위험을 공유하는 자)에게 해당 상호
저축은행의 자기자본의 25%를 초과하는 신용공여를 할 수 없다(법12③ 전단, 영9
④). 또한 동일계열상호저축은행의 동일차주에 대한 신용공여의 합계액은 연결재
무제표에 따른 자기자본의 25%를 초과할 수 없다(법12③ 후단, 영9⑤). 기업집단
에 속하는 회사는 동일차주에 해당한다(법2(8)(나), 영3의3). 기업집단이란 ⅰ) 동
일인이 회사인 경우 그 동일인과 그 동일인이 지배하는 하나 이상의 회사의 집
단, ⅱ) 동일인이 회사가 아닌 경우 그 동일인이 지배하는 2 이상의 회사의 집단
으로 일정한 기준에 의하여 사실상 그 사업내용을 지배하는 회사의 집단을 말한
다(공정거래법2(2)).

(나) 동일인 판단

각각의 대출명의인이 형식적으로 독자성을 갖거나 독립된 법인격을 갖추고
있고 대출명의인을 기준으로 한 대출금은 동일인에 대한 대출한도를 초과하지
않는다고 하더라도, 대출금이 실질적으로 귀속되는 자를 기준으로 할 경우 대출
한도를 초과하는 이상 그 대출행위는 상호저축은행법 제12조의 동일인에 대한
대출한도 제한규정에 위배된다.[57]

동일인에 대한 대출한도 제한규정을 회피하기 위하여 실질적으로는 한 사람
에게 대출금이 귀속됨에도 다른 사람의 명의를 빌려 그들 사이에 형식적으로만
공동투자약정을 맺고 그 다른 사람들 이름으로 동일인에 대한 대출한도를 초과
하는 대출을 받게 하는, 이른바 "사업자쪼개기" 방식의 대출은 동일인에 대한 대
출한도 제한규정을 위반한 대출이다.[58]

---

57) 대법원 2013. 10. 24. 선고 2013도7201 판결(원심은, 대출금이 실질적으로 귀속되는 자가
수인의 명의를 빌려 대출을 받은 경우에 그 수인의 명의차주에 대한 대출 전부가 실질차
주 1인에 대한 대출로서 개개의 명의차주가 아닌 그 실질차주가 '개별차주'에 해당한다고
보고, 개별차주와 대통령령이 정하는 신용위험을 공유하는 자를 포괄하는 '동일차주'를 파
악함에 있어서도 같은 기준으로 '개별차주'를 판단하여야 할 것이라는 전제하에, 그 채택
증거들을 종합하여 이 부분 공소사실의 동일차주에 적시된 자연인들은 이 부분 대출의 각
실질차주인 공소외 2, 3과 동일시되는 '개별차주' 관계에 있다고 판단하였다. 원심판결 이
유를 앞서 본 법리와 원심이 적법하게 채택한 증거에 비추어보면, 원심의 위와 같은 판단
은 정당하고 거기에 상고이유 주장과 같이 동일차주에 관한 법리를 오해하거나 논리와 경
험칙에 위배하여 자유심증주의의 한계를 벗어나는 등의 위법이 있다고 할 수 없다).

(다) 민사책임 범위

상호신용금고의 대표이사가 재직 당시 동일인에 대한 대출 한도를 초과하여 돈을 대출하면서 충분한 담보를 확보하지 아니하는 등 그 임무를 해태하여 상호신용금고로 하여금 대출금을 회수하지 못하게 하는 손해를 입게 한 경우, 상호신용금고에게 회수하지 못한 대출금 중 동일인 대출 한도를 초과한 금액에 해당하는 손해를 배상할 책임이 있다.59)60)

(라) 형사책임

부실대출에 의한 업무상배임죄가 성립하는 경우에는 담보물의 가치를 초과하여 대출한 금액이나 실제로 회수가 불가능하게 된 금액만을 손해액으로 볼 것은 아니고, 재산상 권리의 실행이 불가능하게 될 염려가 있거나 손해발생의 위험이 있는 대출금 전액을 손해액으로 보아야 한다.61)

동일인 한도초과 대출로 상호저축은행에 손해를 가하여 상호저축은행법 위반죄와 업무상배임죄가 모두 성립한 경우, 두 죄는 형법 제40조에서 정한 상상적 경합관계에 있고, 형법 제40조의 상상적 경합관계의 경우에는 그중 1죄에 대한 확정판결의 기판력은 다른 죄에 대하여도 미친다.62)

동일인 대출한도를 초과하여 대출함으로써 상호저축은행법을 위반하였다고 하더라도, 대출한도 제한규정 위반으로 처벌함은 별론으로 하고, 그 사실만으로 특별한 사정이 없는 한 업무상배임죄가 성립한다고 할 수 없으나, 일반적으로 이러한 동일인에 대한 대출한도 초과대출이라는 임무위배의 점에 더하여 대출 당

---

58) 대법원 2010. 5. 13. 선고 2009도13879 판결.

59) 대법원 2002. 2. 26. 선고 2001다76854 판결.

60) 대법원 2006. 2. 24. 선고 2005다38492 판결(대출자 명의를 달리하는 복수의 대출이 그 실질에 있어서 구 상호신용금고법(1998. 1. 13. 법률 제5501호로 개정되기 전의 것) 제12조 등에 의하여 금지되는 동일인에 대한 대출한도 초과대출에 해당함을 이유로 위 대출에 관여한 금고 임원들에게 그 초과 대출액 상당의 손해배상책임을 묻기 위해서는 위 복수의 대출이 그 실질에 있어서 동일인에 대한 대출한도 초과대출로서 담보가 부족하다는 점뿐만 아니라 그러한 사정을 알거나 알 수 있었음에도 그 대출을 실행하였다는 점에 대한 입증이 있어야 할 것이고, 한편 기존채무의 변제기 연장에 불과할 뿐 새로운 대출의 실질을 갖지 아니하는 대환대출은 구 상호신용금고법에서 금지하고 있는 "동일인 대출한도를 초과하는 급부·대출 또는 어음의 할인"에 해당하지 아니하므로(대법원 2001. 6. 29. 선고 2001도2189 판결 참조) 동일인에 대한 대출한도 초과대출에 따른 초과액 상당의 손해의 발생 여부 및 그 액수를 정함에 있어서 이를 포함하여서는 아니 될 것이다).

61) 대법원 2014. 6. 26. 선고 2014도753 판결.

62) 대법원 2011. 2. 24. 선고 2010도13801 판결.

시의 대출채무자의 재무상태, 다른 금융기관으로부터의 차입금, 기타 채무를 포함한 전반적인 금융거래상황, 사업현황 및 전망과 대출금의 용도, 소요기간 등에 비추어 볼 때 채무상환능력이 부족하거나 제공된 담보의 경제적 가치가 부실하여 대출채권의 회수에 문제가 있는 것으로 판단되는 경우에는 재산상 손해가 발생하였다고 보아 업무상배임죄가 성립한다.(63)(64)

(4) 개별차주 · 동일차주에 대한 신용공여한도 공제금액

개별차주와 동일차주에 대한 신용공여 한도는 개별차주 또는 동일차주에 대한 신용공여의 총액에서 다음의 금액, 즉 ⅰ) 해당 상호저축은행에 대한 개별차주 명의의 예금등(수시 입출금이 가능하거나 양도가 자유로운 것과 제3자를 위하여 담보로 제공된 것은 제외)에 해당하는 금액, ⅱ) 정부, 한국은행 또는 은행이 지급을 보증한 금액, ⅲ) 정부, 한국은행 또는 은행이 발행하거나 보증한 증권에 의하여 담보된 금액, ⅳ) 그 밖에 지방자치단체가 발행한 채권에 의하여 담보된 금액 등 채권 회수에 위험이 없는 것으로서 자기자본 산출시 위험가중치가 20 이하에 해당하는 자산에 의하여 담보된 금액(이 경우 은행의 범위는 은행법에 따른 은행에 한한다)을 빼고 산정한다(영9⑥, 감독규정22의7).

(5) 개별차주 · 동일차주 신용공여한도 초과사유

다음의 경우에는 개별차주 및 동일차주에 대하여 한도를 초과하여 신용공여를 할 수 있다(법12④).

(가) 채권 확보의 실효성을 높이기 위하여 필요한 경우 등

국민경제를 위하거나 상호저축은행 또는 동일계열상호저축은행의 채권 확보의 실효성을 높이기 위하여 필요한 경우이다(법12④(1)). 따라서 상호저축은행이 개별차주 및 동일차주에 대하여 법 제12조 제1항부터 제3항까지에 규정된 한도를 초과하여 신용공여를 할 수 있는 경우는 ⅰ) 채무자회생법에 따른 회생절

---

63) 대법원 2011. 8. 18. 선고 2009도7813 판결(상호저축은행 임원인 피고인들이 아파트 시공업체인 甲주식회사의 신용상태 등을 감안한 적정 대출한도를 검토하지 아니하고 별다른 물적담보도 확보하지 아니한 채, 실질적으로 甲회사가 아파트 건축사업 시행사들 명의로 받은 신용대출을 승인해 준 사안에서, 피고인들에게 업무상배임죄를 인정한 사례).

64) 대법원 2013. 10. 24. 선고 2013도7201 판결(금융기관의 임직원이 대출상대방과 공모하여 임무에 위배하여 대출상대방에게 담보로 제공되는 부동산의 담보가치보다 훨씬 초과하는 금원을 대출하여 주고 대출금 중 일부를 되돌려 받기로 한 다음 그에 따라 약정된 금품을 수수하는 것은 부실대출로 인한 업무상배임죄의 공동정범들 사이의 내부적인 이익분배에 불과한 것이고, 별도로 그러한 금품 수수행위에 관하여 특경법 위반(수재등)죄가 성립하는 것은 아니라고 할 것이다).

차가 진행 중이거나 기업구조조정 등을 위하여 금융기관 공동으로 경영정상화를 추진 중인 회사에 대하여 추가로 신용공여를 하는 경우(제1호), ⅱ) 제1호에 해당하는 회사를 인수한 자에 대하여 인수계약에서 정하는 바에 따라 추가로 신용공여를 하는 경우(제2호), ⅲ) 사회기반시설사업의 추진 등 산업발전 또는 국민생활 안정을 위하여 불가피하다고 금융위원회가 인정하는 경우(제3호)이다(영9의2①).

(나) 자기자본의 변동 등으로 인하여 한도를 초과하게 되는 경우

상호저축은행 또는 동일계열상호저축은행이 추가로 신용공여를 하지 아니하였음에도 불구하고 자기자본의 변동, 동일차주 구성의 변동 등으로 인하여 한도를 초과하게 되는 경우이다(법12④(2)). 따라서 상호저축은행의 개별차주 또는 동일차주에 대한 신용공여가 법 제12조 제1항부터 제3항까지의 규정에서 정한 한도를 초과할 수 있는 경우는 ⅰ) 상호저축은행의 자기자본이 줄어든 경우(제1호),[65] ⅱ) 신용공여를 받은 기업 간의 합병 또는 영업의 양도·양수 등의 사유로 개별차주 또는 동일차주의 구성 및 신용공여 금액이 변동된 경우(제3호), ⅲ) 금융산업구조개선법 제2조 제1호[66]에서 정한 금융기관과의 합병 또는 영업의 양도·양수로 인한 경우(제3의2호), ⅳ) 그 밖에 급격한 경제여건의 변화 등 불가피한 사유로 상호저축은행의 귀책사유 없이 신용공여 한도를 초과하였다고 금융위원회가 인정하는 경우(제4호)이다(영9의2②).

(다) 지역개발사업 등을 할 때 직접 필요한 금액을 신용공여하는 경우

국가, 지방자치단체, 공공기관운영법에 따른 공공기관 및 지방공기업법에 따른 지방직영기업, 지방공사 및 지방공단이 수도사업, 공업용 수도사업, 궤도사업(도시철도사업을 포함), 공공운송사업, 가스사업, 지방도로사업, 하수도사업, 청소·위생사업, 주택사업, 의료사업, 매장 및 묘지사업, 주차장사업, 토지개발사업, 시장사업, 관광사업 등을 할 때 직접 필요한 금액을 신용공여하는 경우이다(법12④(3), 영9의2③④).

(6) 자기자본 변동 등으로 인한 한도초과와 한도적합의무 등

(가) 한도적합의무 이행기간

상호저축은행 및 동일계열상호저축은행이 추가로 신용공여를 하지 아니하

---

65) 제2호 삭제[2011. 11. 1].
66) 1. "금융기관"이란 은행, 중소기업은행, 투자매매업자·투자중개업자, 집합투자업자, 투자자문업자·투자일임업자, 보험회사, 상호저축은행, 신탁업자, 종합금융회사, 금융지주회사, 여신전문금융회사를 말한다.

였음에도 불구하고 자기자본의 변동, 동일차주 구성의 변동 등으로 인하여 제1항부터 제3항까지의 규정에 따른 한도를 초과하게 되는 경우(법12④(2))에는 그 한도를 초과하게 된 날부터 1년 이내에 그 한도에 적합하도록 하여야 한다(법12⑤).

(나) 기간연장

1) 연장사유

상호저축은행 및 동일계열상호저축은행은 신용공여의 기한 및 규모 등에 따른 부득이한 사유가 있으면 금융위원회의 승인을 받아 그 기간을 연장할 수 있다(법12⑥). 이에 따라 다음의 어느 하나에 해당하는 경우, 즉 ⅰ) 이미 제공한 신용공여의 기한이 되지 아니하여 기간 내에 회수하기 곤란한 경우(제1호), ⅱ) 상호저축은행의 자기자본이 줄어든 경우(영9의2②(1))의 사유가 오랫동안 지속되고 그 신용공여를 회수할 경우 신용공여를 받은 자의 경영안정을 크게 해칠 우려가 있는 경우(제2호), ⅲ) 제1호 및 제2호에 준하는 경우로서 한도초과 상태가 일정 기간 계속되어도 그 상호저축은행의 자산건전성을 크게 해치지 아니한다고 금융위원회가 인정하는 경우(제3호)에는 금융위원회의 승인을 받아 이행기간을 연장할 수 있다(영9의3).

2) 연장신청

연장사유에 해당하는 경우로서 한도초과 기간의 연장승인을 받고자 하는 상호저축은행은 [별지 제13호 서식]에 따라 금융감독원장에게 그 연장을 신청하여야 한다(시행세칙6의3①).

(다) 세부계획서 제출

승인을 받으려는 상호저축은행 및 동일계열상호저축은행은 1년의 기간이 끝나기 3개월 전까지 한도에 적합하도록 하기 위한 세부계획서를 금융위원회에 제출하여야 하고, 금융위원회는 세부계획서를 제출받은 날부터 1개월 이내에 승인 여부를 결정·통보하여야 한다(법12⑦).

(7) 신용공여한도 초과사유 등 인정 또는 승인

(가) 인정 또는 승인 신청

사회기반시설사업의 추진 등 산업발전 또는 국민생활 안정을 위하여 불가피하다고 금융위원회가 인정하는 경우(영9의2①(3)) 및 급격한 경제여건의 변화 등 불가피한 사유로 상호저축은행의 귀책사유 없이 신용공여 한도를 초과하였다고 금융위원회가 인정하는 경우(영9의2②(4))에 의한 신용공여한도 초과사유 또는 한

도초과 상태가 일정 기간 계속되어도 그 상호저축은행의 자산건전성을 크게 해
치지 아니한다고 금융위원회가 인정하는 경우(영9의3(3))의 신용공여 한도 초과
기간의 연장사유의 인정 또는 승인을 받고자 하는 상호저축은행은 금융위원회에
그 인정 또는 승인을 신청하여야 한다(감독규정23①).

(나) 거액신용공여 한도와 동일차주신용공여 한도의 초과 및 한도 초과기간 연장 보고

상호저축은행은 시행령 제9조의2에서 정하는 사유로 인하여 법 제12조 제1
항에서 제3항까지의 규정에 의한 한도를 초과하거나 시행령 제9조의3의 규정에
따라 한도의 초과기간을 연장하는 경우에는 한도초과일 또는 한도초과기간 연장
일로부터 15일 이내에 금융감독원장에게 보고하여야 한다(감독규정23②).

(다) 신용공여의 감축계획 보고 및 이행상황 제출

거액신용공여 한도와 동일차주신용공여 한도의 초과 및 한도 초과기간의 연
장에 대한 보고는 각각 [별지 제8호 서식] 및 [별지 제6호 서식]에 의한다(시행세
칙6의3② 전단). 이 경우 한도를 초과하는 신용공여의 감축계획을 포함한다(시행세
칙6의3② 후단). 상호저축은행은 보고한 감축계획의 이행상황을 매반기말 다음달
20일까지 각각 [별지 제9호 서식] 및 [별지 제7호 서식]에 따라 금융감독원장에
게 제출하여야 한다(시행세칙6의3③).

(8) 동일계열상호저축은행의 신용공여한도 관리

동일계열상호저축은행의 신용공여한도는 연결재무제표를 작성하여야 하는
상호저축은행("모상호저축은행")이 관리하며, 모상호저축은행은 신용공여한도 관
리 목적 범위에서 동일계열상호저축은행의 신용공여 현황에 관한 자료를 요구할
수 있다(법12⑧).

(9) 위반시 제재

(가) 형사제재

법 제12조 제1항부터 제3항까지 또는 제5항을 위반한 자는 1년 이하의 징역
또는 1천만원 이하의 벌금에 처한다(법39⑤(6)).

(나) 과징금

금융위원회는 상호저축은행이 제12조 제1항부터 제3항까지의 규정에 따른
신용공여의 한도를 초과하여 신용공여를 한 경우 초과한 신용공여 금액의 30%
이하(1호 가목)의 범위에서, 동일계열상호저축은행이 제12조 제1항 또는 제3항에

따른 신용공여의 한도를 초과하여 신용공여를 한 경우 초과한 신용공여 금액의 30% 이하(2호)의 범위에서 과징금을 부과할 수 있다(법38의2(1)(2)).[67]

2. 대주주가 발행한 주식의 취득요건 등

(1) 취득한도와 이사회 결의

상호저축은행은 그의 대주주(그의 특수관계인을 포함)가 발행한 주식을 금융위원회가 정하여 고시하는 단일거래 금액(증권시장·다자간매매체결회사 또는 이와 비슷한 시장으로서 외국에 있는 시장에서 취득하는 금액은 제외)이 상호저축은행 자기자본의 1만분의 10에 해당하는 금액과 10억원 중 적은 금액 이상으로 취득하려는 경우에는 미리 이사회의 결의를 거쳐야 한다. 이 경우 이사회는 재적이사 전원의 찬성으로 의결한다(법12의2①, 영9의4①).

위에서 "금융위원회가 정하여 고시하는 단일거래금액"은 단일한 매매계약에 의한 취득금액을 기준으로 산정한다(감독규정23의3① 본문). 다만, 같은 날에 다수의 매매계약이 체결되는 경우에는 그 합계액을 기준으로 산정한다(감독규정23의3① 단서).

상호저축은행이 대주주인 회사의 주식을 취득하는 것도 신용공여와 같이 대주주에 대한 부당한 자금지원 또는 불공정한 거래의 수단으로 이용되는 것을 차단하기 위한 것이다.

(2) 보고 및 공시

취득 사실을 금융위원회에 지체 없이 보고하고, 인터넷 홈페이지 등을 이용하여 공시하여야 한다(법12의2②). 상호저축은행은 법 제12조의2 제1항 및 제2항에 해당하는 대주주 발행주식을 취득한 경우에는 금융감독원장이 정하는 바에 따라 금융감독원장에게 보고하여야 한다(감독규정23의3②). 감독규정 제23조의3 제2항에 따른 대주주 발행주식 취득현황 보고는 [별지 제10호 서식]으로 한다(시행세칙6의4).

---

67) 동일차주에 대한 신용공여한도 초과: 상호저축은행법 제12조 등에 의하면 상호저축은행은 동일차주에 대하여 자기자본의 25%를 초과하여 신용공여를 하여서는 아니 되는데도, (대구)유니온저축은행은 2018. 7. 26. ㈜에◎◎◎◎에 일반자금대출 50억원을 취급한 이후 2018. 9. 19. 동사와 신용위험을 공유하는 ㈜피ㅁㅁㅁ에 일반자금대출 60억원을 추가로 취급함으로써 동일차주 신용공여 한도를 25.6억원(2018. 6월말 기준 자기자본 337억 73백만원의 7.57%) 초과하여 제재를 받았다.

보고사항 중 ⅰ) 분기 말 현재 대주주가 발행한 주식을 취득한 규모, ⅱ) 분기 중 보유주식의 증감액, ⅲ) 분기 중 보유주식의 취득가격, ⅳ) 취득목적, ⅴ) 분기말 현재 보유주식의 지분율, ⅵ) 분기말 현재 보유주식의 시가, ⅶ) 당해 분기 중 보유주식을 처분한 경우 처분가격 및 동 처분에 따른 손익현황을 종합하여 분기별로 금융위원회에 보고하고, 인터넷 홈페이지 등을 이용하여 공시하여야 한다(법12의2③, 영9의4②, 감독규정23의3③). 또한 대주주 발행주식 취득현황을 발행회사별로 구분하여 공시하여야 한다(감독규정23의3③).

(3) 위반시 제재

법 제12조의2 제1항을 위반하여 이사회의 결의를 거치지 아니하고 대주주의 발행주식을 취득한 상호저축은행(제2호), 제12조의2 제2항 또는 제3항을 위반하여 금융위원회에 보고를 하지 아니하거나 공시를 하지 아니한 상호저축은행(제3호)에게는 5천만원 이하의 과태료를 부과한다(법40①(2)(3)).

3. 대주주의 부당한 영향력 행사의 금지

상호저축은행의 대주주(그의 특수관계인을 포함)는 상호저축은행의 이익에 반하여 대주주 자신의 이익을 목적으로 부당한 영향력을 행사할 수 없다(법12의3, 영9의5).

(1) 미공개 자료 또는 정보 요구 금지

대주주(그의 특수관계인 포함)는 부당한 영향력을 행사하기 위하여 상호저축은행에 대하여 외부에 공개되지 아니한 자료 또는 정보의 제공을 요구하는 행위를 할 수 없다(법12의3(1) 본문). 다만, 금융회사지배구조법 제33조 제6항에 해당하는 경우는 제외한다(법12의3(1) 단서). 즉 6개월 전부터 계속하여 금융회사의 발행주식 총수의 10만분의 50 이상(대통령령으로 정하는 금융회사의 경우에는 10만분의 25 이상)에 해당하는 주식을 대통령령으로 정하는 바에 따라 보유한 자는 주주의 회계장부열람권(상법466)을 행사할 수 있다(금융회사지배구조법33⑥).

여기서 대통령령으로 정하는 금융회사는 최근 사업연도 말 현재 자산총액이 7천억원 이상인 상호저축은행을 말한다(금융회사지배구조법 시행령28②(4)). 또한 주식을 대통령령으로 정하는 바에 따라 보유한 자는 주식의 소유, 주주권 행사에 관한 위임장의 취득, 주주 2인 이상의 주주권 공동행사를 말한다(금융회사지배구조법 시행령28①).

(2) 인사 또는 경영 개입 금지

대주주(그의 특수관계인 포함)는 경제적 이익 등 반대급부의 제공을 조건으로 다른 주주와 담합하여 상호저축은행의 인사 또는 경영에 부당한 영향력을 행사하는 행위를 할 수 없다(법12의3(2)).

(3) 위법행위 요구 금지

대주주(그의 특수관계인 포함)는 상호저축은행으로 하여금 위법행위를 하도록 요구하는 행위를 할 수 없다(법12의3(3), 영9의5(1)).

(4) 통상의 거래조건과 다른 거래요구 금지

대주주(그의 특수관계인 포함)는 금리, 수수료, 담보 등에 있어서 통상적인 거래조건과 다른 조건으로 대주주 자신 또는 제3자와의 거래를 요구하는 행위를 하여서는 아니 된다(법12의3(3), 영9의5(2)).

(5) 위반시 제재

법 제12조의3을 위반하여 위의 금지행위 중 어느 하나에 해당하는 행위를 한 대주주 또는 대주주의 특수관계인은 10년 이하의 징역 또는 5억원 이하의 벌금에 처한다(법39①(1)).

4. 대주주등에 대한 신용공여 등의 금지

(1) 원칙적 금지

(가) 의의

상호저축은행은 다음의 어느 하나에 해당하는 자("대주주등"), 즉 ⅰ) 대주주("대통령령으로 정하는 주주"를 포함)(제1호), ⅱ) 상호저축은행의 임직원(제2호),[68] ⅲ) 제1호와 제2호의 자 또는 상호저축은행과 "대통령령으로 정하는 친족 또는 특수한 관계에 있는 자"(제3호), ⅳ) 제1호부터 제3호까지의 어느 하나에 해당하지 아니하는 자로서 대주주의 특수관계인(제4호)에 대하여 신용공여 및 예금등을 하거나 가지급금을 지급하지 못하며, 대주주등은 상호저축은행으로부터 신용공

---

[68] 대주주등(임직원)에 대한 신용공여: 상호저축은행법 제37조 등에 의하면 상호저축은행은 원칙적으로 임직원에게 신용공여를 할 수 없고, 직원의 복리후생을 위한 신용공여의 경우 개별차주당 5천만원을 초과하여 취급할 수 없으며, 직원은 상호저축은행으로부터 5천만원을 초과한 신용공여를 받지 못하는데도, (경기)세람저축은행은 2016. 9. 30.~2017. 4. 7. 기간 중 직원 ○○○ 및 ○○○에게 각각 일반자금대출 및 주택자금대출을 취급하면서 개별차주당 한도를 각각 9백만원 및 10백만원 초과하여 취급하여(2017. 6. 22. 한도초과 금액 전액 회수) 제재를 받았다.

여 및 예금등을 받거나 가지급금을 받지 못한다(법37① 본문). 예금 등을 제한하는 것은 대주주가 상호저축은행인 경우에 예금의 형태로 자금을 지원하는 것을 막기 위한 것이다.

(나) 상호저축은행법의 입법 목적과 규정 취지

상호저축은행법 제37조 제1항은 대주주나 임원 또는 상호저축은행과 특수한 관계에 있는 자에 대한 부당한 대출로 상호저축은행이 부실화하는 것을 방지함과 아울러 예금주 등 상호저축은행의 채권자를 보호하고자 하는 데 목적이 있다.[69] 또한 대주주에 대한 신용공여 제한은 저축은행의 영업행위를 제한할 뿐 아니라, 대주주도 신용공여를 "받지 못한다"고 규정하여 대주주에 의한 위법행위를 적극적으로 차단하고 있다.[70]

상호저축은행은 서민과 중소기업의 금융편의를 도모하고 거래자를 보호하며 신용질서를 유지하는데 그 설립 목표가 있다(법2). 그렇기 때문에 정부의 보증으로 수신한 예금을 기초로 서민, 중소기업 등 제1금융권의 자금중개 기능이 닿지 못하는 경제 주체들에게 대출을 해 줌으로써 서민경제를 활발히 하고 자금거래를 중개하는 매개체로서의 역할을 충실히 수행해야 할 의무가 있다. 따라서 그 업무범위는 신용계업무, 예금 및 적금의 수입, 자금 대출, 어음할인 등 자금중개 행위로 엄격히 한정되고(법11), 서민들이 수신한 예금으로 부동산개발업이나 제조업 등을 직접 영위하는 것은 여하한 경우에도 허용될 수 없다. 나아가 업무용 부동산 외에는 부동산의 취득 자체가 금지되고(법18의2), 개별차주에게 자기자본

---

69) 대법원 2013. 1. 24. 선고 2012도10629 판결(상호저축은행법 제37조 제1항의 입법 목적이나 전체적 내용, 구조 등에 비추어보면 사물의 변별능력을 갖춘 일반인의 이해와 판단으로 상호저축은행법 시행령에 정해질 특수한 관계에 있는 자는 대주주 등의 실질적 지배하에 있어 상호저축은행의 여신심사가 제대로 이루어지지 않을 위험성이 있는 자라고 충분히 예측할 수 있을 뿐만 아니라, 나아가 시행령 제30조 제2항 제8호는 법 제37조 제1항 제3호로부터 위임받은 사항 중 "대주주 또는 상호저축은행의 임원이 사실상 그 경영을 지배하고 있다고 인정되는 법인"으로 특정하여 구체적인 범위를 상호저축은행업 감독업무 시행세칙에 재위임하고 있으므로, 법 제37조 제1항 제3호, 시행령 제30조 제2항 제8호가 형벌법규의 포괄위임입법 금지원칙이나 죄형법정주의 명확성의 원칙에 반하는 것으로 볼 수 없다).

70) 대법원 2010. 1. 28. 선고 2009도10730 판결(상호저축은행의 임원들이 은행의 실질적 최대주주인 甲의 지시에 따라 상당한 담보를 확보하지 아니하고 관계 규정상의 적법한 대출 심사를 거치지도 아니한 채 각 부실대출을 실행하여, 甲에게 실제로 귀속된 그 대출금 중 일부를 기존 대출금의 변제충당을 위하여 위 은행에 다시 입금하는 등의 용도로 사용한 사안에서, 위 부실대출을 실행함으로 인하여 그 대출과 동시에 은행으로 하여금 대출금 상당의 손해를 입게 하였다고 보아, 업무상배임의 점을 유죄로 판단하였다).

의 20% 이상 대출할 수 없으며(법12), 자기자본비율("BIS비율")이 8% 미만일 경우 동일차주에게 80억원 이상을 대출해 줄 수 없는 등 대출 위험을 철저히 분산토록 하고 있는데, 이는 어떤 경우에도 서민이 예치한 소중한 자금에 손실이 발생하는 일이 없도록 하기 위함이다.

이러한 상호저축은행의 자금중개 기능과 자산건전성을 지키는 핵심 제도는 "대주주 사금고화 방지"로 집약된다. 대주주가 지배하는 은행이나 기타 기업체에 은행 자금을 지원해 줄 경우 자금중개 기능이라는 공공정책 목표가 훼손됨은 물론 엄격한 여신 심사와 확실한 채권 회수를 기대할 수 없기 때문이다.

상호저축은행법은 상호저축은행이 대주주와 그 영향권 안에 있는 개인이나 기업에게 대출하는 것을 담보의 제공 여부, 이익 여하를 따지지 않고 엄격히 금지하고 있으며(법37), 우회적으로 대주주에게 대출하는 것을 방지하기 위하여 아예 차명으로 대출하는 것 자체가 금지되어 있다(법18의2).[71] 따라서 상호저축은행은 발행주식의 2% 이상을 소유한 대주주, 임원이나 동인들의 직계비속, 동인들이 사실상 지배하고 있다고 인정되는 법인 및 그 지배기업집단에 이르기까지 어떠한 명목으로도 신용공여를 하여서는 아니된다.[72]

(다) 대주주 등의 범위

1) 대통령령으로 정하는 주주(제1호)

위 제1호에서 "대통령령으로 정하는 주주"란 상호저축은행의 의결권 있는 발행주식 총수의 2% 이상을 보유한 주주를 말한다(영30①).

2) 대통령령으로 정하는 친족 또는 특수한 관계에 있는 자(제3호)

위 제3호에서 "대통령령으로 정하는 친족 또는 특수한 관계에 있는 자"란 다음의 어느 하나에 해당하는 자, 즉 ⅰ) 대주주가 개인인 경우에는 대주주의 직계 존속·비속 및 배우자, 대주주 배우자의 부모, 대주주의 형제자매와 그 배우자, 대주주 직계비속의 배우자(제1호), ⅱ) 대주주가 법인등인 경우에는 ㉠ 해당 법인등의 임원, 임원의 직계 존속·비속 및 배우자, 임원 배우자의 부모, 임원 직

---

71) 더구나 주주들이 분산되어 비교적 지배구조가 투명한 시중은행과 달리, 저축은행은 몇몇 대주주에게 경영권이 집중되어 있어 무모한 출자자 대출로 인해 서민경제가 피폐해지고 수천 내지 수조원의 공적 자금이 투입된 뼈아픈 경험을 여러 차례 겪은 바 있다.

72) 서울중앙지방법원 2012. 2. 21. 선고 2011고합403(분리), 2011고합562-1(분리, 병합), 2011고합624, 2011고합730, 2011고합1084, 2011고합1133, 2011고합1138, 2011고합1216, 2011고합1352, 2011고합1407 판결.

계비속의 배우자, ㉡ 해당 법인등의 발행주식 총수 또는 출자총액의 30% 이상을 소유하거나 출자한 자(제2호), iii) 임원(상호저축은행의 임원)의 직계 존속·비속 및 배우자, 임원 배우자의 부모, 임원 직계비속의 배우자, iv) 상호저축은행 직원의 배우자, ⅴ) 상호저축은행의 발행주식 총수(의결권 있는 주식으로 한정) 또는 출자총액의 30% 이상을 소유하거나 출자한 자가 발행주식 총수 또는 출자총액의 30% 이상을 소유하거나 출자한 법인등 및 그 법인등이 발행주식 총수 또는 출자총액의 30% 이상을 소유하거나 출자한 법인등, vi) 상호저축은행의 발행주식 총수 또는 출자총액의 30% 이상을 소유하거나 출자한 사람이 임원으로 재직하고 있는 법인등(제7호), vii) 제5호 및 제6호에 해당하는 법인등의 발행주식 총수 또는 출자총액의 30% 이상을 소유하거나 출자한 법인등, viii) 대주주, 상호저축은행의 임원, 또는 상호저축은행이 사실상 그 경영을 지배하고 있다고 인정되는 법인등으로서 금융감독원장이 금융위원회의 승인을 받아 정하는 기준에 해당하는 법인등(제8호)을 말한다(영30②).

상호저축은행법 제37조 제1항의 입법 취지 등에 비추어보면, 상호저축은행법 시행령 제30조 제2항 제8호의 "대주주 또는 상호저축은행의 임원이 사실상 그 경영을 지배하고 있다고 인정되는 법인"에는 대주주등이 직접 지분을 취득하여 경영을 지배하는 법인뿐만 아니라, 대주주 등이 상호저축은행에 대한 지배력을 매개로 하여 상호저축은행을 통하여 경영을 지배하는 법인도 포함된다고 해석함이 상당하다.[73][74]

---

73) 대법원 2013. 1. 24. 선고 2012도10629 판결.
74) 대법원 2013. 9. 26. 선고 2013도6394 판결(원심은, 이 사건 각 특수목적법인(Special Purpose Company, 이하 'SPC')이 상호저축은행법 시행령 제30조 제2항 제8호에서 정하고 있는 "상호저축은행법 제37조 제1항 제1호에 따른 대주주 또는 상호저축은행의 임원이 사실상 그 경영을 지배하고 있다고 인정되는 법인등으로서 금융감독원장이 금융위원회의 승인을 받아 정하는 기준에 해당하는 법인등"에 해당한다는 전제하에, 피고인들이 2006. 5. 1.부터 2010. 12. 31.까지 사이에 부산저축은행 및 그 계열은행들로 하여금 이 사건 각 SPC에 합계 약 4조 5,621억원을 대출하여 주도록 함으로써 상호저축은행법을 위반하였다는 취지의 이 부분 공소사실을 모두 유죄로 인정하였다. 관련 법리와 기록에 비추어 살펴보면, 원심의 이 부분 판단은 환송판결의 취지에 따른 것으로서 수긍이 가고, 거기에는 상고이유로 주장하는 법리오해 등의 위법이 없다. 피고인들의 주장처럼 설령 이 사건 각 SPC가 법인세법 제51조의2에 따라 소득금액의 공제를 받을 수 있는 법인으로서 "명목상의 회사"에 불과한 것이라고 하더라도, 그러한 이유만으로 이 사건 각 SPC에 대한 대출이 상호신용금고법 제37조 제1항에서 금지하고 있는 신용공여에 해당하지 않는다고 볼 수는 없다.

(라) 경영지배기업의 인정기준

1) 경영지배법인 등의 인정기준

위의 시행령 제30조 제2항 제8호의 규정에 의한 "금융감독원장이 금융위원회의 승인을 얻어 정하는 기준에 해당하는 법인등"이라 함은 ⅰ) 대주주집단에 속하는 기업(제1호), ⅱ) 상호저축은행 임원 또는 대주주집단이 최다출자자인 기업 및 그 기업의 지배기업집단(제2호),[75] ⅲ) 상호저축은행의 임원 또는 대주주집단 소속 개인 및 법인의 임직원이 임원의 과반수를 차지하거나 출연금의 50% 이상 출연한 비영리 법인, 조합 기타 단체 및 그 지배기업집단(제3호), ⅳ) 대주주집단 소속 개인 및 법인의 임직원이 임원으로 재직하고 있는 기업(다만, 객관적으로 경영이 분리되었다고 입증하는 경우에는 제외)(제4호), ⅴ) 공정거래위원회 또는 금융위원회가 정하는 "상호출자제한기업집단등" 또는 "주채무계열"이 대주주집단에 해당하는 경우 "상호출자제한기업집단등" 또는 "주채무계열"에 속하는 기업(제5호)을 말한다(시행세칙12).

2) 대주주집단

시행세칙 제12조의 규정에 의한 대주주집단은 ⅰ) 상호저축은행 대주주, 그의 특수관계인 및 지배기업집단의 주식수 또는 지분합계가 상호저축은행의 발행주식총수 또는 출자액의 30% 이상에 해당되는 경우 그 집합체(제1호), ⅱ) 상호저축은행 대주주와 그의 특수관계인 및 지배기업집단의 주식수 또는 지분합계가 상호저축은행의 발행주식총수 또는 출자액의 30% 미만이더라도 최다출자자에 해당하는 경우 그 집합체(제2호), ⅲ) 실질적으로 상호저축은행의 경영권을 행사하는 자와 그의 특수관계인 및 그의 지배기업집단(제3호)를 말한다(시행세칙13).

---

75) 대법원 2013. 1. 24. 선고 2012도10629 판결(상호저축은행업 감독업무 시행세칙 제12조는 상호저축은행법 시행령 제30조 제2항 제8호의 규정에 의한 금융감독원장이 금융위원회의 승인을 얻어 정하는 기준에 해당하는 법인등이라 함은 다음 각 호의 1에 해당하는 기업을 말한다고 규정하고, 그 제2호에서는 상호저축은행 임원 또는 대주주집단이 최다출자자인 기업 및 그 기업의 지배기업집단을 들고 있다. 상호저축은행법 제37조 제1항 제3호는 상호저축은행의 신용공여가 금지되는 대상으로서 대주주 등과 특수한 관계에 있는 자의 범위를 시행령에 위임하고 있고, 시행령 제30조 제2항 제8호는 그중 일부를 다시 시행세칙에 위임하고 있는데, 위와 같은 조문체계나 대향적 거래인 신용공여의 성격에 비추어 볼 때 시행세칙 제12조 제2호 전단의 상호저축은행 대주주집단이 최다출자자인 기업에 당해 상호저축은행은 포함되지 않는다고 해석하여야 한다. 이와 달리 시행세칙 제12조 제2호 전단의 상호저축은행 대주주집단이 최다출자자인 기업에 당해 상호저축은행도 포함된다고 보게 되면 상호저축은행이 자신에 대한 신용공여를 하여서는 아니 된다는 내용이 되어 불합리하기 때문이다).

3) 특수관계인

시행세칙 제13조 제1호의 규정에 의한 특수관계인은 ⅰ) 개인의 경우에는 친족과 상업사용인을 말한다(제1호 전단). 이 경우 친족은 직계존비속, 배우자, 직계비속의 배우자, 배우자의 부모를 말하며 상업사용인은 지배인등 본점이나 지점의 영업 전반을 총괄적으로 처리할 수 있는 자를 말한다(제1호 후단). ⅱ) 법인(단체 포함)의 경우에는 임원을 말한다(제2호 전단). 이 경우 지배기업집단의 임원을 포함한다(제2호 후단)(시행세칙14).

4) 지배기업집단

시행세칙 제12조 제2호의 규정에 의한 지배기업집단은 ⅰ) 동일인 및 그 특수관계인의 주식수 또는 지분 합계가 30% 이상인 기업 및 그 기업이 30% 이상 출자한 기업(제1호), ⅱ) 제1호의 기업에 30% 이상 출자한 기업(제2호), ⅲ) 제1호 및 제2호의 기업에 발행주식총수 또는 출자액의 30% 이상을 출자한 자가 임원으로 재직하고 있는 기업 및 그 기업에 30% 이상 출자한 기업(제3호), ⅳ) 제3호의 기업이 발행주식총수 또는 출자액의 30% 이상 출자한 기업(제4호), ⅴ) 동일인 및 제1호 내지 제4호의 기업이 실질적으로 경영권을 행사하는 기업(이 경우 실질적으로 경영권을 행사한다 함은 임원의 임면, 임원교환 등 경영에 관여하고 있다고 인정되는 경우를 말한다)(제5호)을 말한다(시행세칙15).

(마) 대주주 등에 대한 신용공여 판단기준

대주주 등에 대한 신용공여에 해당하는지는 대출명의인이 아니라 대출금이 실질적으로 귀속되는 자를 기준으로 판단하여야 한다.[76]

(2) 예외적 허용

(가) 의의

대주주등에 대한 자금지원의 목적이 없는 것으로서 "대통령령으로 정하는 예금등"과 채권의 회수에 위험이 없거나 직원의 복리후생을 위한 것으로서 "대통령령으로 정하는 신용공여"의 경우는 제외한다(법37① 단서).

(나) 대통령령으로 정하는 예금등

"대통령령으로 정하는 예금등"이란 ⅰ) 영 제6조의3(지점 등의 설치인가 기준 등) 제4항(최대주주변경상호저축은행)에 따라 중앙회가 상호저축은행의 대주주가

---

76) 대법원 2013. 3. 14. 선고 2012도12582 판결.

된 경우에 그 상호저축은행이 중앙회에 예치하는 예치금(제1호), ⅱ) 상호저축은행이 그 상호저축은행의 대주주인 금융기관에 개설한 계좌에 대출원리금 등의 납입을 위하여 입금한 금액으로서 입금일부터 3영업일이 지나지 아니한 금액(제2호), ⅲ) 상호저축은행이 그 상호저축은행의 대주주인 금융기관에 예치한 주식 증거금 및 유가증권의 거래를 목적으로 증권예탁계좌 등에 예치한 금액(제3호)을 말한다(영29①).

(다) 대통령령으로 정하는 신용공여

"대통령령으로 정하는 신용공여"란 ⅰ) 법 제37조 제1항 제1호부터 제3호까지의 자에 대하여 그 자신의 해당 상호저축은행에 대한 예금등을 담보로 하는 신용공여(제1호), ⅱ) 법 제37조 제1항 제1호의 대주주와 제30조(대주주 등의 범위) 제2항 제5호부터 제8호까지의 규정에 따른 특수한 관계에 있는 자의 해당 상호저축은행에 대한 예금등을 담보로 하는 신용공여(제2호), ⅲ) 복리후생을 위하여 상호저축은행 직원에게 하는 ㉠ 2천만원 이내의 일반자금대출, ㉡ 5천만원 이내의 주택자금대출, ㉢ 해당 직원의 행위로 상호저축은행이 입은 손해를 보전하기 위한 5천만원 이내의 대출(제3호 본문)을 말한다(영29②). 다만, 제3호 본문의 경우 상호저축은행 자기자본의 15%를 한도로 하며 개별차주에 대한 ㉠ ㉡ ㉢의 신용공여 합계액은 5천만원을 초과할 수 없다(제3호 단서).

(3) 교차 신용공여 등의 금지 등

상호저축은행은 신용공여 및 예금등의 금지 또는 가지급금의 지급 금지를 피할 목적으로 다른 상호저축은행과 서로 교차하여 다른 상호저축은행의 대주주 등에게 신용공여 및 예금등을 하거나 가지급금을 지급하여서는 아니 된다(법37②). 상호저축은행의 대주주등은 해당 상호저축은행으로 하여금 이에 위반하게 하여 다른 상호저축은행으로부터 신용공여 및 예금등을 받거나 가지급금을 받아서는 아니 된다(법37③).

(4) 위반시 제재

(가) 형사제재

법 제37조 제1항 또는 제2항을 위반하여 신용공여 및 예금등을 하거나 가지급금을 지급한 자(제3호), 법 제37조 제1항 또는 제3항을 위반하여 신용공여 및 예금등을 받거나 가지급금을 받은 자(제4호)는 10년 이하의 징역 또는 5억원 이하의 벌금에 처한다(법39①(3)(4)).

(나) 과징금

금융위원회는 상호저축은행이 제37조 제1항 또는 제2항을 위반하여 신용공여 및 예금등을 하거나 가지급금을 지급한 경우 신용공여 및 예금등을 하거나 가지급한 금액 이하(1호)의 범위에서, 대주주등이 제37조 제1항 또는 제3항을 위반하여 신용공여 및 예금등을 받거나 가지급금을 받은 경우 신용공여 및 예금등을 받거나 가지급금으로 받은 금액 이하(3호)의 범위에서 과징금을 부과할 수 있다(법38의2(1)(3)).

5. 대주주와의 거래제한 등

(1) 자료제출요구

금융위원회는 상호저축은행 또는 대주주등이 제12조의2(대주주가 발행한 주식의 취득요건 등)·제12조의3(대주주의 부당한 영향력 행사의 금지) 또는 제37조(대주주등에 대한 신용공여 등의 금지)를 위반한 혐의가 있다고 인정하는 경우에는 상호저축은행 또는 대주주등에게 필요한 자료의 제출을 요구할 수 있다(법22의4①).

(2) 대주주와의 거래제한 등

(가) 의의

금융위원회는 상호저축은행의 대주주(회사만 해당)의 부채가 자산을 초과하는 등 재무구조의 부실로 그 상호저축은행의 경영건전성을 현저하게 해칠 우려가 있는 경우로서 "대통령령으로 정하는 경우"("사유")에는 그 상호저축은행에 대하여 일정한 조치를 할 수 있다(법22의4②).

(나) 사유

상호저축은행의 대주주가 다음의 사유, 즉 ⅰ) 대주주(회사만 해당하며, 회사인 특수관계인을 포함)의 부채가 자산을 초과하는 경우(제1호), ⅱ) 대주주에 대한 신용공여가 가장 많은 금융기관(신용공여를 한 금융기관의 대주주가 해당 상호저축은행의 대주주인 경우는 제외)이 금융위원회가 정하는 자산건전성 분류기준에 따라 그 대주주의 신용위험을 평가한 결과 금융위원회가 정하는 기준 이하로 분류된 경우(제2호), ⅲ) 대주주가 신용평가회사 중 둘 이상의 신용평가회사에 의하여 투자부적격 등급으로 평가받은 경우(제3호) 중 어느 하나에 해당하는 경우를 말한다(법22의4②, 영12의3).

위 제2호에서 "금융위원회가 정하는 자산건전성 분류기준에 따라 그 대주주의 신용위험을 평가한 결과 금융위원회가 정하는 기준 이하로 분류된 경우"라 함은 신용공여가 가장 많은 금융기관이 당해 금융기관에 적용되는 자산건전성 분류기준에 따라 분류한 결과 "고정" 이하로 분류된 경우를 말한다(감독규정23의7①).

(다) 조치

금융위원회는 상호저축은행의 대주주(회사만 해당)가 위의 사유에 해당하는 경우에는 ⅰ) 대주주가 발행한 유가증권의 신규 취득금지, ⅱ) 그 밖에 대주주에 대한 자금지원 성격의 거래제한 등 대통령령으로 정하는 조치를 할 수 있다(법22의4②).

(라) 보고

상호저축은행은 그 대주주가 위의 사유 중 어느 하나에 해당하게 된 때에는 그 사실을 지체 없이 금융감독원장에게 보고하여야 한다(감독규정23의7②).

(3) 위반시 제재

법 제22조의4 제1항에 따른 금융위원회의 자료제출 요구에 따르지 아니하거나 거짓 자료를 제출한 자(제1호)와 법 제22조의4 제2항에 따른 조치를 위반한 자(제7호)에게는 5천만원 이하의 과태료를 부과한다(법40①(1)(7)).

제3절 지배구조건전성규제

Ⅰ. 서설

금융기관은 업종별로 진입규제와 건전성규제, 영업행위규제 등이 다르게 마련되어 있는데, 영위하는 업무에 따라 예금자, 투자자, 보험계약자 등 특별한 보호를 필요로 하는 금융소비자의 존부나 범위, 금융시스템에 대한 영향 등이 다르기 때문에 영위하는 업무에 맞추어 적정한 요건을 요구하고 있다. 업종별로 다르지만 대부분 자본금 요건, 업무수행에 필요한 인적·물적 시설의 구비, 사업계획의 타당성 등과 함께 주주 또는 출자자의 출자능력, 재무건전성 및 사회적 신용 등을 심사요건으로 하고 있다. 특히 대주주 또는 주요 출자자에 대한 심사는 ⅰ) 금융기관의 설립 및 인허가단계에서의 자격심사, ⅱ) 기존 금융기관의 경영권 변동에 따른 변경승인 심사, iii) 금융기관 존속기간 중 자격유지의무 및 주기적 심사의 3단계로 나눌 수 있다.

설립 및 인허가단계에서의 대주주 요건은 업권별로 요구하는 내용이 다르기 때문에 개별 업권을 규율하는 법에서 업권별로 정하고 있다. 진입규제에서 인허가를 요구하지 않고 등록제로 운용하는 업권(금융투자업과 여신전문금융업 중 일부)에서는 대체로 이에 맞추어 대주주 변경도 승인대상이 아닌 신고대상으로 규정한다.

은행, 은행지주회사 및 상호저축은행은 해당 법률에서 인가단계, 변경승인단계 및 주기적 적격성에 대하여 규정하고 있으며, 금융회사지배구조법의 적용대상이 되는 것은 금융투자업자, 보험회사, 신용카드업자와 비은행금융지주 등 제2금융권이다. 특히 이들 제2금융권에 대하여는 금융회사지배구조법에 따라 주기적 적격성심사가 새로 도입되었다. 자본시장법에 의한 금융투자업자와 여신전문금융업법에 의한 신용카드업자의 경우 인허가요건을 유지할 의무를 법률에서 규정하고 있었으나 실제로 구체적인 심사규정이 없었으므로 금융회사지배구조법에 따라 신설된 것으로 보아야 할 것이다.[77]

Ⅱ. 대주주 변경승인(저축은행법)

1. 의의

금융기관의 대주주는 해당 금융기관의 건전성과 영업행위규제를 비롯한 조직문화 전반에 걸쳐 영향을 미칠 수 있다. 따라서 금융감독당국은 대주주가 금융회사를 건전하게 영위할 만한 자격이 있는지 여부를 정기적으로 또는 수시로 점검하고 있다. 이와 관련하여 상호저축은행법은 최초 인가시에 대주주의 적격요건을 심사하고, 대주주 변경시에는 금융위원회가 이를 승인하도록 하고 있다.

상호저축은행이 발행한 주식을 취득·양수하여 새로이 대주주가 되려는 자는 상호저축은행법 제10조의6에 따라 사전에 변경승인을 받아야 한다. 변경승인의 요건은 상호저축은행법 시행령 제7조의4 제2항 [별표 2]에서 상세하게 규정하고 있는데, 대주주가 금융기관인지 개인인지 외국인인지 집합투자기구인지 등

77) 김연미(2016), "금융회사 지배구조법에 따른 대주주 건전성 및 소수주주권", 금융법연구 제13권 제3호(2016. 12), 40-41쪽.

에 따라 재무건전성 등 여러 요건을 다르게 요구한다.

대주주 변경승인제도에 위반하면 금융위원회의 처분명령의 대상이 될 수 있으며, 의결권행사가 제한된다. 다만 불가피한 사유로 변경대상 대주주가 된 경우에는 사후승인을 신청할 수 있다.

2. 사전승인 대상

(1) 의의

상호저축은행의 의결권 있는 주식의 취득·양수(실질적으로 해당 주식을 지배하는 것을 말하며, 이하 이 조에서 "취득등"이라 한다)로 해당 상호저축은행의 의결권 있는 발행주식 총수의 30%를 초과하거나 "대통령령으로 정하는 대주주"가 되려는 자는 대주주 요건(법6의2①(4))과 인가의 세부 요건(법6의2②) 중 금융사고 방지를 위하여 "대통령령으로 정하는 요건"("금융사고방지요건")을 갖추어 미리 금융위원회의 승인을 받아야 한다(법10의6①).

(2) 대통령령으로 정하는 대주주

"대통령령으로 정하는 대주주"란 ⅰ) 최대주주(특수관계인인 주주를 포함)(제1호), ⅱ) 주요주주(특수관계인인 주주를 포함)(제2호), ⅲ) 최대주주 또는 주요주주가 법인[78]인 경우에는 그 법인의 최대주주 또는 최다출자자(그 법인을 사실상 지배하는 자가 그 법인의 최대주주 또는 최다출자자와 다른 경우에는 그 사실상 지배하는 자를 포함) 및 대표자(제3호)를 말한다(영7의4①).

(3) 대주주 요건

대주주가 충분한 출자능력, 건전한 재무상태 및 사회적 신용을 갖추고 있어야 한다(법6의2①(4)). 여기의 대주주에는 최대주주의 특수관계인인 주주를 포함하며, 최대주주가 법인인 경우에는 그 법인의 중요한 경영사항에 대하여 사실상 영향력을 행사하고 있는 주주로서 ⅰ) 최대주주인 법인의 최대주주(최대주주인 법인을 사실상 지배하는 자가 그 법인의 최대주주와 다른 경우에는 그 사실상 지배하는 자

---

78) 최대주주가 법인인 저축은행은 2019년 6월 말 기준 45개사로 국내 79개 저축은행의 절반 이상을 차지하고 있다. 그러나 법인이 소유한 저축은행 중 그 법인의 최대주주가 개인이며 경영에 관여하는 경우도 존재한다. 따라서 저축은행의 최대주주가 법인이지만 그 법인의 실질적 개인소유자가 해당 저축은행에서 임직원 등의 형태로 근무한 경우, 실질적 개인소유자는 대출의사결정에 유의한 영향을 미칠 수 있다(하성수·김학건(2020), "법인소유저축은행의 실질적 개인소유자가 여신집중에 미치는 영향: 피저축은행 근무경험을 중심으로", 보험금융연구 제31권 제2호(2020. 5), 4쪽).

를 포함)(제1호)와 ii) 최대주주인 법인의 대표자(제2호)를 포함한다(법6의2①(4), 영6의2④). 대주주는 [별표 1]의 요건을 갖추어야 한다(영6의2⑤). [별표 1]의 "대주주의 요건"은 앞에서 살펴보았다.

(4) 금융사고방지요건

(가) 의의

금융사고방지요건이란 시행령 [별표 2]에 따른 요건을 말한다(영7의4② 본문). 다만, 제6조의3 제3항 각 호[79])의 상호저축은행 및 금융산업구조개선법 제2조 제2호[80])에 따른 부실금융기관의 정리(자체 정상화를 위한 증자를 포함) 등 특별한 사유가 있다고 인정되어 금융감독원장 또는 예금보험공사 사장이 요청하는 경우에는 [별표 2] 제1호 나목·바목 및 제2호 가목·나목의 전부 또는 일부의 요건([별표 2]에서 각 요건을 인용하는 경우를 포함)은 제외한다(영7의4② 단서). 대차대조표상 자기자본을 산정하려는 경우에는 최근 사업연도 말 이후 승인신청일까지의 자본금의 증감분을 포함하여 계산한다([별표 2] 비고).

금융사고방지요건도 인가요건으로서의 대주주 자격요건과 유사한 내용을 포함하고 있다. 한 가지 특징적인 차이점이라면 금융사고방지요건에는 대주주가 되려는 자가 '대부업자'인 경우 대부업자의 부채비율과 자금의 출처(차입에 의한 것이 아닐 것)를 제한하는 요건이 있다.

(나) 대주주가 금융기관인 경우(제1호)

여기의 대주주에는 상호저축은행의 의결권 있는 주식의 취득등으로 해당 상

---

79) 1. 금융산업구조개선법 제10조 제1항에 따른 적기시정조치를 받은 상호저축은행(같은 조 제3항에 따라 적기시정조치를 유예받은 상호저축은행을 포함)
　 2. 법 제23조에 따른 검사결과 재무상태가 금융산업구조개선법 제10조 제2항에 따른 기준에 미치지 못하게 될 것이 명백하여 건전한 신용질서 또는 예금자의 권익을 크게 해칠 우려가 있다고 금융 감독원장이 인정하는 상호저축은행
80) 2. "부실금융기관"이란 다음의 어느 하나에 해당하는 금융기관을 말한다.
　 가. 경영상태를 실제 조사한 결과 부채가 자산을 초과하는 금융기관이나 거액의 금융사고 또는 부실채권의 발생으로 부채가 자산을 초과하여 정상적인 경영이 어려울 것이 명백한 금융기관으로서 금융위원회나 예금자보호법 제8조에 따른 예금보험위원회가 결정한 금융기관. 이 경우 부채와 자산의 평가 및 산정(算定)은 금융위원회가 미리 정하는 기준에 따른다.
　 나. 예금자보호법 제2조 제4호에 따른 예금등 채권("예금등 채권")의 지급이나 다른 금융기관으로부터의 차입금 상환이 정지된 금융기관
　 다. 외부로부터의 지원이나 별도의 차입(정상적인 금융거래에서 발생하는 차입은 제외)이 없이는 예금등 채권의 지급이나 차입금의 상환이 어렵다고 금융위원회나 예금자보호법 제8조에 따른 예금보험위원회가 인정한 금융기관

호저축은행의 의결권 있는 발행주식 총수의 30%를 초과하여 소유하는 자를 포함한다(제1호).

> 가. 그 금융기관에 적용되는 재무건전성에 관한 기준으로서 금융위원회가 정하는 기준81)을 충족할 것
>
> 나. 그 금융기관이 상호출자제한기업집단등에 속하거나 주채무계열82)에 속하는 회사인 경우에는 해당 상호출자제한기업집단등 또는 주채무계열의 부채비율83)이 300% 이하로서 금융위원회가 정하는 기준84)을 충족할 것
>
> 다. 그 금융기관이 대부업자인 경우에는 최근 사업연도 말 현재 부채비율이 400% 이하로서 금융위원회가 정하는 기준85)을 충족할 것
>
> 라. 그 금융기관이 대부업자인 경우 출자금은 금융위원회가 정하는 바에 따라 차입으로 조성된 자금이 아닐 것
>
> 마. 상호저축은행의 공익성 및 건전경영과 신용질서를 해칠 우려가 없을 것(그 금융기관이 대부업자인 경우에는 상호저축은행의 건전한 운영 및 거래자 보호 등을 위한 적절한 이해상충방지체계를 갖출 것을 포함)86)87)

---

81) "금융기관에 적용되는 재무건전성에 관한 기준으로서 금융위원회가 정하는 기준"이라 함은 금융위원회가 각 금융권역별 감독규정 등에서 정한 건전성지도 기준을 말한다(감독규정21③ 본문). 다만, 상호저축은행이 주식의 취득등을 하는 경우 취득 이후 동 상호저축은행의 위험가중자산 대비 자기자본비율은 연결기준으로 제44조 제1항 제1호에 따른 비율[=위험가중자산에 대한 자기자본비율: 7%(자산총액이 1조원 이상인 상호저축은행은 8%)] 이상이거나 일정기간 내에 제44조 제1항 제1호에 따른 비율 이상을 달성할 수 있어야 한다(감독규정21③ 단서).

82) "주채무계열"이란 「은행업감독규정」 제79조에 따른 주채무계열을 말한다(감독규정21⑤ 및 14④).

83) 시행령 [별표 2]에 따른 부채비율은 최근 사업연도말 이후 승인신청일까지 유상증자에 따라 자기자본이 증가하거나 감자 또는 자기주식의 취득 등으로 자기자본이 감소하는 경우에는 이를 감안하여 산정한다. 이 경우 공정거래법에 따른 상호출자제한기업집단등에 속하거나 주채무계열에 속하는 회사인 경우에는 그 소속기업 중 금융기관을 제외한 기업의 수정재무제표를 합산하여 산출한 부채비율을 기준으로 한다(감독규정21⑤ 및 14⑤).

84) "부채비율이 300% 이하로서 금융위원회가 정하는 기준"이라 함은 부채비율이 200% 이하를 말한다. 다만, 제2호 나목의 경우 한국은행이 발표한 최근의 기업경영분석 중 중분류에 의한 동업종평균부채비율이 200%를 초과하는 경우 300%를 초과하지 않는 범위 내에서 그 비율 이하를 말한다(감독규정21⑤ 및 14⑥).

85) "금융위원회가 정하는 기준"이란 부채비율이 400% 이하를 말한다(감독규정21④).

86) 시행령 제7조의4 제1항 제3호에 해당하는 자에게는 제1호 마목(대부업자만 해당)·바목 또는 제4호 다목의 요건(외국인인 개인에게는 제4호 다목을 준용한 요건)만 적용한다. 다만, 최대주주인 법인이 경영참여형 사모집합투자기구이거나 투자목적회사인 경우에는 제5호에 따른 요건을 적용한다([별표 2] 비고).

87) 상호저축은행의 경우 다른 금융회사의 경우와 달리 사회적 신용요건으로 마목의 요건을

바. 다음의 요건을 충족할 것. 다만, 그 위반 등의 정도가 경미하다고 인정되는
경우는 제외한다.

　　1) 최근 5년간 금융관련법령, 공정거래법 및 조세범 처벌법을 위반하여 벌
　　　금형 이상에 상당하는 형사처벌을 받은 사실이 없을 것

　　2) 최근 5년간 채무불이행 등으로 건전한 신용질서를 해친 사실이 없을
　　　것88)

　　3) 금융산업구조개선법에 따라 부실금융기관으로 지정되거나 금융관련법령
　　　에 따라 허가·인가 또는 등록이 취소된 금융기관의 대주주 또는 그 특수
　　　관계인이 아닐 것. 다만, 법원의 판결에 따라 부실 책임이 없다고 인정된
　　　자 또는 부실에 따른 경제적 책임을 부담하는 등 금융위원회가 정하는
　　　기준에 해당하는 자는 제외한다.

　　4) 그 밖에 금융위원회가 정하는 건전한 금융거래질서를 해친 사실이 없을
　　　것89)

추가하였다. 이러한 추가적 사회적 신용요건은 2011년 저축은행 사태 이후 2013년 6월 상
호저축은행법 시행령 개정을 통해 도입하였고, 대부업자에 관한 내용은 2014년 2월 개정
을 통해 도입하였다. 「상호저축은행 대주주변경·합병 등 인가기준」은 구체적인 판단기준
으로 ⅰ) 대부업체가 저축은행을 인수하는 경우, 기존 대부업 완전폐쇄 계획을 구체적으
로 제시한 경우에만 허용, ⅱ) 영업구역 확대를 초래하는 동일 대주주의 3개 이상 저축은
행 소유·지배 불허, ⅲ) PEF 또는 SPC가 대주주인 경우 책임경영 확보, 규제회피 방지
등을 위해 존속기간, 실질적 대주주 등을 종합적으로 심사 등을 제시하고 있다. 상호저축
은행업 인가 때에도 이와 동일한 기준을 적용한다(금융위원회·금융감독원(2017), "상호
저축은행 대주주변경·합병 등 인가기준 마련"(2017. 4. 19) 보도자료).

88) "채무불이행 등으로 건전한 신용질서를 해친 사실이 없을 것"이라 함은 신용정보법에 따
른 종합신용정보집중기관에 금융질서 문란정보 거래처 또는 약정한 기일 내에 채무를 변
제하지 아니한 자로 등록된 사실이 없는 경우를 말한다(감독규정21⑤ 및 14⑧).

89) "그 밖에 금융위원회가 정하는 건전한 금융거래질서를 해친 사실이 없을 것"이라 함은 다
음의 요건을 모두 충족하는 경우를 말한다(감독규정21⑤ 및 14⑨).

　1. 최대주주가 금융기관인 경우 최근 1년간 기관경고 조치 또는 최근 3년간 시정명령이나
　　업무정지 이상의 조치를 받은 사실이 없을 것. 다만, 다음의 어느 하나에 해당하는 경
　　우는 제외한다.

　　가. 기관경고를 받은 후 최대주주 및 그 특수관계인인 주주 전체가 변경된 경우
　　나. 금융산업의 신속한 구조개선을 지원할 필요가 있는 경우
　　다. 조치를 받은 사실이 영위하고자 하는 업무의 건전한 영위를 어렵게 한다고 볼 수
　　　없는 경우

　2. 대주주가 금융기관의 임직원(전직 포함)인 경우 최근 3년간 직무정지 또는 정직 이상
　　의 조치를 받은 사실이 없을 것

　3. 대주주가 최근 5년간 파산절차·회생절차, 그 밖에 이에 준하는 절차의 대상인 기업이
　　거나 그 기업의 최대주주 또는 주요주주로서 이에 직접 또는 간접으로 관련된 사실이
　　없을 것. 다만, 이에 관한 책임이 인정되는 경우에 한한다.

(다) 대주주가 금융기관 외의 내국법인인 경우(제2호)

가. 최근 사업연도 말 현재 부채비율이 300% 이하로서 금융위원회가 정하는 기준을 충족할 것

나. 해당 법인이 상호출자제한기업집단등에 속하거나 주채무계열에 속하는 회사인 경우에는 해당 상호출자제한기업집단등 또는 주채무계열의 부채비율이 300% 이하로서 금융위원회가 정하는 기준을 충족할 것

다. 출자금은 금융위원회가 정하는 바에 따라 차입으로 조성된 자금[90]이 아닐 것

라. 제1호 마목 및 바목의 요건을 충족할 것

(라) 대주주가 내국인으로서 개인인 경우(제3호)

가. 금융회사지배구조법 제5조(임원의 자격요건) 제1항 제1호부터 제7호까지의 어느 하나에 해당하지 않을 것

나. 제1호 마목·바목 및 제2호 다목의 요건을 충족할 것

(마) 대주주가 외국법인인 경우(제4호)[91]

가. 인가신청일 현재 금융업으로서 금융위원회가 정하는 업무를 경영하고 있을 것[92]

나. 국제적으로 인정받는 신용평가기관으로부터 투자적격 이상의 신용평가등급을 받거나 외국법인이 속한 국가의 감독기관이 정하는 재무건전성에 관한

---

4. 대주주가 최근 5년간 부도발생, 그 밖에 이에 준하는 사유로 인하여 은행거래정지처분을 받은 사실이 없을 것

90) "금융위원회가 정하는 바에 따라 차입으로 조성된 자금"이라 함은 ⅰ) 유상증자(제1호), ⅱ) 1년 내의 고정자산 매각(제2호), ⅲ) 내부유보(제3호), ⅳ) 그 밖에 제1호부터 제3호까지에 준하는 것으로 인정되는 방법(제4호)을 제외한 방법에 따라 조성된 자금을 말한다(감독규정21⑤ 및 14⑦).

91) 제4호를 적용할 경우에 대주주인 외국법인이 지주회사여서 이 표 제4호 각 목의 전부 또는 일부를 그 지주회사에 적용하는 것이 곤란하거나 불합리한 경우에는 그 지주회사가 승인신청시에 지정하는 회사(그 지주회사의 경영을 사실상 지배하고 있는 회사 또는 그 지주회사가 경영을 사실상 지배하고 있는 회사로 한정)가 이 표 제4호 각 목의 전부 또는 일부를 충족할 때에는 그 지주회사가 그 요건을 충족한 것으로 본다([별표 2] 비고).

92) "금융위원회가 정하는 업무를 경영하고 있을 것"이라 함은 은행업, 투자매매업·투자중개업, 보험업 또는 이에 준하는 금융업으로서 금융위가 인정하는 업무를 영위하고 있거나, 이를 영위하는 외국기업의 의결권 있는 발행주식 또는 출자지분 총수의 100분의 15 이상을 직접 또는 경영을 사실상 지배하고 있는 자회사를 통하여 보유하고 있는 것을 말한다(감독규정21⑤ 및 14⑩).

기준을 충족하고 있는 사실이 확인될 것
다. 최근 3년간 금융업의 경영과 관련하여 외국법인이 속한 국가의 감독기관으로부터 법인경고 이상에 상당하는 행정처분을 받거나 벌금형 이상에 상당하는 형사처벌을 받은 사실이 없을 것
라. 제1호 마목 및 바목의 요건을 충족할 것

(바) 대주주가 경영참여형 사모집합투자기구 또는 투자목적회사인 경우(제5호)

경영참여형 사모집합투자기구의 업무집행사원과 그 출자지분이 30% 이상인 유한책임사원(경영참여형 사모집합투자기구에 대하여 사실상의 영향력을 행사하고 있지 아니하다는 사실이 정관, 투자계약서, 확약서 등에 의하여 확인된 경우는 제외) 및 경영참여형 사모집합투자기구를 사실상 지배하고 있는 유한책임사원이 다음 각 목의 어느 하나에 해당하거나 투자목적회사의 주주나 사원인 경영참여형 사모집합투자기구의 업무집행사원과 그 출자지분이 30% 이상인 주주나 사원 및 투자목적회사를 사실상 지배하고 있는 주주나 사원이 다음 각 목의 어느 하나에 해당하는 경우에는 각각 다음 각 목의 구분에 따른 요건을 충족할 것

가. 제1호의 금융기관인 경우: 제1호의 요건을 충족할 것
나. 제2호의 내국법인인 경우: 제1호 마목·바목 및 제2호 가목·나목의 요건을 충족할 것
다. 제3호의 내국인으로서 개인인 경우: 제1호 마목·바목 및 제3호 가목의 요건을 충족할 것
라. 제4호의 외국법인인 경우: 제1호 마목·바목 및 제4호 나목·다목의 요건을 충족할 것

3. 사후승인 사유 및 승인신청 기간

주식의 취득등이 기존 대주주의 사망 등 일정한 사유로 인한 때에는 취득등을 한 날부터 3개월 이내에서 일정한 기간 이내에 금융위원회에 승인을 신청하여야 한다(법10의6②). 이에 따른 주식 취득등의 사유 및 승인신청의 기간은 ⅰ) 기존 주주의 사망에 따른 상속·유증·사인증여로 인한 취득등으로 대주주가 되는 경우는 기존 주주가 사망한 날부터 3개월(다만, 불가피한 사유가 있으면 금융위원회의 승인을 받아 3개월의 범위에서 그 기간을 연장할 수 있다)(제1호), ⅱ) 담보권의

실행, 대물변제의 수령 또는 그 밖에 이에 준하는 것으로서 금융위원회가 정하여 고시하는 원인에 따라 주식의 취득등을 하여 대주주가 되는 경우는 주식 취득등을 한 날부터 1개월(제2호), iii) 다른 주주의 감자 또는 주식처분에 의하여 대주주가 되는 경우는 대주주가 된 날부터 1개월(제3호) 이내에 하여야 한다(영7의4③).

4. 승인신청

상호저축은행의 의결권 있는 발행주식 총수의 30%를 초과하거나 대주주가 되려는 자는 금융위원회에 그 승인을 신청하여야 한다(감독규정21①). 주식의 취득등을 하려는 자(사후승인을 신청하는 자를 포함)가 제출하는 신청서는 [별지 제2호 서식] 또는 [별지 제2-1호 서식]에 따른다(시행세칙6①).

5. 승인심사기간

(1) 승인 여부 결정 통지

금융위원회는 승인신청을 받으면 그 내용을 심사하여 60일 이내에 그 승인 여부를 결정하고, 그 결과와 이유를 지체 없이 신청인에게 문서로 통지하여야 한다(영7의4④ 전단). 이 경우 신청서에 흠결이 있는 때에는 보완을 요구할 수 있다(영7의4④ 후단).

(2) 심사기간

심사기간을 계산할 때 신청서 흠결의 보완기간 등 금융위원회가 정하여 고시하는 기간은 심사기간에 포함하지 아니한다(영7의4⑤). 여기서 "금융위원회가 정하여 고시하는 기간"이란 i) 시행령 [별표 2]의 금융사고방지요건을 충족하는지를 확인하기 위하여 다른 기관 등으로부터 필요한 자료를 제공받는 데에 걸리는 기간(제1호), ii) 승인 신청서 흠결의 보완을 요구한 경우에는 그 보완기간(제2호), iii) 승인신청을 받으려는 자 또는 승인신청을 받으려는 자의 대주주를 상대로 형사소송 절차가 진행되고 있거나 금융위원회, 공정거래위원회, 국세청, 검찰청, 또는 금융감독원 등에 의한 조사·검사 등의 절차가 진행되고 있고, 그 소송이나 조사·검사 등의 내용이 인가심사에 중대한 영향을 미칠 수 있다고 인정되는 경우에는 그 소송이나 조사·검사 등의 절차가 끝날 때까지의 기간(제3호)을 말한다(감독규정21⑥).

6. 주주명부 등재

금융위원회의 승인을 받은 자는 승인일부터 3월 이내에 주식의 취득등을 완료하고 당해 저축은행의 주주명부에 등재하여야 한다(감독규정21② 본문). 다만 부득이한 경우로서 금융감독원장으로부터 그 기간의 연장승인을 얻은 경우에는 그러하지 아니하다(감독규정21② 단서).

7. 요건 미충족시의 조치

(1) 주식처분명령

금융위원회는 제1항에 따른 승인을 받지 아니하거나 제2항에 따른 승인신청을 하지 아니한 주식에 대하여 6개월 이내의 기간을 정하여 처분을 명할 수 있다(법10의6④).

(2) 의결권행사 제한

승인을 받지 아니하고 주식의 취득등을 한 자는 승인 없이 취득등을 한 주식(제2항에 따라 주식의 취득등을 한 자의 승인을 받지 아니한 주식을 포함)에 대하여 의결권을 행사할 수 없다(법10의6⑤).

(3) 이행강제금

금융위원회는 주식처분명령을 받은 자가 그 정한 기간 이내에 해당 명령을 이행하지 아니하는 때에는 매 1일당 그 처분하여야 하는 주식의 장부가액에 1만분의 3을 곱한 금액을 초과하지 아니하는 범위에서 이행강제금을 부과할 수 있다(법38의8①). 이행강제금은 주식처분명령에서 정한 이행기간의 종료일의 다음 날부터 주식처분을 이행하는 날(주권교부일을 말한다)까지의 기간에 대하여 부과한다(법38의8②). 금융위원회는 이행강제금을 징수함에 있어서 주식처분명령에서 정한 이행기간의 종료일부터 90일을 경과하고서도 이행이 이루어지지 아니하는 경우에는 그 종료일부터 기산하여 매 90일이 경과하는 날을 기준으로 하여 이행강제금을 징수한다(법38의8③). 이행강제금의 부과 및 징수에 관하여는 과징금의 부과 및 징수(법 제38조의3부터 제38조의7까지)에 관한 규정을 준용한다(법38의8④).

8. 보고와 통보

신청인이 감독규정 제21조 제1항의 규정에 따라 주식의 취득등을 한 때에는 그 내용을 10일 이내에 금융감독원장에게 [별지 제2-2호 서식]에 따라 보고하고 당해 상호저축은행에 통보하여야 한다(시행세칙6②).

9. 위반시 제재

법 제10조의6 제1항 또는 제2항을 위반하여 승인을 받지 아니한 자 또는 승인신청을 하지 아니한 자(제4호), 법 제10조의6 제4항에 따른 주식처분명령을 위반한 자(제5호)는 1년 이하의 징역 또는 1천만원 이하의 벌금에 처한다(법39⑤(4)(5)).

Ⅲ. 대주주 적격성 심사(저축은행법)

1. 의의

대주주의 적격성 심사제도는 은행에 대하여 규정되어 있던 제도로, 2011년 저축은행 사태 이후 저축은행에도 도입되었으며, 2013년 동양그룹 사태 이후 제2금융권 전반에 확대해야 한다는 논의가 촉발되어 금융회사지배구조법에 도입되었다. 도입 과정에서 적용대상이 되는 제2금융권 중 특히 보험업계에서 반발이 심하였다.[93]

대주주 적격성 심사제도의 적용대상은 대주주 변경승인 대상과 동일한 제2금융권 금융기관이다. 금융위원회가 해당 금융기관에 대하여 주기적으로 최대주주 중 최다출자자 1인의 자격요건 유지 여부를 심사하여, 자격 미달의 경우 금융위원회는 적격성 유지요건을 충족하기 위한 조치를 취할 것을 명할 수 있고, 보유한 주식의 일정 부분에 대하여 의결권행사를 제한할 수 있다.

은행, 은행지주회사, 상호저축은행은 금융회사지배구조법이 아닌 은행법 등 개별법에서 대주주 적격성 심사를 받고 있다. 또한 자본시장법에 따른 투자자문업자 및 투자일임업자, 여신전문금융업법에 따른 시설대여업자, 할부금융업자, 신기술사업금융업자는 제외되는데, 이들은 진입규제에서 인가제가 아닌 등록제를 취하고 있기 때문에 엄격한 주기적 심사의 대상이 되지 않는다.

---

93) 김연미(2016), 47쪽.

2. 승인대상

(1) 의의

금융위원회는 "대통령령으로 정하는 대주주"에 대하여 "대통령령으로 정하는 기간"마다 대주주 요건(법6의2①(4))과 금융사고방지요건 중 대통령령으로 정하는 요건("대주주 적격성 유지요건")에 부합하는지 여부를 심사하여야 한다(법10의6③ 전단).

(2) 대통령령으로 정하는 대주주

"대통령령으로 정하는 대주주"란 ⅰ) 최대주주(최대주주의 특수관계인으로서 상호저축은행의 의결권 있는 발행주식 총수의 2% 이상을 보유한 주주를 포함)(제1호), ⅱ) 주요주주(주요주주의 특수관계인으로서 상호저축은행의 의결권 있는 발행주식 총수의 2% 이상을 보유한 주주를 포함)(제2호), ⅲ) 최대주주가 법인인 경우에는 그 법인의 최대주주 또는 최다출자자(그 법인을 사실상 지배하는 자가 그 법인의 최대주주 또는 최다출자자와 다른 경우에는 그 사실상 지배하는 자를 포함한다. 이하 제8항에서 같다) 및 대표자(제3호)를 말한다(영7의4⑥).

(3) 대통령령으로 정하는 기간

"대통령령으로 정하는 기간" 이란 2년을 말한다(영7의4⑦ 본문). 다만, 동일계열상호저축은행 및 최근 회계연도 말 기준 자산총액이 2조원 이상인 상호저축은행은 그 기간을 1년으로 한다(영7의4⑦ 단서).

3. 적격성 유지요건

대주주 요건은 앞에서 살펴보았다. 여기서는 대주주 적격성 유지요건을 살펴본다.

(1) 의의

대주주 적격성 유지요건이란 시행령 [별표 3]의 요건을 말한다(영7의4⑧). 금융위원회가 주식의 취득등에 대한 승인을 할 때에 시행령 제6조의3 제4항 단서 및 시행령 제7조의4 제2항 단서에 따라 적용을 제외한 시행령 [별표 2]의 사유는 시행령 [별표 3] 대주주 적격성 유지요건을 심사하는 경우에도 적용을 제외한다(감독규정21의2②). 대차대조표상 자기자본을 산정하려는 경우에는 최근 사업연도 말 이후 심사신청일까지의 자본금의 증감분을 포함하여 계산한다([별표 3] 비고).

(2) 대주주가 금융기관인 경우(제1호)

여기의 대주주에는 상호저축은행의 의결권 있는 주식의 취득등으로 해당 상호저축은행의 의결권 있는 발행주식 총수의 30%를 초과하여 소유하는 자를 포함한다(제1호).

가. 그 금융기관에 적용되는 재무건전성에 관한 기준으로서 금융위원회가 정하는 기준[94]을 충족할 것

나. 그 금융기관이 상호출자제한기업집단등에 속하거나 주채무계열에 속하는 회사인 경우에는 해당 상호출자제한기업집단등 또는 주채무계열의 부채비율이 300% 이하일 것

다. 그 금융기관이 대부업자인 경우에는 최근 사업연도 말 현재 부채비율이 400% 이하일 것

라. 다음의 요건을 충족할 것. 다만, 그 위반 등의 정도가 경미하다고 인정되는 경우는 제외한다.[95]

   1) 최근 5년간 금융관련법령, 공정거래법 및 조세범 처벌법을 위반하여 1천만원 벌금형 이상에 상당하는 형사처벌을 받은 사실이 없을 것

   2) 최근 5년간 채무불이행 등으로 건전한 신용질서를 해친 사실이 없을 것[96]

   3) 금융산업구조개선법에 따라 부실금융기관으로 지정되거나 금융관련법령에 따라 허가·인가 또는 등록이 취소된 금융기관의 대주주 또는 그 특수관계인이 아닐 것. 다만, 법원의 판결에 따라 부실책임이 없다고 인정된 자 또는 부실에 따른 경제적 책임을 부담하는 등 금융위원회가 정하는 기준에 해당하는 자는 제외한다.

---

94) "금융기관에 적용되는 재무건전성에 관한 기준으로서 금융위원회가 정하는 기준"이란 금융위원회가 각 금융권역별 감독규정 등에서 정한 건전성지도기준을 말하며, 대주주가 상호저축은행인 경우에는 위험가중자산에 대한 자기자본비율은 제44조 제1항 제1호에 따른 비율 이상일 것을 말한다(감독규정21의2③).

95) 영 제7조의4 제6항 제3호에 해당하는 자에게는 제1호 라목 또는 제4호 다목의 요건(외국인인 개인에게는 제4호 다목을 준용한 요건)만 적용한다. 다만, 최대주주인 법인이 경영참여형 사모집합투자기구이거나 투자목적회사인 경우에는 제5호에 따른 요건을 적용한다([별표 3] 비고).

96) "채무불이행 등으로 건전한 신용질서를 해친 사실이 없을 것"이라 함은 신용정보법에 따른 종합신용정보집중기관에 금융질서 문란정보 거래처 또는 약정한 기일 내에 채무를 변제하지 아니한 자로 등록된 사실이 없는 경우를 말한다(감독규정21의2⑤ 및 14⑧).

4) 그 금융기관이 대부업자인 경우에는 상호저축은행의 건전한 운영 및 거래자 보호 등을 위한 적절한 이해상충방지체계를 갖출 것
5) 그 밖에 금융위원회가 정하는 건전한 금융거래질서를 해친 사실이 없을 것[97)]

(3) 대주주가 제1호 외의 내국법인인 경우(제2호)

가. 최근 사업연도 말 현재 부채비율이 300% 이하일 것
나. 해당 법인이 상호출자제한기업집단등에 속하거나 주채무계열에 속하는 회사인 경우에는 해당 상호출자제한기업집단 등 또는 주채무계열의 부채비율이 300% 이하일 것
다. 제1호 라목의 요건을 충족할 것

(4) 대주주가 내국인으로서 개인인 경우(제3호)

가. 금융회사지배구조법 제5조 제1항 제1호부터 제7호까지의 어느 하나에 해당하지 않을 것
나. 제1호 라목의 요건을 충족할 것

(5) 대주주가 외국법인인 경우(제4호)[98)]

가. 인가 신청일 현재 금융업으로서 금융위원회가 정하는 업무를 경영하고 있을 것
나. 국제적으로 인정받는 신용평가기관으로부터 투자적격 이상의 신용평가등급을 받거나 외국법인이 속한 국가의 감독기관이 정하는 재무건전성에 관한

---

97) "금융위원회가 정하는 건전한 금융거래질서를 해친 사실이 없을 것"이란 다음의 요건을 모두 충족하는 경우를 말한다(감독규정21의2④).
 1. 최대주주가 금융기관인 경우 최근 1년간 2회 이상의 기관경고 이상의 조치 또는 최근 3년간 2회 이상의 시정명령이나 업무정지 이상의 조치를 받은 사실이 없을 것. 다만, 최대주주 및 그 특수관계인인 주주 전체가 변경된 경우에는 변경 전에 부과된 조치는 제외한다.
 2. 금융기관 임직원(전직 포함)인 경우 최근 3년간 직무정지 또는 정직 이상의 조치를 받은 사실이 없을 것
 3. 제14조 제9항 제3호 및 제4호의 요건을 충족할 것
98) 제4호를 적용할 경우에 대주주인 외국법인이 지주회사여서 이 표 제4호 각 목의 전부 또는 일부를 그 지주회사에 적용하는 것이 곤란하거나 불합리한 경우에는 그 지주회사가 승인신청 시에 지정하는 회사(그 지주회사의 경영을 사실상 지배하고 있는 회사 또는 그 지주회사가 경영을 사실상 지배하고 있는 회사로 한정)가 이 표 제4호 각 목의 전부 또는 일부를 충족할 때에는 그 지주회사가 그 요건을 충족한 것으로 본다([별표 3] 비고).

기준을 충족하고 있는 사실이 확인될 것

다. 최근 3년간 금융업의 경영과 관련하여 외국법인이 속한 국가의 감독기관으로부터 법인경고 이상에 상당하는 행정처분을 받거나 벌금형 이상에 상당하는 형사처벌을 받은 사실이 없을 것

라. 제1호 라목의 요건을 충족할 것

(6) 대주주가 경영참여형 사모집합투자기구 또는 투자목적회사인 경우(제5호)

경영참여형 사모집합투자기구의 업무집행사원과 그 출자지분이 30% 이상인 유한책임사원(경영참여형 사모집합투자기구에 대하여 사실상의 영향력을 행사하고 있지 아니하다는 사실이 정관, 투자계약서, 확약서 등에 의하여 확인된 경우는 제외) 및 경영참여형 사모집합투자기구를 사실상 지배하고 있는 유한책임사원이 다음 각 목의 어느 하나에 해당하거나 투자목적회사의 주주나 사원인 경영참여형 사모집합투자기구의 업무집행사원과 그 출자지분이 30% 이상인 주주나 사원 및 투자목적회사를 사실상 지배하고 있는 주주나 사원이 다음 각 목의 어느 하나에 해당하는 경우에는 각각 다음 각 목의 구분에 따른 요건을 충족할 것

가. 제1호의 금융기관인 경우: 제1호의 요건을 충족할 것

나. 제2호의 내국법인인 경우: 제1호 라목 및 제2호 가목·나목의 요건을 충족할 것

다. 제3호의 내국인으로서 개인인 경우: 제1호 라목 및 제3호 가목의 요건을 충족할 것

라. 제4호의 외국법인인 경우: 제1호 라목 및 제4호 나목·다목의 요건을 충족할 것

4. 자료제출요구

금융위원회는 심사에 필요하면 상호저축은행 또는 대주주에 대하여 필요한 자료나 정보의 제공을 요구할 수 있다(법10의6③ 후단).

금융위원회는 대주주의 자격심사를 위하여 ⅰ) 대주주에 대해서는 주식예탁증서, 주식실물 사본, 특수관계인 범위 확인에 필요한 자료, ⅱ) 상호저축은행에 대해서는 주주명부, 대주주 및 그 특수관계인에 대한 정보, ⅲ) 그 밖에 심사에 필요하다고 금융위원회가 인정하는 서류의 제출을 요구할 수 있다(영7의4⑨).

5 승인심사기간

(1) 심사기준일

상호저축은행의 대주주에 대한 대주주적격성유지요건의 심사기준일은 상호저축은행의 회계연도 말일로 한다(감독규정21의2①).

(2) 심사기간

대주주 및 상호저축은행은 서류(영7의4⑨)를 심사기준일로부터 90일 이내에 금융감독원장에게 제출하여야 하고, 금융감독원장은 서류접수가 완료된 날부터 6개월 이내에 심사를 완료하여야 한다(감독규정21의2⑥). 대주주 적격성 심사에 필요한 양식은 [별지 제2-3호 서식]과 같다(시행세칙6의2).

6. 요건 미충족시의 조치

(1) 요건 충족의무와 충족(이행)명령

금융위원회는 심사결과 대주주 적격성 유지요건을 충족하지 못하고 있다고 인정되는 대주주에 대하여 6개월 이내의 기간을 정하여 대주주 적격성 유지요건을 충족할 것을 명할 수 있다(법10의6⑥).

(2) 의결권행사 제한

이행명령을 받은 대주주는 상호저축은행의 의결권 있는 발행주식 총수의 10% 이상 보유하는 주식에 대하여는 의결권을 행사할 수 없다(법10의6⑦).

(3) 주식처분명령

금융위원회는 명령을 받은 대주주가 해당 명령을 이행하지 아니하는 경우에는 6개월 이내의 기간을 정하여 해당 대주주가 보유하는 상호저축은행의 의결권 있는 발행주식 총수의 10% 이상에 해당하는 주식을 처분할 것을 명할 수 있다(법10의6⑧).

(4) 이행강제금

금융위원회는 주식처분명령을 받은 자가 그 정한 기간 이내에 해당 명령을 이행하지 아니하는 때에는 매 1일당 그 처분하여야 하는 주식의 장부가액에 1만분의 3을 곱한 금액을 초과하지 아니하는 범위에서 이행강제금을 부과할 수 있다(법38의8①). 이행강제금은 주식처분명령에서 정한 이행기간의 종료일의 다음날부터 주식처분을 이행하는 날(주권교부일을 말한다)까지의 기간에 대하여 부과한다(법38의8②). 금융위원회는 이행강제금을 징수함에 있어서 주식처분명령에서 정한 이행기간의 종료일부터 90일을 경과하고서도 이행이 이루어지지 아니하는 경우에는 그 종료일부터 기산하여 매 90일이 경과하는 날을 기준으로 하여 이행 강제금을 징수한다(법38의8③). 이행강제금의 부과 및 징수에 관하여는 과징금의 부과 및 징수(법 제38조의3부터 제38조의7까지)에 관한 규정을 준용한다(법38의8④).

7. 위반시 제재

(1) 형사제재

법 제10조의6 제8항에 따른 주식처분명령을 위반한 자는 1년 이하의 징역 또는 1천만원 이하의 벌금에 처한다(법39⑤(5)).

(2) 과태료

법 제10조의6 제3항 후단에 따른 금융위원회의 자료제출 요구에 따르지 아 니하거나 거짓 자료를 제출한 자에게는 5천만원 이하의 과태료를 부과한다(법40 ①(1)).

Ⅳ. 지배구조규제(금융회사지배구조법)

1. 경영진구성과 관련한 규제

(1) 임원의 자격요건 적합 여부 보고 등

금융회사지배구조법("법")상 금융회사의 임원의 범위는 이사, 감사, 집행임 원(상법상 집행임원을 둔 경우로 한정) 및 업무집행책임자로 한정하고(법2(2)), 금융 회사는 임원의 자격요건을 충족하는지를 확인하여 선임하여야 하며(법7①), 임원 의 선임 및 해임 내용을 인터넷 홈페이지에 공시하고 금융위원회에 보고하여야 한다(법7②③). 특히 사외이사의 경우는 임원요건을 충족하여야 함은 물론 해당 금융회사 또는 그 계열사와 일정한 관계에 있는 자뿐만 아니라 최대주주 및 주 요주주 등과 일정한 관계에 있는 자에 대하여는 사외이사 선임을 배제함으로써 사외이사들이 대주주 및 경영진으로부터 독립성을 확보할 수 있도록 하고 있다 (법6). 또한 사외이사, 대표이사, 대표집행임원, 감사위원은 임원후보추천위원회 의 추천에 의해 주주총회에서 선임하여야 한다(법17).

(2) 겸직제한

금융회사의 상근임원은 다른 영리법인에 상근으로 종사하는 것이 원칙적으로 금지된다(법10① 본문). 다만 금융지주회사는 금융자회사를 지배하는 것이 고유업무이므로 금융지주회사의 임직원이 자회사 등의 임직원을 겸직하는 것은 허용되며, 금융지주회사 자회사의 임직원이 동일 금융지주회사 산하 다른 자회사의 임직원을 겸직하는 것도 허용된다(법10②④).

(3) 이사회의 구성 및 운영 등

대규모 금융회사(은행, 금융지주회사, 자산규모가 5조원 이상인 금융투자업자·보험회사·여신전문금융회사, 자산규모가 7천억원 이상인 저축은행이 이에 해당)의 경우에는 이사회에 사외이사를 3명 이상 두어야 하며(법12①), 사외이사의 수가 이사 총수의 과반수가 되어야 한다(법 12②). 또한 이러한 대규모 금융회사는 지배구조 내부규범을 마련하여 이사회의 구성과 운영, 이사회 내 위원회의 설치, 임원의 전문성요건, 임원 성과평가 및 최고경영자의 자격 등 경영승계에 관한 사항 등에 관하여 지켜야 할 구체적인 원칙과 절차를 마련하여야 한다(법14①). 또한 이사회 내 위원회로 임원후보추천위원회, 감사위원회, 위험관리위원회, 보수위원회를 설치하여야 하며(법16①), 위원회 위원의 과반수는 사외이사로 구성하고(법16③), 위원회의 대표는 사외이사로 한다(법16④).

2. 내부통제

(1) 내부통제기준

금융회사는 법령을 준수하고, 경영을 건전하게 하며, 주주 및 이해관계자 등을 보호하기 위하여 금융회사의 임직원이 직무를 수행할 때 준수하여야 할 기준 및 절차인 내부통제기준을 마련하여야 한다(법24①).

내부통제기준에는 금융회사의 내부통제가 실효성있게 이루어질 수 있도록 ⅰ) 업무의 분장 및 조직구조(제1호), ⅱ) 임직원이 업무를 수행할 때 준수하여야 하는 절차(제2호), ⅲ) 내부통제와 관련하여 이사회, 임원 및 준법감시인이 수행하여야 하는 역할(제3호), ⅳ) 내부통제와 관련하여 이를 수행하는 전문성을 갖춘 인력과 지원조직(제4호), ⅴ) 경영의사결정에 필요한 정보가 효율적으로 전달될 수 있는 체제의 구축(제5호), ⅵ) 임직원의 내부통제기준 준수 여부를 확인하는 절차·방법과 내부통제기준을 위반한 임직원의 처리(제6호), ⅶ) 임직원의 금융관계법령 위반행위 등을 방지하기 위한 절차나 기준(임직원의 금융투자상품 거래내용의 보고 등 불공정행위를 방지하기 위한 절차나 기준을 포함)(제7호), ⅷ) 내부통제기준의 제정 또는 변경 절차(제8호), ⅸ) 준법감시인의 임면절차(제9호), ⅹ) 이해상충을 관리하는 방법 및 절차 등(금융회사가 금융지주회사인 경우는 예외로 한다)(제10호), ⅺ) 상품 또는 서비스에 대한 광고의 제작 및 내용과 관련한 준수사항(제11호), ⅻ) 법 제11조 제1항에 따른 임직원 겸직이 제11조 제4항 제4호 각 목의 요건을 충족하는지에 대한 평가·관리(제12호), ⅻ)) 그 밖에 내부통제기준에서 정하여야 할 세부적인 사항으로서 금융위원회가 정하여 고시하는 사항(제13호)이 포함되어야 한다(영19①).[99]

금융지주회사가 금융회사인 자회사등의 내부통제기준을 마련하는 경우 그 자회사등은 내부통제기준을 마련하지 아니할 수 있다(법24②). 금융회사(소규모 금융회사는 제외)는 내부통제기준의 운영과 관련하여 최고경영자를 위원장으로 하

---

99) 금융회사 지배구조 감독규정 제11조(내부통제기준 등) ① 금융회사는 내부통제기준을 설정·운용함에 있어 [별표 2]에서 정하는 기준을 준수하여야 한다.
② 금융회사는 다음의 사항 및 [별표 3]의 기준에 따른 사항을 내부통제기준에 포함하여야 한다.
1. 내부고발자 제도의 운영에 관한 다음 각 목의 사항
   가. 내부고발자에 대한 비밀보장
   나. 내부고발자에 대한 불이익 금지 등 보호조치
   다. 회사에 중대한 영향을 미칠 수 있는 위법·부당한 행위를 인지하고도 회사에 제보하지 않는 사람에 대한 불이익 부과
2. 위법·부당한 행위를 사전에 방지하기 위하여 명령휴가제도 도입 및 그 적용대상, 실시주기, 명령휴가 기간, 적용 예외 등 명령휴가제도 시행에 필요한 사항
3. 사고발생 우려가 높은 단일거래에 대해 복수의 인력 또는 부서가 참여하도록 하는 직무분리 기준에 대한 사항
4. 새로운 금융상품 개발 및 금융상품 판매 과정에서 금융소비자 보호 및 시장질서 유지 등을 위하여 준수하여야 할 업무절차에 대한 사항
5. 영업점 자체점검의 방법·확인사항·실시 주기 등에 대한 사항
6. 특정금융정보법 제2조 제4호에 따른 자금세탁행위 및 같은 조 제5호에 따른 공중협박자금조달행위("자금세탁행위등")를 방지하기 위한 다음의 사항(법 제2조 제1호 나목의 금융투자업자 중 투자자문업자는 제외)
   가. 특정금융정보법 제2조 제2호에 따른 금융거래에 내재된 자금세탁행위 등의 위험을 식별, 분석, 평가하여 위험도에 따라 관리 수준을 차등화하는 자금세탁 위험평가체계의 구축 및 운영
   나. 자금세탁행위등의 방지 업무를 수행하는 부서로부터 독립된 부서 또는 외부전문가가 그 업무수행의 적절성, 효과성을 검토·평가하고 이에 따른 문제점을 개선하기 위한 독립적 감사체계의 마련 및 운영
   다. 소속 임직원이 자금세탁행위등에 가담하거나 이용되지 않도록 하기 위한 임직원의 신원 사항 확인 및 교육·연수

는 내부통제위원회를 두어야 한다(영19②).[100] 금융회사는 금융위원회가 정하여 고시하는 바에 따라 내부통제를 전담하는 조직을 마련하여야 한다(영19③).[101]

(2) 준법감시인

(가) 의의

준법감시인은 금융회사(자산규모 등을 고려하여 대통령령으로 정하는 투자자문업자 및 투자일임업자[102]는 제외)에서 내부통제기준의 준수 여부를 점검하고 내부통제기준을 위반하는 경우 이를 조사하는 등 내부통제 관련 업무를 총괄하는 사람을 말하는데(법25①), 준법감시인은 필요하다고 판단하는 경우 조사결과를 감사위원회 또는 감사에게 보고할 수 있다(법25①). 금융회사는 준법감시인에 대하여 회사의 재무적 경영성과와 연동하지 아니하는 별도의 보수지급 및 평가 기준을 마련하여 운영하여야 한다(법25⑥).

(나) 선임과 해임

금융회사는 준법감시인을 1명 이상 두어야 하며(법25①), 사내이사 또는 업무집행책임자 중에서 준법감시인을 선임하여야 한다(법25② 본문). 다만, 자산규모, 영위하는 금융업무 등을 고려하여 대통령령으로 정하는 금융회사[103] 또는

---

100) 내부통제위원회는 다음의 사항을 준수하여야 한다(금융회사 지배구조 감독규정11⑦).
   1. 매반기별 1회 이상 회의를 개최할 것
   2. 대표이사를 위원장으로 하고 준법감시인, 위험관리책임자 및 그 밖에 내부통제 관련 업무 담당 임원을 위원으로 할 것
   3. 다음의 역할을 수행할 것
     가. 내부통제 점검결과의 공유 및 임직원 평가 반영 등 개선방안 검토
     나. 금융사고 등 내부통제 취약부분에 대한 점검 및 대응방안 마련
     다. 내부통제 관련 주요 사항 협의
     라. 임직원의 윤리의식·준법의식 제고 노력
   4. 회의결과를 의사록으로 작성하여 보관할 것
101) 내부통제업무가 효율적으로 수행될 수 있도록 충분한 경험과 능력을 갖춘 적절한 수의 인력으로 지원조직을 구성·유지하여 준법감시인의 직무수행을 지원하여야 한다. 다만, 자산총액이 1천억원 미만인 금융회사의 경우에는 준법감시인 본인만으로 내부통제 조직을 운영할 수 있다(금융회사 지배구조 감독규정11③).
102) "대통령령으로 정하는 투자자문업자 및 투자일임업자"란 자본시장법에 따른 투자자문업이나 투자일임업 외의 다른 금융투자업을 겸영하지 아니하는 자로서 최근 사업연도 말 현재 운용하는 투자일임재산의 합계액이 5천억원 미만인 자를 말한다(영20①).
103) "대통령령으로 정하는 금융회사"란 다음의 어느 하나에 해당하는 자를 말한다. 다만, 해당 금융회사가 주권상장법인으로서 최근 사업연도 말 현재 자산총액이 2조원 이상인 자는 제외한다(영20②).
   1. 최근 사업연도 말 현재 자산총액이 7천억원 미만인 상호저축은행
   2. 최근 사업연도 말 현재 자산총액이 5조원 미만인 금융투자업자. 다만, 최근 사업연도

외국금융회사의 국내지점은 사내이사 또는 업무집행책임자가 아닌 직원 중에서
준법감시인을 선임할 수 있다(법25② 단서). 준법감시인을 직원 중에서 선임하는
경우「기간제 및 단시간근로자 보호 등에 관한 법률」에 따른 기간제근로자 또는
단시간근로자를 준법감시인으로 선임하여서는 아니 된다(법25⑤). 금융회사(외국
금융회사의 국내지점은 제외)가 준법감시인을 임면하려는 경우에는 이사회의 의결
을 거쳐야 하며, 해임할 경우에는 이사 총수의 3분의 2 이상의 찬성으로 의결한
다(법25③). 준법감시인의 임기는 2년 이상으로 한다(법25④).

(다) 자격요건

준법감시인은 다음의 요건을 모두 충족한 사람이어야 한다(법26①). 즉 ⅰ)
최근 5년간 금융회사지배구조법 또는 금융관계법령을 위반하여 금융위원회 또는
금융감독원의 원장, 그 밖에 대통령령으로 정하는 기관[104]으로부터 문책경고 또
는 감봉요구 이상에 해당하는 조치를 받은 사실이 없을 것(제1호), ⅱ) 다음 각
목의 어느 하나에 해당하는 사람. 다만, 다음 각 목(라목 후단의 경우는 제외)의 어
느 하나에 해당하는 사람으로서 라목 전단에서 규정한 기관에서 퇴임하거나 퇴
직한 후 5년이 지나지 아니한 사람은 제외한다(제2호). ㉠ 금융위원법 제38조
에 따른 검사 대상 기관(이에 상당하는 외국금융회사를 포함)에서 10년 이상 근무한
사람(가목), ㉡ 금융 관련 분야의 석사학위 이상의 학위소지자로서 연구기관 또
는 대학에서 연구원 또는 조교수 이상의 직에 5년 이상 종사한 사람(나목), ㉢ 변
호사 또는 공인회계사의 자격을 가진 사람으로서 그 자격과 관련된 업무에 5년
이상 종사한 사람(다목), ㉣ 기획재정부, 금융위원회, 증권선물위원회, 감사원, 금
융감독원, 한국은행, 예금보험공사, 그 밖에 금융위원회가 정하여 고시하는 금융
관련 기관에서 7년 이상 근무한 사람. 이 경우 예금보험공사의 직원으로서 부실
금융회사 또는 부실우려금융회사와 정리금융회사의 업무 수행을 위하여 필요한

말 현재 운용하는 집합투자재산, 투자일임재산 및 신탁재산의 전체 합계액이 20조원
이상인 금융투자업자는 제외한다.
3. 최근 사업연도 말 현재 자산총액이 5조원 미만인 보험회사
4. 최근 사업연도 말 현재 자산총액이 5조원 미만인 여신전문금융회사
5. 그 밖에 자산규모, 영위하는 금융업무 등을 고려하여 금융위원회가 정하여 고시하는
자
104) "대통령령으로 정하는 기관"이란 다음의 기관을 말한다(영21①).
1. 해당 임직원이 소속되어 있거나 소속되었던 기관
2. 금융위원회와 금융감독원장이 아닌 자로서 금융관계법령에서 조치 권한을 가진 자

경우에는 7년 이상 근무 중인 사람을 포함한다(라목). ⑪ 그 밖에 가목부터 라목까지의 규정에 준하는 자격이 있다고 인정되는 사람으로서 대통령령으로 정하는 사람105)(마목)이어야 한다.

3. 위험관리

(1) 위험관리기준

금융회사는 자산의 운용이나 업무의 수행, 그 밖의 각종 거래에서 발생하는 위험을 제때에 인식·평가·감시·통제하는 등 위험관리를 위한 기준 및 절차("위험관리기준")를 마련하여야 한다(법27①). 위험관리기준에는 ⅰ) 위험관리의 기본방침(제1호), ⅱ) 금융회사의 자산운용 등과 관련하여 발생할 수 있는 위험의 종류, 인식, 측정 및 관리(제2호), ⅲ) 금융회사가 부담 가능한 위험 수준의 설정(제3호), ⅳ) 적정투자한도 또는 손실허용한도의 승인(제4호), ⅴ) 위험관리를 전담하는 조직의 구조 및 업무 분장(제5호), ⅵ) 임직원이 업무를 수행할 때 준수하여야 하는 위험관리 절차(제6호), ⅶ) 임직원의 위험관리기준 준수 여부를 확인하는 절차·방법과 위험관리기준을 위반한 임직원의 처리(제7호), ⅷ) 위험관리기준의 제정이나 변경(제8호), ⅸ) 위험관리책임자의 임면(제9호), ⅹ) 그 밖에 위험관리기준에서 정하여 할 세부적인 사항으로서 금융위원회가 정하여 고시하는 사항(제10호)106)이 포함되어야 한다(영22①). 그러나 금융지주회사가 금융회사인 자회사등

---

105) "대통령령으로 정하는 사람"이란 다음의 사람을 말한다(영21②).
   1. 보험계리사 자격을 취득한 후 그 자격과 관련된 업무에 5년 이상 종사한 사람(보험회사에 두는 준법감시인만 해당)
   2. 다음의 기관에서 7년 이상 종사한 사람
     가. 전국은행연합회
     나. 한국금융투자협회
     다. 보험협회 중 생명보험회사로 구성된 협회
     라. 보험협회 중 손해보험회사로 구성된 협회
     마. 상호저축은행중앙회
     바. 여신전문금융업협회
     사. 그 밖에 가목부터 바목까지의 기관에 준하는 기관으로서 금융위원회가 정하여 고시하는 기관[＝한국거래소, 한국예탁결제원, 한국투자공사(준법감시인을 선임하려는 금융회사가 금융 투자업자인 경우에 한한다): 금융회사 지배구조 감독규정 제12조].
106) "금융위원회가 정하여 고시하는 사항"이란 다음을 말한다(금융회사 지배구조 감독규정13①).
   1. 금융사고 등 우발상황에 대한 위험관리 비상계획
   2. 영 제22조 제2항에 따른 위험관리전담조직의 구성 및 운영

의 위험관리기준을 마련하는 경우 그 자회사등은 위험관리기준을 마련하지 아니
할 수 있다(법27②). 법 제27조 제1항을 위반하여 위험관리기준을 마련하지 아니
한 자(제21호)에게는 1억원 이하의 과태료를 부과한다(법43①).

(2) 위험관리책임자

금융회사(자산규모 및 영위하는 업무 등을 고려하여 대통령령으로 정하는 투자자
문업자 및 투자일임업자[107]는 제외)는 자산의 운용이나 업무의 수행, 그 밖의 각종
거래에서 발생하는 위험을 점검하고 관리하는 위험관리책임자를 1명 이상 두어
야 한다(법28①). 위험관리책임자의 임면, 임기 등에 관하여는 준법감시인의 임면
에 관한 제25조 제2항부터 제6항까지를 준용한다. 이 경우 "준법감시인"은 "위험
관리책임자"로 본다(법28②).

위험관리책임자는 위험관리에 대한 전문적인 지식과 실무경험을 갖춘 사람
으로서 ⅰ) 최근 5년간 금융회사지배구조법 또는 금융관계법령을 위반하여 금융
위원회 또는 금융감독원장, 그 밖에 대통령령으로 정하는 기관으로부터 문책경고
또는 감봉요구 이상에 해당하는 조치를 받은 사실이 없을 것(제1호), ⅱ) 다음 각
목의 어느 하나에 해당하는 사람일 것. 다만, 다음 각 목의 어느 하나에 해당하는
사람으로서 다목에서 규정한 기관에서 퇴임하거나 퇴직한 후 5년이 지나지 아니
한 사람은 제외한다(제2호). ㉠ 금융위원회의 설치 등에 관한 법률 제38조에 따른
검사 대상 기관(이에 상당하는 외국금융회사를 포함)에서 10년 이상 근무한 사람(가
목), ㉡ 금융 관련 분야의 석사학위 이상의 학위소지자로서 연구기관 또는 대학에
서 위험관리와 관련하여 연구원 또는 조교수 이상의 직에 5년 이상 종사한 사람
(나목), ㉢ 금융감독원, 한국은행, 예금보험공사, 그 밖에 금융위원회가 정하는 금
융 관련 기관에서 위험관리 관련 업무에 7년 이상 종사한 사람(다목), ㉣ 그 밖에
가목부터 다목까지의 규정에 준하는 자격이 있다고 인정되는 사람으로서 대통령

---

3. 부서별 또는 사업부문별 위험부담한도 및 거래한도 등의 설정·운영
4. 개별 자산 또는 거래가 금융회사에 미치는 영향(잠재적인 영향을 포함)의 평가
5. 위험한도의 운영상황 점검 및 분석
6. 위험관리정보시스템의 운영
7. 장부외 거래기록의 작성·유지
8. 내부적으로 관리할 지급여력수준(해당 금융회사가 보험회사인 경우에 한하여 적용)
107) "대통령령으로 정하는 투자자문업자 및 투자일임업자"란 자본시장법에 따른 투자자문업
　　이나 투자일임업 외의 다른 금융투자업을 겸영하지 아니하는 자로서 최근 사업연도 말 현
　　재 운용하는 투자일임재산의 합계액이 5천억원 미만인 자를 말한다(영23①, 영20①).

령으로 정하는 사람(라목)의 요건을 모두 충족한 사람이어야 한다(법28③).

위험관리책임자가 된 사람이 제3항 제1호의 요건을 충족하지 못하게 된 경우에는 그 직을 잃는다(법28④).

4. 선관주의의무와 겸직금지

준법감시인 및 위험관리책임자는 선량한 관리자의 주의로 그 직무를 수행하여야 하며, ⅰ) 자산운용에 관한 업무(제1호), ⅱ) 해당 금융회사의 본질적 업무(해당 금융회사가 인가를 받거나 등록을 한 업무와 직접적으로 관련된 필수업무로서 대통령령으로 정하는 업무108)) 및 그 부수업무(제2호), ⅲ) 해당 금융회사의 겸영업무(제3호), ⅳ) 금융지주회사의 경우에는 자회사등의 업무(금융지주회사의 위험관리책임자가 그 소속 자회사등의 위험관리업무를 담당하는 경우는 제외)(제4호), ⅴ) 그 밖에 이해가 상충할 우려가 있거나 내부통제 및 위험관리업무에 전념하기 어려운 경우로서 대통령령으로 정하는 업무(제5호)109)를 수행하는 직무를 담당해서는 아니 된다(법29).

---

108) "대통령령으로 정하는 업무"란 다음의 어느 하나에 해당하는 업무를 말한다(영24①).
　　1. 은행법 제27조에 따른 은행업무
　　2. 자본시장법에 따라 해당 금융투자업자가 영위하고 있는 업무로서 같은 법 시행령 제47조 제1항에 따른 금융투자업의 종류별로 정한 업무
　　3. 보험업법에 따라 해당 보험회사가 취급하는 보험에 관한 업무로서 다음에서 정하는 업무
　　　가. 보험상품 개발에 관한 업무
　　　나. 보험계리에 관한 업무(위험관리책임자가 해당 업무를 수행하는 사람인 경우는 예외)
　　　다. 모집 및 보험계약 체결에 관한 업무
　　　라. 보험계약 인수에 관한 업무
　　　마. 보험계약 관리에 관한 업무
　　　바. 보험금 지급에 관한 업무
　　　사. 재보험에 관한 업무
　　　아. 그 밖에 보험에 관한 업무로서 금융위원회가 정하여 고시하는 업무
　　4. 상호저축은행법 제11조에 따른 상호저축은행의 업무
　　5. 여신전문금융업법 제46조 제1항에 따른 여신전문금융회사의 업무
109) "대통령령으로 정하는 업무"란 다음의 구분에 따른 업무를 말한다. 다만, 제20조 제2항에 따른 금융회사 및 외국금융회사의 자산총액 7천억원 미만인 국내지점(자본시장법 제3조 제2항 제2호에 따른 파생상품을 대상으로 하는 투자매매업을 겸영하지 아니하는 경우에 한정)의 경우에는 다음의 구분에 따른 업무를 겸직할 수 있다(영24②).
　　1. 위험관리책임자: 법 제25조 제1항에 따른 준법감시인의 내부통제 관련 업무
　　2. 준법감시인: 법 제28조 제1항에 따른 위험관리책임자의 위험 점검·관리 업무

5. 금융회사의 의무

금융회사는 준법감시인 및 위험관리책임자가 그 직무를 독립적으로 수행할 수 있도록 하여야 하고(법30①), 준법감시인 및 위험관리책임자를 임면하였을 때에는 대통령령으로 정하는 바에 따라 그 사실을 금융위원회에 임면일부터 7영업일 이내에 보고하여야 한다(법30② 및 영25①).[110] 금융회사 및 그 임직원은 준법감시인 및 위험관리책임자가 그 직무를 수행할 때 필요한 자료나 정보의 제출을 요구하는 경우 이에 성실히 응하여야 한다(법30③). 금융회사는 준법감시인 및 위험관리책임자였던 사람에 대하여 그 직무수행과 관련된 사유로 부당한 인사상의 불이익을 주어서는 아니 된다(법30④).

제4절 영업행위규제

Ⅰ. 업무수행시 준수사항(취급업무 관련 특수한 영업행위규제)

상호저축은행은 업무를 할 때 신용공여 총액에 대한 영업구역 내의 개인과 중소기업에 대한 신용공여 합계액의 최소 유지비율, 그 밖에 상호저축은행이 지켜야 할 구체적인 사항은 대통령령으로 정한다(법11②).

1. 영업구역내 신용공여한도

상호저축은행은 영업구역 내의 "금융위원회가 정하여 고시하는 개인과 중소기업에 대한 신용공여"의 합계액을 다음의 구분에 따라 유지하여야 한다(영8의2(1) 본문). 다만, "금융위원회가 정하여 고시하는 신용공여"는 유지비율 산정시 신용공여에서 제외한다(영8의2(1) 단서).

---

110) 금융회사는 영 제25조 제1항에 따라 준법감시인 및 위험관리책임자를 임면하였을 때에는 다음의 사항을 금융감독원장에게 보고하여야 한다(금융회사 지배구조 감독규정14①).
　1. 선임한 경우: 성명 및 인적사항, 법에서 정한 자격요건에 적합하다는 사실, 임기 및 업무범위에 대한 사항
　2. 해임한 경우: 성명, 해임 사유, 향후 선임일정 및 절차

(1) 금융위원회가 정하여 고시하는 개인과 중소기업에 대한 신용공여

"금융위원회가 정하여 고시하는 개인과 중소기업에 대한 신용공여"란 다음의 어느 하나에 해당하는 신용공여를 말한다(감독규정22의2①). 즉 (가), (나), (다), (라)를 말한다.

(가) 개인에 대한 신용공여

개인에 대한 신용공여는 ⅰ) 신용공여 당시 신용공여 받는 자의 주민등록지가 영업구역 내인 자, ⅱ) 신용공여 당시 신용공여 받는 자의 실제 근무지가 영업구역 내인 자에 대한 신용공여를 말한다(감독규정22의2①(1)).

(나) 중소기업에 대한 신용공여

중소기업에 대한 신용공여는 ⅰ) 신용공여 당시 신용공여 받는 자의 본점·주사무소·지점의 등기부상 소재지가 영업구역 내인 자, ⅱ) 신용공여 당시 신용공여 받는 자의 부가가치세법상 사업장 소재지가 영업구역 내인 자, ⅲ) 금융감독원장이 신용공여 받는 자의 사업·생산과 직접 관련이 있다고 인정하는 부동산 담보물의 소재지가 영업구역 내에 있는 자(다만, 부동산 프로젝트파이낸싱, 부동산임대업을 영위하기 위한 대출은 제외)에 대한 신용공여를 말한다(감독규정22의2①(2)).[111]

위에서 "금융감독원장이 신용공여 받는 자의 사업·생산과 직접 관련이 있다고 인정하는 부동산 담보물"이란 ⅰ) 신용공여 받는 자(개인사업자에 대한 신용공여의 경우 특수관계인을 포함)가 소유하는 부동산이어야 하고(제1호), ⅱ) 공장(공장 및 광업재단 저당법 제2조 제2호[112])에 따른 공장재단을 포함), 창고, 사업장, 사무실

---

[111] 상호저축은행의 기업대출은 중소기업대출로 분류되고, 이는 시중은행으로부터 대출이 불가한 업체들이 대부분이다. 특히 상호저축은행이 취급하는 중소기업대출 대부분은 자영업자 대상의 개인사업자 대출이다. 저축은행의 특성상 중소기업대출 중에서 개인사업자 대출이 약 90%에 육박한다. 따라서 시중은행들이 거래하는 중소기업에 비해 기업규모가 작은 것을 알 수 있다. 금융감독원 자료에 따르면 상호저축은행 개인사업자 대출액은 2018년말 기준으로 13.7조원으로 1년 만에 30% 이상 급증하였다. 2011년 저축은행 사태 이후 상호저축은행의 자산증가세가 빠르게 증가하면서, 대출부실에 따른 우려도 도처에서 제기되고 있다. 한국은행의 경제통계시스템에 의하면, 2019년 4월 기준으로 상호저축은행의 여신 총잔액이 60.12조원, 수신 잔액도 60.88조원으로 집계되었는데, 여수신잔액이 60조원을 넘긴 것은 2011년 이후 약 8년 만이다(서지용(2019), "저축은행의 중소기업대출 집중이 재무건전성과 수익성에 미치는 효과", Journal of the Korean Data Analysis Society (2019. 10), 2567쪽).

[112] 2. "공장재단"이란 공장에 속하는 일정한 기업용 재산으로 구성되는 일단(一團)의 기업재산으로서 이 법에 따라 소유권과 저당권의 목적이 되는 것을 말한다.

등 신용공여를 받는 자가 사업·생산에 직접 사용하는 것을 저축은행이 실지조사하여 확인한 부동산이어야 하며(제2호), ⅲ) 부동산의 유효담보가액이 신용공여 금액의 120% 이상인 부동산이어야 한다(제3호)는 3가지 요건을 모두 충족하는 경우를 말한다(시행세칙19의9①). 제1호의 특수관계인은 배우자, 6촌 이내 혈족, 4촌 이내 인척을 말한다(시행세칙19의9②). 복수의 신용공여가 있는 경우에는 위의 3가지 요건을 모두 충족하는 담보물에 의하여 담보되는 신용공여에 한하여 영업구역 내 신용공여로 본다(시행세칙19의9③).

(다) 그 밖의 신용공여

그 밖에 신용공여 당시 신용공여 받는 자의 경제활동이 영업구역 내에서 이루어지는 경우로서 금융감독원장이 영업구역 내 신용공여로 인정하는 신용공여를 말한다(감독규정22의2①(3)).

(라) 영업구역 내의 신용공여 의제

다음의 어느 하나에 해당하는 신용공여로서, 개인과 중소기업에 대한 신용공여는 그 신용공여의 150%에 해당하는 금액을 영업구역 내의 신용공여로 본다(감독규정22의2②).

1. 금융위원회로부터 보험업법 제4조 제1항 제2호 라목의 보증보험 경영을 허가받은 자가 발급한 개인에 대한 재무 신용 보증증권부 대출
2. 분기 단위로 다음의 요건을 모두 충족하는 개인에 대한 신용대출상품의 해당 분기 대출. 다만, 종료되지 않은 분기 중에 취급한 대출의 경우 해당 분기 종료까지는 다음의 요건을 충족하지 않은 것으로 본다.
   가. 신용등급(신용정보법 제4조에 따라 신용조회업을 허가받은 자로부터 제공받은 신용등급)이 4등급 이하인 차주에 대한 대출취급액 또는 대출취급건수가 해당 상품 전체 취급액 또는 취급건수의 70% 이상인 경우
   나. 가중평균금리가 16% 이하인 경우
   다. 최고금리가 19.5% 미만인 경우
   라. 분기 시작 3영업일 전 중앙회의 인터넷 홈페이지에 가목 내지 다목의 요건을 모두 충족시키는 방향으로 운용되는 상품임을 공시한 경우

(2) 개인과 중소기업에 대한 신용공여 합계액의 유지

금융위원회가 정하여 고시하는 개인과 중소기업에 대한 신용공여의 합계액

을 다음의 구분에 따라 유지하여야 한다(영8의2(1) 본문). 즉 (가), (나), (다), (라)
를 말한다.

(가) 영업구역이 서울 및 인천광역시 · 경기도인 경우

영업구역이 서울특별시, 인천광역시 · 경기도를 포함하는 구역(법4①(1)(2))인
상호저축은행의 경우에는 신용공여 총액의 50% 이상 유지하여야 한다(가목).

(나) 영업구역이 서울 및 인천광역시 · 경기도 이외인 경우

영업구역이 부산광역시 · 울산광역시 · 경상남도를 포함하는 구역, 대구광역
시 · 경상북도 · 강원도를 포함하는 구역, 광주광역시 · 전라남도 · 전라북도 · 제주특
별자치도를 포함하는 구역, 대전광역시 · 세종특별자치시 · 충청남도 · 충청북도를
포함하는 구역(법4①(1)(2)의 구역 이외의 구역)인 상호저축은행의 경우에는 신용공
여총액의 40% 이상 유지하여야 한다(나목).

(다) 최대주주변경 상호저축은행 등의 경우

다음의 어느 하나에 해당하는 상호저축은행, 즉 ⅰ) 최대주주변경 상호저축
은행, ⅱ) 신규로 설립된 상호저축은행으로서 계약이전에 따라 최대주주변경 상
호저축은행의 본점 및 지점 등만을 승계한 상호저축은행, ⅲ) 앞의 ⅰ) 또는 ⅱ)
에 따른 상호저축은행으로서 계약이전 · 합병 등에 따라 다른 ⅰ) 또는 ⅱ)에 따
른 상호저축은행의 본점 및 지점 등만을 승계한 상호저축은행의 경우에는 신용
공여 총액의 30% 이상 유지하여야 한다(다목).

(라) 기타 상호저축은행의 경우

위 가목부터 다목까지 어느 하나에 해당하지 아니하는 상호저축은행의 경우
에는 신용공여 총액의 30% 이상 50% 이하의 범위에서 금융위원회가 정하는 기
준 이상 유지하여야 한다(라목). 여기서 "금융위원회가 정하는 기준"이란 ⅰ) 계
약이전 · 합병 등에 따라 시행령 제8조의2 제1호 나목 및 다목에 해당하는 상호저
축은행의 본점 및 지점 등만을 승계하는 경우에는 40%(제1호), ⅱ) 제1호에 해당
하지 아니하는 상호저축은행의 경우에는 50%(제2호)를 말한다(감독규정22의2④ 본
문). 다만, 금융위원회는 금융산업구조개선법 및 예금보험공사가 자금을 지원하
는 상호저축은행에 대하여 예금보험기금의 손실 절감 등의 사유가 있다고 인정
되어 예금보험공사 사장이 요청하는 경우 또는 상호저축은행의 계약이전 · 합병
과 관련하여 해당 상호저축은행의 영업구역 현황 · 분포 및 영업구역 외의 지점
등의 현황 · 분포 등을 고려하여 타당하다고 인정되는 경우 그 기준을 따로 정할

수 있다(감독규정22의2④ 단서).

(3) 유지비율 산정시 제외되는 신용공여

금융기관에 대한 신용공여는 유지비율 산정시 신용공여에서 제외한다(영8의
2(1) 단서, 감독규정22의2③).

2. 업종별 신용공여한도 등

상호저축은행은 "금융위원회가 정하여 고시하는 업종 및 부문"에 대한 신용
공여의 합계액은 신용공여 총액의 70%를 초과하지 않고 해당 업종 및 부문별 신
용공여는 "금융위원회가 정하여 고시하는 비율이나 금액"을 초과하지 않아야 한
다(법11②, 영8의2(2)).

여기서 "금융위원회가 정하여 고시하는 업종 및 부문"과 "금융위원회가 정
하여 고시하는 비율이나 금액"이란 다음과 같다(감독규정22의3①).

(1) 부동산PF 대출

부동산PF 대출의 경우는 신용공여 총액의 20%인 경우를 말한다(감독규정22
의3①(1)). 여기서 부동산PF 대출이란 특정 부동산 프로젝트의 사업성을 평가하
여 그 사업에서 발생할 미래 현금흐름을 차입원리금의 주된 상환재원으로 하는
신용공여를 말한다(감독규정22의3①(1)).

(2) 건설업 또는 부동산업

건설업 또는 부동산업의 업종별 신용공여액이 신용공여 총액의 30%인 경우
를 말한다(감독규정22의3①(2)). 여기서 건설업 또는 부동산업은 한국표준산업분
류(통계청 고시 2017-13호) 중 대분류 기준에 따른 업종 중 건설업 또는 부동산업
에 해당하는 업종을 말한다(감독규정22의3①(2)).

(3) 위 (1)과 (2)의 합계액

위 (1)의 신용공여와 (2)의 업종에 대한 신용공여의 합계액의 경우는 신용공
여 총액의 50%인 경우를 말한다(감독규정22의3①(3)).

(4) 등록 대부업자

대부업법 제3조에 따라 등록한 대부업자에 대한 신용공여 합계액의 경우는
신용공여 총액의 15%인 경우를 말한다(감독규정22의3①(4)). 구체적으로는 ⅰ) 금
전대부업자와 대부중개업자에 대한 신용공여 합계액의 경우는 신용공여 총액의
5% 또는 300억(자기자본이 1,000억원 이상인 상호저축은행은 500억원) 중 적은 금액

을 말하고, ⅱ) 대부채권매입추심업자에 대한 신용공여한도는 신용공여 총액의 15%에서 금전대부업자와 대부중개업자에 대한 신용공여 합계액을 제외한 나머지 금액을 말한다.

(5) 신용공여비율 산출

위 (1), (2), (3), (4)의 비율을 산출함에 있어 부동산PF 대출이 위 (2)의 건설업 또는 부동산업 중 어느 하나에 해당하는 경우에는 부동산PF 대출의 경우의 신용공여로 구분하여 비율을 산출한다(감독규정22의3②).

3. 대출채권 매매기준 등

상호저축은행은 대출채권을 매입하거나 매도하는 경우에는 거래 상대방, 매매가격 등에 관하여 금융위원회가 정하여 고시하는 기준에 맞도록 하여야 한다(법11②, 영8의2(3)). 여기서 "금융위원회가 정하여 고시하는 기준"이란 다음을 말한다(감독규정22의4).

(1) 대출채권 매입거래의 상대방

대출채권 매입거래의 상대방이 금융기관 또는 예금자보호법에 의한 정리금융기관에 해당하는 기관이어야 한다. 다만, 금융기관의 경우 대부업법에 따른 대부업자로부터의 매입거래는 저축은행과 해당 대부업체가 합병을 하거나, 대출채권을 모두 양수받는 경우(다만, 부실채권은 제외할 수 있다)에 한하여 허용한다(감독규정22의4(1)).

(2) 대출채권 매도거래의 상대방

대출채권 매도거래의 상대방이 금융기관 또는 예금자보호법에 의한 정리금융기관, 금융감독원장이 정하는 법인, 대출채권의 담보물건에 대한 공동소유권자 등 실질적 이해관계가 있는 자에 해당하는 기관이어야 한다(감독규정22의4(2)). 여기서 금융감독원장이 정하는 법인이란 다른 법률에 의하여 채권의 매입이 금지되지 아니한 법인을 말한다(시행세칙19의3).

(3) 매입대상 대출채권

매입대상 대출채권이 상호저축은행법, 동법 시행령 및 감독규정에서 정한 신용공여와 관련한 규정에 위반되지 않아야 한다(감독규정22의4(3)).

(4) 대출채권의 매매사실 통보

대출채권의 매매시 그 사실을 지체 없이 채무자에게 알려야 한다(감독규정22

의4(4)).

(5) 매매당사자

매매당사자가 그 상호저축은행의 대주주가 아니어야 한다(감독규정22의4(5)).

(6) 외부평가기관의 평가

대출채권에 대해 회계법인 및 이에 준하는 외부평가기관의 평가를 받아야
한다(감독규정22의4(6) 본문). 다만, 대출잔액 이상의 가격으로 매도하는 경우에는
그러하지 아니한다(감독규정22의4(6) 단서).

4. 부채성 자본 조달

상호저축은행은 부채성 자본 조달을 위하여 신용공여를 할 수 없다(법11②,
영8의2(5)).

5. 자기주식 담보

상호저축은행은 자기주식(출자증권을 포함)을 담보로 신용공여를 할 수 없다
(법11②, 영8의2(6)).

6. 대주주등과 부동산 양수도 거래

상호저축은행은 대주주등(법 제37조 제1항 각 호 외의 부분 본문에 따른 대주주
등)과 부동산 양도·양수계약을 체결하려는 경우에는 금융위원회의 승인을 받아
야 한다(법11②, 영8의2(7)). 이에 따라 상호저축은행이 대주주 등과 부동산의 양
도·양수계약을 체결하고자 금융감독원장의 승인을 신청하는 경우에는 [별지 제
3호 서식]에 따른다(시행세칙16).

상호저축은행이 대주주등과 부동산의 양도·양수계약을 체결하고자 하는 경
우에는 금융감독원장의 승인을 받아야 하며, 금융감독원장은 동 계약이 통상의
거래조건에 비해 해당 상호저축은행에 손실을 발생시키는지 여부를 심사하여야
한다(감독규정35②).

7. 대주주가 발행·배서한 상업어음의 매입

상호저축은행은 대주주가 발행·배서한 상업어음을 대주주가 아닌 자로부터
매입하는 경우에는 자기자본의 20% 이내에서 매입하여야 한다(법11②, 영8의

2(8)). 대주주가 아닌 자로부터 매입하는 경우라는 조건을 붙인 것은 대주주로부터 직접 상업어음을 매입하는 것은 대주주에 대한 신용공여에 해당하여 이미 금지되어 있기 때문이다.

8. 할부금융업과 신용공여 한도

상호저축은행이 할부금융업을 하는 경우 상호저축은행 신용공여 총액의 25%를 초과하지 아니하여야 한다(법11②, 영8의2(9)).

9. 차주의 의사에 반하는 예금 등 가입 강요행위 등 금지

상호저축은행은 상호저축은행 이용자의 권익을 보호하기 위하여 아래 (1), (2), (3), (4), (5)의 행위를 할 수 없다(법11②, 영8의2(10)). 아래의 "여신거래"는 ⅰ) 대출, ⅱ) 지급보증(영11의2① = 예금등의 금액의 범위에서 담보권을 설정한 후 해당 예금자를 위하여 하는 보증, 다른 상호저축은행이 중앙회, 예금보험공사 또는 금융기관으로부터 차입을 하는 경우 그에 대한 보증 또는 담보의 제공), ⅲ) 특정기업에 대한 여신에 갈음하는 유가증권의 매입 중 사모사채 인수, 보증어음 매입 중 어느 하나를 말한다(감독규정35의5①).

(1) 차주 의사에 반한 예금 등 가입 또는 매입 강요행위 금지(가목)

여신거래와 관련하여 차주의 의사에 반하여 예금, 적금 등 상호저축은행상품의 가입 또는 매입을 강요하는 행위를 할 수 없다(영8의2(10) 가목).

(2) 차주 의사에 반한 예금 등 해약 또는 인출 제한행위 금지(나목)

여신거래와 관련하여 차주의 의사에 반하여 예금, 적금 등 상호저축은행상품의 해약 또는 인출을 제한하는 행위를 할 수 없다(영8의2(10) 나목). 여기서 차주의 의사에 반하여 예금, 적금 등 상호저축은행상품의 해약 또는 인출을 제한하는 행위는 차주의 동의 없이 담보권을 설정하거나 정당한 사유 없이 주의 또는 사고계좌로 전산등록을 하는 방법으로 상호저축은행상품의 해약 또는 인출을 제한하는 행위를 말한다(감독규정35의5②).

(3) 차주의 관계인 의사에 반한 가입 또는 매입 강요행위 금지(다목)

여신거래와 관련하여 중소기업의 대표자·임원 등 금융위원회가 정하여 고시하는 차주의 관계인의 의사에 반하여 상호저축은행상품의 가입 또는 매입을 강요하는 행위를 할 수 없다(영8의2(10) 다목). 여기서 "중소기업"이란 중소기업기

본법 제2조 제1항에 따른 중소기업 중 통계법에 따른 한국표준산업분류상 금융
업, 보험 및 연금업, 금융 및 보험 관련 서비스업을 영위하는 중소기업과 주채무
계열에 소속된 중소기업은 제외한 중소기업을 말한다(감독규정35의5③). 또한 "금
융위원회가 정하여 고시하는 차주의 관계인"이란 중소기업의 대표자·임원·직원
및 그 가족(민법 제779조 제1항 제1호 중 배우자 및 직계혈족)을 말한다(감독규정35의5
④).

(4) 차주 및 차주의 관계인에 대한 예금 등 판매행위 금지(라목)

(가) 의의

여신거래와 관련하여 차주인 중소기업, 그 밖에 금융위원회가 정하여 고시
하는 차주 및 차주의 관계인에게 여신실행일 전후 1개월 이내에 상호저축은행상
품을 판매하는 행위로서 해당 차주 및 차주의 관계인을 보호하기 위한 목적으로
상호저축은행상품의 특성·판매금액 등을 고려하여 금융위원회가 정하여 고시하
는 요건에 해당하는 행위를 할 수 없다(영8의2(10) 라목).[113]

(나) 차주 및 차주의 관계인

위에서 "차주인 중소기업, 그 밖에 금융위원회가 정하여 고시하는 차주 및
차주의 관계인"이란 차주인 중소기업, 차주인 개인[신용평점이 낮은 개인[신용정
보법 제2조 제5호 가목에 따른 개인신용평가회사(신용정보법 제5조 제1항에 따른 전문개
인신용평가업을 영위하는 회사는 제외)가 산정한 개인신용평점이 하위 10%에 해당하는
자]과 차주의 관계인 중 중소기업의 대표자를 말한다(감독규정35의5⑤).

---

113) 구속행위 금지 위반: 상호저축은행법 제11조, 상호저축은행법 시행령 제8조의2 및 상호저
축은행업 감독규정」 제35조의5 등에 의하면 상호저축은행은 여신거래와 관련하여 여신
실행일 전후 1개월 이내에 차주에게 저축은행상품을 판매하는 행위 등을 하여서는 아니
되고, 이에 준하는 행위로서 다른 금융회사 등을 이용하여 이루어지는 거래를 통해 실질
적으로 차주의 자금사용을 제한하여서는 아니됨에도, (서울)조은저축은행은 2018. 11.
29.-2019. 6. 12. 기간 중 ㈜◎◎◎ 등 4개 중소기업(코스닥 상장회사)이 발행한 사모 전
환사채 190억원을 인수하는 과정에서 인수 당일 인수대금을 다른 금융기관(수탁은행)에
예금 등으로 예치토록 하고, 동 예금반환채권을 대상으로 발행회사(차주)·수탁은행·인수
인(조은저축은행 등) 사이에 '금전채권신탁계약'을 체결하면서 동 신탁계약에 '제1종 수익
자(조은저축은행 등)가 만족할 만한 내용과 형식의 담보가 제공되는 경우' 등에 한하여 동
금액을 인출할 수 있도록 규정하고, 발행회사(차주)가 담보를 제공하는 경우 조은저축은행
이 가치를 평가한 후 평가금액의 일정비율(예: 60%)만 인출 가능한 것으로 통보하는 등 사
실상 '차주의 의사결정'이 아닌 '조은저축은행 등의 의사결정'에 따라 자금이 인출되도록
하는 방법으로 다른 금융회사 등을 이용하여 이루어지는 거래를 통해 전환사채 발행회사
(차주)의 자금(170억원) 사용을 제한한 사실이 있어 임원 1명은 문책경고를 받았고, 직원
은 1명 정직 3월, 퇴직자 위법·부당사항(감봉3월 상당) 1명, 1명은 주의를 받았다.

(다) 금융위원회가 정하여 고시하는 요건에 해당하는 행위

1) 행위내용

"금융위원회가 정하여 고시하는 요건에 해당하는 행위"란 ⅰ) 여신실행일 전후 1월 이내에 금융감독원장이 정하는 방법으로 산출된 월수입금액이 여신금액의 1%를 초과하는 계금·부금·예금·적금, 중소기업협동조합법 제115조[114]에 따른 소기업·소상공인공제 및 상법 제65조[115]에 따른 유가증권(금융채, 환매조건부채권, 전자금융거래법에 따른 선불전자지급수단, 상품권 등을 포함하며, 「전통시장 및 상점가 육성을 위한 특별법」 제2조 제12호[116]에 따른 온누리상품권 및 지방자치단체가 발행한 상품권을 제외한다. 이하 이 조에서 "유가증권"이라 한다)을 판매하는 행위(제1호), ⅱ) 여신실행일 전후 1월 이내에 제1호에 해당하지 않는 금전신탁, 보험, 집합투자증권 및 후순위채권을 판매하는 행위(제2호)를 말한다(감독규정35의5⑥ 본문).

2) 금융감독원장이 정하는 방법으로 산출된 월수입금액

위 제1호에서 "금융감독원장이 정하는 방법으로 산출된 월수입금액"이란 ⅰ) 월 정기납입식 저축은행상품의 경우 월 납입금액을 의미한다(제1호). ⅱ) 정기납입식 저축은행상품이나 월납이 아닌 경우에는 월납 기준으로 환산한 금액을 의미한다(제2호 본문). 다만 정기납 주기가 1년 이상인 경우에는 초회 납입금액을 일시납 저축은행상품의 입금액으로 간주하여 계산한다(제2호 단서). ⅲ) 자유적립식 저축은행상품의 경우 여신실행일 1월 전부터 여신실행일까지 납입된 금액과 여신실행일 후 1월 이내에 납입된 금액 중 큰 금액을 의미한다(제3호). ⅳ) 일시

---

114) 중소기업협동조합법 제115조(소기업과 소상공인 공제사업의 관리·운용) ① 중소기업중앙회("중앙회"는 소기업과 소상공인이 폐업이나 노령 등의 생계위협으로부터 생활의 안정을 기하고 사업재기의 기회를 제공받을 수 있도록 소기업과 소상공인을 위한 공제사업("소기업·소상공인공제")을 관리·운용한다.
② 소기업과 소상공인공제의 운영방법 및 절차 등에 필요한 사항은 대통령령으로 정한다.
115) 상법 제65조(유가증권과 준용규정) ① 금전의 지급청구권, 물건 또는 유가증권의 인도청구권이나 사원의 지위를 표시하는 유가증권에 대하여는 다른 법률에 특별한 규정이 없으면 민법 제508조부터 제525조까지의 규정을 적용하는 외에 어음법 제12조 제1항 및 제2항을 준용한다.
② 제1항의 유가증권으로서 그 권리의 발생·변경·소멸을 전자등록하는 데에 적합한 유가증권은 제356조의2 제1항의 전자등록기관의 전자등록부에 등록하여 발행할 수 있다. 이 경우 제356조의2 제2항부터 제4항까지의 규정을 준용한다.
116) 12. "온누리상품권"이란 그 소지자가 제13호 가목에 따른 개별가맹점에게 이를 제시 또는 교부하거나 그 밖의 방법으로 사용함으로써 그 권면금액(券面金額)에 상당하는 물품 또는 용역을 해당 개별가맹점으로부터 제공받을 수 있는 유가증권으로서 중소벤처기업부장관이 발행한 것을 말한다.

납 저축은행상품의 경우 판매당시 만기 또는 유효기간이 정해진 상품은 일시에 수취하는 금액을 만기 또는 유효기간까지의 월수로 나눈 금액을 의미한다(제4호 본문). 다만, 다음의 어느 하나에 해당하는 저축은행상품, 즉 ㉠ 만기 또는 유효기간이 1년 이상인 저축은행상품(다만, 전자금융거래법에 따른 선불전자지급수단, 상품권을 제외), ㉡ 만기 또는 유효기간이 정하여지지 않은 저축은행상품은 일시에 수취하는 금액을 만기 또는 유효기간을 12개월로 하여 나눈 금액을 적용한다(제4호 단서). ⅴ) 일시납 금액과 정기납 금액 등이 혼합된 저축은행상품의 경우에는 제1호부터 제4호의 기준에 따라 각각 계산한 후 합산한다(제5호)(시행세칙19의6②) 전단). 이 경우 차주 및 차주의 관계인에게 동 저축은행상품을 2개 이상 판매한 경우에는 이를 합산한다(시행세칙19의6② 후단).

(라) 제외되는 행위

해당 차주에 대한 보호에 문제가 발생할 우려가 적다고 판단되어 금융감독원장이 정하는 기준에 해당하는 행위라는 사실이 객관적으로 인정되는 경우는 제외한다(감독규정35의5⑥ 단서).

여기서 "금융감독원장이 정하는 기준에 해당하는 행위"란 다음의 어느 하나에 해당하는 행위, 즉 ⅰ) 법령에 따라 차주가 저축은행상품(법 제18조의5 제1항의 저축은행상품)을 해당 저축은행에 가입하는 것이 불가피한 경우(제1호), ⅱ) 입출금이 자유로워 전액인출이 가능한 저축은행상품에 가입하거나, 상품권·전자금융거래법에 따른 선불전자지급수단을 기업의 내부수요 목적(직원복지용, 거래업체 선물용 등 기업 경영을 위해 필요한 경우)으로 구입하는 경우 또는 영업활동을 위한 대금 결제 또는 담보물 교체를 위해 저축은행상품에 가입하는 등 금융거래상 차주에게 필요한 경우(제2호), ⅲ) 여신실행일 전에 판매된 저축은행상품으로서 동 저축은행상품을 담보로 하고 그 담보가능금액 범위 내에서 대출을 취급하는 경우(제3호), ⅳ) 월수입금액이 10만원 이하이고 일시에 수취하는 금액이 100만원 이하인 소액상품 등 차주의 여유자금 운용을 위해 필요한 저축은행상품을 판매하는 경우(제4호), ⅴ) 저축은행상품을 만기해지 또는 중도해지한 후 해지금액 범위 내에서 재예치하는 경우(제5호), ⅵ) 감독규정 제35조의5 제6항 각호 적용으로 인해 차주의 불이익이 명백히 우려되는 경우(제6호)를 말한다(시행세칙19의6① 본문). 다만 제3호 및 제4호는 감독규정 제35조의5 제6항 제2호에 규정된 저축은행상품에 대하여는 적용하지 아니한다(시행세칙19의6① 단서).

제1항의 규정과 관련하여 여신거래처의 신용상태의 급격한 악화 등 채권보전상의 불가피한 사유로 여신거래처의 예금을 구속한 경우에는 이를 예금의 구속으로 보지 아니한다(시행세칙19의6③).

(5) 기타 이에 준하는 행위(마목)

그 밖에 가목부터 라목까지의 규정에 준하는 행위로서 상호저축은행 이용자의 권익을 보호하기 위하여 금융위원회가 정하여 고시하는 행위를 할 수 없다(영8의2(10) 마목).

여기서 "금융위원회가 정하여 고시하는 행위"란 다음의 어느 하나에 해당하는 행위, 즉 ⅰ) 여신거래와 관련하여 제3자 명의를 이용하거나 여신거래영업소 이외의 다른 영업소 또는 다른 금융회사를 이용하여 이루어지는 거래를 통해 실질적으로 차주의 자금사용을 제한하는 행위(제1호), ⅱ) 상호저축은행이 상법 제344조의3 제1항[117]에 따른 의결권이 없는 종류주식이나 의결권이 제한되는 종류주식으로서 같은 법 제345조 제1항[118]에 따른 회사의 이익으로써 소각할 수 있는 종류주식이거나 같은 법 제345조 제3항[119]에 따른 주주가 회사에 대하여 상환을 청구할 수 있는 종류주식("상환우선주")을 같은 법 제418조 제2항[120]의 방법에 따라 배정받은 거래와 관련하여 ㉠ 상환우선주를 발행한 회사("발행회사"), ㉡ 발행회사가 중소기업인 경우 발행회사의 대표자·임원·직원 및 그 가족의 의사에 반하여 상호저축은행상품의 가입 또는 매입을 강요하는 행위(제2호)를 말한다(감독규정35의5⑦).

(6) 내부통제절차 마련·운영의무

차주의 의사에 반하는 예금 등 가입 강요행위 등 금지(영8의2(10) 가목-마목)

---

117) ① 회사가 의결권이 없는 종류주식이나 의결권이 제한되는 종류주식을 발행하는 경우에는 정관에 의결권을 행사할 수 없는 사항과, 의결권행사 또는 부활의 조건을 정한 경우에는 그 조건 등을 정하여야 한다.

118) ① 회사는 정관으로 정하는 바에 따라 회사의 이익으로써 소각할 수 있는 종류주식을 발행할 수 있다. 이 경우 회사는 정관에 상환가액, 상환기간, 상환의 방법과 상환할 주식의 수를 정하여야 한다.

119) ③ 회사는 정관으로 정하는 바에 따라 주주가 회사에 대하여 상환을 청구할 수 있는 종류주식을 발행할 수 있다. 이 경우 회사는 정관에 주주가 회사에 대하여 상환을 청구할 수 있다는 뜻, 상환가액, 상환청구기간, 상환의 방법을 정하여야 한다.

120) ② 회사는 제1항의 규정에 불구하고 정관에 정하는 바에 따라 주주 외의 자에게 신주를 배정할 수 있다. 다만, 이 경우에는 신기술의 도입, 재무구조의 개선 등 회사의 경영상 목적을 달성하기 위하여 필요한 경우에 한한다.

와 관련하여 상호저축은행은 차주의 여신규모 및 신용도 등을 감안하여 구속행위에 해당되는지 여부를 정기적으로 점검하는 등 구속행위를 방지할 수 있는 내부통제절차를 마련·운영하여야 한다(감독규정35의5⑧).

Ⅱ. 금리인하 요구

1. 금리인하 요구권

상호저축은행과 신용공여 계약을 체결한 자는 ⅰ) 개인이 신용공여 계약을 체결한 경우는 취업, 승진, 재산 증가 또는 신용평가등급 상승 등 신용상태의 개선이 나타났다고 인정되는 경우, ⅱ) 개인이 아닌 자(개인사업자를 포함)가 신용공여 계약을 체결한 경우는 재무상태 개선 또는 신용평가등급 상승 등 신용상태의 개선이 나타났다고 인정되는 경우 상호저축은행에 금리인하를 요구할 수 있다(법14의2①, 영10의3①).

2. 금리인하 요구권의 통지

상호저축은행은 신용공여 계약을 체결하려는 자에게 금리인하를 요구할 수 있음을 알려야 한다(법14의2②).

3. 자료제출요구

상호저축은행은 신용공여 계약을 체결한 자가 금리인하를 요구하는 때에는 신용상태 개선을 확인하는 데 필요한 자료제출을 요구할 수 있다(감독규정23의6②).

4. 인정요건 및 절차 안내

상호저축은행은 금리인하 요구 인정요건 및 절차 등을 인터넷 홈페이지 등을 이용하여 안내하여야 한다(감독규정23의6③).

5. 기록 보관·관리

상호저축은행은 금리인하를 요구받은 경우 접수, 심사결과 등 관련 기록을 보관·관리하여야 한다(감독규정23의6④). 금융감독원장은 필요한 경우 금리인하 요구의 안내 절차 및 기록의 보관·관리 등에 관한 세부사항을 정할 수 있다(감독 규정23의6⑤).

6. 수용 여부 판단

금리인하 요구를 받은 상호저축은행은 해당 요구의 수용 여부를 판단할 때 신용상태의 개선이 금리 산정에 영향을 미치는지 여부 등 ⅰ) 신용공여 계약을 체결할 때, 계약을 체결한 자의 신용상태가 금리 산정에 영향을 미치지 아니한 경우, ⅱ) 신용상태의 개선이 경미하여 금리 재산정에 영향을 미치지 아니하는 경우를 고려하여 수용 여부를 판단할 수 있다(영10의3②, 감독규정23의6①).

7. 수용 여부 및 사유 통지

상호저축은행은 금리인하 요구를 받은 날부터 10영업일 이내(금리인하 요구 자에게 자료의 보완을 요구하는 날부터 자료가 제출되는 날까지의 기간은 포함하지 않는 다)에 해당 요구의 수용 여부 및 그 사유를 금리인하 요구자에게 전화, 서면, 문 자메시지, 전자우편, 팩스 또는 그 밖에 이와 유사한 방법으로 알려야 한다(영10 의3③).

8. 위반시 제재

법 제14조의2 제2항을 위반하여 거래자에게 금리인하 요구를 할 수 있음을 알리지 아니한 상호저축은행에게는 2천만원 이하의 과태료를 부과한다(법40③ (1)).

Ⅲ. 지급준비자산의 보유

1. 지급준비자산

(1) 현금, 예금 및 예탁금

상호저축은행은 수입한 부금·예금 및 적금 총액의 50% 이내에서 금융위원 회가 정하는 바에 따라 지급준비자산으로 현금, 금융기관에의 예금, 상호저축은행중앙회에의 예탁금 또는 "대통령령으로 정하는 유가증권"을 보유하여야 한다 (법15).

상호저축은행은 지급준비자산으로 다음 금액을 현금·예금·예탁금 또는 유가증권으로 보유하여야 한다(감독규정24①).

1. 부금·적금: 수입부금(급부구부금을 제외)·적금 총액의 10% 이상
2. 제1호 이외의 예금: 수입예금 총액에서 분기말 자기자본을 차감한 금액의 5% 이상

(2) 대통령령으로 정하는 유가증권

"대통령령으로 정하는 유가증권"이란 ⅰ) 국채법에 따른 국채 및 지방재정법에 따른 지방채(제1호), ⅱ) 국고금 관리법에 따른 재정증권(제2호), ⅲ) 한국은행법에 따른 한국은행통화안정증권(제3호), ⅳ) 공공기관운영법에 따른 공기업 및 준정부기관이 발행하는 채권(제4호), ⅴ) 제1호부터 제4호까지에 준하는 것으로서 "금융위원회가 정하는 유가증권"(제5호)을 말한다(영11②).

위에서 "금융위원회가 정하는 유가증권"이란 ⅰ) 한국산업은행이 발행하는 채권, ⅱ) 중소기업은행이 발행하는 채권, ⅲ) 한국수출입은행이 발행하는 채권, ⅳ) 예금보험공사가 발행하는 채권, ⅴ) 한국자산관리공사가 발행하는 채권, ⅵ) 대한민국 정부가 보증한 채권을 말한다(감독규정25).

2. 지급준비자산의 보유 비율 및 방법

금융위원회는 ⅰ) 지급준비율(상호저축은행이 수입한 부금·예금 및 적금총액에 대한 지급준비자산의 비율), ⅱ) 지급준비율의 범위에서 지급준비자산인 현금·예금·예탁금 및 유가증권 간의 비율과 보유방법을 정할 수 있다(영11①).

지급준비자산의 보유 비율 및 방법은 다음에 따른다. 즉 ⅰ) 지급준비자산은 중앙회에의 예탁금 및 유가증권으로 보유한다. ⅱ) 중앙회에의 예탁금은 지급준비자산의 합계액 중 80% 이상으로 보유한다(감독규정24②).

3. 지급준비자산의 산출 및 예치

지급준비자산은 본·지점을 종합한 매일의 수입부금, 적금 및 예금잔액의

월간평균금액을 기초로 하여 산출하며, 익월 10일까지 예치하여야 한다(감독규정 24③).

4. 위반시 제재

법 제15조를 위반하여 지급준비자산을 보유하지 아니한 자에게는 2천만원 이하의 과태료를 부과한다(법40③(2)).

Ⅳ. 차입의 제한

1. 차입금지

상호저축은행은 자기자본을 초과하여 차입을 할 수 없다(법17 본문).

2. 차입허용

(1) 승인

금융위원회의 승인을 받은 경우에는 자기자본을 초과하여 차입을 할 수 있다(법17 단서). 즉 차입은 금융기관, 예금보험공사 또는 상호저축은행중앙회("중앙회")로부터의 차입과 사채발행에 의한 차입에 한한다(감독규정26①).

(2) 승인 의제

자기자본의 3배 이내의 차입은 금융위원회의 승인을 받은 것으로 본다(감독규정26②).

법 제22조 제2항[121] 및 시행령 제26조 제1항 제4호[122]의 규정에 의하여 금융감독원장으로부터 업무에 관하여 감독상 필요한 명령을 받은 상호저축은행이 이를 이행하지 아니한 경우에는 다음 사업연도부터 명령을 이행하는 때까지 승인을 받은 것으로 보지 아니한다(감독규정26③).

(3) 기발행 사채상환과 차입 제외

상호저축은행이 이미 발행한 사채의 상환을 위하여 새로 사채를 발행하는

---

121) ② 금융위원회는 상호저축은행에 대하여 거래자의 권익을 해칠 우려가 있다고 인정되면 감독상 필요한 명령을 할 수 있다.
122) 4. 법 제10조의2 제1항 제2호부터 제5호까지의 규정에 따른 신고의 수리 및 같은 조 제2항에 따른 시정명령 및 보완의 권고

경우에는 그 사채의 발행금액은 차입으로 보지 아니한다(감독규정26의④ 전단). 이 경우 상환하기로 한 사채는 새로 사채를 발행한 후 1월 이내에 상환하여야 한다(감독규정26④ 후단).

(4) 상법 기타 관계법규 적용 여부

사채발행에 관하여 감독규정과 금융감독원장이 따로 정한 사항을 제외하고는 상법 기타 관계법규에 의한다(감독규정26⑤).

3. 위반시 제재

법 제17조를 위반하여 차입한 자는 6개월 이하의 징역 또는 500만원 이하의 벌금에 처한다(법39⑥(2)).

Ⅴ. 여유금의 운용방법

상호저축은행은 여유금이 있는 경우에는 다음의 방법으로 운용하여야 한다(법18).

1. 금융기관에의 예치

금융위원회가 정하여 고시하는 금융기관에 예치할 수 있다(법18(1)). "금융위원회가 정하여 고시하는 금융기관"이라 함은 예금자보호법 제2조 제1호 각목의 1에 해당하는 금융기관을 말한다(감독규정27). 예금자보호법 제2조 제1호 각목의 1에 해당하는 금융기관은 은행, 한국산업은행, 중소기업은행, 농협은행, 수협은행, 외국은행의 국내 지점 및 대리점, 투자매매업자·투자중개업자(다자간매매체결회사와 예금등이 없는 투자매매업자·투자중개업자로서 대통령령으로 정하는 자[123]는 제외), 증권금융회사, 보험회사(재보험 또는 보증보험을 주로 하는 보험회사로서 대

---

[123] "대통령령으로 정하는 자"란 다음의 어느 하나에 해당하는 자를 말한다(예금자보호법 시행령2①).
1. 자본시장법 제4조 제3항에 따른 채무증권만을 대상으로 같은 법 제12조 제1항 제3호에 따른 전문투자자에 대해서만 투자매매업 또는 투자중개업의 인가를 받은 자
2. 자본시장법 제4조 제1항에 따른 증권을 대상으로 같은 법 제12조 제1항 제3호에 따른 전문투자자에 대해서만 투자중개업의 인가를 받은 자(해당 증권의 환매조건부매매를 중개하는 경우만 해당)
3. 자본시장법 제117조의4에 따라 온라인소액투자중개업자의 등록을 한 자

통령령으로 정하는 보험회사[124]는 제외), 종합금융회사, 상호저축은행 및 상호저축
은행중앙회이다(예금자보호법2(1)).

2. 유가증권의 매입

금융위원회가 정하는 유가증권을 매입할 수 있다(법18(2)). "금융위원회가
정하는 유가증권"이란 채무증권, 지분증권, 수익증권, 파생결합증권, 증권예탁증
권(예탁대상 증권이 채무증권, 지분증권, 수익증권, 파생결합증권에 해당하는 것에 한한
다)을 말한다(감독규정28①).

저축은행 특성상 일반적인 유가증권 운용보다는 고위험·고수익 유가증권에
속하는 전환사채(CW) 및 신주인수권부사채(BW) 등에 투자할 유인이 클 것으로
예상되므로 시장위험에 노출된 익스포져가 증가할 가능성이 제기된다.[125]

3. 상호저축은행중앙회에의 예탁

상호저축은행중앙회에 예탁할 수 있다(법18(3)).

4. 기타 방법

그 밖에 금융위원회가 정하는 방법으로 운용할 수 있다(법18(4)). "그 밖에
금융위원회가 정하는 방법"이란 ⅰ) 자본시장법 제5조 제2항[126]의 장내파생상품
으로서 국내 파생상품시장에서 거래되는 것과 거래 상대방이 국내 은행인 같은
법 제5조 제3항[127]의 장외파생상품으로서, 다음의 요건을 충족하는 거래를 말한
다. 즉 ㉠ 기초자산이 채무증권, 지분증권, 수익증권, 파생결합증권, 증권예탁증
권, 금리 또는 통화(외국통화를 포함)이어야 한다. ㉡ 자산운용에 따른 투자위험을

---

124) "대통령령으로 정하는 보험회사"란 재보험을 주로 하는 주식회사인 보험회사를 말한다(예
금자보호법 시행령2②).
125) 배수현(2016), "상호저축은행의 자산운용이 수익성과 안전성에 미치는 영향 분석: 지역
별·규모별 차이를 중심으로", 글로벌경영학회지 제13권 제4호(2016. 12), 182쪽.
126) "장내파생상품"이란 다음의 어느 하나에 해당하는 것을 말한다(자본시장법5②).
　　1. 파생상품시장에서 거래되는 파생상품
　　2. 해외 파생상품시장(파생상품시장과 유사한 시장으로서 해외에 있는 시장과 대통령령으
　　　로 정하는 해외 파생상품거래가 이루어지는 시장)에서 거래되는 파생상품
　　3. 그 밖에 금융투자상품시장을 개설하여 운영하는 자가 정하는 기준과 방법에 따라 금융
　　　투자상품시장에서 거래되는 파생상품
127) "장외파생상품"이란 파생상품으로서 장내파생상품이 아닌 것을 말한다(자본시장법5③).

회피하기 위한 거래이어야 한다. 투자위험을 회피하기 위한 거래란 위험회피대상 자산을 보유하고 있거나 보유하려는 경우 미래에 발생할 수 있는 경제적 손실을 부분적 또는 전체적으로 줄이기 위한 거래로서 계약체결 당시 위험회피대상을 보유하고 있거나 보유할 예정이어야 하고, 파생거래 계약기간 중 파생거래 포지션이 위험회피대상 자산규모를 초과하지 아니하여야 한다. ⅱ) 우체국예금보험법에 의한 체신관서에 대한 예치(30일 이상 예치한 경우에 한한다)를 말한다(감독규정28②).

Ⅵ. 금지행위

1. 상호저축은행의 금지행위

상호저축은행법 제18조의2 제1항은 다음과 같은 금지행위를 열거하고, 상호저축은행은 이러한 행위를 하지 못한다고 규정한다.

1. 자기자본을 초과하는 유가증권(담보권 실행으로 취득한 유가증권과 투자의 안정성, 단기간 내 유동화 가능성 및 신용회복·구조조정 지원의 필요성 등을 고려하여 금융위원회가 정하는 것은 제외)에 대한 투자. 이 경우 금융위원회는 상호저축은행의 건전한 경영을 위하여 자기자본 규모 등을 고려하여 유가증권의 종류별로 투자한도를 따로 정할 수 있다.
2. 업무용부동산 외의 부동산의 소유. 다만, 담보권의 실행으로 취득하는 경우는 제외한다.
3. 채무의 보증이나 담보의 제공(보증이나 담보의 제공에 따른 신용위험이 현저하게 낮은 경우로서 대통령령으로 정하는 보증이나 담보의 제공은 제외)
4. 직접·간접을 불문하고 그 상호저축은행의 주식을 매입하도록 하기 위한 신용공여 또는 그 상호저축은행의 주식을 담보로 하는 신용공여
5. 상품 또는 유가증권에 대한 투기를 목적으로 하는 신용공여
6. 타인의 명의를 이용한 신용공여
7. 정당한 이유 없이 제37조 제1항에 따른 대주주등에게 금전, 서비스, 그 밖의 재산상 이익을 제공하는 행위. 다만, 대주주등에 대한 신용공여 금지 및 가지급금 지급 금지에 관하여는 제37조에 따른다.
8. 동일한 부동산 개발·공급 사업에 참여하는 대통령령으로 정하는 자에 대한

신용공여로서 해당 부동산 개발·공급 사업에서 발생하는 수입을 그 주된 상
환재원으로 하는 대통령령으로 정하는 신용공여의 합계가 자기자본의 25%
이내에서 대통령령으로 정하는 한도를 초과하는 행위

9. 후순위채권의 모집 또는 매출. 다만, 재무건전성 등 대통령령으로 정하는 요
건을 충족하는 상호저축은행이 자본시장법 제12조에 따라 채무증권의 투자
중개업 인가를 받은 금융투자업자에게 모집·매출의 주선을 위탁하여 후순
위채권을 모집하거나 매출하는 행위는 제외한다.

10. 자본시장법 제9조 제6항에 따른 일반투자자(대통령령으로 정하는 대주주는
제외)를 대상으로 사모의 방법으로 후순위채권을 발행하는 행위

11. 다음 각 목의 어느 하나에 해당하지 아니하는 사유로 영업의 전부 또는 일
부를 정지하는 행위

가. 본점 및 지점 등의 이전 또는 폐쇄

나. 이 법 또는 금융관련법령에 따른 영업의 전부 또는 일부의 정지

다. 천재지변·전시·사변, 그 밖에 이에 준하는 사태의 발생

(1) 유가증권 투자 규제

(가) 유가증권 투자제한

1) 자기자본 초과 투자금지

상호저축은행은 자기자본을 초과하는 유가증권에 대한 투자를 할 수 없다
(법18의2(1) 전단).

2) 자기자본 초과 투자금지의 제외대상

담보권 실행으로 취득한 유가증권과 투자의 안정성, 단기간 내 유동화 가능
성 및 신용회복·구조조정 지원의 필요성 등을 고려하여 "금융위원회가 정하는
것"은 제외한다(법18의2①(1) 전단). 여기서 "금융위원회가 정하는 것"이라 함은
다음의 어느 하나에 해당하는 유가증권을 말한다(감독규정29①).

가) 시행령 제11조 제2항 각호의 유가증권(제1호)

국채 및 지방채, 재정증권, 한국은행통화안정증권, 공기업 및 준정부기관이
발행하는 채권, 한국산업은행이 발행하는 채권, 중소기업은행이 발행하는 채권,
한국수출입은행이 발행하는 채권, 예금보험공사가 발행하는 채권, 한국자산관리
공사가 발행하는 채권, 대한민국 정부가 보증한 채권

나) 예금자보호법 제2조 제2호의 규정에 의한 예금등에 해당되는 유가증권(제2호)

예금자보호법 제2조 제2호의 "예금등"이란 다음의 어느 하나에 해당하는 것을 말한다(예금자보호법2(2) 본문). 즉 ⅰ) 은행이 예금·적금·부금(賦金) 등을 통하여 불특정다수인에 대하여 채무를 부담함으로써 조달한 금전과 자본시장법 제103조 제3항에 따라 원본이 보전되는 금전신탁 등을 통하여 조달한 금전(가목), ⅱ) 투자매매업자·투자중개업자가 고객으로부터 자본시장법 제3조 제2항에 따른 증권의 매매, 그 밖의 거래와 관련하여 예탁받은 금전(증권금융회사의 경우에는 자본시장법 제330조 제1항에 따라 예탁받은 금전을 포함)과 같은 법 제103조 제3항에 따라 원본이 보전되는 금전신탁 등을 통하여 조달한 금전(나목), ⅲ) 보험회사가 보험계약에 따라 받은 수입보험료, 보험업법 제108조 제1항 제3호에 따른 변액보험계약에서 보험회사가 보험금 등을 최저보증하기 위하여 받은 금전 및 자본시장법 제103조 제3항에 따라 원본이 보전되는 금전신탁 등을 통하여 조달한 금전(다목), ⅳ) 종합금융회사 및 금융산업구조개선법에 따라 종합금융회사와 합병한 은행 또는 투자매매업자·투자중개업자가 자본시장법 제336조 제1항에 따라 어음을 발행하여 조달한 금전과 불특정다수인을 대상으로 자금을 모아 이를 유가증권에 투자하여 그 수익금을 지급하는 금융상품으로 조달한 금전(라목), ⅴ) 상호저축은행가 계금(契金)·부금·예금 및 적금 등으로 조달한 금전. 다만, 상호저축은행중앙회의 경우에는 자기앞수표를 발행하여 조달한 금전만 해당한다(마목).

다만, 부보금융회사가 조달한 금전으로서 다음의 어느 하나에 해당하는 금전, 즉 ⅰ) 정부 또는 지방자치단체로부터 조달한 금전(제1호), ⅱ) 한국은행, 금융감독원 또는 예금보험공사로부터 조달한 금전(제2호), ⅲ) 부보금융회사로부터 조달한 금전(제3호 본문)은 예금등의 범위에 포함되지 아니한다(예금자보호법2(2) 단서 및 예금자보호법 시행령3①). 제3호와 관련하여 다음의 어느 하나에 해당하는 경우, 즉 ⅰ) 퇴직급여법에 따른 확정기여형퇴직연금제도 또는 개인형퇴직연금제도의 자산관리업무를 수행하는 퇴직연금사업자인 부보금융회사로부터 적립금(예금등으로 운용되는 적립금으로 한정을 예치받은 경우)(가목), ⅱ) 조세특례제한법에 따른 개인종합자산관리계좌가 개설된 신탁업자인 부보금융회사로부터 금전(개인종합자산관리계좌에서 예금등으로 운용되는 금전으로 한정)을 예치받은 경우(나목)는 제외한다(예금자보호법 시행령3① 제3호 단서).

다) 자본시장법에 따른 단기금융집합투자기구의 집합투자증권(제3호)

라) 자본시장법에 따른 증권집합투자기구의 집합투자증권으로서 약관에서 정한 운용방법이 위 가)의 시행령 제11조 제2항 각 호의 어느 하나에 해당하는 유가증권, 신용평가등급이 A-등급 이상인 회사채 및 그 밖에 이에 준하는 유가증권에 집합투자 재산의 60% 이상을 투자하고 중도환매를 요청하는 경우 5영업일 이내 환매할 수 있는 집합투자증권(제3의2호)

마) 담보권의 실행으로 인하여 취득한 유가증권(제4호)

바) 다음의 요건을 모두 충족하는 경우, 즉 ⅰ) 대주주가 상호저축은행인 상호저축은행이 다른 상호저축은행의 주식을 취득하는 경우가 아니어야 하고(가목), ⅱ) 최초 주식취득 후 2년 이내에 합병(다만, 불가피한 사유가 있는 경우 금융감독원장의 승인을 받아 합병 기한을 연장할 수 있다)(나목)하는 경우로서 시행령 제6조의3 제4항에 따라 취득한 다른 상호저축은행 주식 및 해당 상호저축은행의 증자에 따라 추가적으로 취득한 주식(제5호)

사) 자산유동화법에 따라 상호저축은행이 자신의 자산을 유동화할 목적으로 설립한 특수목적회사의 지분증권 및 인수한 후순위자산유동화채권(제6호)

아) 채무자회생법에 의한 회생절차의 개시결정을 받은 기업, 기업구조조정촉진법에 의한 공동관리절차가 진행중인 기업, 조세특례제한법에 의한 산업합리화 지정기업 또는 기타 금융기관 공동으로 정상화를 추진 중인 기업에 대한 신용공여를 출자금으로 전환함에 따라 취득하게 된 주식 또는 출자증권(전환사채 포함)(제7호)

자) 법 제2조 제6호에 따른 신용공여에 해당하는 유가증권(제8호)

법 제2조 제6호에 따른 신용공여란 급부, 대출, 지급보증, 자금지원적 성격의 유가증권의 매입, 그 밖에 금융거래상의 신용위험이 따르는 상호저축은행의 직접적·간접적 거래로서 대통령령으로 정하는 것을 말한다. 이 경우 누구의 명의로 하든지 본인의 계산으로 하는 신용공여는 그 본인의 신용공여로 본다. 신용공여 범위에 관하여는 앞에서 살펴보았다.

차) 금융거래 등 상거래에 있어서 약정한 기일 내에 채무를 변제하지 아니한 자의 신용회복 지원을 위해 설립된 법인 등과의 협약에 따라 대출채권을 출자금으로 전환하여 취득하게 된 주식 또는 출자증권(제9호)

카) 부동산PF 대출채권을 정리하기 위하여 간접투자자산운용업법(현 자본시장법)에 의한 간접투자기구에 동 대출채권을 매각하고, 동 간접투자기구의 수익증권을 취득

하게 된 경우 그 수익증권 및 법인세법 제51조의2 제1항 제6호의 규정[128]에 의한 법인에 출자한 경우 그 주식 또는 출자증권(제10호)

(나) 유가증권의 종류별 투자한도

금융위원회는 상호저축은행의 건전한 경영을 위하여 자기자본 규모 등을 고려하여 유가증권의 종류별로 투자한도를 따로 정할 수 있다(법18의2①(1) 후단). 상호저축은행(동일계열상호저축은행을 포함)은 법 제18조의2 제1항 제1호 및 같은 조 제2항 제1호에 따라 유가증권(제29조 제1항 각 호의 어느 하나에 해당하는 유가증권은 제외)을 매입·보유하는 경우 다음에 따른 한도, 즉 ⅰ) 주식(신주인수권을 제외한 지분증권)의 합계액은 상호저축은행 자기자본(동일계열상호저축은행의 경우 연결 재무제표에 따른 자기자본)의 50% 이내(제1호), ⅱ) 동일회사의 주식과 회사채의 합계액은 상호저축은행 자기자본의 20% 이내(제2호), ⅲ) 동일회사의 주식은 해당 회사 발행주식 총수의 15% 이내(제3호), ⅳ) 비상장(한국거래소에 상장되지 아니한 것) 주식과 비상장 회사채의 합계액은 상호저축은행 자기자본의 10% 이내(제4호), ⅴ) 동일한 비상장회사의 주식은 해당 회사 발행주식총수의 10% 이내(제5호), ⅵ) 상호저축은행의 동일계열기업의 주식 및 회사채의 합계액은 자기자본의 5% 이내(제6호), ⅶ) 파생결합증권의 합계액은 상호저축은행 자기자본의 10% 이내(제7호), ⅷ) 집합투자기구(부동산, 특별자산, 혼합자산)의 집합투자증권의 합계액은 상호저축은행 자기자본의 20% 이내(제8호), ⅸ) 해외 증권(유가증권으로서 대한민국 이외의 국가에서 발행된 것)의 합계액은 상호저축은행 자기자본의 5% 이내(제9호)를 준수하여야 한다(감독규정30①).

(2) 업무용 부동산 외의 부동산의 소유 규제

(가) 금지행위

상호저축은행은 업무용 부동산 외의 부동산을 소유할 수 없다(법18의2①(2) 본문). 다만, 담보권의 실행으로 취득하는 경우는 제외한다(법18의2①(2) 단서). 담보권의 실행으로 취득하는 경우는 예외를 두고 있는데 바로 경매에 의한 자기낙찰을 말한다.

업무용 부동산이라 함은 ⅰ) 영업소(건물 연면적의 10% 이상을 업무에 직접 공

---

128) 여기서 법인세법 제51조의2 제1항 제6호의 규정은 「민간임대주택에 관한 특별법」 또는 「공공주택 특별법」에 따른 특수목적 법인 등으로서 임대사업을 목적으로 「민간임대주택에 관한 특별법 시행령」 제4조 제1항 제3호 다목의 투자회사의 규정에 따른 요건을 갖추어 설립된 법인을 말한다(법인세법 시행령86의2②).

여하는 경우), ⅱ) 사택·기숙사·합숙소·연수원 등의 용도로 직접 사용하는 부동
산을 말한다(감독규정35①).

(나) 위반시 제재

상호저축은행이 법 제18조의2 제1항 제2호를 위반하여 부동산을 소유한 경
우 소유한 부동산 취득가액의 30% 이하의 범위에서 과징금을 부과할 수 있다(법
38의2(1) 나목).129)

(3) 채무의 보증이나 담보의 제공 규제

(가) 규정

상호저축은행은 채무의 보증이나 담보의 제공을 할 수 없다(법18의2①(3)).130)
다만 보증이나 담보의 제공에 따른 신용위험이 현저하게 낮은 경우로서 ⅰ) 예
금등의 금액의 범위에서 담보권을 설정한 후 해당 예금자를 위하여 하는 보증(제
1호), ⅱ) 다른 상호저축은행이 중앙회, 예금보험공사 또는 금융기관으로부터 차입
을 하는 경우 그에 대한 보증 또는 담보의 제공(제2호)은 제외한다(법18의2①(3),
영11의2①). 상호저축은행은 위 ⅰ)에 의한 채무의 보증 업무를 영위한다(업무방
법서5(8)).

(나) 입법취지

구 상호저축은행법(2010. 3. 22. 법률 제10175호로 개정되기 전의 것) 제18조의2
제4호는 대통령령이 정하는 특수한 경우를 제외하고는 상호저축은행이 "채무의
보증 또는 담보의 제공"을 하는 것을 금지하고 있는바, 이는 서민과 소규모기업
의 금융편의를 도모하고 거래자를 보호하며 신용질서를 유지함으로써 국민경제
의 발전에 이바지함을 목적으로 하는 상호저축은행이 경영자의 무분별하고 방만
한 채무부담행위로 인한 자본구조의 악화로 부실화됨으로써 그 업무수행에 차질
을 초래하고 신용질서를 어지럽게 하여 서민과 소규모기업 거래자의 이익을 침

---

129) 비업무용 부동산 부당 보유: 상호저축은행법 제18조의2 등에 의하면 상호저축은행은 담
보권 실행으로 취득한 경우를 제외하고는 업무용 부동산 외의 부동산을 소유할 수 없는데
도, (충북)한성저축은행은 2009. 4. 29. 4개 필지의 임야를 매입하여 업무용으로 사용하지
아니하고 이번 검사종료일 현재(2019. 11. 1.)까지 장기간 보유하여 제재를 받았다.
130) 상호저축은행이 채무를 보증하거나 담보를 제공하는 행위를 금지하는 상호저축은행법 제
18조의2 제4호는 효력규정으로서 이에 위배하는 상호저축은행 대표이사 등의 행위는 무
효이므로(대법원 2004. 6. 11. 선고 2003다1601 판결, 대법원 2004. 6. 25. 선고 2004다
2199 판결 등 참조), 그로 인하여 상호저축은행이 민법상 사용자책임 또는 법인의 불법행
위책임을 부담하는 등의 특별한 사정이 없는 한 배임죄는 성립하지 아니한다(대법원
2010. 9. 30. 선고 2010도6490 판결).

해하는 사태가 발생함을 미리 방지하려는 데에 그 입법 취지가 있다.[131][132]

(다) 판단기준

상호저축은행의 어떤 법률행위가 위 조항의 "채무의 보증 또는 담보의 제공"에 해당하는지 여부는 당해 행위의 명목 여하를 불문하고 상호저축은행과 관련 당사자들 사이의 계약 또는 거래관계, 특정 채무의 불이행으로 인하여 어떤 당사자에게 위험이 발생하는지 등을 잘 살펴 과연 상호저축은행이 그 당사자에게 발생하게 될 위험을 실질적으로 담보하거나 인수하는 행위를 하는 것으로 평가할 수 있는지 여부에 따라 판단하여야 한다.[133]

(라) 효력규정

상호저축은행이 채무를 보증하거나 담보를 제공하는 행위를 금지하는 규정은 효력규정으로서 이에 위배하는 상호저축은행 대표이사 등의 행위는 무효이므로, 그로 인하여 상호저축은행이 민법상 사용자책임 또는 법인의 불법행위책임을 부담하는 등의 특별한 사정이 없는 한 배임죄는 성립하지 아니한다.[134]

(4) 주식매입을 위한 신용공여 등 규제

상호저축은행은 직접·간접을 불문하고 그 상호저축은행의 주식을 매입하도록 하기 위한 신용공여 또는 그 상호저축은행의 주식을 담보로 하는 신용공여를 할 수 없다(법18의2①(4)).

(5) 상품 등에 대한 투기를 목적으로 하는 신용공여 규제

상호저축은행은 상품 또는 유가증권에 대한 투기를 목적으로 하는 신용공여

---

131) 대법원 2016. 4. 28. 선고 2013다75632 판결.
132) 대법원 2004. 6. 11. 선고 2003다1601 판결(구 상호신용금고법 제18조의2 제4호는 효력규정으로서 거래당사자의 일방인 상호신용금고를 보호하기 위하여 둔 규정으로서, 이 사건 담보제공약정이 위 규정에 저촉되어 무효라고 하더라도, 이 사건 담보제공약정과 함께 원고들과 피고 금고들 사이에 체결된 이 사건 대출약정까지 무효가 된다고 본다면, 이는 서민과 소규모 기업의 금융편의를 도모하고 거래자를 보호하며 신용질서를 유지함으로써 국민경제의 발전에 이바지함을 목적으로 하는 구 상호신용금고법의 입법 취지 및 경영자의 무분별하고 방만한 채무부담행위로 인한 자본구조의 악화로 부실화됨으로써 그 업무수행에 차질을 초래하고 신용질서를 어지럽게 하여 서민과 소규모 기업 거래자의 이익을 침해하는 사태가 발생함을 미리 방지하려는 동법 제18조의2 제4호의 취지에 명백히 반하는 결과가 초래되므로 이 사건 담보제공약정이 구 상호신용금고법 제18조의2 제4호의 규정에 위반되어 무효라고 하더라도 나머지 부분인 이 사건 대출약정까지 무효가 된다고 할 수는 없다).
133) 대법원 2016. 4. 28. 선고 2013다75632 판결.
134) 대법원 2010. 9. 30. 선고 2010도6490 판결.

를 할 수 없다(법18의2①(5)).

(6) 타인의 명의를 이용한 신용공여 규제

상호저축은행은 타인의 명의를 이용한 신용공여를 할 수 없다(법18의2①(6)).

(7) 대주주등에게 금전, 서비스, 그 밖의 재산상 이익을 제공하는 행위 금지

상호저축은행은 정당한 이유 없이 대주주등(법37①)에게 금전, 서비스, 그 밖의 재산상 이익을 제공하는 행위를 할 수 없다(법18의2①(7) 본문). 다만, 대주주등에 대한 신용공여 금지 및 가지급금 지급 금지에 관하여는 제37조에 따른다(법18의2①(7) 단서).[135]

(8) 동일한 부동산 개발·공급 사업에 참여하는 자에 대한 신용공여 규제

상호저축은행은 동일한 부동산 개발·공급 사업장에서 공동으로 사업을 수행하는 자에 대한 신용공여로서 해당 부동산 개발·공급 사업에서 발생하는 수입을 그 주된 상환재원으로 하는 해당 부동산 개발·공급사업의 사업성을 평가하여 그 사업에서 발생할 미래 현금흐름을 차입원리금의 주된 상환재원으로 하는 신용공여의 합계가 자기자본의 25%를 초과하는 행위를 할 수 없다(법18의2①(8), 영11의2②③④). 여기서 동일 부동산 개발·공급 사업장은 ⅰ) 건축법, 도시개발법 등 관련법령에 따라 동일한 인허가를 취득한 부동산 개발·공급 사업장, ⅱ) 상호저축은행이 신용공여를 하기 전에 해당 부동산 개발·공급 사업을 평가하기 위해 작성하는 서류상 동일한 인허가를 취득할 예정인 부동산 개발·공급 사업장을 말한다(감독규정35의2).

(9) 후순위채권의 모집 또는 매출 규제

상호저축은행은 후순위채권의 모집 또는 매출을 할 수 없다(법18의2①(9) 본

---

135) 상호저축은행법 제18조의2 등에 의하면 상호저축은행은 정당한 이유 없이 대주주 등에게 금전, 서비스, 그 밖의 재산상 이익을 제공하는 행위를 하여서는 아니 되는데도, 융창저축은행은 2010. 9. 23.부터 검사 종료일(2019. 10. 1.) 현재까지 대주주 ○○○ 에게 무상으로 저축은행 본점 건물 일부를 임대(임대료 ○억 ○○백만원)하고 차량, 운전기사 및 비서(급여 및 차량 이용료 ○억 ○○백만원)를 제공하였으며, 법인카드(○백만원)를 사용케 함으로써 총 ○억 ○백만원 상당의 재산상 이익을 부당하게 제공하였다. 또한 상호저축은행법 제18조의2에 따르면, 상호저축은행은 담보권 실행으로 취득한 경우를 제외하고는 업무용 부동산 외의 부동산을 소유할 수 없는데도, 융창저축은행은 2008. 8. 21. ○○도 ○○시 ○○구 ○○동 소재 토지를 ○○○ 억원에 매입한 후, 검사 종료일 현재(2019. 10. 1.)까지 부당하게 보유하여 기관경고, 임원제재는 퇴직자 위법·부당사항(문책경고 상당)(3명), 퇴직자 위법·부당사항(주의 상당)(1명), 주의(1명)를 받았고, 직원제재는 견책(1명), 퇴직자 위법·부당사항(견책 상당)(1명)이 있었다.

문). 다만, ⅰ) 국제결제은행의 기준에 따른 위험가중자산에 대한 자기자본비율 (영11의7①(1)) 등이 금융위원회가 정하여 고시하는 비율 이상이고,[136] ⅱ) 해당 상호저축은행이 발행하는 후순위채권이 신용평가회사에 의하여 투자적격 이상으로 평가받은 경우 상호저축은행이 채무증권의 투자중개업 인가를 받은 금융투자업자에게 모집·매출의 주선을 위탁하여 후순위채권을 모집하거나 매출하는 행위는 제외한다(법18의2①(9) 단서, 영11의2⑤).

(10) 일반투자자를 대상으로 사모의 방법으로 후순위채권을 발행하는 행위 규제

상호저축은행은 자본시장법 제9조 제6항에 따른 일반투자자를 대상으로 사모의 방법으로 후순위채권을 발행하는 행위를 할 수 없다. 다만 최대주주 및 주요주주는 제외한다(법18의2①(10), 영11의2⑥).

(11) 영업 정지행위 금지

(가) 금지행위

상호저축은행은 ⅰ) 본점 및 지점 등의 이전 또는 폐쇄(가목), ⅱ) 상호저축은행법 또는 금융관련법령에 따른 영업의 전부 또는 일부의 정지(나목), ⅲ) 천재지변·전시·사변, 그 밖에 이에 준하는 사태의 발생(다목) 이외의 사유로 영업의 전부 또는 일부를 정지하는 행위를 할 수 없다(법11의2①(11)).

(나) 형사제재

법 제18조의2 제1항 제11호를 위반하여 영업의 전부 또는 일부를 정지한 자는 10년 이하의 징역 또는 5억원 이하의 벌금에 처한다(법39①(2)).

2. 동일계열상호저축은행의 금지행위

동일계열상호저축은행은 ⅰ) 연결재무제표에 따른 자기자본을 초과하는 유가증권(담보권 실행으로 취득한 유가증권과 투자의 안정성, 단기간 내 유동화 가능성 및 신용회복·구조조정 지원의 필요성 등을 고려하여 금융위원회가 정하는 것은 제외)에 대한 투자를 할 수 없다(제1호 전단). 이 경우 금융위원회는 상호저축은행의 건전한 경영을 위하여 연결재무제표에 따른 자기자본 규모 등을 고려하여 유가증권의 종류별로 투자한도를 따로 정할 수 있다(제1호 후단). ⅱ) 동일한 부동산 개발·공

---

136) "금융위원회가 정하는 비율 이상일 것"이란 다음을 말한다(감독규정35의3).
    1. 영 제11조의6 제1항 제1호에 따른 위험가중자산에 대한 자기자본비율이 10% 이상일 것
    2. 국제결제은행의 기준에 따른 위험가중자산에 대한 기본자본 비율이 8% 이상일 것

급 사업장에서 공동으로 사업을 수행하는 자에 대한 신용공여로서 해당 부동산 개발·공급 사업에서 발생하는 수입을 그 주된 상환재원으로 하는 해당 부동산 개발·공급사업의 사업성을 평가하여 그 사업에서 발생할 미래 현금흐름을 차입 원리금의 주된 상환재원으로 하는 신용공여의 합계가 연결재무제표에 따른 자기 자본의 25%를 초과하는 행위(제2호)(법18의2②, 영11의2②③⑦)를 할 수 없다.

동일 부동산 개발·공급 사업장은 ⅰ) 건축법, 도시개발법 등 관련법령에 따라 동일한 인허가를 취득한 부동산 개발·공급 사업장, ⅱ) 상호저축은행이 신용 공여를 하기 전에 해당 부동산 개발·공급 사업을 평가하기 위해 작성하는 서류 상 동일한 인허가를 취득할 예정인 부동산 개발·공급 사업장을 말한다(감독규정 35의2).

3. 한도적합 의무

상호저축은행 및 동일계열상호저축은행은 ⅰ) 자기자본의 감소(제1호), ⅱ) 다른 금융기관과의 계약이전, 영업 또는 주식의 양도·양수, 합병(제2호), ⅲ) 상 호저축은행 또는 동일계열상호저축은행이 소유한 유가증권을 발행한 기업 간의 영업 또는 주식의 양도·양수, 합병(제3호), ⅳ) 그 밖에 제1호부터 제3호까지의 규정에 준하는 사유로서 상호저축은행 또는 동일계열상호 저축은행의 귀책사유 없이 법 제18조의2 제1항 또는 제2항에 따른 한도를 초과하였다고 금융위원회가 인정하는 경우(제4호)로 제1항 및 제2항에 따른 한도를 초과하게 된 경우에는 그 한도를 초과하게 된 날부터 1년 이내에 그 한도에 적합하도록 하여야 한다(법18 의2③ 본문, 영11의2⑧). 다만, 유가증권 규모, 투자 기간 등을 고려하여 부득이한 사유가 있는 경우에는 금융위원회의 승인을 받아 그 기간을 연장할 수 있다(법18 의2③ 단서).

4. 위반시 제재

(1) 형사제재

법 제18조의2 제1항 제11호를 위반하여 영업의 전부 또는 일부를 정지한 자 는 10년 이하의 징역 또는 5억원 이하의 벌금에 처한다(법39①(2)). 법 제18조의2 제1항 또는 제2항을 위반하여 각각 같은 항 각 호의 어느 하나에 해당하는 행위 를 하거나 같은 조 제3항을 위반한 자(제18조의2 제1항 제2호 또는 제11호를 위반한 자는 제외)는 1년 이하의 징역 또는 1천만원 이하의 벌금에 처한다(법39⑤(7)).

(2) 과징금

금융위원회는 상호저축은행이 제18조의2 제1항 제8호에 따른 신용공여의 한도를 초과하여 신용공여를 한 경우 초과한 신용공여 금액의 30% 이하(가목)의 범위에서, 상호저축은행이 제18조의2 제1항 제2호를 위반하여 부동산을 소유한 경우 소유한 부동산 취득가액의 100분의 30 이하(나목)의 범위에서 과징금을 부과할 수 있다(법38의2(1)).

Ⅶ. 약관규제

1. 약관 제정 및 개정의 보고

상호저축은행은 금융이용자의 권익을 보호하여야 하며, 금융거래와 관련된 약관("약관")을 제정하거나 개정하는 경우에는 약관의 제정 또는 개정 후 10일 이내에 금융위원회에 보고하여야 한다(법18의3① 본문). 상호저축은행이 금융거래와 관련된 약관을 제정하는 경우에는 당해 약관을 [별지 제4-1호 서식]에 따라 금융감독원장에게 보고한다(시행세칙19의4①).

2. 약관 제정 및 개정의 신고

(1) 사전신고

금융이용자의 권리나 의무에 중대한 영향을 미칠 우려가 있는 경우로서 ⅰ) 금융거래와 관련된 약관의 제정으로서 기존 금융서비스의 제공 내용·방식·형태 등과 차별성이 있는 내용을 포함하는 경우, ⅱ) 금융이용자의 권리를 축소하거나 의무를 확대하기 위한 약관의 개정으로서 ㉠ 개정 전 약관을 적용받는 기존 이용자에게 개정된 약관을 적용하는 경우, 또는 ㉡ 기존 금융서비스의 제공 내용·방식·형태 등과 차별성이 있는 내용을 포함하는 경우, ⅲ) 그 밖에 금융이용자 보호 등을 위하여 금융위원회가 정하여 고시하는 경우에는 약관의 제정 또는 개정 전에 미리 금융위원회에 신고하여야 한다(법18의3① 단서, 영11의3①). 상호저축은행이 금융거래와 관련된 약관을 개정하는 경우에는 당해 약관을 [별지 제4-1호 서식]에 따라 금융감독원장에게 신고한다(시행세칙19의4①).

(2) 사전신고 제외

다음의 어느 하나에 해당하는 경우, 즉 ⅰ) 보고 또는 신고된 약관과 동일하
거나 유사한 내용으로 약관을 제정하거나 개정하는 경우, ⅱ) 표준약관의 제정
또는 개정에 따라 약관을 제정하거나 개정하는 경우, ⅲ) 변경명령에 따라 약관
을 제정하거나 개정하는 경우, ⅳ) 법령의 제정 또는 개정에 따라 약관을 제정하
거나 개정하는 경우, ⅴ) 그 밖에 금융이용자의 권리나 의무에 중대한 영향을 미
칠 우려가 없다고 인정하는 경우로서 금융위원회가 정하여 고시하는 경우는 사
전신고하는 경우에 해당하지 않는다(영11의3②).

3. 약관 심사기준

금융감독원장은 신고 또는 보고된 약관에 대하여 ⅰ) 상호저축은행법, 동법
시행령 및 감독규정에 반하는 내용을 포함하고 있는지 여부, ⅱ) 금융관계법령에
위반되는 사항을 포함하고 있는지 여부를 심사한다(시행세칙19의5).

4. 수리 또는 변경 명령

금융감독원장은 보고 또는 신고받은 약관을 10영업일 이내에 수리하거나
변경 명령한다(시행세칙19의4② 전단). 이 경우 자료보완 또는 자문에 소요되는 기
간, 공정거래위원회에 대한 통보 및 협의에 필요한 기간은 산입하지 아니한다(시
행세칙19의4② 후단).

5. 수리사실 또는 변경명령 내용의 통지

금융감독원장은 약관을 수리하거나 변경 명령하는 경우 해당 수리사실 또는
변경 명령 내용을 서면으로 해당 상호저축은행에 통지한다(시행세칙19의4③ 본문).
다만, 사후보고 받은 약관의 경우에는 수리사실에 대한 통지를 생략할 수 있다
(시행세칙19의4③ 단서).

6. 약관 제정 또는 개정 공시

상호저축은행은 약관을 제정하거나 개정한 경우에는 인터넷 홈페이지 등을
이용하여 공시하여야 한다(법18의3②).

7. 표준약관의 제정 · 개정과 신고

상호저축은행중앙회("중앙회") 회장은 건전한 거래질서를 확립하고 불공정한 내용의 약관이 통용되는 것을 막기 위하여 상호저축은행업 금융거래와 관련하여 표준이 되는 약관("표준약관")을 제정하거나 개정할 수 있다(법18의3③). 중앙회 회장은 표준약관을 제정하거나 개정하려는 경우에는 금융위원회에 미리 신고하여야 한다(법18의3④). 중앙회장이 표준약관을 제정하거나 개정하는 경우에는 당해 약관을 [별지 제4-1호 서식]에 따라 금융감독원장에게 신고한다(시행세칙19의4①).

8. 공정거래위원회에의 통보

금융위원회는 신고 또는 보고받은 약관 또는 표준약관을 공정거래위원회에 통보하여야 한다(법18의3⑤ 전단). 이 경우 공정거래위원회는 통보받은 약관 또는 표준약관이 약관규제법 제6조부터 제14조까지의 규정에 위반되는 사실이 있다고 인정되면 금융위원회에 그 사실을 통보하고 그 시정에 필요한 조치를 하도록 요청할 수 있으며, 금융위원회는 특별한 사유가 없으면 요청에 따라야 한다(법18의3⑤ 후단).

9. 약관변경명령

금융위원회는 약관 또는 표준약관이 상호저축은행법 또는 금융관련법령에 위반되거나 그 밖에 금융이용자의 이익을 해칠 우려가 있다고 인정하면 상호저축은행 또는 중앙회 회장에 대하여 그 내용을 구체적으로 적은 서면으로 약관 또는 표준약관을 변경할 것을 명할 수 있다(법18의3⑥ 본문). 이 경우 금융위원회는 변경명령을 하기 전에 공정거래위원회와 협의하여야 한다(법18의3⑥ 단서).

변경명령을 받은 상호저축은행은 동 명령에 따라 약관을 수정 또는 보완하고 이를 금융감독원장에게 보고하여야 한다(시행세칙19의4④).

10. 금융위원회 보고

금융감독원장은 약관의 제정 또는 신고 및 변경명령 등의 처리결과를 매분기 금융위원회에 보고하여야 한다(시행세칙19의4⑤).

11. 위반시 제재

법 제18조의3 제1항 또는 제4항을 위반하여 금융위원회에 신고하거나 보고하지 아니하고 약관 또는 표준약관을 제정하거나 개정한 자 및 같은 조 제6항에 따른 변경명령을 이행하지 아니한 자에게는 5천만원 이하의 과태료를 부과한다(법40①(5)).

Ⅷ. 집합투자재산 운용기준 등

1. 집합투자재산의 자산운용방법

상호저축은행은 자산을 운용할 때 ⅰ) 자본시장법 제9조 제19항에 따른 사모집합투자기구의 수익자·주주·조합원·사원 등이 해당 상호저축은행과 그 특수관계인으로만 구성되어 있는 경우, ⅱ) 사모집합투자기구가 발행한 집합투자증권 중 상호저축은행이 보유한 집합투자증권의 비율("투자비율")이 50% 이상인 경우, ⅲ) 상호저축은행이 운용방법을 지정하는 금전신탁계약을 통하여 자산을 운용하는 경우, ⅳ) 상호저축은행이 자본시장법 제214조(투자합자회사의 업무집행사원) 또는 제249조의14(경영참여형 사모집합투자기구의 업무집행사원)에 따른 업무집행사원인 경우, ⅴ) 자본시장법 제9조 제22항에 따른 집합투자규약에 따라 사모집합투자기구(같은 법 제9조 제19항에 따른 사모집합투자기구) 수익의 50% 이상이 상호저축은행 및 그 특수관계인에게 배분되는 경우, ⅵ) 상호저축은행이 사모집합투자기구를 통하여 투자하는 회사(자산유동화법 제2조 제5호에 따른 유동화전문회사 및 상법 제170조에 따른 회사)의 정관 등에 따라 해당 회사 수익의 50% 이상이 상호저축은행 및 그 특수관계인에게 배분되는 경우에는 건전한 자산운용에 필요한 자산운용방법 등 일정한 기준을 준수하여야 한다(법18의4①, 영11의4②).

2. 집합투자재산 운용기준

상호저축은행은 자산을 운용할 때 위의 자산운용방법의 경우에는 ⅰ) 다른 투자자 등에게 원금 또는 일정한 이익의 보장을 부당하게 약속하거나 신용공여 등을 하는 행위를 하지 아니하여야 하고, ⅱ) 내부통제기준(금융회사지배구조법 제

24조 제1항[137]에 따른 내부통제기준)에 ㉠ 금융투자업자의 선정·해임 기준 및 절차에 관한 사항, ㉡ 금융투자업자의 자산운용실적 평가에 관한 사항, ㉢ 금융투자업자의 자산운용 적정성 여부 감시에 관한 사항, ㉣ 자산의 통합관리시스템 구축에 관한 사항, ㉤ 그 밖에 상호저축은행의 건전한 자산운용을 위하여 필요한 사항을 포함하여야 한다(법18의4①, 영11의4①).

3. 상호저축은행 보유자산 의제

다음의 경우, 즉 ⅰ) 법 제12조(개별차주 등에 대한 신용공여의 한도) 제1항부터 제3항까지의 규정에 따른 신용공여 한도, ⅱ) 법 제18조의2 제1항 제1호 및 제2항 제1호에 따른 유가증권 투자한도, ⅲ) 법 제18조의2 제1항 제2호에 따른 업무용부동산 외의 부동산 소유의 금지, ⅳ) 법 제37조에 따른 대주주등에 대한 신용공여, 예금등 및 가지급금 지급의 금지, ⅴ) 영 제8조의2 제2호, 제8호 및 제9호에 따른 업무수행 시 준수사항을 적용할 때 제1항 각 호에 따른 사모집합투자기구의 재산, 신탁재산 등은 해당 사모집합투자기구의 재산, 신탁재산 등에 대한 상호저축은행의 투자비율 등에 따라 해당 상호저축은행 또는 해당 상호저축은행이 속한 동일계열상호저축은행이 보유한 자산으로 본다(법18의4②, 영11의4③).

4. 상호저축은행 보유자산 의제와 자산의 범위·규모

상호저축은행 또는 동일계열상호저축은행이 보유한 것으로 보는 자산의 범위·규모는 사모집합투자기구 등이 보유한 신용공여 등에 해당 상호저축은행 또는 동일계열상호저축은행의 투자비율을 곱한 금액으로 한다(영11의4④).

Ⅸ. 광고의 자율심의

1. 광고계획신고서와 광고안 제출

상호저축은행이 예금등, 대출, 후순위채권 등 자신이 취급하는 상품에 관하여 광고를 하려는 경우에는 광고계획신고서와 광고안을 상호저축은행중앙회("중

---

137) ① 금융회사는 법령을 준수하고, 경영을 건전하게 하며, 주주 및 이해관계자 등을 보호하기 위하여 금융회사의 임직원이 직무를 수행할 때 준수하여야 할 기준 및 절차("내부통제기준")를 마련하여야 한다.

앙회")에 제출하여 심의를 받아야 한다(법18의6①).

2. 광고의 시정요구 또는 사용중단 요구

중앙회는 심의 결과 광고의 내용이 사실과 다르거나 금융소비자보호법 제22
조(금융상품등에 관한 광고 관련 준수사항)를 위반하여 광고하려는 경우에는 해당
상호저축은행에 대하여 광고의 시정이나 사용중단을 요구할 수 있다(법18의6②
전단). 이 경우 해당 상호저축은행은 정당한 사유가 없으면 중앙회의 요구에 성
실히 응하여야 한다(법18의6② 후단).

3. 광고 심의 결과 보고

중앙회는 매분기별 광고 심의 결과를 해당 분기의 말일부터 1개월 이내에
금융위원회에 보고하여야 한다(법18의6③).

X. 고객응대직원에 대한 보호조치의무

1. 상호저축은행의 보호조치의무

상호저축은행은 고객을 직접 응대하는 직원을 고객의 폭언이나 성희롱, 폭
행 등으로부터 보호하기 위하여 ⅰ) 직원이 요청하는 경우 해당 고객으로부터의
분리 및 업무담당자 교체, ⅱ) 직원에 대한 치료 및 상담 지원, ⅲ) 고객을 직접
응대하는 직원을 위한 상시적 고충처리 기구 마련(다만, 근로자참여 및 협력증진에
관한 법률 제26조[138])에 따라 고충처리위원을 두는 경우에는 고객을 직접 응대하는 직원
을 위한 고충처리위원의 선임 또는 위촉), ⅳ) 고객의 폭언이나 성희롱, 폭행 등("폭
언등")이 관계 법률의 형사처벌규정에 위반된다고 판단되고 그 행위로 피해를 입
은 직원이 요청하는 경우는 관할 수사기관 등에 고발, ⅴ) 고객의 폭언등이 관계
법률의 형사처벌규정에 위반되지는 아니하나 그 행위로 피해를 입은 직원의 피
해정도 및 그 직원과 다른 직원에 대한 장래 피해발생 가능성 등을 고려하여 필
요하다고 판단되는 경우는 관할 수사기관 등에 필요한 조치요구, ⅵ) 직원이 직

---

138) 제26조(고충처리위원) 모든 사업 또는 사업장에는 근로자의 고충을 청취하고 이를 처리
하기 위하여 고충처리위원을 두어야 한다. 다만, 상시 30명 미만의 근로자를 사용하는 사
업이나 사업장은 그러하지 아니하다.

접 폭언등의 행위를 한 고객에 대한 관할 수사기관 등에 고소, 고발, 손해배상청구 등의 조치를 하는 데 필요한 행정적, 절차적 지원, vii) 고객의 폭언등을 예방하거나 이에 대응하기 위한 직원의 행동요령 등에 대한 교육실시, viii) 그 밖에 고객의 폭언등으로부터 직원을 보호하기 위하여 필요한 사항으로서 금융위원회가 정하여 고시하는 조치를 하여야 한다(법18의7①, 영11의6).

2. 직원의 보호조치 요구와 불이익 금지

직원은 상호저축은행에 대하여 위의 조치를 요구할 수 있다(법18의7②). 상호저축은행은 직원의 요구를 이유로 직원에게 불이익을 주어서는 아니 된다(법18의7③).

3. 위반시 제재

법 제18조의7을 위반하여 직원의 보호를 위한 조치를 하지 아니하거나 직원에게 불이익을 준 자에게는 1천만원 이하의 과태료를 부과한다(법40④(1의2)).

XI. 이익금의 처리

1. 내용

상호저축은행은 자본금의 총액이 될 때까지 매 사업연도의 이익금의 10% 이상을 적립금으로 적립하여야 하고, 이 적립금은 손실금의 보전과 자본전입의 경우 외에는 사용할 수 없다(법19①②).

2. 위반시 제제

법 제19조 제1항 또는 제2항을 위반하여 적립금을 적립하지 아니하거나 적립금을 사용한 자는 6개월 이하의 징역 또는 500만원 이하의 벌금에 처한다(법39⑥(3)).

금융소비자보호법

제
1
장
/

총 설

제1절 서론

Ⅰ. 금융소비자보호법의 제정과정

　「금융소비자 보호에 관한 법률」("금융소비자보호법")은 금융상품판매업자등(금융상품판매업자 또는 금융상품자문업자)의 영업행위 준수사항, 금융교육 지원 및 금융분쟁조정 등 금융소비자 관련 제도를 규정함으로써 금융소비자 보호에 관한 정책을 일관되게 추진할 수 있는 제도적 기반을 마련[1]하는 것을 제안이유로 2020년 3월 24일 법률 제17112호로 제정됨으로써 2021년 3월 25일부터 시행된다.[2]

---

1) 「금융소비자 보호에 관한 법률안(대안)」(의안번호 24775), 3-4쪽.
2) 부칙 제1조(시행일) 이 법은 공포 후 1년이 경과한 날(2021년 3월 25일)부터 시행한다. 다만, 제1호의 규정 중 금융상품자문업자 관련 부분과 제2호의 규정은 공포 후 1년 6개월이 경과한 날(2021년 9월 25일)부터 시행한다.
　1. 제10조, 제11조, 제12조 제1항·제2항·제4항부터 제6항까지, 제13조부터 제15조까지, 제16조 제1항, 제17조, 제19조부터 제21조까지, 제22조, 제23조, 제27조, 제32조 제2항부터 제4항까지, 제44조, 제46조부터 제56조까지, 제57조 제1항·제3항·제4항, 제58조부터 제64조까지, 제67조 제1호·제2호, 제68조, 제69조 제1항 제1호부터 제5호까지, 제7호, 제9호부터 제13호까지, 같은 조 제2항 제1호·제2호 및 같은 조 제3항
　2. 제16조 제2항 및 제28조

2008년 금융위기 당시 신한·산업·우리·하나·씨티·대구은행 등이 기업들이 수출로 번 돈의 가치가 환율변동으로 떨어지는 것을 막기 위해 고안된 파생금융상품인 키코(KIKO)를 판매하여 150여 개 중소기업들이 30억에서 800억원, 최대 4,000억원 정도의 피해를 본 키코(KIKO) 사건과 2013년 자금난에 몰린 동양그룹이 동양증권을 통해 상환능력이 없음에도 1조 3,000억원 정도의 기업어음(CP)과 회사채 등을 발행한 후 약 1조원을 지급불능으로 처리함으로써 피해자 4만여 명이 1조 7,000억원 정도의 피해를 본 동양증권후순위채 사건 등으로 인한 금융소비자 피해가 발생하자 이에 대한 반성으로 금융소비자보호법 제정이 논의되기 시작하였다. 2012년 국회에 금융소비자보호법이 처음 제출된 이후 활발한 논의가 진행되지 못한 채 19대 국회에서 자동 폐기되는 등 난항을 겪었으나, 최초 정부안 제출 이후 입법 환경의 변화 등을 반영하여 20대 국회에서 금융소비자보호법의 제정을 재추진한 결과 지난 2016년 6월 27일 「금융소비자보호기본법」 제정안 입법예고 등을 거쳐 마침내 2020년 3월 「금융소비자 보호에 관한 법률」이라는 이름으로 국회 본회의를 통과하여 제정되었다.[3]

2019년 KEB하나은행과 우리은행이 판매한 해외금리 연계 파생결합펀드(DLF, DLS)와 2021년 우리은행과 신한은행, 하나은행, 기업은행, 신한금융투자, 대신증권, KB증권이 판매한 라임펀드, 2021년 중소기업은행이 판매한 디스커버리 펀드, 2021년 옵티머스 펀드 관련 판매사인 NH투자증권과 수탁사인 KEB하나은행의 설명의무 위반 등에 따른 불완전판매로 인해 금융소비자들의 피해가 급증함에 따라 금융소비자보호법의 시행에 대한 관심이 모아지고 있다.

Ⅱ. 금융소비자보호법의 주요 내용

금융소비자보호법("법")은 ⅰ) 금융상품 유형 분류 및 금융회사등 업종 구분, ⅱ) 금융상품판매업자 및 금융상품자문업자 등록 근거 마련, ⅲ) 금융상품판매업자등의 영업행위 준수사항 마련, ⅳ) 금융교육 지원 및 금융교육협의회 설치 등, ⅴ) 금융분쟁 조정제도 개선, ⅵ) 금융상품판매업자등의 손해배상책임 강화, ⅶ) 금융소비자의 청약 철회권 및 위법계약의 해지권 도입, ⅷ) 금융상품판매업

---

3) 맹수석·이형욱(2020), "사후적 피해구제제도 개선을 통한 금융소비자보호법 실효성 제고 방안", 금융소비자연구 제10권 제1호(2020. 4), 64-65쪽.

자등의 설명의무 등 영업행위 준수사항 위반시 과징금 제도의 도입 등을 주요 내용[4]으로 하여, 금융소비자의 권익 증진과 금융상품판매업 및 금융상품자문업의 건전한 시장질서 구축을 위하여 금융상품판매업자 및 금융상품자문업자의 영업에 관한 준수사항과 금융소비자 권익 보호를 위한 금융소비자정책 및 금융분쟁조정절차 등에 관한 사항을 규정함으로써 금융소비자 보호의 실효성을 높이고 국민경제 발전에 이바지함(법1)을 목적으로 하고 있다.

금융소비자보호법은 금융상품 및 판매행위의 속성을 재분류·체계화하고, 동일기능·동일규제를 원칙으로 하는 체계를 도입했다는 점에서 성과가 인정된다. 금융소비자보호정책의 패러다임이 변하고 있는 글로벌 금융환경에서 금융소비자보호법은 금융상품을 예금성·대출성·투자성·보장성 상품으로 재분류하고, 판매업자등을 직접판매업자, 판매대리·중개업자, 자문업자로 구분하여 규제하는 것을 전제로 금융소비자에 대한 사전 정보제공을 강화하는 한편 개별 금융법상 판매행위 규제를 포괄하여 모든 금융상품의 판매에 관한 6대 판매행위 원칙(적합성원칙, 적정성원칙, 설명의무, 불공정영업행위 금지, 부당권유금지, 광고규제)을 규정하였으며, 징벌적 과징금 제도의 도입을 통해 금융회사의 자율적 규제 준수 노력을 확보할 수 있는 발판을 마련하였다. 따라서 금융소비자보호법을 통해 사전 정보제공부터 판매행위 규제, 사후구제에 걸쳐 실효성 있는 금융소비자보호의 기반을 다질 수 있을 것으로 기대된다.

제2절 금융상품과 금융소비자 등

Ⅰ. 금융상품과 금융소비자

1. 금융상품

(1) 금융상품의 정의

금융상품이란 다음에서 설명하는 것을 말한다(법2(1), 영2①, 금융소비자 보호

---

4) 「금융소비자 보호에 관한 법률안(대안)」(의안번호 24775), 4-6쪽.

에 관한 감독규정2①, 이하 "감독규정").

(가) 은행법에 따른 예금 및 대출

금융상품이란 은행법에 따른 예금 및 대출을 말한다(법2(1) 가목).

1) 예금

예금은 "예금자가 은행 기타 수신을 업으로 하는 금융기관에게 금전의 보관을 위탁하되 금융기관에게 그 금전의 소유권을 이전하기로 하고, 금융기관은 예금자에게 같은 통화와 금액의 금전을 반환할 것을 약정하는 계약"이다. 예금을 받는 것은 은행업의 본질적 요소이고 은행을 다른 종류의 금융기관과 구별하는 기준이 된다. 은행법상의 은행 이외에 상호저축은행, 신용협동조합, 새마을금고, 체신관서 등이 예금, 예탁금, 예수금 등의 명칭으로 수신업무를 하고 있어 비은행예금취급기관으로 불린다.

2) 대출

대출(loan)은 은행이 이자수취를 목적으로 원리금의 반환을 약정하고 고객 (=차주, 채무자)에게 자금을 대여하는 행위를 말한다. 대출은 은행의 여신(=신용공여)의 한 종류이다. 은행 이외에도 보험회사(보험업법106), 여신전문금융회사(여신전문금융업법46), 상호저축은행(상호저축은행법11), 새마을금고(새마을금고법28), 신용협동조합(신용협동조합법39), 대부업자(대부업법2(1)) 등도 각 관련 법률이 정한 범위 내에서 여신·대출 업무를 수행한다.

대출은 담보의 유무에 따라 신용대출과 담보대출로 구분할 수 있다. 담보대출은 담보의 종류에 따라 인적담보대출, 물적담보대출로 구분할 수 있으며, 물적담보대출은 담보의 종류에 따라 부동산담보대출, 예금담보대출, 증권대출 등으로 구분할 수 있다. 또한 대출은 구체적인 거래유형에 따라 통상 증서대출·당좌대출·어음대출·어음할인으로 분류한다.

(나) 자본시장법에 따른 금융투자상품

금융상품이란 자본시장법에 따른 금융투자상품을 말한다(법2(1) 나목).

1) 금융투자상품의 의의

자본시장법은 금융투자상품을 ⅰ) (목적) 이익을 얻거나 손실을 회피할 목적으로, ⅱ) (금전등의 지급) 현재 또는 장래의 특정 시점에 금전, 그 밖의 재산적 가치가 있는 것("금전등")을 지급하기로, ⅲ) (권리) 약정함으로써 취득하는 권리로서, ⅳ) (투자성) 그 권리를 취득하기 위하여 지급하였거나 지급하여야 할 금전등

의 총액(판매수수료 등 대통령령으로 정하는 금액을 제외)이 그 권리로부터 회수하였
거나 회수할 수 있는 금전등의 총액(해지수수료 등 대통령령으로 정하는 금액을 포
함)을 초과하게 될 위험(투자성 = 원본손실위험)이 있는 것(자본시장법3① 본문)으
로 정의한다.

자본시장법은 금융투자상품을 증권과 파생상품으로 구분하면서(자본시장법3
②) ⅰ) 증권을 일반적으로 정의(자본시장법4①)한 후 다시 6가지 유형으로 나누
고(자본시장법4②), 개별 증권의 추상적 개념을 정의하는 동시에 이에 해당하는
상품을 열거하는 한편(자본시장법4②), ⅱ) 파생상품을 거래내용에 따라 선도, 옵
션, 스왑으로 나누고(자본시장법5① 각 호) 거래되는 시장에 따라 장내파생상품과
장외파생상품으로 구분한다(자본시장법3②(2)).

2) 증권

가) 증권의 개념

증권이란 ⅰ) (발행인) 내국인 또는 외국인이 발행한, ⅱ) (투자성) 금융투자
상품으로서, ⅲ) (추가지급의무 부존재) 투자자가 취득과 동시에 지급한 금전등 외
에 어떠한 명목으로든지 추가로 지급의무를 부담하지 아니하는 것을 말한다(자본
시장법4① 본문).

나) 증권의 종류

자본시장법은 증권에 표시되는 권리의 종류에 따라 채무증권, 지분증권, 수
익증권, 투자계약증권, 파생결합증권, 증권예탁증권으로 구분된다(자본시장법4②).
여기에 열거된 증권 외의 다른 유형의 증권은 인정되지 않는다.

(ㄱ) 채무증권

채무증권이란 국채증권, 지방채증권, 특수채증권(법률에 의하여 직접 설립된
법인이 발행한 채권), 사채권(상법상 파생결합사채의 경우 이자연계 파생결합사채만 포
함), 기업어음증권, 그 밖에 이와 유사한 것으로서 지급청구권이 표시된 것을 말
한다(자본시장법4③).

(ㄴ) 지분증권

지분증권이란 일반인들이 흔히 말하는 "주식"을 의미한다. 자본시장법은 지
분증권을 "주권, 신주인수권이 표시된 것, 법률에 의하여 직접 설립된 법인이 발
행한 출자증권, 상법에 따른 합자회사, 유한회사, 익명조합의 출자지분, 그 밖에
이와 유사한 것으로 출자지분이 표시된 것으로서 출자지분 또는 출자지분을 취

득할 권리가 표시된 것"으로 정의하고 있다(자본시장법4④).

(ㄷ) 수익증권

수익증권이란 신탁재산의 운용에서 발생하는 수익을 분배받고 그 신탁재산을 상환받을 수 있는 수익자의 권리(수익권)가 표시된 증권이다. 자본시장법상 수익증권은 신탁업자의 금전신탁계약에 의한 수익증권(자본시장법110), 투자신탁의 수익증권(자본시장법189), 그 밖에 이와 유사한 것으로서 신탁의 수익권이 표시된 것을 말한다(자본시장법4⑤). 자본시장법은 관리형신탁의 수익권을 제외(자본시장법3①(2))하고는 신탁의 수익권이 표시된 것을 모두 수익증권으로 정의하고 있다.

(ㄹ) 투자계약증권

투자계약증권이란 특정 투자자가 그 투자자와 타인(다른 투자자를 포함) 간의 공동사업에 금전등을 투자하고 주로 타인이 수행한 공동사업의 결과에 따른 손익을 귀속받는 계약상의 권리가 표시된 것을 말한다(자본시장법4⑥).

(ㅁ) 파생결합증권

파생결합증권이란 기초자산5)의 가격·이자율·지표·단위 또는 이를 기초로 하는 지수 등의 변동과 연계하여 미리 정하여진 방법에 따라 지급하거나 회수하는 금전등이 결정되는 권리가 표시된 것을 말한다(자본시장법4⑦). 현재 우리나라에서 거래되는 대표적인 파생결합증권은 주가연계증권(ELS: Equity Linked Securities), 기타파생결합증권(DLS),6) 주식워런트증권(ELW: Equity Linked Warrant), 상장지수증권(ETN: Exchange Traded Note) 등이 있다.

(ㅂ) 증권예탁증권

증권예탁증권이란 채무증권, 지분증권, 수익증권, 투자계약증권, 파생결합증권을 예탁받은 자가 그 증권이 발행된 국가 외의 국가에서 발행한 것으로서 그

---

5) 기초자산이란 ⅰ) 금융투자상품(제1호), ⅱ) 통화(외국의 통화를 포함)(제2호), ⅲ) 일반상품(농산물·축산물·수산물·임산물·광산물·에너지에 속하는 물품 및 이 물품을 원료로 하여 제조하거나 가공한 물품, 그 밖에 이와 유사한 것을 말한다)(제3호), ⅳ) 신용위험(당사자 또는 제삼자의 신용등급의 변동, 파산 또는 채무재조정 등으로 인한 신용의 변동을 말한다)(제4호), ⅴ) 그 밖에 자연적·환경적·경제적 현상 등에 속하는 위험으로서 합리적이고 적정한 방법에 의하여 가격·이자율·지표·단위의 산출이나 평가가 가능한 것(제5호)을 말한다(자본시장법4⑩). 파생결합증권의 기초자산은 파생상품의 기초자산과 동일하다.
6) 자본시장법 제정 이전 종전 증권거래법 시행령에서 주식워런트증권과 주가연계증권이 파생결합증권과 별도로 구분되어 정의되었기 때문에 파생결합증권이 "기타파생결합증권"을 의미하는 것으로 통용되고 있다.

예탁받은 증권에 관련된 권리가 표시된 것을 말한다(자본시장법4⑧).

3) 파생상품

파생상품(derivatives)은 그 가치가 기초를 이루는 자산에서 파생되는 상품을 말한다. 자본시장법은 파생상품을 기초자산의 가격을 기초로 손익(수익구조)이 결정되는 금융투자상품으로, ⅰ) 선도, 옵션, 스왑의 어느 하나에 해당하는 계약상의 권리(자본시장법5①)로 정의하고, ⅱ) 파생상품시장 등에서 거래되는 파생상품을 장내파생상품으로 규정하면서(자본시장법5②), ⅲ) 장내파생상품 외의 파생상품을 장외파생상품으로 정의하고 있다(자본시장법5③).

(다) 보험업법에 따른 보험상품

금융상품이란 보험업법에 따른 보험상품을 말한다(법2(1) 다목).

1) 보험상품의 정의

보험상품이란 위험보장을 목적으로 우연한 사건 발생에 관하여 금전 및 그 밖의 급여를 지급할 것을 약정하고 대가를 수수하는 계약으로서 생명보험상품, 손해보험상품, 제3보험상품을 말한다(보험업법2(1)). 다만, 건강보험(국민건강보험법), 고용보험(고용보험법), 국민연금(국민연금법), 장기요양보험(노인장기요양보험법), 산업재해보상보험(산업재해보상보험법), 선불식 할부계약(할부거래법)은 제외한다(보험업법2(1)).

2) 보험상품의 종류

가) 생명보험상품

생명보험상품은 위험보장을 목적으로 사람의 생존 또는 사망에 관하여 약정한 금전 및 그 밖의 급여를 지급할 것을 약속하고 대가를 수수하는 계약으로서 생명보험계약과 연금보험계약(퇴직보험계약을 포함)을 말한다(보험업법2(1) 가목 및 보험업법 시행령1의2②(1)(2)).

생명보험의 종류는 생명보험, 연금보험(퇴직보험을 포함)으로 구분된다(보험업법 시행령1의2②). 전자의 생명보험은 넓은 의미의 생명보험이고, 후자의 생명보험은 좁은 의미, 즉 넓은 의미의 생명보험 중에서 연금보험과 퇴직보험을 제외한 것이다.

나) 손해보험상품

손해보험상품은 위험보장을 목적으로 우연한 사건(질병·상해 및 간병은 제외)으로 발생하는 손해(계약상 채무불이행 또는 법령상 의무불이행으로 발생하는 손해를

포함)에 관하여 금전 및 그 밖의 급여를 지급할 것을 약속하고 대가를 수수하는
계약으로서 화재보험계약, 해상보험계약(항공·운송보험계약을 포함), 자동차보험
계약, 보증보험계약, 재보험계약, 책임보험계약, 기술보험계약, 권리보험계약, 도
난보험계약, 유리보험계약, 동물보험계약, 원자력보험계약, 비용보험계약, 날씨보
험계약을 말한다(보험업법2(1) 나목 및 보험업법 시행령1의2③).

다) 제3보험상품

제3보험상품은 위험보장을 목적으로 사람의 질병·상해 또는 이에 따른 간병
에 관하여 금전 및 그 밖의 급여를 지급할 것을 약속하고 대가를 수수하는 계약
으로서 상해보험계약, 질병보험계약, 그리고 간병보험계약이다(보험업법2(1) 다목).

(라) 상호저축은행법에 따른 예금 및 대출

금융상품이란 상호저축은행법에 따른 예금 및 대출을 말한다(법2(1) 라목).
여기서 예금과 대출은 앞에서 살펴본 은행법에 따른 예금 및 대출과 동일하다.

(마) 여신전문금융업법에 따른 신용카드, 시설대여, 연불판매, 할부금융

금융상품이란 여신전문금융업법에 따른 신용카드, 시설대여, 연불판매, 할
부금융을 말한다(법2(1) 마목).

1) 신용카드상품

신용카드상품은 카드상품과 신용카드대출상품으로 구분할 수 있다.

가) 카드상품

여신전문금융업법상 신용카드란 "이를 제시함으로써 반복하여 신용카드가
맹점에서 결제할 수 있는 증표로서 신용카드업자(외국에서 신용카드업에 상당하는
영업을 영위하는 자를 포함)가 발행한 것"을 말한다(여신전문금융업법2(3)).

신용카드와 구별해야 할 것으로 선불카드와 직불카드가 있다. 신용카드는
금융상품에 해당하나 선불카드와 직불카드는 지급수단에 불과하여 금융상품이
아니기 때문이다.[7] 선불카드란 신용카드업자가 대금을 미리 받고 이에 해당하는
금액을 기록(전자적 또는 자기적 방법에 따른 기록)하여 발행한 증표로서 선불카드
소지자가 신용카드가맹점에 제시하여 그 카드에 기록된 금액의 범위에서 결제할
수 있게 한 증표를 말하고(여신전문금융업법2(8)), 직불카드란 "직불카드회원과 신

---

[7] 선불·직불카드에 의한 결제는 금융소비자보호법 제2조 제1호 각 목의 금융상품과 유사하
다고 보기 어려우므로 금융상품에 해당하지 않는다(금융위원회·금융감독원(2021a), "금
융소비자보호법 FAQ 답변(1차)"(2021. 2. 18), 2쪽).

용카드가맹점 간에 전자적 또는 자기적 방법으로 금융거래계좌에 이체하는 등의
방법으로 결제가 이루어질 수 있도록 신용카드업자가 발행한 증표(자금을 융통받
을 수 있는 증표는 제외)"를 말한다(여신전문금융업법2(6)).

나) 신용카드대출상품

(ㄱ) 장기카드대출(카드론)

신용카드회원 본인의 신용도와 카드이용 실적에 따라 카드회사에서 대출해
주는 장기(2개월 이상) 금융상품을 말한다(여신전문금융업감독규정2(3) 나목). "카드
론"은 신용카드 가입과는 별개의 계약으로 금융소비자보호법상 금융상품에 해당
된다.[8]

(ㄴ) 단기카드대출(현금서비스)

단기카드대출(현금서비스)은 현금지급기에서 현금서비스를 받기 위한 신용카
드의 사용이다(여신전문금융업감독규정2(3) 나목).

단기카드대출(현금서비스)은 여신전문금융업법상 금융상품에 해당하나, 신용
카드 가입에 따라 부가되는 약정에 따른 현금서비스 그 자체로서 금융소비자보
호법상 별도의 금융상품으로 보기 어렵다. 신용카드는 금융상품에 해당하는바,
신용카드 계약체결과 관련하여 현금서비스에 대해 설명의무 등 금융소비자보호
법상 규제가 적용될 수 있다.[9]

(ㄷ) 일부결제금액이월약정(리볼빙)

신용카드회원이 신용카드업자와 별도 약정에 따라 신용카드 이용대금의 일
부만 결제하고 잔여금액에 대한 결제를 이월하는 상품이다(여신전문금융업감독규
정2(3) 다목).

리볼빙은 여신전문금융업법상 금융상품에 해당하나, 신용카드 가입에 따라
부가되는 약정에 따른 리볼빙 그 자체로서 금융소비자보호법상 별도의 금융상품
으로 보기 어렵다.[10] 신용카드는 금융상품에 해당하는바, 신용카드 계약체결과
관련하여 리볼빙에 대해 설명의무 등 금융소비자보호법상 규제가 적용될 수 있
다.[11]

---

8) 금융위원회·금융감독원(2021a), 2쪽.
9) 금융위원회·금융감독원(2021a), 2쪽.
10) 금융위원회·금융감독원(2021a), 2쪽.
11) 금융위원회·금융감독원(2021a), 2쪽.

2) 시설대여(리스)상품

시설대여(리스)란 "특정물건"을 새로 취득하거나 대여받아 거래상대방에게 내용연수의 20%에 해당하는 기간(다만, 부동산을 시설대여하는 경우에는 3년) 이상 사용하게 하고, 그 사용기간 동안 일정한 대가를 정기적으로 나누어 지급받으며, 그 사용 기간이 끝난 후의 물건의 처분에 관하여는 당사자 간의 약정으로 정하는 방식의 금융을 말한다(여신전문금융업법2(10), 여신전문금융업법 시행령2④). 여기서 "특정물건"이란 ⅰ) 시설, 설비, 기계 및 기구, ⅱ) 건설기계, 차량, 선박 및 항공기, ⅲ) 앞의 ⅰ) 및 ⅱ)의 물건에 직접 관련되는 부동산 및 재산권 등을 말한다(여신전문금융업법 시행령2①).

3) 연불판매상품

연불판매란 특정물건을 새로 취득하여 거래상대방에게 넘겨주고, 그 물건의 대금·이자 등을 1년 이상 동안 정기적으로 나누어 지급받으며, 그 물건의 소유권 이전 시기와 그 밖의 조건에 관하여는 당사자 간의 약정으로 정하는 방식의 금융을 말한다(여신전문금융업법2(11)).

4) 할부금융상품

여신전문금융업법은 할부금융을 "재화와 용역의 매매계약에 대하여 매도인 및 매수인과 각각 약정을 체결하여 매수인에게 융자한 재화와 용역의 구매자금을 매도인에게 지급하고 매수인으로부터 그 원리금을 나누어 상환받는 방식의 금융"으로 정의하고 있다(여신전문금융업법2(13)).

(바) 대부업법상의 대부

금융상품이란 "대부"를 말한다(영2①(1)). "대부"란 금전의 대부, 어음할인·양도담보, 그 밖에 이와 비슷한 방법을 통한 금전의 교부를 말한다(대부업법2(1)).

(사) 신용협동조합법에 따른 예탁금, 대출 및 공제

금융상품이란 신용협동조합법에 따른 예탁금, 대출 및 공제를 말한다(영2①(2)). 공제는 조합 등 특정단체에 가입한 가입자가 일정한 금액을 단체에 납입하고, 가입자에게 소정의 사고가 발생한 경우 해당 단체가 미리 정해진 금액을 지급하는 제도이다.

(아) 온라인투자연계금융업법에 따른 연계투자 및 연계대출

금융상품이란 연계투자 및 연계대출을 말한다(영2①(3)). 연계투자란 온라인플랫폼을 통하여 특정 차입자에게 자금을 제공할 목적으로 하는 투자를 말하고,

연계대출이란 투자자의 자금을 투자자가 지정한 해당 차입자에게 대출, 어음할인·양도담보, 그 밖에 이와 비슷한 방법을 통한 자금의 제공을 말한다(온라인투자연계금융업법2(1)).

(자) 신탁계약 및 투자일임계약

금융상품이란 신탁계약 및 투자일임계약을 말한다(영2①(4)). 여기서 신탁계약이란 신탁법 제2조의 신탁을 말한다(자본시장법9㉔). 신탁법 제2조에 의하면, "신탁"이란 ⅰ) 신탁을 설정하는 자(＝위탁자)와 신탁을 인수하는 자(＝수탁자) 간의 신임관계에 기하여, ⅱ) 위탁자가 수탁자에게 특정의 재산(영업이나 저작재산권의 일부를 포함)을 이전하거나 담보권의 설정 또는 그 밖의 처분을 하고, ⅲ) 수탁자로 하여금 일정한 자(＝수익자)의 이익 또는 특정의 목적을 위하여 그 재산의 관리, 처분, 운용, 개발, 그 밖의 신탁 목적의 달성을 위하여 필요한 행위를 하는 법률관계를 말한다(신탁법2).

투자일임계약이란 투자일임업자와 투자자 사이에 체결하는 계약이다.[12] 투자일임업자란 금융투자업자 중 투자자로부터 금융투자상품등에 대한 투자판단의 전부 또는 일부를 일임받아 투자자별로 구분하여 그 투자자의 재산상태나 투자목적 등을 고려하여 금융투자상품등을 취득·처분, 그 밖의 방법으로 운용하는 것을 영업으로 하는 금융투자업자를 말한다(자본시장법8⑥ 및 6⑧).

(차) 중소기업은행법에 따른 예금 및 대출

금융상품이란 중소기업은행법에 따른 예금 및 대출을 말한다(영2①(5)). 여기서 예금과 대출은 앞에서 살펴본 은행법에 따른 예금 및 대출과 동일하다.

(카) 한국산업은행법에 따른 예금 및 대출

금융상품이란 한국산업은행법에 따른 예금 및 대출을 말한다(영2①(6)). 여기서 예금과 대출은 앞에서 살펴본 은행법에 따른 예금 및 대출과 동일하다.

(타) 금전을 받고 장래에 그 금전과 그에 따른 이자 등의 대가를 지급하기로 하는 계약

금융상품이란 "금융산업구조개선법에 따라 종합금융회사와 합병한 기관",[13]

---

12) 투자일임계약상품 중 투자자의 단기자금운용 수요에 대응하여 금융회사 예치, CP, 콜론, RP, 채권 등 유동자산 등으로 일임재산을 운용하는 상품인 MMW(Money Market Wrap)가 있다.

13) "금융산업구조개선법에 따라 종합금융회사와 합병한 기관"이란 예금자보호법 제2조 제1호 가목부터 사목까지의 부보금융회사를 말한다. 즉 은행, 한국산업은행, 중소기업은행,

농협은행, 상호저축은행, 수협은행, 신용협동조합, 은행, 금융투자업자 및 증권금융회사, 종합금융회사, 중소기업은행, 한국산업은행이 계약에 따라 금융소비자로부터 금전을 받고 장래에 그 금전과 그에 따른 이자 등의 대가를 지급하기로 하는 계약을 말한다(감독규정2②(1) 본문). 다만, 주택법에 따른 입주자저축은 제외한다(감독규정2②(1) 단서). 입주자저축이란 국민주택과 민영주택을 공급받기 위하여 가입하는 주택청약종합저축을 말한다(주택법56②).

(파) 어음 할인·매출채권 매입·대출·지급보증 등 계약

"금융산업구조개선법에 따라 종합금융회사와 합병한 기관", 농협은행, 상호저축은행, 수협은행, 신용협동조합, 은행, 금융투자업자 및 증권금융회사, 종합금융회사, 중소기업은행, 한국산업은행, 보험회사, 신용협동조합중앙회, 여신전문금융회사(신기술사업금융업자는 제외) 및 겸영여신업자, 온라인투자연계금융업자, 단기금융회사 및 자금중개회사가 금융소비자에 어음 할인·매출채권 매입(각각 금융소비자에 금전의 상환을 청구할 수 있는 계약으로 한정)·대출·지급보증 또는 이와 유사한 것으로서 금전 또는 그 밖의 재산적 가치가 있는 것("금전등")을 제공하고 장래에 금전등 및 그에 따른 이자 등의 대가를 받기로 하는 계약을 말한다(감독규정2②(2) 본문). 다만, 수출환어음 매입 등 수출·수입 대금 결제와 관련된 계약은 제외한다(감독규정2②(2) 단서).

(2) 금융상품의 유형

금융소비자보호법은 금융상품을 속성에 따라 예금성 상품, 대출성 상품, 투자성 상품 및 보장성 상품으로 유형을 재분류(법3)하였다. 금융상품의 유형은 다음과 같이 구분한다(법3 본문). 다만, 개별 금융상품이 상품유형 중 둘 이상에 해당하는 속성이 있는 경우에는 해당 상품유형에 각각 속하는 것으로 본다(법3 단서).

(가) 예금성 상품

예금성 상품은 은행 예금과 같이 이자수익이 발생하는 금융상품으로서 원금보장이 되는 상품(예: 예·적금 등)을 말한다. 금융소비자보호법에 따른 예금성 상

농협은행, 수협은행, 외국은행의 국내 지점 및 대리점(대통령령으로 정하는 외국은행의 국내 지점 및 대리점은 제외), 투자매매업자·투자중개업자(다자간매매체결회사, 예금등이 없는 투자매매업자·투자중개업자로서 대통령령으로 정하는 자 및 「농업협동조합의 구조개선에 관한 법률」 제2조 제1호에 따른 조합은 제외)(예금자보호법 시행령2(1) 가목-사목)를 말한다.

품은 ⅰ) 은행법·상호저축은행법에 따른 예금, ⅱ) 신용협동조합법에 따른 예탁금, ⅲ) 중소기업은행법에 따른 예금 또는 한국산업은행법에 따른 예금, ⅳ) 금융산업구조개선법에 따라 종합금융회사와 합병한 기관, 농협은행, 상호저축은행, 수협은행, 신용협동조합, 은행, 금융투자업자 및 증권금융회사, 종합금융회사, 중소기업은행, 한국산업은행이 계약에 따라 금융소비자로부터 금전을 받고 장래에 그 금전과 그에 따른 이자 등의 대가를 지급하기로 하는 계약을 말한다. 다만, 주택법에 따른 입주자저축은 제외한다(법3(1), 영3①, 감독규정3(1)).

(나) 대출성 상품

대출성 상품은 은행 대출과 같이 금전을 빌려 사용한 후 원금과 이자를 상환하는 금융상품(예: 대출상품, 신용카드 등)을 말한다. 금융소비자보호법에 따른 대출성 상품은 ⅰ) 은행법·상호저축은행법에 따른 대출, ⅱ) 여신전문금융업법에 따른 신용카드·시설대여·연불판매·할부금융, ⅲ) 대부업법상 대부, ⅳ) 온라인투자연계금융업법상 연계대출, ⅴ) 중소기업은행법에 따른 대출 또는 한국산업은행법에 따른 대출, ⅵ) 신용협동조합법에 따른 대출, ⅶ) 금융산업구조개선법에 따라 종합금융회사와 합병한 기관, 농협은행, 상호저축은행, 수협은행, 신용협동조합, 은행, 금융투자업자 및 증권금융회사, 종합금융회사, 중소기업은행, 한국산업은행, 보험회사, 신용협동조합중앙회, 여신전문금융회사(신기술사업금융업자는 제외) 및 겸영여신업자, 온라인투자연계금융업자, 금융투자업자, 단기금융회사 및 자금중개회사가 금융소비자에 어음 할인·매출채권 매입(각각 금융소비자에 금전의 상환을 청구할 수 있는 계약으로 한정)·대출·지급보증 또는 이와 유사한 것으로서 금전 또는 그 밖의 재산적 가치가 있는 것("금전등")을 제공하고 장래에 금전등 및 그에 따른 이자 등의 대가를 받기로 하는 계약을 말한다. 다만, 수출환어음 매입 등 수출·수입 대금결제와 관련된 계약은 제외한다(법3(2), 영3②, 감독규정3(2)).

(다) 투자성 상품

투자성 상품은 펀드와 같이 투자수익이 발생하는 금융상품으로서 원금이 보장되지 않는 상품(예: 펀드 등 금융투자상품, 신탁상품)을 말한다. 금융소비자보호법에 따른 투자성 상품은 ⅰ) 자본시장법에 따른 금융투자상품, ⅱ) 연계투자, ⅲ) 신탁계약, ⅳ) 투자일임계약, ⅴ) 투자성이 있는 금융상품을 말한다(법3(3), 영3③, 감독규정3(3)).

(라) 보장성 상품

보장성 상품은 보험상품과 같이 장기간 보험료를 납입한 후 장래 보험사고 발생 시 보험금을 지급받는 금융상품(예: 보험상품 등)을 말한다. 금융소비자보호법에 따른 보장성 상품은 ⅰ) 보험업법에 따른 보험상품, ⅱ) 신용협동조합법에 따른 공제를 말한다(법3(4), 영3④).

2. 금융소비자

(1) 금융소비자의 정의

금융소비자란 금융상품에 관한 계약의 체결 또는 계약체결의 권유를 하거나 청약을 받는 것("금융상품계약체결등")에 관한 금융상품판매업자의 거래상대방 또는 금융상품자문업자의 자문업무의 상대방인 전문금융소비자 또는 일반금융소비자를 말한다(법2(8)).

(2) 전문금융소비자의 의의

(가) 전문금융소비자의 개념

전문금융소비자란 금융상품에 관한 전문성 또는 소유자산규모 등에 비추어 금융상품 계약에 따른 위험감수능력이 있는 금융소비자로서 ⅰ) 국가(가목), ⅱ) 한국은행(나목), ⅲ) 대통령령으로 정하는 금융회사(다목), ⅳ) 주권상장법인(투자성 상품 중 대통령령으로 정하는 금융상품계약체결등을 할 때에는 전문금융소비자와 같은 대우를 받겠다는 의사를 금융상품판매업자등에게 서면으로 통지하는 경우만 해당)(라목), ⅴ) 그 밖에 금융상품의 유형별로 대통령령으로 정하는 자(마목)를 말한다(법2(9) 본문).

(나) 일반금융소비자 의제

전문금융소비자 중 "대통령령으로 정하는 자"가 일반금융소비자와 같은 대우를 받겠다는 의사를 금융상품판매업자 또는 금융상품자문업자("금융상품판매업자등")에게 서면으로 통지하는 경우 금융상품판매업자등은 정당한 사유가 있는 경우를 제외하고는 이에 동의하여야 하며, 금융상품판매업자등이 동의한 경우에는 해당 금융소비자는 일반금융소비자로 본다(법2(9) 단서).

(3) 일반금융소비자의 정의

"일반금융소비자"란 전문금융소비자가 아닌 금융소비자를 말한다(법2(10)).

Ⅱ. 금융상품의 판매방식 등

1. 금융상품의 판매방식

(1) 의의

금융상품의 판매방식은 직접판매, 판매대리·중개, 자문으로 나눌 수 있다. "직접판매"는 금융상품의 제조업자가 판매대리·중개업자를 거치지 않고 금융소비자에게 직접 금융상품을 판매하는 것을 말하고, "판매대리·중개"는 금융기관과 금융소비자의 중간에서 계약을 중개하는 행위 또는 금융기관의 위탁을 받아 대리 판매를 하는 행위를 말하며, "자문"은 소비자의 의사결정에 도움이 될 수 있도록 금융상품의 구매 또는 평가에 관한 정보를 제공하는 행위이다.

자문을 금융상품의 판매방식 중 하나로 보는 이유는 자문의 대상이 펀드 등 이미 제조된 금융상품일 때 투자자문업자의 조언을 근거로 고객이 투자 또는 구입한다면 이는 실질적으로 판매 권유와 유사하기 때문이다. 그러나 자문료, 일임료를 수취할 뿐, 금융투자상품 제조업자로부터 직접 판매수수료를 수취하지 않기 때문에 통상의 판매 창구의 판매와는 구별된다.[14]

(2) 금융상품판매업과 금융상품판매업자

(가) 금융상품판매업

금융상품판매업이란 이익을 얻을 목적으로 계속적 또는 반복적인 방법으로 하는 행위로서 ⅰ) 금융상품직접판매업은 자신이 직접 계약의 상대방으로서 금융상품에 관한 계약의 체결을 영업으로 하는 것 또는 투자중개업(가목)을 말하고,[15] ⅱ) 금융상품판매대리·중개업은 금융상품에 관한 계약의 체결을 대리하거나 중개하는 것을 영업으로 하는 것(나목)을 말한다(법2(2) 본문).

(나) 금융상품판매업자

1) 금융상품직접판매업자와 금융상품판매대리·중개업자

금융상품판매업자란 금융상품판매업을 영위하는 자로서 금융관계법률에서

---

14) 이상복(2020), 「금융법강의 2: 금융상품」, 박영사(2020. 10), 15-16쪽.

15) 주택도시기금법에 따른 국민주택채권이 금융소비자보호법 적용대상인지 문제된다. 국민주택채권은 정부가 국민주택사업에 필요한 자금을 조달하기 위해 발행하며 법률상 매입의무가 부과되는 채권이기 때문에 해당 채권을 취급하는 행위를 금융소비자보호법상 금융상품직접판매업으로 보기는 어렵다. 금융상품직접판매업은 이익을 얻을 목적으로 계속적 또는 반복적인 방법으로 하는 행위로서 자신이 직접 계약의 상대방으로서 금융상품에 관한 계약의 체결을 영업으로 하는 것이기 때문이다(금융위원회·금융감독원(2021b), 9쪽).

금융상품판매업에 해당하는 업무에 대하여 인허가 또는 등록을 하도록 규정한 경우에 해당 법률에 따른 인허가를 받거나 등록을 한 자(금융관계법률에서 금융상품판매업에 해당하는 업무에 대하여 해당 법률에 따른 인허가를 받거나 등록을 하지 아니하여도 그 업무를 영위할 수 있도록 규정한 경우에는 그 업무를 영위하는 자를 포함) 및 금융상품판매업의 등록을 한 자를 말하며, 다음과 같이 구분한다(법2(3)).

　　가) 금융상품직접판매업자

　　금융상품직접판매업자는 금융상품판매업자 중 금융상품직접판매업을 영위하는 자를 말한다(법2(3) 가목). 직접판매업자는 판매대리·중개업자를 거치지 않고 금융소비자에게 직접 금융상품을 판매하는 자(예: 은행, 보험사, 저축은행 등 개별 금융법상 금융회사 등)를 말한다.

　　나) 금융상품판매대리·중개업자

　　금융상품판매대리·중개업자는 금융상품판매업자 중 금융상품판매대리·중개업을 영위하는 자를 말한다(법2(3) 나목). 판매대리·중개업자는 금융회사의 위탁을 받아 판매를 대리하거나 금융회사와 금융소비자의 중간에서 금융상품 판매를 중개하는 자(예: 투자권유대행인, 보험설계사, 보험대리점, 보험중개사, 대출모집인, 카드모집인 등)를 말한다.

　　판매대리·중개의 경우 금융상품별로 별도의 자격증이 존재하며 대출, 금융투자상품, 보험상품별로 다양하다. 은행, 상호저축은행, 여신전문금융기관 등이 취급하는 대출상품의 경우 대출모집인이 금융상품 제조사로부터 분리된 대리·중개인에 해당하며, 대출모집인에 대한 규율은 은행, 상호저축은행, 신용협동조합, 할부금융사의 각 업권의 자율규제 협약에 따르고 있다. 금융투자회사가 제조사인 경우 투자권유대행인이 대리·중개인에 해당한다. 투자권유대행인은 금융위원회에 등록하도록 하고 있으며(자본시장법51③), 투자권유대행인의 자격요건은 자격시험에 합격하거나 보험설계사, 보험대리점, 보험중개사로 등록된 자가 일정한 교육을 받은 경우이다(자본시장법 시행령56). 보험상품의 경우 보험설계사, 보험대리점, 보험중개사가 대리·중개인에 해당한다. 보험중개사는 자격시험에 합격한 자이며(보험업법 시행령27② 별표3), 보험대리점과 보험설계사는 일정한 연수를 받거나, 금융위원회가 인정한 이에 준하는 자 등의 요건을 갖추어야 한다(보험업법 시행령27② 별표3).[16)]

2) 금융관계법률

위 (가)에서 "금융관계법률"이란 퇴직급여법, 농업협동조합법, 대부업법, 보험업법, 상호저축은행법, 수산업협동조합법, 신용협동조합법, 여신전문금융업법, 온라인투자연계금융업법, 은행법, 인터넷전문은행법, 자본시장법, 중소기업은행법, 한국산업은행법을 말한다(영2③, 감독규정2③).

(3) 금융상품자문업과 금융상품자문업자

(가) 금융상품자문업

1) 금융상품자문업의 개념

금융소비자보호법은 금융소비자가 금융상품을 선택할 때 전문적인 자문서비스를 이용할 수 있도록 금융상품자문업을 도입하였다. 금융상품자문업이란 이익을 얻을 목적으로 계속적 또는 반복적인 방법으로 금융상품의 가치 또는 취득과 처분 결정에 관한 자문("금융상품자문")에 응하는 것을 말한다(법2(4) 본문).

2) 금융상품자문업 제외대상

ⅰ) 불특정 다수인을 대상으로 발행되거나 송신되고, 불특정 다수인이 수시로 구입하거나 수신할 수 있는 간행물·출판물·통신물 또는 방송 등을 통하여 조언을 하는 것, ⅱ) 변호사, 변리사 또는 세무사가 변호사법, 변리사법 및 세무사법 등에 따라 수행하는 금융상품자문, ⅲ) 집합투자기구평가회사, 채권평가회사, 신용평가회사, 그 밖에 이에 준하는 자가 해당 법률에 따라 수행하는 금융상품자문, ⅳ) 금융상품판매업자가 따로 대가를 받지 않고 금융상품판매업에 부수하여 수행하는 금융상품자문, ⅴ) 감정인, 공인회계사가 해당 법률에 따라 금융상품자문에 응하는 것은 제외한다(법2(4) 단서, 영2④, 감독규정2④).

(나) 금융상품자문업자

금융상품자문업자란 금융상품자문업을 영위하는 자로서 금융관계법률에서 금융상품자문업에 해당하는 업무에 대하여 인허가 또는 등록을 하도록 규정한 경우에 해당 법률에 따른 인허가를 받거나 등록을 한 자 및 금융상품자문업의 등록을 한 자를 말한다(법2(5)).

자문에 해당하는 행위에서 특정 상품의 광고 또는 설명 수준에 해당하는 것을 제외하고, 전문적 자문서비스에 해당하는 것으로 현재 국내에는 투자자문업

---

16) 이상복(2020), 16쪽.

이 있다. 자본시장법에서 투자자문업이란 "금융투자상품의 가치 또는 금융투자
상품에 대한 투자판단에 관한 자문에 응하는 것을 영업으로 하는 것"(자본시장법6
⑥)이라고 규정하고 있다. 자본시장법상 투자자문업은 투자결정에 관한 최종 권
한을 투자자 자신이 갖는다. 현재 증권사, 자산운용사 또는 전업 투자자문사 등
이 투자자문업을 영위한다. 투자자문업은 투자매매·중개업 및 집합투자업과 직
접적 연관이 있기 때문에 증권사 및 자산운용사는 투자자문업을 겸영하는 것이
일반적이다. 반면 전업 투자자문사는 투자자문업만을 영위하는 회사이다.

2. 금융회사와 금융회사등

(1) 금융회사

금융회사란 ⅰ) 은행(은행법의 적용을 받는 중소기업은행, 한국산업은행, 신용협
동조합중앙회의 신용사업 부문, 농협은행, 수협은행 및 상호저축은행중앙회를 포함), ⅱ)
투자매매업자, 투자중개업자, 투자자문업자, 투자일임업자, 신탁업자 또는 종합
금융회사, ⅲ) 보험회사(농협생명보험 및 농협손해보험을 포함), ⅳ) 상호저축은행,
ⅴ) 여신전문금융회사, ⅵ) 등록을 한 금융상품직접판매업자 및 금융상품자문업
자, ⅶ) 겸영금융투자업자를 말한다(법2(6), 영2⑤).

(2) 금융회사등

금융회사등이란 금융회사, 투자권유대행인, 보험설계사, 보험대리점, 보험
중개사, 겸영여신업자, 여신전문금융업법에 따른 모집인, 등록한 금융상품판매
대리·중개업자, 대부업자 및 대부중개업자, 신용협동조합중앙회의 공제사업 부
문, 온라인투자연계금융업자, 집합투자업자, 증권금융회사, 단기금융회사 및 자
금중개회사, 신용협동조합을 말한다(법2(7), 영2⑥, 감독규정2⑤).

(3) 금융회사등의 업종구분

금융소비자보호법은 금융회사등에 대하여 영업행위에 따라 금융상품직접판
매업자, 금융상품판매대리·중개업자 또는 금융상품자문업자로 업종을 구분하였
다(법4 본문, 영4, 감독규정4).

(가) 금융상품직접판매업자

금융상품직접판매업자에는 은행, 투자매매업자, 투자중개업자, 투자일임업
자, 신탁업자, 종합금융회사, 보험회사, 상호저축은행, 여신전문금융회사 및 겸영
여신업자, 온라인투자연계금융업자, 신용협동조합, 대부업자, 신용협동조합중앙

회 공제사업 부문, 집합투자업자, 증권금융회사, 단기금융회사 및 자금중개회사
가 해당한다.

(나) 금융상품판매대리 · 중개업자

금융상품판매대리 · 중개업자에는 은행, 투자매매업자, 투자중개업자, 신탁업
자, 종합금융회사, 상호저축은행, 여신전문금융회사 및 겸영여신업자, 온라인투
자연계금융업자, 신용협동조합, 투자권유대행인, 보험회사, 보험설계사, 보험대리
점, 보험중개사, 여신전문금융업법에 따른 모집인, 등록한 금융상품판매대리 · 중
개업자, 대부중개업자가 해당한다.

(다) 금융상품자문업자

금융상품자문업자에는 투자자문회사가 해당한다.

(라) 겸영의 경우

앞에서 열거한 금융회사등이 앞에서 열거하지 아니하는 금융상품판매업등
(금융상품판매업과 금융상품자문업)을 다른 법률에 따라 겸영하는 경우에는 겸영하
는 업에 해당하는 금융상품판매업자등에도 해당하는 것으로 본다(법4 단서).

금융상품판매업자등의 등록 등

제1절 금융상품판매업자등을 제외한 영업행위 금지

누구든지 금융소비자보호법에 따른 금융상품판매업자등을 제외하고는 금융상품판매업등(금융상품판매업과 금융상품자문업)을 영위해서는 아니 된다(법11).

제2절 금융상품판매업자등의 등록

금융소비자보호법은 금융상품판매업등을 영위하려는 자에 대한 금융위원회 등록 근거를 마련하고, 금융상품자문업을 신설하여 금융소비자에게 금융상품 취득과 처분 결정에 관한 자문을 할 수 있도록 하고 있다(법12).

Ⅰ. 등록 여부

1. 취급할 상품 범위와 등록

금융상품판매업등을 영위하려는 자는 금융상품직접판매업자, 금융상품판매대리·중개업자 또는 금융상품자문업자별로 예금성 상품, 대출성 상품, 투자성 상품 및 보장성 상품 중 취급할 상품의 범위를 정하여 금융위원회에 등록하여야 한다(법12① 본문).

2. 등록 예외

ⅰ) 금융관계법률에서 금융상품판매업등에 해당하는 업무에 대하여 인허가를 받거나 등록을 하도록 규정한 경우, ⅱ) 금융관계법률에서 금융상품판매업등에 해당하는 업무에 대하여 해당 법률에 따른 인허가를 받거나 등록을 하지 아니하여도 업무를 영위할 수 있도록 규정한 경우에는 등록을 하지 아니하고 금융상품판매업등을 영위할 수 있다(법12① 단서).

Ⅱ. 금융상품직접판매업자 또는 금융상품자문업자 등록요건

금융상품직접판매업자 또는 금융상품자문업자로 등록하려는 자는 다음의 요건을 모두 갖추어야 한다(법12② 본문). 다만, 금융상품직접판매업자에게는 금융상품판매업자와 이해관계를 갖지 않는 자에 관한 독립성 요건(제6호의 요건)을 적용하지 아니한다(법12② 단서).

1. 인력·물적 설비 요건

금융소비자 보호 및 업무수행이 가능하도록 인력과 전산 설비, 그 밖의 물적 설비를 갖추어야 한다(법12②(1)).

(1) 인력요건

인력은 ⅰ) 업무수행에 필요한 전문성을 갖춘 인력 1명 이상(가목), ⅱ) 전산설비의 운용·유지·관리를 전문적으로 수행할 수 있는 인력 1명 이상(나목)을 갖추어야 한다(영5①(1)). 여기서 가목의 업무수행에 필요한 전문성을 갖춘 인력은 다음의 구분에 따른다(감독규정5①).

(가) 금융상품판매업에 3년 이상 종사한 경력이 있는 사람인 경우

등록하려는 금융상품 유형의 금융상품판매업에 3년 이상 종사한 경력이 있는 사람(등록을 신청한 날 이전 5년 이내에 해당 업무에 종사한 사람만 해당)인 경우 다음의 구분에 따른 교육을 24시간 이상 받은 사람이어야 한다(감독규정5①(1)).

1) 대출성 상품

대출성 상품의 경우 신용회복위원회가 신용 및 부채 각각의 관리에 관한 개인의 전문성·윤리성을 인증하는 자격의 취득과 관련된 교육을 24시간 이상 받은 사람이어야 한다(감독규정5①(1) 가목).

2) 보장성 상품

보장성 상품의 경우 생명보험협회 및 손해보험협회가 보장성 상품의 취득과 처분결정에 관한 개인의 전문성·윤리성을 인증하는 자격의 취득과 관련된 교육을 24시간 이상 받은 사람이어야 한다(감독규정5①(1) 나목).

3) 투자성 상품

투자성 상품의 경우 ⅰ) 투자권유자문인력 자격, 또는 ⅱ) 투자운용인력 자격 취득과 관련된 교육을 24시간 이상 받은 사람이어야 한다(감독규정5①(1) 다목). 투자권유자문인력은 투자권유를 하거나 투자에 관한 자문업무를 수행하는 자를 말하고(자본시장법286①(3) 가목), 투자운용인력은 집합투자재산·신탁재산 또는 투자일임재산을 운용하는 업무를 수행하는 자를 말한다(자본시장법286①(3) 다목).

4) 예금성 상품

예금성 상품의 경우 위 가목부터 다목 중 어느 하나에 해당하는 교육을 24시간 이상 받은 사람이어야 한다(감독규정5①(1) 라목).

(나) 그 밖의 경우

그 밖의 경우 다음의 구분에 따른 자격을 취득한 사람이어야 한다(감독규정5①(2)).

1) 대출성 상품

대출성 상품의 경우 신용회복위원회가 신용 및 부채 각각의 관리에 관한 개인의 전문성·윤리성을 인증하는 자격을 취득한 사람이어야 한다(감독규정5①(2) 가목).

2) 보장성 상품

보장성 상품의 경우 생명보험협회 및 손해보험협회가 보장성 상품의 취득과 처분결정에 관한 개인의 전문성·윤리성을 인증하는 자격을 취득한 사람이어야 한다(감독규정5①(2) 나목).

3) 투자성 상품

투자성 상품의 경우 ⅰ) 투자권유자문인력 자격, 또는 ⅱ) 투자운용인력 자격을 취득한 사람이어야 한다(감독규정5①(2) 다목).

4) 예금성 상품

예금성 상품의 경우 위 가목부터 다목 중 어느 하나에 해당하는 자격을 취득한 사람이어야 한다(감독규정5①(2) 라목).

(2) 전산 설비 요건

전산 설비는 ⅰ) 컴퓨터 등 정보통신설비(가목), ⅱ) 전자적 업무처리에 필요한 설비(나목)를 갖추어야 한다(영5①(2)).

(3) 물적 설비 요건

물적 설비는 ⅰ) 고정사업장(가목), ⅱ) 사무장비 및 통신수단(나목), ⅲ) 업무 관련 자료의 보관 및 손실방지 설비(다목), ⅳ) 전산설비 등을 안전하게 보호할 수 있는 보안설비(라목)를 갖추어야 한다(영5①(3)).

2. 자기자본 요건

등록하려는 업무별로 일정 금액 이상의 자기자본을 갖추어야 한다(법12②(2)). 여기서 일정 금액이란 다음의 구분에 따른 금액을 말한다(영5②).

(1) 금융상품직접판매업

금융상품직접판매업의 경우 취급하려는 금융상품의 유형 및 수량에 관계 없이 5억원 이상의 범위에서 금융위원회가 정하여 고시하는 금액을 말한다(영5②(1)).

(2) 금융상품자문업

금융상품자문업의 경우 ⅰ) 예금성 상품을 취급하는 경우 1억원을 말하고, ⅱ) 대출성 상품을 취급하는 경우 1억원을 말하며, ⅲ) 보장성 상품을 취급하는 경우 1억원을 말하며, ⅳ) 투자성 상품을 취급하는 경우 2억5천만원을 말하는데, 자본시장법 시행령 [별표 3]의 등록업무 단위 5-21-1[1]에 해당하는

---

1) 집합투자증권, 파생결합증권, 환매조건부 매매, 제6조의2 제3호에 따른 투자대상자산, 파

투자성 상품만을 취급하는 경우에는 1억원으로 한다(영5②(2) 본문). 다만, 위의 4가지 금융상품 유형 중 둘 이상을 함께 취급하는 경우에는 각 금융상품(예금성 상품은 제외)에 따른 자기자본 금액을 합산한 금액을 갖춰야 한다(영5②(2) 단서).

3. 건전한 재무상태 및 사회적 신용 요건

건전한 재무상태와 사회적 신용을 갖추어야 한다(법12②(3)). 여기서 "건전한 재무상태와 사회적 신용"이란 다음의 구분에 따른 것을 말한다(영5③).

(1) 건전한 재무상태

건전한 재무상태의 경우 자기자본 대비 부채총액 비율이 200% 이하이어야 한다(영5③(1), 감독규정5③).

(2) 사회적 신용

사회적 신용의 경우 자본시장법 시행령 제16조 제8항 제2호에 따른 사회적 신용을 갖추어야 한다(영5③(2) 전단). 따라서 사회적 신용은 다음의 모든 요건에 적합하여야 한다(자본시장법 시행령16⑧(2) 본문). 다만, 그 위반 등의 정도가 경미하다고 인정되는 경우는 제외한다(자본시장법 시행령16⑧(2) 단서).

가. 최근 3년간 금융회사지배구조법 시행령 제5조에 따른 법령[2]("금융관련법령"), 공정거래법 및 조세범 처벌법을 위반하여 벌금형 이상에 상당하는 형

생결합증권과 유사한 증권으로서 금융위원회가 정하여 고시하는 채무증권을 말한다. 여기서 영 제6조의2 제3호에 따른 투자대상자산은 은행, 한국산업은행, 중소기업은행, 증권금융회사, 종합금융회사, 상호저축은행, 농업협동조합, 수산업협동조합, 신용협동조합, 산림조합, 체신관서, 새마을금고, 앞의 금융기관에 준하는 외국 금융기관에의 예치금을 말한다(자본시장법 시행령 [별표 3]의 등록업무 단위 5-21-1).

2) 공인회계사법, 퇴직급여법, 금융산업구조개선법, 금융실명법, 금융위원회법, 금융지주회사법, 금융혁신지원 특별법, 자산관리공사법, 기술보증기금법, 농림수산식품투자조합 결성 및 운용에 관한 법률, 농업협동조합법, 담보부사채신탁법, 대부업법, 문화산업진흥 기본법, 벤처기업육성에 관한 특별조치법, 보험업법, 감정평가법, 부동산투자회사법, 민간투자법, 산업발전법, 상호저축은행법, 새마을금고법, 선박투자회사법, 소재부품장비산업법, 수산업협동조합법, 신용보증기금법, 신용정보법, 신용협동조합법, 여신전문금융업법, 예금자보호법, 온라인투자연계금융업법, 외국인투자 촉진법, 외국환거래법, 유사수신행위법, 은행법, 자본시장법, 자산유동화법, 전자금융거래법, 전자증권법, 외부감사법, 주택법, 중소기업은행법, 중소기업창업 지원법, 채권추심법, 특정금융정보법, 한국산업은행법, 한국수출입은행법, 한국은행법, 한국주택금융공사법, 한국투자공사법, 해외자원개발 사업법(금융회사지배구조법 시행령5).

사처벌을 받은 사실이 없을 것. 다만, 법 제68조(양벌규정), 그 밖에 해당 법률의 양벌규정에 따라 처벌을 받은 경우는 제외한다.

나. 최근 3년간 채무불이행 등으로 건전한 신용질서를 해친 사실이 없을 것

다. 최근 5년간 금융산업구조개선법에 따라 부실금융기관으로 지정되었거나 금융관련법령에 따라 영업의 허가·인가·등록 등이 취소된 자가 아닐 것

라. 금융관련법령이나 외국 금융관련법령(금융관련법령에 상당하는 외국 금융관련 법령)에 따라 금융위원회, 외국 금융감독기관 등으로부터 지점, 그 밖의 영업소의 폐쇄 또는 그 업무의 전부나 일부의 정지 이상의 조치(이에 상당하는 행정처분을 포함)를 받은 후 다음 구분에 따른 기간이 지났을 것

   1) 업무의 전부정지: 업무정지가 끝난 날부터 3년

   2) 업무의 일부정지: 업무정지가 끝난 날부터 2년

   3) 지점, 그 밖의 영업소의 폐쇄 또는 그 업무의 전부나 일부의 정지: 해당 조치를 받은 날부터 1년

4. 임원 자격요건

임원이 금융상품직접판매업자 또는 금융상품자문업자의 임원 결격 요건(법 12④(1) 각목)에 해당하지 아니하여야 한다(법12②(4)).

즉 다음에 해당하는 자는 임원이 될 수 없다(법12④(1)). ⅰ) 미성년자, 피성년후견인 또는 피한정후견인, ⅱ) 파산선고를 받고 복권되지 아니한 사람, ⅲ) 금고 이상의 실형을 선고받고 그 집행이 끝나거나(집행이 끝난 것으로 보는 경우를 포함) 집행이 면제된 날부터 5년이 지나지 아니한 사람, ⅳ) 금고 이상의 형의 집행유예를 선고받고 그 유예기간 중에 있는 사람, ⅴ) 금융소비자보호법, 금융관련법령(영7①) 또는 외국 금융 관련 법령에 따라 벌금 이상의 형을 선고받고 그 집행이 끝나거나(집행이 끝난 것으로 보는 경우를 포함) 집행이 면제된 날부터 5년이 지나지 아니한 사람, ⅵ) 금융소비자보호법 또는 금융관련법령(영7①)에 따라 임직원 제재조치(퇴임 또는 퇴직한 임직원의 경우 해당 조치에 상응하는 통보를 포함)를 받은 사람으로서 그 조치의 종류별로 5년을 초과하지 아니하는 범위에서 대통령령으로 정하는 기간3)이 지나지 아니한 사람은 임원이 될 수 없다(법12④(1)).

---

3) "대통령령으로 정하는 기간"이란 금융회사지배구조법 시행령 제7조(임원의 자격요건) 제2항에 따른 기간을 말한다(영7②). 여기서 "대통령령으로 정하는 기간"이란 다음의 구분에 따른 기간을 말한다(금융회사지배구조법 시행령7②).

5. 이해상충방지 요건

금융소비자와의 이해상충을 방지하기 위한 체계로서 다음의 구분에 따른 요건을 갖추어야 한다(법12②(5), 영5④).

(1) 전자적 장치를 이용한 자동화 방식을 통해서만 영위하는 경우

전자금융거래법에 따른 전자적 장치(모바일 앱, 태블릿 등)를 이용한 자동화 방식을 통해서만 금융상품직접판매업이나 금융상품자문업을 영위하는 경우 "이해상충행위 방지를 위한 기준"이 포함된 소프트웨어를 설치하여야 한다(영5④(1)).

(2) 그 밖의 경우

그 밖의 경우 i) 이해상충행위 방지 기준을 문서화하여야 하고, ii) 이해상충행위 방지를 위한 교육·훈련 체계를 수립하여야 하며, iii) 이해상충행위 방지 기준 위반시 조치 체계를 수립하여야 한다(영5④(2)).

6. 독립성 요건

금융상품판매업자와 이해관계를 갖지 않는 자로서 다음의 요건을 갖추어야 한다(법12②(6)). 금융상품직접판매업자에게는 이 요건이 적용되지 아니한다(법12② 단서). 따라서 이 요건은 자문업자에게만 적용된다.

---

1. 임원에 대한 제재조치의 종류별로 다음에서 정하는 기간
   가. 해임(해임요구 또는 해임권고를 포함): 해임일(해임요구 또는 해임권고의 경우에는 해임요구일 또는 해임권고일)부터 5년
   나. 직무정지(직무정지의 요구를 포함) 또는 업무집행정지: 직무정지 종료일(직무정지 요구의 경우에는 직무정지 요구일) 또는 업무집행정지 종료일부터 4년
   다. 문책경고: 문책경고일부터 3년
2. 직원에 대한 제재조치의 종류별로 다음에서 정하는 기간
   가. 면직요구: 면직요구일부터 5년
   나. 정직요구: 정직요구일부터 4년
   다. 감봉요구: 감봉요구일부터 3년
3. 재임 또는 재직 당시 금융관계법령에 따라 그 소속기관 또는 금융위원회·금융감독원장 외의 감독·검사기관으로부터 제1호 또는 제2호의 제재조치에 준하는 조치를 받은 사실이 있는 경우 제1호 또는 제2호에서 정하는 기간
4. 퇴임하거나 퇴직한 임직원이 재임 또는 재직 중이었더라면 제1호부터 제3호까지의 조치를 받았을 것으로 인정되는 경우 그 받았을 것으로 인정되는 조치의 내용을 통보받은 날부터 제1호부터 제3호까지에서 정하는 기간

(1) 금융투자업 및 신용사업 또는 공제사업 겸영 금지

금융상품판매업자와 이해관계를 갖지 않는 자로서 금융상품판매업(투자일임업은 제외)과 금융투자업, 농업협동조합법, 산림조합법, 새마을금고법 또는 수산업협동조합법에 따른 신용사업 또는 공제사업을 겸영하지 아니하여야 한다(법12②(6) 가목, 영5⑤).

(2) 계열회사등 제외

금융상품판매업자와 이해관계를 갖지 않는 자로서 금융상품판매업자(투자일임업자는 제외)와 계열회사4) 또는 관계회사5)("계열회사등")가 아니어야 한다(법12②(6) 나목, 영5⑥).

(3) 겸직 또는 파견 금지

금융상품판매업자와 이해관계를 갖지 않는 자로서 임직원이 금융상품판매업자의 임직원 직위를 겸직하거나 그로부터 파견받은 자가 아니어야 한다(법12②(6) 다목).

Ⅲ. 금융상품판매대리·중개업자 등록요건

금융상품판매대리·중개업자로 등록하려는 자는 다음의 요건을 모두 갖추어야 한다(법12③).

1. 교육 이수 등 자격요건

금융상품판매대리·중개업자로 등록하려는 자는 교육 이수 등 자격요건을 모두 갖추어야 한다(법12③(1)). "교육 이수 등 자격"이란 취급하려는 금융상품 및 금융소비자보호 등에 관한 교육을 이수한 것을 말한다(영6① 전단). 이 경우

---

4) "계열회사"라 함은 2 이상의 회사가 동일한 기업집단에 속하는 경우에 이들 회사는 서로 상대방의 계열회사라 한다(공정거래법2(12)).

5) 관계회사는 ⅰ) 지배·종속의 관계에 있는 종속회사, ⅱ) 회계처리기준에 따른 관계기업(종속회사는 아니지만 투자자가 일정한 영향력을 보유하는 기업), ⅲ) 회계처리기준에 따른 공동기업(둘 이상의 투자자가 공동으로 지배하는 기업), ⅳ) 해당 회사의 발행주식총수 또는 출자지분의 20% 이상을 소유하고 있는 회사 또는 해당 회사가 발행주식총수 또는 출자지분의 100분의 20 이상을 소유하고 있는 회사, ⅴ) 동일인이 해당 회사를 포함한 둘 이상의 회사의 각 발행주식총수 또는 출자지분의 30% 이상을 소유하고 있는 경우 해당 회사 외의 회사, ⅵ) 그 밖에 해당 회사와 이해관계가 있다고 인정되는 회사를 말한다(외부감사법 시행령26①, 외부감사 및 회계 등에 관한 규정21).

금융상품판매대리·중개업자로 등록하려는 자가 법인인 경우에는 법인의 대표
또는 임원이 해당 교육을 이수해야 한다(영6① 후단).

(1) 대출모집인

대출성 상품을 취급하는 금융상품판매대리·중개업자(대출모집인)가 되려는
자(법인인 경우 대표자 또는 임원)는 다음의 구분에 따라 교육을 이수해야 한다(감
독규정6①).

(가) 금융상품직접판매업에 3년 이상 종사한 경력이 있는 사람인 경우

대출성 상품을 취급하는 금융상품직접판매업에 3년 이상 종사한 경력이 있
는 사람6)(등록을 신청한 날 이전 5년 이내에 해당 업무에 종사한 사람만 해당)인 경우
여신전문금융업협회가 개인이 대출성 상품에 관한 계약의 체결을 대리하거나 중
개하는데 필요한 전문성·윤리성을 갖추었는지를 인증하는 데 필요한 교육을 여
신전문금융업협회가 지정하는 기관으로부터 24시간 이상 받아야 한다(감독규정6
①(1)).

(나) 그 밖의 경우

그 밖의 경우 여신전문금융업협회가 지정하는 기관으로부터 교육을 48시간
이상 받은 후에 그 교육을 충실히 이수하였는지에 대해 여신전문금융업협회로부
터 인증을 받아야 한다(감독규정6①(2)).

(2) 교육기관 지정의 사전협의

여신전문금융업협회가 교육기관을 지정하는 경우에는 ⅰ) 전국은행연합회,
ⅱ) 생명보험협회 및 손해보험협회, ⅲ) 상호저축은행중앙회, ⅳ) 신용협동조합
중앙회와 사전에 협의해야 한다(감독규정6②).

(3) 신용협동조합 공제상품모집인

신용협동조합법에 따른 공제를 취급하는 금융상품판매대리·중개업자가 되
려는 사람(신협 공제상품모집인)은 ⅰ) 보험업법에 따른 보험설계사, 개인인 보험
대리점 또는 개인인 보험중개사가 금융위원회에 등록할 경우 보험업법 시행령에

---

6) 감독규정 부칙 제2조(금융상품판매대리·중개업자의 등록요건에 관한 경과조치) 2021년 3
월 25일 이전 5년 이내에 ⅰ) 전국은행연합회, ⅱ) 생명보험협회, ⅲ) 손해보험협회, ⅳ)
상호저축은행중앙회, ⅴ) 신용협동조합중앙회, 또는 ⅵ) 여신전문금융업협회에 등록된 금
융상품판매대리·중개업자(대출성 상품을 취급하는 자에 한정한다. 다만, 신용카드만을
취급하는 금융상품판매대리·중개업자는 제외한다)는 "금융상품직접판매업에 3년 이상 종
사한 경력이 있는 사람"으로 간주한다.

따라 이수해야 하는 교육(제1호), ⅱ) 공제를 취급하는 금융상품판매대리·중개업자가 갖추어야 할 전문성 확보를 위해 신협중앙회가 제1호에 따른 교육에 준하여 실시하는 교육(제2호) 중 어느 하나를 이수해야 한다(감독규정6③).

2. 임원 자격요건

금융상품판매대리·중개업자로 등록하려는 자가 개인의 경우에는 그 개인이 임원 결격 요건(법12④(2))에 해당하지 아니하여야 하고, 금융상품판매대리·중개업자로 등록하려는 법인의 경우에는 임원이 임원 결격 요건(법12④(2))에 해당하지 아니하여야 한다(법12③(2)).

따라서 금융상품판매대리·중개업자로 등록하려는 자는 다음에 해당하지 않아야 한다(법12④(2)). 즉 ⅰ) 미성년자, 피성년후견인 또는 피한정후견인, ⅱ) 파산선고를 받고 복권되지 아니한 사람, ⅲ) 금고 이상의 형의 집행유예를 선고받고 그 유예기간 중에 있는 사람, ⅳ) 금고 이상의 실형을 선고받고 그 집행이 끝나거나(집행이 끝난 것으로 보는 경우를 포함) 집행이 면제된 날부터 2년이 지나지 아니한 사람, ⅴ) 금융소비자보호법, 금융관련법령(영7①) 또는 외국 금융 관련 법령에 따라 벌금 이상의 형을 선고받고 그 집행이 끝나거나(집행이 끝난 것으로 보는 경우를 포함) 집행이 면제된 날부터 2년이 지나지 아니한 사람은 임원이 될 수 없다.

3. 업무 수행기준 요건: 법인 대출모집인

금융상품판매대리·중개업자로 등록하려는 자는 업무 수행기준 요건을 갖추어야 한다(법12③(3), 영6② 본문). 이에 따라 금융상품판매대리·중개업자가 되려는 자는 업무 수행기준을 갖추어야 한다(영6②(1)). 업무 수행기준은 ⅰ) 권유, 계약체결 등 금융소비자를 대상으로 하는 직무의 수행에 관한 사항, ⅱ) 권유, 계약체결 등 금융소비자를 대상으로 직무를 수행하는 사람이 갖추어야 할 교육수준 또는 자격에 관한 사항, ⅲ) 금융소비자와의 이해상충 방지에 관한 사항, ⅳ) 광고물 제작 및 광고물 내부 심의에 관한 사항이다(감독규정6④).

4. 인력 보유 요건: 법인 대출모집인

금융상품판매대리·중개업자로 등록하려는 자는 인력 보유 요건을 갖추어야

한다(법12③(3), 영6② 본문). 이에 따라 금융상품판매대리·중개업자가 되려는
자는 ⅰ) 업무수행에 필요한 전문성을 갖춘 인력 1명 이상, ⅱ) 전산 설비의 운
용·유지 및 관리를 전문적으로 수행할 수 있는 인력 1명 이상을 구비하여야
한다(영6②(2)). 위 ⅰ)에서 인력은 다음의 구분에 따른다(감독규정6⑤).

(1) 대출성 상품

대출성 상품의 경우 다음의 구분에 따른 인력을 1명 이상 두어야 한다(감독
규정6⑤(1)).

(가) 금융상품직접판매업에 3년 이상 종사한 경력이 있는 사람인 경우

대출성 상품을 취급하는 금융상품직접판매업에 3년 이상 종사한 경력이 있
는 사람(등록을 신청한 날 이전 5년 이내에 해당 업무에 종사한 사람만 해당)인 경우
여신전문금융업협회가 개인이 대출성 상품에 관한 계약의 체결을 대리하거나 중
개하는데 필요한 전문성·윤리성을 갖추었는지를 인증하는 데 필요한 교육을 여
신전문금융업협회가 지정하는 기관으로부터 24시간 이상 받아야 한다(감독규정6
①(1)).

(나) 그 밖의 경우

그 밖의 경우 여신전문금융업협회가 지정하는 기관으로부터 교육을 48시간
이상 받은 후에 그 교육을 충실히 이수하였는지에 대해 여신전문금융업협회로부
터 인증을 받아야 한다(감독규정6①(2)).

(2) 공제

공제의 경우 다음의 교육 중 어느 하나를 이수한 인력을 1명 이상 두어야
한다(감독규정6⑤(2)). 즉 인력은 ⅰ) 보험업법에 따른 보험설계사, 개인인 보험대
리점 또는 개인인 보험중개사가 금융위원회에 등록할 경우 보험업법 시행령에
따라 이수해야 하는 교육(제1호), ⅱ) 공제를 취급하는 금융상품판매대리·중개업
자가 갖추어야 할 전문성 확보를 위해 신협중앙회가 제1호에 따른 교육에 준하
여 실시하는 교육(제2호) 중 어느 하나를 이수해야 한다(감독규정6③).

5. 물적 설비 요건: 법인 대출모집인

금융상품판매대리·중개업자로 등록하려는 자는 물적 설비 요건을 갖추어야
한다(법12③(3), 영6② 본문). 이에 따라 금융상품판매대리·중개업자가 되려는 자
는 ⅰ) 컴퓨터 등 정보통신설비, ⅱ) 전자적 업무처리에 필요한 설비, ⅲ) 고정사

업장, ⅳ) 사무장비 및 통신수단, ⅴ) 업무 관련 자료의 보관 및 손실방지 설비, ⅵ) 전산설비 등을 안전하게 보호할 수 있는 보안설비를 구비하여야 한다(영6②(3)).

6. 사회적 신용 요건: 법인 대출모집인

금융상품판매대리·중개업자로 등록하려는 자는 사회적 신용 요건을 갖추어야 한다(법12③(3), 영6② 본문). 이에 따라 금융상품판매대리·중개업자가 되려는 자는 자본시장법 시행령 제16조 제8항 제2호에 따른 사회적 신용을 갖추어야 한다(영6②(4) 전단)). 따라서 사회적 신용은 다음의 모든 요건에 적합하여야 한다(자본시장법 시행령16⑧(2) 본문). 다만, 그 위반 등의 정도가 경미하다고 인정되는 경우는 제외한다(자본시장법 시행령16⑧(2) 단서).

가. 최근 3년간 금융회사지배구조법 시행령 제5조에 따른 법령("금융관련법령"), 공정거래법 및 조세범 처벌법을 위반하여 벌금형 이상에 상당하는 형사처벌을 받은 사실이 없을 것. 다만, 법 제68조, 그 밖에 해당 법률의 양벌규정에 따라 처벌을 받은 경우는 제외한다.
나. 최근 3년간 채무불이행 등으로 건전한 신용질서를 해친 사실이 없을 것
다. 최근 5년간 금융산업구조개선법에 따라 부실금융기관으로 지정되었거나 금융관련법령에 따라 영업의 허가·인가·등록 등이 취소된 자가 아닐 것
라. 금융관련법령이나 외국 금융관련법령(금융관련법령에 상당하는 외국 금융관련 법령)에 따라 금융위원회, 외국 금융감독기관 등으로부터 지점, 그 밖의 영업소의 폐쇄 또는 그 업무의 전부나 일부의 정지 이상의 조치(이에 상당하는 행정처분을 포함)를 받은 후 다음 구분에 따른 기간이 지났을 것
   1) 업무의 전부정지: 업무정지가 끝난 날부터 3년
   2) 업무의 일부정지: 업무정지가 끝난 날부터 2년
   3) 지점, 그 밖의 영업소의 폐쇄 또는 그 업무의 전부나 일부의 정지: 해당 조치를 받은 날부터 1년

7. 영업보증금 예탁 요건: 온라인 법인 단독 요건

금융상품판매대리·중개업자로 등록하려는 자는 영업보증금 예탁 요건을 갖추어야 한다(법12③(3), 영6② 본문). 이에 따라 금융상품판매대리·중개업자가 되

려는 자는 금융소비자의 손해배상을 위해 5천만원의 보증금을 예탁하거나 이와 같은 수준 이상의 보장성 상품에 가입하여야 한다(영6②(5), 감독규정6⑥). 이 요건은 전자금융거래법에 따른 전자적 장치(모바일 앱, 태블릿 등)를 이용한 자동화 방식을 통해서만 금융상품판매대리·중개업을 영위하려는 경우에만 적용한다(영6② 단서).

8. 이해상충 방지 소프트웨어 설치 요건: 온라인 법인 단독 요건

금융상품판매대리·중개업자로 등록하려는 자는 소비자 이해상충 방지 소프트웨어 설치 요건을 갖추어야 한다(법12③(3), 영6② 본문). 이에 따라 금융상품판매대리·중개업자가 되려는 자는 전자금융거래법에 따른 전자적 장치에 이해상충행위 방지를 위한 기준이 포함된 소프트웨어를 설치하여야 한다(영6②(6)). 이 요건은 전자금융거래법에 따른 전자적 장치를 이용한 자동화 방식을 통해서만 금융상품판매대리·중개업을 영위하려는 경우에만 적용한다(영6② 단서).

Ⅳ. 금융상품판매업자등의 임원

다음에 해당하는 사람은 등록을 한 금융상품직접판매업자, 금융상품자문업자 또는 법인인 금융상품판매대리·중개업자의 임원이 될 수 없다(법12④).

1. 금융상품직접판매업자 또는 금융상품자문업자의 경우

금융상품직접판매업자 또는 금융상품자문업자의 경우 다음의 사람은 임원이 될 수 없다(법12④(1)). 즉 ⅰ) 미성년자, 피성년후견인 또는 피한정후견인, ⅱ) 파산선고를 받고 복권되지 아니한 사람, ⅲ) 금고 이상의 실형을 선고받고 그 집행이 끝나거나(집행이 끝난 것으로 보는 경우를 포함) 집행이 면제된 날부터 5년이 지나지 아니한 사람, ⅳ) 금고 이상의 형의 집행유예를 선고받고 그 유예기간 중에 있는 사람, ⅴ) 금융소비자보호법, 금융관련법령(영7①) 또는 외국 금융 관련 법령에 따라 벌금 이상의 형을 선고받고 그 집행이 끝나거나(집행이 끝난 것으로 보는 경우를 포함) 집행이 면제된 날부터 5년이 지나지 아니한 사람, ⅵ) 금융소비자보호법 또는 금융관련법령에 따라 임직원 제재조치(퇴임 또는 퇴직한 임직원의 경우 해당 조치에 상응하는 통보를 포함)를 받은 사람으로서 그 조치의 종류별로 5

년을 초과하지 아니하는 범위에서 대통령령으로 정하는 기간7)이 지나지 아니한 사람은 임원이 될 수 없다.

2. 법인인 금융상품판매대리·중개업자의 경우

법인인 금융상품판매대리·중개업자의 경우 다음의 사람은 임원이 될 수 없다(법12④(2)). 즉 ⅰ) 미성년자, 피성년후견인 또는 피한정후견인, ⅱ) 파산선고를 받고 복권되지 아니한 사람, ⅲ) 금고 이상의 형의 집행유예를 선고받고 그 유예기간 중에 있는 사람, ⅳ) 금고 이상의 실형을 선고받고 그 집행이 끝나거나 (집행이 끝난 것으로 보는 경우를 포함) 집행이 면제된 날부터 2년이 지나지 아니한 사람, ⅴ) 금융소비자보호법, 금융관련법령 또는 외국 금융 관련 법령에 따라 벌금 이상의 형을 선고받고 그 집행이 끝나거나(집행이 끝난 것으로 보는 경우를 포함) 집행이 면제된 날부터 2년이 지나지 아니한 사람은 임원이 될 수 없다.

Ⅴ. 금융상품판매업자등의 등록 절차 및 방법

1. 등록신청

금융상품직접판매업자, 금융상품판매대리·중개업자 또는 금융상품자문업자 ("금융상품판매업자등")의 등록을 하려는 자는 등록신청서에 ⅰ) 정관 또는 이에 준하는 업무운영규정, ⅱ) 사업계획에 관한 자료, ⅲ) 재무현황에 관한 자료, ⅳ) 등록요건을 갖추었음을 증명하는 자료를 첨부하여 금융위원회에 제출해야 한다 (영8①). 등록신청서는 감독규정 [별표 1] 제1호에 따른 기재사항이 포함된 서류를 말한다(감독규정7①).

2. 등록 여부 결정과 등록거부

(1) 등록기간과 신청인 통지

금융위원회는 등록신청을 받은 날부터 2개월 이내에 등록 여부를 결정하고, 지체 없이 그 결과 및 이유를 신청인에게 문서로 알려야 한다(영8② 본문). 다만, 해당 기간에 등록 여부를 결정하기 어려운 불가피한 사정이 있는 때에는 2개월

---

7) 금융회사지배구조법 시행령 제7조 제2항 각 호의 구분에 따른 기간을 말한다(영7②). 이에 관하여는 앞에서 살펴보았다.

의 범위에서 한 차례만 그 기간을 연장할 수 있다(영8② 단서).

(2) 등록기간 산정시 제외기간

금융위원회(등록 관련 업무를 위탁받은 자인 금융감독원과 협회등 포함)가 등록 여부를 결정하는데 걸린 기간은 다음의 기간을 제외하고 산정한다(감독규정7④).

1. 금융상품직접판매업자 또는 금융상품자문업자의 등록요건(법12②), 금융상 품판매대리·중개업자의 등록요건(법12③), 또는 금융상품직접판매업자, 금융상품자문업자 또는 법인인 금융상품판매대리·중개업자의 임원 자격요건 (법12④)을 충족하는지를 확인하기 위하여 다른 기관으로부터 필요한 자료를 제공받는 데에 걸리는 기간
2. 신청인이 제출한 등록신청서에 흠이 있어 금융위원회가 보완을 요구한 경우 그 보완기간
3. 신청인을 상대로 형사소송 절차가 진행되고 있거나 금융위원회, 공정거래위 원회, 국세청, 검찰청 또는 금융감독원 등에 의한 조사·검사 등의 절차가 진 행되고 있고, 그 소송이나 조사·검사 등의 내용이 등록 여부에 중대한 영향 을 미칠 수 있다고 인정되는 경우에는 그 소송이나 조사·검사 등의 절차가 끝날 때까지의 기간

(3) 등록거부

금융위원회는 신청인이 ⅰ) 등록요건을 갖추지 않은 경우, ⅱ) 등록신청서 를 거짓으로 작성한 경우, ⅲ) 협회등의 보완요구를 정당한 사유 없이 이행하지 않은 경우에 등록을 거부할 수 있다(감독규정7⑤).

3. 실태조사

금융위원회는 등록요건의 확인을 위해 필요하다고 인정하는 경우 실태조사 를 실시할 수 있다(영8③).

4. 의견 또는 자료 제출 요청

금융위원회는 등록을 위해 필요하다고 인정하는 경우에는 관계 기관·단체 또는 전문가에게 의견 또는 자료의 제출을 요청할 수 있다(영8④).

5. 등록수수료

금융상품판매업자등으로 등록을 신청하려는 자는 등록요건 심사 및 관리에 필요한 비용을 고려하여 ⅰ) 법인인 금융상품판매대리·중개업자는 20만원, ⅱ) 개인인 금융상품판매대리·중개업자는 2만원의 수수료를 내야 한다(법12⑤, 영9 ①, 감독규정8).

제3장

금융상품판매업자등의 영업행위 준수사항

제1절 영업행위 일반원칙

Ⅰ. 영업행위 준수사항 해석의 기준

누구든지 영업행위 준수사항에 관한 규정을 해석·적용하려는 경우 금융소비자의 권익을 우선적으로 고려하여야 하며, 금융상품 또는 계약관계의 특성 등에 따라 금융상품 유형별 또는 금융상품판매업자등의 업종별로 형평에 맞게 해석·적용되도록 하여야 한다(법13).

Ⅱ. 신의성실의무 등

1. 신의성실의무

금융상품판매업자등은 금융상품 또는 금융상품자문에 관한 계약의 체결, 권리의 행사 및 의무의 이행을 신의성실의 원칙에 따라 하여야 한다(법14①).

2. 공정의무

금융상품판매업자등은 금융상품판매업등을 영위할 때 업무의 내용과 절차

를 공정히 하여야 하며, 정당한 사유 없이 금융소비자의 이익을 해치면서 자기가
이익을 얻거나 제3자가 이익을 얻도록 해서는 아니 된다(법14②).

Ⅲ. 부당한 차별금지

금융상품판매업자등은 금융상품 또는 금융상품자문에 관한 계약을 체결하
는 경우 정당한 사유 없이 성별·학력·장애·사회적 신분 등을 이유로 계약조건
에 관하여 금융소비자를 부당하게 차별해서는 아니 된다(법15).

Ⅳ. 금융상품판매업자등의 관리책임

금융상품판매업자등은 임직원 및 금융상품판매대리·중개업자(보험중개사는
제외)가 업무를 수행할 때 법령을 준수하고 건전한 거래질서를 해치는 일이 없도
록 성실히 관리하여야 한다(법16①).

Ⅴ. 내부통제기준

1. 내부통제기준 마련

(1) 법인인 금융상품판매업자등의 내부통제기준 마련의무

법인인 금융상품판매업자등은 관리업무를 이행하기 위하여 그 임직원 및 금
융상품판매대리·중개업자가 직무를 수행할 때 준수하여야 할 기준 및 절차("내
부통제기준")를 마련하여야 한다(법16②, 영10①).

(2) 내부통제기준 마련의무 제외대상 금융상품판매업자등

다음의 어느 하나에 해당하는 금융상품판매업자등은 내부통제기준 마련의
무에서 제외된다(법16②, 영10①). 즉 ⅰ) 상호저축은행중앙회, ⅱ) 온라인소액투
자중개업자, ⅲ) 대부업자 및 대부중개업자, ⅳ) 온라인투자연계금융업자, ⅴ) 겸
영여신업자, ⅵ) 겸영금융투자업자, ⅶ) 금융상품직접판매업자 및 금융상품자문
업자의 경우 상시근로자가 5명 미만인 경우에 해당하는 법인, ⅷ) 금융상품판매
대리·중개업자의 경우 ㉠ 하나의 금융상품직접판매업자가 취급하는 금융상품에

관한 계약의 체결만 대리·중개하는 것을 영업으로 하는 경우에 해당하는 법인, 또는 ㉡ 소속된 개인 금융상품판매대리·중개업자가 5명 미만(직전 분기의 일평균을 기준으로 한다)인 경우(전자금융거래 방식만으로 금융상품판매업등을 영위하는 법인은 상시근로자가 3명 미만인 경우)에 해당하는 법인은 제외한다(영10①, 감독규정9①).

2. 내부통제기준 포함사항

내부통제기준에는 ⅰ) 업무의 분장 및 조직구조(제1호), ⅱ) 임직원이 업무를 수행할 때 준수해야 하는 기준 및 절차(제2호), ⅲ) 내부통제기준의 운영을 위한 조직·인력(제3호), ⅳ) 내부통제기준 준수 여부에 대한 점검·조치 및 평가(제4호), ⅴ) 내부통제기준에 따른 직무수행 교육에 관한 사항(제5호), ⅵ) 업무수행에 대한 보상체계 및 책임확보 방안(제6호), ⅶ) 내부통제기준의 제정·변경 절차(제7호), ⅷ) 그 밖에 앞의 7가지의 사항에 준하는 것으로서 금융위원회가 정하여 고시하는 사항(제8호)이 포함되어야 한다(영10②). 위 각 호의 포함사항은 [별표 2]와 같다(감독규정9②).

3. 내부통제기준 제정·변경과 이사회 승인

(1) 이사회 승인

금융상품판매업자등은 내부통제기준을 제정·변경하는 경우 이사회의 승인을 받아야 한다(영10③ 본문).

(2) 경미사항과 대표자 승인

경미한 사항을 변경하는 경우에는 대표자의 승인으로 갈음할 수 있다(영10③ 단서). 여기서 경미한 사항이란 ⅰ) 법령 또는 관련 규정의 제정·개정에 연동되어 변경해야 하는 사항(제1호), ⅱ) 이사회가 의결한 사항에 대한 후속조치(제2호), ⅲ) 그 밖에 제1호 및 제2호에 준하는 사항(제3호)을 말한다(감독규정9③).

4. 내부통제기준 제정·변경의 공지

금융상품판매업자등은 내부통제기준을 제정·개정한 경우에 제정·개정 사실 및 주요 현황을 인터넷 홈페이지에 게시해야 한다(영10④, 감독규정9④).

제2절 금융상품 유형별 영업행위 준수사항

금융소비자보호법은 판매 관련 규제를 강화하고 체계화하여 불완전판매 등을 방지하고 금융회사의 자발적 노력을 유도하기 위하여 금융상품 판매행위 규제체계를 마련하였다. 금융상품 판매행위 규제 체계화를 위하여 모든 금융상품의 판매에 6대 판매행위 원칙을 규정하였다.

Ⅰ. 적합성원칙

1. 소비자 분류 확인의무(소비자 유형 구분)

금융상품판매업자등은 금융상품계약체결등을 하거나 자문업무를 하는 경우에는 상대방인 금융소비자가 일반금융소비자인지 전문금융소비자인지를 확인하여야 한다(법17①).

2. 소비자 정보 파악 · 확인(유지 · 관리 · 제공)의무

금융상품판매업자등은 일반금융소비자에게 다음의 금융상품 계약 체결을 권유(금융상품자문업자가 자문에 응하는 경우를 포함)하는 경우에는 면담 · 질문 등을 통하여 다음의 구분에 따른 정보를 파악하고, 일반금융소비자로부터 서명(전자서명을 포함), 기명날인, 녹취의 방법으로 확인을 받아 이를 유지 · 관리하여야 하며, 확인받은 내용을 일반금융소비자에게 지체 없이 제공하여야 한다(법17②).

금융상품판매업자등이 일반금융소비자의 정보를 파악하고 그 정보에 대해 해당 일반금융소비자의 확인을 받아야 하는 금융상품의 범위는 다음과 같다(영11①). 예금성 상품은 제외한다.

(1) 보장성 상품 계약체결을 권유하는 경우

금융상품판매업자등은 보장성 상품인 ⅰ) 변액보험,[1] ⅱ) 보험료 또는 공제

---

[1] 만기에 원금을 보장하지 않는 변액보험은 보장성 상품뿐만 아니라 투자성 상품에도 해당한다. 퇴직연금 계좌에서 편입하는 보험계약의 경우에 그 계약이 원금을 보장하지 않는 경우에도 투자성 상품으로 본다(금융위원회 · 금융감독원(2021b), 9쪽).

료의 일부를 금융투자상품의 취득·처분 또는 그 밖의 방법으로 운용할 수 있도록 하는 보험 또는 공제의 계약 체결을 권유하는 경우에는 ⅰ) 일반금융소비자의 연령, ⅱ) 재산상황(부채를 포함한 자산 및 소득에 관한 사항), ⅲ) 보장성 상품 계약체결의 목적을 파악하고 확인하여야 한다(법17②(1), 영11①(1)).

(2) 투자성 상품 등의 계약체결을 권유하는 경우

금융상품판매업자등은 투자성 상품 및 운용실적에 따라 수익률 등의 변동 가능성이 있는 금융상품의 계약체결을 권유하는 경우에는 ⅰ) 일반금융소비자의 해당 금융상품 취득 또는 처분 목적, ⅱ) 재산상황, ⅲ) 취득 또는 처분 경험을 파악하고 확인하여야 한다(법17②(2)). 다만, 온라인소액투자중개의 대상이 되는 증권과 연계투자는 제외한다(법17②(2), 영11①(2)).

(3) 대출성 상품 계약체결을 권유하는 경우

금융상품판매업자등은 대출성 상품 계약체결을 권유하는 경우에는 ⅰ) 일반 금융소비자의 재산상황, ⅱ) 신용 및 변제계획을 파악하고 확인하여야 한다(법17②(3)).

(4) 적합한 계약체결을 권유하기 위한 추가정보

금융상품판매업자등은 그 밖에 일반금융소비자에게 적합한 금융상품 계약의 체결을 권유하기 위하여 필요한 정보로서 다음의 사항을 파악하고 확인하여야 한다(법17②(4), 영11②).

(가) 보장성 상품

보장성 상품(영11①(1))의 경우 ⅰ) 금융상품을 취득·처분한 경험, ⅱ) 금융상품에 대한 이해도, ⅲ) 기대이익 및 기대손실 등을 고려한 위험에 대한 태도를 파악하고 확인하여야 한다(영11②(1)).

(나) 투자성 상품

투자성 상품(영11①(2))의 경우 ⅰ) 일반금융소비자의 연령, ⅱ) 금융상품에 대한 이해도, ⅲ) 기대이익 및 기대손실 등을 고려한 위험에 대한 태도를 파악하고 확인하여야 한다(영11②(2)).

(다) 대출성 상품

대출성 상품(법11①(3))의 경우 ⅰ) 일반금융소비자의 연령, ⅱ) 계약체결의 목적(대출만 해당)을 파악하고 확인하여야 한다(영11②(3)).

3. 부적합 계약체결 권유 금지 의무

(1) 부적합한 금융상품의 권유 금지

금융상품판매업자등은 확인한 정보를 고려하여 그 일반금융소비자에게 적합하지 아니하다고 인정되는 계약체결을 권유해서는 아니 된다(법17③ 전단).

적합성 원칙은 판매자가 소비자 정보를 확인한 후에 소비자에 부적합한 상품은 권유하지 못하도록 규정하고 있다. 소비자가 원한다는 이유로 펀드 카탈로그 제공 등의 방법으로 부적합한 상품을 권유하고 소비자로부터 부적합확인서를 받아 계약하는 행위는 적합성 원칙 위반으로 볼 수 있다. 한편 판매자는 소비자 정보 확인 후 적합한 상품을 권유했으나 소비자가 부적합한 상품을 특정하여 청약하는 경우에는 ⅰ) 그 상품이 적정성원칙 적용대상인 경우에는 부적합하다는 사실을 법령에 따라 알린 후 계약체결이 가능하며, ⅱ) 적정성원칙 적용대상이 아닌 경우에는 별도 조치 없이 계약체결이 가능하다.[2]

(2) 적합성 판단기준

적합성 판단기준은 다음의 구분에 따른 사항을 준수해야 한다(법17③ 후단, 영11③ 본문, 감독규정10①).

(가) 보장성 상품 또는 투자성 상품

보장성 상품 또는 투자성 상품을 평가하는 경우 다음의 사항을 준수해야 한다(감독규정10①(1)).

1) 손실에 대한 감수능력

일반금융소비자의 손실에 대한 감수능력과 관련하여 ⅰ) 거래목적, ⅱ) 계약기간, 기대이익 및 기대손실 등을 고려한 위험에 대한 태도, ⅲ) 금융상품에 대한 이해도,[3] ⅳ) 재산상황(보유한 자산 중 금융상품의 유형별 비중), ⅴ) 투자성 상품을 취득·처분한 경험, ⅵ) 연령을 종합 고려하여 평가하여야 한다(감독규정10①(1) 가목 본문). 다만, 일반금융소비자 보호를 위해 필요한 경우에는 위의 사

---

2) 금융위원회·금융감독원(2021b), 4쪽.

3) 적합성원칙과 관련하여 소비자로부터 확인해야 하는 정보 중 "금융상품에 대한 이해도"에 대한 판단은 해당 금융상품에 대한 설명을 이해하는데 필요한 기초지식이 있는지를 객관적인 문항을 통해 확인할 수 있을 것이다. 예를 들어 "자신이 충분한 지식을 가지고 있다고 생각하는지?"와 같이 소비자의 주관적 의사에 의존하는 문항은 지양할 필요가 있다(금융위원회·금융감독원(2021b), 5쪽).

항 중 어느 하나만으로 해당 금융상품에 적합하지 않다고 평가할 수 있다(감독규정10①(1) 가목 단서).

2) 위험등급 정보와 비교평가

위의 ⅰ) 거래목적, ⅱ) 계약기간, 기대이익 및 기대손실 등을 고려한 위험에 대한 태도, ⅲ) 금융상품에 대한 이해도, ⅳ) 재산상황(보유한 자산 중 금융상품의 유형별 비중), ⅴ) 투자성 상품을 취득·처분한 경험, ⅵ) 연령을 해당 금융상품의 위험등급에 관한 정보와 비교하여 평가하여야 한다(감독규정10①(1) 나목 전단). 이 경우 해당 금융상품이 다수의 금융상품으로 구성되어 있는 경우에는 각 금융상품의 위험등급을 종합적으로 고려하여 평가할 수 있다(감독규정10①(1) 나목 후단).

3) 평가결과와 평가근거 기록

위의 ⅰ) 거래목적, ⅱ) 계약기간, 기대이익 및 기대손실 등을 고려한 위험에 대한 태도, ⅲ) 금융상품에 대한 이해도, ⅳ) 재산상황(보유한 자산 중 금융상품의 유형별 비중), ⅴ) 투자성 상품을 취득·처분한 경험, ⅵ) 연령에 대한 평가결과를 평가근거와 함께 문서에 기록하여야 한다(감독규정10①(1) 다목).

(나) 대출성 상품

대출성 상품을 평가하는 경우 다음의 사항을 준수해야 한다(감독규정10①(2)).

1) 상환능력

일반금융소비자의 상환능력과 관련하여 ⅰ) 거래목적, ⅱ) 원리금 변제계획, ⅲ) 신용, ⅳ) 재산상황(소득, 부채 및 자산) 및 고정지출, ⅴ) 연령을 종합 고려하여 평가하여야 한다(감독규정10①(2) 가목 본문). 다만, 해당 금융상품의 특성상 필요한 경우에는 위의 사항 중 어느 하나만으로 평가할 수 있다(감독규정10①(2) 가목 단서).

2) 평가결과와 평가근거 기록

위의 ⅰ) 거래목적, ⅱ) 원리금 변제계획, ⅲ) 신용, ⅳ) 재산상황(소득, 부채 및 자산) 및 고정지출, ⅴ) 연령에 대한 평가결과를 평가근거와 함께 문서에 기록하여야 한다(감독규정10①(2) 나목).

(3) 자체 판단기준

해당 적합성 판단기준의 적용이 현저히 불합리하다고 인정되는 경우로서 다음의 사유에 해당하는 때에는 자체 기준에 따를 수 있다(영11③ 단서). 따라서 ⅰ) 신용카드, ⅱ) 분양된 주택의 계약 또는 주택조합 조합원의 추가 분담금 발생에 따른 중도금 지급을 목적으로 하는 대출, ⅲ) 주택 재건축·재개발에 따른 이주비 확보를 목적으로 하는 대출, ⅳ) 환매조건부채권등 원금손실 위험이 현저히 낮은 투자성 상품, ⅴ) 그 밖에 앞의 4가지에 준하는 금융상품으로서 그 특성상 적합성 판단기준의 적용이 객관적으로 어려운 금융상품은 그 특성상 필요한 범위 내에서 금융상품판매업자등이 자체 기준에 따라 평가할 수 있다(감독규정10②).

4. 금융상품 유형별 정보내용

금융상품판매업자등이 금융상품의 유형별로 파악하여야 하는 정보의 세부적인 내용은 대통령령으로 정한다(법17④). 이에 따라 신용(법17②(3) 나목)의 내용은 신용정보법에 따른 신용정보 또는 자본시장법에 따른 신용등급으로 한정한다(영11④). 금융상품판매업자등은 신용을 적합성 판단기준에 평가를 하는데 필요한 범위 내에서 파악해야 한다(감독규정10③).

5. 전문투자형 사모집합투자기구의 집합투자증권 판매

(1) 적합성원칙의 적용 제외

금융상품판매업자등이 전문투자형 사모집합투자기구의 집합투자증권을 판매하는 경우에는 소비자 분류 확인의무(법17①), 소비자 정보 파악·확인의무(법17②), 부적합 계약체결 권유 금지 의무(법17③) 규정을 적용하지 아니한다(법17⑤ 본문).

(2) 적합성원칙의 적용
(가) 적격투자자 중 일반금융소비자의 적용 요청

적격투자자 중 일반금융소비자는 금융상품판매업자등에게 소비자 분류 확인의무(법17①), 소비자 정보 파악·확인의무(법17②), 부적합 계약체결 권유 금지 의무(법17③) 규정을 적용해 줄 것을 ⅰ) 서면 교부, ⅱ) 우편 또는 전자우편, ⅲ) 전화 또는 팩스, ⅳ) 휴대전화 문자메시지 또는 이에 준하는 전자적 의사표시의 방법으로 요청할 수 있다(법17⑤ 단서, 영11⑤ 전단).

(나) 적합성원칙 적용 요청의 사전통지

해당 금융상품판매업자등은 적격투자자 중 일반금융소비자에게 ⅰ) 서면 교부, ⅱ) 우편 또는 전자우편, ⅲ) 전화 또는 팩스, ⅳ) 휴대전화 문자메시지 또는 이에 준하는 전자적 의사표시의 방법으로 소비자 분류 확인의무(법17①), 소비자 정보 파악·확인의무(법17②), 부적합 계약체결 권유 금지 의무(법17③) 규정을 적용해 줄 것을 요청할 수 있다는 사실을 미리 알려야 한다(법17⑥, 영11⑤ 후단).

(다) 적합성원칙의 적용 여부 사전통지

금융상품판매업자등은 계약체결의 권유를 하기 전에 ⅰ) 소비자 분류 확인의무(법17①), 소비자 정보 파악·확인의무(법17②), 부적합 계약체결 권유 금지의무(법17③) 규정의 적용을 별도로 요청할 수 있다는 사실 및 요청 방법, ⅱ) 소비자 분류 확인의무(법17①), 소비자 정보 파악·확인의무(법17②), 부적합 계약체결 권유 금지 의무(법17③) 규정의 적용을 별도로 요청하지 않을 경우에는 일반금융소비자에 적합하지 않은 계약의 체결로 인한 손해에 대해 금융상품판매업자등이 해당 규정에 따른 책임을 지지 않는다는 사실을 일반금융소비자에게 알려야 한다(영11⑤ 후단, 감독규정10④).

Ⅱ. 적정성원칙

1. 소비자 정보파악의무

금융상품판매업자는 보장성 상품, 투자성 상품 및 대출성 상품(적용대상 상품)에 대하여 일반금융소비자에게 계약체결을 권유하지 아니하고 금융상품 판매계약을 체결하려는 경우에는 미리 면담·질문 등을 통하여 다음의 구분에 따른 정보를 파악하여야 한다(법18①).

(1) 적용대상 상품

금융상품판매업자가 일반금융소비자의 정보를 파악해야 하는 금융상품의 범위는 다음과 같다(영12①). 즉 적정성원칙의 적용대상 상품은 예금성 상품을 제외한 다음의 상품이다. 적정성원칙은 키코(KIKO)상품의 불완전판매가 사회적 이슈가 되어 2009년 2월 3일 자본시장법 개정시 도입되었다.

(가) 보장성 상품

보장성 상품은 ⅰ) 변액보험, ⅱ) 보험료 또는 공제료의 일부를 금융투자상품의 취득·처분 또는 그 밖의 방법으로 운용할 수 있도록 하는 보험 또는 공제를 말한다(영12①(1), 영11①(1)).

(나) 투자성 상품

투자성 상품은 ⅰ) 파생상품 및 파생결합증권(자본시장법 시행령 제7조 제2항 각 호의 증권은 제외)(가목), ⅱ) 사채 중 일정한 사유가 발생하는 경우 주식으로 전환되거나 원리금을 상환해야 할 의무가 감면될 수 있는 사채(이익참가부사채·교환사채·상환사채·파생결합사채(상법469②), 전환사채(상법513) 및 신수인수권부사채(상법516의2)는 제외)(나목), ⅲ) 자본시장법 시행령에 따른 고난도금융투자상품, 고난도투자일임계약 및 고난도금전신탁계약(다목), ⅳ) 그 밖에 가목부터 다목까지의 규정에 준하는 것으로서 일반금융소비자의 보호를 위해 금융위원회가 정하여 고시하는 금융상품을 말한다(영12①(2)).

(다) 대출성 상품

대출성 상품은 ⅰ) 주택(주택법2(1))을 담보로 하는 대출, ⅱ) 증권 또는 지식재산권을 담보로 계약을 체결하는 대출성 상품을 말한다(영12①(3)).

(2) 정보파악의무의 내용

(가) 보장성 상품

보장성 상품은 ⅰ) 일반금융소비자의 연령, ⅱ) 재산상황(부채를 포함한 자산 및 소득에 관한 사항), ⅲ) 보장성 상품 계약체결의 목적을 파악하여야 한다(법18①(1) 및 17②(1)).

(나) 투자성 상품

투자성 상품은 ⅰ) 일반금융소비자의 해당 금융상품 취득 또는 처분 목적, ⅱ) 재산상황, ⅲ) 취득 또는 처분 경험을 파악하여야 한다(법18①(2) 및 17②(2)).

(다) 대출성 상품

대출성 상품은 ⅰ) 일반금융소비자의 재산상황, ⅱ) 신용 및 변제계획을 파악하여야 한다(법18①(3) 및 17②(3)).

(라) 적정성 판단 정보

금융상품판매업자가 금융상품 판매계약이 일반금융소비자에게 적정한지를 판단하는 데 필요하다고 인정되는 정보로서 다음 구분에 따른 정보를 파악하여야 한다(법18①(4), 영12②, 영11②).

1) 보장성 상품

보장성 상품(법17②(1))의 경우 ⅰ) 금융상품을 취득·처분한 경험, ⅱ) 금융 상품에 대한 이해도, ⅲ) 기대이익 및 기대손실 등을 고려한 위험에 대한 태도를 파악하여야 한다(영11②(1)).

2) 투자성 상품

투자성 상품(법17②(2))의 경우 ⅰ) 일반금융소비자의 연령, ⅱ) 금융상품에 대한 이해도, ⅲ) 기대이익 및 기대손실 등을 고려한 위험에 대한 태도를 파악하 여야 한다(영11②(2)).

3) 대출성 상품

대출성 상품(법17②(3))의 경우 ⅰ) 일반금융소비자의 연령, ⅱ) 계약체결의 목적(대출만 해당)를 파악하여야 한다(영11②(3)).

2. 부적정 판단 사실 통지·확인의무 등

(1) 통지 및 확인방법

금융상품판매업자는 금융상품의 유형에 따라 확인한 사항을 고려하여 해당 금융상품이 그 일반금융소비자에게 적정하지 아니하다고 판단되는 경우에는 그 사실을 알리고, 그 일반금융소비자로부터 서명, 기명날인, 녹취의 방법으로 확인 을 받아야 한다(법18② 전단).

(2) 적정성 판단기준과 자체 판단기준

금융상품의 적정성 판단기준에 관하여는 금융상품의 유형에 따라 적합성 판 단기준 규정인 영 제11조 제3항을 준용한다(법18② 후단, 영12③). 따라서 적정성 판단기준은 다음의 구분에 따른 사항을 준수해야 한다(영11③ 본문, 감독규정10①).

(가) 적정성 판단기준

1) 보장성 상품 또는 투자성 상품

보장성 상품 또는 투자성 상품을 평가하는 경우 다음의 사항을 준수해야 한 다(감독규정10①(1)).

가) 손실에 대한 감수능력

일반금융소비자의 손실에 대한 감수능력과 관련하여 ⅰ) 거래목적, ⅱ) 계 약기간, 기대이익 및 기대손실 등을 고려한 위험에 대한 태도, ⅲ) 금융상품에 대한 이해도, ⅳ) 재산상황(보유한 자산 중 금융상품의 유형별 비중), ⅴ) 투자성 상품을 취득·처분한 경험, ⅵ) 연령을 종합 고려하여 평가하여야 한다(감독규정10①(1) 가목 본문). 다만, 일반금융소비자 보호를 위해 필요한 경우에는 위의 사항 중 어느 하나만으로 해당 금융상품에 적정하지 않다고 평가할 수 있다(감독규정10①(1) 가목 단서).

나) 위험등급 정보와 비교평가

위의 ⅰ) 거래목적, ⅱ) 계약기간, 기대이익 및 기대손실 등을 고려한 위험에 대한 태도, ⅲ) 금융상품에 대한 이해도, ⅳ) 재산상황(보유한 자산 중 금융상품의 유형별 비중), ⅴ) 투자성 상품을 취득·처분한 경험, ⅵ) 연령을 해당 금융상품의 위험등급에 관한 정보와 비교하여 평가하여야 한다(감독규정10①(1) 나목 전단). 이 경우 해당 금융상품이 다수의 금융상품으로 구성되어 있는 경우에는 각 금융상품의 위험등급을 종합적으로 고려하여 평가할 수 있다(감독규정10①(1) 나목 후단).

다) 평가결과와 평가근거 기록

위의 ⅰ) 거래목적, ⅱ) 계약기간, 기대이익 및 기대손실 등을 고려한 위험에 대한 태도, ⅲ) 금융상품에 대한 이해도, ⅳ) 재산상황(보유한 자산 중 금융상품의 유형별 비중), ⅴ) 투자성 상품을 취득·처분한 경험, ⅵ) 연령에 대한 평가결과를 평가근거와 함께 문서에 기록하여야 한다(감독규정10①(1) 다목).

2) 대출성 상품

대출성 상품을 평가하는 경우 평가하는 경우 다음의 사항을 준수해야 한다(감독규정10①(2)).

가) 상환능력

일반금융소비자의 상환능력과 관련하여 ⅰ) 거래목적, ⅱ) 원리금 변제계획, ⅲ) 신용, ⅳ) 재산상황(소득, 부채 및 자산) 및 고정지출, ⅴ) 연령을 종합 고려하여 평가하여야 한다(감독규정10①(2) 가목 본문). 다만, 해당 금융상품의 특성상 필요한 경우에는 위의 사항 중 어느 하나만으로 평가할 수 있다(감독규정10①(2) 가목 단서).

나) 평가결과와 평가근거 기록

위의 ⅰ) 거래목적, ⅱ) 원리금 변제계획, ⅲ) 신용, ⅳ) 재산상황(소득, 부채 및 자산) 및 고정지출, ⅴ) 연령에 대한 평가결과를 평가근거와 함께 문서에 기록하여야 한다(감독규정10①(2) 나목).

(나) 자체 판단기준

해당 적정성 판단기준의 적용이 현저히 불합리하다고 인정되는 경우로서 다음의 사유에 해당하는 때에는 자체 기준에 따를 수 있다(영11③ 단서). 따라서 ⅰ) 신용카드, ⅱ) 분양된 주택의 계약 또는 주택조합 조합원의 추가 분담금 발생에 따른 중도금 지급을 목적으로 하는 대출, ⅲ) 주택 재건축·재개발에 따른 이주비 확보를 목적으로 하는 대출, ⅳ) 환매조건부채권 등 원금손실 위험이 현저히 낮은 투자성 상품, ⅴ) 그 밖에 앞의 4가지에 준하는 금융상품으로서 그 특성상 적정성 판단기준의 적용이 객관적으로 어려운 금융상품은 그 특성상 필요한 범위 내에서 금융상품판매업자등이 자체 기준에 따라 평가할 수 있다(감독규정10②).

(3) 통지방법과 설명서 등 제공

금융상품판매업자는 해당 금융상품이 일반금융소비자에게 적정하지 않다는 사실을 알리는 경우에는 ⅰ) 서면 교부, ⅱ) 우편 또는 전자우편, ⅲ) 전화 또는 팩스, ⅳ) 휴대전화 문자메시지 또는 이에 준하는 전자적 의사표시의 방법으로 알려야 한다(영12④ 전단). 이 경우 금융상품판매업자는 ⅰ) 금융상품의 적정성 판단 결과 및 그 이유를 기재한 서류, ⅱ) 설명서(법19②)를 함께 제공해야 한다(영12④ 후단).

3. 금융상품 유형별 정보내용

금융상품판매업자등이 금융상품의 유형별로 파악하여야 하는 정보의 세부적인 내용은 대통령령으로 정한다(법17④). 이에 따라 신용(법17②(3) 나목)의 내용은 신용정보법에 따른 신용정보 또는 자본시장법에 따른 신용등급으로 한정한다(영11④). 금융상품판매업자등은 신용을 적정성 판단기준에 평가를 하는데 필요한 범위 내에서 파악해야 한다(감독규정10③).

4. 전문투자형 사모집합투자기구의 집합투자증권 판매

(1) 적정성 원칙의 적용 제외

금융상품판매업자가 전문투자형 사모집합투자기구의 집합투자증권을 판매하는 경우에는 소비자 정보파악의무(법18①) 및 부적정 판단 사실 통지·확인의무(법18②) 규정을 적용하지 아니한다(법18④ 본문).

(2) 적정성원칙의 적용

(가) 적격투자자 중 일반금융소비자의 적용 요청

적격투자자 중 일반금융소비자는 금융상품판매업자등에게 소비자 정보파악의무(법18①) 및 부적정 판단 사실 통지·확인의무(법18②) 규정을 적용해 줄 것을 ⅰ) 서면 교부, ⅱ) 우편 또는 전자우편, ⅲ) 전화 또는 팩스, ⅳ) 휴대전화 문자메시지 또는 이에 준하는 전자적 의사표시의 방법으로 요청할 수 있다(법18④ 단서, 영12⑥, 영11⑤ 전단).

(나) 적정성원칙 적용 요청의 사전통지

해당 금융상품판매업자등은 적격투자자 중 일반금융소비자에게 ⅰ) 서면 교부, ⅱ) 우편 또는 전자우편, ⅲ) 전화 또는 팩스, ⅳ) 휴대전화 문자메시지 또는 이에 준하는 전자적 의사표시의 방법으로 소비자 정보파악의무(법18①) 및 부적정 판단 사실 통지·확인의무(법18②) 규정을 적용해 줄 것을 요청할 수 있다는 사실을 미리 알려야 한다(영11⑤ 후단).

(다) 적정성원칙의 적용 여부 사전통지

금융상품판매업자등은 계약체결의 권유를 하기 전에 ⅰ) 소비자 정보파악의무(법18①) 및 부적정 판단 사실 통지·확인의무(법18②) 규정의 적용을 별도로 요청할 수 있다는 사실 및 요청 방법, ⅱ) 소비자 정보파악의무(법18①) 및 부적정 판단 사실 통지·확인의무(법18②) 규정의 적용을 별도로 요청하지 않을 경우에는 일반금융소비자에 적합하지 않은 계약의 체결로 인한 손해에 대해 금융상품판매업자등이 해당 규정에 따른 책임을 지지 않는다는 사실을 일반금융소비자에게 알려야 한다(영11⑤ 후단, 감독규정10④).

Ⅲ. 설명의무

1. 중요사항 설명의무

금융상품판매업자등은 일반금융소비자에게 계약체결을 권유(금융상품자문업자가 자문에 응하는 것을 포함)하는 경우 및 일반금융소비자가 설명을 요청하는 경우에는 다음의 금융상품에 관한 중요한 사항(일반금융소비자가 특정 사항에 대한 설명만을 원하는 경우 해당 사항으로 한정)을 일반금융소비자가 이해할 수 있도록 설명하여야 한다(법19①).

(1) 금융상품 유형별 중요사항

적용대상 상품은 적합성원칙과 적정성원칙이 적용되지 않는 예금성 상품을 포함한 모든 금융상품이다.

(가) 보장성 상품

금융상품판매업자등은 보장성 상품의 경우 ⅰ) 보장성 상품의 내용, ⅱ) 보험료(공제료를 포함), ⅲ) 보험금(공제금을 포함) 지급제한 사유 및 지급절차, ⅳ) 위험보장의 범위, ⅴ) 위험보장 기간, ⅵ) 계약의 해지·해제, ⅶ) 보험료의 감액청구, ⅷ) 보험금 또는 해약환급금의 손실 발생 가능성, ⅸ) 감독규정 [별표 3] 제1호 각 목의 사항을 설명하여야 한다(법19①(1) 가목, 영13①, 감독규정12①).

(나) 투자성 상품

금융상품판매업자등은 투자성 상품의 경우 설명해야 하는 중요사항은 다음과 같다(법19①(1) 나목).

1) 투자성 상품의 내용

금융상품판매업자등은 "투자성 상품의 내용"을 설명해야 한다.

2) 투자에 따른 위험

금융상품판매업자등은 "투자에 따른 위험"을 설명해야 한다.

3) 금융상품직접판매업자가 정하는 위험등급

가) 투자성 상품의 범위

금융상품판매업자등은 투자성 상품(영13⑤ 본문)의 경우 자신이 정하는 "위험등급"을 설명해야 한다. 다만, ⅰ) 연계투자, ⅱ) 증권, 금전채권, 동산, 부동산, 지상권, 전세권, 부동산임차권, 부동산소유권 이전등기청구권, 그 밖의 부동산 관련 권리, 무체재산권(지식재산권을 포함)(자본시장법103①(2)-(7))에 관한 신탁계약의 금융상품은 투자성 상품에서 제외한다(영13②).

나) 위험등급 결정시 고려사항

금융상품직접판매업자가 위험등급을 정하는 경우에는 ⅰ) 자본시장법에 따른 기초자산의 변동성, ⅱ) 자본시장법에 따른 신용등급, ⅲ) 금융상품 구조의 복잡성, ⅳ) 최대 원금손실 가능금액, ⅴ) 금융소비자의 환매(還買)나 매매가 용이한지에 관한 사항, ⅵ) 환율의 변동성(외국화폐로 투자하는 경우에 한정), ⅶ) 그 밖에 원금손실 위험에 중요한 영향을 미칠 수 있는 사항을 고려해야 한다(영13③,

감독규정12③).

다) 위험등급 결정시 준수사항

금융상품직접판매업자가 위험등급을 정하는 경우에 다음의 사항을 지켜야 한다(감독규정12②). 즉 ⅰ) 객관적 자료에 근거하여 평가하여야 하고(제1호), ⅱ) 위험등급은 원금손실 위험(원금 손실발생 가능성 및 손실규모 등을 종합적으로 평가한 결과)에 비례하여 구분하여야 하며(제2호), ⅲ) 위험등급이 금융상품의 발행인이 정한 위험등급과 다른 경우에는 해당 발행인과 위험등급의 적정성에 대해 협의하여야 한다(금융상품직접판매업자가 해당 금융상품의 발행인이 아닌 경우로 한정)(제3호).

4) 그 밖에 금융소비자가 부담해야 하는 수수료 등 투자성 상품에 관한 중요사항

금융상품판매업자등은 그 밖에 금융소비자가 부담해야 하는 수수료 등 투자성 상품에 관한 중요사항을 설명해야 한다. 여기서 중요사항이란 ⅰ) 금융소비자가 부담해야 하는 수수료, ⅱ) 계약의 해지·해제, ⅲ) 증권의 환매(還買) 및 매매, ⅳ) 온라인투자연계금융업법 제22조 제1항 각 호의 정보, ⅴ) 감독규정 [별표 3] 제2호 각 목의 구분에 따른 사항을 말한다(영13④, 감독규정12④). 연계투자는 위 ⅳ)만 해당한다(영13④).

(다) 예금성 상품

금융상품판매업자등은 예금성 상품의 경우 ⅰ) 예금성 상품의 내용, ⅱ) 이자율(만기 후 적용되는 이자율을 포함) 및 산출근거, ⅲ) 수익률 및 산출근거, ⅳ) 계약의 해지·해제, ⅴ) 이자·수익의 지급시기 및 지급제한 사유를 설명하여야 한다(법19①(1) 다목, 영13⑤).

(라) 대출성 상품

금융상품판매업자등은 대출성 상품의 경우 ⅰ) 금리 및 변동 여부, 중도상환수수료(금융소비자가 대출만기일이 도래하기 전 대출금의 전부 또는 일부를 상환하는 경우에 부과하는 수수료) 부과 여부·기간 및 수수료율 등 대출성 상품의 내용, ⅱ) 상환방법에 따른 상환금액·이자율·시기, ⅲ) 저당권 등 담보권 설정에 관한 사항, 담보권 실행사유 및 담보권 실행에 따른 담보목적물의 소유권 상실 등 권리변동에 관한 사항, ⅳ) 대출원리금, 수수료 등 금융소비자가 대출계약을 체결하는 경우 부담하여야 하는 금액의 총액, ⅴ) 계약의 해지·해제, ⅵ) 신용에 미치는 영향, ⅶ) 원리금 납부 연체에 따른 연체이자율 및 그 밖의 불이익, ⅷ) 계약기간 및 그 연장에 관한 사항, ⅸ) 이자율의 산출기준, ⅹ) 신용카드에 관한 ㉠

신용카드로 결제한 금액 중 일정 비율만 지불하고 나머지 금액은 이후에 지불하는 서비스의 위험성 및 관련 예시와, ㉡ 연회비 등 신용카드의 거래조건 및 연회비 반환에 관한 사항(반환사유, 반환금액 산정방식, 반환금액의 반환기한을 포함)을 설명하여야 한다(법19①(1) 라목, 영13⑥, 감독규정12⑤).

(2) 연계·제휴서비스등에 관한 사항

금융상품판매업자등은 위 1)의 보장성 상품, 투자성 상품, 예금성 상품, 대출성 상품과 연계되거나 제휴된 금융상품 또는 서비스 등("연계·제휴서비스등")이 있는 경우 ⅰ) 연계·제휴서비스등의 내용, ⅱ) 연계·제휴서비스등의 이행책임에 관한 사항, ⅲ) 연계·제휴서비스등(금융상품과 연계되거나 제휴된 금융상품 또는 서비스 등)의 제공기간, ⅳ) 연계·제휴서비스등의 변경·종료에 대한 사전통지를 설명하여야 한다(법19①(2), 영13⑦).

(3) 청약 철회의 기한·행사방법·효과에 관한 사항

금융상품판매업자등은 청약 철회(법46)의 기한·행사방법·효과에 관한 사항을 설명하여야 한다(법19①(3)).

(4) 기타 금융소비자보호를 위한 사항

금융상품판매업자등은 ⅰ) 민원처리 및 분쟁조정 절차, ⅱ) 예금자보호법 등 다른 법률에 따른 보호 여부(대출성 상품은 제외), ⅲ) 연계·제휴서비스등(금융상품과 연계되거나 제휴된 금융상품 또는 서비스 등)을 받을 수 있는 조건을 설명하여야 한다(법19①(4), 영13⑧, 감독규정12⑥).

2. 설명서의 내용

(1) 설명서 포함사항

(가) 설명서 작성 방법

설명서에는 위에서 살펴본 금융상품의 유형별 중요사항, 연계·제휴서비스등에 관한 사항, 청약 철회의 기한·행사방법·효과에 관한 사항, 그리고 기타 금융소비자보호를 위한 사항(법19① 각 호)이 포함되어야 하며, 그 내용이 일반금융소비자가 쉽게 이해할 수 있도록 작성되어야 한다(영14① 본문).

(나) 설명서 포함 제외

일반금융소비자에게 투자설명서 또는 간이투자설명서(자본시장법123①)를 제공하는 경우에는 해당 내용을 제외할 수 있다(영14① 단서).[4]

(2) 설명서 내용 작성시 준수사항

금융상품판매업자등은 설명서의 내용을 작성하는 경우에 다음의 사항을 준수하여야 한다(감독규정13①).

(가) 알기 쉬운 용어 사용

일반금융소비자가 쉽게 이해할 수 있도록 알기 쉬운 용어를 사용하여 작성하여야 한다(감독규정13①(1)).

(나) 선택사항의 비교 정보 제공

계약 내용 중 일반금융소비자의 선택에 따라 재산상 이익에 상당한 영향을 미칠 수 있는 사항이 있는 경우에는 일반금융소비자가 선택할 수 있는 사항들을 쉽게 비교할 수 있도록 관련 정보를 제공하여야 한다(감독규정13①(2)).

(다) 중요내용의 명확한 표시

중요한 내용은 부호, 색채, 굵고 큰 글자 등으로 명확하게 표시하여 알아보기 쉽게 작성하여여 한다(감독규정13①(3)).

(라) 혜택 조건의 명시

일반금융소비자가 해당 금융상품에 관한 계약으로 받을 수 있는 혜택이 있는 경우 그 혜택 및 혜택을 받는데 필요한 조건을 함께 알 수 있도록 하여야 한다(감독규정13①(4)).

(마) 핵심설명서 포함사항

일반금융소비자의 계약체결 여부에 대한 판단이나 권익 보호에 중요한 영향을 줄 수 있는 사항인 ⅰ) 유사한 금융상품과 구별되는 특징, ⅱ) 금융상품으로 인해 발생 가능한 불이익에 관한 사항, ⅲ) 민원을 제기하거나 상담을 요청하려는 경우 이용 가능한 연락처를 요약하여 설명서의 맨 앞에 두어야 한다(감독규정 13①(5) 본문). 다만, 예금성 상품 등 설명서의 내용이 간단하여 요약이 불필요한 금융상품은 제외할 수 있다(감독규정13①(5) 단서).[5]

설명서의 맨 앞에서 두어야 하는 핵심설명서 포함사항을 구체적으로 살펴보

---

4) 공모펀드의 경우 소비자에 간이투자설명서를 제공하면 설명서를 제공하지 않아도 된다. 따라서 금융소비자보호법에서 설명하도록 규정한 사항이 감독규정(13①)에서 정하는 바에 따라 모두 간이투자설명서에 작성되어 있다면 별도의 설명서 제공은 불필요하다(금융위원회·금융감독원(2021b), 5쪽).

5) 감독규정 부칙 제1조(시행일) 감독규정 제13조 제1항 제5호는 2021년 9월 25일부터 시행한다(제1호).

면 다음과 같다(감독규정13①(5)).

1) 유사한 금융상품과 구별되는 특징

"유사한 금융상품과 구별되는 특징"을 요약하여 설명서의 맨 앞에 두어야 한다(감독규정13①(5) 가목).

2) 금융상품으로 인해 발생 가능한 불이익에 관한 사항 ·

"금융상품으로 인해 발생 가능한 불이익에 관한 사항"을 요약하여 설명서의 맨 앞에 두어야 한다(감독규정13①(5) 나목). 이 경우 민원·분쟁 또는 상담요청이 빈번하여 일반금융소비자의 숙지가 필요한 사항 및 다음의 구분에 따른 사항을 반드시 포함해야 한다(감독규정13①(5) 나목).

가) 투자성 상품

투자성 상품의 경우 위험등급의 의미 및 유의사항을 반드시 포함해야 한다.

나) 보장성 상품

보장성 상품의 경우 해약환급금이 이미 납부한 보험료(공제료를 포함)보다 적거나 없을 수 있다는 사실을 반드시 포함해야 한다.

다) 대출성 상품

대출성 상품의 경우 ⅰ) 대출: 원리금 연체 시 불이익, ⅱ) 신용카드: ㉠ 매월 사용대금 중 일정 비율만 지불하고 나머지 금액은 이후에 지불하는 서비스의 위험성 및 관련 예시, ㉡ 연회비 등 신용카드의 거래조건 및 연회비 반환에 관한 사항(반환사유, 반환금액 산정방식, 반환금액의 반환기한을 포함)을 반드시 포함해야 한다.

3) 민원을 제기하거나 상담을 요청하려는 경우 이용 가능한 연락처

"민원을 제기하거나 상담을 요청하려는 경우 이용 가능한 연락처"를 설명서의 맨 앞에 두어야 한다(감독규정13①(5) 다목).

(바) 보장성 상품 설명서에 포함되어야 하는 사항

보장성 상품 설명서에는 보험료 및 보험금에 대한 일반금융소비자의 이해를 돕기 위한 내용으로서 [별표 4]에 해당하는 사항을 기재하여야 한다(보험만 해당)(감독규정13①(6)).

(3) 설명자의 서명

설명서에는 일반금융소비자에게 설명한 내용과 실제 설명서의 내용이 같다는 사실에 대해 설명을 한 사람의 서명(전자서명을 포함)이 있어야 한다(영14② 본문). 다만, ⅰ) 예금성 상품 또는 대출성 상품에 관한 계약, ⅱ) 전자적 장치를 이용한 자동화 방식을 통해서만 서비스가 제공되는 계약에 대한 설명서는 제외한다(영14② 단서).

3. 설명서 제공 및 확인의무

(1) 설명서 제공의무

금융상품판매업자등은 설명을 하기 전에 ⅰ) 서면 교부, ⅱ) 우편 또는 전자우편, ⅲ) 휴대전화 문자메시지 또는 이에 준하는 전자적 의사표시의 방법으로 일반금융소비자에게 설명서를 제공해야 한다(법19② 본문, 영14③). 전자적 의사표시에는 전자적 장치(모바일 앱, 태블릿 등)의 화면을 통해 설명서 내용을 보여주는 것도 포함된다.

(2) 설명내용 확인의무

금융상품판매업자등은 설명한 내용을 일반금융소비자가 이해하였음을 서명, 기명날인, 녹취의 방법으로 확인을 받아야 한다(법19② 본문).

(3) 설명서 제공의무의 예외

금융소비자 보호 및 건전한 거래질서를 해칠 우려가 없는 경우로서 다음의 경우에는 설명서를 제공하지 아니할 수 있다(법19② 단서, 영14④).

(가) 자문업자의 소비자 자문에 대한 답변 등

금융상품자문업자가 ⅰ) 해당 금융소비자의 자문에 대한 답변 및 그 근거, ⅱ) 자문의 대상이 된 금융상품의 세부정보 확인 방법이 포함된 서류를 일반금융소비자에게 제공한 경우에는 설명서를 제공하지 아니할 수 있다(영14④(1)).

(나) 온라인투자연계금융업자가 소비자에게 제공·설명한 경우

온라인투자연계금융업자가 일반금융소비자에게 온라인투자연계금융업법 제22조 제1항 각 호의 정보를 모두 제공하거나 같은 법 제24조 제1항 각 호의 사항을 모두 설명한 경우에는 설명서를 제공하지 아니할 수 있다(영14④(2)).

(다) 대부업자 또는 대부중개업자가 설명한 경우

대부업자 또는 대부중개업자가 일반금융소비자에게 대부업법 제6조 제1항 각 호의 사항을 모두 설명한 경우에는 설명서를 제공하지 아니할 수 있다(영14④(3)).

(라) 동일 내용의 계약 갱신의 경우

기존 계약과 동일한 내용으로 계약을 갱신하는 경우에는 설명서를 제공하지 아니할 수 있다(영14④(4)).

(마) 계속적·반복적 거래의 경우

기본 계약을 체결하고 그 계약내용에 따라 계속적·반복적으로 거래를 하는 경우에는 설명서를 제공하지 아니할 수 있다(영14④(5), 감독규정13②(1)).

(바) 동일한 계약을 반복하여 체결하는 경우

ⅰ) 해상보험계약(항공·운송보험계약을 포함), 또는 ⅱ) 여객자동차 운수사업법에 따른 여객자동차 운송사업 등 영업을 목적으로 체결하는 자동차보험계약으로서 동일한 계약을 반복하여 체결하는 경우에는 설명서를 제공하지 아니할 수 있다(감독규정13②(2)).

(사) 여행업자 등에게 설명서를 제공한 경우

ⅰ) 관광진흥법에 따라 등록한 여행업자가 여행자를 위하여 일괄 체결하는 보험계약(보험업법 시행령42의5① 가목): 여행자인 일반금융소비자를 위해 해당 계약을 체결한 관광진흥법 제4조에 따라 등록한 여행업자, 또는 ⅱ) 구성원이 5명 이상인 단체가 그 단체의 구성원을 위해 체결하는 계약: 일반금융소비자가 속한 해당 단체 또는 그 단체의 대표자에게 설명서를 제공한 경우에는 설명서를 제공하지 아니할 수 있다(감독규정13②(3)).

(아) 전화를 이용한 모집자의 보장성 상품에 관한 계약 대리·중개의 경우

전화를 이용하여 모집하는 자가 보장성 상품에 관한 계약의 체결을 대리·중개하는 경우에는 설명서를 제공하지 아니할 수 있다(감독규정13②(4)).

(자) 전화권유판매업자가 대출성 상품에 관한 계약 대리·중개의 경우

전화권유판매업자[6]가 대출성 상품에 관한 계약의 체결을 대리·중개하는 경우에는 설명서를 제공하지 아니할 수 있다(감독규정13②(5)). 이 경우 전화로 설명한 내용과 설명서가 일치하고, 전화로 설명한 내용을 녹취하는 경우로 한정한다(감독규정13②(5)).

---

6) "전화권유판매업자"란 전화권유판매를 업으로 하기 위하여 전화권유판매조직을 개설하거나 관리·운영하는 자를 말하고(방문판매법2(4)), "전화권유판매"란 전화를 이용하여 소비자에게 권유를 하거나 전화회신을 유도하는 방법으로 재화등을 판매하는 것을 말한다(방문판매법2(3)),

(차) 보장성 상품에 관한 중요사항을 청약서에 반영한 경우

보장성 상품에 관한 중요한 사항(법19① 각 호)을 청약서에 반영한 경우에는 설명서를 제공하지 아니할 수 있다(감독규정13②(6)). 이 경우 개인 또는 가계의 일상생활에서 발생 가능한 위험을 보장하고 위험보장을 받는 사람이 보험료를 모두 부담하는 보험계약으로서 다음의 어느 하나에 해당하는 보장성 상품만 해당한다(감독규정13②(6)).

즉 i) 보장기간이 1년 초과 3년 이하인 보장성 상품으로서 ㉠ 월보험료가 5만원 이하인 계약, ㉡ 연간보험료가 60만원 이하인 계약, 또는 ii) 여행 중 발생 가능한 위험을 보장하는 보장성 상품만 해당한다. 이 경우 자동차손해배상 보장법에 따른 책임보험은 제외한다(감독규정13②(6)).

4. 중요사항의 거짓·왜곡 설명 및 누락 금지

금융상품판매업자등은 설명을 할 때 앞에서 살펴본 금융상품 유형별 중요사항, 연계·제휴서비스등에 관한 사항, 청약 철회의 기한·행사방법·효과에 관한 사항, 그리고 기타 금융소비자보호를 위한 사항(법19① 각 호)을 거짓으로 또는 왜곡(불확실한 사항에 대하여 단정적 판단을 제공하거나 확실하다고 오인하게 할 소지가 있는 내용을 알리는 행위)하여 설명하거나 금융상품 유형별 중요사항, 연계·제휴서비스등에 관한 사항, 청약 철회의 기한·행사방법·효과에 관한 사항, 그리고 기타 금융소비자보호를 위한 사항(법19① 각 호)을 빠뜨려서는 아니 된다(법19③, 영13⑨).

Ⅳ. 불공정영업행위의 금지

금융상품판매업자등은 우월적 지위를 이용하여 금융소비자의 권익을 침해하는 다음의 어느 하나에 해당하는 행위("불공정영업행위")를 해서는 아니 된다(법20①).

1. 대출성 상품에 관한 구속성 금융상품 계약의 체결 금지

대출성 상품에 관한 계약체결과 관련하여 금융소비자의 의사에 반하여 다른 금융상품의 계약체결을 강요하는 행위는 금지된다(법20①(1)). 금융상품판매업자등이 우월적 지위를 이용하여 거래를 강요하는 거래행태를 구속성 거래(은행의 경우 소위 "꺽기")라고 한다.

(1) 제3자 명의 계약체결 강요행위 금지

금융소비자에게 제3자의 명의를 사용하여 다른 금융상품의 계약을 체결할 것을 강요하는 행위는 금지된다(영15④(1) 가목).

(2) 다른 직접판매업자를 통한 다른 상품의 계약체결 강요행위 금지

금융소비자에게 다른 금융상품직접판매업자를 통해 다른 금융상품에 관한 계약을 체결할 것을 강요하는 행위는 금지된다(영15④(1) 나목).

(3) 중소기업의 대표자 · 임원 · 직원 등에 다른 상품의 계약체결 강요행위 금지

금융소비자가 중소기업기본법에 따른 중소기업인 경우 그 대표자 또는 관계인에게 다른 금융상품의 계약체결을 강요하는 행위는 금지된다(영15④(1) 다목). 여기서 중소기업의 대표자 또는 관계인이란 ⅰ) 통계청장이 고시하는 한국표준산업분류에 따른 금융업, 보험 및 연금업, 또는 금융 및 보험 관련 서비스업[7]을 영위하는 중소기업, 또는 ⅱ) 은행법에 따른 주채무계열에 속하는 중소기업에 해당하지 않는 중소기업의 대표자 · 임원 · 직원 및 그 가족인 배우자 및 직계혈족으로 한정한다(감독규정14③).

(4) 금전제공계약의 최초 이행 전 · 후 1개월 내의 보장성 · 투자성 · 예금성 상품 계약금지

대출성 상품에 관한 계약("금전제공계약")을 체결하고 계약이 최초로 이행된 날 전 · 후 각각 1개월 내에 다음의 구분에 따른 계약을 체결하는 행위는 금지된다(영15④(1) 라목, 감독규정14④).

(가) 보장성 상품 또는 투자성 상품에 관한 계약

대출성 상품에 관한 계약("금전제공계약")을 체결하고 계약이 최초로 이행된 날 전 · 후 각각 1개월 내에 보장성 상품 또는 투자성 상품에 관한 다음의 계약을 체결하는 행위는 금지된다. 여기서 보장성 상품 또는 투자성 상품은 집합투자증권, 금전에 대한 신탁계약, 투자일임계약 및 연계투자에 관한 계약으로 한정한다(감독규정14④(1)).

---

7) 금융업 및 보험업의 원활한 수행을 위하여 제공되는 각종 관련 서비스활동을 포함한다.

1) 중소기업 및 그 기업의 대표자 등의 금융소비자와의 계약

ⅰ) 중소기업 및 그 기업의 대표자, ⅱ) 개인신용평점이 하위 10%에 해당하는 사람, 또는 ⅲ) 피성년후견인 또는 피한정후견인에 해당하는 금융소비자와의 계약을 체결하는 행위는 금지된다(감독규정14④(1) 가목).

2) 중소기업 및 그 기업의 대표자 등 이외의 금융소비자와의 계약

가) 금지되는 계약

위의 ⅰ) 중소기업 및 그 기업의 대표자, ⅱ) 개인신용평점이 하위 10%에 해당하는 사람, 그리고 ⅲ) 피성년후견인 또는 피한정후견인에 해당하지 않는 금융소비자와의 계약을 체결하는 행위는 금지된다(감독규정14④(1) 나목).

즉 금융소비자(투자성 상품인 경우 개인인 금융소비자에 한정)가 계약에 따라 매월 금융상품직접판매업자에 지급해야 하는 금액("월지급액")이 금전제공계약에 따라 금융소비자가 제공받거나 받을 금액의 1,000분의 10을 초과하는 경우에 해당하는 계약을 체결하는 행위는 금지된다(감독규정14④(1) 나목).

나) 월지급액: 월 단위로 환산한 금액

금융소비자(투자성 상품인 경우 개인인 금융소비자에 한정)가 계약에 따라 매월 금융상품직접판매업자에 지급해야 하는 금액인 월지급액이 "금융감독원장이 정한 바에 따라 산출한 금액"으로서 월 단위로 지급하는 방식이 아닌 경우에는 월 단위로 환산한 금액을 말한다(감독규정14④(1) 나목).

여기서 "금융감독원장이 정한 바에 따라 산출한 금액"이란 다음을 의미한다(금융소비자 보호에 관한 감독규정 시행세칙3 전단, 이하 "시행세칙"). 이 경우 금융소비자가 2개 이상의 계약을 체결한 경우에는 이를 합산한다(시행세칙3 후단).

ⅰ) 월납입식 계약인 경우에는 월 납입금액을 말한다(제1호).
ⅱ) 정기납입식 계약인 경우에는 월납 기준으로 환산한 금액을 말한다(제2호 본문). 다만 정기납 주기가 1년 이상인 경우에는 초회 납입금액을 제4호에 따른 일시납 계약의 일시에 수취하는 금액으로 간주하여 계산한다(제2호 단서).
ⅲ) 자유적립식 계약의 경우 금전제공일 1개월 전부터 금전제공일까지 납입된 금액과 금전제공일 후 1개월 이내에 납입된 금액 중 큰 금액을 말한다(제3호).
ⅳ) 일시납 계약의 경우 만기 또는 유효기간이 정해진 상품은 일시에 수취하는 금액을 만기 또는 유효기간까지의 개월수로 나눈 금액을 말한다(제4호 본

문). 다만, 만기 또는 유효기간이 1년 이상인 계약, 또는 만기 또는 유효기간이 정하여지지 않은 계약에 해당하는 경우에는 일시납 금액을 12개월로 하여 나눈 금액을 적용한다(제4호 단서).

ⅴ) 일시납과 정기납 등이 혼합된 계약의 경우에는 제1호부터 제4호의 기준에 따라 각각 계산한 후 합산한다(제5호).

(나) 예금성 상품에 관한 계약

대출성 상품에 관한 계약("금전제공계약")을 체결하고 계약이 최초로 이행된 날 전·후 각각 1개월 내에 예금성 상품(금융소비자가 입금과 출금을 수시로 할 수 있는 금융상품은 제외)에 관한 계약을 체결하는 행위는 금지된다. 즉 금융소비자(중소기업 및 그 기업의 대표자, 개인신용평점이 하위 10%에 해당하는 사람, 또는 피성년후견인 또는 피한정후견인에 한정)의 월지급액이 금전제공계약에 따라 금융소비자가 제공받거나 받을 금액의 1,000분의 10을 초과하는 경우는 금지된다(감독규정 14④(2) 나목 본문). 다만, ⅰ) 월지급액이 10만원 이하인 경우, 또는 ⅱ) 계약에 따라 금융상품직접판매업자에 지급하는 금액이 총 100만원 이하인 경우는 제외한다(감독규정14④(2) 나목 단서).

(다) 위 (가) 및 (나)의 상품에 관한 계약의 예외

다음의 어느 하나에 해당하는 경우에는 위 (가) 및 (나)의 보장성 상품 또는 투자성 상품에 관한 계약이나 예금성 상품에 관한 계약으로 보지 않는다(감독규정14⑤). 따라서 다음의 구분에 따른 계약은 허용된다.

1) 지급보증 등에 관한 계약인 경우

금전제공계약이 ⅰ) 지급보증, ⅱ) 보험약관에 따른 대출(보험업법105(6))에 관한 계약, ⅲ) 신용카드 및 신용카드 회원에 대한 자금의 융통, ⅳ) 자본시장법 제72조 제1항에 따른 신용공여[8]의 금융상품에 관한 계약인 경우에는 허용된다(감독규정14⑤(1)).

2) 주택담보노후연금보증에 의한 대출과 연계한 보험계약

주택담보노후연금보증[9]에 의한 대출과 연계하여 상해보험, 질병보험, 또는

---

8) 자본시장법은 투자매매업자 및 투자중개업자의 신용공여(자본시장법72)를 허용하고 있다. 투자매매·중개업자의 신용공여는 일반적으로 "미수거래" 등으로 인식되고 있어 대출과 다른 것으로 인식되고 있지만, 그 본질은 대출이다.
9) "주택담보노후연금보증"이란 주택소유자가 주택에 저당권 설정 또는 주택소유자와 공사

간병보험(보험업법4①(3))에 해당하는 보험에 관한 계약을 체결한 경우에는 허용된다(감독규정14⑤(2)).

3) 중소기업이 아닌 기업과의 퇴직보험 등에 관한 계약

중소기업이 아닌 기업과 ⅰ) 자산관리업무에 관한 계약,[10] ⅱ) 퇴직보험,[11] ⅲ) 종업원의 복리후생을 목적으로 하는 보장성 상품(해당 보험료가 법인세법에 따른 복리후생비로 인정되는 경우에 한정)에 관한 계약을 체결한 경우에는 허용된다(감독규정14⑤(3)).

4) 일반손해보험 등 보장성 보험에 관한 계약

ⅰ) 단체가 그 단체의 구성원을 위하여 체결하는 보장성 보험(단체의 구성원이 보험료를 납입하는 경우에 한정), ⅱ) 일반손해보험, ⅲ) 장기손해보험으로서 채권확보 및 자산보호를 목적으로 담보물건가액 기준에 의해 산정되는 장기화재보험 등 재물보험의 보장성 보험에 관한 계약을 체결한 경우에는 허용된다(감독규정14⑤(4)).

5) 금전제공계약 최초 이행 전·후 1개월 이내 해지한 예금성 상품 해지 관련 계약

금전제공계약이 최초로 이행된 날 전·후 1개월 이내에 해지한 예금성 상품에 대하여 해지 전의 금액 범위 내에서 다시 계약을 체결한 경우에는 허용된다(감독규정14⑤(5)).

가 체결하는 신탁계약(주택소유자 또는 주택소유자의 배우자를 수익자로 하되, 공사를 공동수익자로 하는 계약)에 따른 신탁을 등기하고 금융기관으로부터 대통령령으로 정하는 연금 방식으로 노후생활자금을 대출받음으로써 부담하는 금전채무를 공사가 계정의 부담으로 보증하는 행위를 말한다. 이 경우 주택소유자 또는 주택소유자의 배우자가 대통령령으로 정하는 연령 이상이어야 하며, 그 연령은 공사의 보증을 받기 위하여 최초로 주택에 저당권 설정 등기 또는 신탁 등기를 하는 시점을 기준으로 한다(한국주택금융공사법2(8의 2)).

10) 퇴직연금제도를 설정한 사용자 또는 가입자는 ⅰ) 계좌의 설정 및 관리(제1호), ⅱ) 부담금의 수령(제2호), ⅲ) 적립금의 보관 및 관리(제3호), ⅳ) 운용관리업무를 수행하는 퇴직연금사업자가 전달하는 적립금 운용지시의 이행(제4호), ⅴ) 급여의 지급(제5호), ⅵ) 그 밖에 자산관리업무의 적절한 수행을 위하여 대통령령으로 정하는 업무의 수행을 내용으로 하는 계약을 퇴직연금사업자와 체결하여야 한다(퇴직급여법29①).

11) 퇴직급여법 부칙 제2조(퇴직보험등의 유효기간) ① 사용자가 근로자를 피보험자 또는 수익자로 하여 대통령령이 정하는 퇴직보험 또는 퇴직일시금신탁("퇴직보험등")에 가입하여 근로자의 퇴직시에 일시금 또는 연금으로 수령하게 하는 경우에는 제8조 제1항의 규정에 의한 퇴직금제도를 설정한 것으로 본다. 다만, 퇴직보험등에 의한 일시금의 액은 동조동항의 규정에 의한 퇴직금의 액보다 적어서는 아니된다.

6) 사회통념상 허용되는 계약

그 밖에 해당 계약을 사회통념상 대출성 상품에 관한 계약체결과 관련하여 금융소비자의 의사에 반하여 다른 금융상품의 계약체결을 강요하는 행위(법20①(1))로 보기 어렵거나 그러한 행위에 해당하지 않는다는 사실이 명백한 경우에는 허용된다(감독규정14⑤(6)). 이 경우 그 사실을 금융소비자가 서명, 기명날인, 녹취 각각에 준하여 안정성·신뢰성이 확보될 수 있는 전자적 확인방식으로 확인한 경우는 제외한다(감독규정14⑤(6)).

2. 대출성 상품에 관한 부당한 담보 및 보증요구 금지

대출성 상품에 관한 계약체결과 관련하여 부당하게 담보를 요구하거나 보증을 요구하는 행위는 금지된다(법20①(2)). 이에 따라 ⅰ) 담보 또는 보증이 필요 없음에도 이를 요구하는 행위, ⅱ) 해당 계약의 체결에 통상적으로 요구되는 일반적인 담보 또는 보증 범위보다 많은 담보 또는 보증을 요구하는 행위는 금지된다(영15④(2)).

3. 편익 요구·수령 행위 금지

금융상품판매업자등 또는 그 임직원이 업무와 관련하여 편익을 요구하거나 제공받는 행위는 금지된다(법20①(3)).

4. 대출상품의 금지행위

대출성 상품의 경우 다음의 행위는 금지된다(법20①(4)).

(1) 특정 대출 상환방식 강요행위 금지

자기 또는 제3자의 이익을 위하여 금융소비자에게 특정 대출 상환방식을 강요하는 행위는 금지된다(법20①(4) 가목).

(2) 중도상환수수료 부과행위 금지

(가) 원칙적 금지

수수료, 위약금 또는 그 밖에 어떤 명목이든 중도상환수수료를 부과하는 행위는 금지된다(법20①(4) 나목).

(나) 예외적 허용

ⅰ) 대출계약이 성립한 날부터 3년 이내에 상환하는 경우, ⅱ) 다른 법령에

따라 중도상환수수료 부과가 허용되는 경우, iii) 금융소비자가 여신전문금융업법에 따른 시설대여, 연불판매 또는 할부금융에 관한 계약을 해지한 경우로서 계약에 따른 재화를 인도받지 못한 경우와 인도받은 재화에 하자가 있어 정상적 사용이 어려운 경우(영15①)는 허용된다(법20①(4) 나목).

(3) 제3자의 연대보증 요구행위 금지

개인에 대한 대출 등 대출상품의 계약과 관련하여 제3자의 연대보증을 요구하는 다음의 행위는 금지된다(법20①(4) 다목, 영15②).

(가) 개인인 금융소비자에 대한 대출

1) 원칙적 금지

개인인 금융소비자에 대한 대출에 제3자의 연대보증을 요구하는 행위는 금지된다(영15②(1) 본문).

2) 예외적 허용

ⅰ) 사업자등록증상 대표자의 지위에서 대출을 받는 경우 해당 사업자등록증에 기재된 다른 대표자와 ⅱ) 건축물분양법에 따른 분양대금을 지급하기 위해 대출을 받는 경우 건축물분양법에 따른 분양사업자 및 해당 건축물의 시공사에 대해서는 연대보증을 요구할 수 있다(영15②(1) 단서).

(나) 법인인 금융소비자에 대한 대출

1) 원칙적 금지

법인인 금융소비자에 대한 대출에 제3자의 연대보증을 요구하는 행위는 금지된다(영15②(2) 본문).

2) 예외적 허용

ⅰ) 해당 법인의 대표이사 또는 무한책임사원, ⅱ) 해당 법인에서 가장 많은 지분을 보유한 자, ⅲ) 해당 법인의 의결권 있는 발행 주식 총수의 30%(배우자·4촌 이내의 혈족 및 인척이 보유한 의결권 있는 발행 주식을 합산)를 초과하여 보유한 자, ⅳ) 금융소비자와 같은 기업집단(공정거래법2(2))에 속한 회사, ⅴ) 자본시장법에 따른 프로젝트금융(대출로 한정)에 관한 계약을 체결하는 경우에 그 프로젝트금융의 대상이 되는 사업에 따른 이익을 금융소비자와 공유하는 법인에 대해서는 연대보증을 요구할 수 있다(영15②(2) 단서, 감독규정14①).

(다) 조합 · 단체인 금융소비자에 대한 대출

1) 원칙적 금지

조합·단체인 금융소비자에 대한 대출에 제3자의 연대보증을 요구하는 행위는 금지된다(영15②(3) 본문).

2) 예외적 허용

해당 조합·단체의 대표자에 대해서는 연대보증을 요구할 수 있다(영15②(3) 단서).

5. 연계 · 제휴서비스등의 부당 축소 · 변경행위 금지

(1) 금지행위

연계·제휴서비스등이 있는 경우 연계·제휴서비스등을 부당하게 축소하거나 변경하는 행위로서 다음의 행위는 금지된다(법20①(5) 본문, 영15③).

(가) 축소 · 변경한다는 사실을 고지하지 않은 축소 · 변경행위 금지

연계·제휴서비스등을 축소·변경한다는 사실을 미리 알리지 않고 축소하거나 변경하는 행위는 금지된다(영15③(1)).

따라서 금융상품판매업자등은 연계·제휴서비스등을 축소·변경한다는 사실을 ⅰ) 서면 교부, ⅱ) 우편 또는 전자우편, ⅲ) 전화 또는 팩스, 또는 ⅳ) 휴대전화 문자메시지 또는 이에 준하는 전자적 의사표시 중 2개 이상의 방법으로 축소·변경하기 6개월 전부터 매월 고지해야 한다(감독규정14② 본문). 다만, 휴업·파산, 경영상의 위기 또는 연계·제휴서비스등을 제공하는 자의 일방적인 연계·제휴서비스등 제공 중단 등 6개월 전부터 고지하기 어려운 불가피한 사유가 있는 경우에는 해당 상황이 발생하는 즉시 고지해야 한다(감독규정14② 단서).

(나) 정당한 이유 없이 불리하게 축소 · 변경하는 행위 금지

1) 원칙적 금지

연계·제휴서비스등을 정당한 이유 없이 금융소비자에게 불리하게 축소하거나 변경하는 행위는 금지된다(영15③(2) 본문).

2) 예외적 허용

연계·제휴서비스등이 3년 이상 제공된 후 그 연계·제휴서비스등으로 인해 해당 금융상품의 수익성이 현저히 낮아진 경우는 제외한다(영15③(2) 단서).

(2) 금지행위의 제외

연계·제휴서비스등을 불가피하게 축소하거나 변경하더라도 금융소비자에게 그에 상응하는 다른 연계·제휴서비스등을 제공하는 경우와 금융상품판매업자등의 휴업·파산·경영상의 위기 등에 따른 불가피한 경우는 제외한다(법20①(5) 단서).

6. 기타 우월적 지위를 이용한 권익 침해행위 금지

그 밖에 금융상품판매업자등이 우월적 지위를 이용하여 금융소비자의 권익을 침해하는 행위로서 다음의 행위는 금지된다(법20①(6), 영15④(3), 감독규정14⑥).

(1) 계약의 변경·해지 요구에 금전 요구행위 등 금지

금융상품판매업자등이 우월적 지위를 이용하여 금융소비자의 계약의 변경·해지 요구 또는 계약의 변경·해지에 대해 정당한 사유 없이 금전을 요구하거나 그 밖의 불이익을 부과하는 행위는 금지된다(영15④(3) 가목).

(2) 정당한 사유 없는 이자율·보험료 인하 요구 거절행위 등 금지

금융상품판매업자등이 우월적 지위를 이용하여 계약 또는 법령에 따른 금융소비자의 이자율·보험료 인하 요구에 대해 정당한 사유 없이 이를 거절하거나 그 처리를 지연하는 행위는 금지된다(영15④(3) 나목).

(3) 정당한 사유 없는 소비자 정보의 이자율 등에 미반영 행위 금지

금융상품판매업자등이 우월적 지위를 이용하여 적합성원칙에서 금융상품 유형별 소비자 정보 파악·확인의무(법17②)에 따라 확인한 금융소비자의 정보를 이자율이나 대출 한도 등에 정당한 사유 없이 반영하지 않는 행위는 금지된다(영15④(3) 다목).

(4) 계약의 최초 이행 전·후 1개월 내에 공제상품·상품권 계약체결 행위 금지

금융상품직접판매업자가 계약이 최초로 이행된 날 전·후 각각 1개월 내에 ⅰ) 중소기업협동조합법 제115조 제1항에 따른 공제상품, ⅱ) 중소기업 인력지원 특별법 제35조의6 제1항에 따른 공제상품, ⅲ) 상품권(권면금액에 상당하는 물품 또는 용역을 제공받을 수 있는 유가증권)(다만, 온누리상품권[12] 및 지방자치단체가 발행

---

12) "온누리상품권"이란 그 소지자가 제13호 가목에 따른 개별가맹점(＝온누리상품권을 사용한 거래에 의하여 물품의 판매 또는 용역의 제공을 하는 시장등의 상인)에게 이를 제시

한 상품권은 제외)에 관한 계약을 체결하는 행위는 금지된다(감독규정14⑥(1) 전단). 이 경우 ⅰ) 중소기업협동조합법 제115조 제1항에 따른 공제상품, ⅱ) 중소기업 인력지원 특별법 제35조의6 제1항에 따른 공제상품은 금융소비자가 중소기업인 경우로서 금융소비자의 월지급액이 금전제공계약에 따라 금융소비자가 제공받거 나 받을 금액의 1,000분의 10을 초과하는 경우로 한정한다(감독규정14⑥(1) 후단).

(5) 보장성 상품 계약체결과 관련한 이자율 우대 등 특혜 제공 금지

금융상품판매업자가 보장성 상품(신용생명보험은 제외)에 관한 계약체결을 위 해 금융소비자에 금융상품에 관한 계약체결과 관련하여 이자율 우대 등 특혜를 제공하는 행위는 금지된다(감독규정14⑥(2)).

(6) 금융상품판매업자 또는 그 임원·직원의 금전 등 부당 요구·수령행위 금지

금융상품판매업자 또는 그 임원·직원이 업무와 관련하여 직접적·간접적으 로 금융소비자 또는 이해관계자로부터 금전, 물품 또는 편익 등을 부당하게 요구 하거나 제공받는 행위는 금지된다(감독규정14⑥(3)).

(7) 금전제공계약을 체결한 자의 의사에 반한 보험계약조건 변경행위 금지

금전제공계약을 체결한 자의 의사에 반하여 보험에 관한 계약조건 등을 변 경하는 행위(은행만 해당)는 금지된다(감독규정14⑥(4)).

(8) 계약 해지를 막기 위한 재산상 이익의 제공 등 금지

금융소비자가 계약 해지를 요구하는 경우에 계약 해지를 막기 위해 재산상 이익의 제공, 다른 금융상품으로의 대체 권유, 또는 해지 시 불이익에 대한 과장 된 설명을 하는 행위는 금지된다(감독규정14⑥(5)).

(9) 청약철회를 이유로 한 불이익 부과행위 금지

(가) 원칙적 금지

금융소비자가 청약을 철회(법46①)하였다는 이유로 금융상품에 관한 계약에 불이익을 부과하는 행위는 금지된다(감독규정14⑥(6) 본문).

(나) 예외적 허용

같은 금융상품직접판매업자에 같은 유형의 금융상품에 관한 계약에 대하여

또는 교부하거나 그 밖의 방법으로 사용함으로써 그 권면금액(券面金額)에 상당하는 물품 또는 용역을 해당 개별가맹점으로부터 제공받을 수 있는 유가증권으로서 중소벤처기업부 장관이 발행한 것을 말한다(전통시장 및 상점가 육성을 위한 특별법2(12)).

1개월 내 2번 이상 청약의 철회의사를 표시한 경우는 제외한다(감독규정14⑥(6) 단서).

(10) 정당한 사유 없는 예치금액 지급 거절 행위 금지

금융소비자가 금융상품에 관한 계약에 따라 예치한 금액을 돌려받으려 하는 경우에 그 금액을 정당한 사유 없이 지급하지 않는 행위는 금지된다(감독규정14 ⑥(7)).

(11) 담보·보증의 대상이 되는 채무를 특정하지 않는 행위 등 금지

금융소비자 또는 제3자로부터 담보 또는 보증을 취득하는 계약과 관련된 ⅰ) 해당 계약서에 그 담보 또는 보증의 대상이 되는 채무를 특정하지 않는 행위, ⅱ) 해당 계약서상의 담보 또는 보증이 장래 다른 채무에도 적용된다는 내용으로 계약을 하는 행위는 금지된다(감독규정14⑥(8)).

(12) 기존 계약 해지와 동일한 신규 계약 체결 후 중도상환수수료 부과행위 등 금지

대출에 관한 계약("기존 계약")을 체결했던 금융소비자와 기존 계약을 해지하고 그 계약과 사실상 동일한 계약(기존 계약에 따라 금융소비자에 지급된 금전등을 상환받는 계약을 말한다. 이하 "신규 계약")을 체결한 후에 기존 계약의 유지기간과 신규 계약의 유지기간을 합하여 3년이 넘었음에도 대출계약이 성립한 날부터 3년 이내에 상환하는 경우[법20①(4) 나목1)]에 해당한다는 이유로 금융소비자의 계약해지에 대해 중도상환수수료를 부과하는 행위 등 계약의 변경·해지를 이유로 금융소비자에 수수료 등 금전의 지급을 부당하게 요구하는 행위는 금지된다(감독규정14⑥(9)).

(13) 변제 후 근저당 설정 유지 여부를 확인하지 않은 행위 금지

근저당이 설정된 금전제공계약의 금융소비자가 채무를 모두 변제한 경우에 해당 담보를 제공한 자에 근저당 설정을 유지할 것인지를 확인하지 않는 행위는 금지된다(감독규정14⑥(10)).

(14) 자기앞수표에 도난 등 사고 발생 신고 후 제시한 자에 지급행위 금지

(가) 원칙적 금지

수표법에 따른 지급제시기간 내 수표법에 따라 발행된 자기앞수표에 도난, 분실 등 사고가 발생했다는 신고가 접수되었음에도 불구하고 그 날부터 5영업일 이내에 신고를 한 자가 아닌 자기앞수표를 제시한 자에게 해당 금액을 지급하는 행위는 금지된다(감독규정14⑥(11) 본문).

(나) 예외적 허용

해당 기간 내 신고한 자가 공시최고의 절차(민법521)를 신청하였다는 사실을 입증할 수 있는 서류를 제출하지 않은 경우는 제외한다(감독규정14⑥(11) 단서).

Ⅴ. 부당권유행위 금지

1. 금지행위 유형

금융상품판매업자등은 계약체결을 권유(금융상품자문업자가 자문에 응하는 것을 포함)하는 경우에 다음의 어느 하나에 해당하는 행위를 해서는 아니 된다(법21 본문).

(1) 단정적 판단 제공 금지 등

금융상품판매업자등은 계약체결을 권유(금융상품자문업자가 자문에 응하는 것을 포함)하는 경우 불확실한 사항에 대하여 단정적 판단을 제공하거나 확실하다고 오인하게 할 소지가 있는 내용을 알리는 행위를 해서는 아니 된다(법21(1)).

(2) 사실과 다른 내용 고지 금지

금융상품판매업자등은 계약체결을 권유(금융상품자문업자가 자문에 응하는 것을 포함)하는 경우 금융상품의 내용을 사실과 다르게 알리는 행위를 해서는 아니 된다(법21(2)).

(3) 중대한 사항 불고지 금지

금융상품판매업자등은 계약체결을 권유(금융상품자문업자가 자문에 응하는 것을 포함)하는 경우 금융상품의 가치에 중대한 영향을 미치는 사항을 미리 알고 있으면서 금융소비자에게 알리지 아니하는 행위를 해서는 아니 된다(법21(3)).

(4) 비교대상 및 기준 불명시 금지 등

금융상품판매업자등은 계약체결을 권유(금융상품자문업자가 자문에 응하는 것을 포함)하는 경우 금융상품 내용의 일부에 대하여 비교대상 및 기준을 밝히지 아니하거나 객관적인 근거 없이 다른 금융상품과 비교하여 해당 금융상품이 우수하거나 유리하다고 알리는 행위를 해서는 아니 된다(법21(4)).

(5) 보장성 상품의 중요사항 고지 방해 등 금지

보장성 상품의 경우, 금융상품판매업자등은 계약체결을 권유(금융상품자문업자가 자문에 응하는 것을 포함)하는 경우 ⅰ) 금융소비자(보장성 상품의 계약에 따른 보장을 받는 자 포함)가 보장성 상품 계약의 중요한 사항을 금융상품직접판매업자에게 알리는 것을 방해하거나 알리지 아니할 것을 권유하는 행위, ⅱ) 금융소비자가 보장성 상품 계약의 중요한 사항에 대하여 부실하게 금융상품직접판매업자에게 알릴 것을 권유하는 행위를 해서는 아니 된다(법21(5), 영16②).

(6) 투자성 상품의 불초청 권유 및 재권유 금지

투자성 상품의 경우, 금융상품판매업자등은 계약체결을 권유(금융상품자문업자가 자문에 응하는 것을 포함)하는 경우 ⅰ) 금융소비자로부터 계약의 체결권유를 해줄 것을 요청받지 아니하고 방문·전화 등 실시간 대화의 방법을 이용하는 행위, ⅱ) 계약의 체결권유를 받은 금융소비자가 이를 거부하는 취지의 의사를 표시하였는데도 계약의 체결권유를 계속하는 행위를 해서는 아니 된다(법21(6)).

(7) 그 밖에 금융소비자 보호 또는 건전한 거래질서를 해칠 우려가 있는 행위 금지

금융상품판매업자등은 계약체결을 권유(금융상품자문업자가 자문에 응하는 것을 포함)하는 경우 그 밖에 금융소비자 보호 또는 건전한 거래질서를 해칠 우려가 있는 행위로서 다음의 행위를 하게 해서는 아니 된다(법21(7), 영16③, 감독규정15④).

(가) 직무수행 교육 미필자의 권유행위 금지

내부통제기준에 따른 직무수행 교육을 받지 않은 자로 하여금 계약체결 권유와 관련된 업무를 하게 하는 행위를 하게 해서는 아니 된다(영16③(1)).

(나) 소비자 정보 조작하는 권유행위 금지

적합성원칙상 소비자 정보 파악·확인의무(법17②)에 따른 일반금융소비자의 정보를 조작하여 권유하는 행위를 하게 해서는 아니 된다(영16③(2)).

(다) 투자성 상품 권유하면서 불요청 대출성 상품 안내행위 금지 등

투자성 상품에 관한 계약의 체결을 권유하면서 일반금융소비자가 요청하지 않은 다른 대출성 상품을 안내하거나 관련 정보를 제공하는 행위를 하게 해서는 아니 된다(영16③(3)).

(라) 투자성 상품 가치에 영향 미치는 사항 불고지 후 매매 권유행위 금지

투자성 상품의 가치에 중대한 영향을 미치는 사항을 알면서 그 사실을 금융소비자에 알리지 않고 그 금융상품의 매수 또는 매도를 권유하는 행위를 하게 해서는 아니 된다(감독규정15④(1)).

(마) 자기 또는 제3자 소유 투자성 상품의 가치 증대 위한 취득 권유행위 금지

자기 또는 제3자가 소유한 투자성 상품의 가치를 높이기 위해 금융소비자에게 해당 투자성 상품의 취득을 권유하는 행위를 하게 해서는 아니 된다(감독규정15④(2)).

(바) 내부자거래 등 불공정거래 규제에 위반되는 매매 등 권유행위 금지

금융소비자가 자본시장법 제174조(미공개중요정보 이용행위 금지), 제176조(시세조종행위 등의 금지) 또는 제178조(부정거래행위 등의 금지)에 위반되는 매매, 그 밖의 거래를 하고자 한다는 사실을 알고 그 매매, 그 밖의 거래를 권유하는 행위를 하게 해서는 아니 된다(감독규정15④(3)).

(사) 신용카드 회원의 동의 없는 카드 사용 유도 등 금지

금융소비자("신용카드 회원")의 사전 동의 없이 신용카드를 사용하도록 유도하거나 다른 대출성 상품을 권유하는 행위를 하게 해서는 아니 된다(감독규정15④(4)).

(아) 적합성원칙을 적용받지 않는 권유행위 금지

적합성원칙(법17)을 적용받지 않고 권유하기 위해 일반금융소비자로부터 계약체결의 권유를 원하지 않는다는 의사를 서면 등으로 받는 행위를 하게 해서는 아니 된다(감독규정15④(5)).

2. 금지행위의 제외

금융상품판매업자등은 계약체결을 권유(금융상품자문업자가 자문에 응하는 것을 포함)하는 경우에 금융소비자 보호 및 건전한 거래질서를 해칠 우려가 없는 행위로서 다음의 행위를 할 수 있다(법21 단서, 영16①, 감독규정15③).

(1) 증권 또는 장내파생상품에 대한 불초청권유 행위

증권 또는 장내파생상품에 대한 금융소비자로부터 계약의 체결권유를 해줄 것을 요청받지 아니하고 방문·전화 등 실시간 대화의 방법을 이용하는 행위(법21(6) 가목)는 할 수 있다(영16①(1)).

(2) 금융투자상품 등에 대한 권유 계속 행위

"금융위원회가 정하여 고시하는 다른 금융상품"에 대한 계약의 체결권유를 받은 금융소비자가 이를 거부하는 취지의 의사를 표시하였는데도 계약의 체결권유를 계속하는 행위(법21(6) 나목)는 할 수 있다(영16①(2)).

여기서 "금융위원회가 정하여 고시하는 다른 금융상품"과 관련하여 다음의 구분에 따른 금융상품, 즉 자본시장법에 따른 금융투자상품, 신탁계약, 투자자문계약 또는 투자일임계약은 각각 다른 유형의 금융상품으로 보는데, ⅰ) 금융투자상품에는 수익증권, 장내파생상품, 장외파생상품, 증권예탁증권, 지분증권, 채무증권, 투자계약증권, 파생결합증권이 해당하고(제1호), ⅱ) 신탁계약에는 금전신탁계약, 증권신탁계약, 금전채권신탁계약, 동산신탁계약, 부동산신탁계약, 지상권, 전세권, 부동산임차권, 부동산소유권 이전등기청구권, 그 밖의 부동산 관련 권리에 관한 신탁계약, 무체재산권(지식재산권을 포함)신탁계약이 해당하며(제2호), ⅲ) 투자자문계약 또는 투자일임계약에는 장내파생상품에 관한 계약, 장외파생상품에 관한 계약, 증권에 관한 계약이 해당한다(감독규정15①).

그러나 ⅰ) 기초자산의 종류가 다른 장외파생상품, 또는 ⅱ) 금융상품의 구조(선도, 스왑, 옵션)가 다른 장외파생상품은 다른 유형의 금융상품으로 본다(감독규정15②).

(3) 투자성 상품 권유 거부 1개월 후 권유 계속 행위

투자성 상품에 대한 계약의 체결권유를 받은 금융소비자가 이를 거부하는 취지의 의사를 표시한 후 1개월(감독규정15③)이 지난 경우에 해당 상품에 대한 계약의 체결권유를 받은 금융소비자가 이를 거부하는 취지의 의사를 표시하였는데도 계약의 체결권유를 계속하는 행위는 부당권유 금지행위에서 제외한다(영16①(3)).

Ⅵ. 금융상품등에 관한 광고 관련 준수사항: 광고규제

1. 금융상품 광고규제

(1) 의의

금융상품의 경우 정보비대칭이 심하여 성격상 금융소비자가 그 내용을 충분

히 이해하고 계약을 체결한다고 보기 어렵다. 더구나 상품별로 내재된 특유의 복
잡성은 상품에 대한 이해를 더욱 어렵게 한다. 금융소비자가 금융상품을 선택하
고 계약체결에 이르는 과정에서 영향을 미치는 것은 비단 판매단계에 국한되지
않는다. 이미 그 이전단계에서부터 금융회사의 영향을 받기 때문이다. 대표적으
로 TV나 신문·잡지·전단지 등을 통한 광고와 인터넷 사이트 등에 게시된 정보,
그리고 버스·지하철·택시에 부착된 다양한 광고 등을 통해 금융상품에 대한 일
정한 이미지가 형성되기 때문이다. 이처럼 해당 금융상품에 관한 구체적인 정보
를 적절하게 제공받기 전에 선행하는 이미지는 금융소비자의 상품 선택과 행동
에 영향을 미친다.13)

　　금융소비자의 입장에서 광고는 상품을 선택하는데 중요한 판단자료가 되며
유의한 정보를 제공한다. 따라서 금융상품의 판매 이전에 제공되는 광고는 금융
소비자의 금융상품 구매에 관한 의사결정에 상당한 영향을 미칠 수 있어 판매절
차의 일환으로 보고 규제와 감독이 행해지는 것이 일반적이다.

(2) 금융상품 광고규제의 기능

　　광고는 상품을 판매하기 위해 해당 상품에 대한 장점을 위주로 한 설명이
수반된다. 단점은 설명하지 않고 해당 상품만 소개하는 제한적 정보이기는 하지
만 정보를 제공하는 기능을 수행한다. 따라서 금융상품의 부당·과장 광고는 금
융소비자의 그릇된 의사결정으로 이어져 부당한 피해를 입을 수 있는 단초를 제
공한다. 더구나 금융상품을 제대로 이해하기 위해서는 상대적으로 전문적 지식
이 더 필요한 것으로 인식되고 있어, 금융에 대한 전문적 지식이 부족한 일반금
융소비자의 경우 이러한 위험에 더욱 노출되어 있다. 또한 광고에 의해 전달되는
정보는 소비자에게 일방적으로 전달되고 소비자가 이에 대한 질의, 의견 등을 상
품 제공자에게 전달하고 확인을 받기 어렵기 때문에 해석의 오류 등으로 정보의
왜곡이 발생할 가능성은 더욱 높다. 일방향 정보전달의 왜곡 가능성, 불특정 다
수인 금융소비자의 피해 가능성 등은 금융상품 광고규제에 대한 근거를 제공한
다.14)

---

13) 이상복(2020), 11-12쪽.
14) 이상복(2020), 13쪽.

2. 광고의 주체

(1) 광고할 수 없는 자

금융상품판매업자등이 아닌 자 및 "투자성 상품에 관한 금융상품판매대리·중개업자 등 대통령령으로 정하는 금융상품판매업자등"은 금융상품판매업자등의 업무에 관한 광고[15] 또는 금융상품에 관한 광고("금융상품등에 관한 광고")를 해서는 아니 된다(법22① 본문).

여기서 "투자성 상품에 관한 금융상품판매대리·중개업자 등 대통령령으로 정하는 금융상품판매업자등"이란 다음의 구분에 따른 자를 말한다(영17①). 즉 ⅰ) 금융상품판매업자등의 업무에 관한 광고의 경우 투자성 상품을 취급하는 금융상품판매대리·중개업자를 말하고(제1호), ⅱ) 금융상품에 관한 광고의 경우 금융상품판매대리·중개업자를 말하는데, 이 경우 금융상품직접판매업자가 금융상품판매대리·중개업자에게 허용한 경우(투자성 상품을 취급하는 경우는 제외)는 제외한다(제2호). 금융상품직접판매업자는 금융상품판매대리·중개업자의 금융상품에 관한 광고("광고")를 허용하기 전에 그 광고가 법령에 위배되는지를 확인해야 한다(감독규정16).

(2) 광고할 수 있는 자

다음의 어느 하나에 해당하는 기관("협회등"), 즉 ⅰ) 한국금융투자협회, ⅱ) 생명보험협회, ⅲ) 손해보험협회, ⅳ) 상호저축은행중앙회, ⅴ) 여신전문금융업협회, ⅵ) 대부업 및 대부중개업 협회, 전국은행연합회, 신용협동조합중앙회와, 그 밖에 금융상품판매업자등이 아닌 자로서 ⅰ) 금융상품판매업자등을 자회사 또는 손자회사로 하는 금융지주회사, ⅱ) 자본시장법에 따른 증권의 발행인 또는 매출인(해당 증권에 관한 광고를 하는 경우로 한정), ⅲ) 주택도시기금법에 따른 주택도시보증공사, ⅳ) 한국주택금융공사법에 따른 한국주택금융공사, ⅴ) 집합투자업자는 금융상품등에 관한 광고를 할 수 있다(법22① 단서, 영17③, 영17②).

---

15) 업무광고 규제의 취지는 금융소비자가 업무광고로 인해 관련 금융상품을 오인하는 상황을 방지하는 데 있다. 업무광고는 다음과 같이 2개 유형으로 구분 가능하다. 즉 ⅰ) 금융상품자문업자의 자문서비스에 관한 광고, ⅱ) 금융상품판매업자가 금융상품 계약체결을 유인할 목적으로 소비자에 제공하는 서비스(예: 비대면 계약 이벤트 광고, 개인 재무설계 서비스 광고 등)에 관한 광고이다(금융위원회·금융감독원(2021a), 9쪽).

3. 금융상품 내용의 명확·공정한 전달의무

금융상품판매업자등(위의 광고를 할 수 있는 자를 포함)이 금융상품등에 관한 광고를 하는 경우에는 금융소비자가 금융상품의 내용을 오해하지 아니하도록 명확하고 공정하게 전달하여야 한다(법22②).

4. 광고포함사항

금융상품판매업자등이 하는 금융상품등에 관한 광고에는 다음의 내용이 포함되어야 한다(법22③ 본문). 다만, 전문투자형 사모집합투자기구의 집합투자증권을 판매하는(법17⑤ 본문) 광고에 대해서는 그러하지 아니하다(법22③ 단서).

(1) 설명서 및 약관 읽어 볼 것을 권유하는 내용

금융상품판매업자등이 하는 금융상품등에 관한 광고에는 금융상품에 관한 계약을 체결하기 전에 금융상품 설명서 및 약관을 읽어 볼 것을 권유하는 내용이 포함되어야 한다(법22③(1)).

(2) 금융상품판매업자등의 명칭과 금융상품의 내용

금융상품판매업자등이 하는 금융상품등에 관한 광고에는 ⅰ) 금융상품판매업자등의 명칭, ⅱ) 금융상품의 명칭, ⅲ) 이자율(대부업자의 대부이자율 및 연체이자율을 포함), ⅳ) 수수료, ⅴ) 그 밖에 앞의 3가지 사항에 준하는 것으로서 일반금융소비자가 해당 금융상품을 이해하는데 필요하다고 "금융위원회가 정하여 고시하는 사항"이 포함되어야 한다(법22③(2), 영18①(1)).

위 ⅳ)에서 금융상품등에 관한 광고에 포함되어야 하는 "금융위원회가 정하여 고시하는 사항"이란 다음의 구분에 따른 사항을 말한다(감독규정17①).

(가) 보장성 상품: 보험금 지급제한 사유 등

보장성 상품의 광고에는 ⅰ) 보험금 지급제한 사유, ⅱ) 이자율의 범위 및 산출기준(피보험자가 생존 시 금융상품직접판매업자가 지급하는 보험금의 합계액이 일반금융소비자가 이미 납입한 보험료를 초과하는 보장성 상품으로서 일반금융소비자가 적용받을 수 있는 이자율이 고정되지 않는 계약에 한정)이 포함되어야 한다(감독규정17①(1)).

(나) 투자성 상품: 연계투자 상품의 내용 등

투자성 상품의 광고에는 ⅰ) 연계투자계약의 경우 연계투자 상품의 내용,

ⅱ) 그 밖의 경우 이자·수익의 지급시기 및 지급제한 사유가 포함되어야 한다(감독규정17①(2)).

(다) 예금성 상품: 이자율의 범위 및 산출기준

예금성 상품의 광고에는 ⅰ) 이자율·수익률 각각의 범위 및 산출기준, ⅱ) 이자·수익의 지급시기 및 지급제한 사유가 포함되어야 한다(감독규정17①(3)).

(라) 대출성 상품: 연체율 등

대출성 상품의 광고에는 ⅰ) 신용카드는 연회비와 연체율이 포함되어야 하고, ⅱ) 시설대여·연불판매·할부금융은 연체율, 수수료, 금융소비자가 계약기간 중 금전·재화를 상환하는 경우 적용받는 조건이 포함되어야 하며, ⅲ) 그 밖의 대출성 상품은 이자율(연체이자율을 포함)의 범위 및 산출기준, 이자 부과시기, 금융소비자가 계약기간 중 금전·재화를 상환하는 경우 적용받는 조건이 포함되어야 한다(감독규정17①(4)).

(3) 보장성 상품: 보험료등 인상 등

금융상품판매업자등이 하는 금융상품등에 관한 광고에는 보장성 상품의 경우 기존에 체결했던 계약을 해지하고 다른 계약을 체결하는 경우에는 계약체결의 거부 또는 보험료 등 금융소비자의 지급비용("보험료등")이 인상되거나 보장내용이 변경될 수 있다는 사항이 포함되어야 한다(법22③(3) 가목).

(4) 투자성 상품: 투자에 따른 위험 등

금융상품판매업자등이 하는 금융상품등에 관한 광고에는 투자성 상품의 경우 ⅰ) "투자에 따른 위험", ⅱ) 과거 운용실적을 포함하여 광고를 하는 경우에는 그 운용실적이 미래의 수익률을 보장하는 것이 아니라는 사항이 포함되어야 한다(법22③(3) 나목). 여기서 "투자에 따른 위험"이란 ⅰ) 원금 손실 발생 가능성, ⅱ) 원금 손실에 대한 소비자의 책임을 말한다(영18①(2)).

(5) 예금성 상품: 예시된 지급금 등이 미래의 수익을 보장하는 것이 아니라는 사항 등

금융상품판매업자등이 하는 금융상품등에 관한 광고에는 예금성 상품의 경우 만기지급금 등을 예시하여 광고하는 경우에는 해당 예시된 지급금 등이 미래의 수익을 보장하는 것이 아니라는 사항이 포함되어야 한다(법22③(3) 다목). 이 경우 포함되어야 하는 사항은 만기 시 지급금이 변동하는 예금성 상품으로서 기초자산의 가치에 따라 수익이 변동하는 예금성 상품의 경우에 한정된다(영18②).

(6) 대출성 상품: 대출조건

금융상품판매업자등이 하는 금융상품등에 관한 광고에는 대출성 상품의 경우 대출조건이 포함되어야 한다(법22③(3) 라목). 여기서 "대출조건"이란 ⅰ) 갖춰야 할 신용 수준에 관한 사항, ⅱ) 원리금 상환방법을 말한다(영18①(3)).

(7) 기타 금융소비자 보호를 위한 사항

(가) 기타 광고 포함사항

금융상품판매업자등이 하는 금융상품등에 관한 광고에는 그 밖에 금융소비자 보호를 위하여 다음의 사항이 포함되어야 한다(법22③(4), 영18③).

1) 중요사항을 설명받을 수 있는 권리

금융상품판매업자등이 하는 금융상품등에 관한 광고에는 금융상품 유형별 중요사항(법19①)에 따른 설명을 받을 수 있는 권리가 포함되어야 한다(영18③(1)).

2) 법령 및 내부통제기준에 따른 준수사항

금융상품판매업자등이 하는 금융상품등에 관한 광고에는 법령 및 내부통제기준에 따른 광고 관련 절차의 준수에 관한 사항이 포함되어야 한다(영18③(2)).

3) 다른 법률에 따른 금융소비자의 보호 내용

금융상품판매업자등이 하는 금융상품등에 관한 광고에는 예금자보호법 등 다른 법률에 따른 금융소비자의 보호 내용(대출성 상품은 제외)이 포함되어야 한다(영18③(3)).

4) 판매대리·중개업자가 대리·중개하는 직접판매업자의 명칭 및 업무 내용 등

금융상품판매대리·중개업자가 하는 금융상품등에 관한 광고에는 ⅰ) 금융상품판매대리·중개업자가 대리·중개하는 금융상품직접판매업자의 명칭 및 업무 내용(법26①(1)), ⅱ) 하나의 금융상품직접판매업자만을 대리하거나 중개하는 금융상품판매대리·중개업자인지 여부(법26①(2)), 금융상품직접판매업자로부터 금융상품 계약체결권을 부여받지 아니한 금융상품판매대리·중개업자의 경우 자신이 금융상품계약을 체결할 권한이 없다는 사실(법26①(3))이 포함되어야 한다(영18③(4)).

5) 자문업자가 독립금융상품자문업자인지 여부 등

금융상품자문업자가 하는 금융상품등에 관한 광고에는 ⅰ) 독립금융상품자문업자인지 여부(법27③(1)), ⅱ) 금융상품판매업자로부터 자문과 관련한 재산상

이익을 제공받는 경우 그 재산상 이익의 종류 및 규모(다만, 경미한 재산상 이익으로서 20만원 이내의 범위에서 금융위원회가 정하여 고시하는 재산상 이익을 제공받은 경우는 제외)(법27③(2)), iii) 금융상품판매업을 겸영하는 경우 자신과 금융상품계약체결등 업무의 위탁관계에 있는 금융상품판매업자의 명칭 및 위탁 내용(법27③(3)), iv) 자문업무를 제공하는 금융상품의 범위(법27③(4))가 포함되어야 한다(영18③(5)).

6) 그 밖에 금융소비자의 계약체결이나 권리·의무에 중요한 영향을 미치는 사항

금융상품판매업자등이 하는 금융상품등에 관한 광고에는 그 밖에 금융소비자의 계약체결이나 권리·의무에 중요한 영향을 미치는 사항으로서 "금융위원회가 정하여 고시하는 사항"이 포함되어야 한다(영18③(6)). 여기서 "금융위원회가 정하여 고시하는 사항"이란 [별표 5]를 말한다(감독규정17②).

(나) 기타 광고 포함사항의 제외

1) 광고의 목적 등 제약

금융위원회는 금융상품등에 관한 광고의 목적, 광고매체의 특성, 광고시간의 제약 등에 따라 영 제18조 제3항 각 호의 기타 광고 포함사항을 금융상품등에 관한 광고에 모두 포함시키기 곤란하다고 인정하는 경우에는 일부 내용을 제외할 수 있다(영18④).

2) 일부 내용 제외시 준수기준

금융상품판매업자등이 일부 내용을 제외할 경우 준수해야 할 기준은 다음의 구분에 따른다(감독규정17③).

가) 보장성 상품에 관한 광고

보장성 상품에 관한 광고의 경우 i) 금융상품의 편익, 금융상품에 적합한 금융소비자의 특성 또는 가입요건, 금융상품의 특성, 그리고 판매채널의 특징 및 상담 연락처의 전부 또는 일부만을 개괄적으로 알려야 하고(가목), ii) 영상 또는 음성을 활용하는 광고인 경우에는 광고 시간이 2분 이내이어야(나목) 한다(감독규정17③(1)).

나) 그 밖의 금융상품에 관한 광고

그 밖의 금융상품에 관한 광고의 경우 광고에 영 제18조 제3항 각 호의 기타 광고 포함사항 중 일부를 제외함으로 인해 금융소비자의 합리적 의사결정이 저해되거나 건전한 시장질서가 훼손될 우려가 없어야 한다(감독규정17③(2)).

5. 광고의 방법 및 절차

(1) 광고의 방법

금융상품판매업자등이 금융상품등에 관한 광고를 하는 경우에는 금융소비자가 광고의 내용을 쉽게 이해할 수 있도록 광고의 글자, 영상 및 음성 등 전달방법에 관하여 광고에서 글자의 색깔·크기 또는 음성의 속도·크기 등이 해당 금융상품으로 인해 금융소비자가 받을 수 있는 혜택과 불이익을 균형 있게 전달하여야 한다(영19①, 감독규정18).

(2) 준법감시인의 심의

금융상품판매업자등은 광고를 하려는 경우에 준법감시인(준법감시인이 없는 경우에는 감사 등 이에 준하는 자)의 심의를 받는 등 내부통제기준에 따른 절차를 거쳐야 한다(영19②).

(3) 협회등, 그 밖에 금융상품판매업자등이 아닌 자의 광고

"협회등"에 해당하는 ⅰ) 한국금융투자협회, ⅱ) 생명보험협회, ⅲ) 손해보험협회, ⅳ) 상호저축은행중앙회, ⅴ) 여신전문금융업협회, ⅵ) 대부업 및 대부중개업 협회, 전국은행연합회, 신용협동조합중앙회가 광고를 하는 경우와, 그 밖에 금융상품판매업자등이 아닌 자로서 ⅰ) 금융상품판매업자등을 자회사 또는 손자회사로 하는 금융지주회사, ⅱ) 자본시장법에 따른 증권의 발행인 또는 매출인(해당 증권에 관한 광고를 하는 경우로 한정), ⅲ) 주택도시기금법에 따른 주택도시보증공사, ⅳ) 한국주택금융공사법에 따른 한국주택금융공사, ⅴ) 집합투자업자가 광고를 하는 경우(법22① 단서, 영17③, 영17②)도 위의 광고 방법과 준법감시인의 심의 규정이 그대로 해당한다(영19①).

6. 광고시 금지행위

금융상품판매업자등이 금융상품등에 관한 광고를 하는 경우 다음의 구분에 따른 행위를 해서는 아니 된다(법22④, 영20①, 감독규정19①).

(1) 보장성 상품

보장성 상품의 경우 다음의 행위는 금지된다(법22④(1)).

(가) 보장한도 등을 누락하는 행위 등 금지

보장한도, 보장 제한 조건, 면책사항 또는 감액지급 사항 등을 빠뜨리거나 충분히 고지하지 아니하여 제한 없이 보장을 받을 수 있는 것으로 오인하게 하는 행위는 금지된다(법22④(1) 가목).

(나) 보장내용이 큰 것으로 오인하게 하는 행위 등 금지

보험금이 큰 특정 내용만을 강조하거나 고액 보장 사례 등을 소개하여 보장내용이 큰 것으로 오인하게 하는 행위는 금지된다(법22④(1) 나목).

(다) 보험료등이 저렴한 것으로 오인하게 하는 행위 등 금지

보험료를 일(日) 단위로 표시하거나 보험료의 산출기준을 불충분하게 설명하는 등 보험료등이 저렴한 것으로 오인하게 하는 행위는 금지된다(법22④(1) 다목).

(라) 자동갱신 시 보험료등 인상의 불고지 행위 금지

만기 시 자동갱신되는 보장성 상품의 경우 갱신 시 보험료등이 인상될 수 있음을 금융소비자가 인지할 수 있도록 충분히 고지하지 아니하는 행위는 금지된다(법22④(1) 라목).

(마) 금리 및 투자실적에 따라 만기환급금의 확정 지급으로 오인하게 하는 행위 금지

금리 및 투자실적에 따라 만기환급금이 변동될 수 있는 보장성 상품의 경우 만기환급금이 보장성 상품의 만기일에 확정적으로 지급되는 것으로 오인하게 하는 행위는 금지된다(법22④(1) 마목).

(바) 이자율 및 투자실적에 따라 만기환급금의 확정 지급으로 오인하게 하는 행위 금지

이자율 및 투자실적에 따라 만기환급금이 변동될 수 있는 보장성 상품의 경우 만기환급금이 보장성 상품의 만기일에 확정적으로 지급되는 것으로 오인하게 하는 행위는 금지된다(영20①(1)).

(사) 금융소비자의 경제적 부담이 작아 보이도록 하는 행위 등 금지

보험료를 일(日) 단위로 표시하는 등 금융소비자의 경제적 부담이 작아 보이도록 하거나 계약체결에 따른 이익을 크게 인지하도록 하여 금융상품을 오인하게끔 표현하는 행위는 금지된다(영20①(2)).

(아) 비교대상 및 기준을 분명하게 밝히지 않는 행위 등 금지

비교대상 및 기준을 분명하게 밝히지 않거나 객관적인 근거 없이 다른 금융상품등과 비교하는 행위는 금지된다(영20①(3)).

(자) 단정적 판단 제공행위 등 금지

불확실한 사항에 대해 단정적 판단을 제공하거나 확실하다고 오인하게 할 소지가 있는 내용을 알리는 행위는 금지된다(영20①(4)).

(차) 권리·의무에 중대한 영향을 미치는 사항을 사실과 다르게 알리는 행위 등 금지

계약체결 여부나 금융소비자의 권리·의무에 중대한 영향을 미치는 사항을 사실과 다르게 알리거나 분명하지 않게 표현하는 행위는 금지된다(영20①(5)).

(카) 거래조건의 오인 행위 금지

금융소비자에 따라 달라질 수 있는 거래조건을 누구에게나 적용될 수 있는 것처럼 오인하게 만드는 행위는 금지된다(감독규정19①(1)).

(타) 보험금이 한꺼번에 지급되는 것처럼 오인하게 하는 행위 금지

보험금 지급사유나 지급시점이 다름에도 불구하고 각각의 보험금이 한꺼번에 지급되는 것처럼 오인하게 만드는 행위는 금지된다(감독규정19①(2)).

(파) 한도초과 금품 제공행위 금지

금융상품에 관한 광고에 연계하여 보험업법 시행령 제46조[16]에서 정한 금액을 초과하는 금품을 금융소비자에 제공하는 행위는 금지된다(감독규정19①(3)).

(하) 보장성 상품에 관한 광고 관련 행위 금지

보장성 상품에 관한 광고의 경우 ⅰ) 금융상품의 편익, 금융상품에 적합한 금융소비자의 특성 또는 가입요건, 금융상품의 특성, 그리고 판매채널의 특징 및 상담 연락처의 전부 또는 일부만을 개괄적으로 알려야 하고(가목), ⅱ) 영상 또는 음성을 활용하는 광고인 경우에는 광고 시간이 2분 이내이어야(나목) 한다(감독규정17③(1))는 기준을 모두 충족하는 광고로서 다음의 행위는 금지된다(감독규정19①(4)).

1) 보장성 상품의 가격 등을 안내하는 방법이 동일하지 않은 광고 금지

광고 시 ⅰ) 보장성 상품의 가격, 보장내용 및 만기에 지급받는 환급금 등의 특징, ⅱ) 앞의 ⅰ)의 이행조건을 안내하는 방법(음성 또는 자막 등)이 동일하지 않은 광고는 금지된다(감독규정19①(4) 가목).

---

16) 보험계약 체결 시부터 최초 1년간 납입되는 보험료의 10%와 3만원 중 적은 금액을 말한다(보험업법 시행령 46).

2) 금융상품의 특징을 3회 이상 연속·반복하는 광고 금지

광고 시 금융상품의 주요 특징을 유사한 단어로 3회 이상 연속 또는 반복하여 음성으로 안내하는 광고는 금지된다(감독규정19①(4) 나목).

(거) 직접판매업자를 올바르게 인지하는 것을 방해하는 행위 금지

광고에서 금융상품과 관련하여 해당 광고매체 또는 금융상품판매대리·중개업자의 상호를 부각시키는 등 금융소비자가 금융상품직접판매업자를 올바르게 인지하는 것을 방해하는 행위는 금지된다(감독규정19①(5)).

(2) 투자성 상품

투자성 상품의 경우 다음의 행위는 금지된다(법22④(2), 영20④, 감독규정19③).

(가) 손실보전 또는 이익보장 오인행위 금지

손실보전(損失補塡) 또는 이익보장이 되는 것으로 오인하게 하는 행위는 금지된다(법22④(2) 가목 본문). 다만, 금융소비자를 오인하게 할 우려가 없는 경우로서 자본시장법 시행령 제104조 제1항 단서[17])에 따라 손실을 보전하거나 이익을 보장하는 경우(영20②)는 제외한다(법22④(2) 가목 단서).

(나) 집합투자증권에 대한 광고 금지 사항

집합투자증권(영20③)에 대하여 해당 투자성 상품의 특성을 고려하여 "다음의 사항" 외의 사항을 광고에 사용하는 행위는 금지된다(법22④(2) 나목).

따라서 "다음의 사항"에 한하여 광고에 사용할 수 있다(영20③, 감독규정19②). 즉 ⅰ) 집합투자증권을 발행한 자의 명칭, 소재지 및 연락처, ⅱ) 집합투자증권을 발행한 자의 조직 및 집합투자재산 운용 인력, ⅲ) 집합투자재산 운용 실적, ⅳ) 집합투자증권의 환매, ⅴ) 금융상품 유형별 중요사항 설명의무, 연계·제휴서비스등에 관한 사항, 청약 철회의 기한·행사방법·효과에 관한 사항, 기타 금융소비자보호를 위한 사항(법19① 각 호의 사항), ⅵ) 집합투자재산은 신탁업자의 고유재산과 분리하여 안전하게 보관·관리된다는 사실, ⅶ) 금융회사지배구조법에 따른 준법감시인 및 외부감사법에 따른 감사인이 집합투자재산이 적법하게 운용되는지를 감시한다는 사실, ⅷ) 집합투자기구의 투자목적에 적합한 금융소비자

---

17) 연금이나 퇴직금의 지급을 목적으로 하는 신탁으로서 금융위원회가 정하여 고시하는 경우에는 손실의 보전이나 이익의 보장을 할 수 있다(영104① 단서).연금이나 퇴직금의 지급을 목적으로 하는 신탁으로서 금융위원회가 정하여 고시하는 경우에는 손실의 보전이나 이익의 보장을 할 수 있다(자본시장법 시행령104① 단서).

에 관한 사항, ix) 집합투자기구의 수익구조, ⅹ) 자본시장법에 따른 집합투자기구평가회사 등의 평가결과, ⅺ) 일반적인 경제상황에 대한 정보, ⅻ) 투자금의 한도 및 적립방법, xiii) 비교하는 방식의 광고를 하는 경우에는 그 비교의 대상이 되는 다른 집합투자업자 및 집합투자기구의 유형, 운용기간, 운용실적 및 그 밖에 비교의 기준 일자 등에 관한 사항, xiv) 광고의 특성상 필요한 표제·부제는 광고에 사용할 수 있다.

(다) 수익률이나 운용실적이 좋은 기간의 수익률이나 운용실적만을 표시하는 행위 금지

수익률이나 운용실적을 표시하는 경우 수익률이나 운용실적이 좋은 기간의 수익률이나 운용실적만을 표시하는 행위는 금지된다(법22④(2) 다목).

(라) 금융소비자의 경제적 부담이 작아 보이도록 하는 행위 금지

보험료를 일(日) 단위로 표시하는 등 금융소비자의 경제적 부담이 작아 보이도록 하거나 계약체결에 따른 이익을 크게 인지하도록 하여 금융상품을 오인하게끔 표현하는 행위는 금지된다(법22④(2) 다목, 영20④(1), 영20①(2)).

(마) 비교대상 및 기준을 분명하게 밝히지 않는 행위 등 금지

비교대상 및 기준을 분명하게 밝히지 않거나 객관적인 근거 없이 다른 금융상품등과 비교하는 행위는 금지된다(영20④(1), 영20①(3)).

(바) 단정적 판단 제공행위 등 금지

불확실한 사항에 대해 단정적 판단을 제공하거나 확실하다고 오인하게 할 소지가 있는 내용을 알리는 행위는 금지된다(영20④(1), 영20①(4)).

(사) 권리·의무에 중대한 영향을 미치는 사항을 사실과 다르게 알리는 행위 등 금지

계약체결 여부나 금융소비자의 권리·의무에 중대한 영향을 미치는 사항을 사실과 다르게 알리거나 분명하지 않게 표현하는 행위는 금지된다(영20④(1), 영20①(5)).

(아) 투자성 상품의 수익률 등이 좋은 기간의 수익률 등만을 표시하는 행위 금지

투자성 상품의 수익률이나 운용실적을 표시하는 경우 수익률이나 운용실적이 좋은 기간의 수익률이나 운용실적만을 표시하는 행위는 금지된다(영20④(2)).

(자) 거래조건의 오인행위 금지

금융소비자에 따라 달라질 수 있는 거래조건을 누구에게나 적용될 수 있는 것처럼 오인하게 만드는 행위는 금지된다(영20④(3), 감독규정19③(1)).

(차) 경영실태 및 위험에 대한 평가결과를 비교하여 광고하는 행위 금지

경영실태 및 위험에 대한 평가(자본시장법31③)의 결과(관련 세부내용을 포함)를 다른 금융상품직접판매업자와 비교하여 광고하는 행위(투자성 상품만 해당)는 금지된다(영20④(3), 감독규정19③(2)).

(3) 예금성 상품

예금성 상품의 경우 다음의 행위는 금지된다(법22④(3), 영20④, 감독규정19③).

(가) 이자율의 범위 · 산정방법 등을 오인하게 하는 행위 금지

이자율의 범위·산정방법, 이자의 지급·부과 시기 및 부수적 혜택·비용을 명확히 표시하지 아니하여 금융소비자가 오인하게 하는 행위는 금지된다(법22④(3) 가목).

(나) 금융소비자의 경제적 부담이 작아 보이도록 하는 행위 금지

보험료를 일(日) 단위로 표시하는 등 금융소비자의 경제적 부담이 작아 보이도록 하거나 계약체결에 따른 이익을 크게 인지하도록 하여 금융상품을 오인하게끔 표현하는 행위는 금지된다(영20④(1), 영20①(2)).

(다) 비교대상 및 기준을 분명하게 밝히지 않는 행위 등 금지

비교대상 및 기준을 분명하게 밝히지 않거나 객관적인 근거 없이 다른 금융상품등과 비교하는 행위는 금지된다(영20④(1), 영20①(3)).

(라) 단정적 판단 제공 금지 등 금지

불확실한 사항에 대해 단정적 판단을 제공하거나 확실하다고 오인하게 할 소지가 있는 내용을 알리는 행위는 금지된다(영20④(1), 영20①(4)).

(마) 권리 · 의무에 중대한 영향을 미치는 사항을 사실과 다르게 알리는 행위 등 금지

계약체결 여부나 금융소비자의 권리·의무에 중대한 영향을 미치는 사항을 사실과 다르게 알리거나 분명하지 않게 표현하는 행위는 금지된다(영20④(1), 영20①(5)).

(바) 예금성 상품의 수익률 등이 좋은 기간의 수익률 등만을 표시하는 행위 금지

투자성 상품 또는 예금성 상품의 수익률이나 운용실적을 표시하는 경우 수익률이나 운용실적이 좋은 기간의 수익률이나 운용실적만을 표시하는 행위는 금지된다(영22④(2)).

(사) 거래조건의 오인행위 금지

금융소비자에 따라 달라질 수 있는 거래조건을 누구에게나 적용될 수 있는 것처럼 오인하게 만드는 행위는 금지된다(영20④(3), 감독규정19③(1)).

(4) 대출성 상품

예금성 상품의 경우 다음의 행위는 금지된다(법22④(4), 영20④, 감독규정19③).

(가) 이자율의 범위·산정방법 등을 오인하게 하는 행위 금지

대출이자율의 범위·산정방법, 대출이자의 지급·부과 시기 및 부수적 혜택·비용을 명확히 표시하지 아니하여 금융소비자가 오인하게 하는 행위는 금지된다(영20④(4) 가목).

(나) 금융소비자의 경제적 부담이 작아 보이도록 하는 행위 금지

보험료를 일(日) 단위로 표시하는 등 금융소비자의 경제적 부담이 작아 보이도록 하거나 계약체결에 따른 이익을 크게 인지하도록 하여 금융상품을 오인하게끔 표현하는 행위는 금지된다(영20④(1), 영20①(2)).

(다) 비교대상 및 기준을 분명하게 밝히지 않는 행위 등 금지

비교대상 및 기준을 분명하게 밝히지 않거나 객관적인 근거 없이 다른 금융상품등과 비교하는 행위는 금지된다(영20④(1), 영20①(3)).

(라) 단정적 판단 제공행위 등 금지

불확실한 사항에 대해 단정적 판단을 제공하거나 확실하다고 오인하게 할 소지가 있는 내용을 알리는 행위는 금지된다(영20④(1), 영20①(4)).

(마) 권리·의무에 중대한 영향을 미치는 사항을 사실과 다르게 알리는 행위 등 금지

계약체결 여부나 금융소비자의 권리·의무에 중대한 영향을 미치는 사항을 사실과 다르게 알리거나 분명하지 않게 표현하는 행위는 금지된다(영20④(1), 영20①(5)).

(바) 거래조건의 오인행위 금지

금융소비자에 따라 달라질 수 있는 거래조건을 누구에게나 적용될 수 있는 것처럼 오인하게 만드는 행위는 금지된다(영20④(3), 감독규정19③(1)).

7. 협회등 광고심의 등

(1) 광고 관련 기준 준수 확인 및 통보

협회등은 금융상품판매업자등의 금융상품등에 관한 광고와 관련하여 광고의 주체(법22①), 금융상품 내용의 명확·공정한 전달의무(법22②), 광고포함사항(법22③), 금융상품에 관한 광고를 하는 경우 금지행위(법22④)의 광고 관련 기준을 준수하는지를 확인하고 그 결과에 대한 의견을 해당 금융상품판매업자등에게 통보할 수 있다(법22⑥).

(2) 광고 관련 기준 준수 확인 대상

협회등("협회등")이 금융상품등에 관한 광고 관련 기준을 준수하는지를 확인하는 경우에는 소속 회원사인 금융상품판매업자등(금융상품판매업자와 위탁계약을 체결한 금융상품판매대리·중개업자를 포함)을 그 대상으로 한다(영21①). 여기서 기준은 다음의 사항을 말한다(감독규정20②). 즉 ⅰ) 보통의 주의력을 가진 일반적인 금융소비자의 관점에서 금융상품등에 관한 광고와 관련하여 광고의 주체(법22①), 금융상품 내용의 명확·공정한 전달의무(법22②), 광고포함사항(법22③), 금융상품에 관한 광고를 하는 경우 금지행위(법22④)의 광고 관련 기준이 지켜졌는지를 확인하여야 하고, ⅱ) 광고심의 대상을 선정하는 기준은 금융상품의 특성 및 민원빈도, 광고매체의 파급효과 등을 종합적으로 고려하여야 한다.

(3) 광고심의
(가) 여신전문금융업협회 및 한국금융투자협회의 광고심의 대상

여신전문금융업협회 및 한국금융투자협회가 금융상품등에 관한 광고와 관련하여 광고의 주체(법22①), 금융상품 내용의 명확·공정한 전달의무(법22②), 광고포함사항(법22③), 금융상품에 관한 광고를 하는 경우 금지행위(법22④)의 광고 관련 기준을 준수하는지를 확인("광고심의")할 수 있는 대상은 ⅰ) 여신전문금융업협회는 여신전문금융회사(겸영여신업자를 포함) 및 여신전문금융회사가 취급하는 대출성 상품에 관한 금융상품판매대리·중개업을 영위하는 자의 광고이고, ⅱ) 한국금융투자협회는 금융투자업자(겸영금융투자업자를 포함)의 광고이다(감독규정20①).

(나) 광고심의시 준수사항

광고심의를 하는 경우에 다음의 절차를 준수하여야 한다(감독규정20③). 즉 ⅰ) 광고가 이루어지기 전에 확인하여야 한다(제1호 본문). 다만, 광고가 생방송으로 이루어지는 경우에는 협회등이 달리 정할 수 있다(제1호 단서). ⅱ) 광고심의가 종료된 후에 그 결과(광고에 수정이 필요한 경우에 구체적인 사유를 포함)를 지체 없이 해당 금융상품판매업자(금융상품판매대리·중개업자가 하나의 금융상품직접판매업자가 취급하는 금융상품에 관한 계약의 체결만 대리·중개하는 것을 영업으로 하는 경우에는 해당 금융상품직접판매업자)에 통보하여야 한다(제2호). ⅲ) 광고심의 결과에 대한 이의신청 절차를 마련하여야 한다(제3호).

(다) 광고심의 기준 및 절차 제정

광고심의에 관한 기준 및 절차는 협회등이 정할 수 있다(감독규정20④).

(4) 자료 또는 의견 제출 요청

협회등이 금융상품판매업자등이 금융상품 등에 관한 광고 관련 기준을 준수하는지를 확인하기 위해 필요한 경우에는 관련 기관·단체 또는 전문가 등에게 자료 또는 의견의 제출을 요청할 수 있다(영21②).

(5) 협회등의 의견 통보

협회등이 금융상품판매업자등에게 그 의견을 통보하는 경우에는 문서로 해야 한다(영21③ 전단). 이 경우 금융상품판매업자등의 법 위반사실이 있는 때에는 그 사실을 금융위원회에 알릴 수 있다(영21③ 후단).

Ⅶ. 계약서류의 제공의무

계약서류의 제공의무는 금융소비자의 금융상품에 대한 이해를 도모하고 금융분쟁이 발생한 경우 증거자료로 활용할 수 있다.

1. 금융상품 유형별 제공의무

금융상품직접판매업자 및 금융상품자문업자는 금융소비자와 금융상품 또는 금융상품자문에 관한 계약을 체결하는 경우 금융상품의 유형별로 계약서류인 ⅰ) 금융상품 계약서, ⅱ) 금융상품의 약관, ⅲ) 금융상품 설명서(금융상품판매업자만 해당), ⅳ) 상법에 따른 보험증권(보장성 상품 중 보험만 해당)을 금융소비자에게 지체 없이 제공하여야 한다(법23① 본문).

2. 금융상품 유형별 제공의무의 예외

계약내용 등이 금융소비자 보호를 해칠 우려가 없는 경우로서 대부업법, 자본시장법(온라인소액투자중개업자만 해당), 온라인투자연계금융업법에 따라 계약서류가 제공된 경우에는 계약서류를 제공하지 아니할 수 있다(법23① 단서, 영22②).

3. 계약서류 제공 방법 및 절차

금융상품직접판매업자 및 금융상품자문업자가 계약서류를 제공하는 때에는 ⅰ) 서면 교부, ⅱ) 우편 또는 전자우편, ⅲ) 휴대전화 문자메시지 또는 이에 준하는 전자적 의사표시의 방법으로 제공한다(영22③ 본문). 다만, 금융소비자가 앞의 방법 중 특정 방법으로 제공해 줄 것을 요청하는 경우에는 그 방법으로 제공해야 한다(영22③ 단서).

금융상품판매업자등은 계약서류를 전자우편 또는 이에 준하는 전자적 의사표시로 교부하는 경우에 금융소비자가 전자금융거래법에 따른 전자적 장치를 통해 계약서류를 확인하는데 필요한 소프트웨어 및 안내자료를 제공해야 한다(감독규정21).

4. 계약서류 제공시 준수사항

금융상품직접판매업자 및 금융상품자문업자는 계약서류를 제공하는 경우 다음의 사항을 준수해야 한다(영22④). 즉 ⅰ) 해당 계약서류가 법령 및 내부통제기준에 따른 절차를 거쳐 제공된다는 사실을 해당 계약서류에 적어야 하고(제1호), ⅱ) 계약서류를 전자우편, 휴대전화 문자메시지 또는 이에 준하는 전자적 의사표시의 방법으로 제공하는 경우에는 해당 계약서류가 위조·변조되지 않도록 기술적 조치를 취해야 한다(제2호).

5. 계약서류 제공사실의 증명책임

계약서류의 제공 사실에 관하여 금융소비자와 다툼이 있는 경우에는 금융상품직접판매업자 및 금융상품자문업자가 이를 증명하여야 한다(법23②).

제3절 금융상품판매업자등의 업종별 영업행위 준수사항

I. 미등록자를 통한 금융상품판매 대리 · 중개 금지

금융소비자보호법은 불완전판매로 인한 금융소비자의 피해방지를 위해 금융상품판매업자가 금융상품판매대리 · 중개업자 아닌 자에 대한 금융상품계약체결등의 위탁을 금지하고 있다. 즉 금융상품판매업자는 금융상품판매대리 · 중개업자가 아닌 자에게 금융상품계약체결등을 대리하거나 중개하게 해서는 아니 된다(법24).

II. 금융상품판매대리 · 중개업자의 금지행위

1. 급부 수령 · 대가제공 금지 등

금융상품판매대리 · 중개업자는 다음의 어느 하나에 해당하는 행위를 해서는 아니 된다(법25①).

(1) 급부수령 금지

(가) 원칙적 금지

금융상품판매대리 · 중개업자는 금융소비자로부터 투자금, 보험료 등 계약의 이행으로서 급부를 받는 행위를 할 수 없다(법25①(1) 본문).

(나) 예외적 허용

금융상품판매대리 · 중개업자가 금융상품직접판매업자로부터 급부 수령에 관한 권한을 부여받은 경우로서 보장성 상품에 관한 계약과 관련하여 보험료 또는 공제료를 수령하는 행위는 제외한다(법25①(1) 단서, 영23①).

(2) 재위탁 및 대가 지급 금지

(가) 원칙적 금지

금융상품판매대리 · 중개업자가 대리 · 중개하는 업무를 제3자에게 하게 하거나 그러한 행위에 관하여 수수료 · 보수나 그 밖의 대가를 지급하는 행위는 금지된다(법25①(2) 본문).

(나) 예외적 허용

금융상품직접판매업자의 이익과 상충되지 아니하고 금융소비자 보호를 해치지 아니하는 경우로서 다음의 행위는 제외한다(법25①(2) 단서). 여기서 제외되는 다음의 행위란 다음의 구분에 따른 행위를 말한다(영23②).

1) 보험설계사 · 보험대리점 · 보험중개사가 위탁계약을 체결한 경우

다음의 위탁계약을 체결한 경우, 즉 ⅰ) 보험설계사가 같은 보험회사 · 보험대리점 또는 보험중개사에 소속된 다른 보험설계사와 위탁계약을 체결한 경우(가목), ⅱ) 보험대리점이 소속 보험설계사 또는 같은 보험회사의 다른 보험대리점과 위탁계약을 체결한 경우(나목 본문). 다만, 같은 보험회사의 다른 보험대리점과 위탁계약을 체결하는 경우에는 금융상품직접판매업자로부터 그 계약의 내용에 대해 사전동의를 받아야 한다(나목 단서). ⅲ) 보험중개사가 소속 보험설계사 또는 다른 보험중개사와 위탁계약을 체결한 경우(다목) 수탁자로 하여금 보장성 상품에 관한 계약의 체결을 대리 · 중개하는 업무를 하게 하거나 그러한 행위에 관하여 위탁자가 수수료 · 보수나 그 밖의 대가를 지급하는 행위는 제외한다(영23②(1)).

2) 법인인 판매대리 · 중개업자의 예금성 · 대출성 상품의 대리 · 중개업무

법인인 금융상품판매대리 · 중개업자가 개인인 금융상품판매대리 · 중개업자에게 예금성 상품 또는 대출성 상품에 관한 계약의 체결을 대리 · 중개하는 업무를 하게 하거나 그러한 행위에 관하여 수수료 · 보수나 그 밖의 대가를 지급하는 행위는 제외한다(영23②(2)).

(3) 이해상충행위 금지

금융상품판매대리 · 중개업자는 금융소비자 보호 또는 건전한 거래질서를 해칠 우려가 있는 행위로서 다음의 이해상충행위를 할 수 없다(법25①(3), 영23③, 감독규정22).

(가) 직접판매업자를 대신하여 계약을 체결하는 행위 금지

금융상품직접판매업자를 대신하여 계약을 체결하는 행위는 금지된다(영23③(1) 본문). 다만, 보험대리점이 해당 금융상품직접판매업자로부터 계약에 관한 의사표시를 할 수 있는 권한을 받은 경우는 제외된다(영23③(1) 단서).

(나) 소비자를 대신하여 계약을 체결하는 행위 금지

금융소비자를 대신하여 계약을 체결하는 행위는 금지된다(영23③(2)).

(다) 오인할 수 있는 상호를 광고나 영업에 사용하는 행위 금지

금융소비자로 하여금 금융상품직접판매업자 또는 금융상품자문업자로 오인할 수 있는 상호를 광고나 영업에 사용하는 행위는 금지된다(영23③(3)).

(라) 자신에게만 대리 · 중개 업무를 위탁하는 행위 등 금지

금융상품직접판매업자에게 자신에게만 대리 · 중개 업무를 위탁하거나 다른 금융상품판매대리 · 중개업자에게 위탁하지 않도록 강요하는 행위는 금지된다(영23③(4)).

(마) 다른 금융상품판매대리 · 중개업자의 명의사용 행위 등 금지

다른 금융상품판매대리 · 중개업자의 명의를 사용하거나 다른 금융상품판매대리 · 중개업자가 자신의 명의를 사용하도록 하는 행위는 금지된다(영23③(5)).

(바) 2개 이상의 직접판매업자를 위한 대리 · 중개 행위 금지

1) 원칙적 금지(1사 전속의무)

같은 상품유형의 금융상품에 대하여 둘 이상의 금융상품직접판매업자를 위해 금융상품에 관한 계약의 체결을 대리 · 중개하는 행위는 금지된다(영23③(6), 감독규정22(1) 본문). 동일인이 다수의 금융상품판매대리 · 중개업자에 각각 사실상 영향력을 행사하는 경우에 해당 법인들은 모두 하나의 금융상품판매대리 · 중개업자로 본다(감독규정22(1) 본문).

2) 예외적 허용

다음의 행위는 예외적으로 허용된다(감독규정22(1) 단서).

가) 보장성 상품을 취급하는 판매대리 · 중개업자의 대리 · 중개 행위

보장성 상품을 취급하는 금융상품판매대리 · 중개업자가 둘 이상의 금융상품직접판매업자를 위해 보장성 상품에 관한 계약의 체결을 대리 · 중개하는 행위는 허용된다(감독규정22(1) 가목).

나) 대출성 상품을 취급하는 금융상품직접판매업자의 대리 · 중개 행위

대출성 상품을 취급하는 금융상품직접판매업자가 다른 금융상품직접판매업자의 대출성 상품에 관한 계약의 체결을 대리 · 중개하는 행위는 허용된다(감독규정22(1) 나목).

다) 신용카드 · 시설대여 · 연불판매 · 할부계약의 대리 · 중개자의 대출 대리 · 중개 행위

신용카드, 시설대여, 연불판매 또는 할부계약에 관한 계약의 체결을 대리 ·

중개하는 자가 다른 하나의 금융상품직접판매업자를 위해 대출 계약의 체결을 대리·중개하는 행위는 허용된다(감독규정22(1) 다목).

　　라) 신용카드·연불판매·할부계약의 대리·중개자의 신용카드 계약 대리·중개
　　　　행위

시설대여, 연불판매 또는 할부계약에 관한 계약의 체결을 대리·중개하는 자가 다른 하나의 금융상품직접판매업자를 위해 신용카드에 관한 계약의 체결을 대리·중개하는 행위는 허용된다(감독규정22(1) 라목).

　　마) 대부중개업자 등의 대출성 상품에 관한 계약 대리·중개 행위

　　ⅰ) 대부중개업자, ⅱ) 대출성 상품에 관한 금융상품판매대리·중개업을 전자금융거래 방식으로만 영위하는 법인, 그리고 ⅲ) 신용협동조합이 취급하는 대출성 상품에 관한 계약의 체결만 대리·중개하는 금융상품판매대리·중개업자가 둘 이상의 금융상품직접판매업자를 위해 대출성 상품에 관한 계약의 체결을 대리·중개하는 행위는 허용된다(감독규정22(1) 마목).

　　바) 시설대여·연불판매·할부금융 등의 계약 대리·중개 행위

시설대여·연불판매·할부금융 또는 이와 유사한 금융상품에 관한 계약의 체결을 대리·중개하는 행위는 허용된다(감독규정22(1) 바목).

　　사) 전화권유판매로만 하는 대출성 상품에 관한 계약 대리·중개 행위

방문판매법에 따른 전화권유판매로만 대출성 상품에 관한 계약의 체결을 대리·중개하는 행위는 허용된다(감독규정22(1) 사목).

(사) 대출성 상품 계약체결 대리·중개자의 영업행위

대출성 상품에 관한 계약의 체결을 대리하거나 중개하는 자의 다음의 행위는 금지된다(감독규정22(2)).

　　1) 대부업·대부중개업 금지

대출성 상품에 관한 계약의 체결을 대리하거나 중개하는 자는 대부업법에 따른 대부업·대부중개업을 할 수 없다(감독규정22(2) 가목). 이 경우는 대부업자 및 대부중개업자에 적용하지 않는다(감독규정22(2) 가목).

　　2) 다단계판매업 금지

대출성 상품에 관한 계약의 체결을 대리하거나 중개하는 자는 방문판매법에 따른 다단계판매업을 할 수 없다(감독규정22(2) 나목).

3) 사행산업 금지

대출성 상품에 관한 계약의 체결을 대리하거나 중개하는 자는 사행산업통합감독위원회법에 따른 사행산업을 할 수 없다(감독규정22(2) 다목).

4) 단란주점영업 및 유흥주점영업 금지

대출성 상품에 관한 계약의 체결을 대리하거나 중개하는 자는 식품위생법시행령에 따른 단란주점영업 및 유흥주점영업을 할 수 없다(감독규정22(2) 라목).

(아) 투자성 상품 계약체결 대리·중개자의 행위

투자성 상품에 관한 계약의 체결을 대리하거나 중개하는 행위로서 다음의 행위는 금지된다(감독규정22(3)).

1) 투자일임재산·신탁재산을 합동운용하는 것처럼 대리·중개·광고 행위 금지

자본시장법에 따른 투자일임재산이나 신탁재산을 각각의 금융소비자별 또는 재산별로 운용하지 않고 모아서 운용하는 것처럼 투자일임계약이나 신탁계약의 계약체결등(계약의 체결 또는 계약체결의 권유를 하거나 청약을 받는 것)을 대리·중개하거나 광고하는 행위는 금지된다(감독규정22(3) 가목).

2) 금융투자상품을 매매할 수 있는 권한을 위임받는 행위 금지

금융소비자로부터 금융투자상품을 매매할 수 있는 권한을 위임받는 행위는 금지된다(감독규정22(3) 나목).

3) 제3자가 금융소비자에 금전을 대여하도록 대리·중개하는 행위 금지

투자성 상품에 관한 계약의 체결과 관련하여 제3자가 금융소비자에 금전을 대여하도록 대리·중개하는 행위는 금지된다(감독규정22(3) 다목).

4) 보험설계사의 위탁계약을 체결하지 않은 투자성 상품의 대리·중개 행위 금지

보험업법에 따른 보험설계사가 위탁계약을 체결하지 않은 보협업법에 따른 보험회사의 투자성 상품에 관한 계약의 체결을 대리·중개하는 행위는 금지된다(감독규정22(3) 라목).

(자) 금융소비자 정보 이용행위 금지

업무수행 과정에서 알게 된 금융소비자의 정보를 자기 또는 제3자의 이익을 위해 이용하는 행위는 금지된다(감독규정22(4)).

(차) 위탁계약을 체결한 직접판매업자 발행 주식의 매매 권유행위 금지

위탁계약을 체결한 금융상품직접판매업자가 발행한 주식의 매수 또는 매도를 권유하는 행위는 금지된다(감독규정22(5)).

(카) 방송채널사용사업을 승인받은 판매대리·중개업자의 금지행위

상품소개와 판매에 관한 전문편성을 행하는 방송채널사용사업을 승인(방송법9⑤)받은 금융상품판매대리·중개업자(보장성 상품을 취급하는 자에 한정)가 보장성 상품에 관한 금융상품판매대리·중개업을 영위할 수 없는 개인으로 하여금 방송(방송법2(1))을 통해 그 금융상품을 설명하게 하는 행위는 금지된다(감독규정22(6)).

(타) 보장성 상품을 취급하는 판매대리·중개업자의 비대면 설명행위 금지

1) 원칙적 금지

보장성 상품을 취급하는 금융상품판매대리·중개업자(전화를 이용하여 모집하는 자 및 사이버몰을 이용하여 모집하는 자는 제외)가 일반금융소비자와 만나지 않고 설명의무(법19)에 따른 설명을 하는 행위는 금지된다(감독규정22(7) 본문).

2) 예외적 허용

ⅰ) 표준상품설명대본(보험업감독규정4-36⑥)에 따라 설명하여야 하고, ⅱ) 해당 금융상품을 취급하는 금융상품직접판매업자가 앞의 설명내용이 녹취된 전자파일을 통해 해당 설명내용이 표준상품설명대본과 일치하는지를 확인하고 그 전자파일을 보관하는 경우는 제외한다(감독규정22(7) 단서).

2. 수수료 외의 재산상 이익 요구·수령 금지

금융상품판매대리·중개업자는 금융상품판매 대리·중개 업무를 수행할 때 금융상품직접판매업자로부터 정해진 수수료 외의 금품, 그 밖의 재산상 이익을 요구하거나 받아서는 아니 된다(법25②). 여기서 재산상 이익의 구체적 내용은 ⅰ) 금전등의 지급 또는 대여, ⅱ) 금융상품판매대리·중개업 수행시 발생하는 비용 또는 손해의 보전, ⅲ) 금융상품직접판매업자가 취급하는 금융상품에 대한 계약체결시 우대 혜택 등이다(영23④).

Ⅲ. 금융상품판매대리·중개업자의 고지의무

1. 고지사항

금융상품판매대리·중개업자는 금융상품판매 대리·중개 업무를 수행할 때

금융소비자에게 다음의 사항 모두를 미리 알려야 한다(법26①, 영24①, 감독규정23
①).

(1) 직접판매업자의 명칭 및 업무 내용

금융상품판매대리·중개업자는 자신이 대리·중개하는 금융상품직접판매업
자의 명칭 및 업무 내용을 금융소비자에게 미리 알려야 한다(법26①(1)).

(2) 1개의 직접판매업자만을 대리·중개하는지 여부(전속 여부)

금융상품판매대리·중개업자는 자신이 하나의 금융상품직접판매업자만을
대리하거나 중개하는 금융상품판매대리·중개업자인지 여부를 금융소비자에게
미리 알려야 한다(법26①(2)).

(3) 계약체결 권한의 유무

금융상품판매대리·중개업자는 자신이 금융상품직접판매업자로부터 금융상
품 계약체결권을 부여받지 아니한 금융상품판매대리·중개업자의 경우 자신이
금융상품계약을 체결할 권한이 없다는 사실을 금융소비자에게 미리 알려야 한다
(법26①(3)).

(4) 손해배상책임에 관한 사항

금융상품판매대리·중개업자는 금융상품판매업자등의 손해배상책임(법44)과
금융상품직접판매업자의 손해배상책임(법45)에 관한 사항을 금융소비자에게 미
리 알려야 한다(법26①(4)).

(5) 계약의 이행으로 급부를 받을 수 있는지 여부

금융상품판매대리·중개업자는 자신이 금융소비자로부터 투자금, 보험료 등
계약의 이행으로서 급부를 받는 행위(법25①(1) 본문)에 따라 급부를 받을 수 있
는지 여부를 금융소비자에게 미리 알려야 한다(영24①(1)).

(6) 보험설계사 등의 위탁받은 업무 관련 판매대리·중개업자의 명의와 업무내용

금융상품판매대리·중개업자는 ⅰ) 보험설계사가 같은 보험회사·보험대리
점 또는 보험중개사에 소속된 다른 보험설계사와 위탁계약을 체결한 경우(영23②
(1) 가목), ⅱ) 보험대리점이 소속 보험설계사 또는 같은 보험회사의 다른 보험대
리점과 위탁계약을 체결한 경우(다만, 같은 보험회사의 다른 보험대리점과 위탁계약
을 체결하는 경우에는 금융상품직접판매업자로부터 그 계약의 내용에 대해 사전동의를
받아야 한다)(영23②(1) 나목), 그리고 ⅲ) 보험중개사가 소속 보험설계사 또는 다
른 보험중개사와 위탁계약을 체결한 경우(영23②(1) 다목) 각각 그 업무를 위탁한

금융상품판매대리·중개업자의 명의와 위탁받은 업무 내용을 금융소비자에게 미리 알려야 한다(영24①(2)).

(7) 직접판매업자의 소비자 신용정보 등 보유·관리 사실

금융상품판매대리·중개업자는 금융소비자가 제공한 신용정보 또는 개인정보 등은 금융상품직접판매업자가 보유·관리한다는 사실(보험중개사의 경우는 제외)을 금융소비자에게 미리 알려야 한다(영24①(3)).

(8) 수수료 외의 재산상 이익 요구·수령 금지 등

금융상품판매대리·중개업자는 금융상품판매 대리·중개 업무를 수행할 때 금융상품직접판매업자로부터 정해진 수수료 외의 금품, 그 밖의 재산상 이익을 요구하거나 받아서는 아니 된다(법25②)는 내용 및 다음의 구분에 따른 사항을 금융소비자에게 미리 알려야 한다(감독규정23①).

(가) 투자성 상품의 대신 매매 금지 사실

금융상품판매대리·중개업자는 투자성 상품의 경우 금융소비자의 금융상품 매매를 대신할 수 없다는 사실을 미리 알려야 한다(감독규정23①(1)).

(나) 보장성 상품 중 보험의 경우 보험설계사 이력 등

보장성 상품 중 보험의 경우 ⅰ) 보험업법에 따른 보험설계사의 이력(위탁계약을 체결했던 법인 및 그 법인과의 계약기간을 포함), ⅱ) 보험업법에 따른 영업정지, 등록취소 또는 과태료 처분을 받은 경우 그 이력과 보험사기행위(보험사기방지 특별법2(1))에 대한 3개월 이상의 업무정지 조치를 받은 경우 그 이력, ⅲ) 불완전판매비율 및 계약 유지율(보험업감독규정9-4의2(7))을 전자적 장치로 확인할 수 있다는 사실 및 확인방법을 미리 알려야 한다(감독규정23①(2)).

2. 표지 게시 또는 증표 제시

금융상품판매대리·중개업자는 금융상품판매 대리·중개 업무를 수행할 때 자신이 금융상품판매대리·중개업자라는 사실을 나타내는 표지를 게시하거나 증표를 금융소비자에게 보여 주어야 한다(법26②). 이에 따른 표지 게시 및 증표 제시는 ⅰ) 권한 있는 기관이 발급한 표지나 증표를 사용하여야 하고, ⅱ) 표지는 사업장 및 인터넷 홈페이지(홈페이지가 있는 경우만 해당)에 항상 게시하여야 한다(영24②).

IV. 금융상품자문업자의 영업행위준칙 등

1. 선관주의의무 및 충실의무

금융상품자문업자는 금융소비자에 대하여 선량한 관리자의 주의로 자문에 응하여야 하고(법27①), 금융소비자의 이익을 보호하기 위하여 자문업무를 충실하게 수행하여야 한다(법27②).

2. 고지사항의 사전고지 등

금융상품자문업자는 자문업무를 수행하는 과정에서 다음의 사항을 금융소비자에게 알려야 하며, 자신이 금융상품자문업자라는 사실을 나타내는 표지를 게시하거나 증표를 금융소비자에게 내보여야 한다(법27③, 영25②).

(1) 독립금융상품자문업자인지 여부

금융상품자문업자는 자문업무를 수행하는 과정에서 자신이 독립금융상품자문업자인지 여부를 금융소비자에게 알려야 한다(법27③(1)). 즉 독립금융상품자문업자는 앞서 살펴본 i) 금융투자업 및 신용사업 또는 공제사업 겸영 금지 요건: 금융상품판매업자와 이해관계를 갖지 않는 자로서 금융상품판매업(투자일임업은 제외)과 금융투자업, 농업협동조합법, 산림조합법, 새마을금고법 또는 수산업협동조합법에 따른 신용사업 또는 공제사업을 겸영하지 아니하여야 하고(법12②(6) 가목, 영5⑤), ii) 계열회사등 제외 요건: 금융상품판매업자와 이해관계를 갖지 않는 자로서 금융상품판매업자(투자일임업자는 제외)와 계열회사 또는 관계회사("계열회사등")가 아니어야 하며(법12②(6) 나목, 영5⑥), iii) 겸직 또는 파견 금지 요건: 금융상품판매업자와 이해관계를 갖지 않는 자로서 임직원이 금융상품판매업자의 임직원 직위를 겸직하거나 그로부터 파견받은 자가 아니어야 한다(법12②(6) 다목).

(2) 재산상 이익을 제공받는 경우 그 재산상 이익의 종류 및 규모

금융상품자문업자는 자문업무를 수행하는 과정에서 금융상품판매업자로부터 자문과 관련한 재산상 이익을 제공받는 경우 그 재산상 이익의 종류 및 규모를 금융소비자에게 알려야 한다(법27③(2) 본문). 다만, 20만원 이내의 범위에서 금융위원회가 정하여 고시하는 재산상 이익을 제공받은 경우(영25①)는 제외한다(법27③(2) 단서).

(3) 금융상품판매업을 겸영하는 경우 자신과 위탁관계에 있는 판매업자의 명칭 등

금융상품자문업자는 자문업무를 수행하는 과정에서 금융상품판매업을 겸영하는 경우 자신과 금융상품계약체결등 업무의 위탁관계에 있는 금융상품판매업자의 명칭 및 위탁내용을 금융소비자에게 알려야 한다(법27③(3)).

(4) 자문업무를 제공하는 금융상품의 범위

금융상품자문업자는 자문업무를 수행하는 과정에서 자문업무를 제공하는 금융상품의 범위를 금융소비자에게 알려야 한다(법27③(4)).

(5) 자문업무의 제공 절차

금융상품자문업자는 자문업무를 수행하는 과정에서 자문업무의 제공 절차를 금융소비자에게 알려야 한다(법27③(5)).

(6) 자문업무에 따른 보수 및 그 결정 기준

금융상품자문업자는 자문업무를 수행하는 과정에서 자문업무에 따른 보수 및 그 결정 기준을 금융소비자에게 알려야 한다(영25②(1)).

(7) 보수 외에 추가로 금전등을 요구하지 않는다는 사실

금융상품자문업자는 자문업무를 수행하는 과정에서 보수 외에 추가로 금전등을 요구하지 않는다는 사실을 금융소비자에게 알려야 한다(영25②(2)).

(8) 금융상품 취득 · 처분에 따른 손실에 대해 책임을 지지 않는다는 사실

금융상품자문업자는 자문업무를 수행하는 과정에서 금융소비자의 금융상품 취득 · 처분에 따른 손실에 대해 책임을 지지 않는다는 사실을 금융소비자에게 알려야 한다(영25②(3)).

3. 독립금융상품자문업자 아닌 자의 독립문자 사용금지

독립금융상품자문업자가 아닌 자는 "독립"이라는 문자 또는 이와 같은 의미를 가지고 있는 외국어 문자로서 "독립문자"를 명칭이나 광고에 사용할 수 없다(법27④). 여기서 "독립문자란 영어 · 프랑스어 · 스페인어 · 일본어 · 중국어의 외국어로 쓰여진 문자를 말한다(영25③).

4. 독립금융상품자문업자의 금지행위

직접판매업자로부터 "독립"된 자문업자의 경우 일반 자문업자보다 엄격한

규제를 하고 있다. 독립금융상품자문업자는 다음의 행위를 해서는 아니 된다(법
27⑤, 영25⑤, 감독규정24).

(1) 자문에 대한 응답과 관련하여 판매업자로부터 재산상 이익을 받는 행위 금지

독립금융상품자문업자는 금융소비자의 자문에 대한 응답과 관련하여 금융
상품판매업자(임직원을 포함)로부터 재산상 이익을 받는 행위를 해서는 아니 된다
(법27⑤(1) 본문). 다만, 금융상품직접판매업자의 자문에 응하여 그 대가를 받는
경우는 제외한다(법27⑤(1) 단서, 영25④).

(2) 특정 직접판매업자의 상품에 한정하여 자문에 응하는 행위 금지

독립금융상품자문업자는 특정 금융상품직접판매업자의 금융상품으로 한정
하여 자문에 응하는 행위를 해서는 아니 된다(영25⑤(1)).

(3) 소비자의 개인정보 등을 자신 또는 제3자 이익을 위해 사용하는 행위 금지

독립금융상품자문업자는 금융소비자의 개인정보 및 신용정보 등을 자신 또
는 제3자의 이익을 위해 사용하는 행위를 해서는 아니 된다(영25⑤(2)).

(4) 특정 금융상품판매업자 또는 특정 금융상품을 광고하는 행위 금지

독립금융상품자문업자는 특정 금융상품판매업자 또는 특정 금융상품을 광
고하는 행위를 해서는 아니 된다(영25⑤(3)).

(5) 계약체결 후 소비자의 동의 없이 자문업무를 위탁하는 행위 금지

독립금융상품자문업자는 자문업무에 관한 계약을 체결한 이후에 그 금융소
비자의 동의 없이 자문업무를 제3자에게 위탁하는 행위를 해서는 아니 된다(영25
⑤(4)).

(6) 투자성 상품에 관한 자문업을 영위하는 행위 금지

독립금융상품자문업자는 투자성 상품에 관한 금융상품자문업을 영위하는
경우로서 다음의 어느 하나에 해당하는 행위를 해서는 아니 된다(영25⑤(5), 감독
규정24).

(가) 임직원이 자기계산으로 금융상품을 매매하는 행위(자기매매) 금지

독립금융상품자문업자의 임원·직원은 자본시장법 제63조(임직원의 금융투자
상품 매매) 제1항 각 호의 방법을 준수하지 않고 자기의 계산으로 자본시장법 시
행령 제64조(임직원의 금융투자상품 매매) 제2항 각 호의 어느 하나에 해당하는 금
융상품을 매매하는 행위를 해서는 아니 된다(감독규정24(1)).

따라서 독립금융상품자문업자의 임원·직원은 자기의 계산으로 금융투자상품(자본시장법 시행령64② 각 호)을 매매하는 경우에는 다음의 방법에 따라야 한다(자본시장법법63①).

1. 자기의 명의로 매매할 것
2. 투자중개업자 중 하나의 회사(투자중개업자의 임직원의 경우에는 그가 소속된 투자중개업자에 한하되, 그 투자중개업자가 그 임직원이 매매하려는 금융투자상품을 취급하지 아니하는 경우에는 다른 투자중개업자를 이용할 수 있다)를 선택하여 하나의 계좌를 통하여 매매할 것. 다만, 금융투자상품의 종류, 계좌의 성격 등을 고려하여 대통령령으로 정하는 경우에는 둘 이상의 회사 또는 둘 이상의 계좌를 통하여 매매할 수 있다.
3. 매매명세를 분기별(투자권유자문인력, 제286조 제1항 제3호 나목의 조사분석인력 및 투자운용인력의 경우에는 월별로 한다. 이하 이 조에서 같다)로 소속 금융투자업자에게 통지할 것
4. 그 밖에 불공정행위의 방지 또는 투자자와의 이해상충의 방지를 위하여 대통령령으로 정하는 방법 및 절차를 준수할 것

(나) 임직원의 투자성 상품 매매내역 확인 기준 및 절차 미준수행위 금지

독립금융상품자문업자는 분기별로 임원·직원의 투자성 상품을 매매한 내역을 확인하는 경우에 자본시장법 제63조 제2항에 따른 기준 및 절차를 준수하지 않는 행위를 해서는 아니 된다(감독규정24(2)).

(다) 자기의 계산으로 매매하거나 제3자에게 매매를 권유하는 행위 금지

독립금융상품자문업자는 투자자문에 응하거나 투자일임재산을 운용하는 경우 금융투자상품등의 가격에 중대한 영향을 미칠 수 있는 투자판단에 관한 자문 또는 매매 의사를 결정한 후 이를 실행하기 전에 그 금융투자상품등을 자기의 계산으로 매매하거나 제3자에게 매매를 권유하는 행위(자본시장법98①(5))를 해서는 아니 된다(감독규정24(3)).

(라) 운용실적과 연동된 성과보수 수령 금지

독립금융상품자문업자는 투자자문과 관련한 투자결과 또는 투자일임재산의 운용실적과 연동된 성과보수를 받는 행위(자본시장법98의2①)를 해서는 아니 된다(감독규정24(4)).

V. 자료의 기록 및 유지·관리 등

1. 자료의 기록 및 유지·관리의무

금융상품판매업자등은 금융상품판매업등의 업무와 관련한 자료로서 대통령령으로 정하는 자료를(기록 자료) 기록하여야 하며, 자료의 종류별로 대통령령으로 정하는 기간(자료의 유지·관리 기간) 동안 유지·관리하여야 한다(법28①).

(1) 기록 자료의 범위

기록 자료는 ⅰ) 계약체결에 관한 자료, ⅱ) 계약의 이행에 관한 자료, ⅲ) 금융상품등에 관한 광고 자료, ⅳ) 금융소비자의 권리행사에 관한 금융소비자의 자료 열람 연기·제한 및 거절에 관한 자료, 청약의 철회에 관한 자료, 위법계약의 해지에 관한 자료, ⅴ) 내부통제기준의 제정 및 운영 등에 관한 자료, ⅵ) 업무 위탁에 관한 자료를 말한다(영26①).

(2) 자료의 유지·관리 기간

자료의 유지·관리 기간은 10년이다(영26② 본문). 다만, ⅰ) 계약체결에 관한 자료 및 계약의 이행에 관한 자료(보장기간이 10년을 초과하는 보장성 상품만 해당)는 해당 보장성 상품의 보장기간, ⅱ) 내부통제기준의 제정 및 운영 등에 관한 자료는 5년(감독규정25①)으로 한다(영26② 단서).

2. 자료의 유지·관리 대책 수립·시행의무

금융상품판매업자등은 기록 및 유지·관리하여야 하는 자료가 멸실 또는 위조되거나 변조되지 아니하도록 적절한 대책을 수립·시행하여야 한다(법28②).[18]

3. 자료 열람 요구권

(1) 권리구제 목적

금융소비자는 분쟁조정 또는 소송의 수행 등 권리구제를 위한 목적으로 금융상품판매업자등이 기록 및 유지·관리하는 자료의 열람(사본의 제공 또는 청취를 포함)을 요구할 수 있다(법28③).

---

[18] 부칙 제2조(자료의 기록 및 유지·관리 등에 관한 적용례) 제28조는 이 법 시행 이후 금융상품 또는 금융상품자문에 관한 계약의 체결을 권유(금융상품자문업자가 자문에 응하는 경우를 포함)하거나 계약을 체결하는 경우부터 적용한다.

(2) 열람요구서 제출

금융소비자가 자료의 열람을 요구하려는 경우에는 열람요구서를 금융상품 판매업자등에게 제출해야 한다(영26③ 전단). 열람요구서란 ⅰ) 열람의 목적: 분 쟁조정 신청내역 또는 소송제기 내역, ⅱ) 열람의 범위: 열람하고자 하는 자료의 내용 및 해당 자료와 열람의 목적 간의 관계, ⅲ) 열람의 방법이 포함된 서류를 말한다(감독규정25②). 이 경우 열람요구서에는 열람의 목적, 범위 및 방법 등에 관한 사항이 포함되어야 한다(영26③ 후단).

4. 자료 열람 제공의무

금융상품판매업자등은 자료의 열람을 요구받았을 때에는 해당 자료의 유형 에 따라 요구받은 날부터 8일 이내에 금융소비자가 해당 자료를 열람할 수 있도 록 하여야 한다(법28④ 전단, 영26④). 이 경우 해당 기간 내에 열람할 수 없는 정 당한 사유가 있을 때에는 금융소비자에게 그 사유를 알리고 열람을 연기할 수 있으며, 그 사유가 소멸하면 지체 없이 열람하게 하여야 한다(법28④ 후단).

5. 자료 열람 제한·거절

금융상품판매업자등은 ⅰ) 법령에 따라 열람을 제한하거나 거절할 수 있는 경우, ⅱ) 다른 사람의 생명·신체를 해칠 우려가 있거나 다른 사람의 재산과 그 밖의 이익을 부당하게 침해할 우려가 있는 경우, ⅲ) 영업비밀[19]을 현저히 침해 할 우려가 있는 경우, ⅳ) 개인정보의 공개로 인해 사생활의 비밀 또는 자유를 부당하게 침해할 우려가 있는 경우, ⅴ) 열람하려는 자료가 열람목적과 관련이 없다는 사실이 명백한 경우에는 금융소비자에게 그 사유를 알리고 열람을 제한 하거나 거절할 수 있다(법28⑤, 영26⑥).

6. 자료의 열람, 열람의 연기 및 열람의 제한·거절의 통지와 방법

(1) 문서에 의한 통지

금융상품판매업자등은 자료의 열람, 열람의 연기 및 열람의 제한·거절을

---

19) "영업비밀"이란 공공연히 알려져 있지 아니하고 독립된 경제적 가치를 가지는 것으로서, 비밀로 관리된 생산방법, 판매방법, 그 밖에 영업활동에 유용한 기술상 또는 경영상의 정 보를 말한다(부정경쟁방지법2(2)).

알리는 경우에는 문서로 해야 한다(영26⑤ 본문). 문서로 알리는 경우에 해당 문서에 기재해야 할 사항은 다음의 구분에 따른다(감독규정25③).

(가) 열람이 가능한 경우

열람이 가능한 경우 i) 열람이 가능한 자료의 목록, ii) 열람이 가능한 날짜 및 시간, iii) 열람 방법을 해당 문서에 기재해야 한다(감독규정25③(1)).

(나) 열람을 요구한 자료 중 일부만 열람이 가능한 경우

열람을 요구한 자료 중 일부만 열람이 가능한 경우 i) 열람이 가능한 자료의 목록, ii) 열람이 가능한 날짜 및 시간, iii) 열람 방법, iv) 열람을 요구한 자료 중 일부만 열람이 가능한 이유, v) 이의제기 방법을 해당 문서에 기재해야 한다(감독규정25③(2)).

(다) 열람이 불가한 경우

열람이 불가한 경우 i) 열람이 불가한 사유, ii) 이의제기 방법을 해당 문서에 기재해야 한다(감독규정25③(3)).

(2) 열람 통지의 예외

열람을 알리는 경우에는 전화, 팩스, 전자우편 또는 휴대전화 문자메시지 등의 방법으로 이를 알릴 수 있다(영26⑤ 단서).

7. 열람 수수료와 우송료 청구

금융상품판매업자등은 금융소비자가 열람을 요구하는 경우 수수료와 우송료(사본의 우송을 청구하는 경우만 해당)를 청구할 수 있는데(법28⑥), 이 경우에는 실비를 기준으로 한 금액을 청구해야 한다(영26⑦ 전단). 이 경우 열람업무의 효율적인 운영을 위해 필요한 경우에는 미리 수수료 또는 우송료를 청구할 수 있다(영26⑦ 후단).

금융소비자 보호

제1절 금융소비자정책 수립 등

Ⅰ. 금융상품 비교공시

1. 서설

(1) 금융상품 비교공시의 의의

금융위원회는 금융소비자가 금융상품의 주요 내용을 알기 쉽게 비교할 수 있도록 금융상품의 유형별로 금융상품의 주요 내용을 비교하여 공시할 수 있다 (법32①). 금융상품의 유형별로 금융상품의 주요 내용을 비교하여 공시할 수 있도록 한 것은 계약체결 전 정보제공 기능을 강화한 것이다.

금융상품 공시제도는 금융상품 정보를 공개하여 금융소비자의 합리적인 금융상품 선택을 돕고 공시내용대로 법률효과를 부여하여 금융소비자를 보호하고자 하는 제도이다. 금융상품 비교공시는 해당 금융권역에 속한 전체 금융기관의 금융상품 정보를 일목요연하게 비교하여 공시하는 것이다. 금융상품 비교공시는 정보 비대칭을 해소하여 금융소비자의 상품선택권을 강화하고 금융기관들 간의 경쟁을 유도하기 위한 목적을 가지고 있다. 금융상품 비교공시는 금융소비자의 합리적인 상품선택을 위해 중요하며, 스스로 합리적인 상품을 선택하려고 노력

하는 금융소비자에게 정보를 제공하기 때문에 금융소비자보호 측면에서도 중요하다.[1)]

(2) 비교공시 대상 금융상품의 범위

금융위원회가 비교하여 공시("비교공시")할 수 있는 금융상품의 범위는 ⅰ) 예금, ⅱ) 대출, ⅲ) 집합투자증권, ⅳ) 보험, ⅴ) 적금, ⅵ) 연금저축계좌, ⅶ) 퇴직연금제도이다(영29①, 감독규정27①).

2. 비교공시의 내용 포함사항

금융상품의 비교공시에는 ⅰ) 이자율, ⅱ) 보험료, ⅲ) 수수료, ⅳ) 중도상환수수료율, 위험등급 등 금융소비자가 유의해야 할 사항, ⅴ) 비교공시된 정보에 관한 해당 정보를 제공한 금융상품직접판매업자의 담당부서 및 연락처와 비교공시 시점, ⅵ) 그 밖에 금융소비자 보호를 위해 비교공시가 필요한 사항으로서 "금융감독원장이 정하는 사항"이 포함되어야 한다(영29②, 감독규정27②).

3. 비교공시 내용의 준수사항

비교공시의 내용은 다음의 사항을 갖춰야 한다(감독규정27③). 즉 ⅰ) 금융소비자가 필요로 하는 정보를 간단명료하게 전달하여야 하고(제1호), ⅱ) 보통의 주의력을 가진 일반적인 금융소비자가 알기 쉽도록 하여야 하며(제2호), ⅲ) 내용의 정확성·중립성·적시성을 유지하여야 하고(제3호), ⅳ) 일관되고 통일된 기준에 따라 산출된 정보이어야 하며(제4호), ⅴ) 협회등의 공시 내용과 차이가 없어야 한다(제5호).

4. 비교공시의 절차

(1) 중앙행정기관 등에 대한 의견진술 또는 자료제출 요청

금융위원회는 비교공시의 효율적 운영을 위해 필요하다고 인정하는 경우 관계 중앙행정기관, 지방자치단체, 금융 관련 기관·단체 또는 전문가의 의견을 듣거나 자료의 제출을 요청할 수 있다(영29③).

---

1) 이상복(2020), 8쪽.

(2) 협회등에 자료제출 요청

금융위원회는 협회등에 비교공시에 필요한 자료를 주기적으로 제출할 것을 요청할 수 있다(감독규정27④ 전단). 이 경우 ⅰ) 비교공시를 위해 협회등이 금융 감독원장에 제출할 필요가 있는 자료, ⅱ) 자료의 제출 시기 및 제출 방법, ⅲ) 자료의 작성방법, ⅳ) 자료가 비교공시 내용의 준수사항을 갖추도록 하는데 "협회등 또는 금융상품직접판매업자의 협조가 필요한 사항"에 대해 협회등과 사전에 협의해야 한다(감독규정27④ 후단).

5. 비교공시의 게시

금융위원회가 비교공시를 하는 때에는 금융위원회 인터넷 홈페이지 또는 금융위원회가 정하여 고시하는 방법에 따라 그 내용을 게시한다(영29④).

Ⅱ. 금융소비자 보호실태

1. 실태평가

(1) 실태평가의 대상

금융감독원장은 금융소비자 보호실태를 평가할 수 있는데(법32②), 실태평가의 대상은 금융감독원장이 ⅰ) 영업의 규모 및 시장점유율, ⅱ) 취급하는 금융상품의 종류 및 성격, ⅲ) 감독 및 검사 결과, ⅳ) 해당 금융상품에 대한 민원 또는 분쟁 현황, ⅴ) 자율진단 결과, ⅵ) 실태평가 결과에 따른 금융상품판매업자등의 개선계획 또는 조치내용, ⅶ) 그 밖에 실태평가 대상을 선별하는데 고려해야 할 중요한 사항으로서 금융감독원장이 정하는 사항을 고려하여 매년 지정하는 금융상품판매업자등을 말한다(영30①, 감독규정28②).

(2) 실태평가의 대상 지정시 준수사항

금융감독원장은 실태평가의 대상을 지정하는 경우에 다음의 사항을 지켜야 한다(감독규정28① 본문). 즉 ⅰ) 실태평가의 대상을 지정하기 위해 필요한 기준 및 절차를 마련하여야 하고(제1호), ⅱ) 금융상품판매업자등의 실태평가 주기를 사전에 금융위원회와 협의하여 정하고, 그 주기에 따라 실태평가를 실시하여야 하며(제2호), ⅲ) 직전연도에 실태평가를 받은 자는 실태평가 대상에서 제외하고,

해당연도에 금융감독원장의 요청으로 자율진단(금융상품판매업자등이 스스로 내부
통제기준의 운영에 관한 사항과 금융소비자보호기준의 운영에 관한 사항을 금융감독원장
이 정하는 바에 따라 실시하는 평가)을 실시하고 그 결과를 금융감독원장에 제공한
자는 제외한다. 이 경우 금융감독원장은 대상을 정하여 자율진단을 요청해야 한
다(제3호).

다만, 금융소비자 보호를 위해 실태평가가 불가피한 경우에는 위 제2호 또
는 제3호와 달리 지정할 수 있다(감독규정28① 단서).

(3) 실태평가의 실효성 확보수단

금융감독원장은 실태평가의 실효성 확보를 위해 ⅰ) 실태평가 종료 후 2개
월 이내에 실태평가 결과에 따른 해당 금융상품판매업자등의 개선계획을 확인하
여야 하고, ⅱ) 개선계획을 확인한 후 1년 이내에 해당 금융상품판매업자등의 개
선계획에 따른 조치결과를 확인하여야 한다(감독규정28③).

2. 금융소비자 보호실태의 내용

금융소비자 보호실태의 내용은 ⅰ) 내부통제기준의 운영에 관한 사항, ⅱ)
금융소비자보호기준의 운영에 관한 사항이다(영30②).

3. 금융소비자 보호실태의 평가·공표

(1) 연차 평가·공표 및 수시 평가·공표

금융감독원장은 매년 금융소비자 보호실태를 평가·공표해야 한다(영30③ 본
문). 다만, 금융소비자 보호 및 건전한 거래질서를 위해 필요하다고 인정하는 경
우에는 수시로 평가·공표할 수 있다(영30③ 단서)

(2) 평가시 준수사항

금융감독원장은 금융소비자 보호실태를 평가하는 경우 ⅰ) 신뢰성과 타당성
이 있는 평가지표를 사용하여야 하고, ⅱ) 금융상품의 유형별 특성을 반영하여야
하며, ⅲ) 평가결과에 대한 객관적인 근거를 확보하여야 하고, ⅳ) 평가 대상자
의 의견을 확인하여야 한다(영30④).

(3) 평가 기간, 내용 및 평가 책임자 등에 관한 사항의 통지

금융감독원장은 금융소비자 보호실태를 평가하는 경우 해당 금융상품판매
업자등에게 평가 기간, 방법, 내용 및 평가 책임자 등에 관한 사항을 미리 서면

으로 알려야 한다(영30⑤).

(4) 의견청취 또는 자료제출 요청

금융감독원장은 금융소비자 보호실태의 평가·공표를 위해 필요하다고 인정하는 경우 금융 관련 기관·단체 또는 전문가의 의견을 듣거나 자료의 제출을 요청할 수 있다(영30⑥).

(5) 평가결과 공표의 게시

금융감독원장은 금융소비자 보호실태의 평가 결과를 공표하는 경우에는 금융감독원 및 관련 협회등의 인터넷 홈페이지에 지체 없이 이를 게시해야 한다(영30⑦).

Ⅲ. 금융소비자보호기준

1. 금융소비자보호기준 제정

(1) 금융소비자보호기준 제정의무

"내부통제기준을 마련해야 하는 금융상품판매업자등"은 금융소비자 불만 예방 및 신속한 사후구제를 통하여 금융소비자를 보호하기 위하여 그 임직원이 직무를 수행할 때 준수하여야 할 기본적인 절차와 기준("금융소비자보호기준")을 정하여야 한다(법32③, 영31①).

(2) 금융소비자보호기준 마련의무 대상 금융상품판매업자등

(가) 법인인 금융상품판매업자등

"내부통제기준을 마련해야 하는 금융상품판매업자등"은 법인인 금융상품판매업자등(법16②, 영10①)을 말한다. 따라서 법인인 금융상품판매업자등은 금융소비자보호기준을 마련해야 한다.

(나) 금융소비자보호기준 마련의무 제외대상 금융상품판매업자등

내부통제기준 마련의무 제외대상 금융상품판매업자등은 내부통제기준 마련의무에서 제외된다(법16②, 영10①). 따라서 이들 금융상품판매업자등은 금융소비자보호기준을 마련할 필요가 없다.

즉 ⅰ) 상호저축은행중앙회, ⅱ) 온라인소액투자중개업자, ⅲ) 대부업자 및 대부중개업자, ⅳ) 온라인투자연계금융업자, ⅴ) 겸영여신업자, ⅵ) 겸영금융투자업자, vii) 금융상품직접판매업자 및 금융상품자문업자의 경우 상시근로자가 5명 미만인 경우에 해당하는 법인, viii) 금융상품판매대리·중개업자의 경우 ㉠ 하나의 금융상품직접판매업자가 취급하는 금융상품에 관한 계약의 체결만 대리·중개하는 것을 영업으로 하는 경우에 해당하는 법인, 또는 ㉡ 소속된 개인 금융상품판매대리·중개업자가 5명 미만(직전 분기의 일평균을 기준으로 한다)인 경우(전자금융거래 방식만으로 금융상품판매업등을 영위하는 법인은 상시근로자가 3명 미만인 경우)에 해당하는 법인은 금융소비자보호기준을 마련할 필요가 없다(영10①, 감독규정9①).

2. 금융소비자보호기준 포함사항

금융소비자보호기준에는 ⅰ) 금융소비자의 권리, ⅱ) 민원·분쟁 발생시 업무처리 절차, ⅲ) 금융소비자보호기준의 운영을 위한 조직·인력, ⅳ) 금융소비자보호기준 준수 여부에 대한 점검·조치 및 평가, ⅴ) 민원·분쟁 대응 관련 교육·훈련, ⅵ) 금융소비자보호기준의 제정·변경 절차, ⅶ) 금융소비자의 민원 상황 및 처리결과와 금융소비자와의 분쟁조정·소송 진행상황 및 결과를 효율적·체계적으로 관리하기 위한 전산처리시스템의 구축, ⅷ) 금융소비자의 자료열람 요구에 대한 대응, ⅸ) 일반금융소비자의 청약 철회에 대한 대응, ⅹ) 위법계약의 해지 요구에 대한 대응, ⅺ) 법령 및 약관상 금융소비자의 권리를 안내하는 방법, ⅻ) 계약체결 후 금융소비자 보호를 위해 필요한 사항 점검 및 관련 제도 개선에 관한 사항이 포함되어야 한다(영31②, 감독규정29①).

3. 금융소비자보호기준 신설·변경 절차

금융소비자보호기준의 제정·변경 절차에 관하여는 시행령 제10조(내부통제기준) 제3항 및 제4항을 준용한다(영31③).

(1) 금융소비자보호기준 제정·변경과 이사회 승인

(가) 이사회 승인

금융상품판매업자등은 금융소비자보호기준을 제정·변경하는 경우 이사회의 승인을 받아야 한다(영10③ 본문).

(나) 경미사항과 대표자 승인

경미한 사항을 변경하는 경우에는 대표자의 승인으로 갈음할 수 있다(영10

③ 단서). 여기서 경미한 사항이란 ⅰ) 법령 또는 관련 규정의 제정·개정에 연동되어 변경해야 하는 사항(제1호), ⅱ) 이사회가 의결한 사항에 대한 후속조치(제2호), ⅲ) 그 밖에 제1호 및 제2호에 준하는 사항(제3호)을 말한다(감독규정9③).

(2) 금융소비자보호기준 제정·변경의 공지

금융상품판매업자등은 금융소비자보호기준을 제정·변경한 경우에는 그 사실을 공지해야 한다(영10④). 따라서 금융상품판매업자등은 금융소비자보호기준을 제정·개정한 경우에 제정·개정 사실 및 주요 현황을 인터넷 홈페이지에 게시해야 한다(감독규정9④).

제2절 금융분쟁의 조정

Ⅰ. 분쟁조정기구설치

조정대상기관, 금융소비자 및 그 밖의 이해관계인 사이에 발생하는 금융 관련 분쟁의 조정에 관한 사항을 심의·의결하기 위하여 금융감독원에 금융분쟁조정위원회("조정위원회")를 둔다(법33).

Ⅱ. 분쟁의 조정

1. 분쟁조정의 신청 등

(1) 분쟁조정신청

조정대상기관, 금융소비자 및 그 밖의 이해관계인은 금융과 관련하여 분쟁이 있는 때에는 원장에게 분쟁의 조정을 신청("조정신청")할 수 있으며(법36①) 원장에게 조정신청을 하고자 하는 자는 ⅰ) 조정신청의 원인 및 사실을 증명하는 서류, ⅱ) 대리인이 조정신청서를 제출하는 경우에는 그 위임장, ⅲ) 기타 분쟁조정에 필요한 증거서류 또는 자료를 첨부한 분쟁조정신청서("조정신청서")를 원장에게 제출하여야 한다(금융분쟁조정세칙11①).

(2) 자율조정절차

금융감독원장은 신청인이 분쟁조정을 신청한 경우 그 사건의 처리에 앞서 신청인과 조정대상기관이 자율적인 조정절차를 거치도록 할 수 있다(금융분쟁조정세칙11의2①).

(3) 대표자의 선정

다수의 신청인이 공동으로 분쟁조정을 신청하는 경우에는 신청인 중 3명 이내의 대표자를 선정할 수 있다(영33①, 금융분쟁조정세칙12①).

(4) 대리인의 선임

당사자는 변호사, 기타 제3자를 대리인으로 선임할 수 있다(금융분쟁조정세칙13 전단). 이 경우 그 선임사실을 서면으로 증명하여야 한다(금융분쟁조정세칙13 후단).

2. 분쟁조정의 절차

(1) 신청내용 통지와 합의권고

(가) 합의권고

금융감독원장은 분쟁조정 신청을 받았을 때에는 관계 당사자에게 그 내용을 통지하고 합의를 권고할 수 있다(법36② 본문).

(나) 의견진술 또는 자료제출요구

금융감독원장은 합의를 권고하기 위해 필요하다고 인정하는 경우에는 당사자(대리인을 포함)에게 의견의 진술 또는 자료의 제출을 요구할 수 있다(영33②).

(2) 합의 미권고 및 조정위원회 미회부 사유

분쟁조정의 신청내용이 i) 신청한 내용이 분쟁조정대상으로서 적합하지 아니하다고 금융감독원장이 인정하는 경우, ii) 신청한 내용이 관련 법령 또는 객관적인 증명자료 등에 따라 합의권고절차 또는 조정절차를 진행할 실익이 없는 경우, iii) 조정위원회에 회부되기 전에 소가 제기된 경우, iv) 신청내용의 보완을 2회 이상 요구하였으나 이에 응하지 않은 경우, v) 신청 내용이 신청인과 직접적인 이해관계가 없는 경우에는 합의를 권고하지 아니하거나 조정위원회에의 회부를 하지 아니할 수 있다(법36② 단서, 영33③).

(3) 합의 미권고 및 조정위원회 미회부의 통지

금융감독원장은 합의권고를 하지 아니하거나 조정위원회에 회부하지 아니할 때에는 그 사실을 관계 당사자에게 서면으로 통지하여야 한다(법36③). 통지하는 경우에는 합의권고를 하지 않거나 조정위원회에 회부하지 않는 사유를 함께 통지해야 한다(영33④).

(4) 합의 불성립과 조정위원회 회부

금융감독원장은 분쟁조정 신청을 받은 날부터 30일 이내에 합의가 이루어지지 아니할 때에는 지체 없이 조정위원회에 회부하여야 한다(법36④).

(5) 조정안 작성

조정위원회는 조정을 회부받았을 때에는 이를 심의하여 조정안을 60일 이내에 작성하여야 한다(법36⑤).

(6) 조정안 수락 권고 및 조정조서 작성

금융감독원장은 조정위원회가 조정안을 작성하였을 때에는 신청인과 관계 당사자에게 제시하고 수락을 권고할 수 있다(법36⑥). 조정위원회는 당사자가 수락을 한 경우에는 조정에 참가한 위원과 분쟁당사자가 기명날인하거나 서명한 조정조서를 작성한다(영33⑤).

(7) 조정안 수락 거부 의제

신청인과 관계 당사자가 조정안을 제시받은 날부터 20일 이내에 조정안을 수락하지 아니한 경우에는 조정안을 수락하지 아니한 것으로 본다(법36⑦).

3. 조정위원회의 회의

(1) 회의 구성 및 소집

조정위원회의 회의는 조정위원회 위원장과 조정위원회 위원장이 회의마다 지명하는 6명 이상 10명 이하의 조정위원회 위원으로 구성하며, 회의는 조정위원회 위원장이 소집한다(법37①).

(2) 의결

조정위원회는 구성원 과반수의 출석과 출석위원 과반수의 찬성으로 의결한다(법37②).

Ⅲ. 조정의 효력 등

1. 조정의 효력

양 당사자가 조정안을 수락한 경우 해당 조정안은 재판상 화해와 동일한 효력을 갖는다(법39).

2. 시효중단

(1) 시효중단의 효력

분쟁조정의 신청은 시효중단의 효력이 있다(법40① 본문). 다만 합의권고를 하지 아니하거나 조정위원회에 회부하지 아니할 때에는 그러하지 아니하다(법40① 단서). 이 경우에 1개월 이내에 재판상의 청구, 파산절차참가, 압류 또는 가압류, 가처분을 한 때에는 시효는 최초의 분쟁조정의 신청으로 인하여 중단된 것으로 본다(법40②).[2]

(2) 시효의 진행

중단된 시효는 ⅰ) 양 당사자가 조정안을 수락한 경우, ⅱ) 분쟁조정이 이루어지지 아니하고 조정절차가 종료된 경우에 해당하는 때부터 새로이 진행한다(법40③).

3. 소송과의 관계

(1) 소송절차 중지

조정이 신청된 사건에 대하여 신청 전 또는 신청 후 소가 제기되어 소송이 진행 중일 때에는 수소법원은 조정이 있을 때까지 소송절차를 중지할 수 있다(법41①).

(2) 조정절차 중지

조정위원회는 소송절차가 중지되지 아니하는 경우에는 해당 사건의 조정절차를 중지하여야 한다(법40②). 조정위원회는 조정이 신청된 사건과 동일한 원인으로 다수인이 관련되는 동종·유사 사건에 대한 소송이 진행 중인 경우에는 조정위원회의 결정으로 조정절차를 중지할 수 있다(법40③).

---

2) 부칙 제4조(조정신청의 시효중단 효력 등에 관한 적용례) 제40조부터 제42조까지의 규정은 이 법 시행 이후 분쟁조정을 신청하는 경우부터 적용한다.

4. 소 제기사실의 통지 등

(1) 소 제기사실의 통지

당사자는 조정위원회에 회부되기 전에 소가 제기된 경우 지체 없이 그 사실을 금융감독원장에게 알려야 한다(영35①).

(2) 소송절차 중지의 통지

당사자는 수소법원이 소송절차를 중지한 경우 지체 없이 그 사실을 금융감독원장에게 알려야 한다(영35②).

(3) 조정절차 중지의 통지

금융감독원장은 조정위원회가 조정절차를 중지한 경우 지체 없이 그 사실을 당사자에 알려야 한다(영35③).

5. 소액분쟁사건에 관한 특례

(1) 조정절차 개시 후 제소금지

일반금융소비자가 조정을 신청한 사건이 조정을 통하여 주장하는 권리나 이익의 가액이 2천만원 이내의 소액분쟁사건의 경우 분쟁조정절차가 완료되기 전까지는 은행, 보험회사 등 조정대상기관이 법원에 소송을 제기할 수 없도록 하여(법42 본문, 영36). 금융소비자의 권리구제 관련 부담을 경감하고 있다.

(2) 제소금지의 예외

합의권고를 하지 아니하거나 조정위원회에 회부하지 아니한다는 사실을 서면으로 통지받거나 60일 내에 조정안을 제시받지 못한 경우에는 소를 제기할 수 있다(법42 단서).

감독 및 처분

제1절 금융상품판매업자등에 대한 감독

Ⅰ. 감독권 및 감독의무

　　금융위원회는 금융소비자의 권익을 보호하고 건전한 거래질서를 위하여 금융상품판매업자등이 금융소비자보호법 또는 금융소비자보호법에 따른 명령이나 처분을 적절히 준수하는지를 감독하여야 한다(법48①).

Ⅱ. 금융상품자문업자의 업무보고서 제출

1. 분기별 업무보고서 제출의무

　　등록을 한 금융상품자문업자는 매 사업연도 개시일부터 3개월간·6개월간·9개월간 및 12개월간의 업무보고서를 작성하여 각각의 기간 경과 후 45일 내에 업무보고서를 금융위원회에 제출하여야 한다(법48②, 영39①).[1]

---

1) 부칙 제9조(업무보고서 제출에 관한 적용례) 제48조 제2항은 이 법 시행 이후 시작되는 사업연도부터 적용한다.

2. 업무보고서 기재사항

금융상품자문업자가 제출하는 업무보고서에는 ⅰ) 명칭 및 소재지, ⅱ) 인력 및 재무현황, ⅲ) 자문대상 금융상품의 범위, ⅳ) 자문업무의 제공 절차, ⅴ) 내부통제기준 및 금융소비자보호기준, ⅵ) 보수 및 그 결정기준, ⅶ) 금융상품자문업자의 임원 자격요건(법12④(1)) 해당 여부에 관한 사항, ⅷ) 금융상품판매업자로부터 자문과 관련하여 대가 등 재산상 이익을 제공받은 경우 그 재산상 이익의 종류 및 규모, ⅸ) 업무 위탁·제휴 관계에 있는 금융상품판매업자의 명칭 및 위탁·제휴 내용, ⅹ) 금융회사지배구조법 시행령 제5조에 따른 금융관련법령, 공정거래법 또는 또는 조세범 처벌법을 위반하여 제재 또는 형벌을 받은 경우 그 사실, ⅺ) 자문대상 금융상품 중 대주주·특수관계인이 발행하거나 취급하는 금융상품에 관한 사항, ⅻ) 겸영하는 업무에 관한 사항(다른 업무를 겸영하는 경우에 한정), xiii) 영업 관련 계약 및 수수료 수입 내역이 포함되어야 한다(영39②, 감독규정32①).

Ⅲ. 금융상품판매업자등의 변동사항 보고의무

등록한 금융상품판매업자등은 ⅰ) 금융상품직접판매업자 또는 금융상품자문업자의 등록요건(법12②), ⅱ) 금융상품판매대리·중개업자로 등록요건(법12③), ⅲ) 금융상품직접판매업자, 금융상품자문업자 또는 법인인 금융상품판매대리·중개업자의 임원 자격요건(법12④)이 변동된 경우 1개월 이내에 그 변동사항을 금융위원회에 보고하여야 한다(법48③, 영39③). 변경보고를 하는 금융상품판매업자등은 보고서에 그 변경사항을 증명하는 서류를 첨부하여 금융위원회에 제출해야 한다(영39④).

Ⅳ. 업무보고서 및 변경보고 서식

업무보고서 및 변경보고의 서식, 작성방법 및 첨부서류 등에 관하여 필요한 사항은 다음의 구분에 따른 자가 정한다(감독규정32②). 즉 ⅰ) 업무보고서는 금융감독원장이 정하고, ⅱ) 변경보고의 경우 등록한 금융상품자문업자는 금융감독원장이 정하고, 등록한 금융상품판매대리·중개업자는 해당 금융상품판매대리·중개업자에 대한 등록업무를 위탁받은 자가 정한다.

제2절 금융위원회의 명령권

I. 금융상품판매업자등에 대한 시정·중지 명령

금융위원회는 금융소비자의 권익 보호 및 건전한 거래질서를 위하여 필요하다고 인정하는 경우에는 금융상품판매업자등에게 ⅰ) 금융상품판매업자등의 경영 및 업무개선에 관한 사항, ⅱ) 영업의 질서유지에 관한 사항, ⅲ) 영업방법에 관한 사항, ⅳ) 금융상품에 대하여 투자금 등 금융소비자가 부담하는 급부의 최소 또는 최대 한도 설정에 관한 사항, ⅴ) 내부통제기준 및 금융소비자보호기준, ⅵ) 수수료 및 보수에 관하여 시정·중지 등 필요한 조치를 명할 수 있다(법49①, 영40①).

Ⅱ. 금융상품판매업자에 대한 판매제한·금지명령

1. 판매제한·금지명령 조치

금융소비자보호법은 금융상품으로 인해 금융소비자의 재산상 현저한 피해가 발생할 우려가 있음이 명백히 인정되는 경우 판매과정에서 소비자 피해가 확대되는 것을 방지하여 피해를 최소화하기 위하여 "판매제한·금지명령 제도"를 규정하고 있다.

금융위원회는 금융상품으로 인하여 금융소비자의 재산상 현저한 피해가 발생할 우려가 있다고 명백히 인정되는 경우로서 투자성 상품, 보장성 상품 또는 대출성 상품에 관한 계약체결 및 그 이행으로 인해 금융소비자의 재산상 현저한 피해가 발생할 우려가 있다고 명백히 인정되는 경우에는 그 금융상품을 판매하는 금융상품판매업자에 대하여 해당 금융상품 계약체결의 권유 금지 또는 계약체결의 제한·금지를 명("판매제한·금지명령")할 수 있다(법49②, 영40②).

2. 판매제한·금지명령 조치 전 준수사항

(1) 준수의무

금융위원회는 금융상품판매업자에 대한 계약체결의 권유 금지 또는 제한·금지 명령인 판매제한·금지명령을 하기 전에 다음의 사항을 포함한 절차를 지켜야 한다(감독규정33① 본문). 즉 ⅰ) 판매제한·금지명령 대상자에 판매제한·금지명령의 필요성 및 판단근거, 판매제한·금지명령 절차 및 예상시기, 의견제출 방법을 알려야 하고(제1호), ⅱ) 판매제한·금지명령 대상자가 해당 조치에 대한 의견(근거자료를 포함)을 제출할 수 있는 충분한 기간을 보장하여야 한다. 이 경우 판매제한·금지명령의 시급성, 판매제한·금지명령 대상자가 해당 조치로 입는 경영상 불이익, 그 밖에 판매제한·금지명령 대상자가 의견제출과 관련하여 자료수집·분석 등을 하는데 불가피하게 소요되는 기간을 고려해야 한다(제2호).

(2) 준수사항의 생략 또는 기간 단축

금융소비자 피해 확산 방지를 위해 긴급하게 조치를 해야 하는 경우로서 위의 준수의무에 따른 절차를 이행할 여유가 없을 때에는 필요한 범위 내에서 위의 제1호 또는 제2호에 따른 사항을 생략하거나 그 기간을 단축할 수 있다(감독규정33① 단서).

3. 판매제한·금지명령 시 게시사항

금융위원회는 판매제한·금지명령을 한 경우에 지체 없이 ⅰ) 해당 금융상품 및 그 금융상품의 과거 판매기간(제1호), ⅱ) 관련 금융상품판매업자의 명칭(제2호), ⅲ) 판매제한·금지명령의 내용·유효기간 및 사유(제3호 전단). 이 경우 그 명령이 해당 금융상품판매업자의 금융 관련 법령 위반과 관계 없는 경우에는 그 사실을 알려야 한다(제3호 후단). ⅳ) 판매제한·금지명령이 그 발동시점 이전에 체결된 해당 금융상품에 관한 계약의 효력에 영향을 미치지 않는다는 사실(제4호), ⅴ) 판매제한·금지명령 이후 그 조치의 이행현황을 주기적으로 확인한다는 사실(제5호), ⅵ) 금융소비자 보호 및 공시로 인해 판매제한·금지명령 대상자가 입을 수 있는 불이익(금융소비자 보호와 관계 없는 경우에 한정)을 고려하여 공시가 필요하다고 금융위원회가 인정한 사항(제6호)을 홈페이지에 게시해야 한다(감독규정33②).

4. 판매제한·금지명령의 중단

(1) 중단 사유

금융위원회는 ⅰ) 판매제한·금지명령을 받은 자가 판매제한·금지명령 대상인 금융상품과 관련하여 금융소비자의 재산상 현저한 피해가 발생할 우려를 없애거나 그 금융상품에 관한 계약 체결을 중단한 경우, ⅱ) 판매제한·금지명령의 필요성 및 판단근거와 판매제한·금지명령 대상자가 해당 조치로 입는 경영상 불이익을 고려하여 판매제한·금지명령을 중단해야 할 필요성을 금융위원회가 인정한 경우에 판매제한·금지명령을 중단할 수 있다(감독규정33③ 전단).

(2) 중단 사실의 통지와 게시

판매제한·금지명령의 중단 사실을 지체 없이 판매제한·금지명령 대상자에 알리고 그 사실을 홈페이지에 게시해야 한다(감독규정33③ 후단).

제3절 금융상품판매업자등에 대한 검사, 처분 및 조치

Ⅰ. 금융상품판매업자등에 대한 검사

1. 업무와 재산상황 검사

금융상품판매업자등은 그 업무와 재산상황에 관하여 금융감독원장의 검사를 받아야 한다(법50①).

2. 업무 또는 재산에 관한 보고 등

금융감독원장은 검사를 할 때 필요하다고 인정하는 경우에는 금융상품판매업자등에게 업무 또는 재산에 관한 보고, 자료의 제출, 관계인의 출석 및 의견 진술을 요구하거나 금융감독원 소속 직원으로 하여금 금융상품판매업자등의 사무소나 사업장에 출입하여 업무상황이나 장부·서류·시설 또는 그 밖에 필요한 물건을 검사하게 할 수 있다(법50②).

3. 증표 제시

검사를 하는 사람은 그 권한을 표시하는 증표를 지니고 관계인에게 보여주어야 한다(법50③).

4. 보고 및 의견서 첨부

금융감독원장은 검사를 한 경우에는 그 결과를 금융위원회에 보고하여야 한다(법50④ 전단). 이 경우 금융소비자보호법 또는 금융소비자보호법에 따른 명령이나 처분을 위반한 사실이 있을 때에는 그 처리에 관한 의견서를 첨부하여야 한다(법50④ 후단).

5. 외부감사인에 대한 자료제출요구

금융감독원장은 외부감사법에 따라 금융상품판매업자등이 선임한 외부감사인에게 해당 금융상품판매업자등을 감사한 결과 알게 된 정보, 그 밖에 영업행위와 관련되는 자료의 제출을 사용목적에 필요한 최소한의 범위에서 서면으로 요구할 수 있다(법50⑤).

Ⅱ. 금융상품판매업자등에 대한 처분 등

1. 등록취소

금융위원회는 금융상품판매업자등 중 등록을 한 금융상품판매업자등이 다음의 어느 하나에 해당하는 경우에는 금융상품판매업등의 등록을 취소할 수 있다(법51① 본문).

(1) 거짓이나 부정한 방법의 등록

금융위원회는 금융상품판매업자등 중 등록을 한 금융상품판매업자등이 거짓이나 그 밖의 부정한 방법으로 등록(법12)을 한 경우에는 그 등록을 취소하여야 한다(법51①(1) 및 법51① 단서). 이 경우 등록취소는 강행규정이며, 아래서 살펴보는 등록취소는 재량규정이다.

(2) 등록유지 요건 위반

(가) 등록취소

금융위원회는 금융상품판매업자등 중 등록을 한 금융상품판매업자등이 금융상품직접판매업자 또는 금융상품자문업자의 등록요건(법12②) 또는 금융상품판매대리·중개업자의 등록요건(법12③)을 유지하지 아니하는 경우에는 금융상품판매업등의 등록을 취소할 수 있다(법51①(2) 본문).

(나) 등록취소 제외

일시적으로 등록요건을 유지하지 못한 경우로서 ⅰ) 임원의 퇴임 또는 직원의 퇴직으로 금융상품직접판매업자 또는 금융상품자문업자의 등록요건 중 인력요건(법12②(1)), 또는 금융상품판매대리·중개업자로 등록요건 중 인력 요건(법12③(3))을 갖추지 못하게 된 경우로서 그 요건을 갖추지 못하게 된 날부터 60일 이내에 해당 인력 요건을 다시 갖춘 경우, ⅱ) 임원이 ㉠ 금융상품직접판매업자 또는 금융상품자문업자의 임원 자격요건(법12②(4), 법12④(1) 각목)을 갖추지 못하거나, 또는 ㉡ 금융상품판매대리·중개업자로 등록하려는 자가 개인의 경우에는 그 개인이 임원 자격요건(법12④(2)) 또는 금융상품판매대리·중개업자로 등록하려는 법인의 경우에는 임원이 임원 자격요건(법12③(2), 법12④(2) 각목)을 갖추지 못하게 된 경우로서 그 요건을 갖추지 못하게 된 날부터 6개월 이내에 해당 임원을 개임(改任)한 경우, ⅲ) 금융상품판매업자등이 본인의 귀책사유 없이 전산설비 요건과 그 밖의 물적설비 요건(법12②(1)) 또는 자기자본 요건(법12②(2))을 갖추지 못하게 된 경우로서 그 요건을 갖추지 못하게 된 날부터 6개월 이내(감독규정34①)에 해당 요건을 다시 갖춘 경우에는 제외한다(법51①(2) 단서, 영41①).

(3) 업무정지 기간 중 업무수행

금융위원회는 금융상품판매업자등 중 등록을 한 금융상품판매업자등이 업무의 정지기간 중에 업무를 한 경우에는 금융상품판매업등의 등록을 취소할 수 있다(법51①(3)).

(4) 시정명령 또는 중지명령 불이행

금융위원회는 금융상품판매업자등 중 등록을 한 금융상품판매업자등이 금융위원회의 시정명령 또는 중지명령을 받고 금융위원회가 정한 기간 내에 시정하거나 중지하지 아니한 경우에는 금융상품판매업등의 등록을 취소할 수 있다(법51①(4)).

(5) 금융소비자의 이익을 현저히 해칠 우려가 있는 경우 등

금융위원회는 금융상품판매업자등 중 등록을 한 금융상품판매업자등이 ⅰ) 판매제한·금지명령(법49②)에 따르지 않은 경우, ⅱ) 1년 이상 계속하여 정당한 사유 없이 영업을 하지 않는 경우, ⅲ) 업무와 관련하여 제3자로부터 부정한 방법으로 금전등을 받거나 금융소비자에게 지급해야 할 금전등을 받는 경우, ⅳ) 6개월 이내의 업무의 전부 또는 일부의 정지, 위법행위에 대한 시정명령, 위법행위에 대한 중지명령, 위법행위로 인하여 조치를 받았다는 사실의 공표명령 또는 게시명령, 기관경고, 기관주의, 영업소의 전부 또는 일부 폐쇄, 수사기관에의 통보, 다른 행정기관에의 행정처분 요구, 경영이나 업무에 대한 개선요구의 조치를 받은 날부터 3년 이내에 3회(감독규정34②) 이상 동일한 위반행위를 반복한 경우에는 금융상품판매업등의 등록을 취소할 수 있다(법51①(5), 영41②).

2. 금융상품판매업자등에 대한 조치

금융위원회는 금융상품판매업자등이 위의 등록취소 사유 중 등록유지 요건 위반, 업무정지 기간 중 업무수행, 시정명령 또는 중지명령 불이행, 금융소비자의 이익을 현저히 해칠 우려가 있는 경우 등의 사유에 해당하거나 금융소비자보호법 또는 금융소비자보호법에 따른 명령을 위반하여 건전한 금융상품판매업등을 영위하지 못할 우려가 있다고 인정되는 경우로서 시행령 [별표 1]에 해당하는 경우(영41③)에는 ⅰ) 6개월 이내의 업무의 전부 또는 일부의 정지, ⅱ) 위법행위에 대한 시정명령, ⅲ) 위법행위에 대한 중지명령, ⅳ) 위법행위로 인하여 조치를 받았다는 사실의 공표명령 또는 게시명령, ⅴ) 기관경고, ⅵ) 기관주의, ⅶ) 영업소의 전부 또는 일부 폐쇄, ⅷ) 수사기관에의 통보, ⅸ) 다른 행정기관에의 행정처분 요구, ⅹ) 경영이나 업무에 대한 개선요구의 조치를 할 수 있다(법51② 본문, 영41④). 다만, 위 사유 중 ⅰ)의 6개월 이내의 업무의 전부 또는 일부의 정지 조치는 금융상품판매업자등 중 등록을 한 금융상품판매업자등에 한정한다(법51② 단서).

3. 은행, 보험회사, 여신전문금융회사 등의 금융상품판매업자에 대한 조치

은행(중소기업은행, 한국산업은행, 신용협동조합중앙회의 신용사업 부문, 농협은행,

수협은행 및 상호저축은행중앙회를 포함), 보험회사(농협생명보험 및 농협손해보험 포함), 여신전문금융회사, 보험대리점, 보험중개사, 겸영여신업자에 해당하는 금융상품판매업자에 대해서는 다음에서 정하는 바에 따른다(법51③).

(1) 은행과 특수은행 등의 금융상품판매업자등에 대한 조치

금융위원회는 은행(중소기업은행, 한국산업은행, 신용협동조합중앙회의 신용사업부문, 농협은행, 수협은행 및 상호저축은행중앙회를 포함)에 해당하는 금융상품판매업자등에 대해서는 금융감독원장의 건의에 따라 ⅰ) 위법행위에 대한 시정명령, ⅱ) 위법행위로 인하여 조치를 받았다는 사실의 공표명령 또는 게시명령, ⅲ) 영업소의 전부 또는 일부 폐쇄, ⅳ) 수사기관에의 통보, ⅴ) 다른 행정기관에의 행정처분 요구, ⅵ) 경영이나 업무에 대한 개선요구 조치를 하거나 금융감독원장으로 하여금 위법행위에 대한 중지명령, 기관경고 또는 기관주의 조치를 하게 할 수 있다(법51③(1)).

(2) 보험회사, 여신전문금융회사 등의 금융상품판매업자등에 대한 조치

금융위원회는 보험회사(농협생명보험 및 농협손해보험 포함), 여신전문금융회사, 보험대리점, 보험중개사, 겸영여신업자에 해당하는 금융상품판매업자등에 대해서는 금융감독원장의 건의에 따라 ⅰ) 위법행위에 대한 시정명령, ⅱ) 위법행위에 대한 중지명령, ⅲ) 위법행위로 인하여 조치를 받았다는 사실의 공표명령 또는 게시명령, ⅳ) 기관경고, ⅴ) 기관주의, ⅵ) 영업소의 전부 또는 일부 폐쇄, ⅶ) 수사기관에의 통보, ⅷ) 다른 행정기관에의 행정처분 요구, ⅸ) 경영이나 업무에 대한 개선요구 조치를 하거나 금융감독원장으로 하여금 기관경고 또는 기관주의 조치를 하게 할 수 있다(법51③(2)).

4. 등록취소 또는 조치 사실 및 사유의 통지

금융위원회 또는 금융감독원장은 금융상품판매업자등에 대해 등록의 취소를 하거나 조치를 하는 경우 그 사실 및 사유를 서면으로 알려야 한다(영41⑤).

Ⅲ. 금융상품판매업자등의 임직원에 대한 조치 등

1. 금융상품판매업자등의 임직원에 대한 조치

(1) 금융상품판매업자등의 임원에 대한 조치

금융위원회는 법인인 금융상품판매업자등의 임원이 금융소비자보호법 또는 금융소비자보호법에 따른 명령을 위반하여 건전한 금융상품판매업등을 영위하지 못할 우려가 있다고 인정되는 경우로서 시행령 [별표 1]에 해당하는 경우(영42①)에는 ⅰ) 해임요구, ⅱ) 6개월 이내의 직무정지, ⅲ) 문책경고, ⅳ) 주의적 경고, ⅴ) 주의 조치 중 어느 하나에 해당하는 조치를 할 수 있다(법52①).

(2) 금융상품판매업자등의 직원에 대한 조치요구

금융위원회는 금융상품판매업자등의 직원이 금융소비자보호법 또는 금융소비자보호법에 따른 명령을 위반하여 건전한 금융상품판매업등을 영위하지 못할 우려가 있다고 인정되는 경우로서 시행령 [별표 1]에 해당하는 경우(영42①)에는 ⅰ) 면직, ⅱ) 6개월 이내의 정직, ⅲ) 감봉, ⅳ) 견책, ⅴ) 주의 조치 중 어느 하나에 해당하는 조치를 할 것을 그 금융상품판매업자등에게 요구할 수 있다(법52②).

(3) 은행, 보험회사, 여신전문금융회사 등의 임원에 대한 조치

은행(중소기업은행, 한국산업은행, 신용협동조합중앙회의 신용사업 부문, 농협은행, 수협은행 및 상호저축은행중앙회를 포함), 보험회사(농협생명보험 및 농협손해보험을 포함), 여신전문금융회사, 보험대리점, 보험중개사, 겸영여신업자에 해당하는 금융상품판매업자등의 임원에 대해서는 다음에 정하는 바에 따른다(법52③).

(가) 은행에 해당하는 금융상품판매업자등의 임원에 대한 조치

금융위원회는 은행(중소기업은행, 한국산업은행, 신용협동조합중앙회의 신용사업 부문, 농협은행, 수협은행 및 상호저축은행중앙회를 포함)에 해당하는 금융상품판매업자등의 임원에 대해서는 금융감독원장의 건의에 따라 해임요구 또는 6개월 이내의 직무정지의 조치를 할 수 있으며, 금융감독원장으로 하여금 문책경고, 주의적 경고, 주의 조치 중 어느 하나에 해당하는 조치를 하게 할 수 있다(법52③(1)).

(나) 보험회사 등에 해당하는 금융상품판매업자등의 임원에 대한 조치

금융위원회는 보험회사(농협생명보험 및 농협손해보험을 포함), 여신전문금융

회사, 보험대리점, 보험중개사, 겸영여신업자에 해당하는 금융상품판매업자등의
임원에 대해서는 금융감독원장의 건의에 따라 해임요구, 6개월 이내의 직무정지,
문책경고, 주의적 경고, 주의 조치 중 어느 하나에 해당하는 조치를 하거나, 금융
감독원장으로 하여금 문책경고, 주의적 경고, 주의 조치 중 어느 하나에 해당하
는 조치를 하게 할 수 있다(법52③(2)).

(4) 은행, 보험회사, 여신전문금융회사 등의 직원에 대한 조치요구

은행(중소기업은행, 한국산업은행, 신용협동조합중앙회의 신용사업 부문, 농협은행,
수협은행 및 상호저축은행중앙회를 포함), 보험회사(농협생명보험 및 농협손해보험을 포
함), 여신전문금융회사, 보험대리점, 보험중개사, 겸영여신업자에 해당하는 금융
상품판매업자등의 직원에 대해서는 다음에서 정하는 바에 따른다(법52④).

(가) 은행에 해당하는 금융상품판매업자등의 직원에 대한 조치요구

금융감독원장은 은행(중소기업은행, 한국산업은행, 신용협동조합중앙회의 신용사
업 부문, 농협은행, 수협은행 및 상호저축은행중앙회를 포함)에 해당하는 금융상품판
매업자등의 직원에 대해서는 면직, 6개월 이내의 정직, 감봉, 견책, 주의 중 어느
하나에 해당하는 조치를 그 금융상품판매업자에게 요구할 수 있다(법52④(1)).

(나) 보험회사 등에 해당하는 금융상품판매업자등의 직원에 대한 조치요구

금융위원회는 보험회사(농협생명보험 및 농협손해보험을 포함), 여신전문금융
회사, 보험대리점, 보험중개사, 겸영여신업자에 해당하는 금융상품판매업자등의
직원에 대해서는 면직, 6개월 이내의 정직, 감봉, 견책, 주의 중 어느 하나에 해
당하는 조치를 할 것을 금융감독원장의 건의에 따라 그 금융상품판매업자에게
요구하거나 금융감독원장으로 하여금 요구하게 할 수 있다(법52④(2)).

(5) 관리·감독 책임자의 공동책임

금융위원회 또는 금융감독원장은 금융상품판매업자등의 임직원에 대하여 조
치를 하거나 금융상품판매업자등에게 조치를 요구하는 경우 그 임직원에 대해서
관리·감독의 책임이 있는 임직원에 대한 조치를 함께 하거나 이를 요구할 수 있
다(법52⑤ 본문). 다만, 관리·감독의 책임이 있는 사람이 그 임직원의 관리·감독
에 적절한 주의를 다한 경우에는 조치를 감경하거나 면제할 수 있다(법52⑤ 단서).

(6) 조치 사실 및 사유의 통지

금융위원회 또는 금융감독원장은 금융상품판매업자등의 임원 또는 직원에
대해 조치를 하거나 금융상품판매업자등에게 조치를 요구하는 경우 그 사실 및

사유를 서면으로 알려야 한다(영42②).

2. 퇴임한 임원 또는 퇴직한 직원에 대한 조치내용 통보

금융위원회(금융상품판매업자등의 임직원에 대한 조치를 하거나 조치를 할 것을 요구할 수 있는 금융감독원장을 포함)는 금융상품판매업자등의 퇴임한 임원 또는 퇴직한 직원이 재임 또는 재직 중이었더라면 조치를 받았을 것으로 인정되는 경우에는 그 받았을 것으로 인정되는 조치의 내용을 해당 금융상품판매업자등의 장에게 통보할 수 있다(법53 전단). 이 경우 통보를 받은 금융상품판매업자등은 그 내용을 해당 임원 또는 직원에게 통보하여야 한다(법53 후단).

금융소비자보호법 위반에 대한 제재 등

제1절 손해배상책임 등

Ⅰ. 금융상품판매업자등의 손해배상책임

1. 설명의무 외의 금융소비자보호법 위반

(1) 손해배상책임

금융상품판매업자등이 고의 또는 과실로 금융소비자보호법을 위반하여 금융소비자에게 손해를 발생시킨 경우에는 그 손해를 배상할 책임이 있다(법44①).

(2) 입증책임

금융소비자가 금융상품판매업자등의 손해배상책임의 성립요건을 입증해야 한다.

2. 설명의무위반과 입증책임의 전환

(1) 입법취지

금융소비자보호법은 금융상품판매업자등이 설명의무를 위반하여 금융소비자에게 손해를 발생시킨 경우 고의 또는 과실 여부에 대한 입증책임을 부담하도록 하여 금융소비자의 입증부담을 완화하고 있다. 이는 금융상품의 복잡성 등으

로 금융소비자가 금융상품판매업자등을 상대로 위반 사실을 입증하는 것이 쉽지
않은 현실을 고려한 것이다.

(2) 손해배상책임

금융상품판매업자등이 설명의무(법19)를 위반하여 금융소비자에게 손해를
발생시킨 경우에는 그 손해를 배상할 책임을 진다(법44② 본문).

(3) 입증책임의 전환

금융상품판매업자등이 고의 및 과실이 없음을 입증한 경우에는 손해를 배상
할 책임을 부담하지 아니한다(법44② 단서).[1]

Ⅱ. 금융상품직접판매업자의 손해배상책임

1. 금융상품판매대리·중개업자등의 대리·중개 업무에 대한 책임

(1) 입법 취지

금융소비자보호법은 금융상품판매대리·중개업자가 대리·중개업무 중 위법
행위로 금융소비자에게 손해를 발생시킨 경우 상대적으로 배상능력이 충분한 금
융상품직접판매업자가 손해배상책임을 부담하도록 하고 있다. 예를 들어 대출모
집인, 투자권유대행인, 보험설계사, 보험대리점 등의 위법행위로 금융소비자에게
손해가 발생한 경우 위탁한 금융회사는 사용자 책임을 질 수 있다.

(2) 손해배상책임

금융상품직접판매업자는 금융상품계약체결등의 업무를 대리·중개한 금융
상품판매대리·중개업자 또는 보험회사의 임원(대표이사·사외이사·감사 및 감사위
원은 제외)(보험업법83①(4)) 또는 직원("금융상품판매대리·중개업자등")이 대리·중
개 업무를 할 때 금융소비자에게 손해를 발생시킨 경우에는 그 손해를 배상할
책임이 있다(법45① 본문).

금융상품계약체결등의 업무를 대리·중개한 금융상품판매대리·중개업자에
는 법 제25조 제1항 제2호 단서에서 정하는 바에 따라 대리·중개하는 제3자를
포함하고, 보험중개사는 제외한다(법45① 본문). 따라서 ⅰ) 보험설계사가 같은

---

[1] 부칙 제5조(금융상품판매업자등의 손해배상책임에 관한 적용례) 제44조 제2항은 이 법 시
행 이후 금융상품판매업자등이 설명의무(법19)를 위반하여 금융소비자에게 손해를 발생
시킨 경우부터 적용한다.

보험회사·보험대리점 또는 보험중개사에 소속된 다른 보험설계사와 위탁계약을 체결한 경우(영23②(1) 가목), ⅱ) 보험대리점이 소속 보험설계사 또는 같은 보험회사의 다른 보험대리점과 위탁계약을 체결한 경우(다만, 같은 보험회사의 다른 보험대리점과 위탁계약을 체결하는 경우에는 금융상품직접판매업자로부터 그 계약의 내용에 대해 사전동의를 받아야 한다)(영23②(1) 나목), ⅲ) 법인인 금융상품판매대리·중개업자가 개인인 금융상품판매대리·중개업자에게 예금성 상품 또는 대출성 상품에 관한 계약의 체결을 대리·중개하는 업무를 하는 경우(영23②(2)) 보험설계사, 보험대리점, 법인인 금융상품판매대리·중개업자가 대리·중개 업무를 할 때 금융소비자에게 손해를 발생시킨 경우에는 그 손해를 배상할 책임이 있다(법45① 본문, 법25①(2) 단서, 영23②).

보험중개사는 독립적으로 보험계약의 체결을 중개하는 자(보험업법2(11))로 독립적인 지위를 인정하고 있기 때문에 제외하고 있다.

(3) 면책

금융상품직접판매업자가 금융상품판매대리·중개업자등의 선임과 그 업무감독에 대하여 적절한 주의를 하였고 손해를 방지하기 위하여 노력한 경우에는 손해를 배상할 책임을 부담하지 아니 한다(법45① 단서).[2]

2. 구상권

금융상품직접판매업자의 손해배상책임은 금융상품판매대리·중개업자등에 대한 금융상품직접판매업자의 구상권 행사를 방해하지 아니한다(법45②).

Ⅲ. 청약철회권

1. 청약철회의 의의

일반금융소비자가 금융상품 등 계약의 청약을 한 후 일정기간 내에 청약 과정 등에 하자가 없음에도 일방적으로 청약을 철회할 수 있는 권리이다. 즉 금융상품판매업자등과 "대통령령으로 각각 정하는 보장성 상품, 투자성 상품, 대출성 상품" 또는 금융상품자문에 관한 계약의 청약을 한 일반금융소비자는 일정기간

---

[2] 부칙 제6조(금융상품직접판매업자의 손해배상책임에 관한 적용례) 제45조는 이 법 시행 이후 금융상품판매대리·중개업자가 대리·중개 업무를 하는 경우부터 적용한다.

(거래 당사자 사이에 다음의 기간보다 긴 기간으로 약정한 경우에는 그 기간) 내에 청약을 철회할 수 있다(법46①).3)

2. 청약철회 대상

청약철회 대상은 다음의 금융상품 또는 금융상품자문에 관한 계약이다(영37①).

(1) 보장성 상품

보장성 상품에 관한 계약의 청약을 한 일반금융소비자는 철회기간 내에 청약을 철회할 수 있다. 다만, 다음에 해당하는 금융상품은 제외한다(영37①(1)). 즉 ⅰ) 보험업법에 따른 보증보험 중 청약의 철회를 위해 제3자의 동의가 필요한 보증보험, ⅱ) 자동차손해배상 보장법에 따른 책임보험(다만, 일반금융소비자가 동종의 다른 책임보험에 가입한 경우는 제외), ⅲ) 해당 금융상품에 대한 보장기간이 90일(감독규정30①) 이내인 금융상품, ⅳ) 법률에 따라 가입의무가 부과되고 그 해제·해지도 해당 법률에 따라 가능한 보장성 상품(다만, 일반금융소비자가 동종의 다른 보험에 가입한 경우는 제외), ⅴ) 금융상품판매업자가 계약을 체결하기 전에 일반금융소비자의 건강상태 진단을 지원하는 보장성 상품은 제외한다(영37①(1), 감독규정30②).

(2) 투자성 상품

투자성 상품에 관한 계약의 청약을 한 일반금융소비자는 철회기간 내에 청약을 철회할 수 있다. 투자성 상품은 ⅰ) 자본시장법 시행령에 따른 고난도금융투자상품(일정 기간에만 금융소비자를 모집하고 그 기간이 종료된 후에 금융소비자가 지급한 금전등으로 자본시장법에 따른 집합투자를 실시하는 것만 해당), ⅱ) 자본시장법 시행령에 따른 고난도투자일임계약, ⅲ) 신탁계약(자본시장법에 따른 금전신탁은 제외), ⅳ) 자본시장법 시행령에 따른 고난도금전신탁계약이다(영37①(2) 본문).

다만, 일반금융소비자가 ⅰ) 계약서류를 제공받은 날(법23① 본문), 또는 ⅱ) 계약서류를 제공할 필요가 없어 제공받지 않는 경우에는 계약체결일(법23① 단서)

---

3) 부칙 제7조(청약의 철회에 관한 적용례) 제46조는 이 법 시행 이후 계약의 청약을 한 경우부터 적용한다(소비자가 청약철회권을 행사할 수 있는 일반금융소비자인지 여부는 금융소비자보호법 제46조 제1항에서 청약철회권의 행사주체를 "~ 청약을 한 일반금융소비자는 ~ 청약을 철회할 수 있다"고 규정하므로 소비자가 청약을 한 시점을 기준으로 판단한다(금융위원회·금융감독원(2021, 7쪽)).

로부터 7일 이내(법46①(2))의 청약 철회의 기간 이내에 예탁한 금전등을 운용하는 데 동의한 경우는 제외한다(영37①(2) 단서).

(3) 대출성 상품

대출성 상품에 관한 계약의 청약을 한 일반금융소비자는 철회기간 내에 청약을 철회할 수 있다. 다만, 다음에 해당하는 금융상품은 제외한다(영37①(3)). 즉 ⅰ) 여신전문금융업법에 따른 시설대여·할부금융·연불판매[계약서류를 제공받은 날, 또는 계약서류를 제공할 필요가 없어 제공받지 않는 경우에는 계약체결일로부터 14일 이내(법46①(3))의 청약 철회의 기간 이내에 해당 계약에 따른 재화를 제공받은 경우만 해당], ⅱ) 온라인투자연계금융업법에 따른 연계대출, ⅲ) 투자매매·중개업자가 증권과 관련하여 금전의 융자 또는 증권의 대여의 방법으로 하는 신용공여(자본시장법72①)[계약서류를 제공받은 날, 또는 계약서류를 제공할 필요가 없어 제공받지 않는 경우에는 계약체결일로부터 14일 이내(법46①(3))의 청약 철회의 기간 이내에 담보로 제공된 증권을 처분한 경우만 해당], ⅳ) 지급보증(청약의 철회에 대해 제3자의 동의를 받은 경우는 제외), ⅴ) 신용카드는 제외한다(영37①(3), 감독규정30③).

(4) 금융상품 자문계약

금융상품자문업자와 자문계약을 체결한 일반금융소비자는 철회기간 내에 청약을 철회할 수 있다.

3. 청약철회 기간

일반금융소비자는 다음의 구분에 따른 기간(거래 당사자 사이에 다음의 기간보다 긴 기간으로 약정한 경우에는 그 기간) 내에 청약을 철회할 수 있다(법46①).

(1) 보장성 상품

보장성 상품은 일반금융소비자가 보험증권(상법640)을 받은 날부터 15일과 청약을 한 날부터 30일 중 먼저 도래하는 기간 내에 청약을 철회할 수 있다(법46①(1)).

(2) 투자성 상품과 금융상품자문

투자성 상품과 금융상품자문은 ⅰ) 계약서류를 제공받은 날(법23① 본문), 또는 ⅱ) 계약서류를 제공할 필요가 없어 제공받지 않는 경우에는 계약체결일(법23① 단서)로부터 7일 이내에 청약을 철회할 수 있다(법46①(2)).[4]

(3) 대출성 상품

대출성 상품은 계약서류를 제공받은 날(법23① 본문), 또는 계약서류를 제공할 필요가 없어 제공받지 않는 경우에는 계약체결일(법23① 단서)로부터 14일 이내에 청약을 철회할 수 있다(법46①(3)).

대출성 상품이 계약서류를 제공받은 날(법23① 본문), 또는 계약서류를 제공할 필요가 없어 제공받지 않는 경우에는 계약체결일(법23① 단서)보다 계약에 따른 금전·재화·용역("금전·재화등")의 지급이 늦게 이루어진 경우에는 그 지급일부터 14일 이내에 청약을 철회할 수 있다(법46①(3)).

4. 청약의 효력발생시기

청약의 철회는 다음에서 정한 시기에 효력이 발생한다(법46②).

(1) 보장성 상품, 투자성 상품, 금융상품자문: 서면등 발송

보장성 상품, 투자성 상품, 금융상품자문의 경우 일반금융소비자가 청약의 철회의사를 표시하기 위하여 서면, 전자우편, 휴대전화 문자메시지 또는 이에 준하는 전자적 의사표시("서면등")를 발송한 때에 효력이 발생한다(법46②(1), 영37②).

(2) 대출성 상품: 서면등 발송과 금전·재화등의 반환

대출성 상품의 경우 일반금융소비자가 청약의 철회의사를 표시하기 위하여 서면등을 발송하고, 다음의 금전·재화등(이미 제공된 용역은 제외하며, 일정한 시설을 이용하거나 용역을 제공받을 수 있는 권리를 포함), 즉 ⅰ) 이미 공급받은 금전·재화등, ⅱ) 이미 공급받은 금전과 관련하여 일반금융소비자가 금융상품판매업자등으로부터 금전을 지급받은 날부터 금전을 돌려준 날까지의 기간에 대해 해당 금융상품의 계약에서 정해진 이자율을 적용하여 산출한 이자(영37④), ⅲ) 해당 금융상품 계약을 위해 금융상품판매업자등이 제3자에게 이미 지급한 인지세 등 제세공과금과 저당권 설정 등에 따른 등기 비용(영37⑤)을 반환한 때에 효력이 발생한다(법46②(2)).

---

4) 청약철회권과 자본시장법상 "투자자숙려제도"가 모두 적용되는 경우(예: 고령자에 고난도 금융투자상품을 권유)에 소비자는 청약 후 최대 9일까지 청약철회권 행사가 가능하다. 계약체결 전에는 자본시장법에 따라 청약일 다음 날부터 최대 2일까지 청약 여부를 확정할 수 있는 숙려기간이 보장되며, 계약체결 후에는 금융소비자보호법에 따라 최대 7일까지 계약을 철회할 수 있다(금융위원회·금융감독원(2021b), 7쪽).

(3) 서면등 발송 사실의 통지

일반금융소비자가 서면등을 발송한 때에는 금융상품직접판매업자에게 지체 없이 그 발송 사실을 알려야 한다(영37③).

5. 청약철회의 효과: 금전·재화등의 반환방법

청약이 철회된 경우 금융상품판매업자등이 일반금융소비자로부터 받은 금 전·재화등의 반환은 다음의 어느 하나에 해당하는 방법으로 한다(법46③).

(1) 보장성 상품

보장성 상품의 경우 금융상품판매업자등은 청약의 철회를 접수한 날부터 3 영업일 이내에 이미 받은 금전·재화등을 반환하고, 금전·재화등의 반환이 늦 어진 기간에 대하여는 해당 금융상품의 계약에서 정해진 연체이자율을 금전· 재화·용역의 대금에 곱한 금액을 일 단위로 계산하여 지급하여야 한다(법46③ (1), 영37⑦).

(2) 투자성 상품과 금융상품자문

투자성 상품과 금융상품자문의 경우 금융상품판매업자등은 청약의 철회를 접수한 날부터 3영업일 이내에 이미 받은 금전·재화등을 반환하고, 금전·재화 등의 반환이 늦어진 기간에 대해서는 해당 금융상품의 계약에서 정해진 연체이 자율을 금전·재화·용역의 대금에 곱한 금액을 일 단위로 계산하여 지급 하여야 한다(법46③(2), 영37⑦).

(3) 대출성 상품

대출성 상품의 경우 금융상품판매업자등은 일반금융소비자로부터 금전·재 화등, 이자 및 수수료를 반환받은 날부터 3영업일 이내에 일반금융소비자에게 해당 대출과 관련하여 일반금융소비자로부터 받은 수수료를 포함하여 이미 받은 금전·재화등을 반환하고, 금전·재화등의 반환이 늦어진 기간에 대해서는 해당 금융상품의 계약에서 정해진 연체이자율을 금전·재화·용역의 대금에 곱한 금액 을 일 단위로 계산하여 지급하여야 한다(법46③(3), 영37⑦).

(4) 보장성 상품과 금전·재화등 반환 의제

보장성 상품에 관한 계약에 따라 보험료를 신용카드로 납부해왔던 일반금융 소비자가 청약의 철회의사를 표시한 경우에 금융상품판매업자는 철회의사를 접 수한 날부터 3영업일 이내에 해당 신용카드를 일반금융소비자에 발급한 금융상

품직접판매업자로 하여금 보험료 납입 관련 대금 청구를 하지 않도록 해야 하며,
이 경우 금전·재화등을 반환한 것으로 본다(감독규정30④).

(5) 반환 계좌

금융상품판매업자등이 일반금융소비자에게 금전(이자 및 수수료를 포함)을 반
환하는 경우에는 해당 일반금융소비자가 지정하는 계좌로 입금해야 한다(영37
⑥).

6. 청약철회의 불이익 금지

청약이 철회된 경우 금융상품판매업자등은 일반금융소비자에 대하여 청약
의 철회에 따른 손해배상 또는 위약금 등 금전의 지급을 청구할 수 없다(법46④).

7. 보장성 상품 철회의 특례

보장성 상품의 경우 청약이 철회된 당시 이미 보험금의 지급사유가 발생한
경우에는 청약 철회의 효력은 발생하지 아니한다(법46⑤ 본문). 다만, 일반금융소
비자가 보험금의 지급사유가 발생했음을 알면서 청약을 철회한 경우에는 그러하
지 아니하다(법46⑤ 단서).

8. 일반금융소비자에 불리한 특약의 무효

청약철회 기간(법46①), 청약의 효력발생시기(법46②), 금전·재화등의 반환
방법(법46③), 손해배상 또는 위약금 청구금지(법46④), 보장성 상품의 경우 철회
의 효력발생(법46⑤) 규정에 반하는 특약으로서 일반금융소비자에게 불리한 것은
무효로 한다(법46⑥).

Ⅳ. 위법계약의 해지권

1. 금융소비자의 해지요구권

(1) 의의 및 제도적 취지
(가) 의의
금융소비자는 금융상품판매업자등이 부적합 계약체결 권유 금지 의무(법17

③), 부적정 판단 사실 통지·확인의무(법18②), 중요한 사항 설명의무(법19①) 및 중요한 사항의 거짓·왜곡 설명 및 누락 금지 의무(법19③), 불공정영업행위의 금지 의무(법20①), 부당권유행위 금지 의무(법21) 규정을 위반하여 "대통령령으로 정하는 금융상품"(대상 금융상품)에 관한 계약을 체결한 경우 5년 이내의 "대통령령으로 정하는 기간"(해지요구 기간) 내에 서면등으로 해당 계약의 해지를 요구할 수 있다(법47① 전단).5)

(나) 제도적 취지

위법계약해지권 도입 취지는 위법한 계약에 대해서는 소비자가 계약해지에 따른 재산상 불이익을 입지 않도록 하는데 있다. 위법한 계약에 따른 손해배상을 요구하는 손해배상청구권과는 성격이 다르다.6)

(다) 해지의 효과

계약체결 과정에서 위법성이 존재한 경우 금융소비자의 해지요구에 대하여 금융상품판매업자 등이 정당한 사유를 제시하지 못하는 경우에 금융소비자가 일방적으로 계약해지를 할 수 있다. 위법계약 해지의 효과는 장래를 향해 발생하기 때문에 해당 계약은 해지 시점부터 무효가 된다. 따라서 계약체결 후 해지시점까지 계약에 따른 서비스 제공 과정에서 발생한 비용 등(예: 대출 이자, 카드 연회비, 펀드 수수료·보수, 투자손실, 위험보험료 등)은 원칙적으로 계약해지 후 소비자에 지급해야 할 금전의 범위에 포함되지 않는다.7)

(2) 대상 금융상품

위법계약 해지요구 대상 금융상품은 금융소비자와 금융상품직접판매업자 또는 금융상품자문업자 간 계속적 거래(계약의 체결로 집합투자규약이 적용되는 경우에는 그 적용기간을 포함)가 이루어지고 금융소비자가 해지 시 재산상 불이익이 발생하는 금융상품을 말한다(영38①, 감독규정31①).8)

---

5) 부칙 제8조(위법한 계약의 해지에 관한 적용례) 제47조는 이 법 시행 이후 계약을 체결하는 경우부터 적용한다.

6) 금융위원회·금융감독원(2021a), 8쪽.

7) 금융위원회·금융감독원(2021a), 8쪽.

8) 폐쇄형 사모펀드의 경우 중도 환매가 불가능한데 위법계약 해지권 행사가 가능한지 문제된다. 폐쇄형 사모펀드의 경우 소비자가 위법계약 해지권을 행사하면 금융상품직접판매업자가 고유재산으로 해당 집합투자증권을 매입해야 한다. 이는 소비자보호 조치인 만큼 자본시장법상 손실보전행위(제55조 제2호 제4호) 및 불건전영업행위(제68조 제5항 제10호)에 해당되지 않는다(금융위원회·금융감독원(2021b), 8쪽).

다만, ⅰ) 온라인투자연계금융업법에 따른 온라인투자연계금융업자와 체결하는 계약, ⅱ) 자본시장법에 따른 원화로 표시된 양도성 예금증서, ⅲ) 자본시장법 시행령에 따른 표지어음, ⅳ) 그 밖에 앞의 3가지 상품과 유사한 금융상품은 제외한다(영38①, 감독규정31①).

(3) 해지요구 기간

해지요구 기간이란 금융소비자가 계약체결에 대한 위반사항을 안 날부터 1년 이내의 기간을 말한다(영38② 전단). 이 경우 해당 기간은 계약체결일부터 5년 이내의 범위에 있어야 한다(영38② 후단).

(4) 해지요구서 제출

금융소비자는 계약의 해지를 요구하려는 경우 금융상품의 명칭과 법 위반사실을 기재한 해지요구서(감독규정31②)에 위반사항을 증명하는 서류를 첨부하여 금융상품직접판매업자 또는 금융상품자문업자에게 제출해야 한다(영38③ 전단). 이 경우 자동차손해배상 보장법에 따른 책임보험에 대해 해지요구를 할 때에는 동종의 다른 책임보험에 가입해 있어야 한다(영38③ 후단).

(5) 의무 보장성 상품에 대한 해지요구의 조건

금융소비자가 법률에 따라 가입의무가 부과되고 그 해제·해지도 해당 법률에 따라 가능한 보장성 상품에 대해 계약의 해지를 요구하려는 경우에는 동종의 다른 보험에 가입되어 있어야 한다(감독규정31③).

(6) 해지요구권 행사 효과

금융상품판매업자등은 해지를 요구받은 날부터 10일 이내에 금융소비자에게 수락 여부를 통지하여야 하며, 거절할 때에는 거절사유를 함께 통지하여야 한다(법47① 후단).

2. 계약해지권의 행사

(1) 해지권의 행사

금융소비자는 금융상품판매업자등이 "정당한 사유" 없이 해지 요구를 따르지 않는 경우 해당 계약을 해지할 수 있다(법47②).

(2) 해지권 행사의 제한

금융상품판매업자등에게 다음의 정당한 사유가 있는 경우 금융소비자는 계약을 해지할 수 없다. 정당한 사유의 범위는 다음과 같다(영38④).

(가) 위반사실의 근거 거짓 제시

금융소비자가 위반사실에 대한 근거를 제시하지 않거나 거짓으로 제시한 경우 계약을 해지할 수 없다(영38④(1)).

(나) 계약체결 이후의 사정변경에 따른 위반사항 주장

계약체결 당시에는 위반사항이 없었으나 금융소비자가 계약체결 이후의 사정변경에 따라 위반사항을 주장하는 경우 금융소비자는 계약을 해지할 수 없다(영38④(2)).

(다) 동의에 의한 위반사항 시정

금융상품판매업자등이 금융소비자의 동의를 받아 위반사항을 시정한 경우 금융소비자는 계약을 해지할 수 없다(영38④(3)).

(라) 금융상품판매업자등의 위반사실 없음 근거자료 제시

금융상품판매업자등이 계약의 해지 요구를 받은 날부터 10일 이내에 법 위반사실이 없음을 확인하는데 필요한 객관적·합리적인 근거자료를 금융소비자에 제시한 경우 금융소비자는 계약을 해지할 수 없다(영38④(4), 감독규정31④(1)).

다만, 10일 이내에 금융소비자에 제시하기 어려운 경우에는 ⅰ) 계약의 해지를 요구한 금융소비자의 연락처나 소재지를 확인할 수 없거나 이와 유사한 사유로 해지 요구를 받은 날로부터 10일 이내(법47① 후단)의 통지기간 내 연락이 곤란한 경우 해당 사유가 해소된 후 지체 없이 알려야 하고(가목), ⅱ) 법 위반사실 관련 자료 확인을 이유로 금융소비자의 동의를 받아 해지 요구를 받은 날로부터 10일 이내(법47① 후단)의 통지기한을 연장한 경우 연장된 기한까지 알려야(나목) 한다(감독규정31④(1)).

(마) 금융상품판매업자등의 위반사실 사전인지

금융소비자가 금융상품판매업자등의 행위에 법 위반사실이 있다는 사실을 계약을 체결하기 전에 알았다고 볼 수 있는 명백한 사유가 있는 경우 금융소비자는 계약을 해지할 수 없다(영38④(4), 감독규정31④(2)).

3. 해지에 따른 비용 요구 금지

계약이 해지된 경우 금융상품판매업자등은 수수료, 위약금 등 계약의 해지와 관련된 비용을 요구할 수 없다(법47③).

제2절 행정제재

Ⅰ. 과징금

1. 과징금 부과대상

(1) 금융상품직접판매업자 또는 금융상품자문업자의 위반행위

(가) 수입등의 50% 이내의 과징금

1) 징벌적 과징금

금융소비자보호법은 징벌적 과징금 제도를 도입하였다. 금융상품직접판매업자 또는 금융상품자문업자가 설명의무 등 영업행위 준수사항을 위반한 경우 제재의 실효성을 제고하기 위하여 해당 위반행위와 관련된 계약으로 인한 수입 또는 이에 준하는 금액의 50% 이내에서 과징금을 부과할 수 있도록 하고 있다.

금융위원회는 금융상품직접판매업자 또는 금융상품자문업자가 ⅰ) 설명의무(법19①)를 위반하여 중요한 사항을 설명하지 아니하거나 설명서 제공 및 확인의무(법19②)를 위반한 경우(제1호), ⅱ) 불공정영업행위의 금지(법20① 각호) 규정을 위반한 경우(제2호), ⅲ) 부당권유행위 금지(법21 각호) 규정을 위반한 경우(제3호), ⅳ) 금융상품등에 관한 광고 관련 준수사항(법22③④)을 위반하여 금융상품등에 관한 광고를 한 경우(제4호) 그 위반행위와 관련된 계약으로 얻은 수입 또는 이에 준하는 금액("수입등")의 50% 이내에서 과징금을 부과할 수 있다(법57① 본문).[9] 6대 판매행위 원칙 중 적합성원칙과 적정성원칙은 제외하고 있다.

2) 수입등의 산정기준

위반행위와 관련된 계약으로 얻은 수입등의 산정에 관한 사항은 금융시장 환경변화로 인한 변동요인, 금융상품 유형별 특성, 금융상품계약체결등의 방식 및 금융상품판매업자등의 사업규모 등을 고려하여 대통령령으로 정한다(법57④).

이에 따라 수입등("수입등")을 산정할 때에는 그 명칭 여하를 불문하고 계약

---

9) 부칙 제11조(과징금 등에 관한 경과조치) 이 법 시행 전에 부칙 제13조에 따라 개정되기 전의 법률("종전 법률")의 위반행위로서 이 법 시행 전에 종료되거나 이 법 시행 이후에도 그 상태가 지속되는 위반행위에 대하여 제49조에 따른 명령, 제51조에 따른 금융상품판매업자등에 대한 처분, 제52조에 따른 임직원에 대한 조치, 제57조에 따른 과징금의 부과 등 행정처분을 할 때에는 그 위반한 행위에 대한 종전 법률의 규정에 따른다.

체결 및 그 이행으로 인해 금융소비자로부터 얻는 모든 형태의 금전등을 그 대
상으로 한다(영43① 본문). 다만, ⅰ) 인지세 등 제세공과금과, ⅱ) 저당권 설정 등
에 따른 등기 비용은 제외한다(영43① 단서).

(나) 10억원 이하의 과징금

위반행위를 한 자가 그 위반행위와 관련된 계약으로 얻은 수입등이 없거나
수입등의 산정이 곤란한 경우로서 ⅰ) 영업실적이 없는 등의 사유로 위반행위와
관련된 계약에 따른 수입등이 없는 경우, ⅱ) 재해로 인해 수입등을 산정하는데
필요한 자료가 소멸되거나 훼손되는 등의 이유로 수입등을 산정하기가 곤란한
경우에는 10억원을 초과하지 아니하는 범위에서 과징금을 부과할 수 있다(법57①
단서, 영43②).

(2) 금융상품판매대리·중개업자 또는 금융상품직접판매업자의 소속 임직원의 위반행위

(가) 수입등의 50% 이내의 과징금

금융상품판매대리·중개업자 또는 금융상품직접판매업자의 소속 임직원이
설명의무 등 영업행위 준수사항을 위반한 경우 제재의 실효성을 제고하기 위하
여 해당 위반행위와 관련된 계약으로 인한 수입 또는 이에 준하는 금액의 50%
이내에서 과징금을 부과할 수 있도록 하고 있다.

금융위원회는 금융상품직접판매업자가 금융상품계약체결등을 대리하거나
중개하게 한 금융상품판매대리·중개업자(금융소비자법 또는 다른 금융 관련 법령에
따라 하나의 금융상품직접판매업자만을 대리하는 금융상품판매대리·중개업자로 한정)
또는 금융상품직접판매업자의 소속 임직원이 ⅰ) 설명의무(법19①)를 위반하여
중요한 사항을 설명하지 아니하거나 설명서 교부 및 확인의무(법19②)를 위반한
경우(제1호), ⅱ) 불공정영업행위의 금지(법20① 각호)규정을 위반한 경우(제2호),
ⅲ) 부당권유행위 금지(법21 각호)규정을 위반한 경우(제3호), ⅳ) 금융상품등에
관한 광고 관련 준수사항(법22③④)을 위반하여 금융상품등에 관한 광고를 한 경
우(제4호)에는 그 금융상품직접판매업자에 대하여 그 위반행위와 관련된 계약으
로 얻은 수입등의 50% 이내에서 과징금을 부과할 수 있다(법57② 본문). 6대 판매
행위 원칙 중 적합성원칙과 적정성원칙은 제외하고 있다.

(나) 임의적 감면

금융상품직접판매업자가 그 위반행위를 방지하기 위하여 해당 업무에 관하

여 적절한 주의와 감독을 게을리하지 아니한 경우에는 그 금액을 감경하거나 면제할 수 있다(법57② 단서).

(3) 업무정지처분 대체 과징금

(가) 6개월 이내의 업무 전부 또는 일부 정지와 과징금

금융위원회는 금융상품판매업자등에 대하여 6개월 이내의 업무의 전부 또는 일부의 정지(법51②(1))를 명할 수 있는 경우로서 업무정지가 금융소비자 등 이해관계인에게 중대한 영향을 미치거나 공익을 침해할 우려가 있는 경우에는 업무정지처분을 갈음하여 업무정지기간 동안 얻을 이익의 범위에서 과징금을 부과할 수 있다(법57③).

(나) 과징금의 부과기준

업무정지처분을 갈음하여 업무정지기간 동안 얻을 이익의 범위에서 부과하는 과징금의 부과기준은 [별표 2]와 같다(영43③).

2. 과징금 부과요건과 절차

(1) 필요적 고려사항과 과징금 부과기준

(가) 필요적 고려사항

금융위원회는 과징금을 부과하는 경우에는 "대통령령으로 정하는 기준"에 따라 ⅰ) 위반행위의 내용 및 정도, ⅱ) 위반행위의 기간 및 위반횟수, ⅲ) 위반행위로 인하여 취득한 이익의 규모, ⅳ) 업무정지기간(업무정지처분 대체 과징금을 부과하는 경우만 해당)을 고려하여야 한다(법58①).

(나) 과징금의 부과기준

위에서 "대통령령으로 정하는 기준"이란 다음의 구분에 따른 과징금의 부과기준을 말한다(영44④).

1) 금융상품직접판매업자 또는 금융상품자문업자에 대한 과징금

금융상품직접판매업자 또는 금융상품자문업자에 대한 과징금(법57①)은 [별표 3]에 따른 과징금의 부과기준을 말한다.

2) 금융상품판매업자등에 대한 업무정지처분 대체 과징금

금융상품판매업자등에 대한 업무정지처분 대체 과징금(법57③)은 [별표 2]에 따른 과징금의 부과기준을 말한다.

(2) 합병의 경우

금융위원회는 금융소비자보호법을 위반한 법인이 합병을 하는 경우 그 법인이 한 위반행위는 합병 후 존속하거나 합병으로 신설된 법인이 행한 행위로 보아 과징금을 부과·징수할 수 있다(법58②).

(3) 과징금 부과 통지

금융위원회는 과징금을 부과하는 경우 그 위반행위의 종류, 해당 과징금의 금액 및 이의신청 방법 등을 명시하여 서면으로 알려야 한다(영44①).

(4) 과징금 납부기한

과징금 부과 통지를 받은 자는 그 통지를 받은 날부터 60일 이내에 금융위원회가 정하여 고시하는 수납기관에 과징금을 납부해야 한다(영44② 본문). 다만, 천재지변 및 그 밖에 부득이한 사유로 해당 기간에 납부할 수 없는 때에는 그 사유가 없어진 날부터 30일 이내에 납부해야 한다(영44② 단서).

과징금의 납부를 받은 수납기관은 그 납부자에게 영수증을 교부하고, 지체 없이 수납한 사실을 금융위원회에 알려야 한다(영44③).

3. 이의신청과 결정

(1) 이의신청

과징금 부과처분에 불복하는 자는 처분을 고지받은 날부터 30일 이내에 불복 사유를 갖추어 금융위원회에 이의를 신청할 수 있다(법59①).

(2) 결정

금융위원회는 이의신청에 대하여 60일 이내에 결정을 하여야 한다(법59② 본문). 다만, 부득이한 사정으로 그 기간 내에 결정을 할 수 없을 경우에는 30일의 범위에서 그 기간을 연장할 수 있다(법59② 단서).

4. 납부기한의 연장 및 분할납부

(1) 분할납부 사유

금융위원회는 과징금납부의무자가 i) 재해 또는 도난 등으로 재산에 현저한 손실을 입은 경우, ii) 사업여건의 악화로 사업이 중대한 위기에 처한 경우, iii) 과징금의 일시납부에 따라 자금사정에 현저한 어려움이 예상되는 경우, iv) 그 밖에 앞의 3가지의 사유에 준하는 사유가 있는 경우 과징금 전액을 일시에 납

부하기가 어렵다고 인정되는 경우에는 그 납부기간을 연장하거나 분할납부하게
할 수 있다(법60① 전단). 이 경우 필요하다고 인정될 때에는 담보를 제공하게 할
수 있다(법60① 후단).

(2) 연장 기간과 분할납부 횟수

금융위원회가 과징금의 납부기간을 연장하거나 분할납부하게 하는 경우 납
부기간의 연장은 그 납부기한의 다음 날부터 1년 이내로 하고, 분할된 납부기
간의 간격은 4개월 이내로 하며, 분할납부의 횟수는 3회 이내로 한다(영45).

(3) 신청

과징금납부의무자가 과징금 납부기간을 연장받거나 분할납부를 하려는 경
우에는 그 납부기한의 10일 전까지 금융위원회에 신청하여야 한다(법60②).

(4) 취소

금융위원회는 납부기간이 연장되거나 분할납부가 허용된 과징금납부의무
자가 ⅰ) 분할납부 결정된 과징금을 그 납부기간 내에 납부하지 아니한 경우,
ⅱ) 담보의 변경, 그 밖에 담보 보전에 필요한 금융위원회의 명령을 이행하지
아니한 경우, ⅲ) 강제집행, 경매의 개시, 파산선고, 법인의 해산, 국세 또는 지
방세의 체납처분을 받는 등 과징금의 전부 또는 나머지를 징수할 수 없다고 인
정되는 경우), ⅳ) 그 밖에 앞의 3가지의 사유에 준하는 사유가 있는 경우에는
그 납부기간의 연장 또는 분할납부 결정을 취소하고 과징금을 일시에 징수할
수 있다(법60③).

Ⅱ. 과태료

1. 개요

금융소비자보호법 제69조는 일정한 위반행위에 대하여 1억원 이하의 과태
료를 부과하는 경우(제1항), 3천만원 이하의 과태료를 부과하는 경우(제2항), 1천
만원 이하의 과태료를 부과하는 경우(제3항)를 규정한다(법69①②③). 과태료는 대
통령령으로 정하는 바에 따라 금융위원회가 부과·징수한다(법69④). 과태료를 부
과하는 기준은 시행령 [별표 4]와 같다(영53).[10] 시행령 [별표 4]는 과태료의 부

---

10) 부칙 제12조(벌칙 등에 관한 경과조치) 이 법 시행 전에 행한 종전 법률의 위반행위에 대
   하여 벌칙 및 과태료를 적용할 때에는 그 위반한 행위에 대한 종전 법률의 규정에 따른다.

과기준(제53조 관련)을 규정하고 있다.

2. 1억원 이하의 과태료

다음의 어느 하나에 해당하는 자에게는 1억원 이하의 과태료를 부과한다(법 69①).

1. 금융상품판매업자등의 내부통제기준 마련의무(법16②)를 위반하여 내부통제 기준을 마련하지 아니한 자
2. 금융상품판매업자등의 중요사항 설명의무(법19①)를 위반하여 중요한 사항 을 설명하지 아니하거나 설명서 제공·확인의무(법19②)를 위반하여 설명서 를 제공하지 아니하거나 확인을 받지 아니한 자
3. 불공정영업행위의 금지규정(법20① 각 호)의 어느 하나에 해당하는 행위를 한 자
4. 부당권유행위 금지규정(법21 각 호)의 어느 하나에 해당하는 행위를 한 자
5. 광고의 주체에 관한 규정(법22①), 광고 포함사항 규정(법22③), 또는 광고시 금지행위 규정(법22④)을 위반하여 금융상품등에 관한 광고를 한 자
6. 금융상품판매대리·중개업자가 금융상품계약체결등의 업무를 대리하거나 중 개하게 한 금융상품판매대리·중개업자가 다음의 어느 하나에 해당하는 행 위를 한 경우에 그 업무를 대리하거나 중개하게 한 금융상품판매대리·중개 업자. 다만, 업무를 대리하거나 중개하게 한 금융상품판매대리·중개업자로 서 그 위반행위를 방지하기 위하여 해당 업무에 관하여 적절한 주의와 감독 을 게을리하지 아니한 자는 제외한다.
    가. 중요사항 설명의무(법19①)를 위반하여 중요한 사항을 설명하지 아니하 거나 설명서 제공·확인의무(법19②)를 위반하여 설명서를 제공하지 아 니하거나 확인을 받지 아니한 경우
    나. 불공정영업행위의 금지규정(법20① 각 호)의 어느 하나에 해당하는 행위 를 한 경우
    다. 부당권유행위 금지규정(법21 각 호)의 어느 하나에 해당하는 행위를 한 경우
    라. 광고 포함사항 규정(법22③), 또는 광고시 금지행위 규정(법22④)을 위 반하여 금융상품등에 관한 광고를 한 경우
7. 금융상품 유형별 계약서류 제공의무(법23①)를 위반하여 금융소비자에게 계

약서류를 제공하지 아니한 자

8. 금융상품직접판매업자가 금융상품계약체결등의 업무를 대리하거나 중개하게 한 금융상품 판매대리·중개업자가 대리·중개하는 업무를 제3자에게 하게 하거나 그러한 행위에 관하여 수수료·보수나 그 밖의 대가를 지급하는 행위 (법25①(2))를 한 경우에 그 업무를 대리하거나 중개하게 한 금융상품직접판매업자. 다만, 업무를 대리하거나 중개하게 한 금융상품직접판매업자로서 그 위반행위를 방지하기 위하여 해당 업무에 관하여 적절한 주의와 감독을 게을리하지 아니한 자는 제외한다.

9. 금융상품자문업자는 자문업무를 수행하는 과정에서 고지사항을 금융소비자에게 알려야 하며, 자신이 금융상품자문업자라는 사실을 나타내는 표지를 게시하거나 증표를 금융소비자에게 내보여야 하는데(법27③), 이에 위반하여 고지사항을 금융소비자에게 알리지 아니한 자 또는 표지를 게시하지 아니하거나 증표를 내보이지 아니한 자

10. 독립금융상품자문업자가 아닌 자는 "독립"이라는 문자 또는 이와 같은 의미를 가지고 있는 외국어 문자로서 "독립문자"를 명칭이나 광고에 사용할 수 없는데(법27④), 이에 위반하여 독립문자를 명칭에 사용하거나 광고에 사용한 자

11. 독립금융상품자문업자의 금지행위(법27⑤)에 해당하는 행위를 한 자

12. 금융상품판매업자등은 금융상품판매업등의 업무와 관련한 자료로서 기록자료를 기록하여야 하며, 자료의 종류별로 유지·관리 기간 동안 유지·관리하여야 하는데(법28①), 이에 위반하여 자료를 기록하지 아니하거나 자료의 종류별로 유지·관리하지 아니한 자

13. 금융상품판매업자등은 그 업무와 재산상황에 관하여 금융감독원장의 검사를 받아야 하는데(법50①), 이에 따른 검사를 정당한 사유 없이 거부·방해 또는 기피한 자

3. 3천만원 이하의 과태료

다음의 어느 하나에 해당하는 자에게는 3천만원 이하의 과태료를 부과한다 (법69②).

1. 적합성원칙상 소비자 정보 파악·확인의무(법17②)를 위반하여 정보를 파악하지 아니하거나 확인을 받지 아니하거나 이를 유지·관리하지 아니하거나

확인받은 내용을 지체 없이 제공하지 아니한 자

2. 적합성 원칙상 부적합 계약체결 권유 금지의무(법17③)을 위반하여 계약체결을 권유한 자

3. 적정성원칙상 소비자 정보 파악의무(법18①)를 위반하여 정보를 파악하지 아니한 자

4. 적정성원칙상 부적정 판단 사실 통지·확인의무(법18②)를 해당 금융상품이 적정하지 아니하다는 사실을 알리지 아니하거나 확인을 받지 아니한 자

5. 금융상품판매대리·중개업자의 금지행위인 금융소비자로부터 투자금, 보험료 등 계약의 이행으로서 급부를 받는 행위 등(법25① 각 호)에 해당하는 행위를 한 자

6. 금융상품판매대리·중개업자는 금융상품판매 대리·중개 업무를 수행할 때 금융상품직접판매업자로부터 정해진 수수료 외의 금품, 그 밖의 재산상 이익을 요구하거나 받아서는 아니되는데(법25②), 이에 위반하여 수수료 외의 금품, 그 밖의 재산상 이익을 요구하거나 받은 자

7. 금융상품판매대리·중개업자는 금융상품판매 대리·중개 업무를 수행할 때 금융소비자에게 고지사항 모두를 미리 알려야 하는데(법26①), 이에 위반하여 고지사항을 미리 금융소비자에게 알리지 아니한 자 또는 금융상품판매대리·중개업자는 금융상품판매 대리·중개 업무를 수행할 때 자신이 금융상품판매대리·중개업자라는 사실을 나타내는 표지를 게시하거나 증표를 금융소비자에게 보여 주어야 하는데(법26②), 이에 위반하여 표지를 게시하지 아니하거나 증표를 보여 주지 아니한 자

4. 1천만원 이하의 과태료

등록한 금융상품판매업자등은 등록요건 중 일부가 변동된 경우 1개월 이내에 그 변동사항을 금융위원회에 보고하여야 하는데(법48③), 이에 위반하여 등록요건에 대한 변동사항을 보고하지 아니한 자에게는 1천만원 이하의 과태료를 부과한다(법69③).

제3절 형사제재

Ⅰ. 벌칙

다음의 어느 하나에 해당하는 자, 즉 ⅰ) 제12조(금융상품판매업자등의 등록)를 위반하여 금융상품판매업등의 등록을 하지 아니하고 금융상품판매업등을 영위한 자(제1호), ⅱ) 거짓이나 그 밖의 부정한 방법으로 제12조에 따른 등록을 한 자(제2호), 또는 ⅲ) 제24조(미등록자를 통한 금융상품판매 대리·중개 금지)를 위반하여 금융상품판매대리·중개업자가 아닌 자에게 금융상품계약체결등을 대리하거나 중개하게 한 자(제3호)는 5년 이하의 징역 또는 2억원 이하의 벌금에 처한다(법67).

Ⅱ. 양벌규정

법인(단체를 포함)의 대표자나 법인 또는 개인의 대리인, 사용인, 그 밖의 종업원이 그 법인 또는 개인의 업무에 관하여 제67조의 위반행위를 하면 그 행위자를 벌하는 외에 그 법인 또는 개인에게도 해당 조문의 벌금형을 과한다(법68 본문). 법인 또는 개인이 그 위반행위를 방지하기 위하여 해당 업무에 관하여 적절한 주의와 감독을 게을리하지 아니한 경우에는 그러하지 아니하다(법68 단서).

참고문헌

금융감독원(2020), 「금융감독개론」, 금융감독원(2020. 3).

금융위원회·금융감독원(2017), "상호저축은행 대주주변경·합병 등 인가기준 마련" (2017. 4. 19) 보도자료.

금융위원회·금융감독원(2021a), "금융소비자보호법 FAQ 답변(1차)"(2021. 2. 18).

금융위원회·금융감독원(2021b), "금융소비자보호법 FAQ 답변(1차)"(2021. 3. 17).

김연미(2016), "금융회사 지배구조법에 따른 대주주 건전성 및 소수주주권", 금융법연구 제13권 제3호(2016. 12)쪽.

김태균·서철승·이철규·오인하(2019), "로그평균 디비지아 지수 방법론을 이용한 저축은행 수익 변화 요인 분해분석", 한국혁신학회지 제14권 제4호(2019. 11).

맹수석·이형욱(2020), "사후적 피해구제제도 개선을 통한 금융소비자보호법 실효성 제고 방안", 금융소비자연구 제10권 제1호(2020. 4).

박준(2019), 「금융거래와 법」, 박영사(2019. 8).

박준범·이호영(2019), "상호저축은행의 소유지배구조와 회계정보품질 간의 관련성에 관한 연구", 회계·세무와 감사 연구 제60권 제4호(2018. 12).

박효근(2019), "행정질서벌의 체계 및 법정책적 개선방안", 법과 정책연구 제19권 제1호(2019. 3).

배수현(2016), "상호저축은행의 자산운용이 수익성과 안전성에 미치는 영향 분석: 지역별·규모별 차이를 중심으로", 글로벌경영학회지 제13권 제4호(2016. 12).

배수현(2017), "저축은행 소액신용대출의 재무건전성에 관한 연구", 글로벌경영학회지 제14권 제3호(2017. 6).

배수현(2019a), "저축은행 구조조정이후 수익성과 건전성분석: 규모 및 소유구조를 중심으로", 경영교육연구 제34권 제2호(2019. 4).

배수현(2019b), "패널데이터를 이용한 저축은행 소유집중도와 다각화", The Journal of the Convergence on Culture Technology(JCCT) Vol.5 No.2(2019. 5).

배수현(2020), "BIS자기자본비율 변동이 저축은행 기업대출에 미치는 영향", 상업교육연구 제34권 제2호(2020. 4).

서지용(2019), "저축은행의 중소기업대출 집중이 재무건전성과 수익성에 미치는 효과", Journal of the Korean Data Analysis Society (2019. 10).

서지용(2020), "국내 저축은행의 유동성과 가계자금대출간 관련성", Journal of The

Korean Data Analysis Society(2020. 2).

심영(2020), "금융회사 대주주 적격성 규제에 대한 소고", 일감법학 제47호(2020. 10).

이상복(2020), 「금융법강의 2: 금융상품」, 박영사(2020. 10).

이승민(2013), "금융기관 및 그 임직원에 대한 제재의 실효성 제고방안", 서울대학교 대학원 석사학위논문(2013. 12).

이진호·정현재·권은지(2020), "금융위기 시 예금자 우선변제제도의 역할에 관한 연구: 한국의 부실저축은행 구조조정을 중심으로", 한국FP학회(2020. 2).

이효진·정준희(2020), "고정이하여신비율과 대손상각비가 상호저축은행의 유효세율에 미치는 영향", 전문경영인연구 제23권 제1호(2020. 4).

최영주(2012), "저축은행 부실화에 있어 대주주의 영향과 법적 규제", 법학연구 제53권 제3호(2012. 8).

최원재(2019), "저축은행 사태 관련 제도·정책 연구", 고려대학교 대학원 석사학위논문(2019. 6).

하성수·김학건(2020), "법인소유저축은행의 실질적 개인소유자가 여신집중에 미치는 영향: 피저축은행 근무경험을 중심으로", 보험금융연구 제31권 제2호(2020. 5).

한국은행(2018), 「한국의 금융제도」, 한국은행(2018. 12).

찾아보기

저자소개

이상복

서강대학교 법학전문대학원 교수. 연세대학교 경제학과를 졸업하고, 고려대학교에서 법학 석사와 박사학위를 받았다. 사법연수원 28기로 변호사 일을 하기도 했다. 미국 스탠퍼드 로스쿨 방문학자, 숭실대학교 법과대학 교수를 거쳐 서강대학교에 자리 잡았다. 서강대학교 금융법센터장, 서강대학교 법학부 학장 및 법학전문대학원 원장을 역임하고, 재정경제부 금융발전심의회 위원, 기획재정부 국유재산정책 심의위원, 관세청 정부업무 자체평가위원, 한국공항공사 비상임이사, 금융감독원 분쟁조정위원, 한국거래소 시장감시위원회 비상임위원, 한국증권법학회 부회장, 한국법학교수회 부회장으로 활동했다. 현재 금융위원회 증권선물위원회 비상임위원으로 활동하고 있다.

저서로는 〈외국환거래법〉(2021), 〈금융소비자보호법〉(2021), 〈자본시장법〉(2021), 〈여신전문금융업법〉(2021), 〈금융법강의 1: 금융행정〉(2020), 〈금융법강의 2: 금융상품〉(2020), 〈금융법강의 3: 금융기관〉(2020), 〈금융법강의 4: 금융시장〉(2020), 〈경제민주주의, 책임자본주의〉(2019), 〈기업공시〉(2012), 〈내부자거래〉(2010), 〈헤지펀드와 프라임 브로커: 역서〉(2009), 〈기업범죄와 내부통제〉(2005), 〈증권범죄와 집단소송〉(2004), 〈증권집단소송론〉(2004) 등 법학 관련 저술과 철학에 관심을 갖고 쓴 〈행복을 지키는 法〉(2017), 〈자유·평등·정의〉(2013)가 있다. 연구 논문으로는 '기업의 컴플라이언스와 책임에 관한 미국의 논의와 법적 시사점'(2017), '외국의 공매도규제와 법적시사점'(2009), '기업지배구조와 기관투자자의 역할'(2008) 등이 있다. 문학에도 관심이 많아 장편소설 〈모래무지와 두우쟁이〉(2005)와 에세이 〈방황도 힘이 된다〉(2014)를 쓰기도 했다.

상호저축은행법

초판발행	2021년 5월 20일
지은이	이상복
펴낸이	안종만·안상준
편 집	심성보
기획/마케팅	장규식
표지디자인	조아라
제 작	우인도·고철민·조영환
펴낸곳	(주) 박영사
	서울특별시 금천구 가산디지털2로 53, 210호(가산동, 한라시그마밸리)
	등록 1959. 3. 11. 제300-1959-1호(倫)
전 화	02)733-6771
f a x	02)736-4818
e-mail	pys@pybook.co.kr
homepage	www.pybook.co.kr
ISBN	979-11-303-3904-7 93360

정 가   37,000원